徳川「大奥」事典

竹内 誠
深井雅海
松尾美恵子
●編

東京堂出版

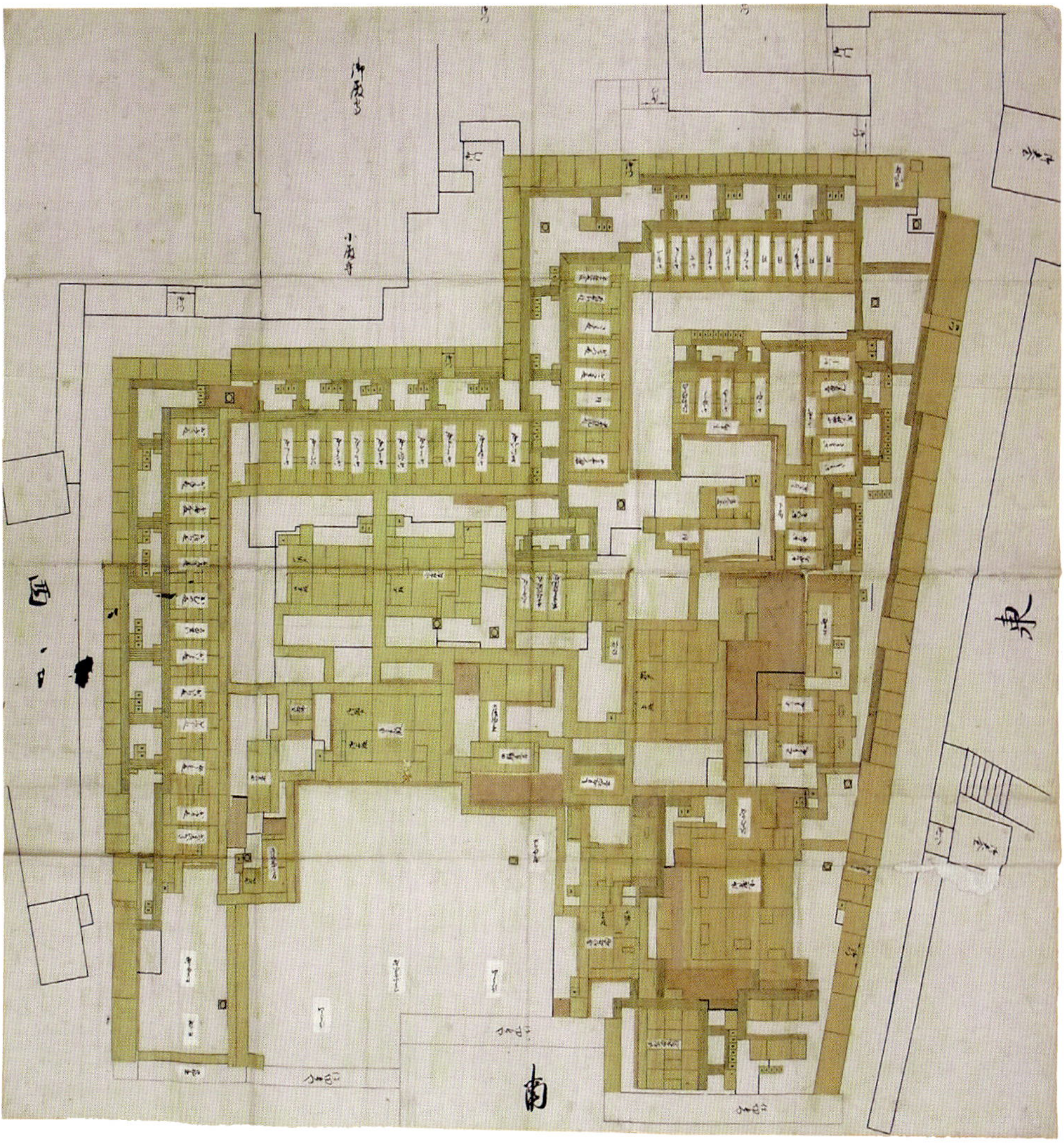

●1　寛永期の大奥（寛永14年「御本丸御奥方御絵図」千葉県文書館所蔵）

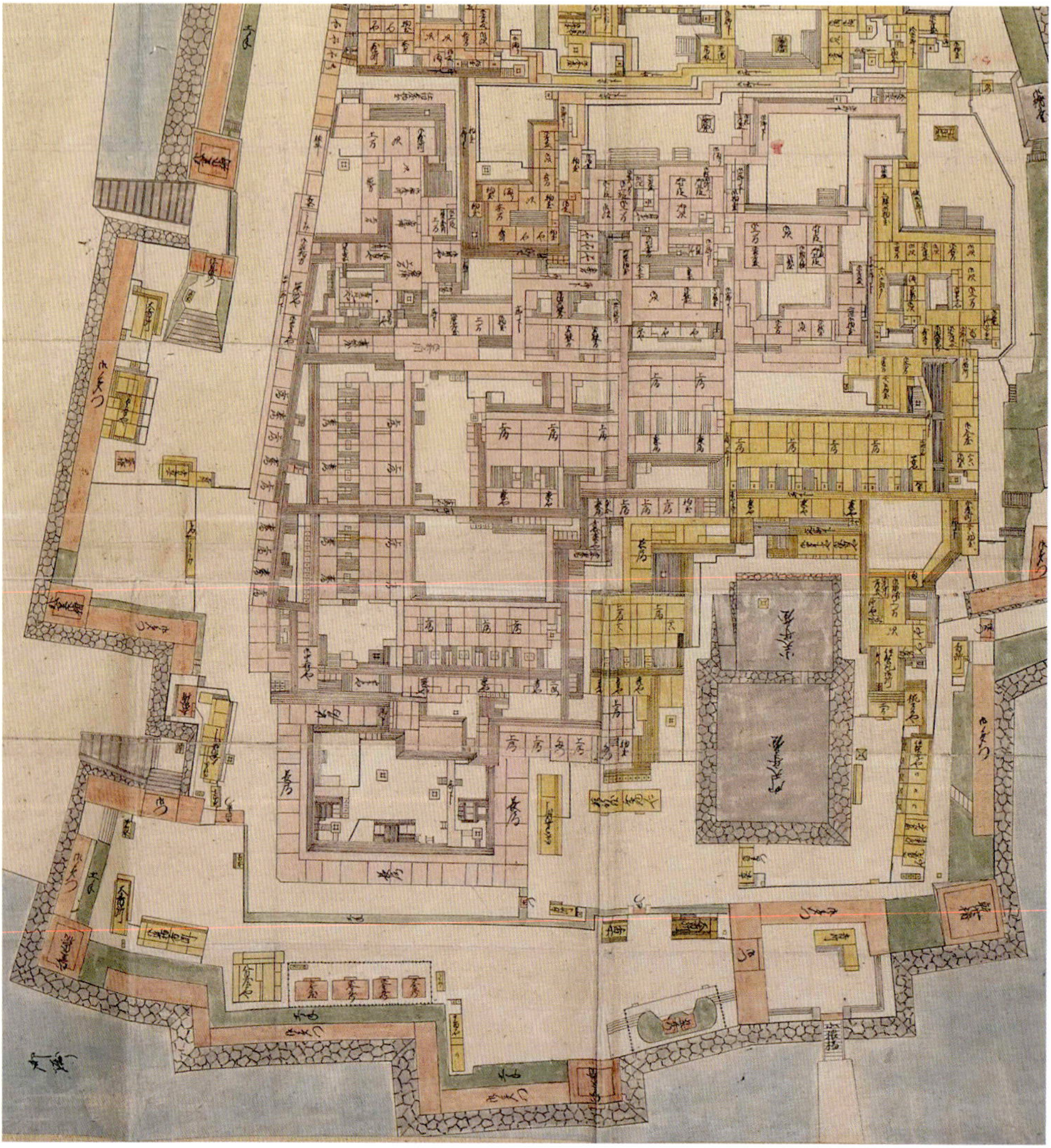

◉2 宝永期の大奥

（「江戸城御本丸御表御中奥御大奥総絵図」〈部分〉東京都立中央図書館特別文庫室所蔵）

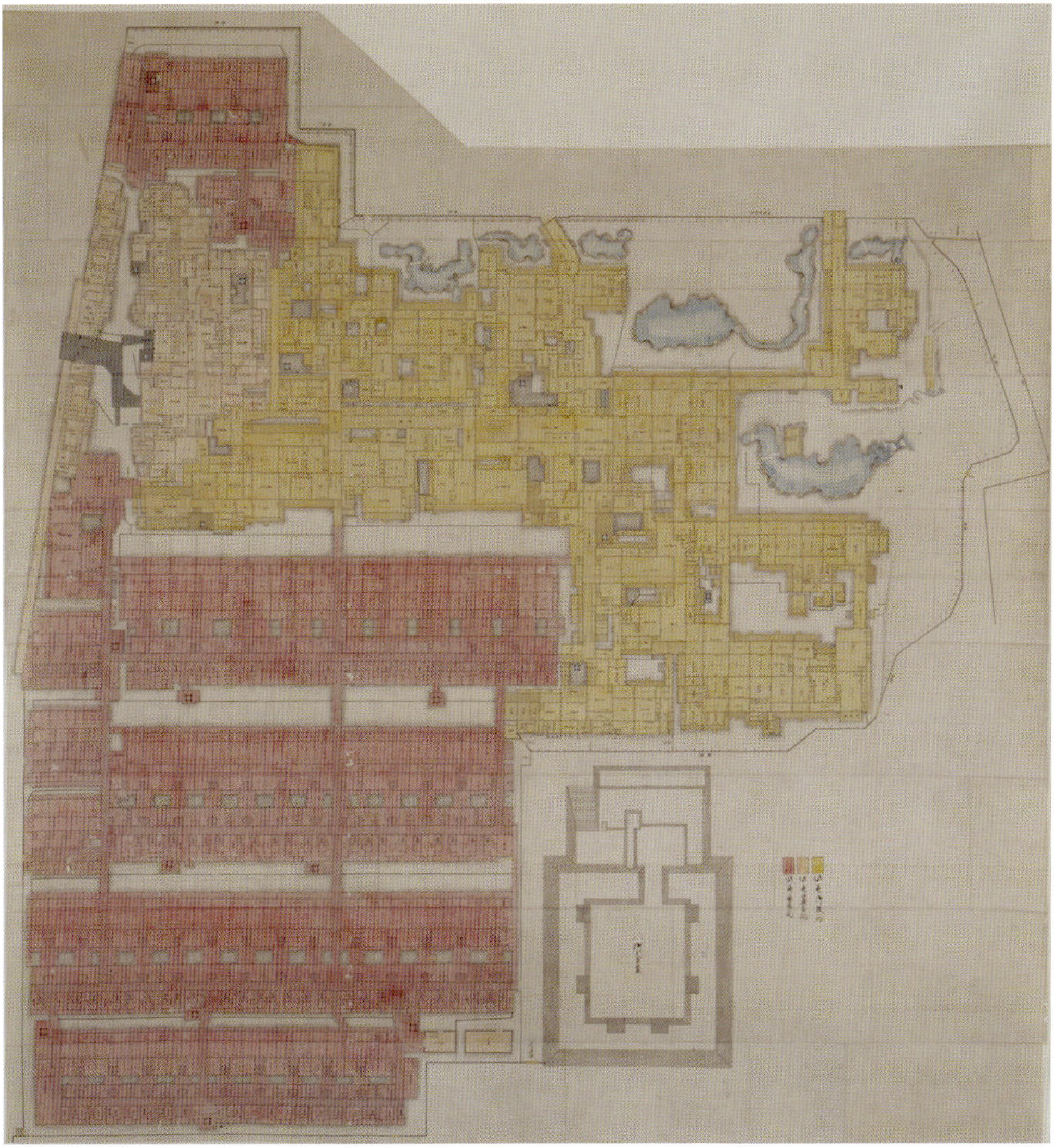

●3 弘化期の大奥

（「江戸城本丸大奥総地図」東京国立博物館所蔵、Image: TNM Image Archives）

●4 種姫御入輿行列図（「大奥行列図」国立国会図書館所蔵）

①

③

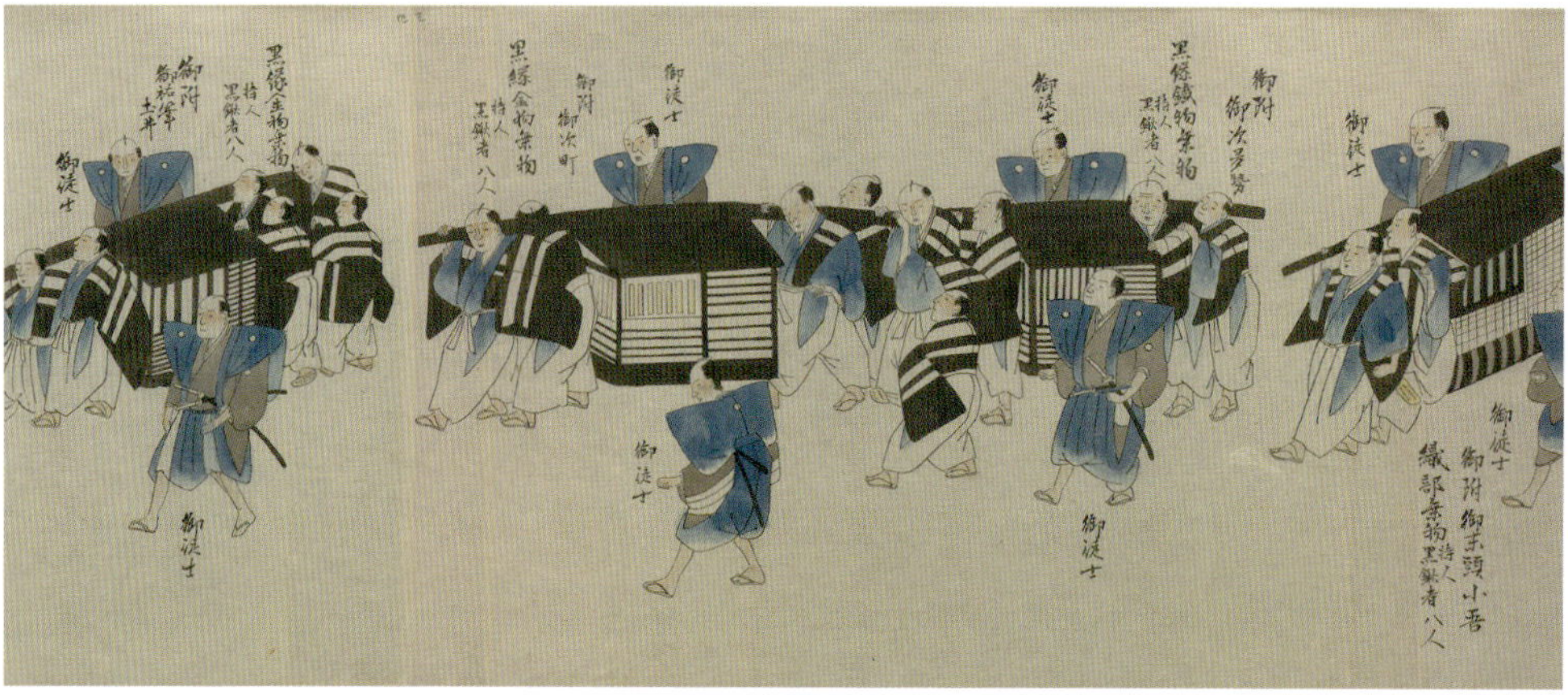

⑤

御徒押
御徒押
②

御徒目附
生駒藤次郎
御小人目附
両人
御小人目附
両人
同
同
野遣傳左エ門
御徒目附組頭
加藤助五郎
④

御中﨟
御徒士
御徒士
御徒士
御徒士
御徒士
⑥

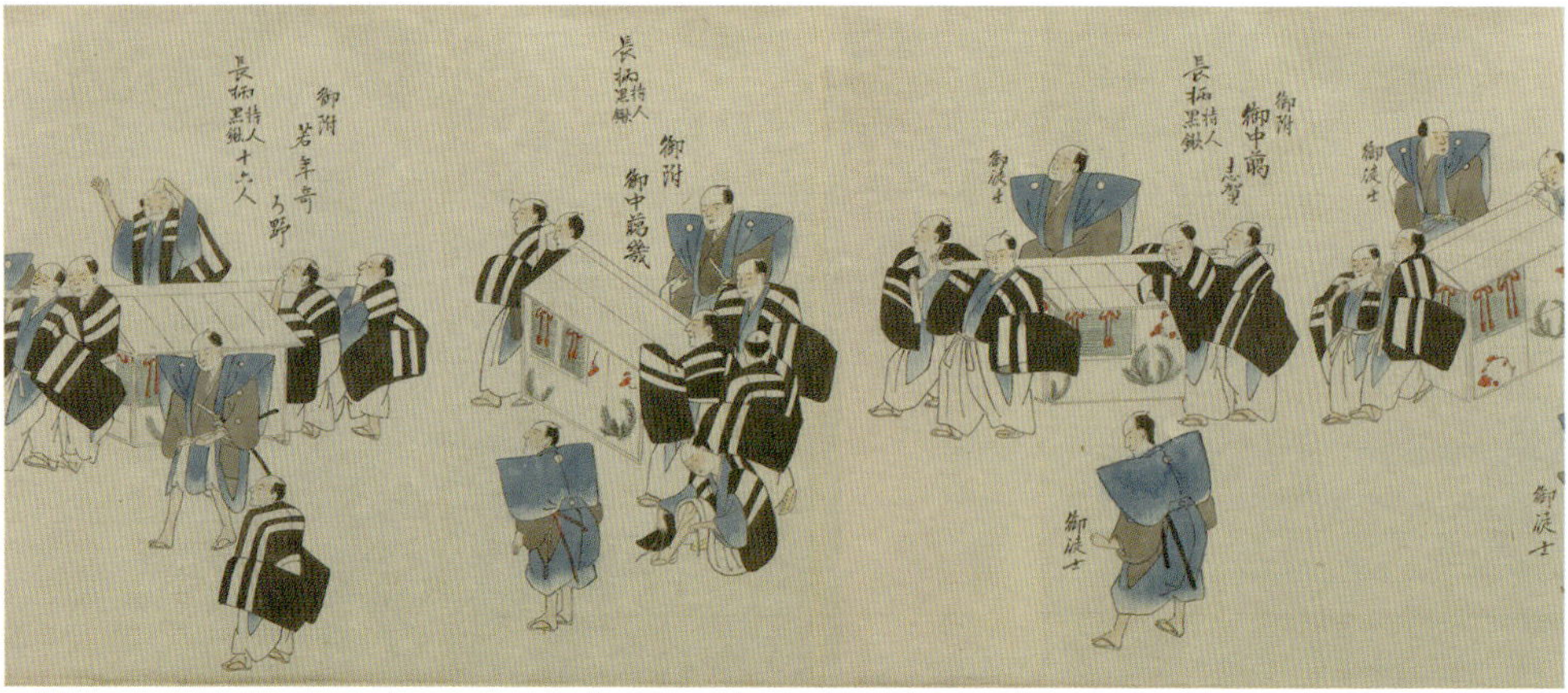
御徒士
長柄持人 黒鍬
御附 御中臈
御徒士
御徒士
長柄持人 黒鍬
御附 御中臈
長柄持人 黒鍬 十六人
御附 若年寄

⑦

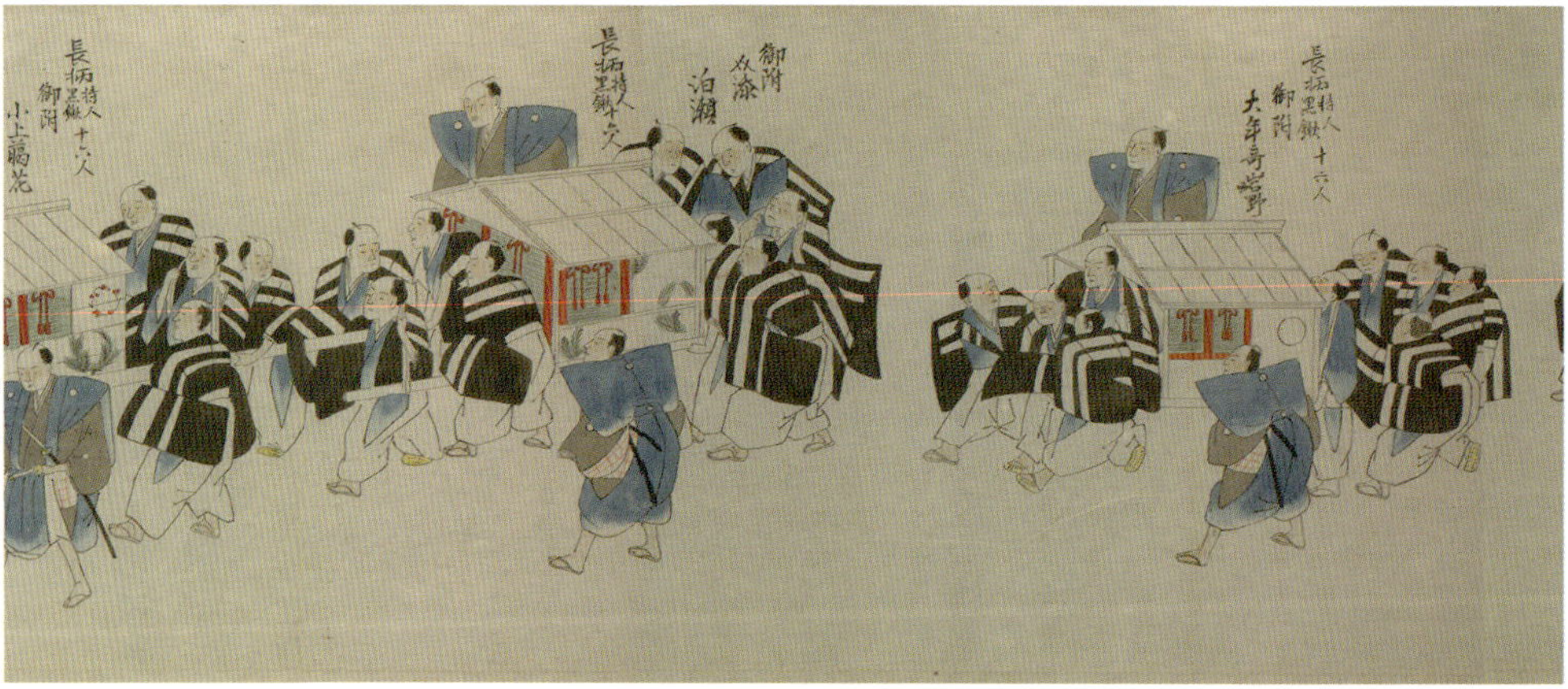
長柄持人 黒鍬 十六人
御附 大年寄
御附
泊瀬
長柄持人 黒鍬
長柄持人 黒鍬 十六人
御附
小上臈 花

⑨

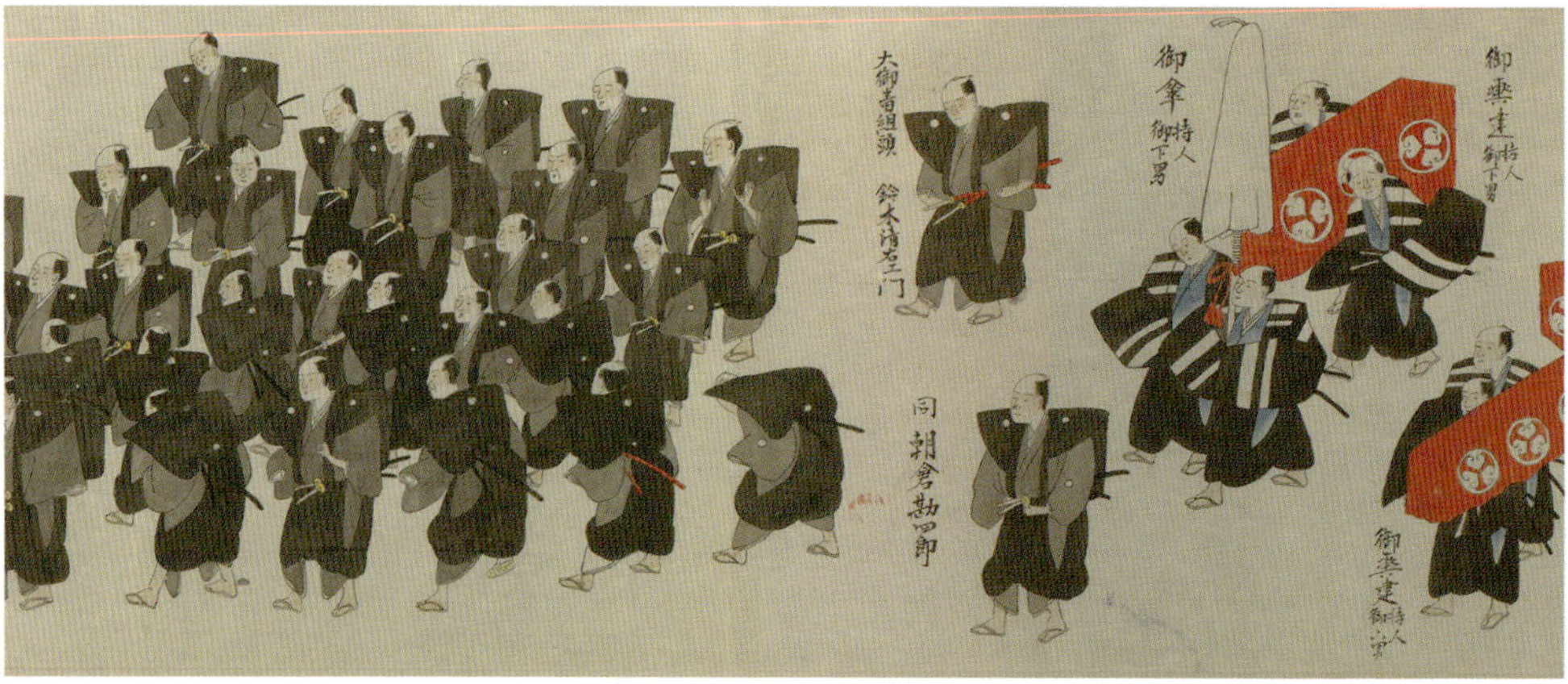
持人 御下男
御傘 持人 御下男
大御番組頭
同
朝倉勘四郎

⑪

長柄持人
黒鍬十六人
御附
若年寄
長柄持人
黒鍬十六人
御附
御年寄
花里
長柄持人
黒鍬十六人
御附
局

⑧

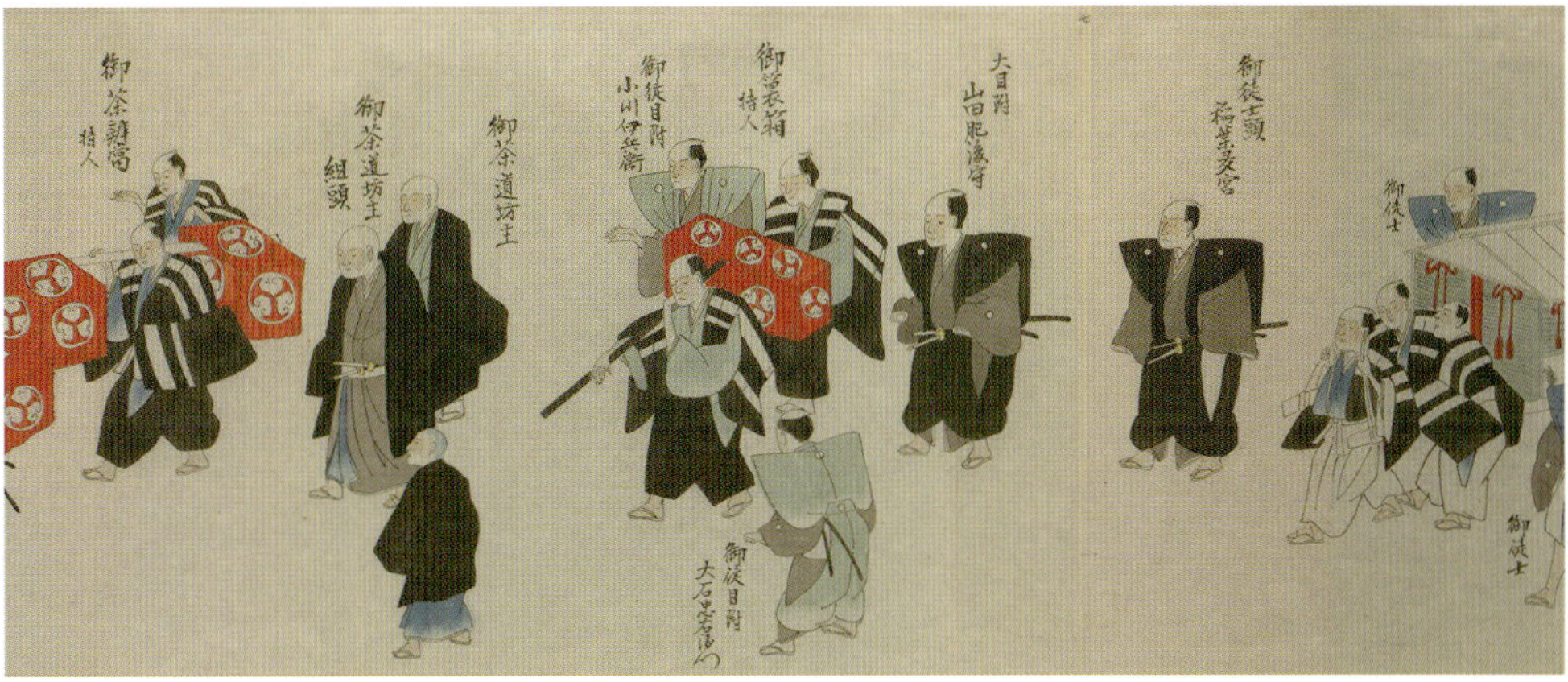
御徒士
御徒士頭
大目附
山田肥後守
持人
御徒目附
小川伊兵衛
御茶道坊主
御茶道坊主
組頭
持人
御徒士

⑩

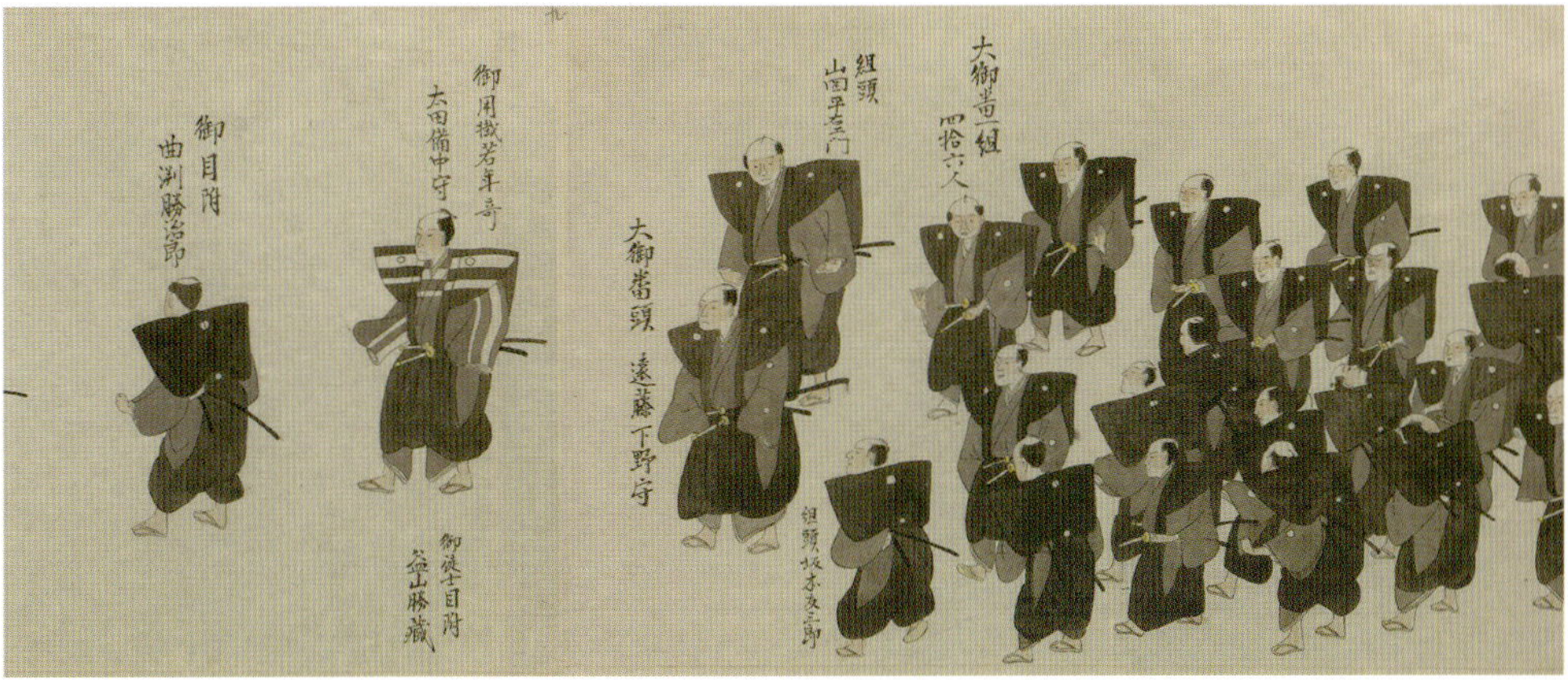
大御番組
四拾六人
組頭
大御番頭
遠藤下野守
太田備中守
御目附
勝治郎
勝蔵

⑫

添番 三人
同 飯田道之助
御留守居番
御太刀
御留守居 太田駿河守
同 石川阿波守
御日傘

⑬

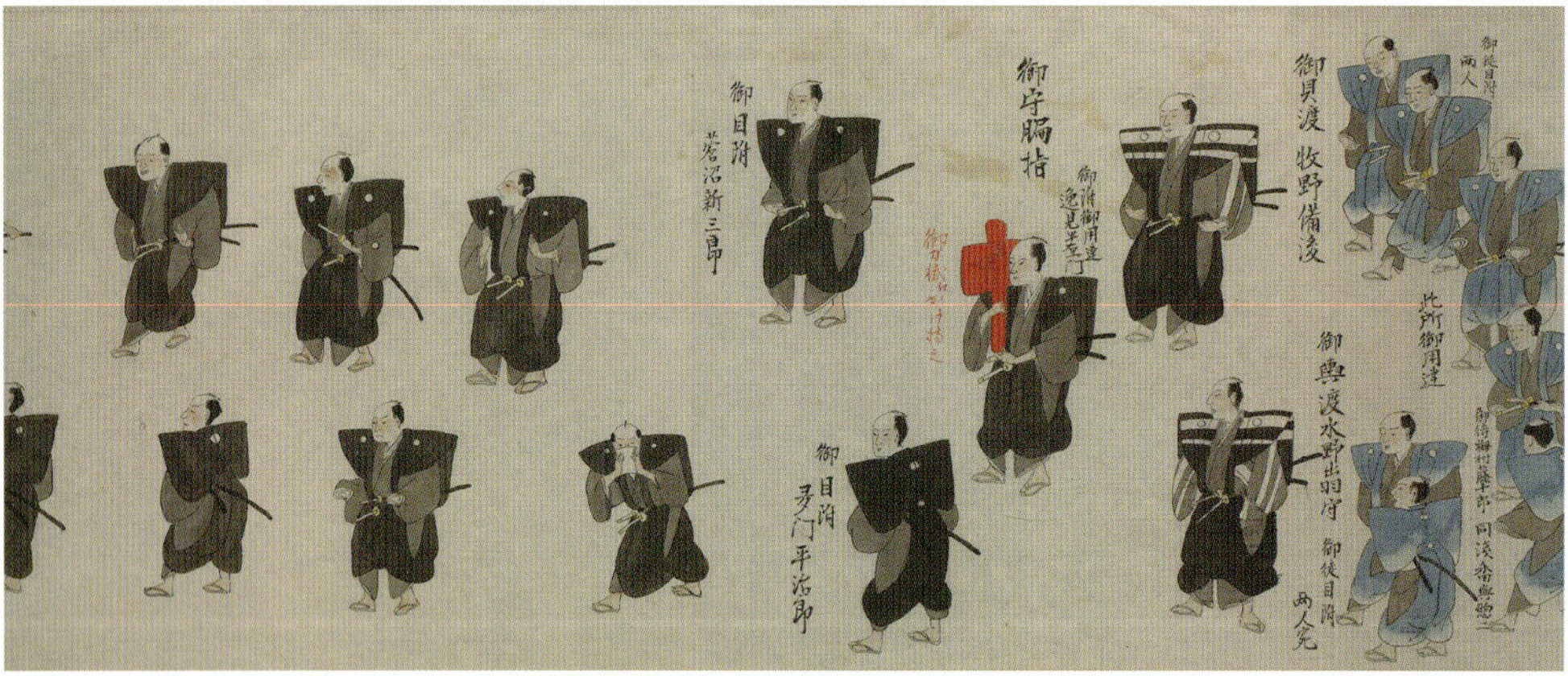
御貝渡 牧野備後
此所御用達
御輿渡 水野出羽守
御目附
御目附

⑮

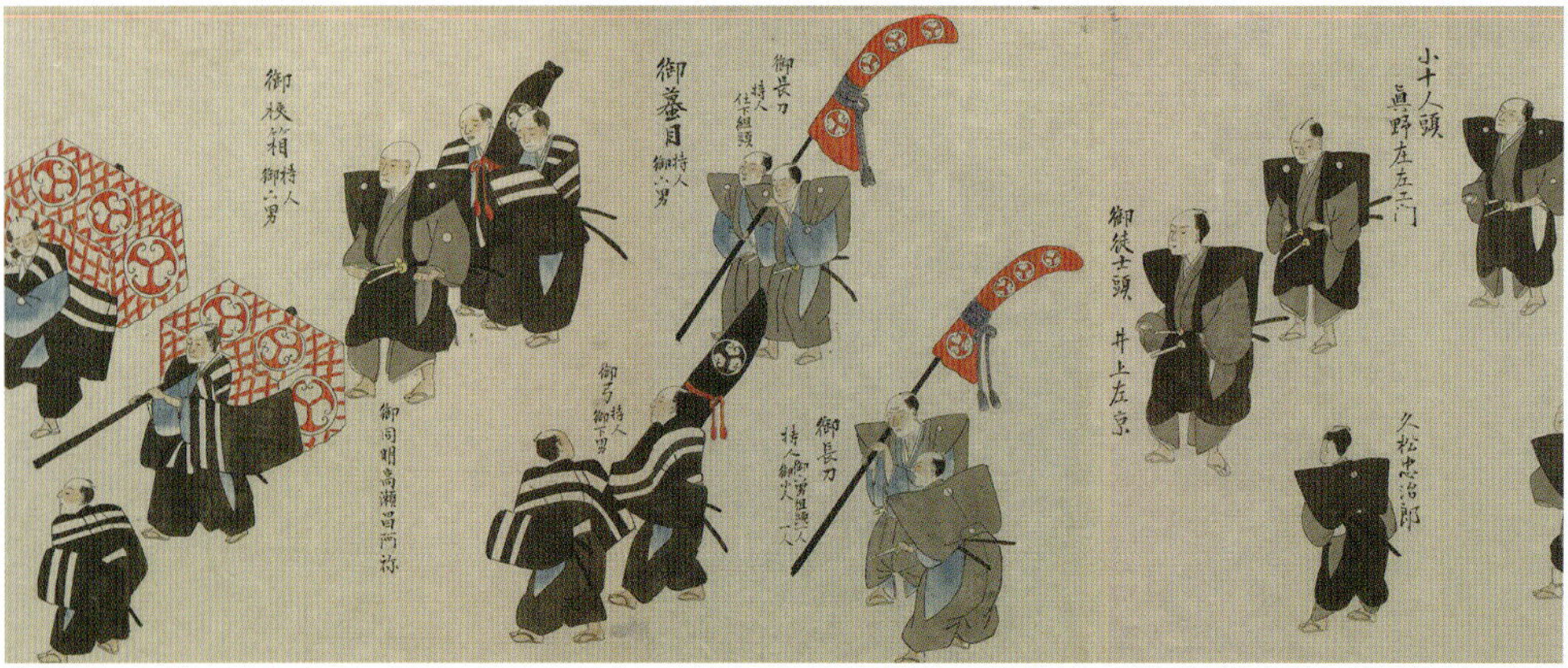
小十人頭
御徒士頭 井上左京
久松忠治郎
御長刀
御長刀
御弓
御挟箱

⑰

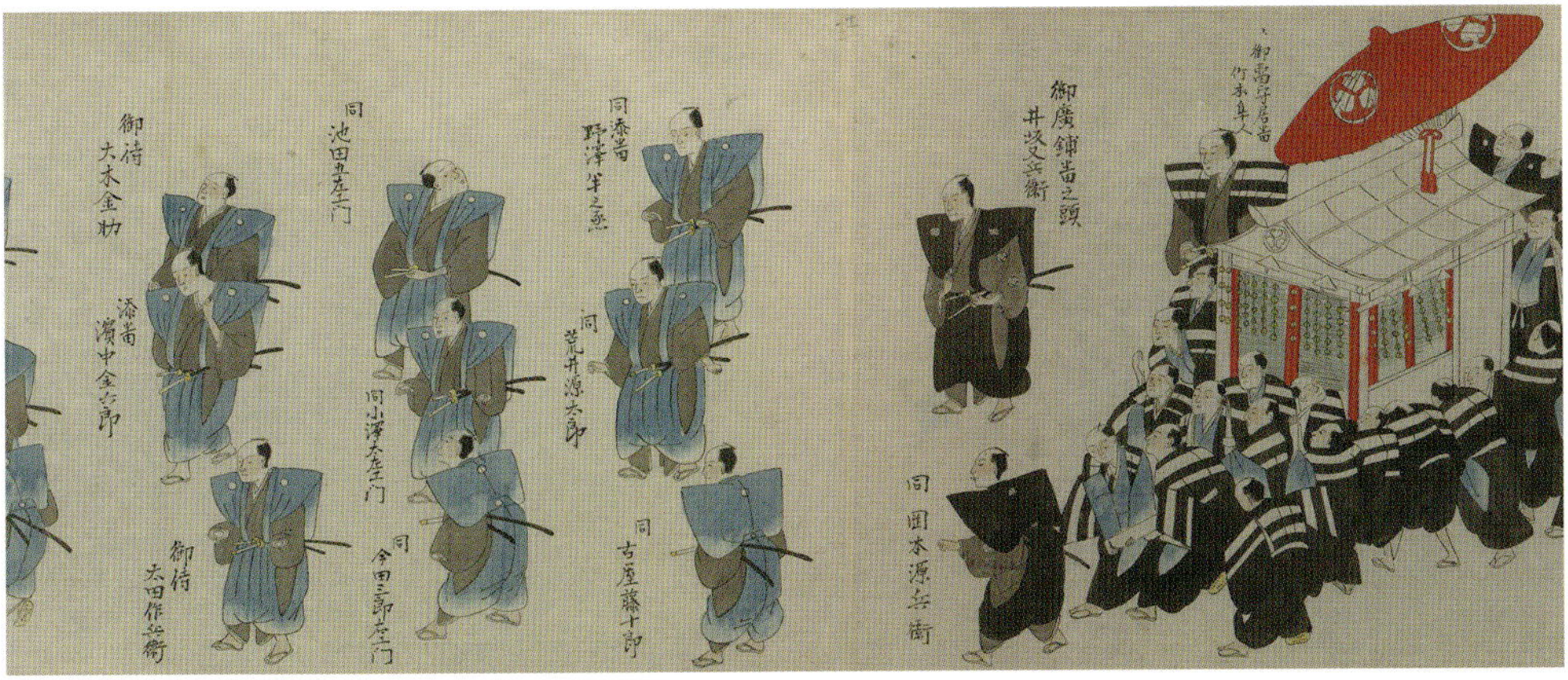
御廣鋪番之頭
同
岡本源兵衛
同
荒井源太郎
同
古屋藤十郎
同
池田五左門
同小澤太左門
同
今田三郎左門
御侍
添番
御侍
太田作兵衛

⑭

小十人一組 右

⑯

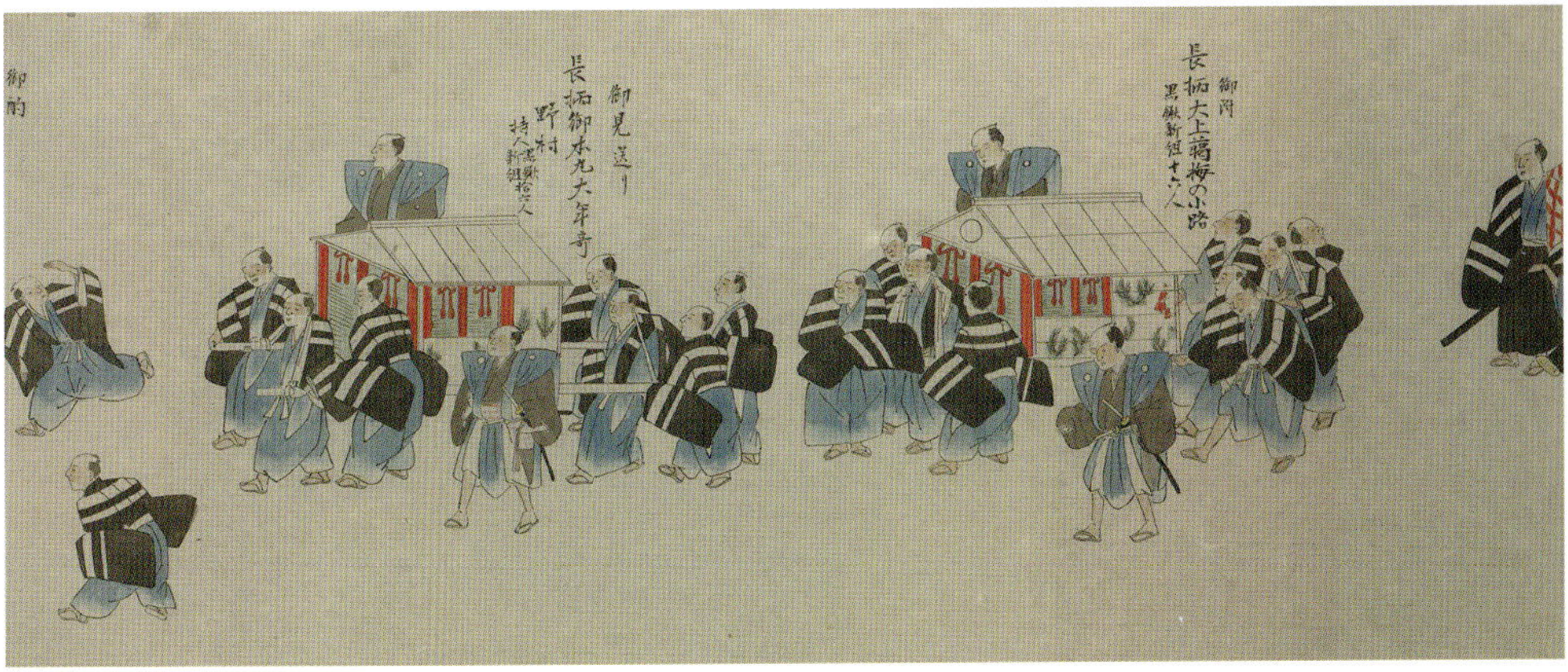
長柄大上﨟梅の小路
御見送り
長柄御本丸大年寄
野村

⑱

⑲

㉑

御徒士頭 永井主殿
御徒目附 添 五右エ門
御召替御輿
持人 御下男
御目附 牧野織部
御徒目附 木村志蔵

⑳

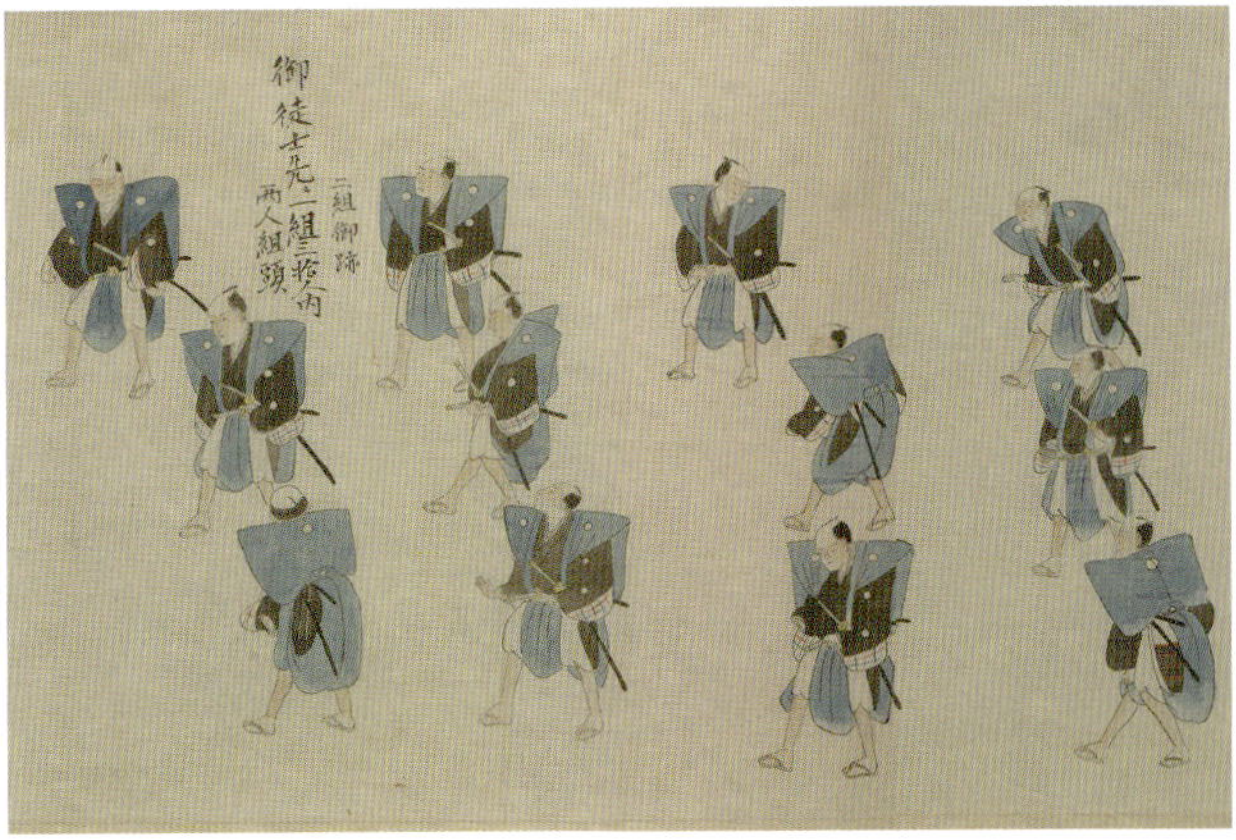
御徒士先ニ一組ニ拾人
两人組頭
二組御跡

㉒

◉5 大奥女性の遊覧場となった吹上御庭

（「吹上御苑真景」国立国会図書館所蔵）

① 御苑入口御門・御泉水之下流・御鷹部屋

② 白鳥堀・弁天島・佐渡石・もちの木

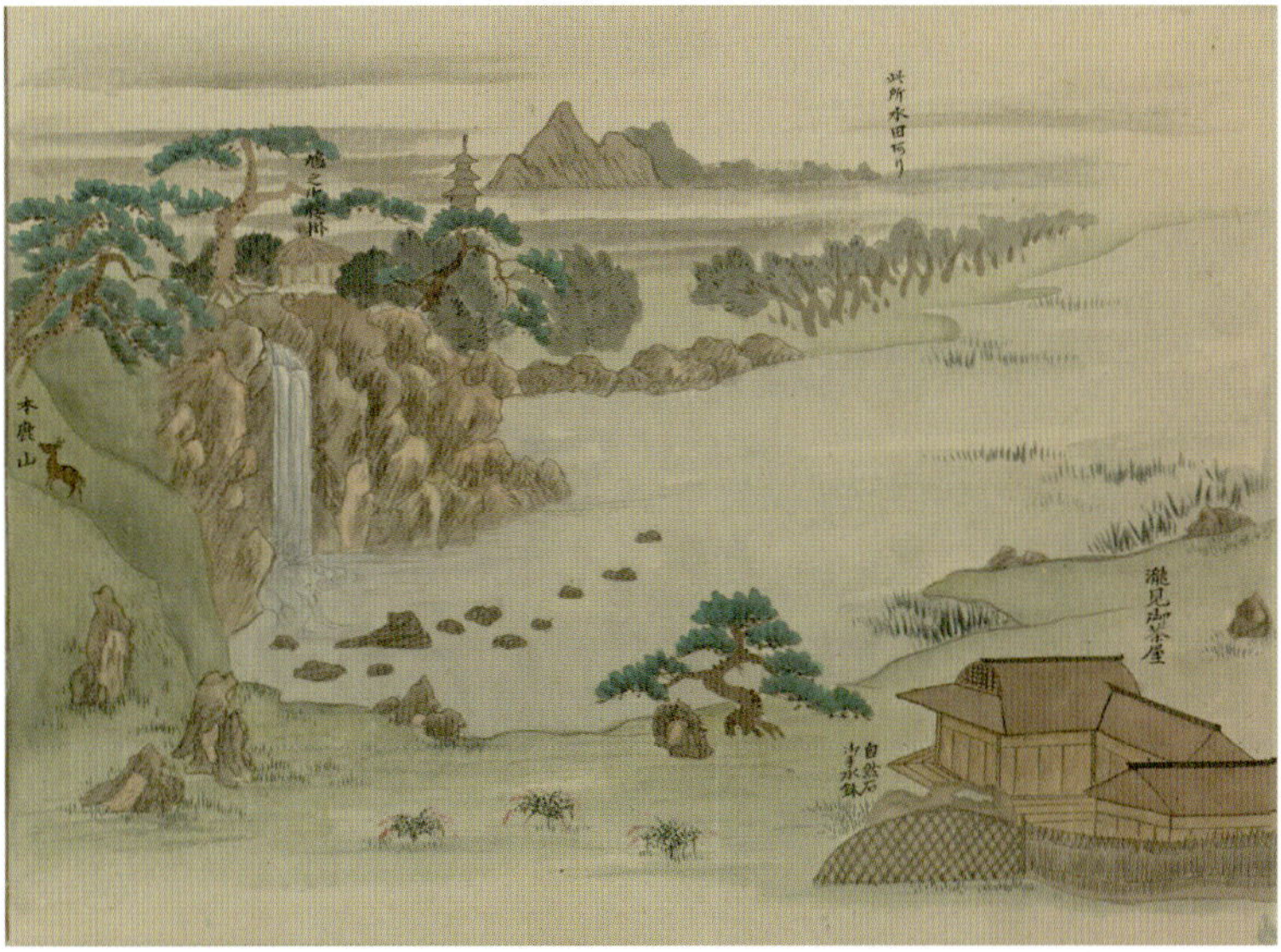

③　瀧見御茶屋・木鹿山・鳩之御腰掛

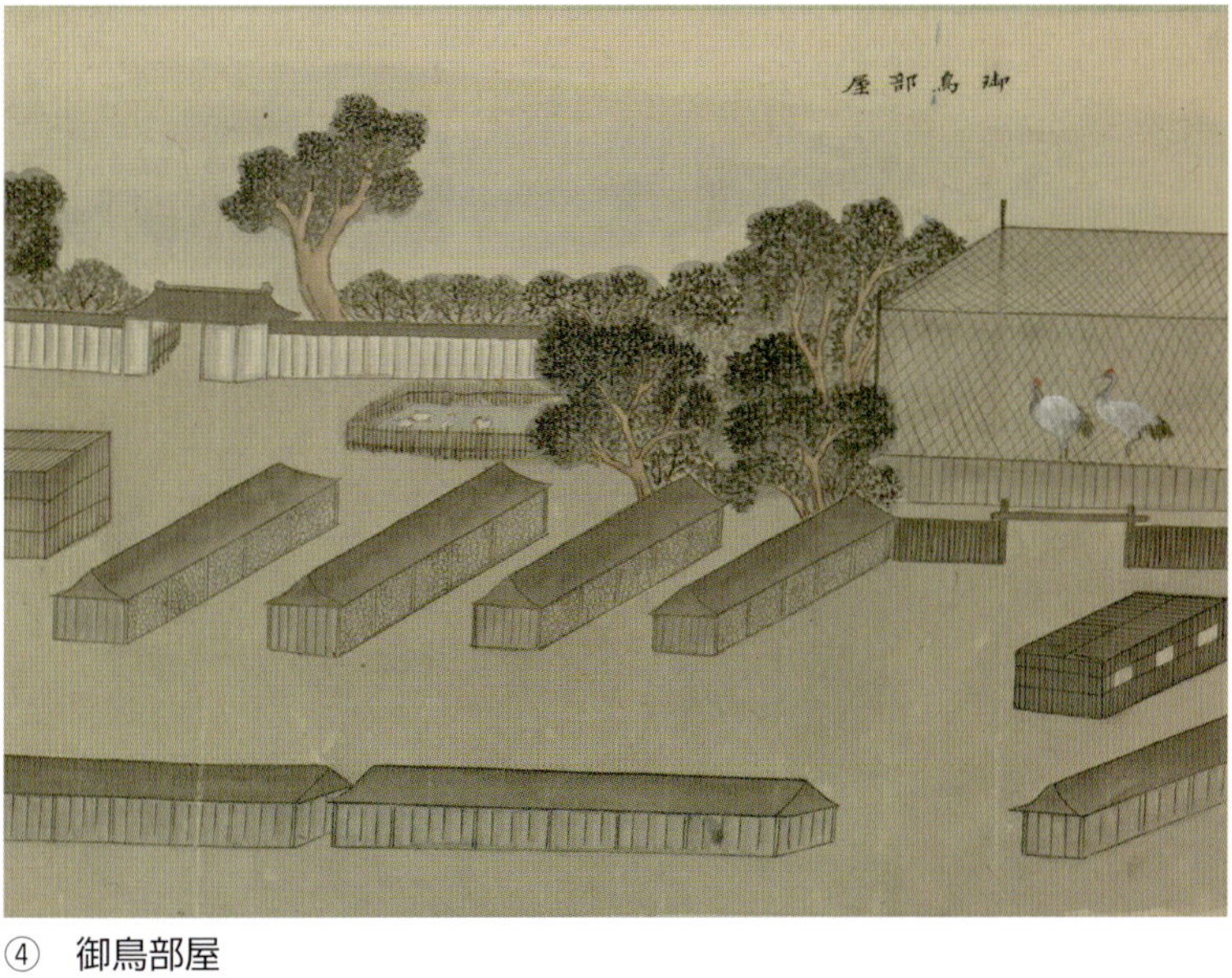

④　御鳥部屋

⑤　中之御門

⑥　諏訪之御茶屋・吹上之井・白蠟石之灯籠・扇之御腰掛

⑦　瀧之宮・菩提樹山

⑧　富士見御茶屋

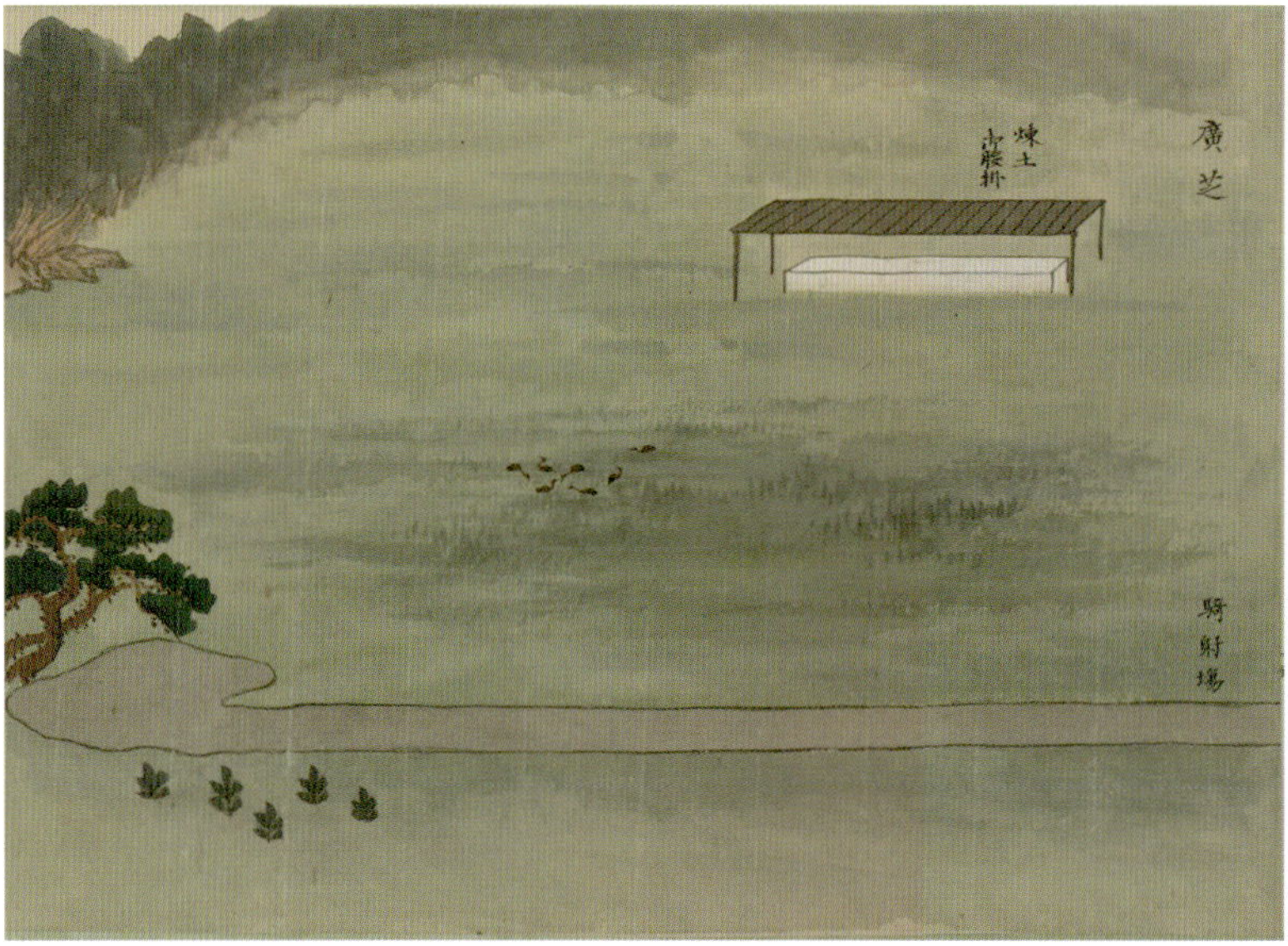

⑨　広芝・煉土御腰掛・騎射場

⑩　射場殿

⑪　紅葉御茶屋・破笠の手水鉢・中島・大泉水

⑫　寛政瀧・氷室

⑬　名主之家・畑

⑭　立場・牛小屋・一里塚

⑮　梅之御腰掛・田舎御茶屋

⑯　田舎御茶屋

⑰　花壇之御茶屋

⑱　新御茶屋

⑲　三角矢来御物見（芝浦・高輪・愛宕山・品川大森を望む）

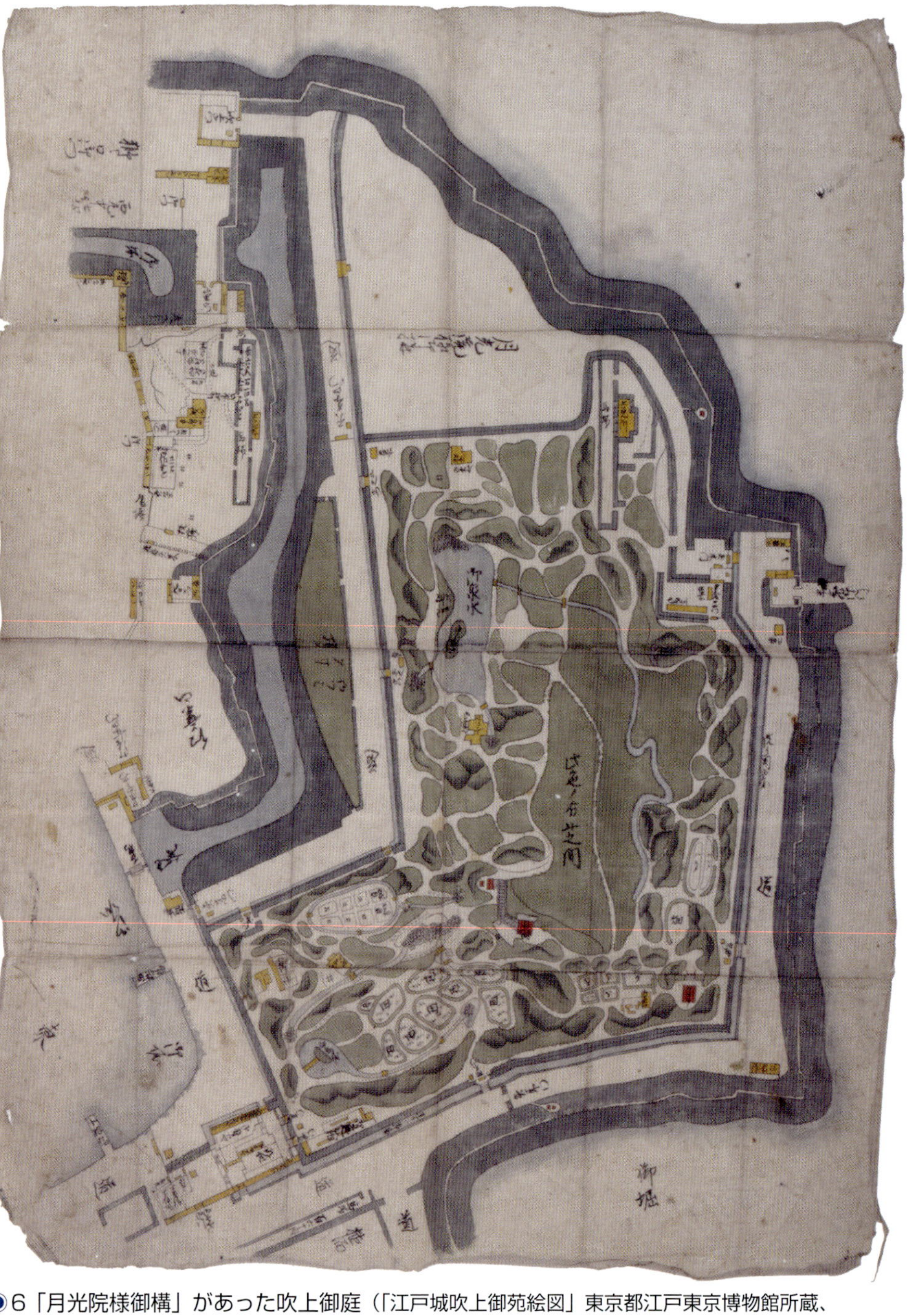

●6「月光院様御構」があった吹上御庭（「江戸城吹上御苑絵図」東京都江戸東京博物館所蔵、Image: 東京都歴史文化財団イメージアーカイブ）

●7 伝通院肖像（愛知県刈谷市 楞厳寺所蔵、写真提供：刈谷市教育委員会）

◉8 阿茶局肖像（徳川記念財団所蔵）

◉9 相応院（お亀）肖像（京都府京都市 清涼院所蔵）

◉ 10 養珠院（お万）肖像（静岡県三島市 妙法華寺所蔵）

● 11 桂昌院肖像（京都府京都市 西山善峯寺所蔵）

◉ 12 シーボルト「NIPPON」に掲載された「将軍の御台所」（九州大学附属図書館所蔵）

◉ 13 シーボルト「NIPPON」に掲載された「大名の妃」(九州大学附属図書館所蔵)

◉ 14 和宮の雛かざり（内裏雛及雛道具付御所人形、国立歴史民俗博物館所蔵）

◉ 15 本寿院の女乗物

（黒塗丸に三階菱紋散梅唐草文様蒔絵女乗物、東京都江戸東京博物館所蔵、
Image: 東京都歴史文化財団イメージアーカイブ）

◉ 16 千代姫婚礼道具

（初音蒔絵厨子棚飾り、徳川美術館所蔵、© 徳川美術館イメージアーカイブ /DNPartcom）

はしがき

江戸時代は、二世紀半余の長期にわたって内乱のない安定した社会を築き上げた、世界史的にも類を見ない注目すべき時代といえる。それゆえ、この時代における民衆社会はもちろんのこと、武家社会の特徴や様相についても、大いに関心が高まっている。

この時代の社会や文化を知るうえで、女性たちの活動も見過ごすことはできない。武家社会における女性の役割についても注目されてきており、とりわけ江戸城「大奥」には大きな関心が寄せられている。「大奥」の営みについては、明治以来、「大奥」女中の回顧談に基づいて語られることが多く、閉ざされた特別な世界というイメージから、史料の発掘も研究も十分に行われてこなかった。しかし、近年、ようやく「大奥」女性に焦点をあてた研究が、一次史料に基づいて行われるようになり、女中の職制、知行・俸禄形態、昇進、さらには幕政との関連性、庶民女性の「大奥」奉公の実態、ジェンダーを視点とした研究など、各方面から成果が蓄積されている。そして最近では大名家の「奥」に関する研究も盛んになり、近世武家の「表」の政治に対する「奥」の女性たちの役割が明らかになってきている。

本書は上述のような研究上の進展をふまえ、これまでの研究を集約し、今後の研究の深化に寄与したいという意味を込めて、企画したものである。

本書の特色は、第一に、将軍家の「大奥」に関する最新の研究成果に基づきながら、制度・構造・政治・経済・文化などを叙述するとともに、「大奥」の世界を形成する将軍御台所・側室・女中など個々の人物像に焦点をあてた。

これまでの「大奥」に関する文献には、典拠史料が明確でなく、根拠のある事実なのかどうか、判別に迷う内容のものが見受けられた。そこで、本書では可能な限り典拠となる史料を明示し、江戸時代初期から幕末まで全体を見通せる「大奥」の専門的な事典となることを意図した。本書の項目の中で初めて紹介された一次史料も少なくない。

将軍家に限らず、大名家の「奥」にまで視野を広げたことも本書の特色である。各大名家の「奥」の実態とその特徴をふまえながら、江戸城「大奥」との関係を叙述することで、これまで明らかにされてこなかった「大奥」の世界を提示することをめざした。

全体構成は第一部　江戸城「大奥」、第二部　将軍と「大奥」、第三部　大名家の「奥」とし、各項目は、第一線で活躍されている研究者に執筆をお願いし、叙述の内容は各執筆者の見解に委ねた。

さらに、口絵には御殿絵図、行列絵図、御庭絵図など、付録には徳川将軍正室・側室一覧、徳川将軍子女一覧、御三家妻子一覧などを掲載し、本文においても図表を充実させた。

本書は二〇〇三年に刊行した『徳川幕府事典』、二〇一〇年に刊行した『徳川幕臣人名辞典』とともに、徳川幕府に関する事典の三部作の内の一冊として企画、立案された。前二冊と同様、本書が「大奥」「奥」研究を志す各大学の学生・大学院生の参考図書として、また江戸時代に関心を持つ一般読者に「大奥」についての理解を深めていただける事典として、永く活用されることを願っている。

本書の企画・立項、編集全般にわたり、藤田英昭氏に多大なご協力をいただいた。また編集・刊行にあたり、東京堂出版編集部の林謙介氏に格別のご尽力をいただいた。厚く御礼を申し上げたい。

竹内　誠
深井雅海
松尾美恵子

凡例

一、表記は、常用漢字体を用いた。ただし、人名等固有名詞については一部正字体を用いたものもある。

一、本書の男性の人名は、原則として、名字と諱で記載した。

一、女性の人名については、諱・通称・院号等にかかわらず、一般に広く用いられる名称で表記した。ただし、名前の場合、「の方」「之方」などの敬称は省略した。

一、大奥女性の称号・女中の職名については、「御」を付けなくても意味が通じる称号・職名は、「御」を省略した。

一、江戸城内の場所名については、「御」を付けなくても意味が通じる場所は原則として「御」を省略した。

一、本文中の史料の引用の際には、一部書き下し文に改めたものもある。

一、各項目の末尾には、参考文献および史料を付し、参考文献の副題は原則として省略した。

一、使用頻度の多い書籍については、以下の通り省略した。

＊旧事諮問会編・進士慶幹校注『旧事諮問録』上・下（岩波文庫、一九八六年）
→『旧事諮問録』上・下

＊永島今四郎・太田贇雄『千代田城大奥』（原書房、一九七一年復刻）
→『千代田城大奥』

＊三田村鳶魚『御殿女中』（『三田村鳶魚全集』三、中央公論社、一九七六年）
→『御殿女中』

＊斎木一馬・岩沢愿彦校訂『徳川諸家系譜』第一（続群書類従完成会、一九七〇年）
→『徳川諸家系譜』一（第二～第四も同様）

＊『新訂寛政重修諸家譜』第一（続群書類従完成会、一九六四年）
→『寛政重修諸家譜』一（以下の巻も同様）

＊『新訂増補国史大系三八　徳川実紀』第一篇（吉川弘文館、二〇〇七年）
→『徳川実紀』一（以下の巻、『続徳川実紀』も同様）

＊高柳真三・石井良助編『御触書寛保集成』（岩波書店、一九五八年）
→『御触書寛保集成』（以下、『御触書宝暦集成』『御触書天明集成』『御触書天保集成』も同様）

＊司法大臣官房庶務課編『徳川禁令考』前集一（吉川弘文館、一九三一年）
→『徳川禁令考』前集一（前集二以下も同様）

＊神宮司庁編『古事類苑』官位部一（吉川弘文館、一九六七年）
→『古事類苑』官位部一（他の部も同様）

◉徳川「大奥」事典——目次

第二部　将軍と「大奥」

第7章　将軍をめぐる女性

第8章　江戸初期の大奥
—家康・秀忠・家光・家綱—

第9章　江戸中期の大奥
—綱吉・家宣・家継・吉宗—

第一部

江戸城「大奥」

第1章

大奥の制度

大奥の概要

大奥研究の流れ

大奥とは　一般に大奥とは江戸幕府の後宮《こうきゅう》（王や皇帝などの后妃が住むところ）を指している。江戸城の本丸・西の丸・二の丸にある御殿には、公的空間である表《おもて》、将軍や世子など主人の居住・執務空間である奥と、将軍とその家族の私的空間である大奥とに区分されていた。各御殿は南北に長く、それぞれの大奥は一番北側に位置していた。

本丸御殿の大奥には、将軍とその正室・側室および幼少の子どもたちが住み、西の丸御殿の大奥には、世子とその家族、または隠居した将軍（大御所）とその妻室らが住んだ。二の丸御殿は前将軍の正室であった御台所の住まいなどになり、その大奥が日常的に使用されていたと考えられる。

大奥女中といえば、江戸幕府に仕えた女性たちをいうが、狭義には江戸城本丸御殿の大奥空間に居住していた将軍付の女中のみを指した。同空間にいた女中は将軍付のみではない。御台所・将軍生母・将軍の子女たちに付けられた女中は、正確には大奥女中とはいわず、御台様付女中や若君様付女中、○○姫君付女中などと称した。しかし一般的には、幕府女中＝大奥女中とみなされており、本書においても、大奥の語を広義に用いていることをお断りしておきたい。

研究前史　大奥について知ろうとする場合、手掛かりとなるのは、明治二〇年代から昭和初期にかけて著述・刊行された東京帝国大学史談会の『旧事諮問録』（明治二四年～二五年）所収の「大奥の話」、朝野《ちょうや》新聞社の『千代田城大奥』（明治二五年）、三田村鳶魚《えんぎょ》の『御殿女中』（昭和五年）などであろう。これらは実際に大奥に仕えた女性たちによる回顧談か、聞き取り調査に基づいて叙述された、比較的史料価値の高い著作といえる。

こうした回顧談などが主だっただけに、大奥に関しては容易に知ることができない特別な社会で、しかも江戸時代においては厳重な禁制があったために、外部に知られることもなく、信頼に足る書類などの史料は残されていないものと思われてきた。昭和三九年（一九六四）に村井益男氏が述べたように、「（大奥）関係者もなくなった今日、大奥について新しい知見を加えることは非常にむずかしくなっている」（『江戸城』）というのが一般的な常識となり、従来の辞典や一般書などで、大奥のことを記述する場合は、ほとんどが先の三書に依拠する場合が多かったのである。

ただ、これらの回顧談は、当然のことながら幕末期のものであり、江戸時代全般に普遍化することは難しい。また、語り手の大奥における地位・身分の違いや記憶の程度によって、矛盾するところもある。特に『千代田城大奥』に関しては、三田村鳶魚が「聞き集めることの多きをむさぼって、ひたすら多人数の口を頼んだ」（『御殿女中』）ために、矛盾撞着《どうちゃく》をきたしてしまったと批判しているほどなので、活用の際には留意しなければならない。

なお、前記の三書以前の著作だが、松平慶永（春嶽）による「前世界雑話稿」や「幕儀参考稿本」（いずれも『松平春嶽全集』一〈原書房、一九七三年〉に所収）などにも、大奥関連の記述が比較的多い。慶永は御三卿の田安家出身と言うこともあり、将軍家の内情にも詳しかったことから、同書の史料上の信憑性は高いものと評価できる。

研究の進展　大奥女中に関して、一次史料を用いた本格的な研究が開始されたのは、一九八〇年代以降である。まず、幕府に仕える女中の基本台帳とも言うべき女中分限帳《ぶげんちょう》を使った研究が現れた。竹内誠「大奥老女の政治力」、松尾美恵子「江戸幕府女中分限帳について」、深井雅海「江戸城本丸御殿図に見る中奥・表向・大奥（下の二）」などがそれにあたる。それぞれ幕政史・制度史・財政史などと関連づけて、一〇代家治、一一代家斉、一三代家定に付属した女中について分析した。深井氏の研究成果には、本丸御殿図を基に大奥の構造の変化や部屋構成について究明した『図解・江戸城をよむ』もある。

名主出身の女性が大奥に奉公する実態については、吉野みちと関口千恵に関する研究が嚆矢であり、それぞれ『御殿女中・吉野みちの手紙』『関口日記』を活用した増田淑美氏や大口勇次郎氏らの研究が注目できる。博物館展示の成果としては、畑尚子氏が企画した江戸東京たてもの園編集・発行の『多摩の女性の武家奉公』もある。

一九九〇年から二〇〇〇年代にかけては、ジェンダー論に立脚した大奥研究が活発化していった。長野ひろ子氏は女性を中心とした奥向が政治的役割を担っていたことを指摘し、将軍・大名家の女中衆を「女性家臣」と捉え、幕藩制国家の権力構造の中に位置づけた。同氏が著した『日本近世ジェンダー論』は、近世社会をジェンダーシステムの中に位置づけ、理論化した成果である。大口勇次郎氏の編集による『女の社会史』も家とジェンダーを軸とした論文集である。これに対して、大奥・奥女中を幕藩制システムの中で位置づけ、贈答行為などの儀礼を視点に、大奥が幕藩制の維持に果たしていた役割を体系的に論じた畑尚子氏の『徳川政権下の大奥と奥女中』もある。

また、大奥と言えば、調度品や衣裳など華やかなイメージがすぐに思い浮かぶが、最近は寺院・信仰という新しい切り口から大奥を論じる研究成果も現れてきた。もっとも大奥と寺院との関わりについては、桂昌院と隆光、日蓮宗に帰依する奥女中など、古くから想起されるテーマではあった。しかし一次史料に基づいた実証研究がなされてきたのはつい最近であり、日蓮宗に関しては望月真澄氏、立山信仰に関しては福江充氏の研究が代表的な成果といえる。これらの成果をもとに、さらに新史料を発見して、博物館の展示としてまとめたものが、江戸東京たてもの園編集・発行『大奥女中とゆかりの寺院』であり、大奥研究に新たな地平を拓いたものとして注目される。

さらに、近年進展が著しいのは、大名家の奥に関する研究成果である。仙台藩伊達家、薩摩藩島津家、松代藩真田家、彦根藩井伊家、徳島藩蜂須賀家、鳥取藩池田家など、注目すべき事例が明らかになってきている。具体的な研究成果は本書の該当項目や参考文献、付録として収載した文献目録などを参照していただきたい。良質な大名家文書の公開・目録化も格段に進んでいるので、史料発掘によって個別事例はますます蓄積されていくものと思われる。今後は個別事例の成果を比較検討することで、総合的・大系的に位置づける作業も必要となってこよう。

今後の課題　新史料を発掘するとともに、従来知られていた史料を斬新な切り口によって再評価することも、今後の大奥研究に必要なのは言うまでもない。そのうえで、今後は中世武家社会の表と奥を視野に入れて、江戸時代以降の奥・大奥の成立、および役割の変遷などを体系的に論じていくことも重要となってくるだろう。また朝廷・公家出身者が江戸城大奥に勤めたことで、大奥へも公家の文化・習俗が流入していったことが漠然と知られてはいるが、具体的な影響についてはいまだに解明されているとはいいがたい。時期ごとの変化も含めて、比較検討する必要もあるだろう。その際には、高橋博氏・久保貴子氏による近年の研究成果が、参考となると思われる。あわせて中国・朝鮮など、アジア諸国の後宮と比較することも、次世代に残された課題といえる。

何といっても、今後も一次史料に立脚した大奥研究が不可欠である。そうした地道な作業が、これまで閉ざされた特別な空間としてイメージされてきた大奥を解き放つ唯一の方法である。そして、正しい大奥理解が、研究者だけではなく、広く一般へも普及・浸透し、時代考証の場でも活かされることを望みたい。

（竹内　誠）

【参考文献】　村井益男『江戸城』（中公新書、一九六四年）、竹内誠「大奥女中の政治力」（『図説人物日本の女性史六　大奥の修羅と葛藤』、小学館、一九八〇年）、増田淑美「吉野みちの生涯」（『江戸時代の女性たち6　大奥の修羅と葛藤』吉川弘文館、一九九〇年）、大口勇次郎『女性のいる近世』（勁草書房、一九九五年）、松尾美恵子「江戸幕府女中分限帳について」（総合女性史研究会編『日本女性史論集二　政治と女性』吉川弘文館、一九九七年、初出一九九二年）、長野ひろ子「幕藩制国家の政治構造と女性」（前同上、初出一九九〇年）、深井雅海「江戸城本丸御殿図に見る中奥・表向・大奥（下・下の二）」（徳川林政史研究所『研究紀要』二九・三〇、一九九六年）、同『図解・江戸城をよむ』（原書房、一九九七年）、江戸東京たてもの園編集・発行『多摩の女性の武家奉公』（一九九九年）、大口勇次郎編『女の社会史』（山川出版社、二〇〇一年）、望月真澄『近世日蓮宗の祖師信仰と守護神信仰』（平樂寺書店、二〇〇二年）、長野ひろ子『日本近世ジェンダー論』（吉川弘文館、二〇〇三年）、大石学編『時代考証の窓から』（東京堂出版、二〇〇九年）、高橋博『近世の朝廷運営と女官制度』（吉川弘文館、二〇〇九年）、畑尚子『徳川政権下の大奥と奥女中』（岩波書店、二〇〇九年）、福江充『江戸城大奥と立山信仰』（法蔵館、二〇一一年）、江戸東京たてもの園編集・発行『大奥女中とゆかりの寺院』（二〇一三年）、久保貴子「禁裏女房の人事と職務」（総合女性史学会編『女性官僚の歴史』吉川弘文館、二〇一三年）、『千代田城大奥』、『御殿女中』

大奥の呼称と変化

本丸御殿の表・奥・大奥　江戸幕府の将軍の住まいであり、政庁でもある江戸城本丸御殿は、儀式、謁見の場である表と、将軍が日常生活し、執務する奥と、将軍の家族生活の場で、正室（御台所）、幼少の子供たち、側室たち、及びかれらに仕える女中たちがいた大奥との、三つの区域に分かれていた。ただし建物の構造をみると、南北二つの殿舎から成っている。表と奥は南の殿舎におさまり、大奥は北の殿舎に独立して存在していた。二つの殿舎は初期には石垣、中期以降は土手・銅塀で仕切られ、また御鈴廊下と呼ばれる廊下でつながっていた。

　武家の住まいは近世以前からまつりごとや軍議、儀式・対面など公的な部分（表）と、家族と暮らす私的な部分（奥）とに分かれており、近世においても同様であったが、江戸城本丸御殿の場合、将軍の私的生活空間（奥）が、さらに奥と大奥に分かれ、建物の構造の上でも分断されていたのである。表に隣接する奥では、側衆・小性・小納戸等の男性役人が将軍の側近に侍し、大奥では将軍付女中が将軍の身辺の世話をし、奥と大奥に仕える男女が相互に行き来することはなかった。

「奥」「奥方」　大奥という呼称は、四代将軍家綱の時代まで、同時代史料にあまり出てこない。対して「奥」「奥方」という言葉が頻出する。例えば元和九年（一六二三）の御台所法度（『徳川禁令考』一〇三三）にみられる「おく方」や「おくの御台所」、万治二年（一六五九）九月五日に、四代将軍家綱が西の丸から本丸に移徙《いし》したとき出された「御奥方御法度」（『徳川禁令考』一二五一）、「柳営日次記」に散見する「奥方御普請」（慶安三年九月二二日条等）など、枚挙にいとまがない。また「柳営日次記」には「奥御日記」（「柳営日次記」寛文七年四月九日条）に基づく「奥」の記事も多い。

　近年紹介された寛永一四年（一六三七）の「御本丸御奥方御絵図」（森川家文書）は、本丸御殿の北側の殿舎を描いた絵図で、部屋部屋に女中の名前が書かれた紙が貼りつけられている。寛永一七年の本丸御殿全体を描いた「御本丸惣絵図」（『寛永期江戸城本丸・二丸図』）にも北側の殿舎に女中の名前が記されており、ここがのちの大奥と同じく女性たちがいた空間で、「御奥方」と称されていたことが知れる。

　しかし奥はここだけではない。「御本丸惣絵図」の南側の殿舎を見ると、将軍の居室の「御座之間」や「（御休息）」、「奥納戸」、「小納戸」の部屋がある。後の時代より狭いが、将軍の私的生活空間としての奥が存在している。「江戸幕府日記」（姫路酒井家文書）の慶安二年（一六四九）七月一六日の記事に「奥方中の仕切石垣、今度地震ゆえ、破損に付いて、酒井讃岐守築き直すべき旨仰せ出さる」とある。「奥方」が石垣によりふたつの区域に分けられていたこと、すなわち家光の時代にのちの奥と大奥の形が成立していたことを裏付けている史料といえる。なおこの時代、奥の延長として機能していた部屋が黒書院で、ここを「中奥」といった（深井雅海『江戸城』）。現在一般に奥を中奥ということが多いが、元来別物であり、本書ではこれを峻別する。

「奥方」から大奥へ　上述のようにのちの奥と大奥の空間は、家光の時代に成立していたが、史料上に出てくる「奥」「奥方」の語はどちらの奥を意味しているのか、区別できないことが多い。どちらかといえば、家綱の時代には北の殿舎を指して「奥方」といったようである。「柳営日次記」には「奥方」と「大奥」を併用している記事（寛文一〇年八月三日・四日条）もみられるが、綱吉の時代になると、「奥方」より「大奥」の語の使用が増え、元禄・宝永期にとって変わる。

　貞享元年（一六八四）、御座之間近くで大老堀田正俊が若年寄稲葉正休に殺害されるという事件が起こった。その後、将軍の居住空間である奥への出入りが厳しく制限され、表と奥の境目も明確になったと思われる。南の殿舎における表と奥の境界明確化は、詰衆・右筆・医師が表と奥に分化したことや、奥の役々（近習番・桐之間番・廊下番・御次番など）が設置されたことなど、この時代の職制上にも表れている。北側の殿舎における女性たちの空間を大奥と称することが定着したのは、南側の殿舎において奥空間が確立したことの反映かもしれない。

　ところで大奥は江戸城本丸御殿にのみ存在したわけではない。西の丸御殿も二の丸御殿も南北二つの殿舎で構成されており、北側の殿舎をそれぞれ西の丸大奥・二の丸大奥と称した。この両御殿には大御所や世子、前代の御台所が住み、各々に女中が付属したが、たんに大奥女中というと本丸の将軍付女中を指したようである。

　また御三家や御三卿、大名家のなかにも女性たちの空間を「大奥」と称した例（一橋徳川家など）があり、奥を「中奥」と称した例（薩摩藩島津家）もある。大奥の語は一般に将軍の後宮《こうきゅう》としての意味合いが強く、広義に用いられるが、史料上の語を正確に読み取り、表に対する奥の問題として、その変化も含めて検討していくことが肝要である。（松尾美恵子）

【参考文献】松尾美恵子「江戸幕府女中分限帳について」（総合女性史研究会編『日本女性史論集二　政治と女性』吉川弘文館、一九九七年、初出一九九二年）、同「江戸城『大奥』の空間構造」（『東京人』二四二、二〇〇七年）、同「江戸城の女の空間〈大奥〉」（『歴博』一五一、二〇〇八年）、深井雅海『江戸城』（中公新書、二〇〇八年）、畑尚子『徳川政権下の大奥と奥女中』（岩波書店、二〇〇九年）、藤田英昭『森川家文書』所収の江戸城『御本丸御奥方御絵図』について」（『千葉県の文書館』一八、二〇一三年）

【史料】「江戸幕府日記」（姫路酒井家文書、姫路市立城郭研究室所蔵）、「柳営日次記」（国立公文書館所蔵）「御本丸惣絵図」（内藤昌『寛永期江戸城本丸・二丸図』教育出版、一九九五年）、『徳川禁令考』一〇三三・一二五一

法令の制定

元和の壁書・御台所法度　江戸城大奥で守るべき事柄を定めた基本的な法令といえば、大奥の取締り向きを担当した広敷役人に対する御台所法度《おだいどころはっと》・奥方法度と、直接女中に向けた女中法度である。

　前者に繋がるもっとも早い法令は、元

和四年（一六一八）正月朔日付で出された五箇条の壁書（『徳川禁令考』一二四四）で、奥方の普請や掃除等の御用には天野孫兵衛・成瀬喜右衛門・松田六郎左衛門を同道すること（第一条）、「おつぼね」より奥へ男は出入り禁止（第二条）、女は身分の上下を問わず通行証がなければ出入りできない、暮六つ（午後六時頃）以降、御門より外へ出ることはできない（第三条）、走り入りの女は理由を質した上で返すこと（第四条）、「御台所」の仕置は天野・成瀬・松田が「両三人一日一夜ずつ」勤番し、諸事善悪の沙汰を申し付けること（第五条）とある。天野ら三人は奥の警備・監察・営繕の責任者で、のちの広敷番之頭に相当する。

　元和八年、本丸御殿が改築され、翌九年正月に出された御台所法度（『徳川禁令考』一〇三二）では、壁書の内容に、出家・社人、医師、大名家の使者、町人・職人等の奥への伺候に関する箇条が加わった。また奥からの御用は「こたいふ・おきゃく・おく」の三人をもって仰せ出されるとある。この三人はのちの表使に相当する女中であろう。

万治の奥方法度・寛文の女中法度　明暦三年（一六五七）の大火により焼失した本丸御殿が再建され、万治二年（一六五九）九月五日、四代将軍家綱が西の丸から移徙《いし》した。このとき奥方法度（『徳川禁令考』一二五一）が出されているが、元和の御台所法度をより詳細にしたものである。一九か条から成り、女中たちの門の出入り、女性たちの空間への男性の立ち入り、火の用心をとくに厳しく定めている。この後五代綱吉のとき、貞享元年（一六八四）九月にも奥方法度（『教令類纂』初集一九、大奥之部）が発令されている。大老の堀田正俊が殿中で殺害された直後のことである。内容は万治の法度を引き継いでいるが、「はしり込みの女」停止の箇条が消滅したことや、「しめ戸の内」に入ることのできる男子の年齢が七歳から九歳に引き上げられたことなど、変化した部分もある。

　幕府に仕える女中に対し、その心得を箇条書きで示した女中法度は、寛文一〇年（一六七〇）に発せられたのが最初と思われる。すなわち同年二月二二日、女中全般に向けて、奥方上下・公儀のためを第一に思い、後ろ暗いことがないようにすること、法度および老女の言いつけに背かないこと、奥方の作法を他言しないこと、倹約のこと、宿下がり、火の用心のことなどを定めた八か条の将軍家綱の黒印条目（『徳川禁令考』一二七〇）が発せられ、また同日付で老女の梅・岡野・矢島・川崎に対し、職務上守るべき事柄を示した七か条の老中連署条目（『徳川禁令考』一二七一）が出されている。寛文の法度発令は、家綱の幼時より仕えた大奥老女近江局が、直前に死去しており、老女の役替え等があったためと推定される。

享保の奥方法度・女中法度　八代吉宗は、将軍になってまもない享保元年（一七一六）一一月、奥方法度一九か条（『徳川禁令考』一二六三）を発した。当時本丸大奥には、六代家宣の御台所で七代家継の後見だった「一位様」（天英院）がいた。法度はその用人三人と、広敷番之頭一五人に向けて出されたもので、内容は万治の法度を引き継いだ貞享の法度と大差ない。その後奥方法度は享保一六年、寛政元年に書き改められている

（「諸事留」第九冊）。

　一方、享保六年（一七二一）四月に制定された一〇か条の女中法度（『徳川禁令考』一二七七）は、文通や宿下がりの際の交際範囲、衣服・諸道具・音物・振舞事の奢侈禁止、葵紋付の道具の貸与禁止、御下男の使用禁止など、寛文の女中法度に比べ、規制が一段と細かくなった。寛政元年（一七八九）にもほぼ同文の女中法度が出され、さらに一九か条の七つ口御定書（「諸事留」第九冊）も制定されている。享保と寛政の時代は、大奥に対する取締りが法制面でも強化された時期であったことがうかがえる。

（松尾美恵子）

【参考文献】松尾美恵子「江戸城の女の空間〈大奥〉」（『歴博』一五一、二〇〇八年）、畑尚子『徳川政権下の大奥の奥女中』（岩波書店、二〇〇九年）

【史料】「武家厳制録」四〇（近世法制史料叢書三、創文社、一九五九年）、『教令類纂』初集一（内閣文庫所蔵史籍叢刊、汲古書院、一九八二年）、『教令類纂』二集二（内閣文庫所蔵史籍叢刊、汲古書院、一九八三年）、『憲教類典』三（内閣文庫所蔵史籍叢刊、汲古書院、一九八四年）、『諸事留』三（内閣文庫所蔵史籍叢刊、汲古書院、一九八八年）、『徳川禁令考』前集第二・前集第三

御年寄発給文書

贈答儀礼における発給文書　御年寄は御台所やそれぞれの主人の意を奉じて多くの文書を発給した。これらは女中奉《ほう》文《ぶん》、または女中のなかでも老女クラスが発給することから、老女奉文などと称されている。

　その中でも多く現存するのが、家督相続・官位叙任・参勤などに際して、大名より大奥へ進上された銀子に対する礼状である。この贈答儀礼は、各大名家それぞれの家格に応じて義務づけられたものであり、いわゆる賄賂ではない。写真にみられるように、仮名書き主体で折紙形式の書状である。図1は六代将軍家宣期のもので、豊後臼杵藩主稲葉恒通《つねみち》に宛てられた女中奉文である。大意は次の通り。恒通が参勤の御礼として御台所に銀子を進上したので披露したところ、御台所は満足に思し召しており、その旨をよく心得て伝えるようにとのことである。また、われわれ御年寄や表使《おもてづかい》へも御祝儀として贈物を下され、忝《かたじけな》く思っている。

　このように、御台所の意向と、自身らへの贈物に対する謝意をあわせて述べるのが家綱期〜家継期の女中奉文の特徴である。連署のうち、豊原・常盤井・三室・高瀬・川島の五人は家宣付、岩倉・かよの二人は御台所（近衛熙子）付の御年寄である。女中奉文は将軍付のみの連署が基本で、御台所付御年寄が加わるのは珍しく、近衛熙子の存在とかかわりがあるのかもしれない。

　なお、女中奉文は御台所の意を奉じるものが多いが、徳松（五代将軍綱吉世嗣）や月光院（七代将軍家継生母）の意を奉じたものも残っている。その場合は、それぞれ徳松付・月光院付の御年寄が連署した。

　近世後期の女中奉文には老女自身や表使への贈物に対する謝意が記されなくなり、文章も簡略化・形式化していった。とはいえ、大名にとっては御台所の奉書

という点で、極めて重要な文書であった。松浦静山《まつらせいざん》は御台所の奉書が送られた際、麻上下に着替えて迎えたという。文書の文体からみても老女側が上位であるともいわれ、その勢威をうかがいしることができる。

その他の発給文書　近世後期には贈答儀礼以外の老女連署文書も残るようになる。一つは彼女たちの信仰にかかわるものであり、天保年間における感応寺の伽藍建立に関しては、将軍・御台所付老女一人一人が連署した書状が残っている。

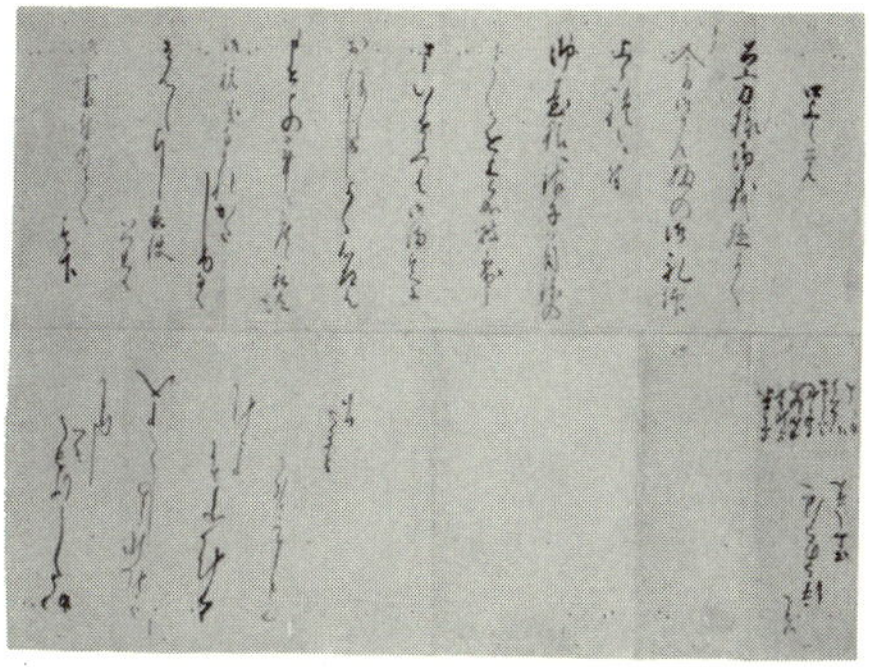
図1　大奥老女連署書状（豊後臼杵藩稲葉家文書、江戸東京博物館所蔵、Image: 東京都歴史文化財団イメージアーカイブ）

これなどは、将軍・御台所のみならず、老女自身の関心事でもあったと考えられる。

さらに老女は、より内々に主人の意思を伝える文書も発給した。特に御台所にとって、自身に付く老女はもっとも信頼できる側近といえ、彼女たちに奉書を発給させ、大名や公家などに送っていた。例えば近衛熙子は、竹姫（徳川綱吉養女）と島津継豊《つぐとよ》の縁組を成立させるため、秀小路（万里小路《までのこうじ》雅房息女）という女中に奉書を発給させ、交渉している。贈答儀礼における文書が御年寄のいわば公的な性格を示しているとすれば、より私的に御台所の意思を伝えるものといえる。

こうした儀礼関係以外の発給文書は、大奥の政治的役割や御年寄の職務などを検討する上でとりわけ重要であり、さらなる発掘が俟たれる。

（石田　俊）

【参考文献】　畑尚子「老中に匹敵した御年寄」（斎藤慎一編『江戸の町を歩いてみる』中央公論新社、二〇〇二年）、山本博文『大奥学事始め』（NHK出版、二〇〇八年）、畑尚子『徳川政権下の大奥と奥女中』（岩波書店、二〇〇九年）、松尾美恵子「将軍御台所近衛熙子（天英院）の立場と行動」（『歴史評論』七四七、二〇一二年）、石田俊「綱吉政権期の江戸城大奥」（『総合女性史研究』三〇、二〇一三年）、『大奥女中とゆかりの寺院』（江戸東京たてもの園、二〇一三年）

【史料】　「大奥女中豊原ほか書状」（豊後臼杵藩稲葉家文書、江戸東京博物館所蔵）、「江戸幕府老女奉文」（山内家文書、土佐山内家宝物資料館所蔵）、「老女奉文」（対馬宗家文書、九州国立博物館所蔵）、「御台所女房口上書」（内藤家文書、明治大学博物館所蔵）、『鹿児島県史料 旧記雑録追録』三（鹿児島県、一九七三年）、『甲子夜話』二（東洋文庫、平凡社、一九七七年）

誓詞

女中の誓詞　近世の社会では、物事を約束する際、誓詞（起請文）を書く慣わしがあった。将軍の代替わりや大名の家督相続に際して、大名が幕府に差し出した誓詞、大老・老中をはじめとする幕府の諸役人が就役の際、職務に精励し、法度を遵守することなどを記して、上司等に提出した誓詞がよく知られている。大名諸家においても、大名の代替わりや家臣の役職就任の際、誓詞をとった。武家だけでなく、村役人などの誓詞もあり、さらに様々な芸の秘伝奥義を伝授される際、門人が師匠に提出するものなどもあった。

　あまり知られていないが、幕府や大名家に仕える女中も就役の際、誓詞を提出した。寛政一二年（一八〇〇）、弘前藩津軽家の御側女中きの・せやが、姫付を命じられたとき、役人（用人）に提出した誓詞（写）がすでに紹介されている。同家の文書には、御年寄まち、御次きそ・ゑん・さき、仲居ときわ・わかなの誓詞（写）も残存する。

誓詞の様式と文言　誓詞は神仏にかけて誓約する中世以来の起請文の様式で書かれた。すなわち誓約の内容を記した前書と、誓約に背いたときに罰を下す神仏の名を列挙した神文とからなり、署名血判した。神文は寺社が発行する牛玉《ごおう》宝印という特別な紙の紙背に記し、前書に張り付けた。

女中の誓詞も同様であるが、書体には違いがあり、「男は行字に書、神おろしは楷真也、女は行草まぜ書、神おろしは行文字」（『書札抜要集』）で書くこととされた。「神おろし」とは、起請文で神々の名を連ねた箇所をいう。

　前述の津軽家御側女中の例では、文言は漢字仮名交じり文で書かれている。誓約の内容は、忠勤を励むこと、藩主夫妻、子供たち、一門の召しあがり物は悪い物を差し上げないようにすること（毒見のことか）、機密を親・兄弟などにも口外しないこと、一味徒党を企てないこと、退職後もこの誓詞の内容を守ることや、「御家のよしあし」を取沙汰しないことなど五か条にわたり、具体的に記された。

　幕府女中の誓詞前書は、諸史料（『教令類纂』二集四一、『憲教類典』三之二七、『徳川禁令考』一二七八）に、享保六年（一七二一）四月に制定された「女中法度」一〇か条（『徳川禁令考』一二七七）の末尾の「右ケ條堅く相守り幷誓詞前書の趣相違これなきやうに心がけらるへく候、其ためひだりにしるしおき候事」に続いて載せられている。それは「一　御奉公の儀、実儀を第一に仕り、少も御うしろぐらき儀いたすまじく候、よろづ御法度の趣かたく相守り申すべき事、一　御為に対したてまつり、悪心を以て申し合わせいたすまじき事、一　奥方の儀、何事によらず外様へもらし申すまじき事、一　女中方の外おもてむき願いがましき儀、一せつ取持いたすまじき事、附、御威光をかり私のおごりいたすまじき事、一　諸傍輩中のかけごとを申、あるいは人の中をかぎ候やうなる儀、つかまつるまじき事、一　好色がましき儀は申すにおよばず、宿さがりの時分も物見遊所へ参るまじき事、一　めんめん心のおよび候ほどは行跡をたしなみ申すべき事、附、部屋部屋火のもと念入りもふしつくべき事」の七か条である。

　幕府は享保元年（一七一六）一一月に奥方法度一九か条（『徳川禁令考』一二六三）を発した際、大奥女中からこの誓詞を取っている（『徳川実紀』享保元年一一月二八日条）。大奥を取り締まるため、一斉に徴したものと思われる。なお寛政元年（一七八九）五月にもほぼ同文の女中法度と前書が示されている（『諸事留』九)。但しこの起請文前書が女中の各役職就任時の誓詞としても用いられたという確証はない。

家慶付表使小山の誓詞　上臈御年寄、小上臈《こじょうろう》、御年寄、表使《おもてづかい》等、幕府の上級女中は就任と同時に誓詞を仰せ付けられている(「女中帳」文化二年一二月条など)。次に女中の誓詞の経過や場面がわかる留守居の記録(「絵図面」)をみてみよう。

文政一三年(一八三〇)三月二五日、「自分」すなわち松平乗譲は内府様(家慶)付表使小山の誓詞の判元見届のため、西の丸に赴いた。家慶の御機嫌を伺った後、西の丸用人の部屋に控えていた。西の丸広敷番之頭から都合が良いと言ってきたので、御広座敷に行き、図2の位置に着座した。床を背にして家慶付御年寄の万里小路《までのこうじ》が座し、小山が所定の位置に出席した。右筆が誓詞を読み、その後血判が済み、表使亀田と万里小路《までのこうじ》が見届け、それから「自分」が見届けて終了した。これは文化一三年八月二九日の西の丸表使松井の例に則ったとある。女中の身分、所属により、誓詞を行う場所や、判元を見届ける役人は異なった。

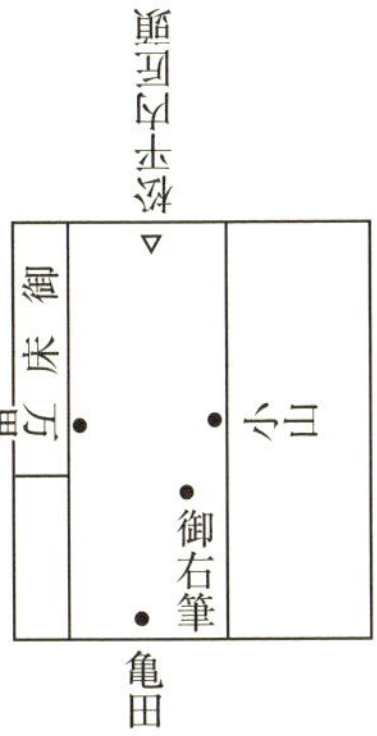

図2　西の丸での誓詞の場面

なお血判について、「書札抜要集」によると、男は左の薬指、女は右の薬指の血を付けた。自筆で名乗、判形(花押)を書き、小刀にて指を切り、上血をしぼり取り、二番目の血を小刀の先に付け、名乗と判形の間に付けた。女は名の下に付けたという。

(松尾美恵子)

【参考文献】『津軽家文書目録』(弘前市立弘前図書館　一九八四年)、日本歴史学会編『概説古文書学　近世編』(吉川弘文館、一九八九年)、

【史料】「女中帳」(国立公文書館所蔵)、「絵図面」(稲生家文書、埼玉県立文書館所蔵)、「津軽家御側女中きの・せや起請文」(日本歴史学会編『演習古文書選 続近世編』吉川弘文館、一九八〇年)、『教令類纂』二集二(内閣文庫所蔵史籍叢刊、汲古書院、一九八三年)、『憲教類典』三(内閣文庫所蔵史籍叢刊、汲古書院、一九八四年)、『諸事留』三(内閣文庫所蔵史籍叢刊、汲古書院、一九八八年)、「書札抜要集」(『古事類苑』人部二四)、『徳川禁令考』前集第三

大奥の構造

江戸初期の本丸「奥」

御代替の御普請　元和九年（一六二三）七月二七日に三代将軍となった徳川家光は、寛永九年（一六三二）正月二四日に大御所徳川秀忠が死去すると、江戸城惣構《そうがまえ》の大改修に着手した。いわゆる「御代替《おだいがわり》之御普請」である。寛永一二年の二の丸拡張工事に始まり、一三年以降石垣普請は西国大名に、堀・堤の普請工事は東国大名にそれぞれ担当させて進められた。本丸御殿の将軍御座所は、堀普請にあずからない譜代大名が担当し、「御奥方御普請」は、松平重直（能見《のみ》松平家・豊後龍王陣屋）・小笠原忠知（豊後杵築《きつき》城主）・本多忠利（三河岡崎城主）・松平乗壽《のりなが》（美濃岩村城主）・堀親昌《ちかまさ》（下野烏山城主）・遠山秀友（美濃苗木城主）・森川重政（下総生実《おゆみ》陣屋）の七家が担当した。

寛永一四年の本丸「御奥方」　この「御奥方」の構造に関しては、建物内の「絵張付」御用を務めた森川重政の家に伝来した指図《さしず》によって判明する。従来、江戸城最古の本丸御殿指図は寛永一七年のものとされてきたが（「御本丸惣絵図」）、森川家伝来の指図（口絵1）は、奥方部分に限るとはいえ、それよりも三年古い指図である。しかも奥に住まう女性たちの名前が書かれた貼紙が付けられており、寛永一四年当時の奥女中の名前を具体的に知ることもできる。なかには家康の側室であった英勝院（お梶）や家光の乳母春日局、その側室慶光院（お万）らの部屋も見出され、寛永一四年閏三月五日に誕生した千代姫（家光長女）と関わるであろう「御ひめさま衆局」の部屋も見ることができる。織田信長に反旗を翻した荒木村重の娘で、崇源院や家光に仕えた「あらき殿」の名前も東側「ひろ敷」近くにある。

図3は森川家伝来の奥方指図をもとに作図したものである。特徴的なのは、西側・北側・東側に奥女中ら女性たちの部屋が並んでいることで、これらが中央部の御殿を取り囲むような構造となっている。西側と北側の一部が「殿」の敬称が付く女中の部屋、東側と北側の一部は「下局」で、女中の名に敬称はない。南東側には「ひろ敷」「御台所」もあった。南側には「つき山」（築山）や「つき山御茶屋」を備えた庭が広がり、表の御殿とは「仕切長や」三棟によって隔てられ、境目は東南部で曲がり張り出していた。南側の廊下と通じている「御休息之間」は家光の奥の寝所ではないか。その北東

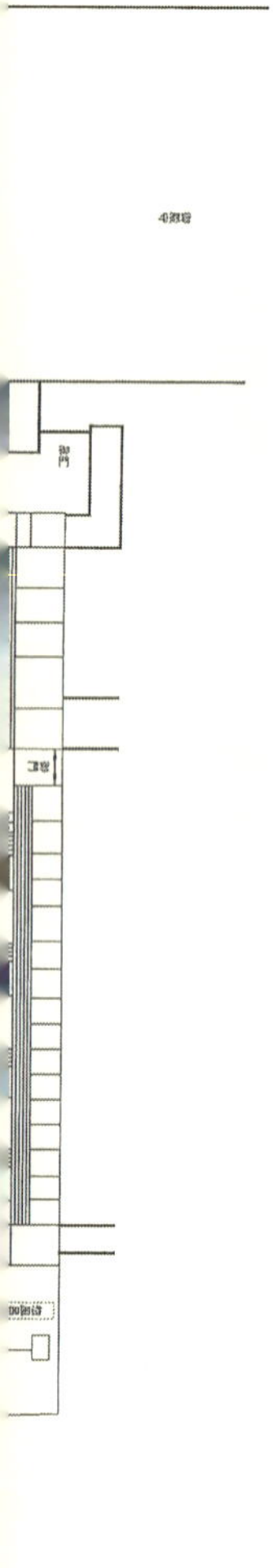

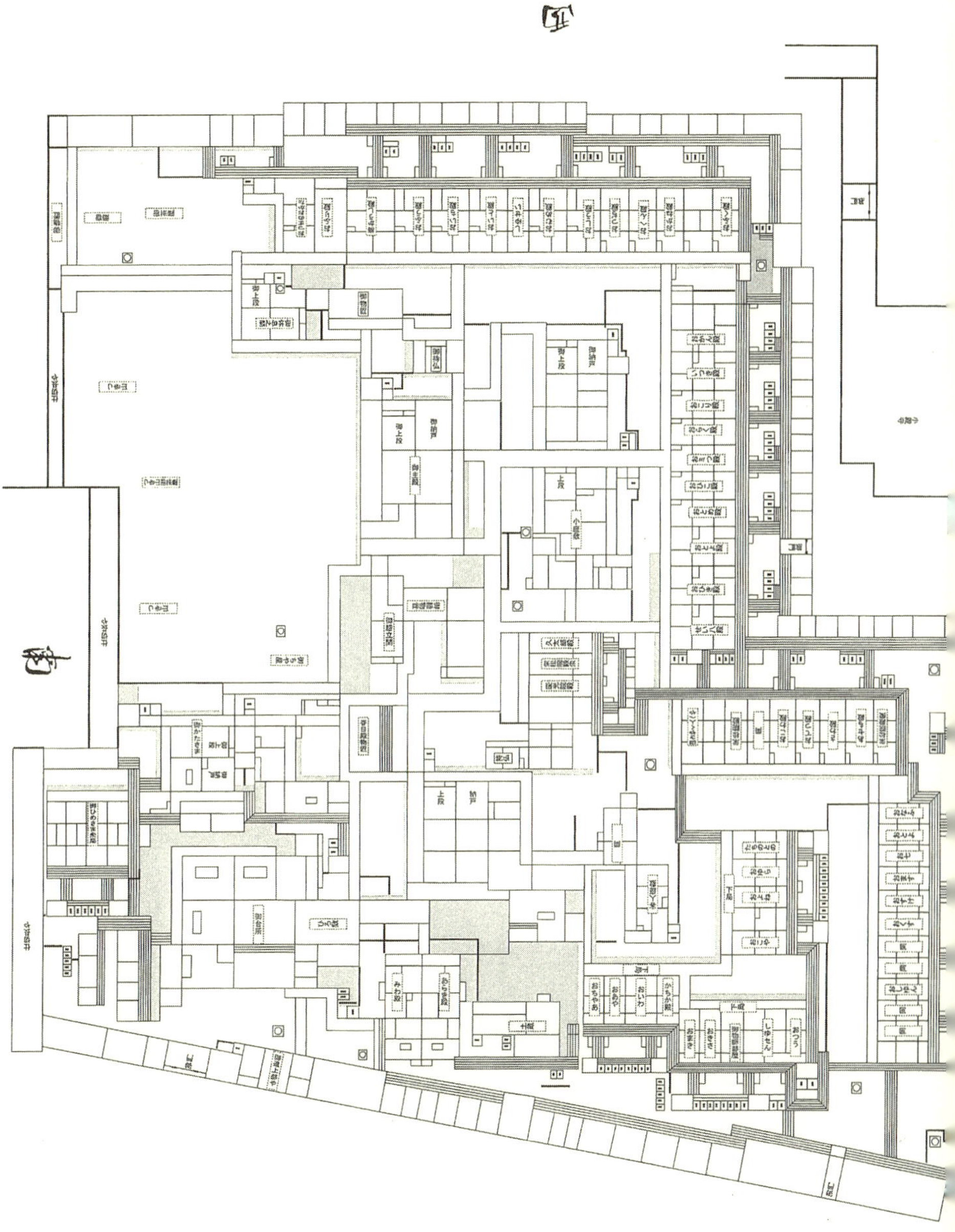

図3　寛永14年「御本丸御奥方御絵図」(森川家文書より作成)

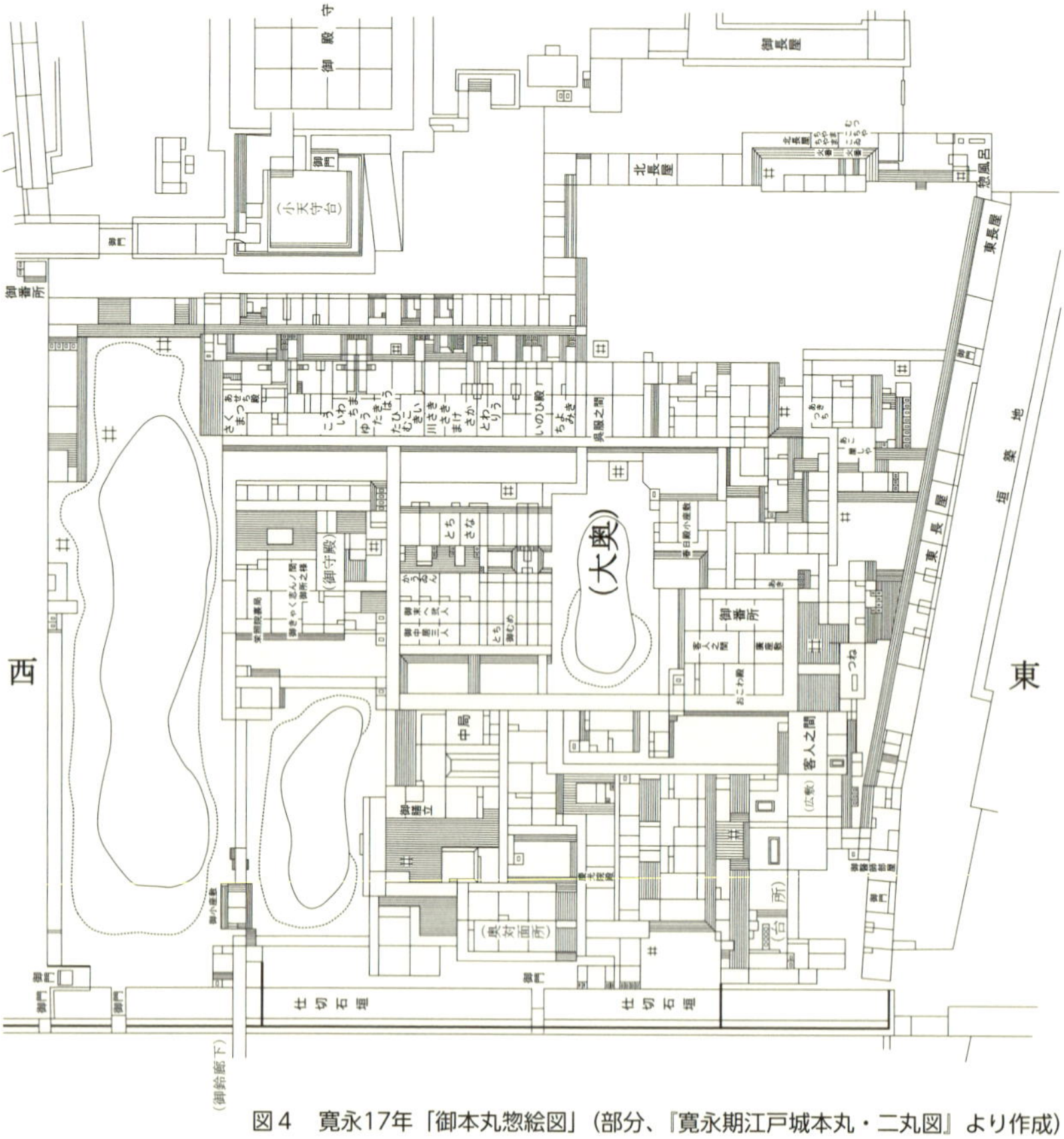

図４　寛永17年「御本丸惣絵図」（部分、『寛永期江戸城本丸・二丸図』より作成）

には御台所孝子の住まいと思われる「御主殿」があった。「御休息之間」の北西部にある「おふり殿」は千代姫の生母、北側「小殿守」側の「おらく殿」は四代家綱の生母にあたる。

中央部には「栄松院（英勝院）殿衆」「慶光院殿」と並んで「久太郎殿」の部屋があったが、久太郎とはのちの堀田正俊のことである。久太郎は当時数え四歳で、春日局の養子として大奥で生活していたとされるが（『寛政重修諸家譜』一二）、この指図で裏付けられた。

御殿焼失と本丸再建　寛永一四年八月二六日、本丸御殿が完成すると家光は西の丸から本丸の新御殿へと移徙《いし》した。しかし、新築の御殿が華美に過ぎるとしてその部分を壊し、再度九月一九日に移徙している（『寛永日記』）。しかし、この殿舎は二年後の寛永一六年八月に奥の台所から出火し、焼失してしまう。本丸御殿が再建されたのは寛永一七年四月で、この御殿の指図とされているものが「御本丸惣絵図」（図４）である。図２は『寛永期江戸城本丸・二丸図』をもとに、作成したものである。

これによれば、図3の西側にあった女中の部屋は、図4では広大な庭となり、北側の「下局」の一部も取り壊されるなど、部屋数が少なくなっていることが大きな特徴である。奥女中の部屋の位置も大きく変わっているようで、図3にあった名前も図4では見られない者も多い。奥の境目は「仕切長や」から「仕切石垣」に変わり、石垣の中央部には「御門」が設けられた。東南部で曲がり張り出していた境目も東西にまっすぐに延びた。張り出した部分には、かつて「御ひめさま衆局」があったが、千代姫が寛永一六年に尾張家の徳川光友と縁組したことを受け、解体されたのであろうか。

寛永一七年に完成した本丸御殿は、明暦三年（一六五七）の大火によりに焼失した。本丸御殿が再建されたのは万治二年（一六五九）である。東京都立中央図書館所蔵「寛永度絵図　大奥」は寛永とあるが、万治再建の絵図と考えられている（『城郭・侍屋敷古図集成　江戸城Ⅰ（城郭）』）。これによれば、寛永一七年には奥の境目が東西にまっすぐに延びていたが、万治期は寛永一四年の時のように東南部で曲がり張り出している。境目は石垣から土手に変わった。建物も増え、「御守殿」の位置も少し南に移動し、女中たちの部屋である「上局」が東側に広がる構造となっている。表とつながる廊下も、東に延びて屈曲して対面所につながるなど、寛永期とは異なっている。江戸初期においては、たび重なる本丸御殿の焼失・再建が繰り返され、そのたびに奥の使われ方や奥女中の人数などに応じて、その構造も変化していったことがわかる。

（藤田英昭）

【参考文献】　深井雅海『図解・江戸城をよむ』（原書房、一九九七年）、松尾美恵子「江戸城『大奥』の空間構造」（『東京人』二四二、二〇〇七年）、同「江戸城の女の空間〈大奥〉」（『歴博』一五一、二〇〇八年）、藤田英昭「『森川家文書』所収の江戸城『御本丸御奥方御絵図』について」（『千葉県の文書館』一八、二〇一三年）

【史料】　「御本丸御奥方御絵図」（森川家文書、千葉県文書館所蔵）、「寛永日記」（『東京市史稿皇城篇』一、東京市役所、一九一一年）、「御本丸物絵図」（個人蔵、平井聖・伊東龍一『城郭・侍屋敷古図集成　江戸城Ⅰ（城郭）』至文堂、一九九二年）、「寛永度絵図　大奥」（東京都立中央図書館所蔵、前同）、内藤昌監修『寛永期江戸城本丸・二丸図』（教育出版株式会社、一九九五年）

御鈴廊下

奥と大奥の境　大奥は、原則として将軍以外の成人男性が入ることは禁止されていたため、奥と大奥の境は銅の塀で仕切られ、出入口は二か所設けられていた。図5に示したごとく、「上ノ御錠口」と「下ノ御錠口」であり、前者は大奥の上御鈴廊下、後者は下御鈴廊下につながっていた。この錠口は杉戸で仕切られ、「奥」側では小納戸役中の奥之番がその近くに詰め、「大奥」側では御錠口という役名の女中が近くに詰めて、この杉戸を管理していた。したがって、「表」の長官の老中や「奥」の長官の側衆と、「大奥」の長官にあたる老女（御年寄）が面談する際には、御錠口が杉戸を開けて、奥之番と談合したという。また、将軍が出入りするときにも、女中の御錠口が杉戸を開けたという。

上・下御鈴廊下　上御鈴廊下は、幅二間（約三・六メートル）、長さ三二間（約五八メートル）、錠口の杉戸の他に、杉戸が二か所設けられていた。錠口から二間隔てた所に一か所、さらに一五間（約二七メートル）離れた所に一か所である。この杉戸は、黒塗縁で、杉の糸柾《いとまさ》という。また、上御鈴廊下は板畳であったという。

一方、下御鈴廊下は、幅二間、長さ六間（約一〇・九メートル）、杉戸には竹に虎の彩色図が描かれていたという。なお、御鈴廊下が上・下二本になったのは、九代将軍家重時代以降と推定される。

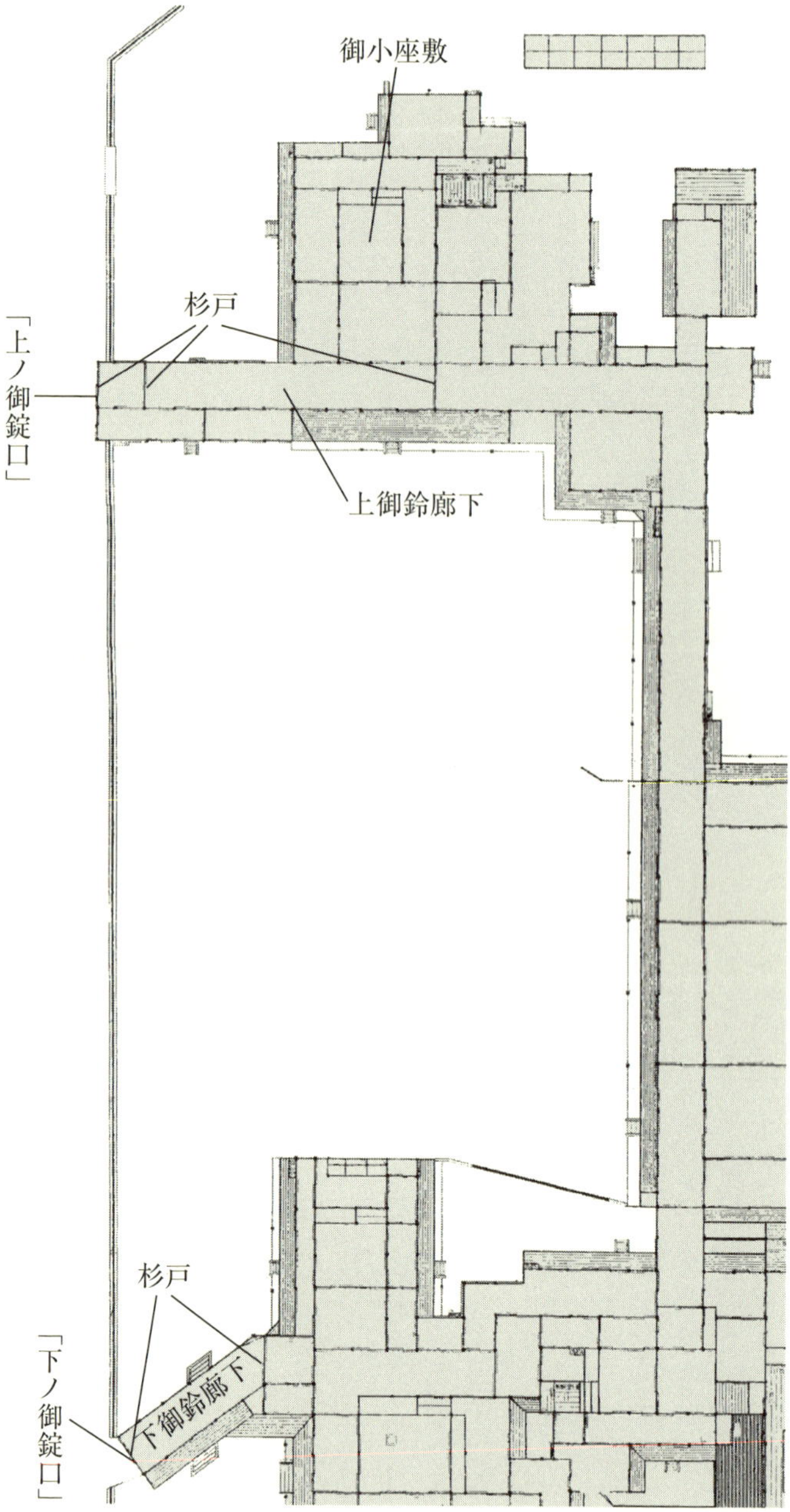

図5　上・下御鈴廊下付近図「大奥向総絵図」（『東京市史稿 皇城篇附図』所収より作成）

将軍の大奥御成　将軍が大奥に出入りするのは、通常、朝の四ツ時（午前一〇時頃）・昼すぎの八ツ時（午後二時頃）・夜の五ツ時（午後八時頃）の日に三度である。そのうち、朝の四ツ時の「御成《おなり》」（将軍の外出・来着の尊敬語）は「朝の総《そう》触《ぶれ》」と称し、御台所（正室）はじめ側室・女中一同が御小座敷や上御鈴廊下で御目見をして、将軍の御機嫌を伺った。このときの将軍の服装は「袴」であるが、昼と夜の御成は寛ぎのため「着流し」であったという。また将軍の刀は、小性から女中の「御伽《おとぎ》坊主」が受け取り、御供をしたという。大奥では、この御伽坊主と中臈が将軍身辺の世話をしたのである。

（深井雅海）

【参考文献】　深井雅海『図解・江戸城をよむ』（原書房、一九九七年）、同『江戸城』（中公新書、二〇〇八年）

【史料】　松平慶永「前世界雑話稿」（松平春嶽全集編纂刊行会編『松平春嶽全集』一、原書房、一九七三年）、『千代田城大奥』、『旧事諮問録』

御殿向の構造

大奥の構成　大奥は御殿向・長局向・広敷向の三つの区域によって構成されていた。その内、御殿向は「奥」の北側に位置し、将軍の寝所、御台所の住居、親戚との対面所、将軍子女の住居、将軍生母の住居などさまざまな部屋によって構成されていた。ここでは、図6をもとに主な部屋構成についてみてみよう。

将軍寝所・御台所住居付近　「御小座敷御上段」は将軍が奥泊りする際の将軍と御台所（正妻）もしくは中臈《ちゅうろう》（側室）との寝所、「御下段」（弐拾畳の間）がその際の当番女中の控え所であり、「蔦《つた》之間」は将軍と御台所もしくは中臈との歓談場所、その下（東側）にある「長方之一間」（「御入側」のことか）は、その節の女中控え所である。また、「御鈴番所」は女中の御錠口の詰所で、将軍が奥へもどるときに、ここで鈴を鳴らして奥にその旨を知らせたという。

「新座敷（新御殿）御上段」「御下段」「御休息」が御台所の通常の居間であり、「御切形《きりかた》之間」が寝所、「御化粧之間」が化粧道具の置場所、「御納戸」が衣裳の着替え、化粧場所である。また、「御二之間」は女中が給仕する所、「御三之間」は御付女中の詰所、「御台子《だいす》之間」は御台所食事中の湯茶を調進する所、その下（東側）には浴室と御台所付老女の詰所が設けられている。「御納戸《おなんど》」の上（西側）の「御清之間続間」には御台所の両親の位牌が安置され、その左（南側）の「御清間」には鬼子母神《きしぼじん》などが祀られていたという。そして「大納戸」二間には長持や簞笥、その他諸器具が納められていた。なお、一四代将軍家茂時代には、当初、その御台所の和宮ではなく、一三代家定の御台所であった天璋院《てんしょういん》（島津斉彬《なりあきら》の養女敬子《すみこ》）がそのまま居着いていたという。

儀式所・対面所・仏間　御台所住居の南にある「御座之間」は儀式空間である。「御座之間御上段」「御下段」は、式日などの際に将軍・御台所がここに出座して式をとり行う所であり、「御二之間」「御三之間」は将軍および御台所付

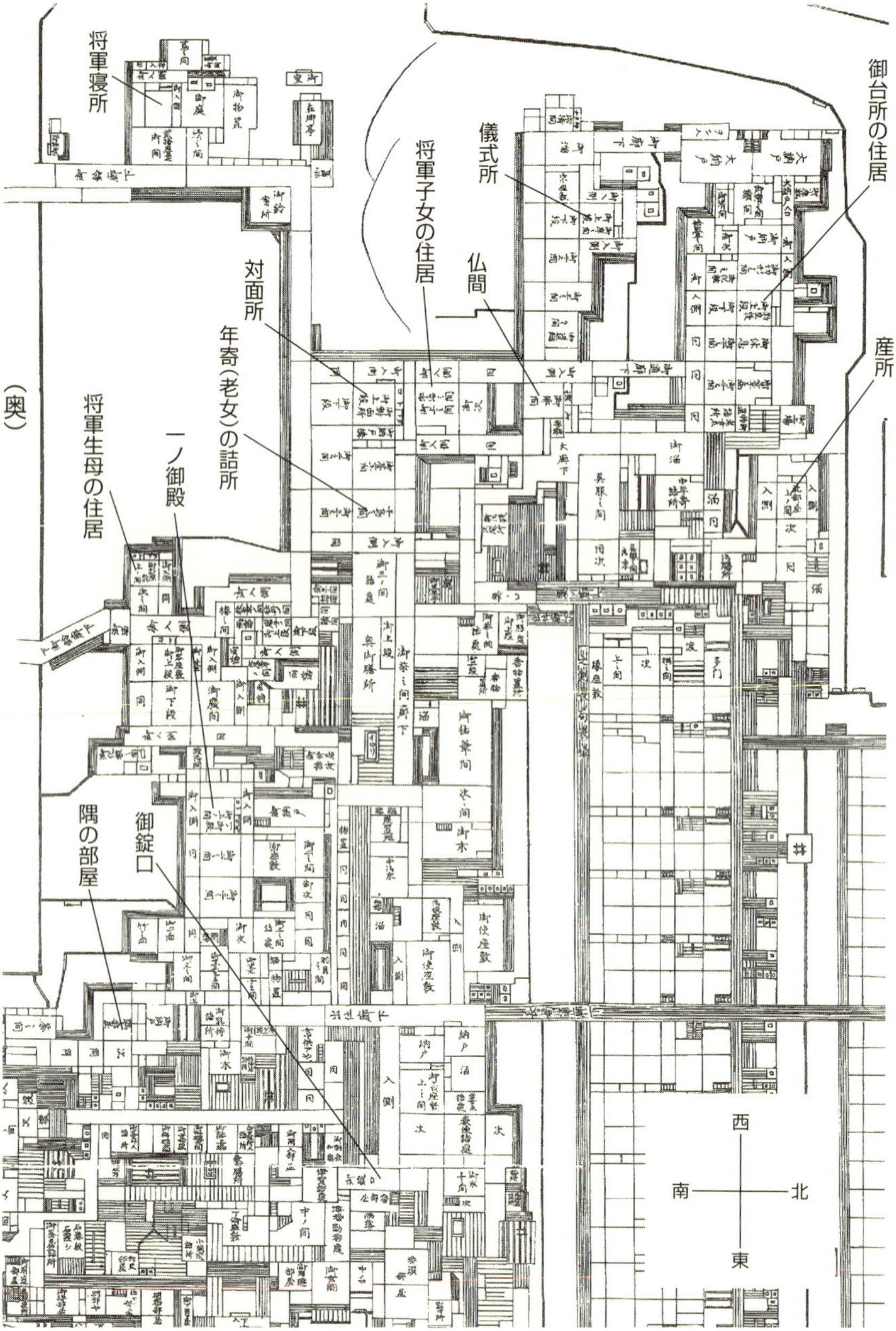

図６　「御本丸大奥絵図」（『徳川礼典録附図』所収）より作成

女中の控え所、「御《お》建継《たてつぎ》之間」は式当日の所用物などを置く所である。また、「御下段」西側の「御小座敷」は将軍および御台所が式日などの際に女中より祝詞をうけ、御流《おながれ》を下賜する所、そのうえの「御溜《おたまり》」はそのとき伺候する女中たちの控え所である。

「御対面所」は親戚との対面場所であり、その下の「御台子之間」は対面の節に茶菓などを調進する所である。「北部屋」は将軍の子供を宿した者の御産所で、御台所や中臈（側室）も妊娠五か月目からこの部屋に住み替えたという。「御《お》次《つぎ》」は産婦付女中の詰所である。ここは一四代家茂の生母実成院《じつじょういん》の居室であった（三田村鳶魚『御殿女中』）ともいう。

また、「御対面所」右（北側）にある「宇治之間」は将軍家の嫡男もしくは嫡女の住居であり、「御次」には御付の女中が詰めていた。そして、小庭を隔てた右（北側）にある「御仏間」には、将軍家先祖代々の位牌が仏壇に安置され、将軍は御台所といっしょに毎朝礼拝したという。その下（東側）の部屋は仏器および付属調度などの置き場所である。なお、「御台子間」下（東側）の「千鳥之間」は奥女中の取締役たる御年寄（老女）の詰所である。

将軍生母の住居

「下御鈴廊下」は、将軍が奥から大奥にある「御新座敷」（将軍生母の住居）へ出向く際にわたる廊下である。また、将軍が大奥へ出向いた際、大奥で食す料理の品を奥から将軍付の「奥御膳所」へ運ぶときにも使用したという。「御新座敷」は将軍生母の住居で、天璋院がここに隠居していたという。しかし、天璋院は将軍生母ではないので、一四代家茂時代には前将軍の正室、つまり大御台所《おおみだいどころ》としての資格でここに居住していたものと思われる。「次之間」は御付女中の控え所であり、「御入側」を隔てて下（東側）にみえる「御客座敷」は、天璋院が将軍・御台所や親戚と対面する場所である。また「御広間」は式日などに女中より祝儀をうける所、その右（北側）にある「六畳半ノ間」などはその際の女中たちの控え所であるという。

三田村鳶魚「御殿女中の研究」によると、「二ノ御殿」には一四代家茂の正室和宮が居住していたという。いっぽう、「隅の部屋」は、一三代家定の生母本寿《ほんじゅ》院《いん》の住居という。その右（北側）にある「御納戸」は着替え場所、下（東側）にある「次の間」は御付女中の控え所である。また、「御納戸」の右下の部屋は御台所付の「御膳所」で、毎日の膳部をここで調理したという。なお、「出仕《しゅっし》廊下」は長局向に通じており、女中たちはこの廊下を通って御殿向に出勤した。

その下（東側）に見える「御錠口」は、御殿向と広敷向との境にあたる。すぐ下にある「番部屋」は、「御錠口」の開閉をつかさどり、来客をそれぞれ座敷へ案内する使番の詰所である。（深井雅海）

【参考文献】 深井雅海「江戸城本丸御殿図に見る中奥・表向・大奥」（下）（徳川林政史研究所『研究紀要』二九、一九九五年）、深井雅海『図解・江戸城をよむ』（原書房、一九九七年）、『千代田城大奥』、三田村鳶魚「御殿女中の研究」（『御殿女中』）

【史料】「大奥向総絵図」（『東京市史稿皇城篇附図』二、東京市役所、一九二五年）

長局向の構造

長局向とは

女中たちの詰所は御殿向に置かれていたが、勤務後の住居は長局向に設けられていた。長局向は、五代将軍徳川綱吉時代までは渦巻き状になっていたが、六代家宣時代以降、御殿向の北側、天守台の東側に、長い廊下をはさんで両側に多数の部屋が並ぶ構造になった。幕末期には図8のごとく、一の側・二の側・三の側・四の側の四棟に分かれ、さらに、その東側には一の横側・二の横側・三の横側と御半下《おはした》部屋、広敷向の南側にも東長局と御半下部屋が設けられていた。

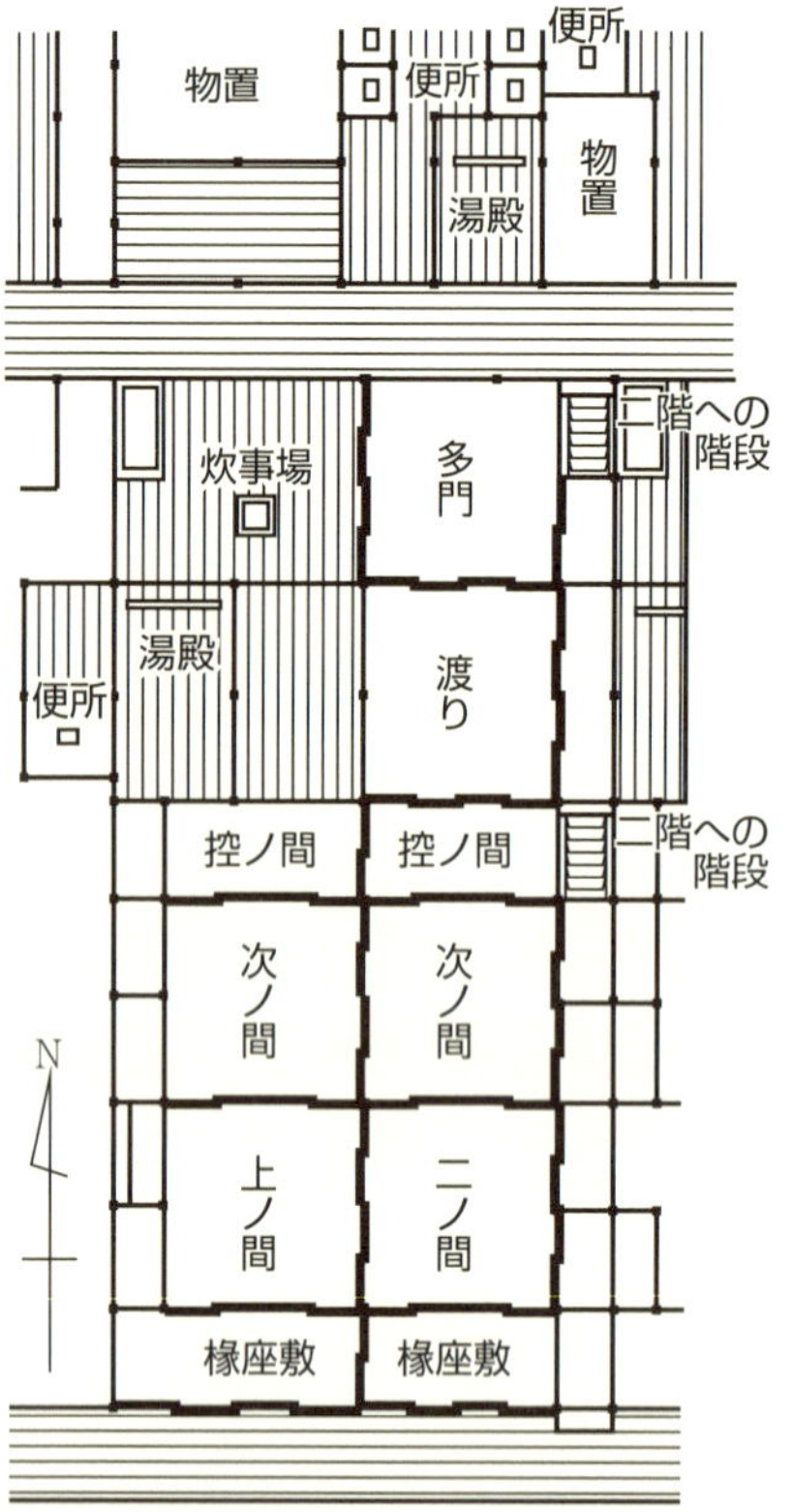

図7　一の側の部屋間取図
（「大奥向総絵図」〔『東京市史稿皇城篇附図』所収〕より作成）

これらの部屋は、女中の役職の格式によって住む部屋が決められており、一の側には御年寄、二の側には御客応答《あしらい》・中﨟・御錠口、三の側、四の側には表使《おもてづかい》など、一〜三の横側には仲居・火之番など、御半下部屋には御半下が居住していたという（ただし、居住場所については諸説がある）。また、御年寄など格式の高い女中は一人部屋であったが、他は三〜五人くらいの合部屋であったという。

女中の使用人と生活

女中は、自身の生活のため、「部屋方」もしくは「又《また》者《もの》」と呼ばれる使用人を召し抱え、長局向の部屋でいっしょに暮らしていた。部屋方は、女中の給金や扶持米のうちから雇われ、町人や百姓の娘たちが行儀見習いの目的で務めることも多かったという。

部屋方には、「局《つぼね》」「アイノマ（相の間）」「小僧」「タモン（多門）」「ゴサイ（五菜）」の別があった。局は部屋の万事を引きうけ、賄いの一切を取り仕切る役であり、アイノマは局を助け、主人の髪を結ったり、衣装の世話をしたりする係である。小僧は一二歳くらいまでの小間使いの少女、タモンは炊事・掃除などの下働き一切を担当する下女である。ゴサイは部屋付の下男で、女中の宿元への使いや買物など、外の用事を受けもった。男性であるため、長局の部屋に来ることはできなかったが、広敷（男性役人の詰所）と長局の境にある七ッ口の詰所に詰めて主人の用向きを務めた。

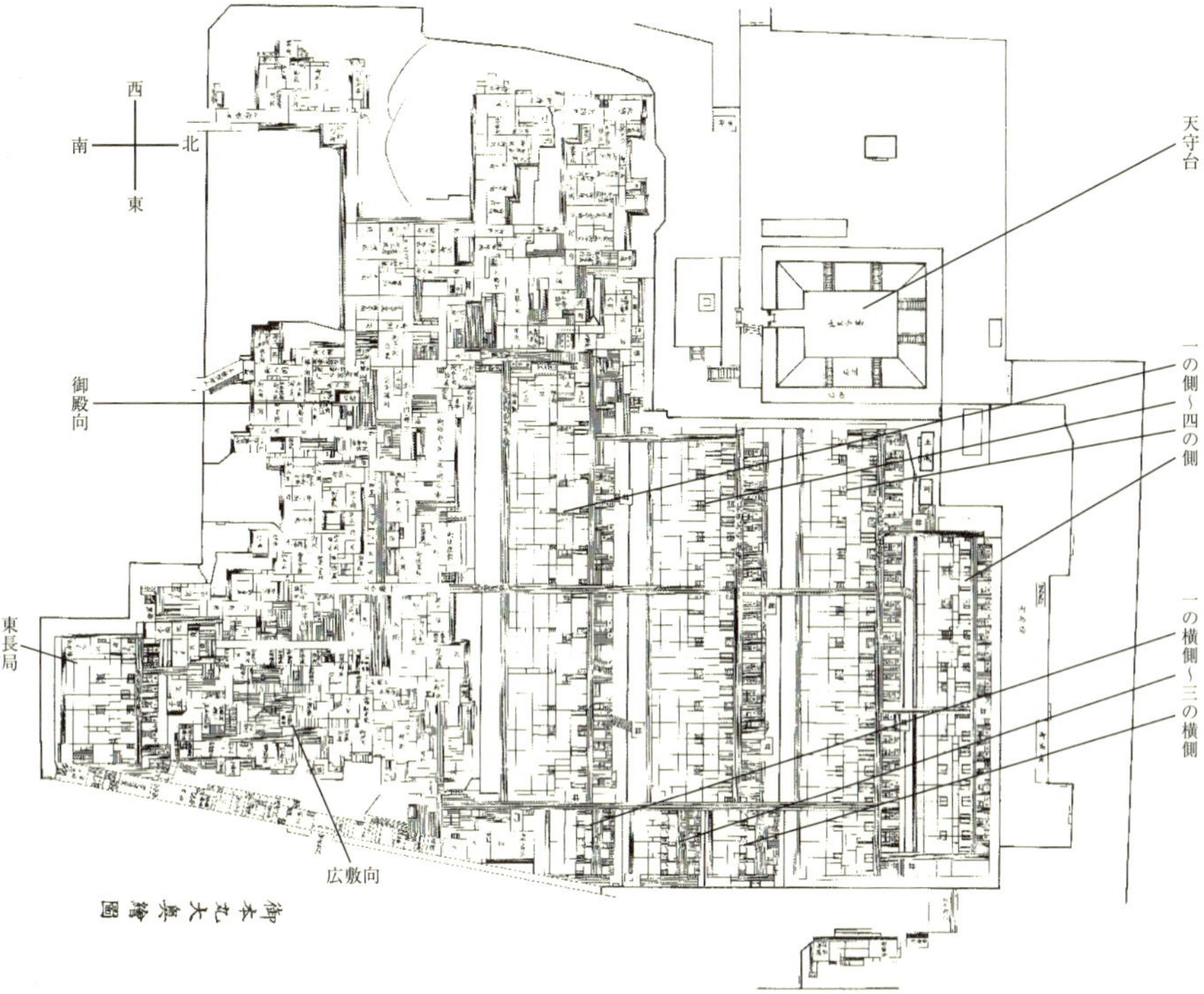

図８　「御本丸大奥絵図」（『徳川礼典録附図』所収）より作成

かかる部屋方の人数も女中の格式により異なっており、御年寄の場合は、局一人、アイノマ五～六人、小僧二人、タモン四人、ゴサイ二～三人、中﨟の場合は、局一人、アイノマ二人、小僧一人、タモン二人、ゴサイ一人を使っていたという。また格の高い女中は、七歳から一五歳くらいまでの親類縁者の娘を預かって養育していた。これを「部屋子《へやこ》」といい、成長ののちは御三之間や中﨟などの女中になる者もあったという。

　では、部屋の間取りをみてみよう。一の側の部屋は、図7にみえるごとく、椽《えん》座敷《ざしき》（五畳くらい）二間、上ノ間（八畳くらい）、二ノ間（同上）、次ノ間（六畳くらい）二間、控ノ間（相ノ間、四畳くらい）二間、渡り（八畳くらい）、多門（同上）、炊事場、湯殿、便所、物置などによって構成され、総二階である（ただし、炊事場と多門の部分には二階がなかったという）。このうち、椽座敷は化粧室、上ノ間は仏間兼書斎兼応接間、次ノ間が主人の居間、控ノ間（相ノ間）・渡り・多門などが部屋方の詰所であったという。また湯殿や便所は、炊事場の南に設けられたものを主人、廊下の北にみえるものを部屋方が使用したものと思われる。

（深井雅海）

【参考文献】深井雅海「江戸城本丸御殿図に見る中奥・表向・大奥」（下）（徳川林政史研究所『研究紀要』二九、一九九五年）、深井雅海『図解・江戸城をよむ』（原書房、一九九七年）、『千代田城大奥』、三田村鳶魚「御殿女中の研究」（『御殿女中』）
【史料】「大奥向総絵図」（『東京市史稿皇城篇附図』二、東京市役所、一九二五年）

広敷向の構造

広敷と御殿向・長局向との境　広敷とは、大奥勤務の男性役人が詰めていた場所をいう。図9は、広敷向の北側部分をみたものである。図中の「御錠口」は御殿向との境、「七ッ口」は長局向との境を示し、そこから先は、たとえ広敷役人といえども特別の場合を除き立ち入ることができなかった。したがって、錠口は女中の表使《おもてづかい》が管掌し、その下で使番が「番部屋」に詰めて、戸の開閉や広敷役人との取次役を務めていた。

一方、七ッ口（夕七ッ時〈午後四時頃〉に閉めたため、この名がついたという）は、女中の使用人、つまり部屋方が宿下りなどで外出する際の出入口である。もっとも、自由に出入りできたわけではなく、通行許可証＝「切手」を必要とし、この切手は女中の切手書《きってかき》が発行した。また、七ッ口は部屋方の買物口でもあり、毎日出入りの商人が詰め、部屋方はここに出向いて、主人に供する食料品や必要品を買い求めた。

広敷役人とその詰所　将軍の女性親族の事務や警護を担当する広敷役人は、女中と同じく女性親族一人一人に付属していた。つまり広敷役人も、御台所付・姫君付・将軍生母付などに分かれていたのである。これは、女性親族一人一人が個別の生計を営んでいたためと思われる。

では、主な広敷役人の職掌についてみてみよう。広敷役人には、大きく分けて、用人を頭《かしら》とする事務処理系と広敷番之頭を頭とする警護・監察系の二系統があった。

まず、事務処理系からみよう。用人は、御台所付の女性に関わる事務の責任者であるが、ことに御台所付の用人は、留守居の指示をうけて大奥の事務を統括した。奥向きの用事については、女中の表使と「御広座敷」（図9参照）にて相談し、女中召し抱えの際も、表使などといっしょにその旨を女中に申し渡したという。用《よう》達《たし》は、用人の指図をうけて小道具、膳具などの調度類を出入りの町人から購入するのが役目である。侍は、女中の代参の際に護衛として随行し、また書状や進物を届けるときの宰領を務め、御用部屋書役は、用人の書記として庶務を司った。

つぎに警護・監察系をみよう。広敷番之頭は留守居の支配をうけて、大奥へ出入りする人や物の検査を統轄した。広敷添番は、その指図をうけて広敷を通過する人や物を検査し、広敷伊賀者は、錠口や七ッ口の近くに詰めて、その警備を担当した。

図7によると、用人・用達・広敷番之頭・広敷添番・広敷伊賀者などの詰所は、広敷の玄関や錠口の近くに設けられていることがわかる。

（深井雅海）

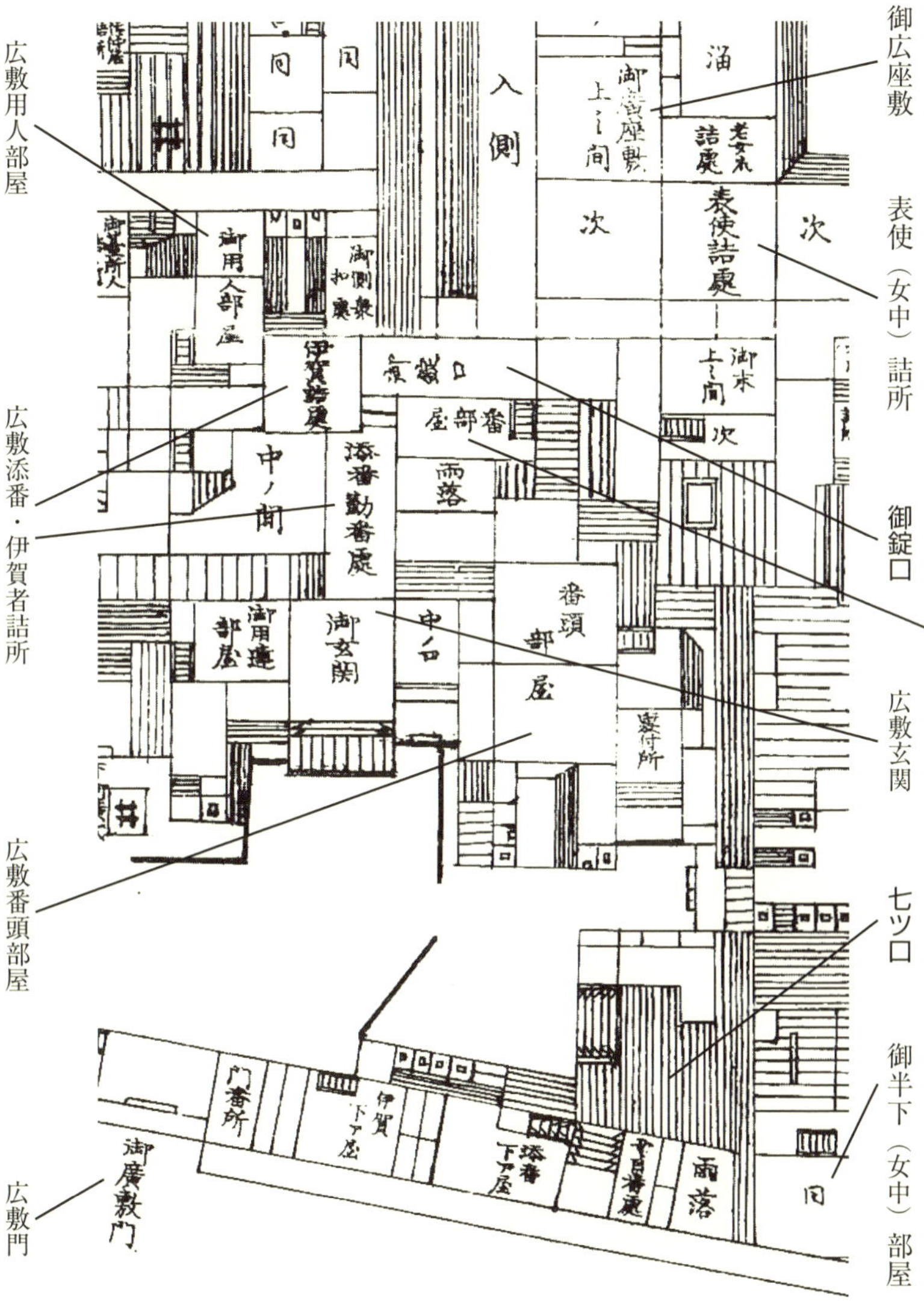

図9　広敷向北側（御殿向・長局向との境）
（「御本丸大奥絵図」〔『徳川礼典録附図』所収〕より作成）

【参考文献】 深井雅海「江戸城本丸御殿図に見る中奥・表向・大奥」(下)(徳川林政史研究所『研究紀要』二九、一九九五年)、深井雅海『図解・江戸城をよむ』(原書房、一九九七年)、『千代田城大奥』、三田村鳶魚「御殿女中の研究」(『御殿女中』)
【史料】「大奥向総絵図」(『東京市史稿　皇城篇附図』二、東京市役所、一九二五年)

西の丸の大奥

西の丸御殿の概要　江戸城西の丸には将軍世子あるいは大御所の居所である西の丸御殿があった。寛永元年(一六二四)九月、二代将軍秀忠の隠居所として建造され、同一一年閏七月に焼失したが同一三年一一月までに再建された。慶安元年(一六四八)九月には三代将軍家光世子家綱の居所として改造されて同三年九月に竣工し、その後天保九年(一八三八)三月に焼失、翌一〇年三月に再建、さらに嘉永五年(一八五二)五月に焼失、同年一二月に再建されたが、また文久三年(一八六三)六月に焼失した。同年一一月に本丸御殿も焼失したため西の丸御殿が将軍仮御殿として建造されることとなり、翌四年(元治元・一八六四)正月に着工、同年七月に竣工し、結局本丸御殿は再建されず将軍居所のまま明治維新に至った。

西の丸御殿大奥の性質　将軍世子あるいは大御所の正・側室、奥女中などの生活の場で、奥北側に位置し、本丸大奥同様、御殿向・広敷向・長局向に分かれていた。その構造と機能に直接的に言及した史料や文献を今のところ見出さないが、本丸御殿をやや簡略化した平面構成で、各建物およびその機能も本丸御殿のそれに対応したと考えてよいとされる(「江戸城の歴史とその機能・構造」)。そこで『千代田城大奥』の「住居総論」に基く深井雅海氏による天保一五年(弘化元・一八四四)造営の本丸大奥の構造と機能の整理に(『図解・江戸城をよむ』)、嘉永五年再建時の指図「西丸大奥惣地絵図」を対照して主要な部屋の構造や機能を推定して図10を作成した。「西丸大奥惣地絵図」は一二代将軍家慶世子家祥《いえさき》(のち一三代将軍家定)の居所で、当時その正室は不在であった。御殿・広敷向を黄色、長局向を桃色に彩色しており、ここでは便宜上両空間の境を太線で、また各部屋の位置を丸番号で、それぞれ示した。

御殿向・広敷向　概ね御殿西半を占める。まず奥から続く①「上御鈴廊下」を入って西手にある②「御新座敷御上段」が将軍世子あるいは大御所が奥泊りする際の正・側室との寝所とみられる。その庭を挟んだ北側③「御座之間御上段」は本丸大奥に準ずれば式日などに西の丸の主人と室が出座して式を行う場所となるが、西側に化粧道具を置く「御化粧之間」、着替えと化粧をする「御納戸」が続いており構造が異なる。④「御対面所御上段」は親戚との対面の間である。⑤「東御殿御上段」は北側に「東御納戸」が続き、これを中心に西方に「御化粧之間」や「上御膳所」、東方に「老女衆詰所」等を備える。以上は位置的に⑥「下御鈴廊下」の先にあり、これは本丸大奥の場合、将軍が生母の住居へ出向く際にわたる廊下といい、したがって東御殿は家祥生母本寿院の居所の可能性も

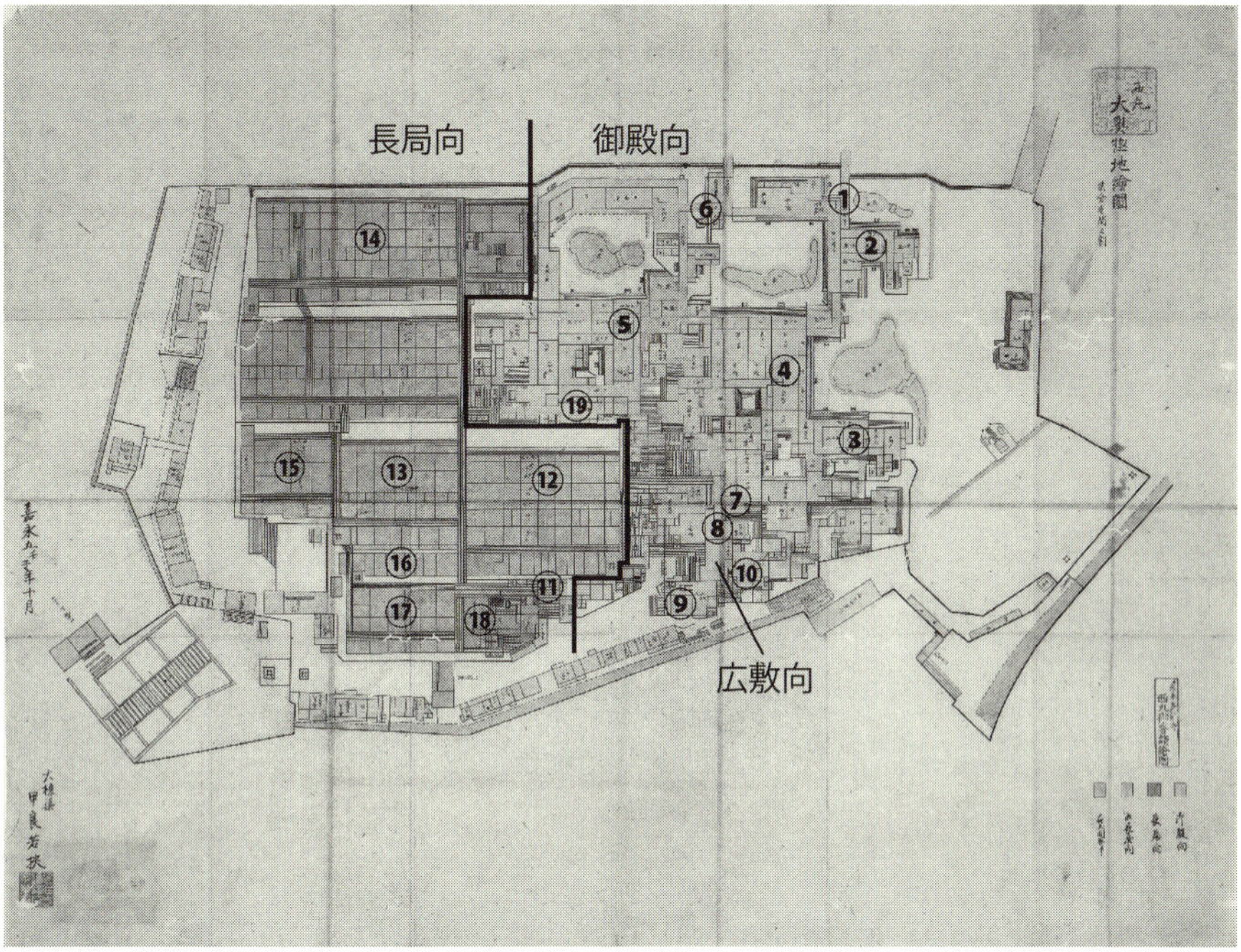

図10　西の丸御殿大奥の構造（東京都立中央図書館所蔵江戸城造営関係資料「西丸大奥惣地絵図」に加筆）

考えられる。⑦「番部屋」は⑧「御錠口」の開閉を担当する使番の詰所で、これが御殿向と広敷向の境である。広敷向は⑨「御玄関」の周辺に⑩「番之頭部屋」など男性である広敷役人の詰所が配置されていた。

長局向　概ね御殿東半を占め、⑪「七ツ口」が広敷向と長局向の境とされる。長局向は全域が女中の住居である。長い廊下の両側に多数の部屋がならぶ構造で、総二階で住む部屋は役職の格式により決まっていた。この時期の長局向については畑尚子氏がその推定を行っており、それによれば⑫「西壱ノ側」は家祥付老女、⑬「東壱ノ側」は御年寄、⑭「新壱ノ側」は御客応答《あしらい》や中﨟の部屋という。⑮「四軒部屋」、⑯「弐軒部屋」、⑰「北側長局」は御目見以下の女中である呉服之間頭や御三之間頭など頭クラスの部屋で、それらの二階に仲居・火之番、使番が住んだと推定している。⑱「御半下部屋」は御末《おすえ》の住む大部屋ということである。そして女中たちは長局の各部屋から⑲「出仕廊下」を通って日々御殿向に勤めに出た。

（渋谷葉子）

【参考文献】「江戸城の歴史とその機能・構造」（伊東龍一『城郭・侍屋敷古図集成 江戸城』Ⅰ、至文堂、一九九二年）、深井雅海『図解・江戸城をよむ』（原書房、一九九七年）、畑尚子『徳川政権下の大奥と奥女中』（岩波書店、二〇〇九年）

【史料】「西丸大奥惣地絵図」「西丸大奥御殿向惣絵図」（東京都立中央図書館所蔵）、『千代田城大奥』上

北の丸の居住者

北の丸「比丘尼屋敷」の成立　元和二年（一六一六）八月、江戸に滞在していた金地院崇伝《こんちいんすうでん》は豊前小倉藩主細川忠興《ただおき》に次のように書き送った。「駿府より御越候女中様方之御屋敷作事、近日相始申由ニ候。右之御衆之屋敷ハ安対州うらなと…」（『本光国師日記《ほんこうこくしにっき》』四）。同年四月一七日、大御所徳川家康が駿府で没し、勤仕していた者は江戸移住を命じられたが、このうち側室ら（女中様方）の屋敷建設が近々安藤重信《しげのぶ》（安対州）の屋敷裏手で始まるというのである。重信の屋敷は江戸城北の丸南東部にあり（「慶長江戸絵図」）、つまり側室らの屋敷は北の丸に建設されたと判明する。そして駿府より下った阿茶局、英勝院、朝覚院、養儼院がそれへ入り、前後して見性院、良雲院も居住したもようである（『東京市史稿 市街篇』三）。その範囲は本丸に近い北の丸南東部、図11の「武州豊島郡江戸庄図」でいえば概ね「ひ《(び)》くにた《(だ)》に（比丘尼谷）」とある道を挟んだ東・西の街区と考えられ、ここは「比《び》丘《く》尼《に》屋敷」また「比丘尼町」と呼ばれるようになった。

「比丘尼屋敷」の居住者　居住者は表1に見るとおり、主に家康・秀忠・家光の将軍三代にゆかりの深い女性たちで推移する。阿茶局と英勝院は前述どおり家康側室で、阿茶局は秀忠にも重用された。春日局は家光の乳母、天樹院は秀忠長女千姫で家光の姉、本理院（鷹司孝子）は家光正室、按察使《あぜち》は家光勤仕の大奥女中、永光院は家光側室お万である。またその関連から一時見性院に養われた秀忠末男幸松《こうまつ》（のちの陸奥会津藩主保科正之）、天樹院の養子となった家光二男 長《ちょう》松《まつ》（のちの甲府宰相《こうふさいしょう》綱重）がそれぞれの屋敷に同居し、長松についてはその後天樹院屋敷の南隣（元牧野信成《のぶしげ》屋敷）が与えられた（『会津藩家世実紀』一、『江戸幕府日記』二二）。さらに牧野信成、酒井忠《ただ》吉《よし》、松平重則《しげのり》、本多忠相《ただすけ》はいずれも留守居を勤めており、女中衆の守衛等、大奥向きの諸事を職掌とした同役の役屋敷も「比丘尼屋敷」のうちに配されたことが、この表から指摘される。

「比丘尼屋敷」の暮し　春日局の屋敷図とされる「春日様代官町御屋鋪之図」によれば、その構造は武家屋敷と変らないが、通常の玄関・広間とは別に「御成《おなり》玄関」と「御成広間」が設けられているのが特徴といえる。これらは将軍や大御所の訪問時にのみ使用される施設であり、「御成」を受ける可能性の高い、「比丘尼屋敷」に居を構えた女性たちの屋敷に特有、かつ共通した構造と考えられる。また比丘尼谷東側堀沿いの阿茶局・天樹院・本理院の屋敷地となった場所で行われた発掘調査では、大規模な礎石建物跡や大型の柱穴列《ちゅうけつ》、石組溝《いしぐみみぞ》などの遺構が検出され、出土した中国景徳鎮《けいとくちん》産の磁器や九州肥前産のいわゆる伊万里《いまり》焼

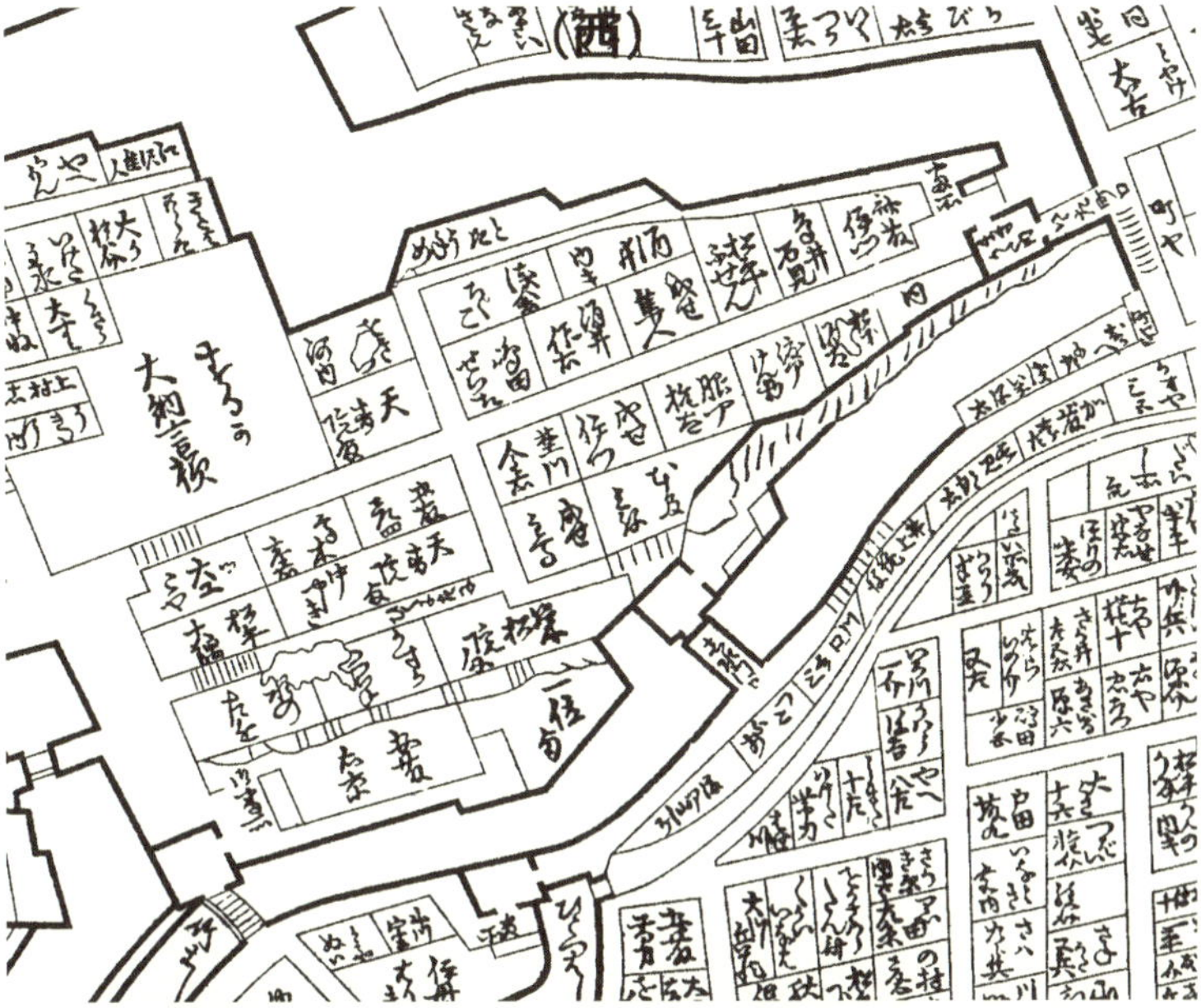

図11　「武州豊島郡江戸庄図」（北の丸部分、『東京市史稿 市街篇附図』一）

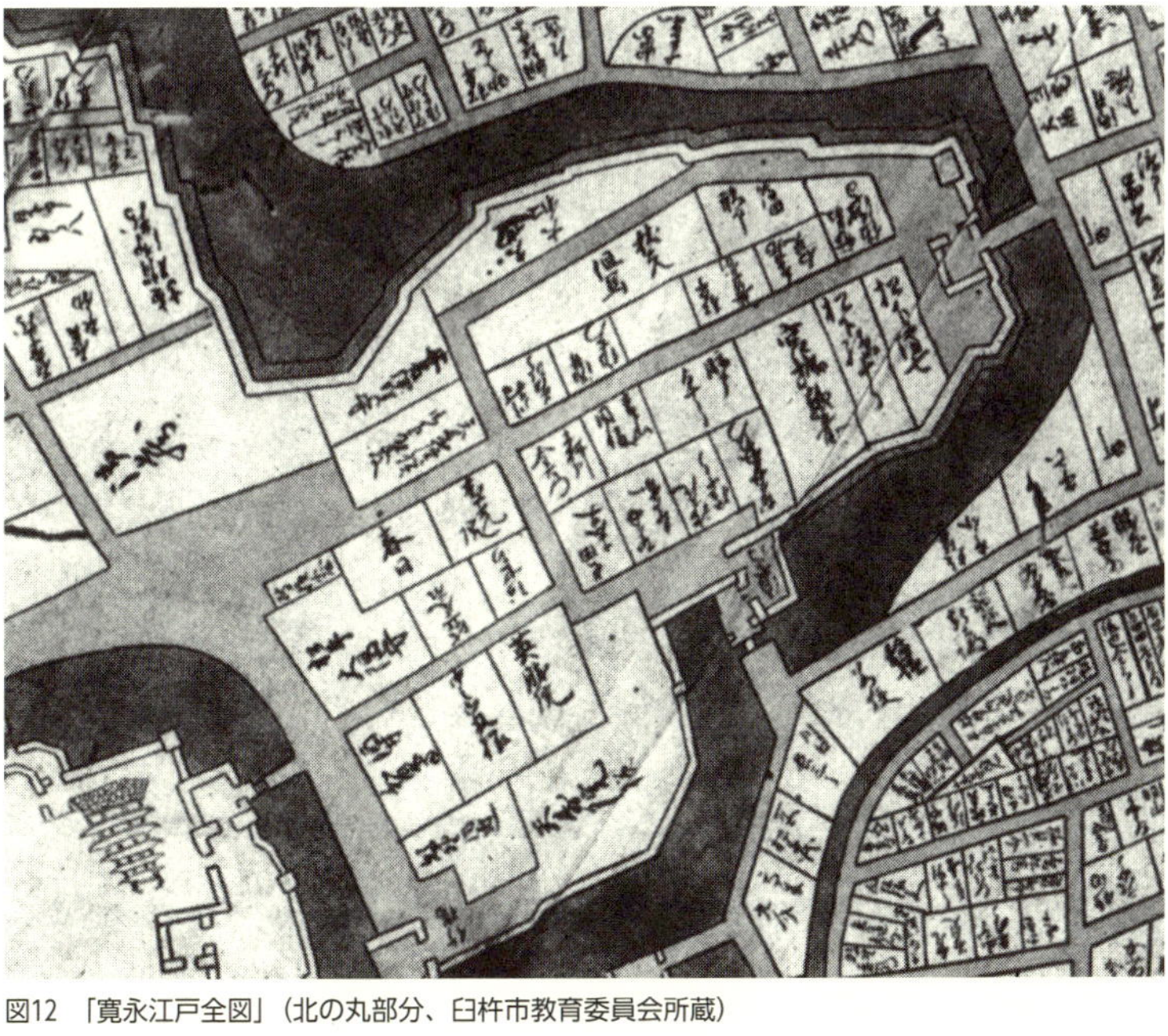

図12　「寛永江戸全図」（北の丸部分、臼杵市教育委員会所蔵）

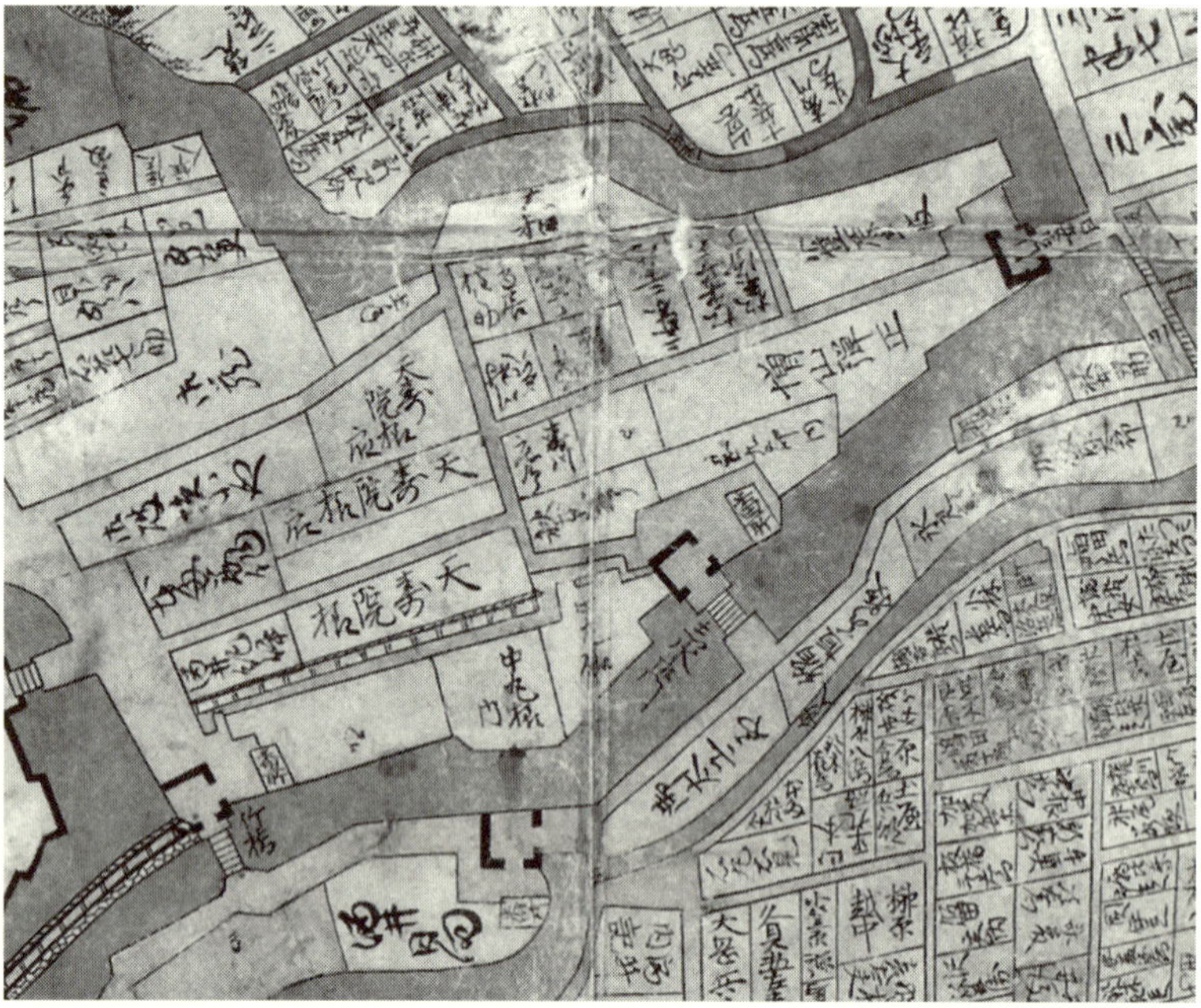

図13　「江戸大絵図」（北の丸部分、公益財団法人三井文庫所蔵）

はいずれも非常な高級品揃いで、器形《きけい》は碗《わん》や小坏《しょうはい》類が多いという寺院と共通した傾向がみられ、ここに暮した女性たちの特別な階層の高さと立場、そして日常の様子を窺わせるものであった。

「比丘尼屋敷」の終焉　明暦三年（一六五七）正月一八～一九日に起った明暦大火を契機に、江戸城防火の目的から「比丘尼屋敷」は次第に明地《あきち》と化していく。万治二年（一六五九）七月二六日には酒井忠吉と本多忠相が替地されて明地となり（「柳営日次記」）、寛文六年（一六六六）二月六日に天樹院が没してその屋敷もみな明地とされて、本理院の屋敷を残すのみとなった（「新板江戸大絵図」）。そして延宝二年（一六七四）六月八日に本理院が没するとその屋敷地もまた明地化され、元禄一一年（一六九八）までに跡地は蔵地となった（「御府内往還其外沿革図書」）。こうして北の丸南東部の「比丘尼屋敷」としての利用は終った。

（渋谷葉子）

【参考文献】　渋谷葉子「江戸城北の丸の土地利用」（東京都埋蔵文化財センター編・発行『千代田区　江戸城跡』二〇〇九

表1　江戸図にみる「比丘尼屋敷」の居住者

<table>
<tr><td>絵図名</td><td>武州豊島郡
江戸庄図
（図11）</td><td>寛永江戸全図
（図12）</td><td>江戸大絵図
（図13）</td><td>新板江戸大絵図</td></tr>
<tr><td>年代</td><td>寛永９～10年
（1632～33）</td><td>寛永19～20年
（1642～43）</td><td>明暦３年
（1657）</td><td>寛文10年
（1670）</td></tr>
<tr><td rowspan="5">比丘尼谷　東側</td><td>安藤右京
（安藤重長）</td><td>牧野内匠
（牧野信成）</td><td>明</td><td>明地</td></tr>
<tr><td>一位さま
（阿茶局）</td><td>天寿院様
（天樹院）</td><td>中丸様内・中丸様
（本理院）</td><td>中丸様
（本理院）</td></tr>
<tr><td>栄松院さま
（英勝院）</td><td>英勝院</td><td rowspan="2">天寿院様
（天樹院）</td><td rowspan="10">明地</td></tr>
<tr><td>かすかつほね
（春日局）</td><td>中之御丸様
（本理院・鷹司孝子）</td></tr>
<tr><td>水野左近
（水野忠善）</td><td>酒井和泉守
（酒井忠吉）</td><td>酒井紀伊
（酒井忠吉）</td></tr>
<tr><td rowspan="7">比丘尼谷　西側</td><td>松平大隅
（松平重則）</td><td>松平大隅守
（松平重則）</td><td>本多美作
（本多忠相）</td></tr>
<tr><td rowspan="2">天寿院さま中やしき
（天樹院）</td><td>比丘尼衆</td><td rowspan="2">天寿院様衆
（天樹院）</td></tr>
<tr><td>あせち
（按察使）</td></tr>
<tr><td>安藤彦四
（安藤直政）</td><td>慶光院
（永光院）</td><td rowspan="2">天寿院様衆
（天樹院）</td></tr>
<tr><td>高木□右
（不詳）</td><td>春日
（春日局）</td></tr>
<tr><td>大工小屋</td><td>破損小屋</td><td>御破損小屋</td></tr>
<tr><td>天寿院さま
（天樹院）</td><td>天寿院様御下屋敷
（天樹院）</td><td>天寿院様衆
（天樹院）</td></tr>
</table>

記載順は南東から反時計回り、文言は絵図のままとし（　）で人名を補った。
□は判読不能な文字。

年）、同「江戸城北の丸に暮した女性たち」（『江戸城の考古学』千代田区教育委員会、二〇一一年）

【史料】「慶長江戸絵図」「新板江戸大絵図」（東京都立中央図書館所蔵）、「寛永江戸全図」（臼杵市教育委員会所蔵）、「江戸大絵図」（公益財団法人三井文庫所蔵）、「春日様代官町御屋鋪之図」（大熊家所蔵、大熊喜邦「近世武家時代の建築」『岩波講座日本歴史』岩波書店、一九三五年）、副島種経校訂『新訂本光国師日記』四（続群書類従完成会、一九七〇年）、『会津藩家世実紀』一（吉川弘文館、一九七五年）、「御府内往還其外沿革図書」（『江戸城下変遷絵図集』一二、原書房、一九八五年）、『東京市史稿 市街篇』三（臨川書店、一九九四年）、「柳営日次記」（『東京市史稿 市街篇』七、前同）、「武州豊島郡江戸庄図」（『東京市史稿 市街篇』附図一、前同）、『江戸幕府日記 姫路酒井本』二一（ゆまに書房、二〇〇四年）

御用屋敷

「大奥」女性と御用屋敷　『旧事諮問録』によれば比丘尼となった将軍側室は江戸城二の丸・三の丸か、幕府御用屋敷《ごようやしき》のひとつ、桜田御用屋敷に隠居したとされる。しかし「大奥」女性に関わる御用屋敷は桜田のほかにもあり、またその機能も一様ではなく、変遷もあったことが判明する。

三之丸御用屋敷ほか　まず正・側室、また剃髪前・後を問わず、江戸城内に住みながら武家地に御用屋敷を所有した場合がある。五代将軍綱吉生母桂昌院の一橋外「三之丸御用屋敷」（元禄年中～宝永二・一六八八～一七〇五年）、同側室寿光院の雉子橋外「北之御部屋御用屋敷」（宝永五～享保二・一七〇八～一七年）、同瑞春院の裏猿楽町「瑞春院殿御用屋敷」（宝永七、八～元文三・一七一〇～三八年）、六代将軍家宣正室天英院の木挽町築地「一位様御用屋敷」（享保三～寛保元・一七一八～四一年）等である（「屋敷渡預絵図証文」）。規模は一〇〇〇～四〇〇〇坪、構造は建家・長屋・土蔵を備えて通常の武家屋敷と変らない。機能は判然としないが、三之丸御用屋敷は「御春屋《おつきや》」ともあり（「宝永三録」）、また主人が没すると収公されていることから、その生活を支える施設だったと推定され、江戸城内では達せない用務の遂行や勤仕者の住居利用等の可能性が考えられる。

西の丸下（馬場先）御用屋敷　享保二年（一七一七）、西の丸下に綱吉養女竹姫の御殿とともに、寿光院および家宣側室蓮浄院・法心院の御用屋敷が纏まって設けられ、その住まいとなった。同一七年の火災で寿光院・法心院の屋敷が焼失し（「享保日録」「月堂見聞見」）、同年には寿光院・蓮浄院・法心院ともに浜御殿に移居することとなり（「有徳院殿御実紀」三六）、西の丸下御用屋敷は上地されて一帯に武家屋敷となったが（「御府内往還其外沿革図書」）、再び宝暦一一年（一七六一）、旧来の西寄りに九代将軍家重側室安祥院御用屋敷「西丸下新御屋敷」、三八〇〇坪が設けられた（「屋敷渡預絵図証文」）。しかしこれも明和九年

（一七七二）に火災で焼失し、この機に桜田御用屋敷内に移され、以後西の丸下御用屋敷は設置されることはなかった。

桜田御用屋敷　成立は宝永元年（一七〇四）、甲府宰相綱豊《つなとよ》が将軍綱吉の養嗣子家宣となり、その桜田上屋敷が幕府に帰したことに始まる（「御府内往還其外沿革図書」）。暫くは「大奥」女性に関わる利用は判然としないが、寛延四年（一七五一）から八代将軍吉宗側室覚樹院（教樹院）が居住し（「徳川幕府家譜」）、また前述の安祥院の住居三八〇〇坪も設けられた（「屋敷渡預絵図証文」）。このとき比丘尼持名院や御庭番らの借地・長屋地が移転させられたが、その際作成された絵図にはこのほか十如院の敷地、高岳・松島・花園の「休息所」が描かれており、桜田御用屋敷には剃髪した前将軍側室のほか、大奥を退職して比丘尼となった者とみられる持名院や十如院の住居と、現役の大奥上臈御年寄らの休息所があったこと、そしてそれらは借地だったことが判明する。

　文政七年（一八二四）の絵図から敷地の全体像が把握されるが（図14）、この当時は「大奥」女性による利用は現役女中四名の休息所のみである。何れも借地で、坪数は万里小路（将軍家斉付上臈御年寄）八七五坪、花園六〇〇坪、花町・亀岡四〇〇坪と判明する（「屋敷渡預絵図証文」）。また同図には「女中養生所《ようじょうしょ》」が看取される。病となった側室を収容する施設で、死亡した場合はここから葬送された（『旧事諮問録』）。成立は不詳だが、「幕府祚胤伝」に記載された一一代将軍家斉側室一六名中少なくとも七名がここで没したとされており、このなかには大奥で死亡後に下げられた者もある。養生所は療養と同時に末期《まつご》の場として用意されたものであったことも窺える。

　これまで女中の「休息所」について言及した文献は管見の限り見当らないが、それは上臈御年寄等が借地したものと判明した。三田村鳶魚「御殿女中の研究」（『御殿女中』）によれば女中が病気になった場合は宿下がりし、京都出身の上臈は江戸に自宅がないので養生所を借用して下がったという。しかし養生所は前記のとおりであり、以上を考え合わせると「休息所」とは京都出身の上臈らが病その他の際に下がる自宅用に貸与された土地だったことがひとつ想定されよう。

虎之門内・外御用屋敷　文政七年、桜田御用屋敷のうち八〇〇〇坪が南隣の佐賀藩鍋島家と西隣の萩藩毛利家の添地とされ、そのうちにあった御庭番らの長屋地は虎之門外火除明地《ひよけあきち》が御用屋敷とされて移転し、それが女中を退職した比丘尼や現役女中の借地にも利用された（「屋敷渡預絵図証文」）。さらに同一〇年、桜田御用屋敷のうち二七四三坪が毛利家の添地となり、女中万里小路・花園・花町・亀岡と御庭番らの借地の移転先に毛利家が添地の代替に返上した虎之門内中屋敷二〇六七坪が宛てられて御用屋敷となった（「同」）。また天保一一年（一八四〇）には女中養生所が桜田御用屋敷から虎之門外御用屋敷地続きの火除地へ移された（「同」）。文久二年（一八六二）当時の虎之門内御用屋敷と、大幅に縮小した桜田御用屋敷の利用状況は「屋敷渡預絵図証文」にみるとおりで（図15・16）、借地している「大奥」女性は、やはり現役の大奥女中と大奥を退職した比丘尼とみられる。

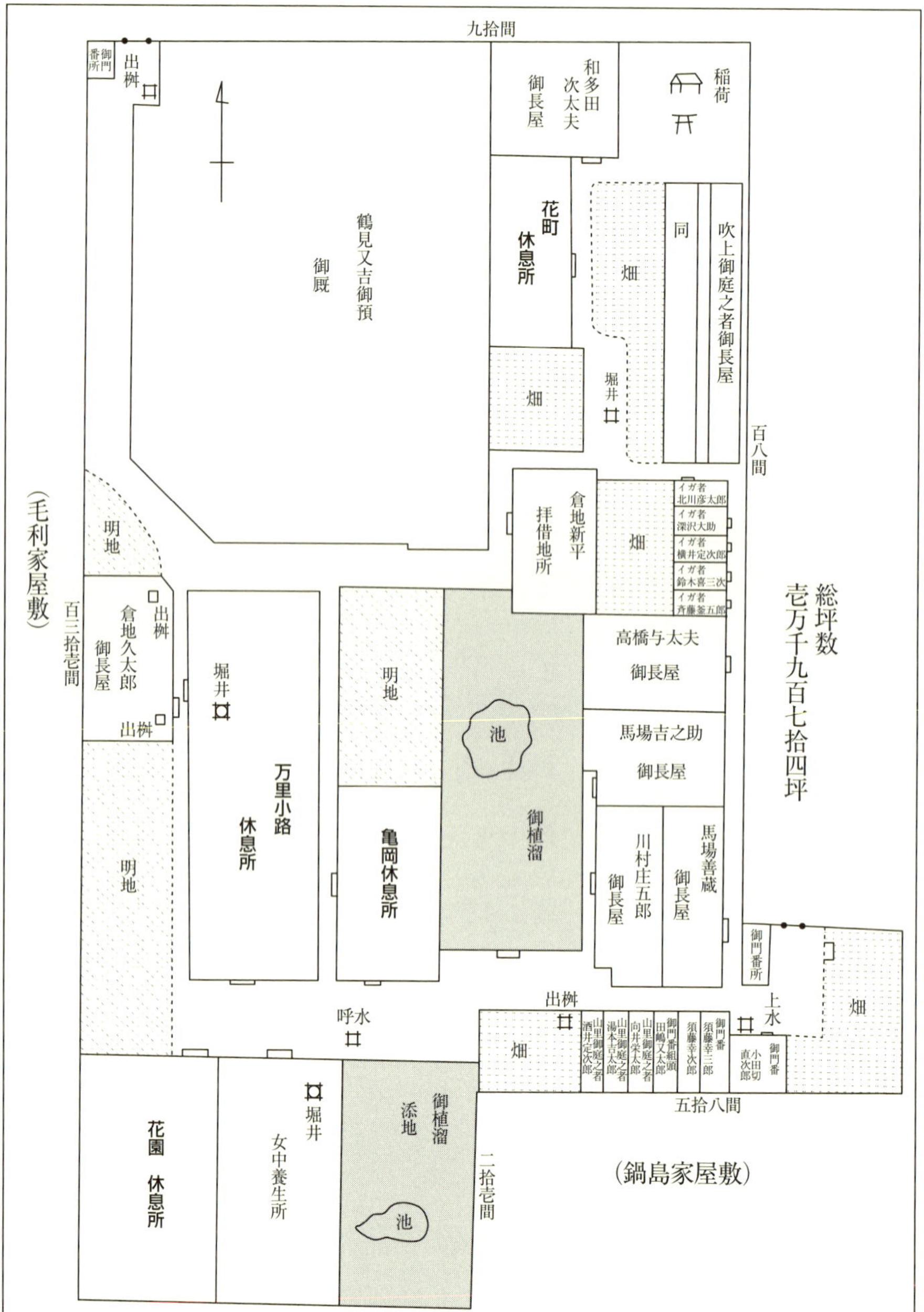

図14　桜田御用屋敷（文政七年）
※『江戸城御庭番』より転載、一部加筆・修正
※女中の借地はゴシック体とした

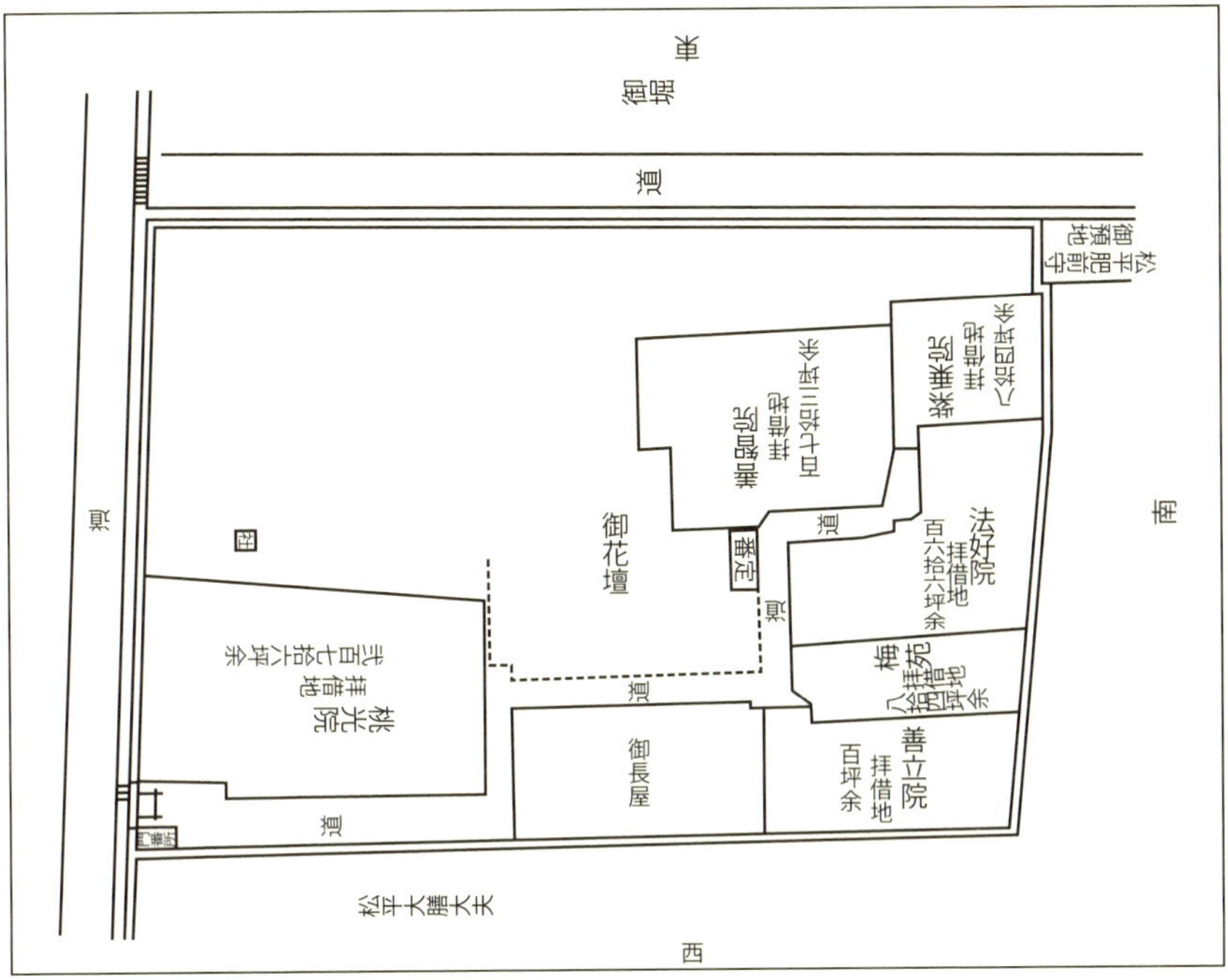

図15　桜田御用屋敷（「屋敷渡預絵図証文」文久２年閏８月18日）

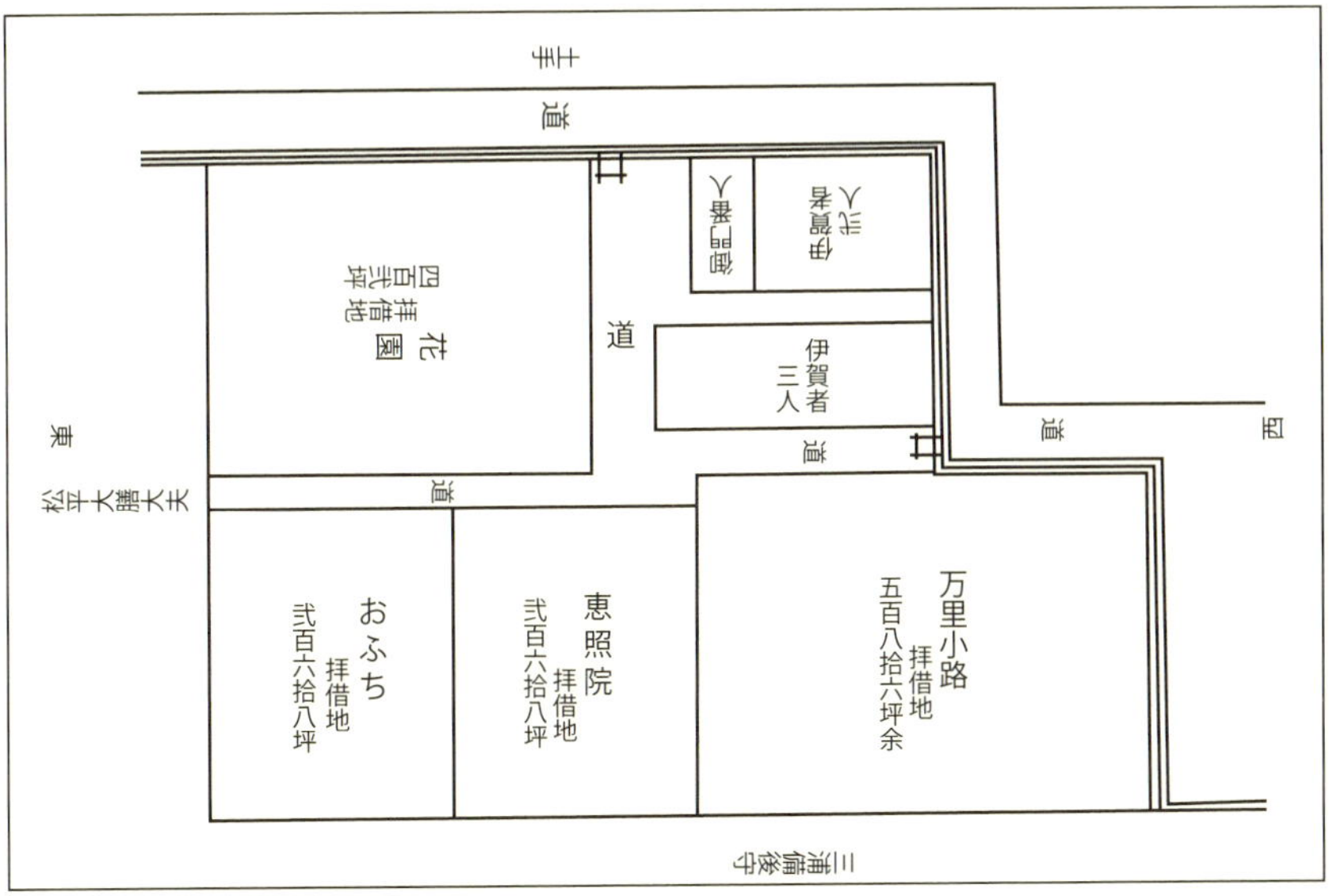

図16　虎之門内御用屋敷（「屋敷渡預絵図証文」文久２年閏８月18日）

見出された課題　剃髪した将軍側室の居所について、冒頭に挙げた『旧事諮問録』、また『千代田城大奥』も将軍の子を儲けた中﨟も果ては桜田御用屋敷へ送られたとするが、少なくとも幕末期に関しては実態としてそれを確認できる史料は今のところ発見されず、明らかにしてきたような桜田および虎之門内・外の御用屋敷のあり方からすれば、両書の記述を安易に普遍化するのは避けるべきである。「大奥」女性をめぐる御用屋敷は、時期的変遷等も含めて明らかにすべき課題として改めて見出されることになったといえる。（渋谷葉子）

【参考文献】深井雅海『江戸城御庭番』（中公新書、一九九二年）、畑尚子『徳川政権下の大奥と奥女中』（岩波書店、二〇〇九年）

【史料】「屋敷渡預絵図証文」（国立国会図書館所蔵）、「享保日録」「月堂見聞集」（『東京市史稿 変災篇』四、臨川書店、一九七六年）、「御府内往還其外沿革図書」（『江戸城下変遷絵図集』二・三・五・八・一八、原書房、一九八五・八七年）、「宝永三録」（『東京市史稿 市街篇』一六、臨川書店、一九九六年）、『旧事諮問録』、『徳川実紀』八、『徳川諸家系譜』一・二、『御殿女中』、『千代田城大奥』下

浜御庭

将軍の庭　浜御庭（現浜離宮恩賜庭園）は江戸時代将軍の別邸浜御殿の庭園で、浜御庭といった。そもそもは万治二年（一六五九）、四代将軍家綱の弟甲府宰相綱重が「木曳《こびき》町水上一万五千坪」（『万治年録』）の地を賜り、別邸としたのが始まりで、綱重の子綱豊《つなとよ》（のち六代将軍家宣）が宝永二年（一七〇五）五代将軍綱吉の継嗣となると、幕府の所有となった。その後御殿・御庭の整備が進み、専属の役人が配置され、大名の勤役としての浜大手門番も置かれた。

将軍継嗣となってからも家宣は度々浜御殿を訪れた。簾中の熙子《ひろこ》とともに行くことが多かったが、さらに綱吉の御台所信子や綱吉の養女八重姫を連れて遊覧している。将軍時代には、御台所熙子をはじめ、家族（綱吉の養女の竹姫・松姫、自分の側室たち、綱吉の側室たち）を引き連れ遊覧した。池に船を浮かべて、囃子《はやし》の演奏を聴いたり、農家の女性による田植えの実演を見ている（『文昭院殿御実紀附録』巻上）。また熙子の父近衛基熙《もとひろ》ら江戸参向の公家・門跡たちをここに招き、饗応している。この時期、浜御殿・浜御庭は専ら将軍家の遊興の場として、あるいは迎賓館として頻繁に使用された。

側室たちの住まい　八代将軍吉宗の時代、浜御殿・浜御庭の使い方は大きく変化した。吉宗自身やその家族（子供たち、生母浄円院、家宣御台所天英院）も訪れたが、吉宗は家宣のように家族とともに出かけるということはなく、迎賓館として使用することもなかった。遊興、儀礼より実利を重んじた吉宗は、門番を旗本の勤役とするなど、従来の警備・管理体制を薄礼化、簡素化するとともに、この空間を様々に利用した。

その様子を図17「浜御殿惣絵図」（江戸東京博物館所蔵）を通して見てみよう。絵図中央の建物は綱吉側室寿光院、家宣側室法心院、蓮浄院の住まいである。法心院は享保元年（一七一六）、蓮浄院は

享保二年から浜御殿に住んでいたが、享保一七年、寿光院もここに移ることになり、三人の住まいが新築された。その「法心院殿構」の北側に「象部屋」がある。享保一三年、ベトナムから象が渡来した。翌年五月江戸に着き、浜御庭で飼育されていた。しかし象は餌代がかかり、飼育掛りを殺傷するなどの事故もあり、寛保元年（一七四一）、江戸西郊中野村の農民に払い下げられた。それまで元側室の尼たちは、象の鳴き声を聞きながら余生を送っていたのである。

二つの馬場では番士たちの乗馬の訓練が行われ、吉宗は「御馬見所」でこれを観閲した。西端の「鍛冶小屋」では吉宗が招いた刀工が刀を鍛造《たんぞう》していた（『徳川実紀』享保四年七月二八日条など）。

御台所の遊覧　九代家重の時代、浜御庭に将軍の遊覧はなく、専ら子弟が使用した。一〇代家治は世子時代も、将軍となってからもよく出かけている。なお御殿は蓮浄院が死去した安永四年（一七七五）四月まで使用しているが、その後は不明で、一一代家斉時代の絵図には御殿とみられる建物は見当たらない。

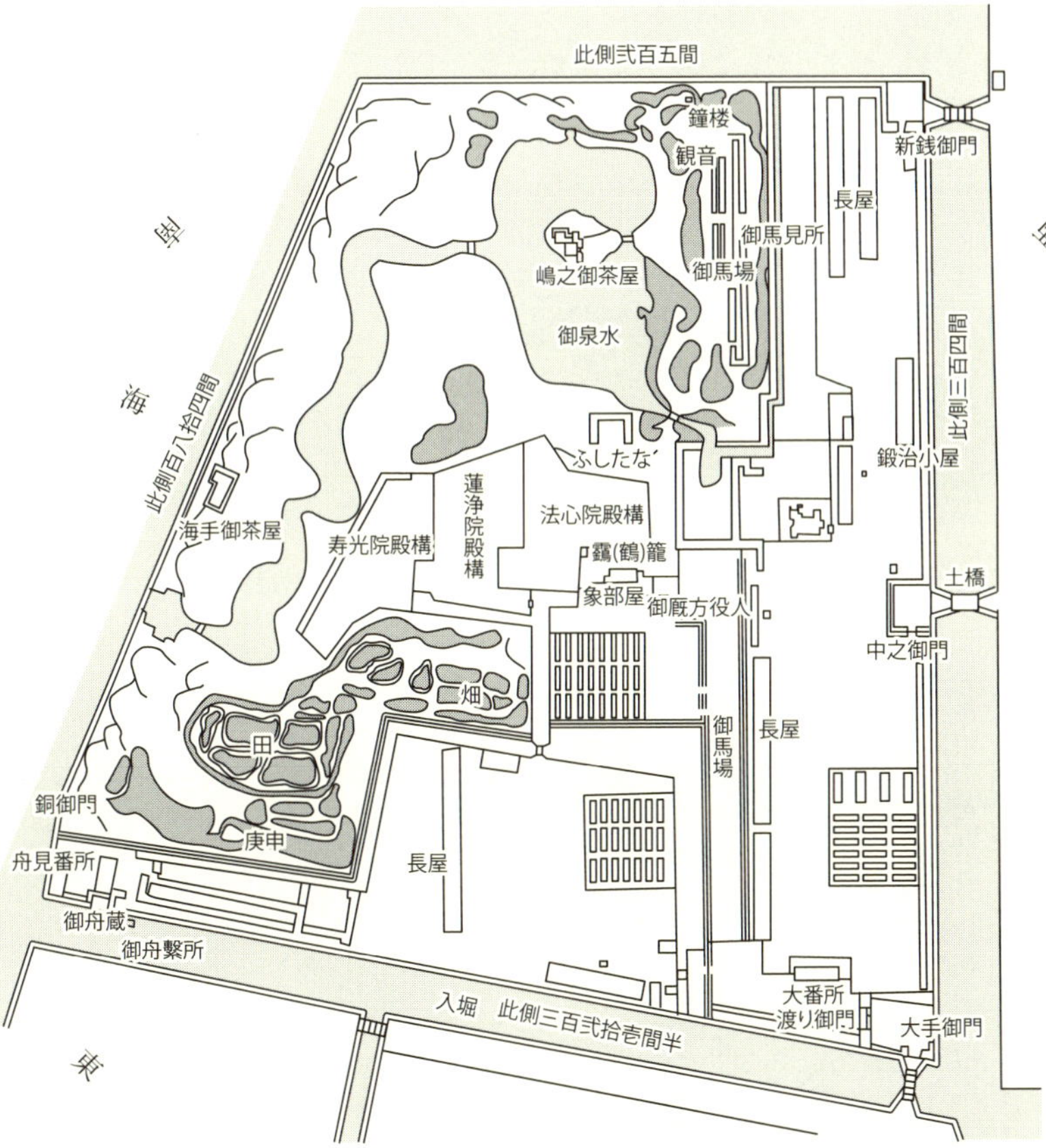

図17　「浜御殿惣絵図」（江戸東京博物館所蔵）より作成

　家斉は浜御庭に頻繁に出かけた。世子時代に三回、将軍時代、単独で二〇〇回以上、とくに寛政八年（一七九六）から享和三年（一八〇三）までは年間一〇回以上という頻度である。目的は専ら鷹狩で、水泳上覧、相撲上覧もあった。また御座船に乗り、途中で、水泳、漁猟などを見て浜御庭へ行くこともあった。

　家斉の御台所寔子《ただこ》も何度か浜御庭を訪れている。文政九年（一八二六）八月二一日の遊覧の様子は寔子自身が執筆した「千代の浜松」や供奉した女中たちの紀行文から詳細が知られる。すなわちこの日、御台所一行は乗物を連ねて街路を行き、浜御庭に到着、中嶋の御茶屋で休憩した後、海手の御茶屋で、数多の舟から網を下ろし、男たちが漁をし、沢山の魚を採るのを見た。また家斉が乗船している御座船が、舟歌を歌いながら清水家の芝浦邸から浜御殿に近づいてくるのを、すだれを引き上げて見ている。その後釣《つり》殿《どの》で釣りに興じた。昼食後庚申堂に詣で、あちこち逍遥し、虫の声を鑑賞した。ついで新銭座《しんせんざ》鴨場で田舎びた景色を見、観音堂に立寄り、夕刻、将軍還御《かんぎょ》の船を見送ったのち帰っている。寔子の遊覧は夫とは別行動である。当時奥の女性たちのいるところは、一時的に男子禁制の空間とする慣行があり、これを「御締《おしま》り」といった。家宣・煕子夫妻のように、ともに出かけることはなかったのである。

　このように将軍の庭、浜御庭の利用の仕方は一様ではなかったが、幕末、激動の時代には、さらに大きな変容を余儀なくされるのである。

（松尾美恵子）

【参考文献】　水谷三公『将軍の庭』（中央公論新社、二〇〇二年）、松尾美恵子「将軍吉宗と浜御殿」（『江戸東京博物館』NEWS五一、二〇〇五年）

【史料】　「浜御殿惣絵図」（江戸東京博物館所蔵）、「前世界雑話稿」（松平春嶽全集編纂刊行会編『松平春嶽全集』一、原書房、一九七三年）、松浦静山『甲子夜話』六（東洋文庫、平凡社、一九七八年）、『万治年録』（『江戸幕府日記』一之二、野上出版、一九八六年）、『宝永年録』（『江戸幕府日記』二之一、前同）、『徳川実紀』七・八、『続徳川実紀』一・二、『徳川諸家系譜』一

吹上御庭

吹上御庭の成立　江戸城の西部吹上の地に、将軍家の庭である吹上御庭が設けられたのは江戸中期、宝永・正徳期のことである。それまでは、「半蔵御門内代官町吹上御構」（「御府内往還其外沿革図書」）と呼ばれた江戸城内郭のひとつで、幕府の施設や武家屋敷が配されていた。明暦三年（一六五七）の大火ののち、城内への延焼を防ぐため、御三家の屋敷が移転し、「明地」、「御花畑」、「御蔵」等になった。「御花畑」は西桔橋《にしはねばし》を出たところにあり、五代将軍綱吉の母桂昌院や御台所信子も遊覧している（「御府内往還其外沿革図書」延宝年中ヨリ元禄一一寅年以前之形、「年録」天和三年九月二六日、一〇月二日条）。

　その後、代官町まで延焼した元禄一〇年（一六九七）の火事ののち、この区域に残っていた武家屋敷はすべて移転し、宝永五年（一七〇八）から七年にかけて、代官町・吹上区域の大規模な改造工事が

行われた。吹上は代官町の一部を取り込んで拡張し、広大な吹上御庭となり、代官町は火除けの明地となり、馬場曲輪《くるわ》と名を改めた（『徳川実紀』宝永七年一〇月二七日条）。また吹上の「御花畑」を維持・管理する吹上御花畑奉行（のち吹上奉行）以下の役人も置かれた。

月光院様御構　六代将軍家宣は吹上を庭園として整備した。茶屋を造り、泉石をしつらえ、多くの草木を植えたが、とくに紅葉を植えたという（「文昭院殿御実紀付録」巻上）。実用を尊んだ八代将軍吉宗は竹を沢山植樹した。またこの庭で砂糖の製法を試したり、救荒用の甘藷《かんしょ》や、蠟の原料である櫨《はぜ》、朝鮮人参等の薬種を栽培させている。さらに染殿《そめどの》を設けて、古代の染色を研究したり、渾天儀《こんてんぎ》を造らせ、天体観測を行ったりした（「有徳院殿御実紀付録」）。馬場では馬術、矢場では大的《おおまと》を上覧した。享保六年（一七二一）四月には、吹上で三奉行（寺社・町・勘定）の裁判を聴き（公事上聴）、以後の例となった。

　この頃、吹上の一角に住んでいたのは、七代将軍家継の生母、月光院である。月光院は家継の死後、享保元年九月、吹上に移徙《いし》した。口絵6に掲げた絵図（「江戸城吹上御苑絵図」）にはその月光院の住まい「月光院様御構《おかまえ》」が描かれている。月光院が吹上に移った年を正徳二年（一七一二）、あるいは三年とする史料もあるが、「年録」の享保元年九月二六日条に、吹上移徙に際して八代将軍吉宗と月光院が贈答を交わした記事があるので、享保元年とするのが妥当であろう。月光院は宝暦二年（一七五二）九月一九日に同所で歿しているので、この絵図は享保元年から宝暦二年までの間のものといえる。

御庭の変容と機能　吉宗の時代に吹上に設けられた学問所・絵所・天文所・鞠場・射場・鉄砲所・火術所・織殿・薬草製所・酒造所・菓子製所・砂糖製所・穀物取集場・綿羊飼立場（「吹上苑建置考」）等の施設は安永～天明期まで存在していたが、一一代将軍家斉の時代に、大部分撤去され、御庭は新たに整備された（「江戸城吹上総絵図」）。

　以後、御庭は第一に遊覧の場となった。将軍家の家族のほか、特別に幕府高官や将軍の近臣、江戸参向の公家などが観覧した。その中には御庭の拝見記を残した者もいる（「天保雑記」第四三冊）。また様々な催しの場となり、将軍も上覧した。騎射・弓術・砲術のほか、家斉と一二代将軍家慶は、度々相撲を上覧している。また隔年で行われた山王祭・神田祭の山車《だし》行列・神輿《みこし》を見物している。祭礼行列は半蔵門から入り、将軍の上覧所の前を通って竹橋門へ出た。天下祭と呼ばれたゆえんである。一三代将軍家定は吹上で薩摩芋や唐茄子《とうなす》を煮たり、饅頭やカステラを拵えていたという（『井伊家史料』四）。吹上御庭は自由に外出できない将軍とその家族にとり、またとないレクリエーションの場であったのである。

　吹上は江戸城の火事の際には避難場所になった。文久三年（一八六三）の本丸・二の丸の火事では、一四代将軍家茂と和宮と天璋院（家定御台所）・本寿院（家定生母）らが吹上御庭の茶屋に避難している（「家事抄」）。図18はこの時の様子を描いた和宮の戯画（久能山東照宮博物館所蔵）である。幕末期の景観は、徳川記念財団所蔵の御庭の各所を描いた

図18　和宮戯画（久能山東照宮博物館所蔵）

西洋画風の絵画や、国立国会図書館に伝わる「吹上御苑真景」（巻子、口絵）などを通して如実に知ることができる。

（松尾美恵子）

【参考文献】　柳田直美・藤田英昭「天璋院様御履歴」（『徳川記念財団会報』一〇、二〇〇七年）、松尾美恵子「天文台が描かれた『江戸城吹上御庭図』」（『日本歴史』七九三、二〇一四年）

【史料】　「御府内往還其外沿革図書」「年録」「吹上御苑真景」（国立国会図書館）、「吹上御庭御苑絵図」（江戸東京博物館所蔵）、「吹上苑建置考」（東京都公文書館所蔵）、「江戸城吹上総絵図」（東京都立中央図書館所蔵）、東京大学史料編纂所編（『大日本維新史料類纂之部　井伊家史料』四、東京大学出版会、一九六五年）、『天保雑記』（内閣文庫史籍叢刊、汲古書院、一九八三年）、「和宮戯画」（久能山東照宮博物館所蔵、『皇女和宮』江戸東京博物館、一九九七年）、「江戸城吹上御庭之図」（徳川記念財団所蔵、前同上）、『徳川実紀』七・八・九

御台所と側室

将軍の御台所

御台所の呼称　太政大臣、左右大臣、将軍などの正室を御台所《みだいどころ》という。江戸幕府の歴代将軍の正室は巻末の「徳川将軍妻妾一覧」に示したが、そこには開幕以前の初代家康の二人の正室、入輿に至らなかった七代家継の婚約者八十宮《やそのみや》や、夫が将軍家を相続する前に病没した八代吉宗の正室真宮《さなのみや》、夫が将軍世子の内に死去した九代家重の正室比宮《なみのみや》、一三代家定の正室任子《ただこ》と秀子も含まれている。彼女らは簾中と称された。

　すなわち、歴代将軍の正室のうち御台所と称されたのは、二代秀忠の正室達子《みちこ》（お江）、三代家光の正室孝子、四代家綱の正室浅宮、五代綱吉の正室信子、六代家宣の正室熙子《ひろこ》、一〇代家治の正室五十《いその》宮《みや》、一一代家斉の正室寔子《ただこ》、一二代家慶の正室楽宮《さざのみや》、一三代家定の三番目の正室敬子《すみこ》、一四代家茂の正室和宮、一五代慶喜の正室美賀子の一一人である。

　家光の正室孝子の場合、入輿から二年後の寛永二年（一六二五）八月九日に結婚式と披露を兼ねた「御台号」の賀儀が行なわれている（『東武実録』）。しかしその後、孝子は家光と不和になり、本丸を去って「中丸殿」と呼ばれた。また家茂の正室和宮の場合は、婚礼後「御台様」と称されたが、その後、江戸でも御所向きと同様「和宮様」と称するようにと通達されている（『続徳川実紀』四、文久二年一一月一三日条）。呼称は身分を表し、近世社会では大きな意味を持っていた。

出自　将軍及び将軍世子の正室は三代家光の正室孝子以降、宮家・摂家クラスの高い家格の公家から迎える慣わしであった。五代綱吉は館林家、六代家宣は甲府家、八代吉宗は紀州家、一五代慶喜は一橋家の当主時代に結婚しているが、その場合も相手は宮家や摂家出身で、生まれながらの将軍、世子の正室と変わらない。一一代家斉の正室寔子と一三代家定の三番目の正室敬子は薩摩島津家の出身であったが、ともに近衛家の養女として輿入れしている。

　すなわち将軍正室の出自をまとめると、皇女が二人、宮家五人（伏見宮家三人、閑院宮家一人、有栖川宮一人）、摂家八人（鷹司家三人、近衛家三人〈内養女二人〉、一条家二人〈内養女一人〉）となる。

　いささか異例なのは皇女との婚姻である。七代家継の配偶に霊元上皇の皇女八十宮を幕府が求めたのは、幼くして将軍になった家継の権威付けのためで、公家の一条兼香《かねよし》は日記にこの縁組を「未曾有」のこととしたためている（「兼香公記」正徳六年五月七日条）。幕末、幕府は公武合体策を推進するため、一四代家茂の正室に仁孝《にんこう》天皇の皇女で孝明天皇の皇妹和宮の降嫁を願い、実現したが、その先例とされたのは家継の縁組であったという。

　このように将軍の御台所・簾中は多く公家社会の出身で、彼女たちを介し京都の宮廷文化が江戸城の奥に浸透していった。

御台所の位置　将軍家の女性たちは

自らの意思にかかわらず政治的な存在であった。とくに御台所は幕藩間の贈答儀礼において奥の中心に位置し、大名家から端午・重陽・歳暮、参勤の御礼など定例の献上物のほか、将軍の代替わりや将軍宣下、将軍家家族の誕生、元服、入輿などの際にも、臨時の献上物が贈られた。また御台所・簾中は従三位以上の高い位階を授けられ（生前の叙位と死後の贈位とがある）、死去すると広く普請や歌舞音曲などの鳴物停止令《なりものちょうじれい》が発せられ、さらに恩赦が実施されるなど、近世の国家的秩序の中に位置づけられていた。

（松尾美恵子）

【参考文献】　斎木一馬「徳川将軍生母並びに妻妾考」（日本歴史学会編『歴史と人物』吉川弘文館、一九六四年）、久保貴子『近世の朝廷運営』（岩田書院、一九九八年）、同「将軍家と天皇家」（『歴史読本　徳川将軍家の正室』新人物往来社、二〇〇八年）、山本博文『大奥学事始め』（ＮＨＫ出版、二〇〇八年）、松尾美恵子「将軍御台所近衛熙子（天英院）の立場と行動」（『歴史評論』七四七、二〇一二年）、同「将軍御台所と生母の位置」（『幕末の江戸城大奥』徳川記念財団、二〇一三年）、木下はるか「徳川将軍家における母としての正室の位置づけ」（『史観』一六八、二〇一三年）

【史料】　「兼香公記」（東京大学史料編纂所所蔵）、『東武実録』一（内閣文庫所蔵史籍叢刊、汲古書院、一九八一年）、『続徳川実紀』四、『徳川諸家系譜』一・二

将軍の生母

将軍の生母たち　将軍をとりまく女性のうちで、御台所とともに重要な位置を占めたのは将軍の生母である。歴代の生母を巻末の「徳川将軍妻妾一覧」に表示したが、そこにはわが子が将軍になる前に死去した生母や、一〇代の世子家基の生母も含まれている。

この内、生母が父の正室なのは三人で、初代家康の母お大（伝通院）は松平広忠、三代家光の母お江（崇源院《そうげんいん》）は二代秀忠、一五代慶喜の母有栖川登美宮《とみのみや》（貞芳院）は水戸斉昭の正室である。これに対し、二代秀忠と四代家綱から一四代家茂までの生母は父の側室で、四代家綱、五代綱吉、七代家継、一〇代家治、一〇代世子家基、一二代家慶、一三代家定の生母は将軍の側室、九代家重の生母は吉宗の紀州藩主時代の側室、六代家宣の母は甲府綱重、八代吉宗の母は紀伊光貞、一一代家斉の母は一橋治済《はるさだ》、一四代家茂は紀伊斉順《なりゆき》の側室である。

出自　四代から八代までの生母は庶民階級の出身である。家綱の母お楽（宝樹院）の父は罪を犯し、刑死したとの説もある。綱吉の母お玉（桂昌院）は八百屋の娘であったとも、西陣の織屋の娘であったとも伝えられている。家宣の母お保良（長昌院）は魚屋の娘との説がある。家継の生母お喜世（月光院）の父は浅草唯念寺の塔頭の僧侶であった。吉宗の母お由利（浄円院）の父は実は紀伊国巨勢《こせ》村の百姓であったともいわれている。九代以降の生母は概ね旗本の娘で、一〇代の生母は公家出身である。生母の出自は八代吉宗の時代を境に変化したといえる。

ただ生家への待遇は早い時期の方が手厚く、宝樹院の弟増山正利《ましやま》（三河西尾城主・二万石）や桂昌院の弟本庄宗資（常

陸笠間城主・五万石）は大名に取り立てられている。月光院の義兄は三〇〇〇石の旗本になり、実父勝田玄哲が死去したときには、御三家・大名は御機嫌伺いの使者・飛札を送り、高家・詰衆・番頭・組頭は登城を命じられている（『御触書寛保集成』四八七）。のちにも係累が昇進したり、加増される例がなかったわけではないが、その栄達ぶりは前半期ほどではない。

将軍の家族　将軍の生母はその出自に関わらず、将軍の家族として厚く遇された。近世前期においては御台所以上に重んじられたといってよい。とくに綱吉の母桂昌院は生前従一位の位階を授けられたが、御台所の信子は生涯無位であり、諸儀礼の序列は桂昌院の下に置かれた。なお綱吉・家宣の側室は将軍家の家族として遇されている。吉宗は自らの側妾を女中（使用人）の身分のままにしたが、将軍となって三年目に生母浄円院を紀州から江戸城に迎え、将軍家の家族にしている。

　こののち側室は将軍の生母に限って将軍の家族に列せられた。すなわち将軍の子を産んだ大奥女中は、子供が世子になると、特別に待遇され、さらに代替わりにより将軍の母となった時点で、女中の身分を離れ、将軍家族としての礼遇を受けるようになる。用人・用達などの役人や女中を付けられ、諸大名から献上物を受ける身分になった。また敬称で呼ばれたが、例えば家茂の生母実成院《じつじょういん》の場合、紀州邸から江戸城本丸入りと同時に「殿」がついた（『続徳川実紀』四　文久元年二月一八日条）。その後家茂が死去すると「様」をつけて呼ぶよう触れ出されている（『続徳川実紀』五　慶応二年八月二五日条）。

　近世後期には生母の地位は正室より低くなった（『幕末御触書集成』殿中席書席順之部　六七）が、御台所に次ぐ位階を授けられ、すでに故人であっても、贈位があり、死去・法事の折も幕府の公人として、手厚く祀られた。

（松尾美恵子）

【参考文献】　斎木一馬「徳川将軍生母並びに妻妾考」（日本歴史学会編『歴史と人物』吉川弘文館、一九六四年）、松尾美恵子「江戸幕府女中分限帳について」（総合女性史研究会編『日本女性史論集二　政治と女性』吉川弘文館、一九九七年、初出一九九二年）、同「将軍御台所と生母の位置」（『幕末の江戸城大奥』徳川記念財団、二〇一三年）

【史料】『幕末御触書集成』一（岩波書店、一九九二年）、『御触書寛保集成』、『続徳川実紀』四・五、『徳川諸家系譜』一・二

将軍の側室

側室の定義　側室は正室の対語で、辞典等では「貴人の妾、そばめ」と説明されている。しかし侍妾がすべて側室というわけでもない。近年の研究によると、側室の語は近世中期以降にあらわれ、「妻と妾の中間にあり、表向き・法律的・身分的には妾であるが、実質的には妻の扱いをうけている存在である」（福田千鶴「一夫一妻制と世襲制」）という。側室はたんなる侍女ではなく、「御部屋様」と称されることが多いように、居室を与えられるなど、主人の家から特別に遇された側女と定義するのが適当であろ

う。

武蔵国忍藩主阿部家の事例をみると、召使いの女中から「御部屋様」への昇格は、主人の子を産み、その子が跡継ぎになったときで、「殿」付きで呼ばれている。さらに嫡子の娘に名前を付け、自らの養女にするなど、正室に代わる立場にもなり得た（「公餘録」天明七年正月一七日条）。

将軍の側室　上述の定義に照らせば、巻末の「徳川将軍妻妾一覧」にみえる正室以外の女性たちすべてが側室というわけではない。初期の例であるが、二代将軍秀忠の子保科正之を産んだお静（浄光院）の場合、子の誕生を表沙汰にできず、子とともに江戸城から出されている。その他のひともたんなる侍妾か側室かは、ひとりずつ丁寧に検証する必要がある。

一般に侍妾が側室になるのは主人の子を産んでからが多いが、将軍家には家康の側室阿茶局や家光の側室お万（永光院）、綱吉の側室大典侍《おおすけ》（寿光院）のように、子がなくても重んじられた側室もいた。公家出身の側室は概して最初から厚く遇されたようである。

中後期の大奥では、将軍付・世子付の中﨟が子を産み、側室となるコースが定着した。一〇代将軍家治～一二代将軍家慶の時代の例をみると、そうした中﨟の多くは出産後、御客応答《あしらい》や老女（御年寄）の上座に位置づけられている。その内、家治の側室で世子家基の生母お知保（蓮光院）、家斉の側室で、淑姫らの母お万（勢真院）、家慶の生母お楽（香琳院）、家慶の側室で家定生母のお美津（本寿院）の四人は、さらに上位の「御内証之御方」あるいは同格という地位に至っている。

出自と待遇　近世前半期には、将軍の侍妾の出自は問われなかった。家光の側室で家綱の生母お楽（宝樹院）、綱吉の生母お玉（桂昌院）、綱吉の側室で鶴姫・徳松の生母お伝（瑞春院）、家宣の側室で家継の生母お喜世（月光院）はいずれも庶民階級の出身である。一方公家の娘もいた。中後期になると、大奥女中の職階で「出世の場所」といわれる御三之間以上に出仕し、将軍に近侍する中﨟に昇進できるのは、原則として宿元（身元保証人、多くは親・兄弟）が御目見以上の幕臣で、御家人や陪臣、百姓・町人の場合は、御三之間以上になれなかった。従って、将軍の側室はほとんど旗本の娘であった。但し、家斉の側室お美代（専光院）のように、市井の出身であるが、表向き旗本の養女となって大奥に上がり、中﨟になり、将軍の子を産んで側室となる道もなかったわけではない。

綱吉や家宣の時代、将軍の側室は将軍家の家族としての待遇を受けた。綱吉の側室お伝は、「御袋様」と称され、「三之御丸様」（桂昌院）、「御台様」（鷹司信子）の下、鶴姫の上位に位置付けられ、用人も付けられた（元禄九年「本朝武林系録図鑑」）。家宣の側室も同様で、一の御部屋（法心院）、二の御部屋（蓮浄院）、三の御部屋（月光院）の三人の側室にそれぞれ用人・用達が付けられている（正徳二年「賞延武鑑」）。しかし吉宗は自らの側室に対し、用人等の役人や幕府女中を付けるなどの将軍家の家族としての扱いをしていない。すなわちこの後側室は、将軍の生母にならない限り、将軍家の一員になることはなかったといえよう。

（松尾美恵子）

【参考文献】 斎木一馬「徳川将軍生母並びに妻妾考」（日本歴史学会編『歴史と人物』、吉川弘文館、一九六四年）、松尾美恵子「江戸幕府女中分限帳について」（総合女性史研究会編『日本女性史論集二 政治と女性』吉川弘文館、一九九七年、初出一九九二年）、柳谷慶子「武家権力と女性」（『身分のなかの女性』吉川弘文館、二〇一〇年）、福田千鶴「一夫一婦制と世襲制」（『歴史評論』七四七、二〇一二年）
【史料】「公餘録」上（『阿部家史料集』一、吉川弘文館、一九七五年）、『江戸幕府役職武鑑集成』五・七（東洋書林、一九九六・九七年）、『徳川諸家系譜』一・二

将軍の大奥御成

女中聞き取り記録 将軍の大奥における行動については不明な点が多い。大奥の者は、享保六年（一七二一）の「定」にあるように、たとえ大奥を退任したとしても、大奥の勤めに関することは守秘義務を課されたため、江戸時代はその暮らしぶりが風聞として伝わることはほとんどなかった。明治維新後も、その矜持《きょうじ》は遵守されたこともあり、わずかに明治二四年（一八九一）に史談会による元中﨟箕浦はな子、元御次佐々鎮子への聞き取り記録や、三田村鳶魚が、元天璋院付の中﨟村山（旧姓大岡）ませ子から聞き取りして『御殿女中』にまとめた記録など、幕末時の断片的な情報しか残されていない。

これらの聞き取りによれば、将軍の大奥御成は、錠口より上之御鈴廊下を通り、上之御鈴廊下の西側に接した御小座敷へ入って休息したという。御小座敷で菓子や食事を取り、御台所ともここで会ったようで、ここで時々一緒に食事を共にすることもあった。大奥の御殿へ御成になる場合は、事前に御次が前触れをして、準備を整えた上で将軍を迎えた。なお、大奥では将軍のことを「上」と称した。

総触 毎朝必ず行われたのが、総触《そうぶれ》である。朝四ツ時（午前一〇時頃）に将軍は大奥へ入り、箕浦・佐々の話では御鈴廊下で御台所や御腹様など一同が将軍に御目見したという。村山の話では、御台所は御年寄四人・中年寄一人・中﨟頭一人・中﨟六〜七人と共に出迎え、一緒に「お清の間」（御仏間のことか）へ行き、一四代将軍家茂の場合は、自ら先代将軍の御台所・天璋院（篤姫）の部屋へ行って挨拶したという。総触の時は、迎える側は単に一同揃ってお辞儀をするだけで、総触を終えると将軍は奥へ戻っていった。夜五ツ時（午後八時頃）にも再び総触が行われた。

総触の際の将軍の服装は、朔日・一五日・二八日の御三日は麻裃で、平日は紹《ろ》の肩衣《かたぎぬ》・仙台平の袴と違いがあり、裏地は茶羽二重《ちゃはぶたえ》や水浅黄羽二重であったという。御台所は毎日違った召物を着用するが、いずれも縫入りで、御三日は白地の大紋綸子《だいもんりんず》か高砂染の召物の上に、乱菊模様の紗綾形《さやがた》に縫入りの掻取《かいとり》を着用した。また御台所は、総触の時に薄真岡の木綿足袋を履くが、夏は総触が済むとすぐに脱ぎ、冬は裏付を着用した。着用した足袋は一日限りで、同じ足袋は二度使用しなかった。総触の前に御台所は、鉄漿《かね》（お歯黒）・櫛・食事を済ませなければならなかったので、朝は忙しかったという。

大奥入り 昼八ツ時（午後二時頃）に

も再び大奥入りをする時もあるが、この時は着流しで入った。大奥で「御寝」する場所は御小座敷御上段で、宵頃に御錠口番から伝達があり、将軍の大奥入りに備えられた。御台所は供を三人連れて御小座敷に参り、供の者は御下段もしくは御次之間で番を行った。この供の者とは、将軍のお手つきの中﨟二人と、御伽坊主という尼姿をした年配の女性であったと旧幕臣山中共古の話を聞き取った三村竹清は記している。

昭和三年（一九二八）に元広島藩主浅野長勲《ながこと》が語った話の中でも、殿様が奥泊まりをする際は、老女が次の間に控えていて、翌朝になると「殿様の御機嫌はいかがであったか」などと、一緒に御寝した側室に問いただしていたとのことで、大名家においても、同様の措置が成されていた。こういった措置をするのは、閨を共にした者が、不相応な願いをしないように監視するためと、三村竹清は説明している。

なお、将軍は大奥泊まりをしても、朝には一旦奥へ戻り、朝四ツ時の総触に備えた。また、将軍が大奥で風呂に入ることはなかった。歴代将軍の命日・忌日など御精進日や物忌み日があり、幕末頃になると月に半分くらいは、大奥泊まりを憚らなければならなかった。将軍の大奥入りには、予め準備することが多いため、定刻通り行われる総触以外で大奥へ入る際は、伝達・準備が必要だった。大奥泊まりの場合でも、御伽坊主を介して相手の事情を確認せねばならず、将軍といえども突然の大奥入りは出来なかった。

（原　史彦）

【参考文献】　氏家幹人『江戸の女子力』（新潮社、二〇一〇年、初出二〇〇四年）、『御殿女中』、『旧事諮問録』

御台所の生活

御台所の一日　御台所の生活実態について、元天璋院付の中﨟村山（旧姓大岡）ませ子や、明治二四年（一八九一）に史談会による元中﨟箕浦はな子、元御次佐々鎮子への聞き取り記録により、幕末の事例が知られている。

起床は朝六ツ半時（午前七時頃）で、目覚めると御年寄が目覚めを告げて、御三之間から部屋方へ触れ出された。起きる時間は毎日決まっていた。起床後は、「オシマイドコ」で嗽《うがい》の後、鉄漿《かね》（お歯黒）を付け、湯浴みをした。ただ、人によって湯浴みの回数は違っていたようで、天璋院（篤姫）の場合は毎日だが、静寛院宮（和宮）の場合は月に一度くらいであり、一般的には一日置きくらいだったという。将軍が奥泊まりする際は、夕方に湯浴みして、翌朝にも湯浴みした。また、寒い時は午後にも湯浴みをする時もあった。

朝の湯浴みの後に髪を整えながら朝食をとった。朝食が済むのは朝五ツ時（午前八時頃）で、それから召し替え（朝召）をして、朝四ツ時（午前一〇時頃）の将軍の総触を待った。なお、毎食後は嗽をして、洗面の後に白粉をつけるお顔直しを行った。総触の前に召し替え（総触召）を行い、総触の後に奥の御仏間における将軍の御拝の後、御台所も御拝を行った。御拝が済むのが、早くて四ツ半時（午前一一時頃）で、その後に昼の召し替え（昼召）を行い、昼九ツ時（一二時頃）に昼食をとって、昼八ツ時（午後二時頃）の将軍奥入りまで自由時間を過ごした。

夕食の時間は不明ながら、夕食前に夕召を行ったと思われる。就寝は夜五ツ半時（午後九時頃）で、寝る前にも寝召を行った。また、御寝の際に髪を梳いて櫛巻にした。

日常の暮らし　通常、御台所には、常に中﨟七人・元服小性一人・御小性一人が一緒にいて、絶えず側にいるのが、中﨟二人ずつで、その他は二の間に控えていた。

式日以外での御台所の着物は、大概は綸子《りんず》を着用した。召替は御納戸で行い、総触召では縮緬《ちりめん》の縫入りを着用し、昼召では縞の紋縮緬に夏以外は被布《ひふ》も着用した。気楽な大奥入りということで、「御楽召」とも称した。寝召は緋縮緬と白の湯巻を着用し、三枚重ねの布団で御寝した。

なお、綸子は奥女中の中でも御目見以下の者は着用できず、綸子襲《りんずかさね》は御台所しか着用出来なかった。また、御台所は羽織を着用せず、被布を用いた。寒い時や夏の湿気の多い時は、御納戸に置かれた高さ四尺くらいの桐格子櫓炬燵で事前に暖めたり、湿気抜きがなされた。

着物は、品によって異なるが肌付の場合は一か月、その他は半年ほど着用し、一二月二八日の御納戸払いの時に、奥女中に下げ渡された。御年寄・中﨟は二品、御次・御三之間は反物で一品ずつ頂戴し、定例以外の御納戸払いには御側の者が足袋や襦袢《じゅばん》・腹巻などの雑品を頂戴した。

医者の診察は月に五〜六度あり、脈と舌の診察を行って、中年寄が付けている御食用帳と、中﨟が付けている御小用帳を点検した。容態が悪い時には腹診が行われたが、医者は決して肌に触れてはならず、襦袢の上から触診した。

便所へ行く際は、必ず中﨟一人を伴って一緒に入り、御台所自らが手を汚すことはなかった。便所は御上段背後の入側にあり、入側に手洗、次の二畳部屋に戸棚があって、下帯・足袋を納め、ここで草履を召して二畳間の便所に入った。ここでは常に練香《ねりこう》が焚いてあった。御台所の便所は「万年」ともいい、一生に一箇所で汲み取りはなく、一代限りで埋められたという。天璋院（篤姫）の場合は、月経の際には中﨟を付き添わせず、一四代将軍家茂の生母実成院《じつじょういん》は、将軍生母としてお上並（将軍の家族待遇）とされても、中﨟を付き添わせることを拒んだという。

【参考文献】『御殿女中』、『旧事諮問録』

（原　史彦）

発掘調査に見る御台所・側室墓所

御台所と称せられた正室の墓所は増上寺には崇源院《そうげんいん》（秀忠正室）、天英院（家宣正室）、広大院（家斉正室）、静寛院宮（家茂正室）、寛永寺には高巌院（家綱正室）、浄光院（綱吉正室）、心観院（家治正室）、浄観院（家慶正室）、天璋院（家定正室）、伝通院には本理院（家光正室）がある。また将軍側室の墓所は増上寺には桂昌院（綱吉生母）、瑞春院（綱吉側室）、月光院（家継生母）、契真院（家斉側室）、見光院（家慶側室）、殊妙院（家慶側室）、清涼院（家慶側室）、妙音院（家慶側室）、秋月院（家慶側室）、寛永寺には宝樹院（家綱生母）、順性院（綱重生

母）、至心院（家治生母）、法心院（家宣側室）、蓮浄院（家宣正室）、安祥院（徳川重好生母）、蓮光院（徳川家基生母）、香琳院（家慶生母）、本寿院（家定生母）、実成院《じっじょういん》（家茂生母）、池上本門寺には深徳院（家重生母）、本徳院（吉宗側室）及び本輪院（家斉側室）、伝通院には清雲院（家康側室）、教樹院（吉宗側室）、真性院（家斉側室）、超操院（家斉側室）、芳信院、清昇院（家斉側室）、智照院（家斉側室）、慧明院（家斉側室）、妙操院（家斉側室）、妙華院（家慶側室）がある。その内発掘調査は増上寺将軍廟と寛永寺御裏方霊廟で行われている。

地上構造物　御台所の墓所は間知石《けんちいし》及び切石を用いて二段の基壇を築いた強固な造りである（図19）。基壇一段目外周には石壁が巡り、上面には宝塔に至る墓道が敷設され、二段目上には石製墓門が設けられる。墓所規模は将軍に比べて小さく、寛永寺御裏方霊廟の場合では平均一一・六メートル四方を測り、地上から宝塔頂部までの全高は浄観院墓の場合で五・三八メートルを測る。

御台所の宝塔（墓標）は基本的には石製八角形宝塔であり、崇源院と天英院は宝篋印塔《ほうきょういんとう》を後に石製八角形宝塔に改めているが、本理院は建替えることなく、宝篋印塔のままである。浄光院と天璋院は石製円形宝塔、静寛院宮は銅製円形宝塔であり、八角形宝塔は用いられていない。その原因について天璋院と静寛院宮は明治期の死去であることから、葬制が崩壊したとすることができる。

側室の墓標には宝塔は使用されず、宝篋印塔・球形宝塔・笠塔婆《かさとうば》の順に変化する。宝篋印塔は徳川将軍家においては早い時期に使用されていた墓標である。瑞春院（元文二年〔一七三八〕没）が確認できる範囲では最後の事例である。球形宝塔は遅くとも一〇代家治の時には側室にも使われていた。しかし一二代家慶の時代になると側室には笠塔婆が使用されるようになる。また墓所規模は基壇を設けないことから、将軍・正室・生母と比較して格段に小さい。

埋葬施設　御台所である崇源院・高巖院の火葬は早い時期の女性墓所に共通した様式であり、高巖院（延宝四年〔一六七六〕没）以前にしか見られない。崇源院の火葬骨は最初の墓標である宝篋印塔内に納められ、高巖院の火葬骨は一石を刳《く》り貫いて作られた石櫃《いしびつ》内の骨蔵器に納めて入れられている。土葬への転換は五代綱吉の生母の桂昌院（宝永二年〔一七〇五〕没）からであり、以後江戸時代を通じて土葬で埋葬される。土葬の埋葬施設は地表下に間地石で石室を築き、その内側に切石で石槨《せっかく》を設ける。石室の内法は浄観院の場合で三・三四メートル四方×高さ三・一メートルを測る。石槨内には棺槨類《かんかくるい》を納め、石槨との間に石灰を充填する。同じく浄観院墓では約一二トン確認された（図20）。

棺槨類は将軍と同じ直方体を呈し、天英院・心観院は二重、広大院は二〜三重、浄観院は三重一銅皿であるが、静寛院宮は三重の寝棺である。浄観院では銅皿が使用され他には澄心院（家定正室）と尾張家教令院（徳川宗睦《むねちか》養子勇丸）に事例を見るのみである。最外棺槨は天英院、心観院は平面規模が約〇・八メートル四方程度であるが幕末の浄観院では一・一六メートル四方と平面規模が大きくなっている。最外棺槨が巨大化する傾向は副葬品の多量化も含めて、浄観院以降の幕末期に出現した現象とすることができる。埋葬体位は天英院（元文六年〔一七四一〕没）・心観院（明和八年〔一七七一〕没）・広大院（弘化元年〔一八四四〕没）までが両立膝座位であるが、浄観院（天保一一年〔一八四〇〕没）は正座である（図21）。しかし静寛院宮は明治期の死去のため欧米式の伸展位である。

側室の棺槨類は増上寺の見光院・殊妙院、寛永寺の蓮浄院は甕棺《かめかん》であり、甕棺の使用は側室のみに見られる仕様である。埋葬方法は土葬であり、甕棺を使用される場合があるため、埋葬体位は座位である。

朱の封入は徳川将軍家葬制における最大の特徴である。女性被葬者への朱の封入は寛永寺の高巌院で最初に見られる。以後暫く時間が開いて慈徳院（家斉生母）・浄観院・天親院（家定正室）・澄心院にも現れる。制度化された朱封入の開始時期は慈徳院の没年が文化一四年（一八一七）であることから、それ以降と推定することができる。朱の封入の開始は埋葬体位が両立膝から正座に変わるのと時を同じくしている。おおよそ将軍以外では一一代家斉の時期に始まった様式と判断できる。成人子女・未成人子女・側室には朱は入れられていない。

（今野春樹）

【参考文献】鈴木尚・矢島恭介・山辺知行編『増上寺徳川将軍墓とその遺品・遺体』（東京大学出版会、一九六七年）、寛永寺谷中徳川家近世墓所調査団編『東叡山寛永寺徳川将軍家御裏方霊廟』（吉川弘文館、二〇一二年）、今野春樹『徳川家の墓制』（北隆館、二〇一三年）

図19　浄観院墓所全景

図20　浄観院墓埋石室内復元図

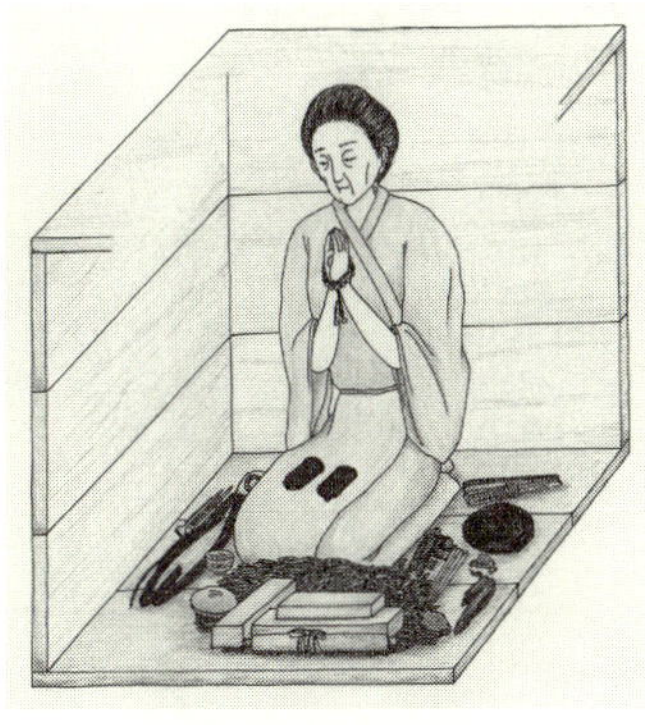

図21　浄観院墓木棺内復元図

第2章

大奥勤め

大奥女中

大奥女中の職制と人数

職制　幕府に仕える女中の職制がいつどのように成立したか、はっきりしないが、老女（御年寄）や表使の存在は早くから確認できる（『徳川禁令考』一二四六）。後年の女中の職名を見ると、朝廷の女官、あるいは摂家・親王家の女房の職名に類似のものが多い。三代将軍家光のころ、御台所に付いて多くの女中が京都から江戸へ下ってきており、その名称を使用しながら、江戸城の大奥空間における女中制度が整えられたとみることができる（山本博文『大奥学事始』）。

　正徳二年（一七一二）八月、薩摩藩主島津吉貴の娘で、近衛家に入輿する増姫（増君）が江戸城に登城し、将軍家宣・熙子夫妻に御目見した際、大奥女中に身分に応じて祝儀が贈られたが、その役職名は「大御年寄・御年寄・中老御年寄・御中臈・小生・表使《おもてづかい》・祐筆・御次・呉服間頭・呉服間・比丘尼《びくに》・ごぜ・御広座敷・御三之間・御末・火之御番・御中居・御茶之間・御使番・御半下《おはした》」（『鹿児島県史料　旧記雑録追録』三）であり、幕府女中の職制は少なくとも江戸中期には整備されていたといえる。

　ところで、女中は将軍、大御所、御台所、将軍生母、子女など、将軍家家族のそれぞれに付けられていた。ここでは将軍付女中（狭義の大奥女中）を中心に、その職階や人数、給与の大要をみてみよう。表2は一三代将軍家定付の女中分限帳（「嘉永七寅年八月改大奥女中分限帳幷剃髪女中名前」）に基づいて作成したものである。職階は二四段階あり、一〇代将軍家治付（深井雅海「江戸城本丸御殿図に見る中奥・表向・大奥」）や一一代将軍家斉付（「（大奥）女中分限帳」など）とその職名ともども大差ない。これに対し、家定御台所篤姫（のち天璋院）付の女中分限帳（「（女中分限帳）」）や家定生母本寿院付の女中分限帳（「本寿院様附女中分限帳」）をみると、職階はそれぞれ一七段階、一四段階と将軍付より少なく、将軍付にみられる御客応答《あしらい》、御錠口、切手書、御伽《おとぎ》坊主といった職名はみられない。かわりに中年寄や御茶之間という役職があり、また御台所のみ御小性が付けられていたことがわかる。

人数　幕府が抱えた女中の人数は一定していない。三代将軍家光が死去した後、三六〇〇人余りの女中が解雇されたと伝わるが、真偽のほどはわからない（「君臣言行録」）。前述の正徳二年に島津家から祝儀を贈られた将軍家の女中は「御部屋様」付などを含め、一八四人を数えるが、「御女中惣中」に宛てたものもあるので、全体数は不明である。

　「誠斎雑記」によると、天保一〇年四月の時点で、本丸の女中は将軍（家慶）付一九四人、御台所（楽宮）付八五人で、合わせて二七九人、西の丸の女中は大御所（家斉）付一八三人、大御台所（寔子）付八四人で、合わせて二六七人おり、ほかに七か所の御守殿・御住付女中が、一か所五一人ずつ、三五七人いて、すべてを合計すると九〇三人となる。この数

表2　将軍家定付女中諸手当

職階	切米（石）	合力金（両）	扶持（人）	薪（束）	炭（俵）	湯之木（束）	油		五菜銀	
							有明	半夜	目	1分
上臈御年寄	50	60	10	20	15	20/15	1	1	200	
小上臈	40	40	5	15	10	17/13	1	1	200	
御年寄	50	60	10	20	15	20/15	1	1	200	1
御客応答	25	40	5	10	6	10/9			124	2
御客応答格	25	40	5	10	6	10/9			124	2
御中臈	20	40	4	10	6	10/9			124	2
御錠口	20	30	5	10	6	10/9	1	1	124	2
表使 表使格御右筆頭	12	30	3	10	6	7	1	1	124	2
御次頭	10	30	3	8	4	6	1		100	
御右筆	8	25	3	8	5	6	1		121	
御錠口介	8	30	3	8	4	6	1		100	
御次	8	25	3	8	4	6	1		100	
切手書	8	20	3	8	4	6	1		100	
呉服之間頭	8	30	3	8	3	6	1		100	
御三之間頭	8	25	3	8	4	6	1		100	
御伽坊主	8	20	3	8	3	6	1		100	
呉服之間	8	20	3	8	3	6	1		100	
御広座敷	5	15	2	7	3	5	1		70	
御三之間	5	15	2	7	3	5	1		70	
御末頭 御末頭格使番頭	5	15	2	7	3	5	1		70	
御仲居 御仲居格使番助	5	7	2	6	2	5		1	50	
火之番火之番格使番	5	7	2	6	2	5		1	50	
使番	4	5	1	3		2		半	15	
御半下	4	2	1	3		2		半	12	

「嘉永七寅年八月改大奥女中分限帳并剃髪女中名前」（稲生家文書）より作成。

は幕府直属の女中のみであり、上級の女中が自室で召し使っていた「又者」（部屋方）を加えると二五〇〇人ばかりになるという（『幕府の女官』）。先述の家定付女中は一八五人、同御台所付女中は六〇人、同生母付女中は六〇人である。女中の数は将軍の家族構成や、幕府の財政状況等により増減があり、一概に比較することはできない。

女中の給与と身分　幕府女中の給与は、将軍の子を産んだ側室の場合別格で、例えば元文二年（一七三七）、家治の生母で「御部屋様」と呼ばれたお幸は合力として金三〇〇〇両、米五〇〇俵を与えられている（『誠斎雑記』）。一般の女中は先の表に見るごとく、職階に応じて種々の手当が支給された。切米と合力金は年俸である。扶持は女中自身と自室での召使の食料で、現米で与えられた。湯之木は風呂の燃料、有明《ありあけ》は終夜燈、半夜《はんや》は半夜燈の油である。五菜銀《ごさいぎん》は味噌・塩の代銀とされてきたが、男性の使用人ゴサイ（五菜）に支払う給金もここから支給した。これらの給料は表示したように、上位の職から下位の職へ少しずつ差があるものになっている。また将軍付と御台所付、生母付とを比べると、同じ職階では手当に差があり、例えば本寿院付の御年寄は将軍付の半分程度である。御守殿《ごしゅでん》・御住居《おすまい》の御年寄は御本丸御錠口格に相当したという（『誠斎雑記』）。

　また女中の身分は御目見以上と以下とに分かれていたが、その境目については「呉服之間」、あるいは「御広座敷」まで御目見以上とするなど諸説がある。御三之間は御目見以下であるが、出世の場所で、通常御目見以上の幕臣（旗本）の娘から採用された。一方御末頭以下は御目見以下の幕臣（御家人）、陪臣、町人や百姓の娘から採用されている。このほか上女中・中女中・下女中という区別もあった（『幕府の女官』）が、詳細は不明である。

（松尾美恵子）

【参考文献】深井雅海「江戸城本丸御殿図に見る中奥・表向・大奥」（下の二）（徳川林政史研究所『研究紀要』三〇、一九九六年）、松尾美恵子「江戸幕府女中分限帳について」（総合女性史研究会編『日本女性史論集二　政治と女性』吉川弘文館、一九九七年、初出一九九二年）、畑尚子『江戸奥女中物語』（講談社、二〇〇一年）、山本博文『大奥学事始』（日本放送出版協会、二〇〇八年）、「幕府の女官」（『江戸会誌七』『江戸会編纂雑誌集成』三、文化図書、二〇一〇年）

【史料】「嘉永七寅年八月改大奥女中分限帳幷剃髪女中名前」「本寿院様附女中分限帳」「（女中分限帳）」（稲生家文書、埼玉県立文書館）、「（大奥）女中分限帳」（東京大学図書館）、「君臣言行録」（国立国会図書館）、『鹿児島県史料　旧記雑録追録』三（鹿児島県、一九七三年）、「誠斎雑記」（『向山誠斎雑記』天保・弘化編九・一九、ゆまに書房、二〇〇三年・二〇〇四年）、『徳川禁令考』前集第三

大奥女中の職務

御年寄と補佐役　大奥女中には、およそ二四の職階があった。そのうち、主な役職の職務についてみてみよう。

　御年寄には、上臈御年寄と御年寄の別があった。上臈は、京都の公家衆の出身で、公家の苗字を名前に用いた。ただし、

生家の苗字を用いたのではなく、飛鳥井・姉小路・梅渓・万里小路《までのこうじ》・歌橋・花園などの通り名がいくつかあり、そのなかから賜ったという。同役は大奥女中の最高位で、茶の湯などの催しのときの将軍や御台所の相談役である。

一方、御年寄は旗本の出身で、老女ともいい、将軍付の御年寄は大奥女中第一の権力者である。奥向きの万事を差配し、「表」の長官老中、「奥」の長官御側御用取次に匹敵する役職という。月番制で職務をこなしており、月番は毎日朝四ツ時(午前一〇時頃)に「千鳥之間」へ出勤してこの部屋から出ることなく、表使《おもてづかい》や右筆を呼び出して御用を申しつけ、夕七ツ時(午後四時頃)に退出した。他の御年寄の勤務は、泊番(宵番)・明番(朝番)・当番の三交代制になっていた。当番は朝四ツ時より出勤し、明番は朝の内から詰め、当番と交代した。泊番は夕七ツ時より出勤したという。

御年寄の補佐役は、先述のごとく、表使と右筆である。たとえば、将軍から御三卿や姫君に品物を下賜する場合は、右筆を呼び寄せて書状などを申し付けた。また、御三卿や諸家より伺いなどが出たときは、表使から御年寄に伺い、その指図によって右筆が付札を作成し、表使へ下付したという。以上の他、表使は御殿向と広敷向との境にある錠口を管掌し、御年寄の指図を受けて大奥の一切の買物を司り、留守居や広敷役人と応接した。

一方、右筆は「老中ノ奥右筆同様ノ仕事」(「幕儀参考稿本」)であったという。

将軍の世話をする女中

大奥で将軍の世話をするのは、中臈と御伽坊主《おとぎ》の役目である。七~八人いる将軍付の中臈のなかから側室が出る。しかし、子供を生んでも女中身分のままであり、世嗣を生むと「御部屋様」になることができた。お手の付かない者は、「お清《きよ》」とあだ名したという。

御伽坊主は、剃髪姿で将軍付の雑用係。羽織袴を着用し、この役のみ将軍の命を受けて、男社会の「奥」への出入りが許された。たとえば、将軍が大奥へ入ったのち、忘れ物に気づいた際には、同役に命じてとってこさせたという。また、将軍の大奥泊りのとき、御台所や側室へ伽の連絡役を務めたという。

御台所専用の女中

将軍付にはない役職に、中年寄《ちゅうどしより》と小性がある。中年寄は、御台所の衣類や道具類の管理を行い、また、毎日の三度の食事の献立も前日に考えて仲居に指図し、毒味役も務めたという。

小性は七、八歳から一五、六歳くらいの少女が多く、御台所の小間使である。たとえば、煙草や手水の世話をしたという。

接待役を務める女中

接待は、御客応答《あしらい》の役目である。この役は、中臈(「お清」)を数年務めた者や、表使・御錠口を長く務めた者の隠居役という。将軍の姫君・御三家・御三卿・諸大名からの女使《おんなづかい》を接待し、その御目見を取り次いだ。また、女使に食事が出される場合は、陪食もしたという。

境を管理する女中

「奥」と大奥、大奥の御殿向と広敷向の境には、それぞれ錠口が設けられ、前者は女中の御錠口、後者は同じく表使が管掌していた。また、大奥の長局向と広敷向の境は七ツ口と呼ばれていた。ここから出入りする人々は、女中の親や親類、使用人などであるが、

表3　大奥女中の職制

職階	職掌
上臈御年寄	大奥女中の最高位で、茶の湯など催しのときの将軍や御台所の相談役。京都の公家出身で、公家の苗字を名前に用いた。
御年寄	大奥女中第一の権力者で、奥向の万事を差配し、表の老中に匹敵するという。御用掛・年番・月番などがあり、御用掛は外出するとき10万石の格式で、常に奥の御側御用取次と内談したという。
御客応答	御三家・御三卿・諸大名などからの女使の接待役。御年寄・中臈・表使・御錠口などの隠居役という。
中年寄	御台所付の御年寄の代理役。御台所の毎日の献立を指図し、毒味役も務めたという。
中　臈	将軍や御台所の身辺世話役で、将軍付から側室が出るが、世嗣を生まなければ「御部屋様」にはなれなかったという。
小　性	御台所の小間使。7～16歳の少女が多く、煙草や手水の世話をした。
御錠口	奥と大奥との境にある「錠口（上ノ錠口)」を管掌し、その近くの詰所に勤番して、奥との取り次ぎ役を務める。
表　使	大奥の外交係。御殿向と屋敷向との境にある「錠口（下ノ錠口)」を管掌し、御年寄の指図を受けて大奥一切の買物を司り、留守居や広敷役人と応接。御年寄の次に権力があった。
右　筆	日記、諸向への達書、諸家への書状などを司る。また、御三家・御三卿・諸大名からの献上物なども検査したうえ御年寄に差し出した。
御　次	道具や献上物の持ち運び、対面所などの掃除、召人の斡旋などを司った。
切手書	長局向と広敷向との境にある「七ツロ」から出入りする人々（女中の親・親類、女中の使用人など）の改め役。
御伽坊主	将軍付の雑用係。50歳前後の剃髪姿で羽織袴を着用し、将軍の命をうけて奥への出入りが許された。将軍の奥泊まりの際、御台所や側室への伽の連絡役を務めたという。
呉服之間	将軍・御台所の服装の裁縫を司る役。
御広座敷	表使の下働きを務め、御三卿・諸大名の女使が登城した際には膳部などの世話をしたという。
御三之間	御三之間以上の居間の掃除、御年寄・中年寄・御客応答・中臈詰所の雑用係。
仲　居	御膳所に詰めて献立一切の煮炊きを司る。
火之番	昼夜を通して各局・女中部屋を巡回して火の元を注意する。
御茶之番	御台所の食事中の湯茶を調進する。
使　番	「番部屋」に詰めて、広敷向との境にある「下ノ錠口」の開閉を司り、広敷役人との取り次ぎ役を務める。
御半下（御末)	下女。所々の掃除、風呂・膳所用の水汲みなど、一切の雑用を務めた。

深井雅海『江戸城』をもとに作成。

その改め役を務めたのが女中の切手書《きってがき》である。

御目見以下の女中　御三之間以下が、御目見以下の役職とされる。同役は、御三之間以上の居間の掃除、御年寄・中年寄・御客応答・中﨟詰所の雑用係を務めた。仲居は御膳所に詰めて献立一切の煮炊きを司り、火之番は、昼夜を通して各局・女中部屋を巡回して火の元を注意した。また使番は、「番部屋」に詰めて、広敷向との境にある「下ノ錠口」の開閉を司り、男性の広敷役人との取り次ぎ役を務めた。御半下《おはした》（御末《おすえ》ともいう）は所々の掃除や風呂・膳所用の水汲みなど、一切の雑用をこなした。

女中の食事　食事の膳は、長局向と御殿向との境に「伺ヒ所」という場所があり、そこの膳棚に、長局向にある各部屋の下女が主人の膳を運んでおいたという。それを御三之間か御半下が御殿向へ持ち込み、各詰所まで運送されたという。（深井雅海）

【参考文献】　深井雅海『図解・江戸城をよむ』（原書房、一九九七年）、同『江戸城』（中公新書、二〇〇八年）

【史料】　「千代田之大奥」、「幕儀参考稿本」（松平春嶽全集刊行会編『松平春嶽全集』一、原書房、一九七三年）

大奥女中の採用

隠居大名の面接試験　安永・天明期、大和郡山藩の前藩主で隠居後江戸染井の下屋敷（その庭園が六義園）に住んでいた柳沢信鴻《のぶとき》は、屋敷奉公を希望する江戸の町家の娘たちを自ら面接し、彼女らの特技、例えば三味線・唄・踊りなどの芸をさせ、「上々」「中」「下手」などと採点していた。この「目見《めみえ》」に合格すると、身元調査（「宿見《やどみ》」）が行われ、「親類書」を提出したのち本採用となった。

この話は氏家幹人氏が信鴻の日記「宴遊日記」により紹介されて以来、よく知られている。江戸の町家や近郊の裕福な農家では、良縁を得るため娘に行儀見習いの武家奉公をさせた。その際、必須であったのは、なんらかの芸を身に着けておくことであり、娘には幼いころから芸事を習わせたという（「守貞謾稿」）。柳沢家の事例はこのことを裏付けている。ただし、畑尚子氏によれば、家臣の娘の場合は「目見」などはなかったという。出身身分により採用の仕方に差異があり、身に着けなければならない技芸もおそらく異なっていたと思われる。

幕府女中の採用手続き　幕府女中（広義の大奥女中）の採用はどのように行っていたのだろうか。同じ幕府採用の女中でも、仕える主人によって勤務場所が異なり、その出身も公家、旗本・御家人、庶民と様々である。役目による違いもある。

享保一七年（一七三二）六月、公家の白川三位（雅冬）の娘「むめ」（一六歳）が竹姫（綱吉養女、のち吉宗養女）付小《こ》上﨟《じょうろう》に採用されたときの手続きを見てみよう（「女中帳」）。竹姫は享保一四年に薩摩藩主島津継豊《つぐとよ》のもとに入輿し、芝の上屋敷内の御守殿《ごしゅでん》に住んでいた。幕府から用人や多くの女中が付けられたが、「むめ」の姉の「てり」もその一人であった。「てり」は小上﨟（公家出身女中がつく役）の地位にあったが、病死してしまった。「むめ」は前年に江戸に来ており、姉の部屋にいた。ゆくゆくは女中勤めをするつもりだったのであろう。竹姫はこの「むめ」を小上臈に「召出」すことを望んだ。その「思召」を年寄女中から聞いた竹姫付用人は閏五月、若年寄の太田備中守（資晴）に「伺書」を提出した。側衆を通して将軍の許可を得た後、六月一二日、「むめ事、竹姫君様思召の通り召出され、小上臈に仰せ付けられ候様、女中衆へ申し達せらるべく候」との「付札」を添付した「伺書」が太田備中守から用人に戻され、採用が決まった。その後「むめ」は御守殿の年寄女中と用人との立合いのもと「誓詞」を仰せ付けられている。

これは御守殿付の小上臈の採用手続きであるが、本丸（将軍付）女中の場合はどうか。文化二年（一八〇五）一一月の事例（「女中帳」）によると、幕臣の娘や妹が八人、同時に採用されているが、御目見以上の女中を四人、御目見以下の女中を四人「召抱」えたいとの老女衆の意を受け、留守居から老中に彼女らの「親類書」が提出されている。それからさらに奥へ「伺」い、許可を得た後、留守居から老女衆にその旨が伝えられている。

すなわち、前者は年寄女中―用人―若年寄―奥（将軍）、後者は大奥老女―留守居―老中―奥（将軍）のルートで上申され、表と奥（将軍）の許可を得ている。なお後者の場合、採用する女中たちの御目見以上・以下の区別や配属は、老女の差配にまかされていたことがわかる。また前者に見える誓詞の提出は、女中全員ではなく、上臈御年寄、小上臈、御年寄、表使《おもてづかい》等に限られていたようである。後者に出てくる「親類書」は採用の際必ず提出したが、前者にその記載はない。公家の娘の「むめ」が姉の部屋子になったとき、なんらかの身分・身元の証明がなされていたのであろう。

部屋子と世話子　部屋子というのは老女をはじめ、御客応答《あしらい》・御錠口・表使等の女中が、自分の親類縁者、懇意の者の娘を各自の部屋で養育していた少女のことである。年齢は七～八歳から一四～五歳までで、部屋親は彼女らを二階に住まわせ、食料、衣服、日用品等一切の世話をした。部屋子の数は女中によって異なるが、一〇人から二～三〇人も抱えていたという。部屋子は成長すると、御三之間（御目見以下）や、中臈（御目見以上）などの幕府女中となり、独立したが、部屋親の女中が死去すると、その負債は部屋子が負担したという（「幕儀参考稿本」）。なお女中が自室で召し使っていた「部屋方」（局・合の間・小僧・たもんなど）は部屋子とは別である。

部屋子ではない者が幕府の女中になる関門は「目見」であった。審査したのは表使で、その面接に通ることを「御首尾をいたす」といった。その後しかるべき女中に世話親を頼み、その世話子になって勤めに出た。「幕儀参考稿本」には、こうした契約を結んだのは御三之間以上で、御末頭以下の女中にはなかったとあるが、文化六年（一八〇九）に御家人（鉄砲方与力）井上貫流左衛門《かんりゅうざえもん》の娘「るへ」が文姫（一一代家斉の息女）付御半下《おはした》に採用されたときには、御末頭と思われる女中に世話親を頼んでいる。

このほか幕府女中の採用に関しては、将軍の子供たちに乳を与える御乳持《おちもち》について、子供が多かった家斉の時代に御家人の妻女から旗本の妻女まで応募資格を広げたことや、御付中臈の採用の際は、将軍・世子も隙間から面接の様子をうかがったこと（一二代家慶に見初められ、一三代家定の生母となったお美津〈本寿院〉はこうして召抱えられた）などが知られている。また大名家の採用に関しては、松代藩真田家で、採用の際「奉公人請状」が奥掛りの役人に提出されていたことが明らかになっている。

（松尾美恵子）

【参考文献】 氏家幹人『江戸の少年』（平凡社、一九八九年）、畑尚子『江戸奥女中物語』（講談社、二〇〇一年）、畑尚子『徳川政権下の大奥と奥女中』（岩波書店、二〇〇九年）、福田千鶴「奥女中の世界」（『身分のなかの女性』吉川弘文館、二〇一〇年）、氏家幹人『江戸の女子力』（新潮文庫、二〇一〇年、初出二〇〇四年）

【史料】「女中帳」（国立公文書館）、「幕儀参考稿本」（松平春嶽全集刊行会編『松平春嶽全集』一、原書房、一九七五年）、「宴遊日記」（『日本庶民文化史料集成』一三、三一書房、一九七七年）、『守貞謾稿』三（東京堂出版、一九九二年）

大奥女中の昇進と異動

将軍側室への道　近世前期には、綱吉の生母お玉（桂昌院）の例に代表されるように、庶民階級の出身の女性が将軍の側近く仕え、その子を産み、側室になるケースは少なくなかったといってよい。しかし近世中期以降、将軍に近侍する女中は、旗本の娘（養女を含む）に限られてくる。それは幕府女中の職制や身分制度が定まったからである。

「徳川幕府家譜」や「幕府祚胤伝」により、一〇代家治から一二代家慶にかけての子供を産んだ側妾の昇進経路を見ると、ほとんどが御次に召出されてその後中臈となった女中たちである。中には呉服之間や、御三之間から御次を経て中臈となったひともいるが、いずれも親元は御目見以上の幕臣（旗本）である。実家が御目見以下（御家人）等の場合は、旗本の養女となることで身分を整えたのである。

女中の昇進　中後期以降、幕府に仕えた女性は、出身身分別に、公家、御目見以上の幕臣、御目見以下の幕臣・百姓・町人の三階層に大別される。そこでその昇進についても、それぞれ別個に見ていく必要がある。公家女性は小上臈《こじょうろう》で召出され、明きがあると、大上臈《おおじょうろう》に昇進する（「女中帳」享保一八年一二月）。御年寄となった事例もある（「女中帳」享保二〇年七月）。

宿元が御目見以上の階層の女中は、御三之間以上に召し出される。松平春嶽の著「幕儀参考稿本」によると、「三ノ間ハ目見以上ナリ。然レ共旗本御目見以上ノ宿ヨリ出ル。与力・同心・御家人等ヨリ出ルヲ禁ズ」とあり、女中としての身分は御目見以下であるが、宿元は御目見以上であることを要した。このことは女中分限帳《ぶげんちょう》の宿元の記載によっても確かめられる。そして御三之間を振出しに追々昇進し、御次、右筆、呉服之間、御広座敷、御錠口介となり、さらに御錠口、表《おもて》使《づかい》、御客応答《あしらい》、中年寄、老女（御年寄）になる者もいた。老女（御年寄）から上臈となることはない。一方、前述のように、御次から中臈となり、側室となるコースもあった。

春嶽は「三ノ間ハ女中ノ最後ニシテ、コレヨリ階級ニノボルナリ」と記し、御末頭以下を「下婢」として女中とは区別している。御末頭以下仲居・使番・御半《おは》下《した》等は、宿元が御目見以下（御家人）・百姓・町人出身で、御三之間以上に昇進することはなかった。

女中の役替え　女中の役替えがどのように行われたか、享保二〇年（一七三五）正月七日に三人の女中がそれぞれ御年寄、御客応答、御客応答格に異動・昇進したときの事例を見てみよう（「女中帳」）。

「御客あいしらい」（御客応答）の浦尾は、大奥御広敷で老中本多忠良から「豊岡・八嶋とおり相勤むべく候、並の通御宛行《あてがい》下され候」と申し渡され、「名の順」と「御宛行の書付」を渡された。「名の順」には御年寄の序列が記されており、豊岡・八嶋・浦尾の順とされた。「御宛行の書付」には御年寄としての規定の俸給（「御切米五拾石、御合力金六拾両、拾人扶持、薪二十束、炭十五俵、湯の木、油、五菜銀弐百目壱分」）が与えられることが記されていた。その場には豊岡・八嶋が出席し、留守居も同席した。同日、中臈の「きを」が浦尾のあとの御客応答に、御錠口の野村が御客応答格に昇進した。野村の勤め方はこれまで通りで、格式のみ御客応答とされたのである。両人の「御宛行の書付」は老中から留守居に渡され、さらに留守居より老女衆に達せられた。「きを」と野村へはこの後老女から通告されたのであろう。御年寄と御客応答とでは通達の仕方に差異があったことがわかる。

翌日、新たに御年寄になった浦尾について、「向後贈物これ有り候間、その通り達せらるべく候」との書付が老中より大目付に渡された。「贈物」は将軍家の吉事や参勤などの折々、大名から大奥御年寄に贈られる儀礼的な贈物である。また三人の「御宛行の書付」が勘定奉行に渡されている。

ここでは一例を紹介したに過ぎない。女中の昇進コースや役替えの際の手続きについては、さらに多くの事例を集めて分析、解明する必要があろう。

（松尾美恵子）

【参考文献】　松尾美恵子「江戸幕府女中分限帳について」（総合女性史研究会編『日本女性史論集二　政治と女性』吉川弘文館、一九九七年、初出一九九二年）、同「大奥の女性たち」（『史料にみる日本女性のあゆみ』吉川弘文館、二〇〇〇年）

【史料】　「女中帳」（国立公文書館所蔵）、「幕儀参考稿本」（松平春嶽全集刊行会編『松平春嶽全集』一、原書房、一九七三年）

大奥女中の名前

身分・序列を表す名前　近世社会における名前や呼称は個人を特定するだけでなく、所属する集団の中での身分や地位を表わした。将軍家や大名家の当主、世子、隠居、子女、妻妾などは、個人名とは別の、身分を明示する呼称が広く報知されていた。将軍家の場合、継嗣が相続すると「上様」、将軍宣下後は「公方様」、世子は「若君様」、元服して官位任叙後は官名、正室は御台所、世子の正室は簾中と称された。仙台藩主伊達家では、近世初期には藩主・家族を個人名で呼ぶこともあったが、中期以降、家臣に向け、藩主を「屋形様」、世子を「御曹司様」と称するよう触れ出した。藩主の正室は初期には「奥様」、のち「御前様」と呼んだ。将軍・大名の側室は「御部屋様」などと称された。

女中の名前　幕府女中の名前・呼称には職階による決まりごとがあった。上臈御年寄は公家の娘で、姉小路や梅溪のように公家の名字を用いた。出身家名とは別である。小上臈《こじょうろう》も公家出身であるが、例えば「おいよ」というように「お」の字を用いた。御年寄（老女）・中年寄は上に「お」がつけられない、瀬川とか滝山といった、山・川・浦・島・岡・野・田・尾・村・町等の文字が下に付く名を名乗った。御客応答《あしらい》・表使《おもてづかい》・御錠口も同様である。中臈・右筆・御次・呉服之間、御広座敷・御三之間・御末頭は「お」のつけられる名を名乗った。仲居・火之番・使番・御半下《おはした》など下級の女中は、「桐壷」、「東屋《あずまや》」、「総角《あげまき》」といった源氏名を称した。この職階と結びついた呼称は、女中の個人名として用いられたが、役替えなどにより改名されることが多かった点にひとつの特徴があった。

では役替えの際の改名の事例を挙げてみよう。「嘉永七寅年八月改大奥女中分限帳幷剃髪女中名前」と「本寿院様附女中分限帳」によると、将軍家定付の御三之間の「つゑ」は、その後本寿院付中年寄となり、その際「歌山」と改名している。同じ御三之間の「りそ」は、その後本寿院付御中臈となったが、「りそ」のままである。「お」のつけられる名前の役職に異動し、変更する必要がなかったからとみられるが、一方三田村鳶魚が話を聞いた大岡（村山）ませ子は、御次のとき「やの」、中臈となって「ませ」に改めたという（『御殿女中』）。この話に基づき、女中は役替えの度に名を改めたとされているが、「りそ」の例にみるように、すべてが改名したというわけでもないようである。役替えの際の改名については、今後多くの事例を集めて検討する必要があろう。

剃髪女中の名前　将軍が代替わりしたり、仕えていた主人が亡くなると、女中の身の振り方は退職するか、剃髪《ていはつ》するか、残って勤めを続けるか、様々だったが、この内剃髪を認められた女中は、以後法名で呼ばれることになる。「嘉永七寅年八月改大奥女中分限帳幷剃髪女中名前」によると、一一代家斉の中臈「みよ」は「静行院」、一二代家慶の中臈「はな」は「瑞華院」、「こと」は「妙音院」、「つゆ」は「秋月院」、「よき」は「妙光院」と、いずれも院号を称している。このほか三一名の剃髪女中の名前が判明するが、この内一五名が院号を持ち、一六名が院号を持っていない。後者の中には「御次　ひゃく事　清生」のように、元の職名のわかるものがいる。それは御次のほか、切手書、御伽《おとぎ》坊主（法名を別の法名に改名）、呉服之間、御末頭、仲居、火之番頭、火之番などの中下級女中である。院号を名乗ることができる身分は御年寄や表使など上級の女中に限られたようである。

女中の名前に関しては、近世後期の「つぼね」名が個人名か役職名か判然としない点など、まだ多くの疑問がある。また幕府の女中は名前からその身分や地位を類推することができるが、いつからこのような決まりごとがはじまり、定着したのか明らかでない。さらに大名諸家の女中の名前について、これまで意識的に言及されたことはなく、幕府の女中との比較も今後の検討課題である。

（松尾美恵子）

【参考文献】　松尾美恵子「江戸幕府女中分限帳について」（総合女性史研究会編『日本女性史論集二　政治と女性』吉川弘文館、一九九七年、初出一九九二年）、畑尚子『江戸奥女中物語』（講談社、二〇〇一年）、堀田幸義『近世武家の「個」と社会』（刀水書房、二〇〇七年）、畑尚子『徳川政権下の大奥と奥女中』（岩波書店、二〇〇九年）、碧海老人「女官ノ補遺」（『江戸会誌一―一』、『江戸会編纂雑誌集成』四、文化図書、二〇一〇年）

【史料】　「嘉永七寅年八月改大奥女中分限帳幷剃髪女中名前」「本寿院様附女中分限帳」（稲生家文書、埼玉県立文書館）、『徳川礼典録』下（原書房、一九八二年）、「幕儀参考稿本」（『松平春嶽全集』一、原書房、一九八三年）、『御殿女中』

武家女性の大奥奉公

分限帳からみる出自　江戸城大奥には公家、武家、町人、農民など様々な出自の者が奉公していた。しかし、まとまった史料が現存するのは江戸近郊の農家出身の女性に関するもので、それに基づく研究が先行して行われたため、農村出身の奥女中が注目されることとなった。

一三代家定付女中一八五人の内、七〇%以上を武家出身者が占めている。宿元は奥医師や小納戸、広敷役人など奥向役人もいるが、番方と小普請組が大きな割合を占めている。これは役人の数と比例しているといえる。大多数が幕臣であるが、大名の家臣を親元とする者もいる。この場合は火之番・使番など下位の職制に就いている。

「女中帳」（国立公文書館所蔵）も出自を知る上での参考となる。召抱の際には親元と年齢が記される。年齢は一五・六歳から二〇代前半に集中しているが、三〇代もいる。

召抱は単独で行われることもあるが、五〜八名程まとめて行うこともある。この際、御目見以上と以下に振り分けられるが、親の役職が同等であっても立場が分かれることがある。

旗本の系譜や親類書　『寛政重修諸家譜』では女性は「女子」とのみあり名前も記されないが、奉公経験が有ると「大奥につかふ」「桂昌院御方につかふ」など経歴が記載される。「離婚してのち大奥につかふ」という記事も散見することから離婚経験者が多くいたことがわかる。

大奥に奉公した女性はその家にとって特別な存在であり、系譜や家譜に経歴が記されたり、奉公に出る際に提出した親類書が残されていることもある。また、その家の日記から奉公の足跡をたどることができる場合がある。

一四代家茂生母実成院《じつじょういん》付御錠口格御年寄藤野の召出からの経歴は、実家である鳥居家の先祖書に記されている。本多作左衛門家の「重賀《しげよし》以来明細系譜」によると重賀の娘貞は手跡と箏曲を学んで、その家斉息女淑姫に仕え（小性→中臈）、その死後結婚した。『官府御沙汰略記《かんぷごさたりやっき》』を著した小野直賢《なおかた》の孫は離婚後安祥院（家重側室）に仕えた。

娘を大奥へ奉公に出すことに積極的な親もいた。森山孝盛の長女りさは家斉嫡男竹千代の御乳持《おちもち》となり、次女は広大院付中年寄嶋沢で、りさの長女は蜂須賀斉裕付御年寄岡本で、次女も広大院に仕え表使となった。さらに孝盛の養母も清水家に仕えていた。川路聖謨《としあきら》は長女と次女を大奥へ奉公に出した。

広大院の中臈であった桂川甫賢《ほけん》の娘てやが天保一五年の江戸城火災で焼死したことはよく知られている。

武家の場合は大奥奉公が決まると、そのことを上司に報告する慣わしがあった。作左衛門家の分家で重看《しげみつ》を初代とする本多家には、山口家と遠山家が奉公した届書が残っている（「大奥召抱届書」）。

下級幕臣の奉公事例としては、鉄砲方与力井上貫流《かんりゅう》左衛門《ざえもん》の娘で一一代家斉息女文姫付御半下《おはした》となった春風が挙げられ、その史料は江戸東京博物館に所蔵されている。

墓碑から探る　東京とその近郊の寺院には奥女中の墓が点在しているが、親元や経歴が詳らかになる例は多くはない。法明寺（東京都豊島区）に埋葬された御客応答《あしらい》瀧井の墓石には「実父熊谷丹後守茂政　養父酒田次郎左衛門盛武　御本丸御客応対格隠居瀧井　安永度被召出天保十亥年十一月廿五日午勤願之通隠居被仰付勤仕六拾年齢八拾一歳」とある。

（畑　尚子）

【参考文献】　今泉源吉『蘭学の家桂川の人々』（篠崎書林、一九六五年）、川田貞夫『川路聖謨』（吉川弘文館、一九九七年）、松尾美恵子「江戸幕府女中分限帳について」（総合女性史研究会編『日本女性史論集二　政治と女性』吉川弘文館、一九九七年、初出一九九二年）、深井雅海「江戸城本丸御殿図に見る中奥・表向・大奥（下の二）」（徳川林政史研究所『研究紀要』三〇、一九九三年）

【史料】　「重賀以来明細系譜」（個人蔵）、「大奥女中分限帳并剃髪女中名前」（稲生家文書、埼玉県立文書館寄託）、「大奥召抱届書」「叔母とせ呉服之間出仕届書」（本多家文書、国立歴史民俗博物館所蔵）、『自家年譜森山孝盛日記』上中下（国立公文書館内閣文庫、一九九四・九五年）、『官府御沙汰略記』全一四巻（文献出版、一九九二～九四年）

農村女性の大奥奉公

大奥の女中　大奥の女中には、幕府から給金を支給されて将軍や御台所の世話をする直参の女中と、御年寄など上級の女中から給金を支給される部屋方（又者）と呼ばれる女中がいたが、このうち直参女中は、原則として身元がはっきりしている旗本・御家人の娘を雇い入れていた。農村出身の女性が奉公できたのは、直参なら下級の女中か部屋方であった。

現在、農村出身の女性で大奥の直参女中になったことが判明する数少ない例として武蔵国多摩郡平井村野口家の娘さつ（行善）がいる。彼女は、幼少で大奥へ入り最下層の「御半下《おはした》」からはじめて、使番頭まで出世した。退職後は三〇年以上勤務の功労によって住居と後扶持を与えられている。行善の口添えで、姪の娘に当たるくま（藤波）も、使番に採用された。藤波は千人同心の株を持つ農家の娘であったが、彼女が実家の母親に宛てた手紙には、自分は幼い時は両国で育ち、その後親が役替えになってからは八王子千人町の親戚に宿下りしていることになっているので、口裏を合わせてほしいと書かれており、奉公の際に提出した親類書も若干の粉飾が加えられていた可能性がある。

部屋方　奥女中の部屋方として奉公した経緯がよくわかる事例として、武蔵国橘樹《たちばな》郡生麦村関口家の千恵の場合がある。千恵は、一四歳から大名屋敷に奉公し、一九歳で江戸の商家に嫁いだものの、事情があって三一歳で離婚した。その後旗本中野清茂の屋敷に奉公したが、一年後に清茂の養女として大奥に上がっていた中臈お美代の部屋方として勤めるようになった。千恵は、江戸城に一一年勤務したのち、退職して村へ帰るが、この間、実家からは盆暮れに地元で産出される食糧を部屋へ運んでおり、母親は大奥の雛飾りを鑑賞に招かれている。宿下がりした後も、お美代部屋から呼び出しの声が掛かると、六里（二四キロ）の道を単身徒歩で江戸城まで出かけていた。

千恵のような強力な縁でなくとも、大奥の女中が親戚や地元の縁者の女性を呼び寄せるケースがあった。藤波は、奉公を希望する一四歳の娘にたいして布団持参で来れば藤波の部屋で預かってもよい、奉公見習いをしたら適当な奉公先を斡旋すると云っている。部屋方を引退した吉野みちの場合は、知人の娘に対して、部屋方で力仕事をする「多門」の口があるから、いつでも紹介するといっている。個人的な縁ではなくて、奉公人を周旋する「人宿《ひとやど》」を通じて奉公口を探す方法もあった。多摩郡柴崎村の鈴木家の娘つねは、人宿を通じて田安家の奥に奉公している。大奥でも部屋方であれば、人宿を介して女中を求めることがあったかもしれない。

町人の大奥奉公　江戸の町人の場合は、式亭三馬の滑稽本「浮世風呂」にも描かれているように、娘にお稽古事を習わせて大名屋敷の奥奉公に上がらせることは、当時の親たちの願いでもあった。大きな商家であれば、大名屋敷との商取引が縁で娘のお屋敷奉公が実現することもあったし、反対に娘の奉公が縁で新しい取引が生まれることもあった。例えば、江戸赤坂に店舗を持つ道具屋の山田屋の場合は、江戸城本丸御用鑑札を受けて水戸藩に輿入れした峯姫の嫁入り御用を請負うが、この前後に山田屋の一族のなかから数人の女性が大奥へ奉公に上がっている。

（大口勇次郎）

【参考文献】増田淑美「吉野みちの生涯」（『江戸時代の女性たち』吉川弘文館、一九九〇年）、大口勇次郎『女性のいる近世』（勁草書房、一九九五年）、畑尚子『江戸奥女中物語』（講談社現代新書、二〇〇一年）、同『徳川政権下の大奥と奥女中』（岩波書店、二〇〇九年）

【史料】『関口日記』二六巻、別巻三巻（横浜市教育委員会、一九七一～八五年）、『御殿女中・吉野みちの手紙』（青梅市教育委員会、一九九一年）

部屋方（又者）とその雇用

部屋方　「部屋」とは、長局にある奥女中の居住空間を指す。「部屋方」とは、奥女中が自分の部屋で使う女中のことを指し、幕府からみれば又者（陪臣）であり、奥女中が自分の給金や扶持米で召しかかえて、いっしょに暮らしていた。

奥女中に仕える「部屋方」にも職制があり、「局《つぼね》」「アイノマ（相の間）」「小僧」「タモン（多門）」「ゴサイ（五菜）」などの職階と職務で構成されていた。「局」は部屋の賄いなど一切を取り仕切る役で、部屋の主人（旦那）が権力を握れば、取次などで金品を受け取ることもあったという。その局を補助して、部屋内の相の間に詰めて、主人の髪結いや衣装の世話、日常の相手をしたりする係が「アイノマ」である。そして小間使いをする「小僧」は一二歳ぐらいまでの少女が多く、成長すると「アイノマ」になる。「タモン」は木綿の服を着ており、炊事や水汲み・掃除などの下働きの一切を担当する下女で、遠国者が多かった。「ゴサイ」は部屋付の下男である。勝手に外出を許されない奥女中に代わって、宿元へ手紙を届けたり、買い物や外の用事をうけもつ男性使用人である。「ゴサイ」は部屋への出入りは許されないので、広敷と長局の境にある七ッ口の詰所に詰めて主人の用向きを伺い、その指示を待った。ゴサイの給金は一年に一両二分、株になっていて売買する際はきわめて高価であったという。

「部屋」には、こうした使用人とは別に、上位の奥女中の中には、親類や縁者の娘を部屋に預かって養育している者もおり、これを「部屋子」といった。また身分の低い町人や百姓の子供を部屋において下働きさせた者は「世話子」と呼んで区別していたという。「部屋方」の構成人数も女中の格式により違いがあり、年寄の場合には、局一人、アイノマ五〜六人、小僧二人、タモン四人、ゴサイ二〜三人を使っていた。また中﨟の場合は、局一人、アイノマ二人、小僧一人、タモン二人、ゴサイ一人であった。

部屋方奉公の実態　部屋方奉公については、武蔵国生麦村の関口千恵や青梅市新町の吉野みちの例はよく知られている。その他に奥女中の部屋方として奉公した経緯がよくわかる具体例として、下野国都賀郡嘉右衛門新田村の名主岡田家の娘、美恵とるい（留恵）の姉妹の事例がある。

万延元年（一八六〇）、姉の美恵は一五歳で大名小路の阿波徳島藩邸の新御殿に数か月見習奉公した。それを周旋したのは嘉右衛門新田村の畠山陣屋代官北岡礒右衛門の実兄藤平市郎右衛門（山崎藩主本多家の江戸詰家臣）であった。藤平の義母きりが蜂須賀家奥の老女菊川（元大奥女中）に仕えており、きりから蜂須賀家世子の生母である中﨟お玉へ願い出ての実現であった。

美恵はこの見習奉公中に、江戸城大奥の上﨟年寄万里小路の長局の部屋に三日間も逗留し、お雛様を拝見した。それは藤平の家内の元娘せきや嘉右衛門新田村の地頭高家畠山家の用人西山靫負の娘のぶたちが万里小路の部屋方として奉公していた関係もあったからである。部屋に飾ったお雛様の拝見には、部屋方に奉公する彼女らの母親も招かれた。

大奥の部屋方への奉公は藤平の仲介で、妹のるい（一六歳）が文久元年（一八六一）に「小僧」として奉公に上がったが、翌文久二年六月麻疹に罹り一旦宿下りした。るいにとっては失意の帰村であったが、村中が遠出して大勢で出迎えてくれた。病気が快癒してからるいは「アイノマ」として奉公するよう万里小路より内達があった。しかし、るいはこれを辞退し、その代りに姉の美恵が文久二年一〇月より万里小路の部屋方に奉公することとなった。るいは万里小路へ御礼上がりをすませてから、丹後峯山藩京極家の奥に奉公した。美恵は翌文久三年、生麦事件の賠償金支払い問題で英国艦隊が江戸湾に集結し、江戸の不安も高まる中で、部屋方より宿下りをした。帰村後も美恵は部屋方の局である都山（津山）を通じて万里小路へ御機嫌伺いや江戸城西の丸・本丸などの罹災に際しては非常時の伺い状を呈した。そして時折、特産の菓子や麻苧、胡麻・玉子・かち栗などを贈った。美恵は慶応三年（一八六七）五月出府し、虎ノ門御用屋敷に大奥を隠退した万里小路を訪ね、御礼上がりをしている。美恵と万里小路との関係は明治二年まで続いた。

美恵・るいの姉妹、西山のぶ等は何れも宿下りしてから婚礼を迎えた。岡田家姉妹の見習奉公を通して、大奥の部屋方には名主層の娘だけでなく、大身旗本の用人クラスの娘や諸藩江戸詰藩士の娘も、婚礼前に高い教養と行儀作法を身につけるため、部屋方への奉公をしていたことが知られる。　（田中正弘）

【参考文献】　深井雅海『図説・江戸城をよむ』（原書房、一九九七年）、畑尚子『江戸奥女中物語』（講談社、二〇〇一年）、田中正弘「名主岡田家姉妹の「御殿奉公」について」（『栃木の在村記録　幕末維新期の胎動と展開　岡田親之日記（二）』（栃木市教育委員会、二〇一四年）、『御殿女中』

【史料】　『関口日記』全二六巻、別巻三巻（横浜市教育委員会、一九七一～八五年）、『御殿女中・吉野みちの手紙』（青梅市教育委員会、一九九一年）、田中正弘編『栃木の在村記録　幕末維新期の胎動と展開　岡田親之日記（二）』（栃木市教育委員会、二〇一四年）

宿下り

宿下りと下り　宿元（親元であることが多い）に休暇で帰ることを宿下《やどさが》りという。暇という字を宿下りの意味で使うこともある。奥女中を単に女中と記載することが多いように、宿下りも下《さが》りと表記することがある。

江戸城を出ることを下り、戻ることを上りということから、下りは次のような時にも用いられる。京都から来た上臈御年寄でも体調が悪い時は下り、後見人である宿元で養生する。上臈御年寄万里小路《までのこうじ》は万延元年（一八六〇）九月一一日から一二月二五日まで「養生之暇」で江戸城を留守にしている。家族の病気や不幸により臨時に休暇を取ることもある。森山孝盛の娘で広大院付中年寄嶋沢は、義理の兄の大病の時、実家の森山家に下っている。

使番藤波は下谷にあった大叔母行善の家を、比較的頻繁に一晩泊まりや日帰りで訪れている。実家のある上平井村を訪れるのも下りと表記しているが、数年に一度で容易ではない様子がわかる。

これら臨時の休暇などを宿下りの範疇に入れるかはこれからの課題といえる。

手順と休暇中の楽しみ　手順としては先ず、宿下りの申し出をして、老女の許可を得る。奥奉公に出るということは名誉なことであり、はなやかな小袖を着て駕籠に乗り、故郷や実家に凱旋した。
「宿下り楽双六」には宿下りした奥女中の楽しみとして、木挽町・堺町・葺屋町での歌舞伎見物、人形芝居、踊り、三曲、梅若・真崎、向島など名所巡り、吉原、開帳、潮干狩り、船あそびなどが挙げられている。また、この双六には不首尾、追願いといった規則に関する項目もある。幕臣井上貫流左衛門《かんりゅうざえもん》の娘で家斉息女文姫付御半下《おはした》となった春風も宿下りの折、家族や同じ時期に休暇を取っていた同僚と歌舞伎見物に出かけている。

宿下りの規則　『千代田城大奥』によると、宿下りは御次以下の者に許されており、奉公に出てから三年目で六日、六年目で一二日、九年目で一六日もらえる規定になっている。

これを春風の事例で検証してみよう。奉公に上がった文化六年（一八〇九）の一二月に早くも実家に帰っている。「路中日誌并帰府後」に「春風殿御城より御下り被成候」とある。奉公に出で数か月後の九月一九日に母もんが死去したが、突然の死去であったため帰っていない。翌七年九月一八日、亡母の一周忌に下り、家族全員で墓参りに行っている。二一日には江戸城に戻っている。文化八年は「はらい方おほへ長」の同年九月に「下りの節御宿へ　御さかな」とあることから、やはり九月に帰っている。

文化九年は「日記」によると、九月二一日に宿下り「春風さま御殿より御宿下り」をしている。二六日に江戸城に上がっていることから、六日間休暇を取ったことになる。この年は貫流左衛門の病状が篤くなったため一二月に見舞いと葬儀で二度帰っている。「はらい方おほへ長」よりこれ以降を概観すると、文化一〇年無し、一一年一一月法事にて下り、一二年九月宿下り、一三年六月「三夜に下り」、一四年無し、文政元年九月宿下りとなる。

春風は三年目、六年目、九年目の宿下りと下りを明確に区別して記載している。しかし、規則上の宿下りとは別に休暇は可能でほぼ毎年実家に帰っている実態がわかる。

御次より職制が上の森山家の嶋沢や桂川家のみねについて、家に帰った記録があるのは、下りの制度を利用したものであるといえる。

（畑　尚子）

【参考文献】　畑尚子『江戸奥女中物語』（講談社、二〇〇一年）、畑尚子『徳川政権下の大奥と奥女中』岩波書店、二〇〇九年、初出二〇〇六年）

【史料】「藤波書状」（野口家文書、個人所蔵）、「路中日誌并帰府後」「はらい方おほへ長」（井上貫流左衛門家文書、江戸東京博物館所蔵）、「宿下り楽双六」（江戸東京博物館所蔵）、今泉みね・金子光晴解説『名ごりの夢』（東洋文庫、平凡社、一九六三年）、『千代田城大奥』

大奥退職者

剃髪と暇　大奥の退職者は剃髪と暇（永の暇）に分かれる。剃髪を許されるか暇となるかは、本人の自由選択ではなく、規則により決められている。延享元年（一七四四）九月に三〇年以上勤務した女中に剃髪が許されることとなったが、嘉永七年（一八五四）八月一〇日に逼迫した幕府財政を鑑み、勤年数が四〇年に延ばされた。

　剃髪とは幕府より後扶持（現在の年金に当たるもの）が支給され、生活を一生保証されることを意味する。分限帳《ぶげんちょう》に名前を記載され幕府の管理下に置かれる。

　暇とは現在の退職とほぼ同義で、手当金を受け取り、主家を離れる。剃髪は主の死去に伴いなされるが、暇の場合は職制が下位で一一年の年季を終えた者、病気で奉公が続けられない者なども取ることができる。罪科により主家から暇を申し渡されることもある。

　長年勤務し功労のあった年配の女中は「御役御免」を願い許されることがある。職務から解放され公式の場に顔を出す必要はなくなるが、特定の主に付属し江戸城内に留まる。これを元職という。主の生存中に奉公を辞めると暇となってしまうため、功労者に剃髪を許可するための救済措置といえる。

剃髪者のその後　剃髪者は比丘尼《びくに》や隠居女中などとも呼ばれ、院号や尼僧名に改名する。剃髪の本来の意味は、自分が仕えていた主の菩提を弔うことにあったが、江戸時代後期になると寺院において十分な法要が営まれており、菩提を弔うのは名目で、生活のために剃髪を希望することが一般化していった。髪型も側室なども剃髪ではなく摘髪《つみがみ》と変わった。

　隠居後、老女の一部は幕府の御用屋敷に住んだが、大半は江戸市中に居住した。一一将軍家斉の使番頭まで出世した行善は、家斉の死去に際し七三歳で隠居し、現役中に養子としていた腰高又三郎と下谷で同居を始める。このように長年勤め功のあった奥女中は、養子を取って自らを始祖とする家を興すことができた。行善は姪の子で御使番の藤波に世話をされつつ、隠居した仲間や現役の奥女中たちとの交流を盛んに行い、にぎやかな老後を過ごした。財政的にも不自由なく、九一歳で大往生を遂げた。

　隠居女中は行動に自由がきくため、寺社の信仰を広める手伝いや、藩邸と江戸城との連絡役など政治的な役割を果たす者もいた。

暇後の人生　奥奉公を結婚前の花嫁修業ととらえている商家や農家の娘たちは、暇後結婚をしている。奥奉公を経験すると武士階級との婚姻も可能であった。結婚後も主家や現役の奥女中との関係を絶やさず、親類の子や地域の女性が奥奉公に出る際の仲介の役割を果たした。

　娘時代に奉公をして、結婚生活を経験して、再び奉公に出る（再勤）者もいた。生麦村の名主関口家の娘千恵は一〇代で複数の大名屋敷で奉公し、江戸の商家へ嫁入りし子供も設けた。諸事情により婚家を出て、旗本中野家での奉公を経て家斉の側室お美代の部屋方として大奥に上がった。一一年の年季を終えると、生麦村の実家に戻り、寺子屋で仮名文字や和歌を教えるようになる。一方でしばしば江戸に出て西の丸や二の丸のお美代の部屋を訪れ、雑務など仕事の手伝いをしている。

　剃髪、暇に関わらず退職後も大奥との関係を大切にしていることがうかがえる。

（畑　尚子）

【参考文献】　大口勇次郎『女性のいる近世』（勁草書房、一九九五年）、同「『御殿叔母』関口千恵の生と死」（『日記が語る19世紀の横浜』山川出版社、一九九八年）、畑尚子『江戸奥女中物語』（講談社、二〇

〇一年)、畑尚子『徳川政権下の大奥と奥女中』岩波書店、二〇〇九年、初出二〇〇四年)

【史料】「行善書状」(野口家文書、個人所蔵)、「御代替諸御用留」(国立公文書館所蔵)、『関口日記』(横浜市教員委員会、一九七一〜八五年)

男性役人

留守居

旗本の極官　留守居は留守居年寄ともいい、大奥の取締や非常時の避難の処置、大奥女中の江戸城内外での通行管理、諸国関所手形の発行などを掌った。町奉行や大目付などの重職を歴任し、勤功を積んだ人物が任命される「御旗本之極官」（『有司勤仕録』）であった。よってその格式は高く、次男までも御目見を仰せ付けられ、下屋敷を拝領するなど、万石以上、城主格として待遇された。役高五〇〇〇石、諸大夫、定員四～五名であった。

元来の職掌　留守居はその名の通り、元来、将軍の出陣時に臨時に設けられ、江戸城および江戸城下の留守をあずかる役目であった。具体的には、江戸在城の女中衆の守衛・取締、証人（人質）の管理、兵糧の調達・運送などである。慶長一九・二〇年（一六一四・一五）の大坂の陣頃から常置されるようになり、幕政の参与や公事裁許への関与、無役旗本（寄合・小普請）の支配など、その職掌は多角化していく。しかし、幕府の職制が整備されていく中、次第に職掌は軽減され、元禄年間には、譜代大名の任命は見られなくなり、冒頭で述べた職掌に限定されていく。

留守居とその配下　そうした中、留守居の大奥への関わりはむしろ深まっていく。長局向の見廻り、老女任命時の立会、災害時の奥女中やその所持品の退避、御台所の安全管理、大奥年中行事への参加など、大奥の制度が整うにともない、留守居と大奥との関わりは多岐にわたるようになる。

これら大奥の諸業務を遂行するにあたり、留守居が差配していたのが広敷向の役人である。広敷向とは大奥の諸事務や警備を担当する役人が詰める大奥に近接した執務空間である。広敷用人とその配下の事務方役人、広敷番之頭とその配下の警備方役人がいた。広敷役人は、留守居の指示を受けて、大奥の物品管理・営繕・警備・監察に任じていた。

また、留守居各人には、与力一〇騎、同心五〇人が付き、その職務を補佐した。さらに、留守居の番方（警備）機能を補完したのが、留守居番である。留守居番は、寛永一九年（一六四二）に徳川家光の日光社参に先立ち設けられ、役高一〇〇〇石、布衣、定員五名の役職であった。各人に与力五騎、同心二〇人が付属し、上梅林門・二丸喰違門・汐見坂門など大奥近辺の諸門を警衛した。

留守居と奥女中　これら配下を指揮し、大奥の取締にあたった留守居であったが、留守居本人が、直接、大奥運営に顔を出す場合も多々あった。例えば、大奥職制のうち御年寄（老女とも）は、奥女中第一の権力者で、奥向の万事を差配し、表の老中に匹敵したものであるが、留守居は、老中、広敷用人、広敷番之頭とともに、大奥御広座敷に赴き、列座にてこれを任命している。これには奥女中の表使も同席した。この表使とは、大奥の外交係で、奥と大奥の境にある錠口を管掌した女中である。御年寄の指示により大奥の買い物一切を司り、御年寄に次ぐ権力者であったが、この表使と談合するのも留守居の役目であった。

また、留守居が参加することで成り立つ大奥の年中行事も多かった。例えば正月の「お掃除初め」では「御掃木」、一二月の「お煤納《すすおさめ》」では「御煤竹」を持った留守居が大奥各所をまわるなど、留守居が主役ともいうべき大奥行事もあった。その姿は「千代田の大奥」など絵画史料でも鮮やかに描かれている。留守居は、大奥を運営する上で格別の役割を担っていた役人であったのである。（田原　昇）

【参考文献】 松平太郎『校訂 江戸時代制度の研究』（柏書房、一九六五年）、竹内誠編『徳川幕府事典』（東京堂出版、二〇〇三年）、深井雅海『江戸城』（中公新書、二〇〇八年）、大石学編『江戸幕府大事典』（吉川弘文館、二〇〇九年）、『企画展 幕末の江戸城大奥』（公益財団法人徳川記念財団、二〇一三年）

【史料】「千代田の大奥」（江戸東京博物館所蔵）、『古事類苑』官位部三、『千代田城大奥』、『旧事諮問録』上・下

広敷（御台様）用人

広敷向と広敷役人　大奥は、将軍の居所・御台所の生活空間・奥女中の詰所などがある御殿向、奥女中の住居である長局向、大奥で事務や警備を担当する男性の広敷役人などが詰める広敷向の三つの区画から構成されていた。この広敷向には、広敷用人、広敷用達、広敷侍など事務処理系と広敷番之頭、広敷添番、広敷伊賀者など警備・監察系の二系統の者たちが詰めていた。

広敷用人とその配下　このうち事務処理系の頭が、広敷（御台様）用人である。なお、広敷役人は、御台所や生母、簾中など、大奥の貴人ごとに組織され、それぞれ「何々様御用人」「何々様御用達」などと称していたが、ことに御台様付の広敷用人が、留守居の支配の下、その他事務系の広敷役人を統括していた。役高五〇〇石・役料三〇〇俵、定員三名の旗本役で、奥向きの用事については、奥女中の表使《おもてづかい》と連絡をとり、女中召し抱えの際も、表使などとともにその旨を女中に申し渡した。就任から数年で諸大夫に叙せられ、序列としては広敷番之頭の上位に位置づけられる。

この広敷用人には、以下のような配下がいた。広敷用達は、役高二〇〇俵、定員五名の旗本役で、広敷用人の指図をうけて、大奥使用の小道具・膳具などの調度類を出入りの町人から購入し管理した。広敷侍は、役高七〇俵持扶持、定員一六名の御家人役（譜代席）で、御年寄（老女）などの代参の際には護衛として随行し、また御台所の書状や諸家への進物を届ける際の宰領を務めた。広敷御用部屋書役は、役高三〇俵二人扶持、定員三名の御家人役（譜代准席）で、広敷用人の書記としてその指揮をうけて庶務を司った。広敷御用部屋伊賀格吟味役は、役高二〇俵三人扶持の御家人役（抱席）で、奥女中より親元などへ送る手紙や物、または親元などから女中へ届けられた手紙や物の改め役であった。その他、広敷御用部屋六尺、仕丁など、様々な広敷用人系の役人がいた。

広敷用人と奥女中　広敷用人は、大

奥の事務処理を統括するため、錠口から大奥御殿向に赴き、奥女中と直接対面することができた。御殿向の御広座敷で留守居とともに奥女中の御年寄や表使と談合したり、奥女中に直接、人事の申渡をした。

　その様子は例えば、奥女中が諸役を累進する姿を絵双六に見立てた「奥奉公出世双六」からうかがえる。双六では、女性ばかりが描かれる中、「表使」のマス目に一人の男性役人が描かれている。表使は留守居あるいは広敷用人と思われる役人から「どうもそのやうにおものいりがかさんでハなりません。おまへがたもチトおきをつけられたらよかろうに」（どうもその様にお物入りが嵩んではなりません。御前方も一寸お気を付けられたら良かろうに）と諭されている。表使は、大奥で必要な物品を管理し、留守居や広敷用人との折衝をおこなった奥女中で、年寄に次いで権力があった。時節柄、物入りを控えて欲しいと表使を説得する男役人の役名は明示されていないが、広敷用人が奥女中と対峙する姿は、恐らくこの様なものであったのであろう。

　なお、御庭番は身分上、広敷用人の支配に属していたが、実際の職務上は小納戸頭取や奥之番の指示を受けた。

（田原　昇）

【参考文献】松平太郎『校訂 江戸時代制度の研究』（柏書房、一九六五年）、深井雅海『図解・江戸城をよむ』（原書房、一九九七年）、竹内誠編『徳川幕府事典』（東京堂出版、二〇〇三年）、深井雅海『江戸城』（中公新書、二〇〇八年）、大石学編『江戸幕府大事典』（吉川弘文館、二〇〇九年）、『企画展　幕末の江戸城大奥』（公益財団法人徳川記念財団、二〇一三年）、田原昇「大奥の実情　鋭く描写　奥奉公出世双六」（二〇一三年一一月一日付『読売新聞（都内版）』江戸博蔵めぐり）

【史料】「奥奉公出世双六」（江戸東京博物館所蔵）、『古事類苑』官位部三、『千代田城大奥』、『旧事諮問録』上・下

広敷番之頭

広敷向と広敷番之頭　大奥には、大奥で事務や警備を担当する男性の役人が詰める広敷向という区画があった。この広敷向には、広敷用人、広敷用達、広敷侍など事務処理系と広敷番之頭、広敷添番、広敷伊賀者など警備・監察系の二系統の者たちが詰めていた。

　このうち警備・監察系の頭が、広敷番之頭である。持高勤・役料二〇〇俵の旗本役で定員七名、留守居の支配をうけ、大奥へ出入りする人や物の検査を統括していた。なお、広敷番之頭もまた、広敷用人と同様、御台所や生母、簾中など、大奥の貴人ごとに組織され、それぞれ「何々様広敷番之頭」などと称していた。序列としては広敷（御台様）用人の次席に位置づけられる。

広敷番之頭の配下　この広敷番之頭には、以下のような配下がいた。広敷添番は、役高一〇〇俵持扶持の御家人役（譜代席）で定員一〇三名、広敷番之頭の指図をうけて、広敷を通過する人や物を検査した。広敷添番並は、役高五〇俵高持扶持の御家人役（譜代席）で、広敷添番とともに大奥の広敷添番詰所に勤務し、広敷を通過する人や物を検査した。広敷伊賀者は、役高三〇俵二人扶持の御

家人役〈譜代席〉で、広敷と御殿向との境にある錠口や、広敷と長局との境にある「七ツ口」の警備を担当した。その他、広敷進上番〈役高三〇俵三人扶持、御家人役〈譜代席〉〉、広敷下男頭〈役高二〇俵三人扶持、御家人役〈抱席〉〉、広敷下男〈役高一〇俵一人半扶持、御家人役〈譜代准席〉〉、広敷小人〈役高一五俵持扶持、御家人役〈譜代准席〉〉、広敷下男並小仕事之者〈役高一〇俵、御家人役〈譜代准席〉〉、広敷小遣之者〈持高、御家人役〈譜代准席〉〉などがいた。

広敷番之頭と大奥の普請　このように広敷番之頭の配下には雑多な者たちがいた。これは「総じて御広敷番は大奥出入の関門にして、内外よりの諸事を受け附くる場所なり」（『千代田城大奥』）というように、広敷番之頭が、女中たちの門の出入りや男性の大奥への出入り、物品の出入と、あらゆる大奥の出入を統括していたからである。加えて、大奥における普請の統括もしていたためでもあった。

事実、「この普請方よりして、多く御広敷番の頭へのぼり、御普請懸りを持つは、建築造営の事に巧者なるをもってなり」（「青標紙」）とあり、普請方から転役してきた者が活躍していた。広敷番之頭は、留守居の指図に応じて大奥普請に携わる大工や人足の通行とその管理をおこなった。なお、普請掛には一〇人扶持が下されている。

広敷下男と奥女中　また、広敷番之頭の配下に広敷下男がいて、奥女中とただならぬ関係を築く場合があったという。この者たちの本来の役目は、長局から御殿向までの廊下の清掃と女中部屋の煤払《すすはら》いである。「股引を穿《は》いて尻を端折って働いているいたって軽い者」であったが、役目柄、女中部屋にまで這い入るので、「奥女中の用」を足しては「食物や何か」を受け取る「善くない奴」がいたという。奥女中の中には「煤払いの時に煤掃の男（広敷下男）を引込むということがある」とも風聞されていた。（『旧事諮問録』）

（田原　昇）

【参考文献】松平太郎『校訂　江戸時代制度の研究』（柏書房、一九六五年）、深井雅海『図解・江戸城をよむ』（原書房、一九九七年）、竹内誠編『徳川幕府事典』（東京堂出版、二〇〇三年）、深井雅海『江戸城』（中公新書、二〇〇八年）、大石学編『江戸幕府大事典』（吉川弘文館、二〇〇九年）、『企画展　幕末の江戸城大奥』（公益財団法人徳川記念財団、二〇一三年）

【史料】「青標紙」（江戸叢書刊行会編集・発行『江戸叢書』二、一九一六年）、『古事類苑』官位部三、『千代田城大奥』、『旧事諮問録』上・下

生母付用人

支配関係　将軍の生母は、御台所と同様に将軍とともに江戸城大奥や西の丸大奥で生活したほか、月光院（家継生母）や桂昌院（綱吉生母）のように吹上や三の丸で生活した生母もいた。生母にも用人・用達・侍など附属の役人や女中がいた。それらの統括をしていた生母用人は若年寄支配の布衣《ほい》、桔梗之間詰で、人数は二人もしくは三人であったが、幕末には用人並（高三〇〇俵、役料一〇〇俵）ができて、用人一人と用人並一人の体制となった。用人並は用人に昇進した。

歴代の生母付用人　三代将軍家光の

側室で五代将軍綱吉の生母桂昌院は、綱吉が将軍職についた延宝八年（一六八〇）に江戸城三の丸に入った。その際に任命された用人は、神田御殿時から桂昌院付を勤めていた依田守安《よだもりやす》と山木正次《やまきまさつぐ》である。依田は慶安四年（一六五一）に召し出され、綱吉附属として神田御殿で小性組をつとめ、裏門番之頭をへて桂昌院に仕えた。延宝八年に江戸城三の丸勤めになると、天和三年（一六八三）、元禄元年（一六八八）に知行が加増され、合計一〇〇〇石となった。同九年には従五位下長門守に叙任された。山木は、神田御殿の書院番と普請奉行・目付をへて桂昌院に仕えた。延宝八年に江戸城勤めになり、天和三年に六〇〇石の知行を与えられた。

八代将軍吉宗の生母浄円院は、享保三年（一七一八）に和歌山から江戸へ引き移った。このとき浄円院付の用人となった櫻井政英は、納戸番組頭から浄円院の用人に任じられた。同一一年に浄円院が死去すると、小五郎（一橋宗尹《むねただ》）の近習となった。もう一人の用人である筧《かけい》正直は、大番、御蔵奉行、広敷番之頭をへて浄円院の用人になった。浄円院の死去後は櫻井同様に小五郎の近習となった。

なお、桂昌院付用人は役料二〇〇俵とされていたが、本寿院（徳川家慶の側室、一三代将軍徳川家定の生母）と実成院（一四代将軍徳川家茂の生母）の用人の俸禄は三〇〇石高に役料三〇〇俵となっている。

生母付用人の前職　生母付用人の履歴をみると、広敷番之頭から転任した例が多い。とくに桂昌院の用人では、前出の依田・山木の後任者のほとんどがあてはまる。それ以外では広敷用達など広敷関係の職から転任している。幕末期になると、本寿院と実成院の用人を兼任する事例もみられる。

（吉成香澄）

【参考文献】深井雅海・藤實久美子編『江戸幕府役職武鑑編年集成』三六（東洋書林、一九九九年）、『寛政重修諸家譜』四五・九・一五・一七、『柳営補任』四

姫君様方用人

姫君付人の構成　徳川将軍家の姫君は、結婚を機に幕府役人による専属の付人が組織された。付人には用達・医師・台所頭・同朋《どうぼう》・侍・用部屋書役・輿舁《かごかき》などがおり、また、大奥からの女中には老女・中臈・小性・表使《おもてづかい》・右筆・御次・呉服之間・御三之間・御末・仲居・使番・小間使・御半下《おはした》がいた。付人は姫君の入輿に伴って御守殿《ごしゅでん》入りし、その後も幕府からの出向の状態で勤仕した。用人は、若年寄支配で役高三〇〇俵・役料三〇〇俵、江戸城の詰間は桔梗之間であった。広敷関係の役職から任じられることが多い。

用人の職務　用人の職務は御守殿全体を統括することであり、諸事を担当の若年寄に報告・伺いのうえで執行した。最も多く発生した業務は、姫君付人・女中の人事管理である。病気などで付人に空き役ができると、その後任を手配し、御守殿の表向で仰せ渡した。女中の場合は、同じ御守殿女中から、欠員がでた役職より下の役職にいる者を昇進させて後任にあてた。異動や新規採用で、御年寄など上位の女中を任用する際には、御守殿奥向で行われる任命の場に立ち会った。役人・女中とも、御目見以上の任用の場

合は、担当の若年寄が同席した。

また、御守殿の経営管理を行い、御守殿の支出と姫君への幕府からの合力金の使途を年末に決算し、幕府勘定方に提出した。

御守殿へ将軍が御立寄を行ったり、姫が外出したりするときには、目付などと御守殿周辺や道程での警備について打合せを行い、当日の料理等を手配した。このほか、御守殿へ訪れる幕府役人の応対や、藩側との種々の交渉など、その職務内容は多岐に及んだ。

用人の引き継ぎ　姫君の存命中に用人が交代する場合、三代将軍家光の長女千代姫（尾張徳川光友室）の事例では、用人の子が親の職を世襲して姫君に仕えた。ところが一一代家斉の姫君では、用人の職が世襲されることはなく、幕府の役人が異動することで用人の役職が維持された。

姫君が死去したときは、用人が葬儀・違金分配の差配をし、故姫君の付人・女中らの暇・剃髪などの処置、あるいは後職の手配をした。その後、御守殿の解体が完了すると幕府に報告した。用人を解任された後は、多くの場合は幕府へ召し返された。

なお、姫君付人が幕府に召し返されるときは、付人になる以前の役職に戻され、御守殿でのキャリアはほとんど考慮されなかったといわれる。

用人並　将軍姫君の用人は、姫君一人につき二人つけられた。ところが、一一代将軍一一女の浅姫以降は、新たに用人並という役職が設置されて、用人が一人、用人並一人の体制になった。用人並は役高三〇〇俵、役料一〇〇俵で、一人で複数の姫君に附属することもあった。なお、用人並の設置は、御住居《おすまい》の設置と同時期である。

（吉成香澄）

【参考文献】大塚英二「光友夫人死去に伴う公儀付人の召返しについて」（徳川林政史研究所『研究紀要』二七、一九九三年）。吉成香澄「将軍姫君の公儀付人・女中について」（徳川林政史研究所『研究紀要』四四、二〇一〇年）

【史料】「御守殿方留」「御守殿諸書付留」（『丹鶴城旧蔵幕府史料』二〇〜二四、ゆまに書房、二〇〇九年）

奥之番

小性と小納戸　将軍側近役人に小性と小納戸がいた。ともに役高五〇〇石で、将軍に近侍して身辺日常の雑務に従事し、不寝番を務めた。小性が将軍の起居、入浴、衣服、食事の世話をし、時には夕食時の酒の相伴や余暇の遊び相手を務めたのに対して、小納戸は将軍身辺の物品取扱が主で、食膳の準備や寝具の用意などをした。格式上は小性が上で、就任三年ほどで諸大夫（五位）に叙せられたのに対して、小納戸は布衣役（六位相当）であった。ただし小性頭取の役高が平小性と変わらないのに対して、小納戸頭取は役高一五〇〇石、諸大夫役であり、頭取の格式は小納戸の方が上格であった。これは、小納戸頭取が将軍の御手許金《おてもときん》をはじめ、将軍の所用品を管理する大事な役割であったためである。なお、小性、小納戸ともに時期によって増減があるが、「吏徴」によると小性頭取三名、小性二八名、小納戸頭取四名、小納戸一一〇名が定員であった。

小納戸の「両掛り」　このように小納戸は将軍が使用する物品を多岐にわたって管理するのが主務で、その掛も、御髪月代《さかやき》・御膳番・御庭方・御馬方・御鷹方・大筒方など様々であった。中でも、御膳番と奥之番は「両掛り」とも「頭立ちたる役」（『旧事諮問録』）とも称されていた。御膳番（定員三名）は、小納戸頭取の次席ともされ、将軍の食膳を御膳立てし、食事中は次之間に控えている役目で、奥医師の差配もした。奥之番（定員六名）は御手許金や衣服の管理、将軍の寝具の準備をおこなった役目で、奥坊主・奥六尺の差配もした。また、奥之番は錠口の管理をしていた点で大奥と関係の深い掛であった。

奥之番と錠口　錠口とは将軍が起居する奥と大奥との境にあり、この先の御鈴廊下から将軍は大奥へ渡御した。奥の御休息と御小座敷近くに「上ノ御錠口」、御座之間近くに「下ノ御錠口」があり、それぞれ奥之番の詰所が置かれていた。また、大奥側には御錠口という奥女中が控えていた。老中や側衆と大奥の老女と面談する際には、まず、この奥之番と御錠口が錠口の杉戸を開けて談合した。また、奥と大奥でやりとりする物品についてもすべて、奥之番と奥女中の御錠口とを仲介して錠口での渡し合いとなった。このように奥之番は奥女中と直接談合する機会が多く、その選定において「老実の者に限りて命ぜらるゝ」（『甲子夜話』巻三）こととなったという。

奥之番を断る話　中には、自身の「好色の癖」をもって奥之番の担当を降りる場合もあった。「蜷川《にながわ》将監」（親常）は、五〇〇〇石の旗本で、父親文《ちかぶん》は家慶付の御側御用取次となった人物である。この親常が小納戸であった時分、奥之番の担当を命じられた際、「拙者元来好色の癖あり。いかやうの慎候ても、癖と云ものは風と動く事あるものゆへ、もし女中にいかやうのこと出来候ては、一分の罪而已《のみ》ならず、家をも失候ことにも成候半、あはれ奥の番免し玉へ」（私は元来好色の癖がある。どんなに慎んでも癖はふっと出てくるものなので、もし女中に何か起こっては軽い罪ではすまない。家を失ってしまう。ぜひとも奥之番の担当を免除してほしい）と申して、ついに辞退したという（『甲子夜話』巻三）。事実は同僚となる奥之番との折り合いから辞退する方便として「好色の癖」を言い立てたようである。何れにしても奥之番が、場合によっては「女中にいかやうのこと出来候」ほど奥女中と密接に談合する掛であった様子がうかがえる逸話である。

（田原　昇）

【参考文献】　松平太郎『校訂　江戸時代制度の研究』（柏書房、一九六五年）、深井雅海『図解・江戸城をよむ』（原書房、一九九七年）、竹内誠編『徳川幕府事典』（東京堂出版、二〇〇三年）、深井雅海『江戸城』（中公新書、二〇〇八年）、松尾美恵子「将軍家奥向きの経済」（『東京都江戸東京博物館研究報告』一四、二〇〇八年）、大石学編『江戸幕府大事典』（吉川弘文館、二〇〇九年）

【史料】　松浦静山『甲子夜話』一（東洋文庫、平凡社、一九七七年）、『古事類苑』官位部三、『千代田城大奥』、『旧事諮問録』上・下

黒鍬之者

江戸城の下働き「五役」　江戸城内には将軍や大名、旗本など歴々が活動しやすいよう、さまざまな庶務・雑用を担っていた「五役」と総称される下級の御家人がいた。この五役とは、目付が支配（管轄）する五つの役職（中間《ちゅうげん》・小人《こびと》・黒《くろ》鍬之者《くわのもの》・掃除之者・駕籠之者）に属する者たちで、江戸城の内外で主に番衛・御使・土木・清掃・運搬を担当していた。庶務・雑用を担う彼らの地位は低く、職務中、苗字・帯刀が基本的には許されず（一部許可）、通称・脇差にて勤務する者ものたちもいた。

　五役の者たちは最下層の幕臣に位置しながら、庶務・雑用という職務上、城内の随所に立ち入ることができ、その様子を巨細に知り得る立場にあった。よって幕府は、彼ら五役の家格をその他大多数の御家人のように一代抱（抱席）とはせず譜代席とし、五役の家筋を身分的に保護・拘束していた。こうした江戸城の下働き「五役」の中でも大奥と深い関わりがあったのが、黒鍬之者である。

黒鍬之者　黒鍬之者は、もともと戦場での土木工事をおこない、陣中では荷駄などの雑役を担っていた者を言う。平時になると一二俵一人扶持を給され、江戸城内の土木工事や作事、堀割などの清掃にあたるようになった。また、物品の運搬や所々への御使にも従事した。定員四七〇名前後で三名の黒鍬之者頭（一〇〇俵高、御家人役〈譜代席〉）の下、三組に編成されていた。また平役の中から各組に組頭二名、触番一〇数名が任ぜられ頭の補佐をした。

大奥と黒鍬之者　土木・運搬要員としての黒鍬之者の活動範囲は、江戸城内全域であり、大奥もそれに含まれる。黒鍬之者は、留守居の要請に基づき大奥各所へ出入りし、所定の業務にあたっていた。その際、留守居が発行し黒鍬之者頭が管理する鑑札を携行する必要があった。

　大奥における黒鍬之者は、とにかく下働きの奥女中の「荒い仕事」を助けるのが職分であった（『御殿女中の研究』）。一例に「ジンコ箱」の内容物の回収がある。ジンコとは「塵壺《じんこ》」のことで、大奥のジンコ箱は桐の柿色をした春慶塗りの縦長の箱で真ん中に丸い穴が空いていて、鼻紙などがここへ入れられた。大奥各所のジンコ箱は日々縁側に出し置かれていて、担当の黒鍬之者が中の塵芥を回収しつつ箱の掃除をおこなう。奥女中たちはこの役目の黒鍬之者を「ジンコ屋」「ジンコさん」などと称し「お雇いじじい」「人足」の類いが掃除しているものだと思っていたという（同上）。

　この黒鍬之者は回収した塵芥を炭俵に入れて御殿を退出していたが、回収の先々で奥女中から色々な物を役得としてもらっていて、この炭俵に隠して自宅に持ち帰っていた。また正月一七日には、「ゴフダイモチ」（御譜代餅）という徳川家康の故事に由来する縁起物の玄米餅が奥女中に振る舞われたが、この餅を女中たちは食さずに、すべてジンコ箱係りの黒鍬之者にあげていたという（『母の御本丸の話』）。これら役得によって黒鍬之者の中には、普段から絹布《けんぷ》をまとい、娘には縮緬《ちりめん》の衣類を着せるなど「なかなか余裕ある暮らし向きらしく見えた」者もいたといわれている（「御殿女中の研究」）。

（田原　昇）

【参考文献】　松平太郎『校訂 江戸時代制度の研究』（柏書房、一九六五年）、田原昇「江戸城内の運営と『五役』」（『東京都江戸東京博物館研究報告』一二、二〇〇六年）、田原昇「江戸幕府『五役』の人員補充」（『東京都江戸東京博物館研究報告』一四、二〇〇八年）、大石学編『江戸幕府大事典』（吉川弘文館、二〇〇九年）

【史料】「勤方諸心得扣」「新古改撰誌記」（江戸東京博物館所蔵）、『古事類苑』官位部三、『千代田城大奥』、『旧事諮問録』上・下、三田村鳶魚「御殿女中の研究」「母の御本丸の話」（『御殿女中』）

医　師

三人の奥医師　歴代の天皇や将軍など権力者とその家族にとって、病は時に深刻かつ個人的な問題であったから、専門的な知識をもった医師の存在は必要不可欠であった。江戸時代には、幕府お抱えの奥医師、大名等の御医師、町医師などの区別があり、江戸城大奥に出入りするのは奥医師であった。

元和九年（一六二三）の御台所法度で公式に治療できるのは半井驢庵《なからいろあん》、曲直瀬《まなせ》玄朔《げんさく》、曲直瀬玄鑑の三名に定められ、以後これが踏襲された。その後、天和三年（一六八三）奥医師曲直瀬正璆《まさてる》が、奥医師の筆頭として御匙《おさじ》に任命され、奥医師全体を統括する体制が整った。

内科中心　奥医師の専門は、基本的に内科医（本道）で、将軍の薬を調合する御匙・奥医師がいた。ほかに、奥外医（外科医）、奥口中医（歯科医）、奥眼医（眼科医）、奥小児医（小児科医）、奥鍼医（鍼灸師）などの区別があった。

奥医師の中には、将軍の家族のみならず奥女中をも診察したものもいた。また、広敷に詰めて主に奥女中の治療を行う御広敷療治（見廻り）があった。

通常は大奥には関わらないが、その技量や知識によって非常時には大奥にも出入りする可能性のある医師として、奥詰医師、表御番医師、寄合医師、小普請医師、御目見医師などがいた。奥詰医師は、奥に詰めて将軍の治療を行い、表御番医師は隔日交代で表に詰めて城内の急病人の治療に当たった。寄合医師は非役の名門や役から退いた医師の格式のひとつであり、小普請医師も修行中の未熟な医師や治療成績が芳しくない医師の格である。また、御目見医師は、身分や所属にかかわりなく優れた医療業績のある医師を確保しておくための格式である。

なお、幕府の医師の中には、法印・法眼・法橋の称号が与えられたものもいた。

漢方と蘭方　ところで、優秀な医師の確保は、世襲制ではなかなか困難で、元禄三年（一六九〇）には内田玄勝など一一名が改易・追放され、新たに吉田浄友など二一人が小普請医師に加えられた。

組織的な医学教育は、明和二年（一七六五）に奥医師多紀元孝《たきもとたか》が願い出て設置された医学館ではじまった。多紀氏経営の医学館は、医道を志す者にひろく解放され、幕府の医師、諸藩の医師、町医師も学ぶことができた。教育内容は「本草」「傷寒論」など漢方医学書の講釈と会読、鍼灸の実習で、苦学生には食事や書物・夜具などが支給された。寛政三年（一七九一）には幕府直営となった。医学館で学んだ医師が大奥でも治療に従事したこともあった。

　また、安永三年（一七七四）、若狭小浜藩医杉田玄白らによって『解体新書』が刊行され、西洋医学が普及し始め、寛政五年には美作津山藩医宇田川玄随によって初の西洋内科書『西説内科撰要』が刊行された。かくして、江戸には玄白の弟子大槻玄沢の蘭学塾芝蘭堂《しらんどう》などが開かれ各地の医師が多数遊学し、また出身地等に帰って医療に従事する在村蘭方医が全国各地に生まれた。こうした状況下でも幕府が蘭方医を正式に奥医師にしたのは、安政五年（一八五八）の伊東玄朴《げんぼく》が最初である。玄朴らは牛痘種痘の普及に尽力し神田お玉が池に種痘所の設置を願い出て許可された。こうして蘭方医の活動の場ができ、これは万延元年（一八六〇）、幕府直営となり、翌年には西洋医学所と改称され、幕府の医学校は漢方医学の医学館とともに二本立てとなった。

　したがって、大奥の医療にも一部、蘭方が用いられることとなり、玄朴に続き、戸塚静海、竹内玄同、林洞海《どうかい》、緒方洪庵《こうあん》などの蘭方医が奥医師に任命された。洪庵の日記によれば、将軍の身の回りの世話をする御小納戸の指示を受けて将軍家茂の治療に当たっている。また洪庵は天璋院の診察をしているが、和宮の診察例はなく、診察を受ける側の好みが優先されていた。なお、文久二年（一八六二）幕府では漢方医も蘭方を学ぶべきとの通達が出され西洋医学が正式に採用されるに至って、蘭方は漢方と対等な地位を得ることになった。しかしながら患者の命を優先する医療分野にあっても、西洋医学の受容は迅速とはいえなかった。

（岩下哲典）

【参考文献】森潤三郎『多紀氏の事績』（思文閣出版、一九三三年）、今泉源吉『蘭学の家桂川家の人々』（篠崎書林、一九六五年）、森末新『将軍と町医』（有隣新書、一九七八年）、三田村鳶魚『泥坊の話　お医者様の話』（中公文庫、一九九八年）、村田忠一「江戸城の緒方洪庵」（適塾記念会『適塾』三八、二〇〇五年）、新村拓編『日本医療史』（吉川弘文館、二〇〇六年）、畑尚子『徳川政権下の大奥と奥女中』（岩波書店、二〇〇九年）

【史料】「朝廷日記」（国立公文書館）、今泉みね『名ごりの夢』（東洋文庫、平凡社、一九六三年）

第3章

政治と事件

幕府政治と大奥

元禄期の大奥

支配原理の転換と大奥　江戸時代前・中期の大奥に関しては、職制など基礎的な事柄からして不明な点が多い。元禄期とて例外ではないが、御年寄の人的構成については、かなり解明が進んでいる。大きな特徴は、公家出身女中が数多く登用されたことである。特に目立つのが、禁裏御所や院御所で女中として働いた後、大奥へ招聘されるケースであり、東福門院《とうふくもんいん》（徳川和子《まさこ》、後水尾天皇中宮）女中であったおすま、新上西門院《しんじょうさいもんいん》（鷹司房子《ふさこ》、霊元天皇中宮）・後水尾院女中であった右衛門佐、東山天皇女中であった豊原などの例がある。彼女たちは大上﨟（兼御年寄）として役女中の席次筆頭となり、大奥に重きをなした。元禄期は、身分秩序を維持するために儀礼が重んじられ、武道から忠孝・礼儀へと支配原理の転換がはかられた時代であった。大奥においても、禁裏や院御所での勤務経験を持つ女中によって先例・故実が補われ、儀式・制度の整備が進められたと推測できよう。

元禄期、御年寄の数は徐々に増加した。五代将軍綱吉の就任直後に二・三人であった将軍付御年寄は、もっとも多かった宝永元年（一七〇四）ごろには六人まで増え、その過半数を公家出身女中が占めた。御台所鷹司信子（浄光院）や綱吉母の桂昌院、お伝（五の丸、瑞春院）などにも相応の女中が付いていたことを考えると、家光・家綱期に比べ、大奥関係の人員はかなり充実していたと考えられる。それは一方で、幕府財政を圧迫することにもつながったであろう。

元禄期の幕府政治と大奥　徳川綱吉は女性親族、特に母桂昌院を敬愛した。そのため、生類憐れみ政策の発令に桂昌院や彼女が帰依する僧隆光《りゅうこう》が関わったとする説が根強く流布しているが、現在では疑問視されている。そもそも、この時期には老中を中心とした合議による政治体制が確立しており、専制政治を志向した綱吉といえども、それを無視して政治を行うことはできなかった。大奥の意向が、幕府の政策に直接的に反映したとは考えにくい。

むろん、このことは大奥が政治的に無力であったことを意味しない。綱吉と大名とを結ぶルートには、老中を介した表のルートのほかに、綱吉と親密な側近を介した内証ルートがあった。家督相続や官位叙任といった大名の「家」に関わる事柄については、この内証ルートが大きな役割を果たしたのであり、諸大名はきそって綱吉側近とのつながりを求めた。その側近の代表が柳沢吉保である。同じように、大奥の女性に取り入って綱吉の心証を良くしようと考えた大名は少なくないであろう。しかし、こうした内証ルートは史料に残りにくく、具体像はなおも検討課題である。

綱吉の世嗣問題と大奥　綱吉は将軍就任前にお伝との間に鶴姫と徳松《とくまつ》をもうけていたが、唯一の男子であった徳松は天和三年（一六八三）に夭逝し、以後世嗣不在の状況が続いていた。これは家の継承を重んじる綱吉にとって大きな重圧であり、彼や桂昌院は、特に元禄五年（一六九二）以降、神仏や朝廷への依存を深め、伊勢神宮や内侍所《ないしどころ》（禁裏御所内に設けられ、神鏡をまつる）へ世嗣誕生を繰り返し祈願した。さらに桂昌院は、京都の公家社会との人脈を生かし、世嗣の誕生を求める意味でも、公家出身女中の採用をすすめた。元禄一一年に将軍付となった大典侍《おおすけ》（清閑寺熙定《せいかんじひろさだ》女、寿光院《じゅこういん》）や元禄一五年に将軍付となった新典侍《しんすけ》（豊《とよ》岡有尚《おかありなお》女、清心院《せいしんいん》）はいずれもいったん桂昌院付として採用され、後に綱吉付となった女中である。彼女たちには多大の期待と負担がかかったものと思われるが、結局世嗣が産まれることはなく、宝永元年、綱吉は甥の綱豊《つなとよ》（家宣）を養子とし、跡継ぎとした。

（石田　俊）

【参考文献】　深井雅海『徳川将軍政治権力の研究』（吉川弘文館、一九九一年）、高埜利彦『元禄・享保の時代』（集英社、一九九二年）、塚本学『徳川綱吉』（吉川弘文館、一九九八年）、福留真紀『徳川将軍側近の研究』（校倉書房、二〇〇六年）、福田千鶴『徳川綱吉』（山川出版社、二〇一〇年）、野村玄「元禄・宝永期の綱吉政権と天皇」（『歴史の理論と教育』一三七、二〇一二年）、石田俊「綱吉政権期の江戸城大奥」（『総合女性史研究』三〇、二〇一三年）

享保期の大奥

前代までの家族への対応　享保元年（一七一六）四月、徳川吉宗が将軍家を相続し、紀州邸から江戸城二の丸に移ったとき、前代までの将軍家の家族は、家継の嫡母天英院、生母月光院をはじめ、綱吉の側室（瑞春院・寿光院・清心院）、家宣の側室（法心院・蓮浄院）や、綱吉の養女で水戸家に嫁いだ八重姫（養仙院）や前田家に嫁いだ松姫、のちに島津家に嫁す竹姫らがいた。彼らにはそれぞれに役人や女中が付属しており、そのための経費は窮乏した幕府財政にとり、かなりの負担となっていた筈である。

吉宗はしかし彼らを粗略にはしなかった。とくに天英院には毎年金一万一一〇〇両、米一〇〇〇俵、月光院には金八六〇〇両、米一一三〇俵を進上し、「何事もおもただしく」（「有徳院殿御実紀付録」巻一八）扱った。住まいにも配慮し、吉宗が二の丸から本丸に移ったあとも天英院にはしばらく本丸に住まわせ（のち西の丸に移る）、月光院には吹上に一万坪の屋敷を与え、新邸を用意している。法心院と蓮浄院は浜御殿に住まわせた（のち寿光院もここに移る）。

吉宗自身の家族への対応　吉宗が将軍家を継いだとき、自らの家族は長男の長福《ちょうふく》（家重）と二男小次郎（田安宗武）と生母の浄円院だけで、正室真宮《さなのみや》はすでに没していた。将軍世子となった長福は享保元年八月に二の丸に入り、小次郎は一〇月に本丸に入った。享保三年五月に至り、紀州から浄円院を江戸城二の丸に迎え、孝養を尽くしたが、それは私的な部分に限られ、公的な面では天英院・月光院に比べるべくもなかった。享保一一年（一七二六）に浄円院が死去したとき、京都から贈位のことをいってきたが、吉宗はこれを固辞している（宝暦一三年に贈位）。

側室についても、長福の母は亡くなっており、小次郎の母お古牟のみ本丸に入れたが、その乗物は粗末で、供の女中もわずかであったという。その後源三と小五郎（一橋宗尹）を生んだお久（お梅）、芳姫を生んだお久免などを側に置いたが、彼女らは前代の側室たちのように将軍家の家族としての扱いを受けず、大奥で大きな力を持つことはなかった。

女中の取締りとリストラ　このように前代の家族と自らの家族との扱いに格差を設けた吉宗であったが、彼らにかしずく女中たちに対しては一貫して取締る姿勢を崩さなかった。長福が紀州邸から江戸城に移るとき、付属の女中が衣服や調度などを新調しているのを知り、皆が供奉できるとは限らない、無益なことをしないようにと注意している。享保六年（一七二一）には文通の範囲や衣服・諸道具・音物・振舞事の奢侈禁止など、女中の守るべき事柄を具体的に示した女中法度（『徳川禁令考』一二七七）を定め、表への請願の仲介を禁じた誓詞もとった。

女中のリストラも進めた。「兼山秘策」によると、享保のはじめ、大奥の女中の内、見目麗しいものを書き上げるようにとの沙汰があり、これは側室選びかと、容色のよい女中の父母たちの中には喜んで前祝などをするものもいた。しかし五〇人余りの名前を記して、吉宗に提出したところ、彼女らはいずれも解雇されてしまった。容貌の良いものは縁付くことも容易いが、そうでないものは暇を出されたら困るだろうという理由であった。この話は吉宗の女性観を表すエピソードとして語られることが多いが、奥向きの経費を節減するため、前代の家族に付属した大勢の女中たちを削減する吉宗ならではの方策とみることもできよう。

一方、享保五年（一七二〇）に綱吉の養女で前田吉徳の正室松姫が死去したのち、松姫付の女中に金子を与え、また江戸に宿の無い女中三人を、江戸城で再雇用している。これも「兼山秘策」に出てくる話である。

享保一七年（一七三二）には浜御殿に住んでいる法心院と蓮浄院付の女中のリストラを行っている。法心院付は一〇人、蓮浄院付は一五人削減された。蓮浄院のところには家宣との間の子大五郎と虎吉に付属していた女中が混じっており、多く解雇されたという。後年、やりとりする親族が多くいるとの理由で、女中一人の増員を願って認められている（「女中帳」寛延元年一一月の記事）。

女中の年金や退職金の制度も吉宗の時代に整えられた。延享元年（一七四四）、三〇年以上勤続した女中には、在職時に支給されていた手当の内、切米か合力金のどちらか多い方と扶持米を一生支給するというものである。すなわち、当該期の大奥のありようは、吉宗の家族観・女性観とともに、緊縮財政のもとでの人員整理、さらに女中制度の整備といった面からもとらえ直す必要があろう。

（松尾美恵子）

【参考文献】　松尾美恵子「大奥史料研究最前線」（『歴史読本』八二九、二〇〇八年）、同「将軍御台所近衛熙子（天英院）の立場と行動」（『歴史評論』七四七、二〇一二年）

【史料】　「女中帳」（国立公文書館所蔵）、「兼山秘策」二・四（『日本経済大典』六、明治文献、一九六六年）、『徳川禁令考』前集第二、『徳川実紀』九

宝暦〜天明期の大奥

田沼意次の異例の出世　宝暦〜天明期にかけての幕政の中心となった田沼意《おき》次《つぐ》は、もともとは六〇〇石の下級旗本の家の出であった。しかも父意行《もとゆき》は、もと紀州藩の小性で、享保元年（一七一六）に藩主吉宗が八代将軍となって江戸城に入った際に、随行して幕臣となった新参旗本の家柄である。その意次がなにゆえ将軍の小性から身を起こし、五万七〇〇〇石の大名にまでのしあがり、老中として幕閣の全権を握るにいたったのか。

第一に、将軍付の小性→小性組番頭奥勤→側衆→側用人→奥兼帯老中という、彼の出世コースからも明らかなように、将軍の側近役人としての立場を活用し、一〇代将軍家治の絶大な信頼を背景にしつつ、自らの地歩を築くことに努めたことがあげられる。いま一つは、新参成り上がりの家柄というハンディキャップを解消するため、自身の子女をして、つぎつぎに門閥譜代の有力大名と縁を結ばせ、閨閥《けいばつ》による幕閣支配を企図したことである。

例えば、長男意知《おきとも》の正室には老中松平康福《やすよし》（浜田石見藩主）の娘を迎え、四男意正《おきまさ》は老中水野忠友（駿河沼津藩主）の養子となった。娘の場合、三女は老中西尾忠尚《ただなお》（遠江横須賀藩主）の孫忠移《ただゆき》、四女は西の丸若年寄井伊直朗《なおあきら》（越後与板藩主）、といった名門にそれぞれ嫁している。こうした華麗な閨閥を形成することが、田沼家の家格の引き上げと、意次による幕閣支配の布石となったのである。

大奥と田沼政治　意次の異例の出世を可能にしたもうひとつの理由は、彼が大奥を懐柔したことに求められる。将軍を媒介として、政局に隠然たる影響力を持っていた大奥勢力を、意次は特に重視した。そのため自身の妾が、将軍家治の側室お知保《ちほ》（津田氏・蓮光院）の知人であることを利用して、大奥に取り入り、大奥へ賄賂を贈ったとされる。大奥の予算も要求されるままに豊富につけたようである。お知保は、家治の嫡男家基《いえもと》の生母であったことから、めざましい出世を遂げて大奥において権勢を誇っていた。お知保の弟津田信之を側衆へと出世させ、蔵米三〇〇俵から徐々に加増して六〇〇〇石の旗本にまで引き立てたのも意次であった。意次はまた、家治の次男貞次郎の生母お品（藤井氏・養蓮院）へも接近した。お品は家治の御台所倫子《ともこ》（閑院宮直仁《なおひと》親王の娘・心観院）の輿入れに随行して、京都から江戸城大奥に入った女中である。お品は御年寄松島の養女となり、やがて将軍の子を産んだのである。

さらに、御三卿一橋家の当主一橋治済《はるさだ》の側室お富と意次とが、「入魂《じっこん》」であったことも注目すべき点である。実は、お富の実家である幕臣岩本家と田沼家とは、もともと同じ紀州藩士であった。そして、お富の祖父岩本正房は吉宗の将軍就任に伴って、意次の父意行と一緒に紀州から江戸へと随行し、ともに吉宗の小性に召し出されている。また、意次と正房の長男正時が同じ日に九代将軍家重の小性となっており、両家はたいへん親密な関係にあったのである。お富は意次と同僚であった岩本正時の弟正利の娘である。このような両家の縁から、明和元年（一七六四）、お富は意次の紹介で江戸城大奥

表４　家治時代の大奥御年寄変遷表

年号(西暦)		月	年寄の序列								備考
			1	2	3	4	5	6	7	8	
宝暦	10年(1760)	4	松島	岩橋	浦尾	さえた	瀬山				
〃	〃	5	〃	高岳	〃	岩瀬	砂野	初崎	滝川		
〃	11年(1761)		〃	〃	〃	〃	〃	〃	〃		
〃	〃	9	〃	〃	岩橋	浦尾	高瀬	砂野	初崎	滝川	
〃	12年(1762)		〃	〃	〃	〃	〃	〃	〃	〃	
〃	〃	12	〃	〃	浦尾	岩瀬	砂野	滝川	むめ田		
〃	13年(1763)		〃	〃	〃	〃	〃	〃	〃		
〃	14年(1764)		〃	〃	〃	〃	滝川	むめ田	清橋		
明和	元年(1764)		〃	〃	〃	〃	〃	〃	〃		
〃	２年(1765)		〃	〃	〃	〃	〃	〃	〃		
〃	３年(1766)		〃	〃	〃	〃	〃	〃	〃		
〃	５年(1768)		〃	〃	〃	〃	〃	〃	〃		
〃	７年(1770)		〃	〃	滝川	むめ田	清橋	うら田			
〃	９年(1772)		〃	〃	花園	飛鳥井	滝川	清橋	うら田		公方附
安永	３年(1774)	2	高岳	花園	飛鳥井	滝川	清橋	花島			本丸
〃	５年(1776)		〃	〃	〃	〃	花島	野村			
〃	６年(1777)		〃	〃	〃	〃	〃	〃			公方附
〃	７年(1778)		〃	〃	〃	〃	〃	〃			
〃	８年(1779)		〃	〃	〃	〃	〃	〃			
天明	２年(1782)		〃	〃	〃	〃	野村	砂野			本丸
〃	３年(1783)		〃	〃	〃	〃	〃	〃			
〃	４年(1784)		〃	〃	〃	〃	〃	〃			
〃	〃	12	〃	〃	常磐井	〃	〃	〃			本丸
〃	５年(1785)		〃	〃	〃	〃	〃	〃			
〃	〃		〃	〃	〃	万里小路	滝川	野村	砂野		本丸
〃	６年(1786)	10	〃	〃	〃	〃	〃	〃	〃		〃
〃	〃	閏10	〃	常磐井	万里小路	滝川	野村	梅野井	大崎	高橋	〃

深井雅海「江戸城本丸御殿図に見る中奥・表向・大奥（下の二）」（徳川林政史研究所『研究紀要』30）より引用。

に務めるようになったのでる。

山県大弐《だいに》の孫で表坊主の竹尾善筑がまとめた随筆「即事考」によれば、お富は「容儀かくべつ勝れしにもなく、青黒くふとりて、さまでの風姿にあらず」とのことであったが、意次と「入魂」であったため、家治の御次にでて中﨟になったという。その後一橋治済が見初め、安永元年（一七七二）、お富は一橋邸に迎えられた。翌年、治済との間に産まれた男子が、のちに将軍家に養子に入り、一一代将軍となった家斉なのである。一橋家と田沼家とは、お富を媒介としてのみならず、意次の妻の父伊丹直賢《いたみなおかた》が一橋家老であり、意次の弟意誠《おきのぶ》、さらに意誠の子意致《おきむね》もともに一橋家老となるなど、極めて関係が深かった。そのため、意次は家斉の一一代将軍就任にも尽力していったのである。

　このように田沼政治にとって、大奥は重要かつ強力な支持勢力であったが、皮肉なことに、田沼を失脚させたのも大奥であった。すなわち、将軍家治の病気に際して、意次は知人の町医者を奥医師に登用し薬を調合させたが、その医師の薬を服用してから家治の病状が悪化し、天明六年（一七八六）八月二五日、家治は死去してしまう。随筆「翁草」によれば、「大奥の女中口々に、主殿頭《とのものかみ》（意次）、御上（家治）へ毒薬を差上たりと、数千の女中罵《ののし》る事夥《おびただ》し」であったという。そのため、意次は家治が重態となった翌々日の八月二二日から病気を理由に引きこもってしまった。家治が死去し、頼みの綱とする大奥が意次を非難するなかで、意次は八月二六日に老中の辞職願を提出、二七日には解任されて失脚した。

だが、意次が家治を毒殺しなければならない理由はない。前述のうわさは、反田沼派勢力が、大奥を煽《あお》って意次追い落としのための悪宣伝の好材料としたとみるほうが真実に近いように思われる。ここでも大奥の影響力は絶大であった。

田沼時代の大奥御年寄　宝暦一〇年（一七六〇）から、家治が死去する天明六年にかけての大奥御年寄の変遷を表4に示した。これによると宝暦一〇年から明和九年までの間、御年寄の序列一位にいたのは松島であった。松島は前述のとおり家治の側室お品の養母に当たる。権勢を誇っていた松島は、しばしば大奥へ素人芝居をする女性を招き、劇場のまねごとのような催し物を開いて楽しんでいたという。もとよりこのような女性たちを大奥へ呼び入れることは禁止されていたが、松島の権勢を恐れて誰一人咎める者はいなかったとされる。

安永三年以降筆頭御年寄となった高岳は、仙台藩主伊達重村が明和初年に幕府実力者に対して官位昇進運動を行った際、老中首座松平武元《たけちか》・御側御用取次田沼意次両名とともに工作を行った人物として知られている。伊達家に宛てた高岳の消息によれば「御官位の事も随分〳〵はなし置まいらせ候」（『伊達家文書之八』）とある。この当時は、いまだ序列二位であったが、すでに幕府の実力者の一人であったことがうかがわれよう。深井雅海氏が紹介した安永期の女中分限帳（朝倉市秋月郷土館所蔵）でも、高岳がほかの御年寄の倍近い手当を支給されていることが判明し、大奥の実力者であることが、手当の面からも裏付けられる。また高岳は、天明末期の田沼意次派と松平定信派の政争の際、御年寄滝川とともに定信の老中就任に反対している。これに対し、同じく御年寄の大崎と高橋（両名は安永七年前後の分限帳では「御客応答《あしらい》」として記載される）は、定信派に与《くみ》して活動していった。以上のように、田沼時代の大奥御年寄は、老中や将軍側近役人の人事に関与していたことがうかがわれる。

（竹内　誠）

【参考文献】山田忠雄「田沼意次の政権独占をめぐって」（『史学』四四―三、一九七二年）、竹内誠「田沼意次」（『日本史の謎と発見 大江戸の世』毎日新聞社、一九七九年）、同「大奥老女の政治力」（『図説人物日本の女性史6 大奥の修羅と葛藤』小学館、一九八〇年）、高澤憲治「田沼意次の勢力伸長」（学習院大学『史料館紀要』創刊号、一九八三年）、深井雅海「江戸城本丸御殿図に見る中奥・表向・大奥（下の二）」（徳川林政史研究所『研究紀要』三〇、一九九六年）

【史料】「御殿女中心得」（坂田諸近写本類、朝倉市秋月郷土館所蔵）、「岩本氏」（竹尾善筑「即事考」四、『鼠璞十種』一、一九一五年）、「田沼家衰微」（神沢杜口『翁草』巻之百九、『日本随筆大成』第三期・二二、吉川弘文館、一九七八年）、明和四年「将軍家大奥老女高岳消息写」（東京大学史料編纂所編『大日本古文書　家わけ三　伊達家文書之八』東京大学出版会、一九八二年）

寛政期の大奥

松平定信の登場　田沼意次《おきつぐ》に代わって政権の座に着き、寛政の改革を断行したのが、白河藩主の松平定信である。定信は反田沼派の譜代大名の中心人物として、日頃から田沼政治批判の同志的結集をはかっていた。定信自身、御三卿の田安宗武《むねたけ》の子、すなわち八代将軍吉宗の孫という名門出身である。それゆえに御三家も大いに彼を支援した。

　しかし、田沼意次から松平定信への政権交代は簡単には運ばなかった。意次が老中を解任されたとはいえ、大老井伊直《なお》幸《ひで》以下、当時の幕閣はほとんどが田沼派の面々であり、将軍に近い御側御用取次の横田準松《のりとし》も田沼派であった。そのため、定信の老中就任が実現する天明七年（一七八七）六月までの数か月間、定信派と田沼派との間に激しい権力争いが展開された。

　この両派の政争の間に立って、政治工作に関わったのが大奥御年寄の大崎であった。養君時代から家斉付の御年寄であった大崎は、家斉の将軍就任によって大奥において大きな影響力を持つようになった。御年寄の序列では高岳、滝川、野村に及ばなかったものの、大崎は並々ならない政治力を発揮している。もともと大崎は、どちらかといえば田沼派に近かったが、家斉の実父一橋治済《はるさだ》が、田沼派から転じて反田沼派の御三家と協力するようになったため、反田沼派の会合にも参画するようになった。すなわち、天明六年の冬から翌年の春にかけて、定信政権実現のための会談が、御三家の間で頻繁に実施されたが、大崎はこれにしばしば同席している。彼女はまた、老中ほか幕閣の意向を御三家に内々に伝える役割も担っており、幕閣の正式見解を発表する前に、御三家のもとを訪れ、事前に折衝に及んだりした。

　田沼派の牙城は、当時「日増其勢ひ強き事、飛鳥《とぶとり》も落る気色、諸人羨《うらや》ましく思ふ」（「一話一言補遺」）といわれた横田準松にあるとみた定信派は、横田を罷免したいと考え、治済は一橋邸を訪れた大崎に横田の解任を取り計らうように持ちかけた。しかし大崎は、「甚六ケ敷《むずかしく》、私手際には参かね候」と答えている。大崎は、普段から将軍側近の人事に口を出していたからこそ、治済から依頼を受けたのであろう。その大崎すらも力が及ばない程、横田の権力は強大であった。しかし、天明の打ちこわしの事実を将軍家斉に正確に報告しなかった責めを受け、横田は解任、天明七年六月一九日、定信の老中就任が実現し、寛政の改革が断行される。

定信の大奥改革　改革政治を進める定信は、田沼意次と違い大奥を徹底的に抑圧し、倹約を強いるとともに、大奥勢力が幕政に介入することを抑えるべく努めていった。定信が老中に就任した直後、御年寄大崎と会い、激しい口論のすえに大崎を解任したいきさつを、海保青陵「経済話」からみてみよう。

　奥勤兼帯の老中であった定信が大奥へ出向き、「奥の老女の一老」で「権を専《もっぱら》にせられし」大崎と対面した時のことである。大崎は、田安邸で産まれた幼少の定信を「抱き申されたること」もあったため、懐かしさの余り感慨にふけった様子で「扨々《さてさて》大きうならせられたること也」と定信に述べたという。ついで、大崎は「以来は御同役のことゆへ、奥の儀は申し合せて勤め申すことにて候」と挨拶した。これに対し定信は大いに怒り、大声で叱責したという。「大崎には不届きなることを申す、老中に向ひ同役とは何事ぞ、大奥には老中なし、其方は老女なり、坐高し、下りませい」。

　すると今度は大崎が怒り出し、「大崎は主殿頭《とのものかみ》殿（田沼意次）奥勤御兼帯の節より、表の同役と申相勤め来れり、只今左様にはしたなく御あしらひありては相勤難し、只今御暇下さるべし」といえば、定信は待ってましたとばかり「其方望みの通り、只今御暇下さる、勝手次第に御本丸引取るべし」と申し付けたという。

　このようにして、大崎は天明八年秋頃〜翌年初めにかけて、御年寄を解任されたのであった。

　「よしの冊子」でも、大崎が「しくじり御役御免」になった次第として、定信の意向に背いて「堀之内参詣」を強行したことや、庭に滝を設けようとしたことで定信と対立した一件が書かれている。大奥の予算を削り、風紀取締を徹底したい定信にとって、大崎は粛正すべき対象だったことがわかる。

　また、寛政元年（一七八九）七月一二日には、一〇代家治の側室蓮光院（お知保）の弟津田信之とその息子が、蓮光院に与えられていた二の丸貸付金を「不《ふ》束《つつか》成る証文を以」って借用し、他へ貸し付けていたとして処罰された。この時蓮光院付女中の玉沢も、この証文の奥書に押印していたため、「表方にかゝはりし事」を取り扱い「重々不調法の事」として処罰され、二の丸貸付金も廃止された。この一件から、定信が大奥女中および将軍側室の縁故者の行動に規制を加えようとしていたことがわかる。

　ちなみに、玉沢はもともとはお袖と称する旗本の妻だった。だが、夫は博奕好きの「大道楽者」で、別の旗本の奥方と密通したことが露顕したため、駆け落ちした。身ひとつとなったお袖は、苦労を重ねたすえに、大奥に職を得て、彼女の人生は一転することになる。幸いにもお袖は「芸百色まで有」する芸達者であったため、家治の嫡男を産んだお知保に気に入られ、「すらすら出世し」お知保付の御年寄の地位を占めるに至ったのである。田沼時代では「天下をうごかせし才人」「老中も心をおき、とぶ鳥もおつるほど」の才気を持ち威勢を張ったが、前述のように定信の取り締まりの前に御年寄を罷免された。ただし、職は剥奪されたものの、お知保が病に伏すと、大奥御年寄玉沢ではなく、かつての名前のお袖として蓮光院の看病に当たるよう命じられた。しかも特例として、俸給も従来通り支給されたという（『むかしばなし』）。

大奥内の陰謀事件　家斉付の中﨟だったお万は、寛政元年に淑姫、翌二年に女子、同四年に最初の男子竹千代を出産した。お万は御小納戸頭取平塚為喜の娘、大奥御年寄高橋はお万の伯母にあたっており、お万が家斉の男子を産んだことで、「伯母高橋益《ますます》権を取だらふ」（『よしの冊子』）と取り沙汰された。ところが、高橋は寛政四年八月二三日に御役御免に処せられる（『続徳川実紀』一）。将軍の男子を産んだ中﨟の一族である高橋が、なぜ御年寄を解任されたのであろうか。

「文恭院殿御実紀」寛政四年八月二三日条には、「高野学侶方金剛院真隆の事をもて、老女梅の井役放たれ、表使滝野、右筆みさは共に暇下され、家門、連枝の奉公を停められ、御伽坊主栄三は職放たれ、また老女高橋は職とかれ致仕命ぜられ、賜禄はすべて其まま下さる、金剛院真隆は遠島に処せらる」とあり、解任の背景に金剛院真隆の一件があったことがわかる。

この件に関して「よしの冊子」は、真相は不明だが、世間ではさまざまに噂しているとしている。すなわち、お万を支持する女中たちが、家斉の御台所を呪ったり、妊娠中の中﨟お楽に流産の薬を飲ませようとするなどの陰謀があったという。対するお万は、金剛院真隆という僧侶に祈禱してもらい、産まれてくる家斉の子供を女子から男子へと「変性」させてもらったという。しかも、今後御台所などに懐妊があっても、女子しか産まれないようにと金剛院に祈禱を命じていたというのである。どうやら家斉付の中﨟のうち、だれが世継ぎとなる男子を産むのかをめぐり、さまざまな派閥争いがあり、お万の一族である高橋は、ほかの中﨟が家斉の男子を産まないよう、ライバルの追い落としを謀っていたとされるのである。このことが露顕したため、高橋は梅の井や滝野、みさらとともに取り締まりの対象となり、御役御免とされ、金剛院も遠島に処せられたのであった。

この事件を受けて定信は、留守居に対して、今後御年寄の近親者が中﨟に任じられたとしても、将軍の側近くに奉公することは控えるようにと達した。仮に奉公して男子を産んだとしても、近親の御年寄は退役させるようにとも命じ（「江戸幕府日記」寛政四年八月二三日条）、御年寄が将軍に影響力を及ぼすことを牽制していったのである。このように定信は大奥に倹約を強いるとともに、さまざまな規制を加えて、取り締まりを徹底していった。そのため、定信が老中を解任された理由のひとつに、大奥からの反感があったという説もある。

ちなみに、お万が産んだ竹千代は寛政五年六月に死去。一方のお楽は流産することなく男子を産んだ。この男子がのちの一二代将軍家慶となる。（竹内　誠）

【参考文献】 竹内誠「大奥老女の政治力」（『図説人物日本の女性史6 大奥の修羅と葛藤』小学館、一九八〇年）、関口すみ子『御一新とジェンダー』（東京大学出版会、二〇〇五年）、高澤憲治『松平定信政権と寛政改革』（清文堂出版、二〇〇八年、初出一九九七年）、竹内誠『寛政改革の研究』（吉川弘文館、二〇〇九年、初出一九七六年）、氏家幹人『江戸の女子力』（新潮文庫、二〇一〇年、初出二〇〇四年）

【史料】「江戸幕府日記」（国立公文書館所蔵）、海保青陵「経済話」（『本多利明 海保青陵』日本思想体系44、岩波書店、一九七〇年）、大田南畝「一話一言補遺」（『日本随筆大成 別巻・一話一言6』吉川弘文館、一九七九年）、「よしの冊子」七・一〇・一八（『随筆百花苑』八・九、中央公論社、一九八〇・八一年）、只野真葛・中山栄子校注『むかしばなし』（東洋文庫、平凡社、一九八四年）、寛政四年八月「大奥大変事につき極密情報」（三井文庫編集・発行『大坂両替商「聞書」』1、吉川

弘文館、二〇一一年)、『続徳川実紀』一

文化〜文政期の大奥

家斉の人となり　文化〜文政期の大奥のありかたは、一一代将軍家斉の人となりが直接反映したと考えてよいと思われる。

家斉は、天明七年(一七八七)、一〇代家治の死去により将軍となり、天保八年(一八三七)に引退して大御所となったが、天保一二年に死去するまで、なお権力を保持していた。将軍就任から死去まで五四年間。歴代将軍のなかで最長である。ともかく家斉は、身体的には健康で、時間には正確、行事等にも積極的に出御し、表の役人等の人物像までかなり把握していた、好奇心旺盛な将軍であった。

その家斉が影響力をもっていた年数が五〇年以上にも及んでいた。ただし、前半期の文化年間までは政治的に松平定信による寛政改革の影響力が残っていた。文政元年(一八一八)以降の後半期は、合計五七人にも上った家斉の子女のうち、成長した子をいかに有力大名に養子縁組するかが最も重要な政治課題となった。縁組させられる大名からは「押し付け養子」と評された。一方、将軍の子女を迎えた大名からの猟官・昇進・家格上昇の要求にいかに応えるかも同じく重要課題であった。

家斉子女の落ち着き先　さて、子女の養子縁組と大名の無心は大奥と密接な関係があった。これら政治課題に対処したのは、文政元年に老中となった駿河沼津城主水野忠成《ただあきら》である。水野の出自は旗本岡野氏で、旗本水野氏の養子となったが、さらに沼津城主水野氏の養子となって奏者番、寺社奉行、若年寄、側用人、老中格となりついに老中にまで昇り詰めたのである。その背後には常に家斉がおり、忠成は家斉の寵臣の一人であった。

水野の尽力により、大名家等と縁組した家斉の子女は多い。家斉の子女については、表を参照されたい。ただし、30の文姫以降が水野の老中在任中の縁組である。

一方、受け入れた大名側では家格上昇を狙ってさまざまな内願をし、いくつか実現に漕ぎつけている。例えば、佐賀鍋島家では、盛姫自身が家斉に直接内願して、藩主行列に金紋挟箱の許可を得たり、佐賀城焼失により拝借金を下賜されたり、藩主の少将昇進を実現している。家斉の実家一橋家中が鍋島家に狼藉した件も盛姫が家斉に直談判して、名誉回復している。盛姫が家斉の寵愛を受けて居ればこその所業であろう。薩摩島津家も重豪《しげひで》が破格の従三位に任ぜられたのは、家斉正室(御台所)茂姫(広大院)が重豪の娘で、茂姫自身が望んだことでもあった。

なお、この時期、茂姫と薩摩藩や姻戚関係にある大名家との間にたって内願等を仲介する「閑道取次」(「風のしるべ」)として旗本の娘森山りさが活動する。

大奥が生んだ悲劇　特に悲劇だったのは、明石松平家である。周丸(斉宣)の養子が決まった時、当主斉韶《なりつぐ》と正室季遠(川越松平直温の妹)との間には嫡子慶憲がいた。慶憲の前途を悲観して季遠は自刃した。明石松平家は六万石だったが、周丸を迎えたことで二万石の加増に与ったが、周丸はさらに二万石の加増を

表９　家斉の子女

番号	子女名	生母名	生没年	子女誕生時の家斉の歳	享年	事項
1	淑姫（ひでひめ）	お万	寛政元年～文化14年	17歳	29	一橋治国嫡子愷千代（斉朝・尾張家徳川宗睦養子）へ嫁す
2	(女子)	お万	寛政2年（早世）	18歳	1	
3	竹千代	お万	寛政4年～5年	20歳	2	
4	家慶	お楽	寛政5年～嘉永6年	21歳	61	12代将軍
5	(男子)	お梅	寛政6年（早世）	22歳	1	
6	敬之助（たかのすけ）	お歌	寛政7年～9年	23歳	3	
7	敦之助（あつのすけ）	寔子（正室）	寛政8年～11年	24歳	4	
8	綾姫（あやひめ）	お万	寛政8年～10年	24歳	3	伊達政千代（周・仙台藩）と縁組
9	総姫（ふさひめ）	お志賀	寛政8年～9年	24歳	2	
10	御流産	寔子（正室）	寛政10年	26歳	－	
11	御流産	お志賀	寛政10年	26歳	－	
12	豊三郎（とよさぶろう）	お歌	寛政10年（早世）	26歳	1	
13	格姫（ただひめ）	お里尾	寛政10年～11年	26歳	2	
14	五百姫（いおひめ）	お歌	寛政11年～12年	27歳	2	
15	峯姫（みねひめ）	お登勢	寛政12年～嘉永6年	28歳	54	徳川鶴千代（斉脩・水戸家）へ嫁す
16	享姫（みちひめ）	お蝶	享和元年～2年	29歳	2	
17	斉順（なりゆき）	お登勢	享和元年～弘化3年	29歳	46	清水屋敷移徙の後、徳川治宝（紀伊家）息女豊姫の婿養子
18	舒姫（ゆきひめ）	お歌	享和2年～3年	30歳	2	
19	御流産	お美尾	享和2年	30歳	－	
20	御血洗	お登勢	享和3年	31歳	－	
21	時之助（ときのすけ）	お蝶	享和3年～文化2年	31歳	3	
22	寿姫（としひめ）	お登勢	享和3年～文化元年	31歳	2	
23	浅姫（あさひめ）	お美尾	享和3年～安政4年	31歳	55	松平斉承（越前松平家）へ嫁す
24	晴姫（はるひめ）	お登勢	文化2年～4年	33歳	3	
25	虎千代（とらちよ）	お蝶	文化3年～7年	34歳	5	
26	高姫（たかひめ）	お屋知	文化3年（早世）	34歳	1	
27	安姫（しずひめ）	お袖	文化4年～8年	35歳	5	
28	元姫（もとひめ）	お屋知	文化5年～文政4年	36歳	14	松平容衆（会津松平家）へ嫁す
29	友松（ともまつ）	お蝶	文化6年～10年	37歳	5	
30	文姫（ふみひめ）	お袖	文化6年～天保8年	37歳	29	松平貞五郎（頼胤・高松松平家）へ嫁す
31	斉明（なりあきら）	お屋衛	文化6年～文政10年	37歳	19	清水屋敷へ移徙
32	斉荘（なりたか）	お蝶	文化7年～弘化2年	38歳	36	田安斉匡息女の婿養子の後、徳川斉温（尾張家）の養子
33	艶姫（つやひめ）	お袖	文化8年（早世）	39歳	1	
34	盛姫（もりひめ）	お屋衛	文化8年～弘化4年	39歳	37	鍋島斉直（佐賀藩）嫡子貞丸（斉正）へ嫁す
35	斉衆（なりひろ）	お屋衛	文化9年～文政9年	40歳	15	池田斉稷（鳥取藩）の婿養子
36	和姫（かずひめ）	お蝶	文化10年～文政13年	41歳	18	毛利斉熙（萩藩）嫡孫保三郎（斉広）へ嫁す
37	孝姫（こうひめ）	お袖	文化10年～11年	41歳	2	
38	溶姫（ようひめ）	お美代	文化10年～慶応4年	41歳	56	前田斉泰（加賀）へ嫁す
39	興五郎（おきごろう）	お屋を	文化10年～11年	41歳	2	
40	斉民（なりたみ）	お屋衛	文化11年～明治24年	42歳	78	松平斉孝（津山松平家）の婿養子
41	琴姫（ことひめ）	おいと	文化12年～13年	43歳	2	
42	久五郎（ひさごろう）	お蝶	文化12年～14年	43歳	3	
43	仲姫（なかひめ）	お美代	文化12年～14年	43歳	3	
44	信之進（のぶのしん）	お屋衛	文化14年（早世）	45歳	1	
45	末姫（すえひめ）	お美代	文化14年～明治5年	45歳	56	浅野斉堅（広島藩）嫡子勝吉（斉粛）へ嫁す
46	陽七郎（ようしちろう）	お袖	文政元年～4年	46歳	5	
47	喜代姫（きよひめ）	お屋衛	文政元年～明治元年	46歳	51	酒井忠実（姫路藩）嫡子与五郎（忠学）へ嫁す
48	永姫（ながひめ）	おいと	文政2年～明治8年	47歳	57	田安斉匡四男郁之助（斉位・一橋斉礼養子）へ嫁す
49	斉温（なりはる）	お瑠里	文政2年～天保10年	47歳	21	徳川斉朝（尾張家）の養子
50	斉良（なりなが）	お屋衛	文政2年～天保10年	47歳	21	松平武厚（石見浜田松平家）の婿養子

番号	子女名	生母名	生没年	子女誕生時の家斉の歳	享年	事項
51	斉彊（なりかつ）	お袖	文政3年～嘉永2年	48歳	30	清水屋敷移徙の後、徳川斉順（紀伊家）の養子
52	斉善（なりさわ）	おいと	文政3年～天保9年	48歳	19	松平斉承（越前松平家）の養子
53	斉裕（なりひろ）	お屋衛	文政4年～慶応4年	49歳	48	蜂須賀斉昌（徳島）の養子
54	富八郎（とみはちろう）	お袖	文政5年～6年	50歳	2	
55	斉省（なりやす）	おいと	文政6年～天保12年	51歳	19	松平矩典（川越松平家）の養子
56	斉宣（なりのぶ）	おいと	文政8年～天保15年	53歳	20	松平直韶（明石松平家）の養子
57	泰姫（やすひめ）	お類里	文政10年～天保14年	55歳	17	池田斉訓（鳥取）へ嫁す

『徳川諸家系譜』一・二などをもとに作成。

求めた。結果、八万石のまま一〇万石格となるなど、明石家にとっては家格上昇を果たしたものの財政的には困難な状況が続いた。そして周丸は参勤交代の途上、尾張徳川家の所領木曽で行列を横切った百姓の子どもを切り捨てたとして、明石松平家は尾張家から領内通行を断られ、それでも百姓体で通行したところ、周丸は子どもの親に射殺されたという話も伝わっている。真相は不明だが周丸は二〇歳で亡くなり、跡は慶憲が藩主となった。この時家臣の中には自刃した季遠のことを思い感涙にむせび泣いたものもいたという。

お美代　家斉晩年に寵愛を受けたお美代も大いに勢力を張り、その養父中野清茂（碩翁）は三〇〇石の小性から二〇〇〇石の新番頭まで出世し、家斉の寵臣となった。そのため碩翁のもとには大名家からの贈物が多く集まった。なお、お美代が生んだのは溶姫と末姫だが、それぞれ加賀前田斉泰と安芸浅野斉粛《なりたか》に嫁ぎ、二人は晩年のお美代の面倒をよくみた。

（岩下哲典）

【参考文献】武田完二『趣味史談大奥秘史』（日東書院、一九三二年）、児玉幸多、北島正元編『物語藩史』八（新人物往来社、一九六五年）、北島正元編『徳川将軍列伝』（秋田書店、一九七四年）、高柳金芳『江戸城大奥の生活』（雄山閣出版、一九八一年）、三田村鳶魚『大名生活の内秘』（中公文庫、一九九七年）、山本博文『参勤交代』（講談社現代新書、一九九八年）、畑尚子『徳川政権下の大奥と奥女中』（岩波書店、二〇〇九年）、『歴史読本』編集部編『徳川一五代将軍継承の謎』（中経出版新人物文庫、二〇一三年）、『御殿女中』

【史料】国書刊行会編『柳営婦女伝双』（名著刊行会、一九六五年）、松浦静山『甲子夜話』3（東洋文庫、平凡社、一九七七年）

天保～嘉永期の大奥

家斉・家慶・家定三代　天保八年（一八三七）に将軍に就任した一二代家慶には、全部で二四人の子供がいた。そのうち男は一三人である。しかしながら長男から三男までは夭折、四男は世子家定、五男は慶昌（一橋家に養子）だった。家定・慶昌は成人まで育ったが、六男以下一三男まではすべて夭折している。女子は一四人のうち育ったのは、六女暉姫（田安慶頼の正室）のみ。他はすべて夭折している。しかも家定には子供は産れなかった。そこで西欧列強による外圧が高まる中で、将軍継嗣問題が最大の政治問題と化するのである。

大奥実力者姉小路

家定が生まれた文政七年（一八二四）は、父家慶がまだ祖父家斉の世子であった時代であった。家定（幼名政之助）は江戸城西の丸で生まれた。生母はお美津（本寿院）で書院番士跡部氏の出身。側用人田沼意正《おきまさ》が家定の傅役《もりやく》を務めた。文政一一年（一八二八）には、五歳で正二位権大納言に昇った。この頃、前関白鷹司政熙《まさひろ》の末娘有君（任子《ただこ》）との縁組が整った。有君は兄関白政通《まさみち》の養女として、天保二年（一八三一）、九歳で江戸に下向した。家定は一つ下の八歳である。婚礼は天保一二年であったので、家定の成長を待っていたのだろう。家定は、婚礼の年に世子となった。有君は才色兼備で家慶も気に入っていたが、嘉永元年（一八四八）、おりからの天然痘の大流行で罹患、二六歳で亡くなった。

翌年、左大臣一条忠良の娘秀子が、家定の正妻に迎えられた。二年後の嘉永三年、歌川国芳制作「きたいな名医難病療治」が版行され、大人気を博した。この浮世絵戯画には豪華な装いの「竹斎娘」がいて、江戸市中の噂では竹斎娘は、家慶の正妻有栖川宮喬子《たかこ》に従って京都から下ってきた橋本実誠《さねなり》の娘姉小路であるとする。姉小路は、大奥で大変な権勢をもったため、家慶の御手がついたのだという噂もあった。水野忠邦が、天保改革の一環で大奥に倹約を徹底させようとしたとき、姉小路は、大奥では男女の情を封印せざるをえないので衣食にしか楽しみがないのだからと、改革に頑強に抵抗した。有君や秀子の下向も姉小路の企図したものだろう。国芳の浮世絵ではその姉小路こと竹斎娘の患者の中に片方の足が短い小さな女性が描かれているが、それが家定の二番目の正妻一条秀子だとする。

浮世絵刊行の直後、同年六月に秀子は亡くなった。家定は二度も伴侶を失い、しばらく落ち込んでいたという。こうなると是が非でも健康な正妻を大奥に迎えなければ、将軍家、ひいては幕府そのものの屋台骨が揺らぎかねない。こうして、家斉正妻広大院の出身である薩摩藩に問い合わせが行く。ここにも姉小路の意向があったように思われる。薩摩側の窓口は世子島津斉彬である。斉彬は、翌四年になって分家今泉島津一子、のちの篤姫、当時一六歳に白羽の矢を立てた。さらに翌五年斉彬は篤姫を実子として幕府に届け、正式に斉彬の娘（実際には養女）となった。ペリー来航の二日後、すなわち同六年六月五日、篤姫は鹿児島を出立した。

内憂外患と大奥

嘉永六年六月二二日、政務を老中首座阿部正弘に任せきりだった家慶が暑気に当たり死去した。享年六一歳。家慶の死は、アメリカ合衆国東インド・支那・日本周辺艦隊司令長官ペリー率いる、四隻の黒船艦隊が浦賀を去ってから一〇日後のことであった。ペリーは江戸湾での合衆国大統領の親書（国書）受領を強要した。前年よりオランダから情報を入手していたため幕府は異例の速さでその要求を容れた。ペリー艦隊が去って束の間、今度は将軍が亡くなった。さらに翌七月一八日には長崎にロシア海軍中将プチャーチン率いるロシア艦隊四隻が姿をあらわした。阿部老中以下、幕閣のみならず多くの幕臣や大名は、対外的な危機を実感しただろう。

家定が一三代将軍になったのは、家慶の死去から四か月後の同年一〇月二三日のことであった。さらに内患外憂が重なった。安政の大地震などもあって、篤姫輿入れは安政三年（一八五六）一一月まで待たねばならなかった。篤姫を入輿させる養父斉彬の目論みは、家定に子供ができる可能性があるかどうかを見極め、可能性がなければ、斉彬ら一橋派が推薦する、英邁の誉れ高い一橋慶喜を世子にするよう、篤姫が家定や大奥を説得することだったのである。

表の政治問題が大奥にも大きく波及してくる時代が到来した。外圧に大奥も無縁ではいられなかった。むしろ大奥が表の政治に関与することに目をつけた大名が、大奥まで抱き込もうと動き出したというべきだろう。

なお、その直接のはじまりは、弘化三年（一八四六）に水戸前藩主徳川斉昭が姉小路に書を送り、琉球や蝦夷地を外国に占領されれば国家の一大事と将軍の心を動かそうとしたことからである。これに対する姉小路返書は将軍家慶ももっともと思し召され、承知したとのことで、斉昭はさらに将軍の内覧に供すべく、姉小路に建白書を与えている。この建白は採用されなかったが、まさに外圧が大奥の機能をクローズアップした例といえるであろう。

（岩下哲典）

【参考文献】武田完二『趣味史談大奥秘史』（日東書院、一九三二年）、北島正元編『徳川将軍列伝』（秋田書店、一九七四年）、徳富蘇峰『近世日本国民史 開国日本一』講談社学術文庫、一九七九年）、高柳金芳『江戸城大奥の生活』（雄山閣出版、一九八一年）、寺尾美保『天璋院篤姫』（高城書房、二〇〇七年）、徳永和喜『天璋院篤姫』（新人物往来社、二〇〇七年）、畑尚子『幕末の大奥』（岩波書店、二〇〇七年）、岩下哲典『幕末日本の情報活動（改訂増補版）』（雄山閣、二〇〇八年）、畑尚子『徳川政権下の大奥と奥女中』（岩波書店、二〇〇九年）、『歴史読本』編集部編『徳川一五代将軍継承の謎』（中経出版新人物文庫、二〇一三年）、『御殿女中』

【史料】国書刊行会編『柳営婦女伝双』（名著刊行会、一九六五年）、『鹿児島県史料 斉彬公史料』一～四（鹿児島県、一九八一～一九八四年）

安政の将軍継嗣問題と大奥

南紀派と一橋派　将軍の世継ぎを産み、育てる場であった大奥は、将軍家の血統を保持・継承させるうえで重要な役割を担った。それゆえ将軍継嗣問題にも関わり、安政三年（一八五六）から同五年にかけて展開された一三代将軍徳川家定の継嗣問題においても、大奥は存在感を示した。

将軍継嗣は御三家・御三卿より選ばれるが、この時の有力候補者は紀州藩主の徳川慶福《よしとみ》と一橋家当主の徳川慶喜であった。慶福は一一代将軍徳川家斉の孫、家定の甥にあたる将軍家の正統で、慶福を支持する勢力を南紀派と称した。いっぽう、水戸家出身の慶喜は血筋の面からみると傍系である。しかし、慶喜を推戴する越前藩主松平慶永や薩摩藩主島津斉《なり》彬《あきら》ら一橋派は、対外問題が緊迫化していくなかで、挙国一致の強力な政治指導を求め、次期将軍には年長・器量を優先させた。慶喜が正統でなかったからこそ、一橋派は諸大名・朝廷・幕臣を巻き込んで、広く擁立運動を展開することになる。

大奥工作に関しては、紀州藩付家老の水野忠央《ただなか》が、一二代将軍徳川家慶の御部屋であった実妹のおひろ（お琴）を使って家定付上﨟御年寄の歌橋を動かし、家定の生母本寿院を説いて慶福支持に傾けたといわれる。忠央は老中に列する野望を抱いていたとされるが（吉田常吉『安政の大獄』）、忠央の活動については一橋派による風聞が多く、実態の検証が必要である。対して松平慶永は、前越前藩主松平斉善《なりさわ》の侍女浜尾（本立院《ほんりゅういん》）が本寿院の姉である伝手を使うなどして、大奥に慶喜擁立を説いていったが、本寿院を中心に大奥は水戸嫌いが多く、周旋は困難を極めた。

篤姫の入輿と活動　島津斉彬の養女篤姫が、近衛忠煕《ただひろ》の養女（諱は敬子《すみこ》）となって江戸城広敷に入輿し、家定の御台所となったのは安政三年（一八五六）一二月であった。そのため、篤姫の入輿は安政の将軍継嗣問題と関連づけて評価されてきた（『維新史』二）。だが、縁組の発端は嘉永三年（一八五〇）であり、継嗣問題とは関係なく進められてきたものである。むしろ広大院（家斉の御台所・島津重豪《しげひで》の女）の先例を背景に、将軍家が島津家との縁組を望んで実現したものであった。

ただし、入輿直後に継嗣問題が活発化したため、篤姫もこの政争と無関係ではなくなる。実際に斉彬は、慶喜を将軍後継者として家定に打診するよう篤姫に依頼しており、松平慶永も篤姫の活動に期待していた。篤姫が活動をするうえで、御付御年寄となった幾島《いくしま》（つぼね）の存在は大きく、幾島を通じて小《お》の嶋《しま》（江戸薩摩藩邸御年寄）や斉彬の意を受けた西郷隆盛も大奥工作を展開した。しかし、篤姫の活動は思うに任せず、幾島が西郷に宛てた書状に、「上（家定）の御側向にも、御存上の通りあく魔も御さ候」（『昨夢紀事』二）とあるように、家定に継嗣のことを切り出すことは難しかった。篤姫は「残念口おしく」「面目なく」（『井伊家史料』六）という思いを斉彬に吐露している。

いっぽう、斉彬は慶喜擁立をはかるため朝廷を動かそうとするが、これに対し篤姫は、近衛忠煕《ただひろ》宛てに書状を発し、家定との間に子供ができるかもしれないと、継嗣について朝廷から御沙汰が下されないようにと願い出て、斉彬の画策を阻害する動きを見せた。しかしこれは、幾島に言わせれば篤姫の意志ではなく、歌橋らに配慮した行為であったという。御台所とはいえ、入輿したばかりの篤姫が大奥を切り盛りすることは不可能で、大奥を実質的にまとめていたのは、将軍生母の本寿院やその取り巻きたちであった。

安政五年五月一日、家定は大老・老中に対して慶福を継嗣とする旨を告げ、六月二五日には諸大名総登城のうえ、慶福の継嗣決定が公表されて、継嗣問題は決着をみた。

（藤田英昭）

【参考文献】吉田常吉『安政の大獄』（吉川弘文館、一九九一年）、芳即正「天璋

院入輿は本来継嗣問題と無関係」（『日本歴史』五五一、一九九四年）、寺尾美保『天璋院篤姫』（高城書房、二〇〇七年）、崎山健文「御台所敬子の実像」（『天璋院篤姫展』NHKプロモーション、二〇〇八年）

【史料】　安政四年九月「本立院へ幕内廷探索」、安政五年二月二七日「西郷より大奥密書呈覧」（日本史籍協会編『昨夢紀事』二、東京大学出版会、一九六八年）、安政五年四月三日「鹿児島藩主島津斉彬書状 福井藩主松平慶永宛」（東京大学史料編纂所編『大日本維新史料類纂之部 井伊家史料』六、東京大学出版会、一九六九年）、安政五年「敬子（天璋院）書状 近衛忠煕宛」（陽明文庫所蔵、『天璋院篤姫展』NHKプロモーション、二〇〇八年）

和宮降嫁

皇女降嫁の折衝　一四代将軍徳川家茂と皇女との婚礼が画策されたのは、安政五年（一八五八）の秋頃、折しも安政の大獄が起きた際のことであった。この頃の朝幕関係は、日米修好通商条約の無勅許調印や、幕府の専断を糾弾した戊午《ぼご》の密勅の降下などにより悪化していた。幕府は大老井伊直弼《なおすけ》を中心に、朝廷工作を展開した志士などを弾圧する一方で、朝幕関係を修復するために将軍と皇女との結婚を画策し、朝廷との融和を図るとともに、朝廷を制御して幕権の回復を図ろうとしたのである。皇女との縁組にあたって、幕府が先例としたのは、七代将軍徳川家継と霊元天皇の皇女八十宮《やそのみや》との婚約であった。

降嫁の対象となったのは、仁孝《にんこう》天皇の皇女敏宮《ときのみや》と和宮、孝明天皇の皇女富貴宮《ふきのみや》の三人であったが、敏宮は家茂より一七歳年長、和宮は家茂と同年だが有栖川宮熾仁《たるひと》親王と婚約済み、富貴宮は一歳の赤子と、いずれも難があった。当初、井伊大老は富貴宮を第一候補と考えていたようだが、宮の夭逝により、家茂と同年の和宮に候補者が絞られる。

桜田門外の変で井伊が暗殺されると、井伊の政策を継いだ老中安藤信正と同久世広周《ひろちか》は、万延元年（一八六〇）四月、公武一和を理由にあげて和宮降嫁を請願した。これに対し孝明天皇は和宮には既に婚約者がいること、和宮自身異人が来航する関東への降嫁を恐怖していること、などを理由に却下した。しかし、朝権回復を深謀する岩倉具視の献策もあって、天皇は条約破棄を降嫁の条件とする案を幕府に提示する。これを受けた幕府は七月、「鎖国攘夷」の期限を七、八年ないし一〇年以内と明言しつつ、そのためにも公武一致は不可欠だとして和宮降嫁を強く求めたのであった。

結果、孝明天皇も降嫁を承知し、和宮と有栖川宮との婚姻を破談として、和宮に関東下向を勧めていった。しかし、和宮自身はなおも固辞し、そのため一時孝明天皇の第二皇女寿万宮《すまのみや》に替える案も検討されたが、周囲の説得により和宮も降嫁を承諾するに至った。一〇月一八日、和宮降嫁は正式に勅許された。

しかし、その直後、幕府はプロシア、スイス、ベルギーとの通商条約を調印したため天皇は激怒。一時は破談の危機に陥ったが、天皇の譲歩により降嫁を延期することで妥協が図られた。文久元年（一八六一）八月五日、和宮の下向は当年一〇月中と決定され、すでに内親王宣下を受け「親子《ちかこ》」の名を賜っていた和宮は、一〇月二〇日に京都を発輿した。

武家風と御所風　文久元年一二月一一日、和宮は江戸城本丸大奥に入り、御対面所の上段で将軍家茂と初めて対顔した。この時の様子であろうか、和宮は「京都式にて一度も御顔に剃刀《かみそり》の刃をあてたまはされは、毛むくじやらにて将軍家には驚きの体なりし」であったという。その後「江戸風ニ御顔も剃り参らせたれは、見違へる様ニならせ給ひ」、将軍家との仲も睦まじくなったとされる（『若樹随筆』）。御所風の遵守を入輿の条件とした和宮が、江戸風に従ったかどうかは検討を要するが、いずれにしろ京都のしきたりと武家の慣習には、恒例・臨時の行事に関する典例・故実はもちろんのこと、日常の起居進退、交際、髪型、服飾などに「御風違」があり、それぞれの場面で違いが顕わになった。

当初、和宮は将軍家に輿入れしたことから、文久二年二月一一日に幕府は和宮を「御台様」と称するよう達したが、和宮付女官はそれを好まず、同年一一月二三日には「和宮様」の呼称へと変更された（『続徳川実紀』四）。いっぽう、式日の際、江戸風では足袋を履き、御所風では履かないのが通例であったが、京都方は江戸風に習って「足袋もはかされ」ている。しかし髪型や着衣は両風別々で、式日の際、眉を引かない「江戸方」の風俗を「京方」は訝《いぶか》っていたようである（「母の御本丸の話」）。

文久三年九月一二日付で大典侍《おおすけ》・勾当掌侍《こうとうのないし》が宰相典侍《さいしょうのすけ》庭田嗣子《つぐこ》に宛てた手紙には、天璋院（家定御台所）が和宮の世話をしたいと思っても、京都方より風儀の違いを笑われるため世話をしかねている様子や、和宮付上臈の土御門藤子《つちみかどふじこ》が上京した際に江戸の風儀を笑い話にしたことが書かれている。大典侍らは、このようなことでは和宮のためにもよくない、「関東へ成らせられ候へは、其《その》御家の治り候様か御第一の御事」とし、嗣子に大奥の融和と侍女の監督を求めていった。

和宮側にとって、御所の威風を保つことと徳川家の家族として礼節を調和させることは相当に困難であったことがうかがわれるが、夫である将軍家茂が、「公武御間柄の義も和宮様を御睦敷《むつまじく》、御大切にさへ思《おぼ》し召され候ハヽ、自然と御一和にも相成るべく、御形容計にて御実情これ無く而ハ御貫通これ無く」（『再夢紀事』）と述べるように、家茂は和宮との結婚の意義を十分に理解し、和宮に対していたことが知られる。　（藤田英昭）

【参考文献】　井野辺茂雄「和宮の御降嫁に関する研究」（『史苑』一―五、一九二九年）、朝森要「公武合体」（『歴史評論』一六二、一九六四年）、武部敏夫『和宮』（吉川弘文館、一九六五年）、徳富蘇峰『近世日本国民史 和宮御降嫁』（講談社学術文庫、一九九二年）、武部敏夫「和宮の生涯」（江戸東京博物館編集・発行『皇女和宮』一九九七年）、氏家幹人『江戸の女子力』（新潮文庫、二〇一〇年、初出二〇〇四年）、辻ミチ子『和宮』（ミネルヴァ書房、二〇〇八年）、清水善仁「江戸下向後の和宮待遇問題」（『風俗史学』三六、二〇〇七年）、三田村鳶魚「母の御本丸の話」（『御殿女中』）

【史料】　万延元年六月「和宮御降嫁ニ関スル上申書」（日本史籍協会編『岩倉具視関係文書』一、東京大学出版会、一九六八年）、「再夢紀事」坤（日本史籍協会編『再夢紀事・丁卯日記』東京大学出版会、一九七四年）、日本史籍協会編『三浦吉信所蔵文書』（前同）、「静寛院宮様御消息」「静寛院宮御側日記」（日本史籍協会編『静寛院宮御日記』一・二、東京大学出版会、一九七六年）、林若樹『若樹随筆』（青裳堂書店、一九八三年）、『続徳川実紀』四

将軍不在の幕末大奥

将軍の上洛と滞京　一四代将軍徳川家茂は、足掛け九年という短い在職期間に三度上洛し、二条城（ないし大坂城）に入城して国事に関わった。

第一回の上洛は、三代将軍徳川家光以来二二九年ぶりの挙行で、文久三年（一八六三）二月に陸路江戸を出立、同年六月に海路帰府した。外交問題による朝幕関係の悪化を解消し、公武一和・尊王攘夷の実をあげるために実施されたものであった（なお、公武一和のための将軍上洛は、早くも安政四年〈一八五七〉、一三代将軍徳川家定の時代に公卿から意見が出されていた）。第二回は、文久政変（八・一八政変）後の文久三年一二月、海路江戸を出立し、翌元治元年（一八六四）五月に海路帰府した。この時は公武一和の気運が高まり、天皇と将軍との「主従」「親子」関係が明確化された。第三回は長州再征の時である。慶応元年（一八六五）五月に陸路江戸を出立し、閏五月に入京、その後大坂城に入って征長問題に対応するが、翌二年七月、家茂は大坂城の陣中で死去した。

家茂死後、一橋家当主の徳川慶喜はその継嗣となり、慶応二年一二月に二条城で将軍宣下を受けた。江戸城以外で将軍宣下を受けたのは、三代家光以来二四三年ぶりであった。慶喜は一五代将軍となってからも二条城近くの若狭小浜藩邸（若州屋敷）を拠点とし、翌三年九月に内大臣に任官した後に二条城に居を移し、もっぱら京都を活動の舞台とした。

このように幕末二代の将軍は、江戸城に鎮座する「公儀」としての将軍ではなく、政治の中心であった京都（大坂）へと出向き、征夷大将軍の職掌を全うすることが求められていたのである。

大奥の反発　こうした将軍のあり方に幕閣・譜代大名は反発し、将軍上洛に批判的であった。大奥の女性達も同様に反対の動きを見せている。なによりも上洛に伴う将軍の健康状態を気にかけ、とくに家茂の御台所和宮や養母の天璋院、家茂の乳母で御客応答《あしらい》の波江らは、海路での上洛を心配するとともに、家茂の早期江戸帰還を求めていった。

和宮が伊勢両宮・山王社など七か所に家茂の安全を祈願させ、あわせて家茂の産土神《うぶすながみ》である氷川社に祈禱を命じたこと、さらに増上寺護国殿の本尊である黒本尊の御札を大奥に勧請し、お百度参りを行ったことは、庭田嗣子「静寛院宮御側日記」に詳しい。

大奥の移転案　ただし、文久期においては公武一和・尊王攘夷の実を挙げることが不可欠で、将軍が早々に帰府しては職掌が全うできないとする意見も多かった。

例えば、文久二年三月から元治元年六月にかけて老中を務めた板倉勝静《かつきよ》の政治顧問であった儒者の山田方谷《ほうこく》は、板倉に宛てた上申書で、将軍が早々に江戸に帰

っては天下が分裂するとして、数年間の将軍滞京を強く求めている。そのために和宮を京都に迎え、二条城内か御所の築《つい》地《じ》内かに家茂と和宮の「御座所」を設けてはと、大奥の一部移転を提案した。

あわせて、将軍が江戸を留守にしている間に、外夷を拒絶し戦争となった場合は、将軍は「禁闕《きんけつ》御守衛」を第一とし、将軍後見職の徳川慶喜は大坂城で畿内近海の警衛を担当、江戸は「戦場の地」として、江戸留守役を担った尾張家当主の徳川茂徳《もちなが》や政事総裁職で越前松平家前当主の松平慶永に「軍事御総督」を命じ、外夷にあたるよう意見を述べていた。そして、江戸が戦場となった場合、天璋院ほか大奥の女性達は、駿府城か甲府城のいずれかに引き移るよう想定されていた。「静寛院宮御側日記」にも、「異国戦争」の際は、和宮・天璋院・本寿院・溶姫・実成院《じつじょういん》は、「駿府甲府のうちへ御立のきに成候積り」（文久三年三月三日条）とある。

公武一和・尊王攘夷という幕末の重要課題は、将軍のありようを変えるだけではなく、江戸や江戸城の政治的・地域的役割および存在意義にも変容を迫り、江戸城に暮らす大奥女性達にも影響を及ぼしていった。ただし、江戸が戦場となることはなく、実際に大奥女性達が江戸を離れることはなかった。

慶喜簾中の取扱　家茂の死後、天璋院らは家茂の遺命を根拠に、家茂の又従兄弟にあたる四歳の田安亀之助を次期当主に推したが、結局徳川宗家を相続し将軍職に就いたのは慶喜であった。そのため慶喜に対する天璋院らの反発は少なくなく、その幕政改革や大奥女中のリストラにも批判的だった。

慶喜への不信感は、簾中の美賀君（省子）の取扱にも現れたのか、美賀君は家茂の葬儀に際して、棺に参拝することすら和宮に拒まれ（「昭徳院御凶事留」慶応二年九月一〇日条）、自身も江戸城大奥に引き移ることもなく、一橋邸に留まったままだった。慶応三年九月に御台所となる頃には、美賀君が西の丸仮御殿に引き移る案も検討されたが、「西丸郭内相《あい》仕切、全《まったく》御別郭、惣而《すべて》往来下々ニ至迄別門出入」（「橋本実麗《さねあきら》日記」慶応三年九月七日条）を条件とされるなど、和宮は美賀君との同居を好まなかったようである。結局、美賀君は一橋邸を動くことなく維新を迎えた。

（藤田英昭）

【参考文献】　武部敏夫『和宮』（吉川弘文館、一九六五年）、久住真也『長州戦争と徳川将軍』（岩田書院、二〇〇五年）、『天璋院篤姫』（NHKプロモーション、二〇〇八年）、久住真也『幕末の将軍』（講談社、二〇〇九年）、加藤芳典「最後の将軍夫人」（『徳川慶喜　生誕と終焉の地ぶんきょう』徳川慶喜没後一〇〇年記念フォーラム文京、二〇一三年）

【史料】　安政四年「意見書　三条実万大樹上洛ノ件」（三条実美関係文書、国立国会図書館憲政資料室所蔵、北泉社マイクロフィルム、一九九七年）、「橋本実麗日記」（東京大学史料編纂所所蔵、『大日本維新史料稿本マイクロ版集成』慶応三年一〇月一七日条、丸善）、日本史籍協会編『淀稲葉家文書』（東京大学出版会、一九七五年）、日本史籍協会編『静寛院宮御日記』二（前同、一九七六年）、文久三年二月「将軍上洛ニッキ京地永駐、外夷拒絶ノ二大急務上申」（山田準編『山田方谷全集』三、明徳出版社、一九九六年）、文久三年四月～五月「天璋院書状　徳川家茂宛」（徳川記念財団編集・発行『徳川家茂とその時代』二〇〇七年）、「大奥の事」（『旧事諮問録』）

江戸開城と大奥

静寛院宮の徳川家救済活動　慶応四年（一八六八）正月三日に始まった鳥羽・伏見の戦いに敗れ、江戸に帰還した徳川慶喜に対し、薩摩・長州中心の新政府軍は追討令を発し、江戸に向け進軍態勢を整えていった。このような中で慶喜は天璋院の斡旋により静寛院宮（和宮）に面会し、徳川の家名存続を朝廷に働きかけることを依頼した。そのため静寛院宮は、慶喜の提出した歎願書を何度も訂正させたうえで、伯父橋本実麗《さねあきら》・実梁《さねやな》父子に宛てた直書を認め、正月二一日に上﨟土御門藤子《つちみかどふじこ》を使者として上京させた。静寛院宮の書状では、「慶喜一身は何様にも仰せ付けられ」としつつも、「家名立ち行き候様幾重にも願ひ度」（「静寛院宮御日記」慶応四年正月二〇日条）と、慶喜への処罰と徳川家名存続とを分けていたことに特徴があった。

当時、関東から西上する男性は草津までしか行けなかったが、女性でしかも皇女の使者である藤子は入京が叶い、公家衆に直接静寛院宮の意向を伝えることができた（「土御門藤子筆記」）。その結果、謝罪の実があがるならば、徳川家を存続させる可能性もあるという朝廷の内意を引き出し、藤子は二月三〇日に帰府してその旨を大奥に伝えている。これを受けた大奥では、三月八日に徳川家中に対して恭順を徹底するよう達した（「静寛院宮御日記」慶応四年三月八日条）。これは幕初以来、おそらく初めて大奥が徳川家中に宛てて発した法令であると評価されている。

なお、天璋院も静寛院宮と同趣旨の徳川家救済歎願書を認めているが、朝廷に伝手《つて》がない天璋院は、薩摩藩に朝廷への取りなしを依頼している。三月一一日、病身のつぼね（幾島）は江戸を出立し、薩摩藩の部隊に天璋院の願書を届けた。

天璋院の徳川家存続論　四月一一日の江戸開城に先立って、天璋院らは芝増上寺へ引き移るよう新政府軍から命じられた。しかし、同所に新政府軍が駐屯していることを嫌い、天璋院・本寿院は一橋邸、静寛院宮・実成院《じつじょういん》は清水邸へとそれぞれ退去した。

閏四月二九日に田安亀之助が徳川家相続人と公表され、五月一五日の上野戦争を経て二四日には徳川家の駿河七〇万石への移封が明らかとなる。しかし、天璋院はこの処分に納得できず、大総督府に対し、旧領安堵と徳川家の江戸居住を訴える願書を提出した。しかも徳川歴代の供養を強く意識する天璋院は、上野戦争で寛永寺を焼き払った政府軍を「悪逆不法」と糾弾し、なかでも「嶋津家は以之外なる風聞もこれ有り」（「天璋院書状　伊達慶邦宛」）として実家の振る舞いを痛烈に批判した。結果、輪王寺《りんのうじ》宮《のみや》公現《こうげん》法親王をいただく奥羽越列藩同盟に薩長討伐を依頼するなど、「徳川家再興」のために戦争を辞さない構えを見せていた。

天璋院の思いとは別に、八月九日に亀之助は駿河に向け東京を出立、天璋院・本寿院・実成院は東京に留まったが、静寛院宮は翌明治二年（一八六九）正月一八日、帰京の途についた。

大奥女性の避難　新政府軍の東征を受けて将軍家の女性達は、江戸城や江戸を出て、ゆかりの場所に避難することとなった。慶喜の簾中だった美賀君は、住まいとしていた一橋邸を出て、慶応四年四月六日に慶喜の実家にあたる小石川水戸屋敷に転居した（『続徳川実紀』五）。ただ三月の段階では、同じ水戸家の駒込屋敷や小梅屋敷も候補地となっていたことが広敷番之頭であった田村家の伝来文書からわかる。また、同文書によれば、溶姫（家斉二一女）は加賀、末姫（家斉二四女）は広島、精姫《あき》（有栖川宮韶仁《つなひと》親王四女、家慶養女）は久留米と、それぞれ広敷番之頭たちの手配で嫁ぎ先へと立ち退く手筈が整えられた。実際に溶姫は慶応四年三月二四日に金沢に到着し、金谷御殿に入っている（『加賀藩史料』藩末篇下巻）。

（藤田英昭）

【参考文献】　武部敏夫『和宮』（吉川弘文館、一九六五年）、藤田英昭「知られざる戊辰戦争期の天璋院」（『天璋院篤姫展』NHKプロモーション、二〇〇八年）、寺尾美保「江戸開城と天璋院」（古閑章『新薩摩学 天璋院篤姫』南方新社、二〇〇八　二〇〇八年）年）、大石学「大奥の『内政』と『外交』」（同編『時代考証の窓から』東京堂出版、二〇〇九年）、藤田英昭「慶応四年の徳川宗家」（『日本歴史』七二九、二〇〇九年）、同「講演記録 天璋院篤姫とその時代」（調布市、二〇〇九年）、加藤芳典「最後の将軍夫人」（『徳川慶喜 生誕と終焉の地ぶんきょう』徳川慶喜没後一〇〇年記念フォーラム文京、二〇一三年）

【史料】　「静寛院宮御日記」（日本史籍協会編『静寛院宮御日記』一、東京大学出版会、一九八〇年）、「土御門藤子筆記」（前同『静寛院宮御日記』二）、前田育徳会『加賀藩史料』藩末篇下巻（清文堂出版、一九八〇年）、慶応四年六月「天璋院夫人より東征大総督府への歎願書」（日本史籍協会編『徳川慶喜公伝』史料篇三、東京大学出版会、一九九七年）、慶応四年三月一六日「書状（御簾中様水戸殿屋敷へ立退きに付）」（田村家文書、文京ふるさと歴史館所蔵、同館編『本郷に生きたサムライの生涯』一九九七年）、慶応四年七月九日「天璋院書状 伊達慶邦宛」（仙台市博物館所蔵、『天璋院篤姫展』NHKプロモーション、

事件と危機管理

絵島生島事件

大奥最大の事件　大奥の月光院付御年寄絵島らの不行跡を断罪した大奥最大の醜聞事件である。正徳四年（一七一四）正月一二日、七代将軍家継の生母月光院（お喜世）の名代として、絵島が増上寺、同じく大奥御年寄の宮路が寛永寺へ参詣した帰途、木挽町の山村長太夫座に立ち寄り遊興の末、薄暮時に帰城したことを不埒として、縁者や遊興に関連した人物が一斉に検挙・処罰された。

「月堂見聞集」によれば、まず、二月二日に「女中頭江島、同宮路」をはじめ御中老梅山・同以世・表使吉川・御三之間木津・同吉野・使番藤江・同木曽路の九人が暇となって親類に預けられ、この九人に仕えた五七人の女中も追放となった。翌三日には彼女らの「馴染《なじみ》」であった生島新五郎・中村源太郎・村山平右衛門らが入牢の上、詮議をうけ、絵島付四二人・宮路付二六人が御払、月光院付の御年寄稲岡、表使民部なども詮議の対象となった。

三月五日に絵島は死一等を免じられて永々遠島となり、絵島の兄で小普請五〇〇石白井平右衛門は死罪、絵島弟の新番豊島平八郎は追放重科、山村座の座元山村長太夫は大島へ遠島、生島新五郎は三宅島へ遠島など、武家一八人・町人八人に対し、改易・流罪・追放などの処分が言い渡された。大奥における奢侈《しゃし》の一端を担ったとして御呉服所の後藤縫殿助も処罰者の一人に含まれており、後藤は閉門、手代二人が遠流や所払となっている。

「一話一言」に記載された史料によれば、大目付仙石久尚、目付稲生正武、同丸毛利雄、町奉行坪内定鑑の裁許により、都合四三人が罪科に処されており、森田座・中村座・市村座からも「御預け」などの処罰者がいたことが判る。

絵島の処分は、大奥の重職にありながら、外出のたびに貴賤を問わず交流し、縁の無い家に泊まり、狂言座の者とも昵《じっ》懇《こん》となり、同輩をも巻き込んだことを罪状とし、その他の者は、関わりの違いはあるものの遊興の場の主催・同席・「姦犯」などを科《とが》とする。

絵島は、月光院の要請によって、三月一二日に永々遠島処分より信濃国高遠藩内藤家へのお預けに変更され、寛保元年（一七四一）四月一〇日に六一歳で死去するまで、高遠の囲み屋敷で配流生活を送った。墓所は、高遠領内の日蓮宗蓮華寺（長野県伊那市高遠町）に営まれた。

なお、一方の当事者である御年寄宮路については親類預けのままで終わっており、大奥関係者では絵島とその縁戚だけが罪科に処せられた形となった。「月堂見聞集」では享保七年（一七二二）に事件関係者は「不残《のこらず》赦免」になったとするが、生島新五郎が赦免されたのは、絵島が歿した翌年の寛保二年とされている。ただし、配流された三宅島の大林寺には生島の墓があり、享保一八年に同島にて死去したという説もある。

事件の波及　この事件により、座元や看板役者を失った山村座は廃絶を余儀なくされた。絵島らの処分が下された三月には、芝居・風俗に関する禁令が出され、芝居小屋の二階・三階、楽屋・座元居宅・茶店での遊興、役者との遊興、役者の華美な服装、暮過ぎまでの芝居興行や、桟敷《さじき》に簾・幕・屏風を置くことが禁止された。

　四月二〇日には寺社境内での芝居小屋が禁止となり、五月晦日には京都の芝居小屋に対しても同様の禁令が申し渡され、江戸と同様に寺社境内の芝居小屋も禁止となった。

　この事件は、大奥における重職者の醜聞を断罪することで、大奥の風紀粛正を計ると同時に、町方での奢侈統制が連動している点に特徴がある。一方で、将軍生母として権勢を誇った月光院や、月光院に近い側用人間部詮房《あきふさ》らの勢力に対する反感から生じた陰謀説も取りざたされているが、事件後における月光院の影響力、大奥勢力の相関関係などが不明であり、反対勢力による謀議を裏付ける史料もないため、憶測の域を出ない。

　他の事件に比して巷間《こうかん》での認知度が高いのは、明治一四年（一八八一）に上演された勝能進《かつのうしん》作の歌舞伎「江戸紫徳川源氏」や、大正元年（一九一二）に歌舞伎座で初演された長谷川時雨《しぐれ》作の歌舞伎『江島生島』、昭和二八年（一九五三）に東京新聞で連載された船橋聖一著の小説『絵島生島』など、近代の文芸で取り上げられたことが影響している。

（原　史彦）

【参考文献】　高木文『絵島の生涯』（聚芳閣、一九二六年）、『内藤清成と高遠内藤家展』（新宿歴史博物館、二〇〇八年）

【史料】　「一話一言」五（『日本随筆大成』別巻、吉川弘文館、一九七八年）、「月堂見聞集」七（『続日本随筆大成』別巻、吉川弘文館、一九八二年）

延命院事件

僧侶と大奥女中の密通　谷中の日蓮宗寺院である延命院（現・東京都荒川区西日暮里）住職と、大奥女中との密通事件である。享和三年（一八〇三）七月二九日に寺社奉行脇坂安董《やすただ》による裁断が行われた。密通を行った住職の名は、諸記録には「日道」と記されるが、事件のあった同年二月に著された「延命院由緒記」の著者は住職「日潤」とする。現在、「日潤」は「日道」と同一人物と見なされている。

　「甲子夜話」「一話一言」「視聴草」などに収録された事件判決文によれば、住職日道は、谷中善光寺前町家主源太郎娘「きん」や、西の丸大奥の女中梅村の部屋方下女「ころ」と密通し、「ころ」を妊娠させた上、堕胎薬を与えて流産させたほか、延命院へ参詣に来ていた尾張徳川家若年寄の「なを（初瀬）」、一橋徳川家用人井上藤十郎の娘「はな」、一橋徳川家奥勤「ゆい（ゆゐ・ゆひ）」の三人に対して「艶書」を送り、参詣時に密会・止宿させるなど、「破戒無慙之所行」を行ったという。この罪状により、日道は死罪となった。

　また、延命院の納所《なっしょ》柳全は、新吉原五十軒道源右衛門店の武左衛門方清太郎の母「りせ」と密会、女犯《にょぼん》したことで、晒しの上、触頭へ引き渡され、日道と密通した「きん」は三〇日の押込、「ころ」は武家奉公を構いの上、一〇〇日の押込、

「なを」「ゆい」「はな」は永之押込、柳全と密通した「りせ」は三〇日押込という処分が下された。

このほかに、「ころ」の堕胎を隠蔽することに荷担した池之端仲町の長右衛門店金三郎母の「りよ（も代・とよ）」と、通塩町勘七店伝右衛門母の「つて」は、三〇日押込になったという記録と、急度叱になったという記録がある。また、この事件に連座して谷中触頭である瑞林寺住職日妙は三〇日押込、豊島郡新堀村名主権四郎と、組頭長右衛門は急度叱となった。

この事件に関係する史料として「延命院日道一件」（国立公文書館所蔵）・「奉行所より申渡覚」（本多家史料）延命院自由職仕置書」（共に国立歴史民俗博物館所蔵）・「（春風関係史料）谷中延命院一件仕置書付」（江戸東京博物館所蔵）があり、これらの中には随筆類に記載された人物以外の処罰者も記載されている。

妊娠堕胎した「ころ」の主人である西の丸大奥女中（「（春風関係史料）谷中延命院一件仕置書付」では「西丸御錠口」とする）の梅村もまた、延命院に参詣して日道に祈禱を依頼し文通を行ったことを咎められた。ただし、梅村は長期勤続の功を勘案されて相慎・解雇の軽い処分となった。日道と密通した人物として池之端仲町の庄右衛門店金五郎母「さわ」という人物もおり、三〇日押込処分とされている。

事件への具体的な関与は不明ながら、中奥番水野右近娘「あい」、西の丸奥医師山添熙春院《きしゅんいん》娘「せゐ」は、若年寄からの「封物」がそれぞれの親へ達せられて御暇となり、西の丸呉服之間の「よの」は、奉公身分にあるまじき行いをしたとのことで、病気にて引込のまま奉公御免となった。

醜聞の流布　延命院は、慶安元年（一六四八）に日長を開山、四代将軍家綱の乳母三沢を開基として建立された寺院である。家綱誕生の祈禱成功により、大奥からの寄進で建立され、家綱の将軍就職後は将軍家の祈禱所となったらしく、大奥関係者が出入り出来る環境だったことが、事件を生む淵源になったと思われる。

建前として不犯の立場であった僧侶と大奥関係者が密通したことは、当時の道徳観からみて異例であり、事件の顚末は衆目を集めたことは想像に難くない。

事件直後の享和三年一二月には、奥右筆に侍奉公していた品川郡太という人物が「酒飲能作」という筆名で「観延政命談」という妄説交じりの顚末記を書いて貸本屋へ売り渡したことで、文化二年（一八〇五）に江戸所払、貸本屋は手鎖の刑に処せられている。

同書は、その後も人口に膾炙《かいしゃ》したようで、明治時代に至り河竹黙阿弥が同書を基に「日月星享和政談」を著し、明治一一年（一八七八）一〇月に、新富座で五代目尾上菊五郎が日道に扮して上演された。この興行により、改めて事件が世に知られることになる。　（原　史彦）

【参考文献】『大奥女中とゆかりの寺院』（江戸東京たもの園、二〇一二年）
【史料】「甲子夜話」七六（東洋文庫、平凡社、一九七八）、「視聴草」続三集之六（内閣文庫史籍叢刊、汲古書院、一九八五年）、「一話一言」三八（『日本随筆大成』別巻五、吉川弘文館、一九九六年）

智泉院事件

大奥との繋がり

僧侶による女犯事件の一つで、大奥との関連を罪状の一つとする特異な事件である。この事件は、天保一二年（一八四二）一〇月五日に出された寺社奉行阿部正弘による裁許の書付によって経緯を知る事ができる。

「天保雑記」に記された裁許の書付によれば、下総国中山法華経寺地中智泉院持八幡別当の職にあった守玄院日啓が、下総国田尻村百姓千蔵の後家で尼となっていた「りも」こと妙栄との密通・女犯《にょぼん》を行ったとの罪で遠島を言い渡され（処分前に獄死）、日啓の子智泉院日尚が、船橋宿九日市村旅籠屋長兵衛の酌取の下女であり、同村の仙之助の女房でもある「まつ」との密通、女犯を行ったとの罪で晒《さら》しの上、触頭へ引き渡しとなっている。

また、二人の密通相手であった女性に対しては押込《おしこめ》、監督責任を問われた中山法華経寺住職日導は逼塞《ひっそく》、智泉院持八幡は取り払いの上、社領は召し上げられて本尊什物《じゅうもつ》類は法華経寺へ引き渡しとなり、中山法華経寺に対して与えられていた祈禱所・御法用所の資格は剥奪された。

なお、事件を裁いた阿部正弘の書付（東京大学史料編纂所蔵）によれば、日啓に対する罪状は女犯だけではなく、妄説を唱えて女人を惑わしたことのほかに、大奥へ取り入って出世したことが挙げられている。大奥への取り入りとは、日啓の係累であるお美代へ内願して、江戸城へ登城した際に単独で将軍に御目見できる独礼の資格を得たこと、八幡別当へ就任し五〇石の朱印を得たこととしている。

事件をめぐる政治的背景

お美代とは、この年の閏正月七日（公式には閏正月晦日歿）に死去した一一代将軍家斉の側室のことである。金沢前田家一三代斉泰の正室となった二一女溶姫、広島浅野家一一代斉粛《なりたか》の正室となった二四女の末姫、夭逝した二三女の仲姫を産み、家斉歿後も剃髪に及ばず、上臈御年寄上座格となって毎年三〇〇両の手当を給付されていた大奥の実力者である。

家斉の側近・中野清茂《きよしげ》（碩翁《せきおう》）を養父、「幕府祚胤伝」では内藤造酒允就相《なるゆき》を実父としているが、日啓の娘、もしくは「藤岡屋日記」では日啓の妹とする。日啓が智泉院の住職を勤めていた文化七年（一八一〇）に、おそらくお美代との縁により中山法華経寺が将軍家祈禱所となり、文政一一年（一八二八）には日啓のために徳ケ岡八幡が建立され、日啓はその別当となって御朱印も受け取っている。また徳ケ岡八幡では、孝恭院（一〇代将軍家治嫡子家基）の尊霊を祀り、境内の秋葉社《あきばしゃ》では火伏を行うことも始められた。阿部の書付では、これらのことも、自分の立身のみに汲々とした顛末であると断罪している。

ただし、智泉院守玄院の取り立ては、前将軍家斉の意志の反映でもあるため、将軍家への波及を憚って、両僧の罪科は女犯に留められた。ただし、日啓の処罰は、大奥の実力者お美代と、その養父中野清茂（碩翁）の失脚を意味し、事件後、両者ともに押込となって、その政治力を喪失することになる。

家斉の死によって加速された水野忠邦による旧弊一掃、天保改革政治への動き

と連動しており、大奥勢力をめぐる政治的背景が、ある程度類推できる希有《けう》な事件として特筆される。（原　史彦）

【参考文献】　畑尚子『江戸奥女中物語』（講談社現代新書、二〇〇一年）、深沢秋男『旗本夫人が見た江戸のたそがれ』（文春新書、二〇〇七年）、『大奥女中とゆかりの寺院』（江戸東京たてもの園、二〇一三年）

【史料】『天保雑記』（内閣文庫史籍叢刊、汲古書院、一九八三年）、『近世庶民生活史料　藤岡屋日記』二（三一書房、一九八八年）

感応寺事件

誤解された事件　雑司ヶ谷感応寺《かんのうじ》僧侶と大奥女中との密通により、感応寺が破却されたという俗説である。漢学者大《おお》谷木《やぎ》醇堂《じゅんどう》によって明治二五年（一八九二）に著された「燈前一睡夢」で、智泉院事件と雑司ヶ谷感応寺破却一件が混同されたため、本書を参照した三田村鳶魚によって、醜聞事件として紹介されることになった。

前書では、長持の中に大奥女中を入れて感応寺へ運び込み、僧侶と密通を繰り返していたところ、これを怪しんだ寺社奉行脇坂安董《やすただ》によって長持が検分され、感応寺と大奥との不正が露見したとするが、あくまでも著者がその祖父からの聞書によって記したことで、史料的裏付けはない。智泉院事件関係者への処罰が下された天保一二年（一八四一）一〇月五日と同日に、感応寺の廃寺が決定されたため、智泉院の醜聞と感応寺が結びつけられて誤解されたと考えられる。また、両寺に一一代将軍家斉の側室お美代の関わりがあったことも、誤解の淵源となったと思われる。

雑司ヶ谷感応寺の建立　感応寺は、もともとは谷中に存在した日蓮宗の寺院である。元禄一一年（一六九八）に不受《ふじゅ》不施悲田《ふせひでん》派の露見に連座して、当時の住職は遠島となり、天台宗に改宗されられた上、寛永寺の末寺となっていた。天保四年（一八三三）に元の本山である池上本門寺四八世山主日万より、寺社奉行脇坂安董に対して感応寺の日蓮宗への帰宗が願い出されたが、現本山である寛永寺による反対によって帰宗は頓挫し、護国山天王寺と改称することで谷中の感応寺は天台宗のままとされた。

しかし、その替わりとして「感応寺」と称する日蓮宗の新たな寺を建立することは認可されたため、雑司ヶ谷にあった磐城平藩安藤対馬守信由《のぶより》の下屋敷地（現・豊島区目白三～四丁目付近）が上知されて新感応寺の寺地となり、建立が開始された。同七年一二月には祖師堂（本堂）が竣工し、翌八年四月一日には三〇石の御朱印が下されている。なお、同五年に「中野氏女性」（お美代）に対して「御取持」の報恩として紺紙金泥法華経と日顗《にちぎ》上人筆の御本尊が進呈されているため、「お美代」が将軍家との仲介を勤めたことは確かだが、「お美代」の父もしくは兄とされる智泉院事件の日啓が関与した形跡はない。あくまでも池上本門寺主導で新寺建立が進められており、日啓・「お美代」が家斉に懇願して建立したという俗説は否定される。

新寺建立にあたっては、祖師堂（本堂）のみ公儀普請で執り行われ、その他の堂舎建立は、寺社奉行主導による勧化金や、寄進金で賄われた。中でも本尊は、本丸大奥の発起によって寄進されており、開堂後は将軍家の私的な祈禱所として、大奥関係者からの霊宝類寄進、大奥女中による代参など大奥との関わりが強い寺となっていった。

突如の破却　祖師堂（本堂）竣工からわずか五年にして突如として廃寺となったのは、一二代将軍家慶の思召とするだけで、直接の理由は明らかではない。まだ伽藍建立が進行中での出来事であり、当時の人々にも寝耳の水の事態として受け止められた。ただし、感応寺関係者に対する処罰は無く、取り壊しも幕府小普請組が行い、取り壊し払代金や什物《じゅうもつ》類は本門寺へ遣わされるなど、表向きは罪科を受けての取り壊しではなかった。

感応寺創建に尽力した雑司ヶ谷村名主戸張苗堅《とばりびょうけん》（平次左衛門）が著した「櫨楓」では、代替わりによる改革の「手初」としての廃寺という認識を記しており、大奥との関わりが天保改革による粛正の対象となった可能性は十分に考えられる。感応寺事件（破却事件）とは、醜聞事件ではなく、大奥が絡む政治事件として位置づけることはできよう。

（原　史彦）

【参考文献】菊池勇夫「雑司が谷感応寺の性格と地域住民」（豊島区立郷土資料館編『生活と文化』一、一九八五年）、『大奥女中とゆかりの寺院』（江戸東京たてもの園、二〇一三年）

【史料】戸張苗堅「櫨楓」（『新編若葉の梢』新編若葉の梢刊行会、一九五八年）、大谷木醇堂「燈前一睡夢」（三田村鳶魚編『鼠璞十種』下巻、一九七八年）

大奥に紛れ込む人びと

寛文九年五月の事件　人や物の出入りが厳重にチェックされていた江戸城内。なかでも男子禁制の大奥に不審者が侵入することなどありえないはずだが、ごくまれに不審者が紛れ込むことがあった。

寛文九年（一六六九）五月二九日の夜、江戸城本丸大奥の「御台様御寝殿二之間」の床の上に四〇歳ほどの男がいるのを、奥女中が発見したと「守山御日記」は伝えている。

「守山御日記」は、陸奥国守山藩主の松平頼寛《よりひろ》が編纂した藩創業史（守山藩が水戸藩の支藩として成立するのは元禄一三年。寛文九年当時は常陸国に二万石を分知されていた）。幕府の記録ではないが、記事の信憑性は高い。

よりによって「御台」（御台所　将軍の妻）の寝所に不審な四〇男が忍び込んでいたのだから、衝撃的な事件だったに違いない。奥女中の通報で広敷番衆に取り押さえられた男は、尋問に対して「自分は源義家の弟の義貞である」と答えたという。義貞は義光の誤りか。いずれにしろ、男は「乱心者」だったようだ。

男がその後どのような処罰を受けたかは記されていない。それにしても、男はどのようにして忍び込んだのだろうか。「守山御日記」には「方々御穿鑿《せんさく》之処、入可申処一切《いっさい》無之、不思議成義と御詮義強有之候」とある。至る所を入念に調べたが、結局、侵入経路はわからずじまい。関係者は不思議な事件に当惑するばかりだった。

元禄八年一一月には　不思議な事件は二六年後の元禄八年（一六九五）一一

月朔日にも起きている。今度は松平頼貞（「守山御日記」を編纂した松平頼寛の父）の家臣の六歳の娘「へん」が侵入者だった。『御仕置裁許帳』（江戸幕府の刑事判例集）によれば、「へん」は下女と共に江戸城本丸大奥を訪れ、側用人の秋元但馬守の指図で不審者（「不分明者」）として捕らえられた。

この事件で、「へん」自身は幼少のため一時松平頼貞の家臣にお預けになる程度で許されたが、彼女の父の長尾又左衛門は翌九年三月に三宅島へ流罪となり、下女は幕臣本目権左衛門の婢とされた。この事件では、本丸大奥の女中に仕える下女も幕臣飯高市郎兵衛に婢として引き渡されている。彼女は切手番所で止められた「へん」と下女を通過させたことが咎められたのだという。

天保四年（一八三三）四月二五日正午頃には、武蔵国榛沢《はんざわ》郡寄井村（現埼玉県寄居町）の四七歳の百姓平兵衛が、大奥錠口内の廊下に紛れ込んでいるのを奥女中に見咎められ、広敷添番の池田半兵衛によって錠口の外へ引き出された（『天保雑記』）。『天保雑記』は、江戸で剣術の師範をしながら多くの著述をのこした藤川貞（号は整斎。一七九一～一八六二）の著。事件を担当した目付の山岡五郎作が作成した文書が書写され、平兵衛の口書（口述筆記）の写しも添えられている。平兵衛は、願いの筋があって当月一九日に江戸に来て、湯島の百姓宿に泊まっていたが、今朝（二五日）ふと宿を出て、何処とも分からないまま見知らぬ場所にいたところを取り押さえられたと語っている。

いずれも不思議な事件だが、同様の事件は右の三件にとどまらなかったと推測される。

（氏家幹人）

【参考文献】氏家幹人『江戸の女子力』（新潮文庫、二〇一〇年、初出二〇〇四年）

【史料】「守山御日記」（東北大学附属図書館狩野文庫所蔵）

江戸城火災

御殿焼失の歴史　江戸城の御殿が焼失する火災は、本丸御殿と西の丸御殿で五回、二の丸御殿で四回、三の丸御殿で一回を記録している。

記録に表れる最初の御殿焼失は、寛永一一年（一六三四）七月二三日の西の丸御殿焼失である。続いて同一六年八月一一日に本丸御殿が焼失した。西の丸御殿は同一三年頃に再建されたと考えられ、慶安三年（一六五〇）九月二〇日に改築されている。本丸御殿の再建は、同一七年四月五日である。

江戸城を襲った未曾有の大火は、明暦三年（一六五七）に江戸の六割を焼いたとされる明暦の大火で、火災発生二日目の正月一九日に、西の丸御殿を残し、天守以下、本丸・二の丸・三の丸御殿など、主要な構造物は悉く灰燼《かいじん》に帰した。御殿再建は、まず二の丸御殿から行われ、同年八月一二日に完成した後、本丸御殿は万治二年（一六五九）九月五日に完成した。

明暦大火以後の最初の火災は、延享四年（一七四七）四月一六日の二の丸御殿の焼失である。この時、御殿再建はしばらく見合わせられ、九代将軍家重が隠居する際、宝暦一〇年（一七六〇）五月一三日になって再建された。

西の丸御殿は、寛永一三年に再建されて以来、二〇〇年近く火災はなかったが、天保九年（一八三八）三月一〇日に焼失し、同年四月一七日に再建された。本丸御殿も同一五年五月一〇日に、万治再建御殿が焼失し、弘化二年（一八四五）二月二八日に再建されたものの、以後、幕末にかけて城内御殿の焼失が頻繁化する。

本丸御殿は、弘化再建御殿が安政六年（一八五九）一〇月一七日に焼失、万延元年（一八六〇）一一月九日に再建されたが、わずか三年後の文久三年（一八六三）一一月一五日に焼失して、以後、再建されることなく、明治維新を迎えた。

西の丸御殿は、天保再建御殿が嘉永五年（一八五二）五月二二日に焼失、同年一二月二一日に再建されるが、一一年後の文久三年六月三日に焼失する。取り急ぎ略式の仮御殿として文久四年七月一日に再建され、明治維新時に存在した唯一の御殿として明治天皇を迎えたが、明治六年（一八七三）五月五日に焼失した。

二の丸御殿は、文久三年に本丸御殿と共に宝暦再建御殿が焼失した後、慶応元年四月二九日に天璋院のための御殿として規模を縮小して再建されたが、王政復古直後の同三年一二月二三日に焼失した。

火災時の逸話　火災が発生した場合、御殿の住人は吹上御庭などの防火帯へ避難したようで、文久三年の本丸御殿焼失の際、吹上の瀧見茶屋に避難した様子を描いた和宮自筆と伝わる戯画（久能山東照宮博物館蔵）が残されている。また、「甲子夜話」には、火災時に江戸城から避難する大奥女中の様子を聞き取った逸話があり、煌《きら》びやかな衣裳を着て三路に別れて進む様は、龍田川の紅葉か、春花の爛漫《らんまん》のようで「甚美観」であったという。

ただ、火災による犠牲者は避けられず、天保一五年の本丸御殿焼失の際、上臈御年寄を含めて四六人が焼死したことを記録した「江戸城本丸炎上女中衆焼死者一覧」（江戸東京博物館所蔵）が残されている。この時、奥医師桂川甫賢《ほけん》の娘で、広大院付中臈「てや」が焼死しているが、甫賢夫妻がつけた日記「墜涙日録」（早稲田大学図書館所蔵）によれば、「てや」の死は病死として届けられたことがわかる。

慶応三年の二の丸御殿焼失時には、天璋院付の女中による放火との風聞が残されている。この女中は島津家からの回し者で、天璋院を城から退去させようとしたが拒絶されたため、実家からの荷物に火薬を隠して御殿へ持ち込み放火した。天璋院が城外へ出た際に鹿児島藩士らによって天璋院を保護する計画だったが、天璋院は本丸方面に逃げたため、天璋院略奪計画は失敗したという。真偽のほどは不明だが、不安な政情の下で、御殿焼失が度重なったことから、幕末時の御殿焼失は、徳川家の権威失墜を象徴し、さまざまな憶説が飛び交ったようである。

（原　史彦）

【参考文献】『東京市史稿　皇城篇』一～四（東京市役所、一九一一～一六年）、『日本名城集成　江戸城』（小学館、一九八六年）、『江戸城』（江戸東京博物館、二〇〇七年）

【史料】「江戸城本丸炎上女中衆焼死者一覧」（江戸東京博物館所蔵）

外圧と大奥

異国船来航と大奥　一八世紀末以降、北方を皮切りに異国船が日本近海に現れると、沿岸部住民との間に紛争が頻発していった。異国船の対日貿易要求も増し、幕府も対応を余儀なくされた。そこで幕府は、従来通り朝鮮・琉球王国・清・オランダに限定した対外関係を維持することを前提に、異国船の要求を拒否し、諸藩に沿岸防備体制の強化を命じた。そして、その時々の対外情報に応じて、打ち払い令や薪水《しんすい》給与令を発するなどして対策を講じていった。

対外問題に直接関与していなかった天皇・朝廷も、幕府からの報告や縁戚大名などからの情報によって、異国船来航に危機意識を強め、弘化四年（一八四七）に石清水八幡宮の臨時祭を挙行し、天下静謐《せいひつ》を祈願した。嘉永三年（一八五〇）には宸襟《しんきん》穏やかならずとのことで、七社（伊勢・石清水《いわしみず》・賀茂・松尾・平野・稲荷・春日）、七寺（仁和寺・東大寺・興福寺・延暦寺・園城寺・東寺・広隆寺）に「万民安楽」「宝祚《ほうそ》長久」の祈禱を命じ、対外危機の深刻化とともに「夷狄《いてき》調伏」「異国撃攘」の祈禱回数も増していった。嘉永六年のペリー来航に際しても、神社仏閣に一七日間の祈禱を命じ、天皇自ら仏道修行も行っていったのである。

徳川の天下が永続することを自明のことする大奥の女性たちも、異国船来航に危機感を覚えた。特に嘉永六年はペリーに引き続き、ロシアのプチャーチンも来航し、開港・通商を要求してきたこともあって、異国船退帆の祈願を行った。大奥女性の多くは日蓮宗に帰依《きえ》しており、祈願するのは専ら日蓮宗の寺院であった。例えば、嘉永六年以降、同七年、安政五年（一八五八）と立て続けに、身延山久《みのぶさんく》遠寺《おんじ》の旗曼荼羅《はたまんだら》に「異国退治」を祈願している。この旗曼荼羅は、鎌倉時代の元寇の際に功徳《くどく》を示したという故事があり、大奥の女性たちは徳川の「天下太平」「御寿命御長久」を祈るため、蒙古退治の由緒がある旗曼荼羅にすがったのである。身延文庫所蔵文書によれば、嘉永六年には「来る二十五日より九月十五日迄の間、御本丸大奥より御祈禱御経仰せ付けらる」とあったり、「夷国船渡来に付、先月中御本丸表使番より御内々に而、当山御曼荼羅御宝前において三七日之間御祈禱仰せ付けらる」などと記されている。

対外戦争の危機と大奥　安政五年の日米修好通商条約の調印により、日本が「開国」すると、対日貿易が開始された。来日した外国商人は横浜に居留し貿易に従事したが、「開国」を認めない攘夷派の志士による外国人殺傷事件（攘夷事件）が頻発した。いっぽうで実質的な攘夷でなくとも、異文化理解の不足によって外国人と衝突することも見られた。幕政改革を要求した薩摩藩国父の島津久光が、江戸をあとにして帰京する途中の文久二年（一八六二）八月二一日に起こった生麦事件もそのひとつである。イギリス商人四人が、久光の行列を乱したとして薩摩藩士に殺傷されたこの事件は、互いの文化・習慣を知らなかったことが原因だったが、幕府はイギリスからの賠償問題で窮地に立たされ、交渉が断絶すれば、攘夷論の高揚の中で、対外戦争へと発展しかねない危機的状況となった。

このようななか、幕府は「異国戦争」を見越して、将軍上洛中の留守を預かる水戸の徳川慶篤《よしあつ》と尾張の徳川茂徳《もちなが》に対して、和宮の守衛を手篤くするよう申し付けるとともに、和宮・天璋院・本寿院・溶姫・実成院《じつじょういん》の駿河・甲府への避難を計画した（「静寛院宮御側日記」文久三年三月二日・三日条）。あわせて、和宮付女官の非常立ち退きの際には、乗り物の不足を考慮してか、当主不在の明御屋形であった清水御屋形から輿などの道具類を持ち出すことも想定されていた。実際、幕府が賠償金を支払ったことで、江戸での戦争は回避されたが、戦争の危機を受け、幕府は大奥に住む女性たちを江戸城から一時的に避難させることを検討していたのである。

異人を嫌悪する和宮　攘夷実行を条件に降嫁してきた和宮にとって、慶応元年（一八六五）一〇月の条約勅許や、慶応三年（一八六七）四月の兵庫開港勅許は、自身が江戸にいる意義を喪失させる事件だった。とりわけ一五代将軍徳川慶喜の対外和親政策によって、江戸市中は異国人が横行し、異人嫌いの和宮は不満を募らせていった。慶応三年八月には、フランス軍人が江戸城吹上広芝や坂下（西の丸下か）で軍事調練することに大反対している。和宮の意を受けた伯父の橋本実麗《さねあきら》は、「追々異人盛ニ相成、西丸ハ異人住居ニて取巻これ有り候由、且又関東人大方ハ異国風ニ候間、何か日本人、何か異人と見定メ候事成し難く」（「橋本実麗書翰」）と述べ、和宮を気遣っている。こうした中で和宮の帰京も計画されたが、慶応四年正月に鳥羽・伏見の戦いが勃発したことで帰京の機会は失われた。

（藤田英昭）

【参考文献】　武部敏夫『和宮』（吉川弘文館、一九六五年）、望月真澄『近世日蓮宗の祖師信仰と守護神信仰』（平樂寺書店、二〇〇二年、初出一九九三年）、江戸東京たてもの園編集・発行『大奥女中とゆかりの寺院』（二〇一三年）

【史料】　「従御本丸内当山ノ旗曼荼羅江御祈禱ノ記録」（身延文庫所蔵）、慶応三年一〇月二〇日「橋本実麗書翰」（日本史籍協会編『中山忠能履歴資料』八、一九七四年）、日本史籍協会編『静寛院宮御日記』一・二（東京大学出版会、一九七六年）

大奥見物

錦織五兵衛の江戸城見物　元治二年（慶応元年・一八六五）三月一七日、近江国堅田村（滋賀県大津市）の庄屋であった錦織五兵衛は、大庄屋の辻八郎兵衛、組頭郷士惣代の木村保三郎とともに、同地に課された助郷負担の免除を道中奉行へ訴え出るため、江戸に到着した。五兵衛は、この日から負担免除の成果を勝ち得て同年五月二五日に江戸を発足するまでの約七〇日間にわたる行動を、「東武日記」と題して詳細に書き留めている。

この日記の表紙には「不許他見」とあり、容易に他人には見せられない「秘事」と判断された記事が所々に記載されている。訴願活動を有利に進めるために、領主堀田家の郡奉行元締役を振り出しに、知人から知人へと伝手《つて》を頼って道中奉行井上信濃守の馬術指南を務めた矢部家に接近し、当主の矢部平馬に奉行への口添えを頼むといった、表立った訴訟ルートとは別の裏面工作の様子などが事細かに記されているのである。

　これに加えて、日記中における最大の「秘事」ともいえるのが、四月二五日に行われた江戸城見物であろう。錦織五兵衛は、日本橋の三井越後屋と並び称される麹町の大呉服商「岩城升屋」とはかねてから懇意で、江戸滞在中の宿所も升屋の口利きにより平川町にある出入りの仕出し屋の座敷を借り受けたほか、支配人の茂右衛門とはしばしば府内の名所めぐりをともにするなど、きわめて親密な関係にあった。その茂右衛門が四月二四日、「宜御手筋《よろしきおてすじ》」があるので前年に再建工事が終わったばかりの江戸城二の丸の御殿向を見物しないかと誘ってきたのである。翌二五日、茂右衛門は所用ができて不参であったものの、岩城店の諸屋敷廻り役の平七が代役をつとめ、五兵衛、それに高野平八という人物と「小共壱人」が付き添って、江戸城内の見物に興じた。

　茂右衛門のいう「宜御手筋」とは、この高野平八のことで、彼は虎の門近くに屋敷を持ち、「御つぼね方御出日に至り万事取計御遊興ノ家」とあるように、休息のために宿下がりする奥女中たちの面倒をみていたようで、奥向へもたやすく入ることができる特殊な人物であった。高野の屋敷で「御印鑑」（鑑札）を渡され、それを腰に付けた五兵衛らは、桜田門の詰所で警備の役人から簡単な吟味を受け、人数を書き記しただけで、やすやすと城内へ入ることに成功した。一行は、紅葉山や吹上・本丸あたりの景色を眺めながら、城門や石垣などの施設を見て回り、「惣檜フシナシ白木ノ御造営」の二の丸御殿に至った。

大奥の様子

　やがて五兵衛らは、「七ツ口」という貼紙がある大玄関から大奥の長局向へと入っていき、居並ぶ女中部屋を事細かに観察し始めた。日記には、「右ノ七ツ口ヨリ麻裏草履ニテ何ノ苦モナク昇殿ノ人多シ」とあり、特に咎められるわけでもなく、履物をはいたまま、多くの人々が長局へ頻繁に出入りしている様子が描かれている。長局は「惣二階」となっていて、長さが三〇間（約五四メートル）とも五〇間（約九〇メートル）とも見える幅一間半（約二・七メートル）ほどの廊下が三筋あり、女中たちの部屋が整然と並んでいたという。また「御女中御一部屋毎ニ御湯殿壱ヶ所宛アリ」とあって、女中部屋には各部屋ごとに湯殿が設置されていたことがわかる。

　再建された直後であったためか、「女中方御居間口毎ニ御名前ヲ書、三・四人宛張紙アリ」というように、各部屋の入口には女中たちの名前が記された貼紙があって、容易に部屋を識別できるようになっていた。高野平八と五兵衛らは、このうちの「御つほね　そて・つゆ」という貼紙のある部屋を訪れ、高野は部屋の中にいた両名の女中へ「風呂敷ノ中ニ携タル小釜一ツ」を手渡した。どうやら高野は、この小釜を女中たちへ届けるという名目で、城内へ入る許可を得ていたらしい。さらに高野たちは「右ノ御老女ヨリ外《ほか》御部屋幷《ならびに》御殿向拝見ヲ免《ゆる》シ玉《たま》フ」とあるように、女中から長局の他の部屋や御殿向の見物も許され、「御座鋪始メ御二階ニ至ル迄」の各施設の様子をつぶさに見て回った。五兵衛たちは、あまりの見事さに「縮《ちぢ》ミ入《い》ル斗《ばか》リナリ」という「上々ノ御部屋」や、新築されたばかりの「大三階建ノ御殿向キ、惣白木造、広大ノ御建物」である天璋院《てんしょういん》の新御殿を仰ぎ見て驚嘆する一方、「下女中方《しも》」がせっせと物を洗っている井戸端や塵芥《じんかい》捨て場の「木造ノ四角ノ入レ物」にまで興味のまなざしを向けている。

こうして五兵衛たちの「大奥」見物は、上首尾のうちに終わったが、男性のいない長局の廊下を大勢の女中たちが静々と行き来する様子を見て、その日の日記の末尾に記した感想が実に興味深い。「遊所ノ町ヲ通ルニ同シ」。つまり、京都の島原や江戸の吉原のような遊郭の廊下を歩いているような心地がしたというのである。

（太田尚宏）

【参考文献】　熊倉功夫「東武日記 解題」（『日本都市生活史料集成二』三都篇Ⅱ、学習研究社、一九七七年）、太田尚宏「江戸の住まい」（竹内誠編『江戸文化の見方』角川学芸出版、二〇一〇年）

【史料】　元治二年三〜五月「東武日記」（錦織五兵衛著・熊倉功夫校註『日本都市生活史料集成二』三都篇Ⅱ、学習研究社、一九七七年）

第4章

経済と社会

経済活動と消費

大奥の財政

大奥経費の出納・管理　永島今四郎・太田贇雄『千代田城大奥』では、大奥の経費は一か年二〇万両ぐらいであって、文久二年（一八六二）に和宮が第一四代将軍家茂に嫁いだあと増加して四五万両を超過した。その後、慶応二年（一八六六）に大奥経費節減が実行されて一七万両となったと記す。大奥経費には、将軍の妻である御台所や将軍生母、側室、姫君（将軍の娘）などに支給された合力《こうりょく》米《まい》（俸禄としての切米に相当）や合力金《こうりょくきん》（衣装代などの特別手当に相当）のほか、奥女中に支給された切米《きりまい》（奥女中の俸禄）・扶持《ふち》（毎月支給される奥女中と部屋方の飯米代）・合力金・薪炭・砂糖・五《ご》菜銀《さいぎん》（味噌・塩の代金）・湯之木（風呂の薪）・油（行灯《あんどん》の燃料）などが含まれる。また、納戸《なんど》、賄方《まかないかた》、西の丸（納戸・賄方）、作事方、小普請方、材木方、畳方、細工方《さいくかた》などの各役所（江戸城内にある八か所役所）は、将軍家の御用をつとめる役所としての性格（家産的性格）を帯びており、ここでの諸支出も、広い意味では奥向き経費の一部とみなしてもよいであろう。

こうした手当金を含む大奥経費については、基本的には、すべて勘定所が管理する体制となっていた。つまり、御台所や側室、姫君が手当金などを受け取り、それを保管して、その中から経費を支出するというものではなかった。大奥で必要とした味噌、薪炭、魚・野菜、衣装類などの購入品の代金は、支払先や金額が広敷《ひろしき》役人（広敷用人や広敷用達）を経由して勘定所に伝えられ、勘定吟味役のチェックを受け、さらに勘定奉行などにも申達され、許可がおり次第、勘定所から支出されたのであった。なお、前掲『千代田城大奥』によると、幕末期には一か年三〇〇〇両ほどの予算であった「御手《おて》許金《もときん》」も、当人には全く渡されずに、買い上げ品があるときや、諸家へ「被進《すすまれ》金《きん》」がなされる際などに、御年寄から表《おもて》使《づかい》、広敷用人を経由して勘定所に伝達され、勘定所から必要なお金が支出されて、表使に渡したという（勘定所では領収証を保管した）。また、「御手許金」は、諸家への「被進金」や、大奥において御年寄から御末にいたるまで年三回下賜する年始・中元・歳暮等の祝儀など以外には使用されることがなく、勘定所の決算で残余金があった場合は、納戸頭を経て広敷用人へ渡され、広敷用人と広敷用達がこれを管理したとされる。

御小納戸金の取扱い　将軍家の「御手許金」である御小納戸金については、小納戸の「奥之番《おくのばん》」がその出納に深く関わっていたが、御側御用取次も御小納戸金や将軍に仕える人々に下賜《かし》される物品の書類決済に関わっていたとされる。そして、この御小納戸金の中から奥女中に対する手当や褒美が支出されることもあった。文久三年と元治元年（一八六四）の幕府財政帳簿の支出項目に「和宮様金弐《に》百両　御手許金御内々被進金」など記載があることから、将軍家「御手許金」

の支出についても勘定所がそれを掌握する体制がとられていたことがわかる。

幕府財政と大奥経費　享保一五年（一七三〇）の財政帳簿によれば、大奥関係に支出された奥方合力米・切米・扶持米は一万一二七〇石余で、米方総支出のおよそ二%を占めた。一方、金方では、奥方合力や竹姫（第五代将軍綱吉・第八代将軍吉宗養女、薩摩藩主島津継豊《つぐとよ》正室）婚礼関係未払い金など、合わせて金三万八三九〇両余・銀一三一八貫目余（ほかに灰吹銀九貫八〇〇目余）で、金方総支出のおよそ八%を占めた。さらに御納戸などの八か所役所経費が金換算で計八万三九〇〇両余であって、これを加えると金方総支出のおよそ二〇%を占めた。

幕末の弘化元年（一八四四）の大奥経費についてみると、米方の場合、奥方合力米・女中切米扶持が六三〇〇石余であり、ほかに溶姫（第一一代将軍家斉女）、末姫《すえひめ》（同）や峯寿院《ほうじゅいん》（同、水戸藩主徳川斉《なり》脩《のぶ》正室）などへの合力米が合わせて六五〇石余で、総計が六九六〇石余であった（米方総支出の一・一%）。一方、金方では、奥方合力の三万両余をはじめとして「奥向別段御入用」が八四〇〇両余、広大院（家斉正室、天保一五年〈一八四四〉没）「御遣金《つかいきん》並被下金《くだされきん》」一万二三〇〇両余・同人の葬儀・法事費用四六〇〇両余などがあり、ここに八か所役所経費の二四万八九〇〇両余を加えると、大奥向きの金方支出の総計は三四万五〇〇〇両余となり、これは同年の金方総支出の八・五%を占めた（八か所役所経費を除くと二・四%）。もっともこの場合、貨幣改鋳を行うために金銀座へ支出した金銀を含めての全体比であるので、それを除くと一五・五%に上昇する。

このように、大奥経費が幕府財政支出（金方）の中で占める割合は、時期によって、また、財政支出構造の変化によって異なるため、一概には言えないのであるが、金方の場合で三%から八%程度（八か所役所経費を含めると一〇%から二〇%程度）であったとみればよいであろう。

大奥経費について、その削減に積極的に取り組んだのが寛政の改革で名高い松平定信《さだのぶ》である。彼は、老中に就任すると、直ちに大奥の財政改革に着手した。たとえば女中合力・比丘尼《びくに》衆惣女中切米扶持方についてみると、米方では享保期（一七一六～三五）と比べておよそ五〇%を削減し、金方については実に七〇%も削減したのであった。大奥経費は、宝暦期には縮小傾向にあったが、田沼時代の後半には再び増加に転じていたのであり、定信はこれに鋭く切り込んだ。彼は大奥経費をこれまでの三分の一に減少させたのである。しかし、彼の大奥改革に対して大奥女中の不満は大きく、それが定信失脚の要因の一つであったともいわれている。

第一一代将軍家斉は、合わせて四〇人の側室をもち、御台所を含めて一七人の女性から五五人の子女をもうけた。大奥では、祈禱僧の日啓《にっけい》が重用され、その娘を側室に送り込んで権勢をふるうなど、綱紀は乱れ、経費も膨張したといわれる。ちなみに納戸などの八か所役所を除いた女中合力・扶持方などの奥向経費をみると、寛政元～同五年（一七八九～九三）の平均が一か年二万六〇〇〇両余であるのに対して、文化一一年（一八一四）には五万両に倍増し、その後もさらに増加している。

こうした状況を改善しようと乗り出したのが老中忠邦《ただくに》であったが、大奥の抵抗にあって失敗したともいわれ、大奥経費削減を含む財政改革は、老中首座となった土井利位《としつら》に引き継がれた。彼は、幕府財政総支出の対前比五〇％減の目標を掲げて財政改革に取り組んだのであり、奥向経費については、文化一一年段階の水準（五万両まで削減、天保一三年との比較ではおよそ三三％を削減）に、八か所役所経費については寛政五年段階の水準（一三万八〇〇〇両余まで削減、同じくおよそ五〇％を削減）に、それぞれ引き下げるという目標を立てたのであった。そして、天保一三年と弘化元年の財政支出比較でみると、後者については目標には届かないものの三二％の削減を実現した。しかし、前者は広大院（第一一代将軍家斉正室）の葬儀などもあって、逆に一八％の増加となった。なお、両者をあわせた金額は対前々年比二二％減であって、一定の成果があったとみることができるものの、江戸城本丸炎上にともなう再建費用の支出などがあり、土井の改革は全体的には失敗に終わったと評価されている。

その後、前にみたように、公武合体運動のもと和宮の降嫁が決まると、婚礼道具新調経費や「方々様臨時御入用」などが支出されて、奥向経費は膨張する。また、文久元年時点で二五万両ほどの八か所役所経費も漸増し、この両者の合計は、文久三年には三八万両余となり、元治元年には四一万両に達するのである。

（飯島千秋）

【参考文献】大口勇次郎「天保期の幕府財政」（お茶の水女子大学『人文科学紀要』二二—二、一九六九年）、松尾美恵子「江戸幕府女中分限帳について」（総合女性史研究会編『日本女性史論集二　政治と女性』吉川弘文館、一九九七年、初出一九九二年）、飯島千秋『江戸幕府財政の研究』（吉川弘文館、二〇〇四年）、松尾美恵子「将軍家奥向きの経済」（『東京都江戸東京博物館研究報告』一四、二〇〇八年）、『千代田城大奥』、『旧事諮問録』上

【史料】大野瑞男編『江戸幕府財政史料集成』上・下（吉川弘文館、二〇〇八年）

御入用金

「女中分限帳」記載の諸手当　将軍の正妻である御台所や将軍生母、側室、姫君（将軍の娘）などには合力米《こうりょくまい》（俸禄としての切米《きりまい》に相当）や合力金《こうりょくきん》（衣装代などの特別手当に相当）が支給された。また、それに加えて、御付の奥女中に切米（奥女中の俸禄）や扶持《ふち》（毎月支給される奥女中と部屋方〈女性使用人〉の飯米代）・合力金・薪炭・五菜銀《ごさいぎん》（味噌・塩の代金）湯之木《ゆのき》（風呂の薪）・油（行灯《あんどん》の燃料）などが支給された。

嘉永七年（一八五四）「大奥女中分限帳」によると、第一三代将軍家定の場合、奥女中は合計一八五人ほどいたが、最高位の上臈《じょうろう》御年寄三人には、一人あたり切米五〇石、合力金六〇両、扶持一〇人扶持、薪二〇束、炭一五俵、湯之木一五～二〇束、油有明《ありあけ》（夜明けまで明かりをともす行灯《あんどん》）一・半夜《はんや》（夜半まで明かりをともす行灯）一、五菜銀《ごさいぎん》二〇〇目一分が支給された。また、所々の掃除、風呂、膳所

用の水汲みなどあらゆる雑用をつとめた御半下《おはした》（御末《おすえ》）は三五人いたが、彼女らに対しては、一人あたり切米四石、合力金二両、扶持一人扶持、薪三束、湯之木二束、油半夜半（二分一）、五菜銀一二匁が支給された。

なお、寛政年間（一七八九〜一八〇〇）と伝えられる「大奥女中分限」によれば、大奥の女中たちに支給された扶持には男扶持と女扶持の別があって、男扶持は一日五合（一年で一・八石）、女扶持は一日三合（一年で一・〇八石）であったという。三田村鳶魚『御殿女中』によれば上臈御年寄には一五人扶持が支給されたが、そのうちの男扶持一人分は自身の分で、残りの一四人分中の六人分がゴサイという外向きの用事を勤めるために雇う男への扶持方（男扶持）、八人分が女扶持で、いずれも部屋で使用する使用人の扶持分であったという。なお、支給米も上々白、上白、中白の三種の等級に区別されていたとされる。自身への支給米は、上臈から御客応答《あしらい》（将軍の大奥御成り時、あるいは御三家・御三卿・諸大名などから派遣された女使《おんなづかい》への接待役）までは上々白、中臈から火之番（昼夜女中部屋などを火の用心のため巡回する係り）までは上白、そして、使番（代参のお供や外交・進物などを受け取って広敷へ渡す係り）以下は自身のみの扶持で中白であった（なお女扶持は中白）。

安祥院への諸手当　安祥院《あんしょういん》は、第九代将軍家重の側室「お遊喜《ゆき》」であり、御三卿の一つ清水家の祖清水重好《しげよし》の生母にあたる。宝暦一二年（一七六二）に、彼女に支給された諸手当をみると、合力金一〇〇〇両、合力米六〇〇俵、不時手当二〇〇両、手当金一〇〇〇両、賄方《まかないかた》渡扶持方一〇人扶持、賄仕切金八〇〇両、広敷人足雇代六〇両、台所諸役人賄料一〇〇俵、右筆以下女中宛行《あてがい》の分四六〇両・米二〇〇俵、小破修復料御手当一〇〇両、砂糖三〇斤（宝暦一三年より七〇斤）、榑木《くれき》一五六挺、御付女中切米三八石、御付女中合力一二〇両、御付女中扶持方一〇扶持、御付女中五菜銀一五〇匁と、薪・炭・湯之木・油で合計三七四八両と米九五〇俵などとなっていた。このうち安祥院自身の受け取り分は最初の四つで、残りは賄方や台所の諸経費、右筆以下女中の給料分である。

安祥院は、家重の死後落飾《らくしょく》して安祥院と号し、宝暦一一年に西の丸下新屋敷に移っている。榑木や修復料手当の支給はそうしたことへの対応であろう。また、女中合力金の金額などから、西の丸移住後の安祥院付きの人数は少数であったことがうかがわれる。

和宮婚礼・衣装費用　公武合体運動の象徴である第一四代将軍家茂と孝明天皇の妹和宮との婚礼にかかわる費用の総額は不明であるが、文久元年（一八六一）には、「和宮様御下向ニ付御道具新規出来御入用」として金に換算しておよそ一万二〇〇〇両余が支出されている。さらに同年に、和宮（御台所）、天璋院（第一三代将軍家定正室）、本寿院《ほんじゅいん》（第一二代将軍家慶側室、家定生母）の三人に「召物御用代」として金換算で九〇〇〇両余が支給されており、実成院《じつじょういん》（家茂生母）、への「召物御用代」も金換算で二二〇〇両余であった。つまり、一両を仮に今日の貨幣価値一〇万円として換算とすると、衣装代だけで一人あたり一年におよそ二億二〇〇〇万円から三億円が支給されたことになる。婚礼は翌文久二年二月のことであったので、同年の婚礼関係支出はさらに増加したことが予想される。

文久元年の「召物御用代」は和宮の婚礼を翌年にひかえての同年限りの経費であったかというと、そうではなかった。勘定帳が残っている文久三年にも、前記三人には金に換算して合計四八〇〇両、翌元治元年にも、同じく金換算でおよそ八〇〇〇両が支給されている。また、実成院にも同様に、文久三年と元治元年（一八六四）に、金換算でおよそ八〇〇両と一二〇〇両が支出されている。そして、この時期は、和宮関係の諸経費（「品々御入用」）や奥向の臨時諸経費（「奥向別段御入用」）が支出されて、大奥経費は一段と膨張するのである。

（飯島千秋）

【参考文献】 松尾美恵子「江戸幕府女中分限帳について」（総合女性史研究会編『日本女性史論集二 政治と女性』吉川弘文館、一九九七年、初出一九九二年）、飯島千秋『江戸幕府財政の研究』（吉川弘文館、二〇〇四年）、『御殿女中』

【史料】「戊申雑綴上」（『日本財政経済史料』五巻下、芸林舎、一九七一年）、大野瑞男編『江戸幕府財政史料集成』上（吉川弘文館、二〇〇八年）

拝領町屋敷

拝領町屋敷の設定と分布　女中の拝領町屋敷について言及している江戸の町触は、天和三年（一六八三）のものが初出とみられる。女中の拝領した町屋敷の規模等を書上げるよう年番名主に命じた延享元年（一七四四）の申渡には「元禄年中以来」という文言があり、具体例からみた拝領年代も元禄期（一六八八〜一七〇三）以降であることから、拝領自体が顕著になってきたのはその頃であったと考えられる。元禄期は組屋敷などの大縄地が一円的に町屋敷化される事例も多く、また幕府が個々の町屋敷の沽券《こけん》金高を重視し始め、都市政策上大きな変化がみられた時期であった。拝領町屋敷の下賜基準を示した寛政四年（一七九二）の「沽券高定」によると、老女・御年寄・表使《おもてづかい》等の大奥女中と奥医師たちが圧倒的に高い沽券金高で上位をほぼ独占しており、女中の拝領町屋敷の多くは、神田・日本橋・京橋という本来の江戸町とその周辺部、および甲州街道沿いにひらけた麹町におかれていた。拝領の対象とされたのは、空地・植溜《うえだめ》などを町屋敷化したもののほか、同格の女中を含む他者が以前拝領していた町屋敷であった。

二葉町の事例　例えば幸橋《さいわいばし》門外に位置する二葉町は、寛文期（一六六一〜七二）頃に幸町と呼ばれ町家があったが、元禄四年（一六九一）に御用地に召上げられ、薬草植付所として奥医師岡西朴立の拝領地となった。宝永六年（一七〇九）六月に再度召上げられた後、同年七月に本丸女中方の拝領地となり、残り二か所の地面は沽券地となったので、二度芽を吹いた町家ということから二葉町と呼ばれるようになったとされる。宝永七年一一月に作成された同町の沽券図では、一二筆のうち一〇筆を女中方が、一筆を奥医師桂川甫竹が拝領し、いずれにも家守が置かれている。残る一筆は家持惣次郎のもので、「残地」の文字を抹消した跡があり、そこに注記された年月日は町内で最も新しい。惣次郎は隣接する女中の町屋敷の家守をつとめており、この町域は女中や奥医師の町屋敷拝領により二葉町としての成立をみたことがわかる。この場所の堀端では肴商売人が持出し商売をしていたが、以後は地借による肴商売店と、裏店居住の肴屋による堀端の床見世がみられた。このほか、文政期（一八一八～二九）には茶問屋・竹皮問屋・菓子屋、嘉永期（一八四八～五三）には古着買や質屋も存在していたことが確認でき、商業の展開等からみた町の状況は一般の町と変わりはなかったとみられる。

町屋敷の管理　老中からの申渡を受け町奉行の管轄のもとで拝領した町屋敷は、町人に貸して地代店賃を取ることが許されており、町屋敷の貸付と維持・管理、地代の取立ては町屋敷に付け置かれた家守が行い、地代は女中の生家や宿元、坊主衆等を介して地主である女中のもとへわたった。このため、より高い収入を求めて町屋敷の引替願を出す者もいた。例えば一一代将軍徳川家斉付の御年寄瀧川の場合、場所のよい所に替地を希望し、寛政一一年に拝領した二葉町（一〇〇坪・沽券金高五〇〇両・地代の手取三六両）の町屋敷を返上して、天保一〇年（一八三九）に元御年寄飛鳥井の上り屋敷であった中橋広小路町（二五八坪余・沽券金高一一〇〇両・地代の手取六三両）の町屋敷を拝領することに成功している。御年寄の本俸は切米五〇石程度（約五〇両）であり、町屋敷からの収入はそれに匹敵するほどであった。

手当としての町屋敷拝領　このように、幕府にとって町屋敷の下賜は、町人地で生み出される地代店賃から給分の一部を間接的に支給する一つの方法であったとみることができる。ただし、町屋敷の拝領は安定した町屋敷経営を前提としてこそ実質を伴うのであり、その町の実態に規定されるものであった。また元禄期には、末々までの拝領が保証され、女中の子孫が代々譲り受けることになった事例もみられたが、屋敷地不足の状況が続いた江戸では、町屋敷は女中本人か、その死後は養女に一生のうち、あるいは縁付まで下され、該当する期間が過ぎると上り屋敷となった。さらに嘉永七年（一八五四）には老中からの通達で、それまで剃髪女中や隠居女中にも与えられることのあった町屋敷は在任中に限られることとされ、海防への支出の必要性から緊縮財政とせざるをえないなかで女中の退職後の手当も削減されるに至っている。

（杉森玲子）

【参考文献】　玉井哲雄『江戸町人地に関する研究』（近世風俗研究会、一九七七年）、宮崎勝美「江戸の土地」（吉田伸之編『日本の近世 九 都市の時代』中央公論社、一九九二年）、松尾美恵子「江戸幕府女中分限帳について」（総合女性史研究会編『日本女性史論集 二 政治と女性』吉川弘文館、一九九七年、初出一九九二年）、杉森玲子「江戸二葉町沽券図と大奥女中の町屋敷拝領」（『日本歴史』六七二、二〇〇四年）、『千代田城大奥』、『御殿女中』

【史料】　「町方書上」四七・「天保撰要類集」一二二（旧幕府引継書、国立国会図書館所蔵）、近世史料研究会編『江戸町触集成』二〇六五・六六九八号（塙書房、一九九四年～二〇一二年）「二葉町沽券図」（東京都江戸東京博物館所蔵、『大江戸八百八町』東京都江戸東京博物館、二〇〇三年）

七ツ口

七ツ口の管理　長局と広敷との境を「七ツ口」という。これは、朝五ツ時（午前八時ころ）に開き、夕七ツ時（午後四時ころ）に閉めたからであるという。七ツ口は図にみえるごとく、長局の御半《おは》下《した》部屋の南西、広敷御門を入った右手奥に設けられ、ここに締め戸番役所があり、彼らが管理していたという。その側には広敷添番や広敷伊賀者の詰所が置かれて、彼らが警備にあたっていた。

七ツ口の出入り　この七ツ口から出入りするのはおもに奥女中の使用人、つまり「部屋方」（又者《またもの》）である。部屋方が宿下りなどで外出する際にはこの口から出入りしたが、そのときには通行許可証＝「切手」を必要とした。切手は奥女中の切手書《きってがき》が発行し、それを使番《つかいばん》の手を経て広敷番之頭へまわし、留守居の黒印を押してもらったのち、使番から部屋方へ渡したという。またその日のみ出入りする場合は、「上りでございます」というと、切手門で左の手首へ判を押してくれたので、入るときにはその判を見せて通ったという。

部屋方の買物口　また、七ツ口は部屋方の買物口でもあった。すなわち、七ツ口には毎日出入りの八百屋・肴屋・万屋などの商人が詰め、御年寄をはじめとする奥女中の部屋方はここに出向いて、主人に供する食料品や必要品を買いもとめた。もちろん、商人が七ツ口詰めになるには、「鑑札」を必要としたため、広敷役人へ願いでて、奥女中の使番の許可をえて鑑札をもらったという。そのため、使番は商人から多分の賄賂を受け取り、御目見以下の格式の低い女中でありながら裕福であったという。

なお、この出入り商人の一人に碇屋《いかりや》藤右衛門という者がおり、品物によって買い先の好みがあるときは、「何屋の何」と鳥目《ちょうもく》（金銭）へ札を付けて出すと、朝出したのが晩には届いたという。

（深井雅海）

【参考文献】　深井雅海「江戸城本丸御殿図に見る中奥・表向・大奥（下）」（徳川林政史研究所『研究紀要』二九、一九九五年）、深井雅海『図解・江戸城をよむ』（原書房、一九九七年）、『千代田城大奥』、『御殿女中』

【史料】「大奥向総絵図」（『東京市史稿皇城篇』附図二、東京市役所、一九二五年）

御菓子御用

江戸城の御菓子御用　江戸城における御菓子御用としては表用達方と裏方（大奥向「御広敷御用部屋御用達」）があり、また本丸と西の丸の区別もあった。さらに別個に紅葉山御宮御用や寛永寺や伝通院の法事の御用なども存在した。幕末の本丸表用達は大久保主水・長谷川織部・宇都宮内匠と金沢丹後、裏方は鯉屋山城・鯉屋和泉・宇都宮内匠と金沢丹後である。

江戸城における御菓子御用は、正月や、端午、嘉祥《かじょう》など年中行事に用いたり、将軍・御台所などに供したり、登城した大名への幕府からの下賜品とされるなど多岐にわたった。御台所の寛永寺・増上寺

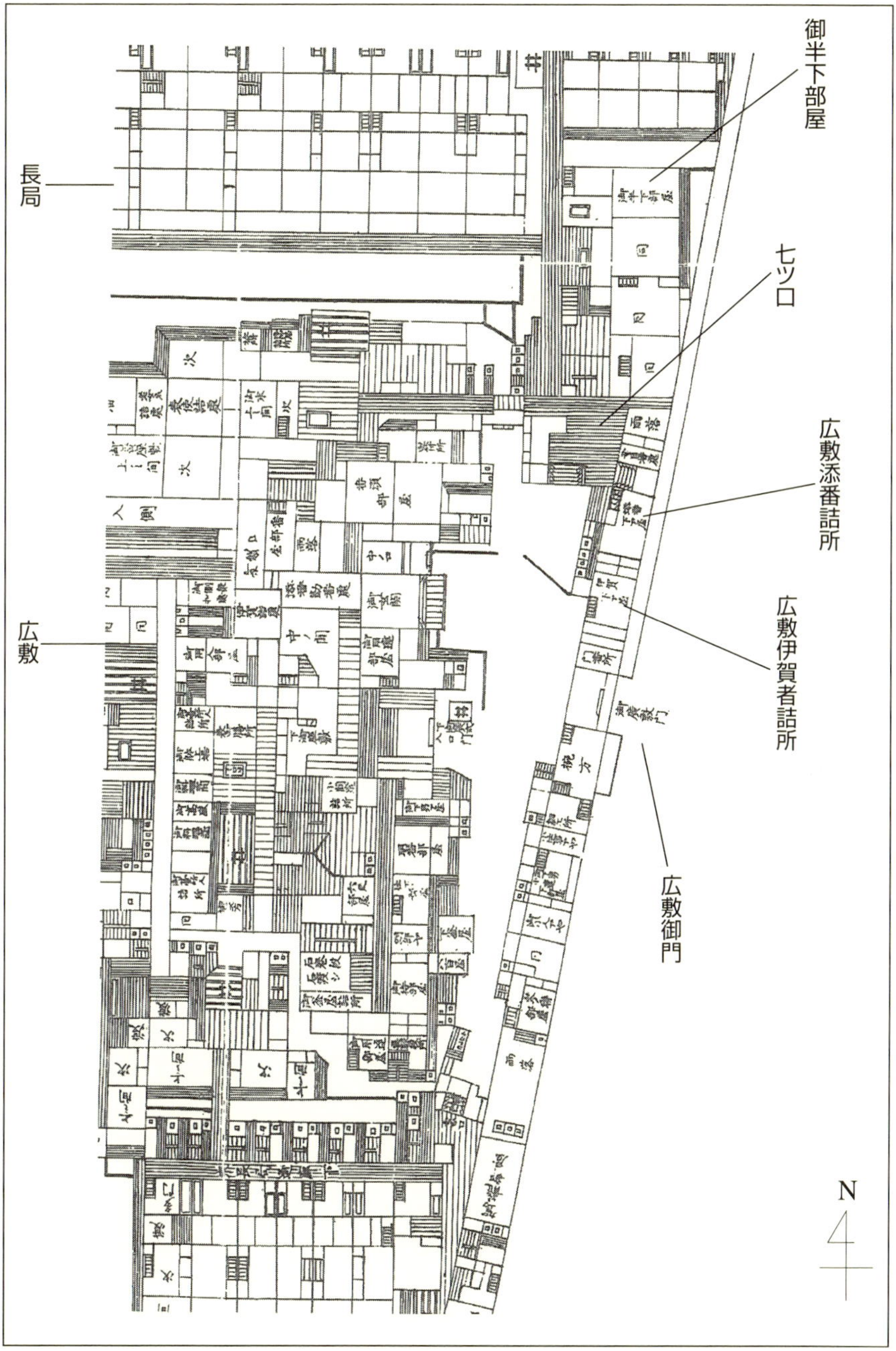

図22　七つ口付近　「御本丸大奥絵図」（『徳川礼典録附図』所収）より作成

御成の際下された饅頭は五万個ほどにのぼったといわれる。このように幕府の御用は大規模なものであり、菓子商にとっては御用達であり続ける（「定式御用」となる）ことが重要であった。

金沢丹後　金沢丹後（三右衛門家）は、宝暦年間（一七五一～六四）には、菓子商として日本橋本石町《ほんごくちょう》二丁目の本店を拠点に、上野・本材木町など江戸市中数か所に店舗を所有し、手広く商売を展開。幕府御用を始め、一橋徳川家・薩摩藩島津家・仙台藩伊達家などの御用を請け、水戸家・姫路藩酒井家・加賀藩前田家からは扶持も下されていた。

　金沢丹後が幕府の御用を請ける最初は寛政元年（一七八九）で、法事の節の上野・伝通院御用を仰せ付けられ鑑札を下された。本丸表御用を請けるのは一一代将軍家斉の時代で、その経緯は以下のようである。表御用は従前より大久保主水・長谷川織部が勤めていたが、不調法があり平川御門内御春屋《つきや》へ御製所で菓子を調製することとなった。大久保主水・長谷川織部が職人を連れて出勤し勤める。

　そこで、寛政三年五月、御製所で手に負えない分、御次御用を金沢丹後が請ける。翌四年、大久保主水の手代であった宇都宮内匠に取られるが、享和元年（一八〇一）から両家が御次御用を勤めることとなる。

裏方御用　裏方御用についても寛政三年から金沢丹後は御用を勤めていたが、後に宇都宮内匠が参入し、ライバルとして互いに競うことになった。

　御用達商人たちは御用継続のため多数の役人・女中達へ、年頭・暑中・寒中・歳暮の贈答をしていた。金沢丹後文書にもそのことを示す手紙が何通か残されている。「まな・瀧路書状」は金沢丹後が江戸城内紅葉山御宮の御用継続のため、莫大な賄賂を諸役人および女中に使い、漸く御許しとなった趣を書いたものである。差出人のまなは一四代将軍家茂付使番頭で瀧路は同使番であることから、幕末期の出来事であることがわかる。

　また、金沢家の奥、妻なをが将軍付使番小夜路宛に手紙を出し、風月堂に奪われた薩摩藩の献上御用を取り返すため本丸から薩摩藩に働きかけをしてくれるよう依頼している。諸大名家の菓子御用も江戸城大奥を巻き込んで争奪が行われている。

　「御広敷御用部屋御値段帳」は江戸城大奥御広敷御用部屋に納める菓子等の値段帳で、菓子は干菓子・挺物類・本物類・数物類・枚物類に分類されている。麺類・魚類といった菓子以外の食品も扱っていることがわかる。幕府年中行事のうち、裏方への御用としては、三月朔日には雛用の小重類を大奥御広敷へ、六月朔日氷室《ひむろ》祝儀には御住居《おすまい》向へ水餅を、七月一四日には盆御備の御菓子を御広敷へ廻している。

（畑　尚子）

【参考文献】横山百合子「近世後期江戸における町人の家とジェンダー」（『明治維新と禁制身分制の解体』山川出版社、二〇〇五年、初出二〇〇一年）、『江戸城』（江戸東京博物館、二〇〇七年）、岩淵令治「江戸の御用菓子屋・金沢屋三右衛門」（『和菓子』一六、二〇〇九年）

【史料】「日記」「年中行事」「御広敷御用部屋御値段帳」「まな・瀧路書状　金沢丹後宛」（金沢丹後文書、江戸東京博物館所蔵）、金沢復一編『江戸菓子文様』（青蛙房、一九六六年）、森銑三・金沢復一編『金沢

丹後文書』（東京美術、一九六八・一九七〇年）

呉服御用

雁金屋　太閤秀吉が天下を統一して以来、男も女も衣裳に華美を尽くすようになったと、スペイン商人アビラ・ヒロンが『日本王国記』（第一章三節）に記したように、世界で最も豪華で洗練された衣裳が近世初頭の京都を中心に流行・生産されるようになり、江戸時代を通じて継承された。白糸貿易による良質な生糸が中国から輸入されるようになったのが前提で、とりわけ近世初期の戦国武将らの日常の小袖には、大胆で鮮やかな染と織りの意匠技術を凝らした美術史的価値の高い遺品が現存している。しかし当時の衣服類の多くは、絵画資料に知られるのみで現存遺品には乏しい。練緯《ねりぬき》と呼ばれる柔らかな風合の絹地に、絞り染めと筆書きを併用した「辻ケ花染め」は、近世初頭の短期間に流行したまぼろしの技法といわれる。意匠とともに染め、織り、刺繡がさまざまに改良されて発達し、時代の流行に合わせ慶長小袖、寛文小袖、元禄小袖などの各時代の流行が生み出された。その後、絵画のように花鳥風月を鮮やかに筆で描きこんだ「友禅《ゆうぜん》染《ぞ》め」も創始されて、現代和服にも継承されている。将軍や大奥からの呉服御用に応じたのは、御用達呉服師と呼ばれた特権商人である。高級な衣服はもっぱら京都で生産された。

江戸時代の初期にあって豪華な小袖、衣裳の製作で知られるのは、元和六年（一六二〇）後水尾天皇の女御《にょうご》として入《じゅ》内《だい》した秀忠の娘東福門院和子の呉服の注文製作である。東福門院の注文を承った京都の呉服商・雁金屋《かりがねや》の記録は、小西家文書と呼ばれ京都国立博物館・大阪市美術館らに分蔵されており小袖下絵と注文記録、支払い記録などが含まれている（重要文化財）。尾形光琳筆の画稿・記録類が含まれ、光琳研究の根本史料となっている。雁金屋当主の尾形宗謙《そうけん》は元禄時代の画家・工芸家として知られる尾形光琳・乾山兄弟の祖父にあたる。山根有三氏によると東福門院の最晩年である延宝六年（一六七八）の注文は、三〇〇点余銀一五〇貫であった。東福門院の注文は京都の手工業産業の振興をもたらしたが、雁金屋は後に家業が傾き、光琳・乾山は絵画・陶芸の道に転身し、光琳の子の寿市郎が小西家に養子に入り文書・下絵帳は小西家に継承されるに至った。

呉服御用達商人　江戸城大奥で使用する衣服は特権商人である御用達商人を介して調達された。江戸時代を通じての代表は、後藤縫殿助《ぬいのすけ》家である。後藤家は、初代の後藤縫殿丞松林が三河時代から家康に仕えて切米二〇〇石を得たという。呉服御用達はじめ諸事御用を勤めた特権商人で幕末まで存続した。家光時代に四代益勝が縫殿助（允）を名乗り、江戸呉服町に拝領屋敷があった。

江戸時代はじめに呉服師六軒仲間が結成されて、筆頭の後藤縫殿助以下、茶屋四郎次郎・亀谷源太郎・三島吉之進・上柳平左衛門・茶屋長曾の各家があった。後に越後屋三井家呉服店、松坂屋伊藤家呉服店など新興呉服商との激しい商業競争に、家業不振となり衰退した家もある。

初期は、呉服御用に限らず、武器の調

達や海外貿易に事業拡大したが、寛永鎖国以後は将軍や御台所、子女ら奥向きでの呉服注文に応じて納めることを中心とするようになった。幕府の奢侈禁止、倹約令に際しては、救済策事業として呉服師六軒仲間で銅銭鋳造の仕事も請負った。

（小池富雄）

【参考文献】　山根有三『小西家旧蔵光琳関係資料とその研究』（中央公論美術出版、一九六二年）、西本周子「雁金屋衣裳図案帳について」（『美術史』一一三、一九八二年）、『葵徳川三代』（ＮＨＫプロモーション、二〇〇〇年）

【史料】　「小西家文書」（京都国立博物館・大阪市立美術館所蔵）、「呉服師由緒書」（『徳川時代商業叢書』一、一九一三年）

大奥と寺社

祈禱所

徳川将軍家の祈禱所　祈禱所《きとうしょ》（祈願所）は神社、寺院の内、人々が神仏に願い事を行う寺社を指す。天正一八年（一五九〇）四月、徳川家康は浅草寺を祈禱所に増上寺を菩提所に定めたといわれる。二代秀忠は天海に上野の地を与え、三代家光の代に寛永寺が竣工した。寛永寺は天海が朝廷の安穏を祈る鎮護国家の役割を担う比叡山延暦寺を江戸に再現しようとして、東叡山と名付け、将軍家の祈禱寺とされた。家光が葬儀をし、家綱が埋葬されてからは菩提寺としての役割も担うようになる。護持院《ごじいん》と日吉山王《ひよしさんのう》（日枝神社）は、祈禱所としての役割を近世初期から幕末まで果たしている。五代綱吉は護持院を厚く庇護し、知足院《ちそくいん》から改称し神田橋外に大伽藍を造営するが、享保二年（一七一七）の焼失により同宗である護国寺内に移転する。桂昌院が帰依した僧侶を開山として建立された護国寺も、桂昌院の祈禱所から将軍家の祈禱所となった。

徳川将軍家の祈禱所では幕府の安泰を願い、天下泰平・武運長久・子孫繁栄を祈願する。臨時の祈禱としては、災害・飢饉からの脱却、将軍家とその家族の病気平癒、無事な出生、移徙《いし》（引移り）が恙《つつが》なく行われることなどが挙げられる。

その後、江戸城本丸・西の丸や大奥の祈禱所として認められる寺院は各地に広がり増加する。身延山久遠寺《みのぶさんくおんじ》、信州善光寺、中山法華経寺などの古刹に加え、大奥女中自身が開基となった谷中延命院や深川浄心寺、大奥とのつながりから祈禱所となった法華経寺塔頭智泉院、下谷法養寺などが挙げられる。鷹狩や遊興の際の休憩施設である御膳所《ごぜんしょ》とされた木下川《きねがわ》の浄光寺、東京都内では他に善国寺、亮朝院なども将軍家の祈禱寺に指定されている。

法養寺に見る祈禱所の役割　法養寺は天正一五年（一五八七）頃神田三河町に創建され、慶長年間に下谷稲荷町へ移転した日蓮宗の寺院である。家綱の御台所顕子（高厳院）の帰依を機に江戸城本丸・西の丸及び大奥の祈禱所となる。法養寺の祖師像は江戸城本丸に安置されていたものを高厳院が四代家綱に懇願して寄進したと伝えられる。九代家重が疱瘡を患った際に祈禱を行って以来、将軍家の疱瘡平癒の祈禱も担うようになった。

祈禱堂において天下泰平・武運長久・子孫繁栄を祈禱し、毎年正月四日・五月四日・九月四日には巻数（読誦した経典の数を記した文書）、洗米（御供えのため洗い清めた米）・供物杉折《くもつすぎおり》（橘煎餅）を、二月初午《はつうま》・九月二三日には熊谷稲荷大明神御札、洗米を、一年に六度の甲子には洗米を、一〇月八日には盛物《もりもの》を江戸城に献上する。その仲介役である御伽《おとぎ》坊主と使番に干塩や納豆などを進上している。

幕末の祈禱　身延山久遠寺には、一四代家茂の上洛中で攘夷実行を迫られ苦しい立場にあった文久三年（一八六三）三月、深川浄心寺において国威鼓舞を願い天下泰平・武運長久の祈禱を行った際の記録がある。祈禱を依頼しているのは大奥で、天璋院や和宮からの供物が置かれ、内々の祈禱依頼者には家茂生母実成院《じつじょういん》の名前がみられる。

　幕末期には内憂外患から祈禱が盛んになり、智泉院事件で取払われた徳ケ岡八幡宮の再建を大奥に歎願した中山法華経寺の書状（安政六年〈一八五九〉）でも、家茂の「一切無障礙《しょうげなく》、寿命長久」を祈禱することを再建の理由に挙げている。

（畑　尚子）

【参考文献】『大田区の文化財　第三五集　大田区の古文書・書跡・典籍』（大田区教育委員会、二〇〇六年）、坂本正仁・櫛田良道「筑波山護持院『年中行事　附臨時雑記』」（『豊山学報』五〇〜五二、二〇〇七〜〇九年）、櫛田良道「御触にみる将軍家祈禱」（『密教学研究』四四、二〇一二年）、『大奥女中とゆかりの寺院』（江戸東京たてもの園、二〇一三年）

【史料】「天下泰平・万民悦楽・御祈禱執行記録」「天下泰平・国土安穏・御祈禱執行記録」（身延山久遠寺所蔵）、「大奥局書状」「公用帳」「年中献上物幷御婦美控」（法養寺所蔵、『大田区史』資料編寺社一、一九八九年）

出開帳

江戸城に上がる出開帳　秘仏や霊宝を公開する開帳には、神仏のあるその寺社で行う居開帳《いがいちょう》と他の土地に運んで別の寺社で公開する出開帳《でがいちょう》があった。江戸では善光寺（阿弥陀如来像）、嵯峨清涼寺（釈迦如来像）、身延山久遠寺《みのぶさんくおんじ》（祖師像）、成田山新勝寺（不動尊）の出開帳が盛んで、開帳場所（宿寺）としては回向院《えこういん》、深川浄心寺、芝神明などが挙げられる。寺社が開帳を行う理由は、建物の維持管理、焼失後の再建などに充てる費用を捻出するためである。

　出開帳で江戸に運ばれた秘仏や霊宝のなかには、江戸城に上り大奥の女性たちの拝覧に供されるものもあった。元禄一四年（一七〇一）には善光寺の阿弥陀如来像が江戸城三の丸に迎えられ、桂昌院や大奥女中が拝覧した。元文五年（一七四〇）には天英院の住まいである二の丸に阿弥陀如来像や印文、善光三体像などが入った。身延山久遠寺の江戸出開帳は宝暦三年（一七五三）から文久三年（一八六三）まで一〇回で、文政一三年（一八三〇）・嘉永二年（一八四九）・安政四年（一八五七）・文久三年は江戸城大奥に上がっていることが確認できる。川崎大師の本尊も天保一〇年（一八三九）の出開帳の時、江戸城本丸御殿に入る。立山信仰を描いた立山曼荼羅《たてやままんだら》は文久元年に江戸城や大名屋敷で回覧された。年代は明確ではないが、嵯峨清涼寺の釈迦如来像も大奥へ上がった仏像の一つである。また、江戸市中の寺院である下谷法養寺の大黒天や流行神である熊谷稲荷、青山善光寺の阿弥陀如来も、江戸城に入り大奥の女中たちに拝覧されている。

出開帳における大奥の役割　開帳の関係で寺社との交渉を行うのは表使《おもてづかい》の役割である。開帳の実現を内々に大奥に依頼する例もあるが、正式な交渉は寺社奉行とすることになる。開帳が決まると老女、表使、使番に吹聴する。開帳場への葵紋付戸張・水引・袈裟衣・幕の寄付は大奥よりなされるため、その交渉が開始される。しかし、明和五年（一七六八）

には、奥女中に対し安易に葵紋付の什物を寺社に寄進しないよう、制限が加えられた。また、幕末期の史料であるが、開帳に使用される葵紋付戸帳等の寄付について、大奥は身延山久遠寺に対し、寺社奉行の許可が出た後でないと行えないと通達している。

宿寺での出開帳が始まると、江戸城初め御三卿、御三家や将軍家姫君の嫁ぎ先などより大勢の女中が代参・参詣に訪れ、施主への祈禱が行われる。施主は御殿の主の場合と女中個人の場合がある。老女や表使など職制が上の者の参詣事例は少なく、比丘尼《びくに》や使番などが多く参詣している。

閉帳が近づくと江戸城大奥への秘仏・宝物の御上りの交渉が始まる。必ず大奥上りが実現するとは限らず、上がる日数もまちまちである。また、出開帳仏は江戸城大奥だけでなく大名家の屋敷を回ることもある。

出開帳で参詣者に配布される護符や洗《せん》米《まい》などが寺院側の大きな収入源となった。その大口の需要先が大奥である。

大奥での修法　江戸城へ上がる秘仏や宝物の目録と寸法の書付が寺側から提出されると、広敷番頭が受取の任に当たり、必要な出迎え人を差出す。当日の差配は広敷番頭と表使が行う。平川門から広敷向に入り、御使座敷（清凉寺の例）などに飾り付けられる。住職による修法の際は、広敷役人と表使が対座する。御台所や将軍生母などの拝覧や料理の饗応が行われる。

（畑　尚子）

【参考文献】望月真澄『近世日蓮宗の祖師信仰と守護神信仰』（平樂寺書店、二〇〇二年）、『女たちと善光寺』（長野市立博物館、二〇〇九年）、福江充『江戸城大奥と立山信仰』（法藏館、二〇一一年）、『大奥女中とゆかりの寺院』（江戸東京たてもの園、二〇一三年）

【史料】「奥院祖師江戸開帳御文之控」「古仏堂祖師江戸開帳公用幷御文記録」他（身延山久遠寺所蔵）、「御留守居勤方手控」（国立公文書館所蔵）、「幕府大奥御拝礼ニ関スル書類」（善光寺大勧進所蔵）

寄　進

金銭的支援　寺院には寄付金である祠堂金《しどうきん》を納めた人物と金額を記した祠堂帳が存在する。萬福寺塔頭法林院は喝禅《かつぜん》が休息所として建立した寺院で、喝禅に帰依した桂昌院が四代将軍家綱との謁見を取り持ち、寺建立のため五〇〇両が下賜された。桂昌院は寛文一二年（一六七二）から毎年三〇両と絹布《けんぷ》などを寄進し、死去する宝永二年（一七〇五）まで続けた。遺金一〇〇両と合わせて合計一一五〇両の支援を受けたことが祠堂帳に記載されている。

九代将軍家重（惇信院）の中陰《ちゅういん》の尊牌を祀る妙定院は、祠堂金を運用して安定した寺院経営を図っている。明和八年（一七七一）一一月惇信院永代供養料三〇〇両が老女松島・岩橋より寄進された。妙定院はこの祠堂金を一旦増上寺方丈役所へ渡し幕府に上納して貸付け、一定の利潤を受け取るように企図している。岩橋はその後、家基（家治世子）供養料として一〇〇両を寄進し、岩橋の死後その実家滋野井家からも岩橋らの供養料として一〇〇両祠堂金が納められた。

木下川《きねがわ》薬師として知られる浄光寺は幕府の御膳所《ごぜんしょ》で、天保一一年（一八四〇）の火災により、御成の時に使用する御座之間を含め本堂が灰燼《かいじん》に帰した。寺社奉行に再建費の補助を願い出たが、火災から九年経っても許可は下りなかったため、大奥向からの取り成しを嘆願した。合わせて過去に、修復のため大奥からまとまった金額が寄進されていることもアピールしている。嘉永二年（一八四九）御末頭が窓口となり惣女中より手許金一一五両を集めて寄進した。本筋である寺社奉行への修復願いも叶ったが、不足が生じたため再び大奥から二〇〇両の寄進を受けた。

このように大奥からの金銭の寄付が寺院の運営を支えていた。臨時の多額の寄進の他に、奥女中は信仰のある寺院に初《はつ》穂料《ほりょう》を奉納していた。

什物の施入　什物《じゅうもつ》の内、打敷《うちしき》（仏像を安置する須弥壇《しゅみだん》や前机に引く布）・戸張（厨子《ずし》内の尊像の前や社団の前に掛け簾の役割を果たす）・水引（机類の側面四方を囲み覆う）の荘厳具《しょうごんぐ》は大奥よりの寄進例が多く見られる。長命寺（滋賀県）では二代将軍秀忠から代々、観音像の打敷は大奥より寄進される慣例になっている、と穀屋文書に記されている。開帳時に大奥から葵紋付の荘厳具の寄進を受ける例は、身延山久遠寺《みのぶさんくおんじ》、長命寺などに見られる。正泉寺（千葉県）には月光院付老女江島（絵島）から打敷、天英院から水引が奉納された。小袖を仕立て直して打敷として奉納する事例もある。供養のため、亡くなった将軍の子女が生前に着用していた小袖を仕立て直した打敷もある。

松島と岩橋は家重の位牌を納める厨子《ずし》を新調し、厨子の戸張や諸道具を葵紋付にするよう指示した。葵紋付の什物を戴くことは、寺院にとって格式の一つとなった。

供養の証し　江戸城内で安置されていた将軍家ゆかりの仏像や念持仏の寄進も大奥からなされた。各寺院には伝承されているが、書付などの裏付けがあるものは少ない。奥女中の寄進によることが刻まれている石仏・石塔が立山、身延山、善光寺などに残っている。法要などで用いる経典を追善のため菩提寺などに納める者もいる。岩橋は家重の菩提を弔うため阿弥陀経を紺紙《こんし》に金泥《きんでい》で書写し納めた。本丸御年寄瀬山が書写した妙法蓮華経八巻が所願寺（千葉県）に残る。

将軍家霊廟への燈籠の奉献は諸大名によってなされるが、穴八幡宮の銅燈籠は正徳三年に本丸奥女中より寄進されたものとある。祐天寺の梵鐘《ぼんしょう》は天英院が亡き夫六代将軍家宣の一七回忌追善として建立したもので、鐘の鋳造と鐘楼の建立費一五〇〇両が天英院より寄進された。

（畑　尚子）

【参考文献】三浦俊明『近世寺社名目金の史的研究』（吉川弘文館、一九八三年）、『「染」と「織」の肖像』（国立歴史民俗博物館、二〇〇八年）、野村恒道・伊坂道子『妙定院史』（妙定院、二〇〇八年）、『大奥女中とゆかりの寺院』（江戸東京たてもの園、二〇一三年）、畑尚子「寺院が所持する大奥関係資料」（『東京都江戸東京博物館紀要』四、二〇一四年）

【史料】「妙定院祠堂金之控」「記録」「覚（金三百両受納ニ付）」「請取申祠堂金

之事」（妙定院所蔵）、「家重付表使書状」（穀屋文書、滋賀県安土城考古博物館寄託）「普請願向一件日並」（『葛飾区古文書史料集一　御成記』葛飾区教育委員会、一九八七年）

信　仰

血盆経と立山信仰　江戸城大奥で信仰されたものは、女人救済の思想と結びつくことが多い。月経や出産の出血が不浄を他に及ぼす罪から、女性だけが堕ちるとされたのが血の池地獄である。短文の経典「血盆経《けちぼんきょう》」を信心して書写すると、この地獄から救済されると説いたのが、血盆経信仰である。鎌倉幕府の執権北条時頼の娘・法性尼の開基といわれる正泉寺（千葉県）は血盆経道場として有名で、経典や版木が残されており、尾張家や紀州家奥向の信仰がそこから読み取れる。

立山《たてやま》では御師《おし》が信者に血盆経を配り、信者に替わって血盆経を立山の血の池に納める。信者には「奉納血盆経請取」が渡される。これを七回（七年間）行うと救済され、奉納が済んだ者には血脈が渡される。江戸城大奥や諸大名家奥向に関わる血盆経の納経者を列記した「立山血池地獄血盆納経記帳」が残されている。

立山芦峅寺《あしくらじ》の布橋灌頂会《ぬのはしかんじょうえ》は、入山を許されない女性のため、この世とあの世の境である布橋を渡って滅罪する儀式で、布橋を渡った所に立つ姥堂《うばどう》には、本尊として醜悪な容貌で乳房を垂らした姥尊像が祀られており、そこで清まり再生を遂げる。その勧進記に名前が記されているのは、天璋院、和宮を筆頭に、家斉の息女や御三家の正室などとそれらの方々付女中たちである。布橋灌頂会に直接参加できない大奥の女性たちは、儀式で使用する白布《しろぬの》を寄付しその名前が勧進記に載せられる。

日蓮宗と七面信仰　大奥の信仰では女人往生を積極的に説いた日蓮宗への帰依が多くみられる。特に家斉期は、側室お美代の影響もあり将軍が日蓮宗に傾注し、大奥女中たちも信者となるものが増加した。旗本井関家に嫁いだ隆子はその日記の中で、天保期の日蓮宗や堕落した僧侶について痛烈な批判をしている。全く信仰心がないにも関わらず表面上日蓮宗の信者を装い、将軍や大奥に取り入る者もいたと指摘している。

日蓮宗と大奥との関係は、徳川家康の側室で、紀伊家の祖頼宣・水戸家の祖頼房の生母お万（養珠院）が熱心な法華信者で、身延山《みのぶさん》二二世日遠に帰依したことから始まる。お万は女人成仏が説かれる法華経を守護する七面山への登詣を強く願い、女性として初めて登頂を果たす。

その後七面山は女人禁制が解かれ、七面大明神は女性からの信仰を集めるようになる。七面山信仰が盛んになると七面大明神の尊像が造立されるようになる。延命院の七面大明神は、開山日長が霊夢にて勧進したと伝えられ、大奥からの信仰を集めた。

日蓮宗の場合、宗派や寺院ではなく特定の僧侶に帰依する傾向が見られる。幕末期に御客応答《あしらい》格を勧めた瀧島は遠寿院住職日照のもとで尼僧妙照院となり、日照が寺院を移ると行動を共にした。江戸時代に起きた僧侶と奥女中との密通事件の現場となったのは、すべて日蓮宗の寺院である。僧侶との密接な関係が事件を生む背景となったとも考えられる。

流行神　大奥では熊谷稲荷や鬼子母神など民間信仰から出た流行神を取り入れることにも敏感で、それらの像を祀る寺院も信仰の対象となった。

隠居した大奥女中には、仕えていた主の菩提を弔うという勤めがある。個人的な信仰とは切り離されるが、位牌を納める寺院での供養も信心からなされれば、信仰と捉えることができる。（畑　尚子）

【参考文献】　望月真澄『近世日蓮宗の祖師信仰と守護神信仰』（平樂寺書店、二〇〇二年）、深沢秋男『井関隆子の研究』（和泉書院、二〇〇四年）、『女たちと善光寺』（長野市立博物館、二〇〇九年）、望月真澄『御宝物で知る　身延山の歴史』（日蓮宗新聞社、二〇〇六年）、福江充『江戸城大奥と立山信仰』（法蔵館、二〇一一年）、『大奥女中とゆかりの寺院』（江戸東京たてもの園、二〇一三年）

【史料】　「立山血池地獄血盆納経記帳」「布橋大灌頂勧進帳」（芦峅寺宝泉坊所蔵、富山県［立山博物館］寄託）、「妙照院日記」（遠寿院所蔵）、「熊谷稲荷縁起」（法養寺所蔵）

寺社参詣

御台所・生母・姫君の参詣　五代綱吉は生母桂昌院のために、亮賢《りょうけん》を招き護国寺を建立させた。桂昌院念持仏の天然琥珀《こはく》如意輪観世音菩薩像を本尊とし、桂昌院の祈願所となった。桂昌院の護国寺参詣は三〇数度にも及んだ。また、桂昌院は神田橋護持院へも参詣し、同所には綱吉息女鶴姫が訪れることもあった。

一一代家斉の御台所寔子《ただこ》は御台所の中では浜御庭へ出向くなど外出回数が多く、将軍家の菩提寺である上野寛永寺と芝増上寺も訪れている。天保一二年（一八四一）四月には寛永寺の家斉墓所に詣で、同一五年四月には芝増上寺を参詣して歴代の御霊屋《おたまや》を拝んでいる。

代参　代参《だいさん》とは自分が仕える主の替りに寺社に参詣することをいう。祐天寺には天英院、月光院、竹姫、松姫など将軍家の女性が大勢帰依しており、代参も盛んであった。特に天英院は六代家宣の供養に熱心で、その代参で秀小路（天英院付上臈）がしばしば祐天寺を参詣している。享保一四年（一七二九）四月には釣鐘完成に伴う大規模な家宣の法要が行われ、天英院の代参は秀小路以下四〇人竹姫の代参は局以下二〇人、さらに家宣の側室法心院・蓮浄院・月光院付女中の代参があった。しかし、天英院自身は祐天寺には参詣しておらず、増上寺の家宣御霊屋へ参詣している。

御年寄瀧山は万延元年（一八六〇）に一二代家慶とその子女、一三代家定への香奠を携え祐天寺を参詣した。正式な代参ではないが、天璋院と本寿院から菓子と御重《おじゅう》を預かり祐天寺へ納めた。

出開帳された寺院へも大勢の女中が代参、参詣に訪れた。施主は御殿の主の場合と女中個人の場合がある。例えば施主が表使《おもてづかい》小山の場合小山本人は訪れず使番や比丘尼《びくに》が代参している。職制が上の者の参詣事例は少なく、既に隠居し尼となっているものは多く参詣している。

施主となっていても本人が参詣するとは限らないことは、堀之内妙法寺の事例からもわかる。

三代家光の霊廟を祀る済松寺には四月

二〇日の家光命日に表使が訪れる慣習で、近くなると参詣の案内が送られた。

感応寺への参詣　鼠山感応寺《ねずみやまかんのうじ》には、雑司ヶ谷に寺地を与えられ建立が開始されて以来、大奥から大勢の参詣者が訪れた。天保六年四月本丸女中より寄進された祖師像の開眼供養には、お美代の代参他本丸大奥より多数の代参があり、同七年正月本堂の地鎮式には江戸城大奥女中が群参した。お美代の局ひわは毎月参詣し、家定（この時は世子家祥《いえさき》）付女中も頻繁に代参に訪れた。天保一二年正月家斉の病状が悪化すると、代参や祈禱が相次いだ。また、家定はじめ、御三家、御三卿や将軍息女の婚家である加賀藩前田家、広島藩浅野家などの大名が直接感応寺へ参詣している。

参詣を描いた錦絵　「堀之内妙法寺恵《え》方参《ほうまいり》之図」は五枚続きの錦絵で中央の歌舞伎役者（右から沢村源之助、五代目岩井半四郎、五代目松本幸四郎）を歌川豊国が描き、左右の四枚を豊広が描いている。恵方参りに来た三人の役者を駕籠脇の奥女中や町娘たちが眺めている構図となっており、妙法寺境内の賑わいが窺われる。

　歌川国安画「上野東叡山花盛図」（個人蔵）は、上野寛永寺の将軍家霊廟に大奥女中が参詣する様子を、上野の花見に見立てて描いたもので、大奥女中の寺社への参詣が画題になるほど目を引くものであったことがわかる。（畑　尚子）

【参考文献】望月真澄『近世日蓮宗の祖師信仰と守護神信仰』（平樂寺書店、二〇〇二年）、『鼠山感応寺』（池上本門寺霊宝殿、二〇一一年）、『大奥女中とゆかりの寺院』（江戸東京たてもの園、二〇一三年）

【史料】「奥院祖師江戸開帳御文之控」「古仏堂祖師江戸開帳公用幷御文記録」他（身延山久遠寺所蔵）、「堀之内妙法寺恵方参之図」（渡邊木版美術画舗所蔵）、「櫨楓」（『江戸西北郊郷土誌資料』一九五八年）、『祐天寺史資料集』一（大東出版社、二〇〇二年）、畑尚子「大奥御年寄瀧山日記」（『國史學』二〇六・二〇七、二〇一二年）

伊勢代参

徳川将軍家の伊勢代参　近世における伊勢参宮《さんぐう》といえば、庶民の参宮が隆盛を誇ったことが有名であるが、大名家等でも参宮を行っている事例はすくなからずある。また、使者を派遣して当主の代わりに拝礼させる代参《だいさん》については、紀伊徳川家・会津松平家・松代真田家など、複数の大名家が年中行事として伊勢代参を行っている。

　徳川将軍家もそのひとつであり、年頭の行事として、京・日光とならび伊勢への代参使《だいさんし》が派遣されている。代参使としては、大友氏・大沢氏などの高家がその任にあたった。

　恒例行事である年頭以外の臨時の代参の事例もあり、例えば老中は、京での公用の帰路、伊勢へ立ち寄り参宮することもあった。その参拝の儀礼は、将軍家の使者としての拝礼と老中本人の拝礼の二つの段階が確認されることから、実質的な将軍家の代参であると位置づけることができる。さらに、諸大名の参宮も、「公儀」のために拝礼している事例がみられ、これらを含めると将軍家の伊勢代参の実施回数はかなりの数にのぼるものと思われる。

桂昌院の伊勢代参　大奥に関わる伊勢代参としては、五代将軍徳川綱吉の生母桂昌院の伊勢代参がある。桂昌院は、信心深さで知られ、護国寺・知足院《ちそくいん》を中心として頻繁に参詣しているが、元禄五年（一六九二）から七年にかけて、くりかえし伊勢へ代参使を送っている。これは先述した幕府の公式行事としての伊勢代参とは異なり、桂昌院が単独で行ったものとみられる。

『徳川実紀』には、元禄五年四月二一日条に「高家六角《ろっかく》越前守広治は、桂昌院殿の命を蒙り、伊勢両宮へ代参すべしとていとま給ふ」との記事が見える。その後、同年八月六日、翌元禄六年正月元日から三日の間、同年四月一一日、同年八月一一日、元禄七年正月四日、同年四月一一日および同年九月一一日にも同様の記載があり、高家六角広治が桂昌院の意を受け、伊勢代参を行っている。とくに元禄六年および七年の桂昌院の伊勢代参使は、将軍家が京・伊勢へ派遣する年頭の使者に先んじて派遣されている点も注目されよう。

桂昌院の代参使をつとめた六角広治は、公家烏丸《からすまる》光広の次男で京から江戸へ下り、そのまま江戸で六角氏の初代となる広賢《ひろかた》の長男で、母も妻も桂昌院の実家である本庄氏出身という、桂昌院との強い縁戚関係にあった人物である。元禄二年に高家にとりたてられ、同九年に吉原遊郭での不行跡を咎められ高家職を罷免されている。

大奥女中の伊勢参宮　大奥女中の伊勢参宮の事例もある。明和四年（一七六四）九月、大奥女中松島と富田が伊勢参宮を行った。その際、一行は人馬の費用を負担せずに出立してしまった。これが原因となり、徳川将軍家の御師《おし》をつとめる内宮《ないくう》御師山本大夫と外宮《げくう》御師春木大夫を中心とする、伊勢内宮御師と外宮御師の集団間における、人馬費用負担を巡る争論をひき起こしてしまうという一件があった。

この一件の記録から、大奥女中が伊勢参宮を行う際の止宿先として、尼寺慶光《けいこう》院《いん》が使用されていることが確認できる。大名家から庶民にいたるまで、伊勢参宮を行う際の止宿先は、基本的に各家と契約関係（師檀《しだん》関係）を結んでいる伊勢御師の邸宅が用いられる。これに対し、大奥女中の場合は、徳川将軍家とも所縁のある尼寺が使用されている点は、大奥女中の参宮の特徴として着目出来よう。

（笠原　綾）

【参考文献】　笠原綾「伊勢御代参の年頭恒例化と将軍権威」（今谷明・高埜利彦編『中近世の宗教と国家』（岩田書院、一九九八年）
【史料】　「三方会合引留」（神宮文庫所蔵）、『徳川実紀』五

交際と贈答

贈答儀礼

将軍家への献上　江戸幕府では将軍家は公的な家として存在した。このため、将軍本人だけでなくその家族の慶事・喪葬年忌も公的儀礼として位置づけられた。よって、諸大名からの献上は、将軍だけでなく御台所をはじめとする将軍家族も対象になったとされる。

　なお、幕府の表向で行われる行事等において諸大名などに課される献上以外に、大名家奥向からも大奥へ献上がなされた。これには、表向に準じて行う家筋に基づいた献上と、献上を希望する者と献上を受ける側の個別な親交・血縁によって行われるものがあった。

将軍家の女性への献上　元禄九年（一六九六）七月、御台所・桂昌院・御袋（お伝・綱吉世子徳松生母）・鶴姫へ進物を贈るときは、老中・出羽守（柳沢吉保・側用人）・右京大夫（松平輝貞・側用人）へ許可を得ることが規定された。加えて、参勤・家督・官位・加増のときの献上物や、隠居のときの遣わし物は、老中・出羽守・右京大天・若年寄衆のみに限定された。このように、将軍家の女性と贈答関係を結ぶには、老中などの許可を得なければならず、大名側からの契機で献上する機会が削減された。

　ただし、将軍の子どもの人生儀礼など将軍家の慶事においては、御台所に献上がなされた。

大奥女中への献上　大奥への献上は、将軍付の女中（将軍本人へは表向で献上がなされる）、将軍家家族とその女中が対象であった。そのため、将軍・御台所ほか主立った将軍家家族付の御年寄・表《おもて》使《づかい》が異動すると、幕府から名前が触れ出され、以後は諸儀礼の献上の対象となることが周知された。女中への献上には、主に白銀《しろがね》が用いられた。

　なお、越前松平家や大和郡山藩柳沢家では、参勤交代・叙任・家督相続・隠居・歴代将軍の法要の際に、将軍付の女中に対して献上がなされていたことが確認できる。

将軍代替における大奥への献上　将軍が代替りすると、諸大名・諸役人・寺社などは事前に触れ出された通りに贈り物を献上した。たとえば大名は正月三が日の出仕に准じて太刀目録を献上するよう指示されている。また、将軍や大御所の女中（老女・表使）へも献上することが定められていた。一〇万石以上は白銀五枚と一種、五万石以上は白銀三枚と一種というように石高で献上品数が異なっていた。

　一方で、献上義務のない人々から献上願が出ることがあった。それは将軍やその家族と由緒のある家などで、大奥を通して将軍・御台所へ献上品を贈るためであった。この場合、あらかじめ大奥に献上願を提出し、それを老女が老中へ採否を伺い、許可を得てから献上がなされた。前代の将軍代替で贈り物を献上していても、当代の将軍家とのつながりが遠い場合などは、許可を得られないこともあった。

大奥へ献上品を贈った人々とその使（主に女使《おんなづかい》）へは、規式が済んだのちに将軍・御台所から返礼が下された。

なお、将軍の子女も大奥へ対し贈り物を献上しているが、大名家へ嫁いだ姫君の場合は、将軍姫君と大名正室としての両方の立場で献上している。（吉成香澄）

【参考文献】長野ひろ子『日本近世ジェンダー論』（吉川弘文館、二〇〇三年）、畑尚子『徳川政権下の大奥と奥女中』（岩波書店、二〇〇九年）

【史料】「将軍宣下ニ付老女衆窺留」（国立公文書館所蔵）、福井県文書館編集・発行『越前松平家家譜　慶永』一～五（二〇一〇～一一年）、『御触書宝暦集成』

大奥と大名奥向の交際

交際の契機　大奥と大名家が交流をもつ契機はさまざまであるが、いずれも将軍家との親密な縁が発生したときに限られていた。彦根藩井伊家の場合は、寛永一九年（一六四二）に三代将軍家光の嫡子竹千代（のちの四代将軍家綱）が宮参りの際に井伊家に立ち寄ったことを契機に、井伊家の正室と幕府大奥との交流が開始された。仙台藩伊達家の場合は四代藩主綱村の正室仙姫が稲葉正則の娘で春日局の孫であることから、大奥との贈答がはじまった。

大名家が大奥への進上を行うには、老中へ願いでて許可を得る必要があった。

大奥からの書状　松平春嶽の「幕儀参考稿本」によると、大奥から送られる書状は、御三家・御三卿と将軍姫君が嫁いだ先の大名に対しては大奥御年寄の名で、諸家の老女に宛てて書状が出され、返書も諸家の老女名で大奥御年寄に宛てて出された。将軍家の子供が養子に入った大名家へも同様であったが、兄弟親子でなければ交際はなかったという。

井伊家では、将軍世子の御成《おなり》後に正室が大奥とのつながりをつくり、文通が行われた。井伊家から将軍・世子・御台所へは、四時（年始・暑中・寒中・歳暮）の御機嫌伺、将軍家の慶事において祝辞を送った。また、大奥老女へは四時の見舞などで書状が送られ、年末には「時候見廻」として正室から贈り物をした。これらのやりとりは御用頼表使《ごようだのみおもてづかい》に相談・世話をうけて行い、正室からの書状はこの表使を介して老女へ届けられた。

島津家では、大奥からの書状は表使の名前で発給され、月日だけが脇に小さく入れられた。多くは大名家奥向からの贈物に対する礼状であった。なお、大奥の表使が発給する文書は通常折紙が使用され、公式の通達の場合には竪紙であった。

交際の内容　伊達綱村室仙姫は、将軍家綱の時代に将軍家との贈答を行っていた。延宝八年（一六八〇）の将軍綱吉の代始めには、藩主伊達綱村が祝儀を献上する一方で、仙姫も女中遣《づかい》を遣わして祝儀を献上し、綱吉から仙姫へ返礼が贈られている。これ以後、将軍、御台所、将軍姫君へ四時・五節句の祝儀、不時の献物・守札を献上し、毎年歳暮には将軍から上使をもって祝儀を拝受し、折々に御台所や将軍姫君から祝儀を受けた。

こうした定例の献物・祝儀以外での不時の贈答について、奥女中たちは三つのランクをつくっていた。最上は「御重《おじゅう》」で、重箱入りの料理であったが、実際には「御重代り」として金一〇〇〇疋が贈られた。次は「御肴《おさかな》」で、実際に魚が贈られる場合と「御肴代り」として金五〇〇疋ほどが贈られる場合があった。最も軽いのが「御菓子」で、実物が贈られる場合と、代わりに金二〇〇疋から五〇〇疋ほどが贈られる場合も多かった。

大名家にとっての大奥とのつながり　正室によって築かれた大奥とのつながりは、大名家にとっては内証の政治的なルートとしても機能した。大名家にとっては、幕府から特別の支援や要望を願う際、この内証ルートを用いることで成果を得られる可能性が格段に高くなるものであった。この特権は大名家にとって強力な支援となったが、その確立には正室の働きが重要な役割を果たしていた。

（吉成香澄）

【参考文献】　松崎瑠美「近世武家社会のジェンダー・システムと女性の役割」（『歴史』一〇三、二〇〇四年）、皿海ふみ「若君の宮参りと井伊家御成」（彦根藩資料調査研究委員会編『譜代大名井伊家の儀礼』彦根城博物館、二〇〇四年）、山本博文「幕府大奥と薩摩藩奥の交際について」（『東京大学史料編纂所研究紀要』一五、二〇〇五年）、松崎瑠美「大名家の正室の役割と奥向の儀礼」（『歴史評論』七四七、二〇一二年）

【史料】　「薩摩藩奥女中文書」（東京大学史料編纂所所蔵）、「寛政六甲寅年御成之節御呈書御用書抜」「御城使寄合留帳」（彦根藩井伊家文書、彦根城博物館所蔵）

公家との交際

親族との交流　将軍の御台所は、京都の朝廷関係者、特に摂家または親王家出身が中心であった。その下向には中・下級公家出身の女性が多く付き従い、御台所付女中の中核をなした。そのほかにも将軍付・子女付として多くの公家出身女中がおり、江戸城大奥の最上層を形成した。

彼女たちは、江戸下向後も実家や親族との交流を保った。むろん、江戸と京都は遠く離れており、大奥女中はもちろん、公家も移動の自由を制限されていたから、実際に対面する機会はほとんど無かった。例外なのが、公家の江戸下向時である。例えば五代将軍綱吉御台所鷹司信子の兄、房輔《ふさすけ》が元禄六年（一六九三）に下向した際には、綱吉や信子から多額の金品が贈られ、綱吉自身が能を演じて饗応した。また、六代将軍家宣御台所近衛熙子の父、基熙《もとひろ》は宝永七年（一七一〇）から二年にわたって在府した。その間、しばしば大奥において家宣や熙子と対面し、朝幕にかかわる諸事を相談している。

御台所の親族である摂家・親王家に対して、女中の親族である中・下級公家（平公家と呼ぶ）の場合は扱いが異なる。彼らも、将軍の代替わりや官位昇進に関わる儀礼などで参府することがあった。また、武家伝奏《ぶけてんそう》や院伝奏などの役職に就任すると、天皇・院からの新年の挨拶を伝えるため、毎年江戸に下った。こうした時には、当該公家から高家を通じて願書を提出し、許可を得れば女中と面会することができた。

それ以外はもっぱら手紙を介した交際となる。御台所はしばしば実家と書状をやりとりして互いの動静を伝えあい、実家を通じて京都から大奥女中を招聘するなど、その人脈を生かした。特に近衛熙子は筆まめでとりわけ家宣が継嗣となった宝永元年（一七〇四）以降、多くの手紙を父親に送った。基熙は、彼女を通じて家宣とつながり、対朝廷政策に関与することができた。

贈答とその意義　御台所や公家出身女中は、実家にたびたび贈り物をした。近衛熙子の貢献はこの点でも目立っており、毎月のように何らかの贈り物があったという。また、正徳元年（一七一一）には、近衛家に対して一〇〇〇石の加増がなされており、熙子の存在なくしてはありえない厚遇であった。その他の女中については、元禄一三年（一七〇〇）に桂昌院付として下向し、元禄一五年に綱吉付となった新典侍《しんすけ》（豊岡有尚《とよおかありなお》息女）や、宝永四年に綱吉付として下向した常盤井《ときわい》（東園基量《ひがしそのもとかず》息女）の例が親族の日記に残されている。これをみると、親兄弟や親族、家来にいたるまで金子や衣類などを贈っているようである。江戸時代の公家の所領は、摂家といえども一〇〇〇から数千石程度であり、平公家は数百石以下がほとんどである。親族大名からの援助などがあったにせよ、必ずしも裕福とはいえなかった。それだけに、大奥奉公にだした子女からの「仕送り」はありがたかったものと思われる。

一方、公家女性がはじめて大奥に入る際には、公家の方から贈物がなされた。例えば先ほど紹介した常盤井が江戸へ下向する際には、大奥女中からあらかじめ書付にて贈物の指定があった。兄の東園《ひがしその》基長《もとなが》は「甚以其品数多」と量の多さに驚きをあらわしたうえで「多以色紙・歌書之類也」と書き残している。すなわち、求められたのは和歌を書きつけた色紙や歌書が中心であったという。やはり、和歌をはじめとする宮廷文化に関連する品が好まれたようである。これらの贈物は新任の挨拶として大奥中に配られたと考えられ、新参の公家出身女中が良好な人間関係を構築するうえで大いに役立ったであろう。

（石田　俊）

【参考文献】　久保貴子「武家社会に生きた公家女性」（林玲子編『日本の近世一五　女性の近世』中央公論社、一九九三年）、石田俊「綱吉政権期の江戸城大奥」（『総合女性史研究』三〇、二〇一三年）

【史料】　「基熙公記」（陽明文庫所蔵、東京大学史料編纂所架蔵写真帳）、「口上覚」（平松家文書、国文学研究資料館所蔵）、「輝光卿記」（国立公文書館内閣文庫所蔵）、「基長卿記」（東京大学史料編纂所所蔵）、『徳川実紀』

第5章

文化と風俗

年中行事

正月三が日の行事

元旦　正月元旦から三日まで「年頭御祝儀」が催される。元旦の祝いは大奥最大の行事である。商人、下男等の出入りする七ツ口と広敷の入口に門松を飾り、御座之間の床に輪飾りをし、いくつかの器物にも注連《しめ》飾りを施した。床の間には日の出に鶴や松竹梅等、三幅対の掛物をかけ、銅製の鶴亀（鶴の嘴《くちばし》と翼の羽筋、亀の頭と甲は金で象眼され、爪は銀、背には水晶の玉を背負う）が飾られた。

御台所は三が日とも正七ツ時（午前四時頃）に起床。髪をおすべらかしにし、装束を調え、御座之間にて湯で手を洗う真似をする「御清めの式」を行った。このとき御台所は手で湯を受ける真似をしながら「君が代は千代に八千代にさざれ石のいわおとなりて苔のむすまで」と唱え、両手を額の際まであげて御拝した。その後、将軍が熨斗目長上下を着て大奥に入り、御台所と新年の挨拶を交わす。まず将軍が御台所に「新年めでとうござる幾久しく」と述べ、御台所は手を仕え、頭を伏しながら顔を将軍の方へ向けて「新年の御祝儀めでとう申し上げます相変わりませず」と祝いの言葉を申し上げ、さらに若君・姫君・親族と挨拶を交わした後、紅葉山の御位牌をはじめ、先祖代々の位牌に対し、注連飾りを付けた白木の御膳に精進料理を盛って供する。将軍、御台所が御拝し、座に戻るときに銀盤に入った若水《わかみず》を共に恵方に向かっていただく。この参拝は正月三日まで毎日なされた。その後は宴席となり、御台所は三が日の間、一日に五回の御召替えをした。留守居は御三家や老中からの祝儀を御台所に伝え、奥女中に祝儀を述べた。

なお大奥では庶民がするように神を拝することはしなかった。ただ、元日中に居間を掃除しないという点は、庶民と同様である。

二日　二日は未明からの「御掃除初め」で始まる。これは元日に掃除せずにたまった塵を掃き清めるためのものであり、平素の掃除と特に異なることをするわけではない。留守居は御掃木《ほうき》を持って大奥各所を回った。その後は御祝儀、御位牌の参拝、祝宴等、元旦と同じように行われた。一方、三田村鳶魚『御殿女中』によれば、正月は三日まで掃除はせず四日の朝に御掃除初めを行なったとしている。

将軍が大奥を出てから「御書初め」となり、色紙もしくは短冊に歌がしたためられる。机、硯等は平素のものを用いる。「御読初め」もなされ、古今集等の三代集、後拾遺和歌集等の八代集、新勅撰和歌集等の十三代集、源氏物語、伊勢物語等の物語より、御意に召したものを一つ、ないしは二つ選び、披露された。次に「御裁初め」が行われる。呉服之間にて、呉服之間女中が、御年寄立ち合いのもと御年寄の見立てた織物を裁つ。素袍《すおう》、大紋、上下地等、将軍の御召物も裁つ。もっともここでは裁つだけであって、縫うわけではない。終わると御台所より御祝儀として酒肴が下された。

夜は将軍が大奥へ入御する「姫初め」となる。姫初めの際には、一年の吉夢を祈って、枕の上に宝船を描いた鳥の子紙を置き、枕の下には鴛鴦《おしどり》のつがいを描いた鳥の子紙を敷いた。

三日　三日は、御三家・御三卿の簾中より「年頭の御祝儀」がある。鯛、あるいは有平糖《あるへいとう》（砂糖飴）でつくった花や草が詰められた若菜籠等が献上された。御台所からは白銀《しろがね》三枚と、諸家から献上された御年玉物を賭けてなされる籤《くじ》引きの籤が下された。なお御目見以上の大奥女中からの新年の挨拶もこの日になされた。三が日のうち、暇があれば御広座敷においてかるたや福引をやったり、御縁で鞠、庭で羽根つき等が行われることもあった。これらは女中の遊戯であり、御台所は簾越しに眺めるだけであった。

（西　光三）

【参考文献】　山本博文『将軍と大奥』（小学館、二〇〇七年）、『幕末の江戸城大奥』（江戸東京博物館、二〇一三年）、『千代田城大奥』、『御殿女中』

【史料】　「御留守居勤方手扣」（国立公文書館所蔵）

正月四日以降の行事

四日以降　正月四日は七ツ時（午前四時頃）過ぎから「御弾初め」がなされ、御茶之間にて御次の女中のうち、御茶之間掛りの者が一〇人ほどで三弦を合奏した。「天下泰平の組」「梅が枝組」等一五組の御祝儀の曲があり、その中から三曲が奏される。それが終わると余興として御茶之間の女中により、越後獅子、義太夫、清元等が奏される。特に新参者の女中は必ず余興をするというしきたりがあった。三田村鳶魚『御殿女中』によれば、御弾初めの順序は長唄・常磐津・清元・義太夫の順で、最後に御祝儀として長唄が奏されたという。

五日は将軍、御台所みずから御目見以上の大奥女中へ媒酌する「御流れ頂戴」がある。御目見以上の女中が順々に二の間、次の間から出て一礼し、御対面所までの一二畳を座ったまま摺《す》り行って御上段の間に進み、顔を上げずに将軍の近くに行き、頭を伏したまま左の掌に右の掌を重ねて差し伸べて御杯を持つ。将軍は御年寄より銚子をとって手ずから酌をする。これを飲んでから御杯を戻し、直ちに御台所の方へと摺り行き、同じようにいただく。

六日は「六日年越し」といい、この日を年越しの日として祝った。将軍、御台所が居並んで酒宴がなされる。七日は「人日《じんじつ》の節句」で、「七草（七種）の御祝儀」があり、朝飯に白粥を食べた。その後、御膳所から瀬戸物の壺に七種を盛ったものが白木の三方に載せて出され、御台所が手ずから採り上げて七草の露で爪を湿らせて切る。これを「七種爪を取る」という。また、そりにのせた鏡餅を大奥で引き回す「御鏡餅引き」もなされた。留守居は奥女中に御祝儀を述べ、その際、奥女中より若葉餅を下された。

一一日以降　一一日は「御鏡開き」で、二度目の御飯の前に、鶴亀、あるいは松竹梅の絵が描かれた黒塗金蒔絵の器でおゆるこ（御汁粉）を食べた。三椀だされるが召されるのは一つだけである。八ツ頃（午後二時頃）には女中にもおゆるこが下される。留守居は奥女中に御祝儀を述べ、その際、奥女中より鏡餅を下された。またこの日、御三家、御三卿、御家門および諸家へ嫁いだ姫君から献上された紅白三枚の熨斗餅（おスワリ）が、御対面所に飾られていた熨斗餅と併せて御賄所の下男によって斧で割られた。割られた餅は使番らによって女中の部屋に配られた。女中はこの餅を自ら焼いたり煮たりして食べる。なかには宿元に送り届ける者もいたという。

一一日には年が明けて初めて御蔵が開かれる。この日はただ鍵を開けるだけである。一四日は「年越し」である。この日に注連縄飾りを取り払い、削掛《けずりかけ》（柳等の枝を削った棒飾り）を居間の北側につるす。削掛は二〇日の風に当たるとその年に風邪をひくといわれており、二〇日より前にはずすという習わしがある。一五日は朝飯に小豆粥を食べる。一七日は紅葉山へ参拝する。御紋付のお菓子等を供物として釣台にのせ、御年寄が霊前に捧げ、一同で羅拝《らはい》する。一八日より晦日にかけて、御三家、御三卿および御家門方の簾中が、年頭の御祝儀に登城する。二〇日は「二十日正月」で、御目見以上の者が、御台所へ祝儀を奏上した。

（西　光三）

【参考文献】山本博文『将軍と大奥』（小学館、二〇〇七年）、『幕末の江戸城大奥』（東京都江戸東京博物館、二〇一三年）、『千代田城大奥』、『御殿女中』
【史料】「御留守居勤方手扣」（国立公文書館所蔵）

春の行事

二月　『千代田城大奥』によれば、二月の最初の午の日である「初午《はつうま》」には、御目見以上の者が御台所へ初午の祝儀を奏上した。また御台所のかわりに御年寄が江戸城内にある稲荷社に代参をし、午後には御次、御三之間等の女中たちが余興として、踊りや茶番狂言を演じた。御台所は簾越しに見物し、女中たちに呉服や髪飾り、菓子、細工物等が下された。大勢の女中がいるなかに手ずから撒き散らし、女中らが先を争って拾うのを見て楽しんだ。一方三田村鳶魚『御殿女中』には、祝儀の奏上や稲荷社への代参はなされなかったとある。

「彼岸」には、御台所が手ずから丸めた団子を仏間に供えるほか、御目見以上の女中に配った。雑司ヶ谷の法明寺の鬼子母神に御年寄を代参として差し遣わし、上野と芝の御霊屋（寛永寺、増上寺）へも御年寄、若年寄、中﨟等から選んで代参につかわした。

八日は「事納め」で、呉服之間にて針供養を行った。呉服之間の女中には御料理目録等が下された。女中らは七ツ時（午後四時頃）過ぎから夜にかけて御目見以上の女中を招いて饗応し、余興として踊ったり狂言を催したりした。一五日は釈迦（釈尊）の入滅の日で、その遺徳追慕と報恩のための行事である「涅槃会《ねはんえ》」が執り行われる。『御殿女中』によれば、この日には、御目見以上の者が「お釈迦懸け」と呼ばれる福引きをしたという。

三月　三月三日は「上巳《じょうし》の節句」であり、三月の一日から四日までは「雛祭」が催された。一二段飾りのきらびやかな雛人形を、御座之間、御休息之間に飾った。御休息之間の雛のことを特に御内所雛といった。服装はきらびやかで、特に三日の服装は最も派手に装われた。供物は毎日取り替え、違う物が供された。御目見以上の者へは白酒《しろき》・料理が下された。留守居は奥女中に御祝儀を述べ、その際、奥女中より菱餅を下され、また対面所の雛飾りを拝見した。

　桜の季節には、吹上御庭で幔幕を張り、花見の宴を開く。特に日にちが決まっているわけではなく、花が咲きそろう前の暖かい日が選ばれた。御台所は滝見茶屋等の御茶屋を御座所とした。御料理は御《ご》膳所《ぜんしょ》でつくり、運んでいった。御供の女中たちも新調した晴着を身に纏い、田楽や団子を食べたり、お酒を飲んだりして、みなで花見を楽しんでいた。下旬には、大奥の御庭で「五十三次」という行事が行われた。東海道五十三次の宿場に見立てて、各地の名物を売る模擬店が並んだ。諸大名の姫君も訪れ、名物を買い求めたという。華やかに賑わう行事だった。

（西　光三）

【参考文献】山本博文『将軍と大奥』（小学館、二〇〇七年）、『幕末の江戸城大奥』（江戸東京博物館、二〇一三年）、『千代田城大奥』、『御殿女中』

【史料】「御留守居勤方手扣」（国立公文書館所蔵）

夏の行事

四月　四月八日は、釈迦の誕生を祝う「灌仏会《かんぶつえ》」（花祭り）である。この日大奥には、牛込宗白（参カ）寺より釈迦《しゃか》牟尼仏《むにぶつ》が運ばれ、奥女中らが参拝したという。また同日、大奥の長局に奥女中を相手にした露店も出た。浴衣地や半襟、白粉《おしろい》、紅、櫛、錦絵等さまざまな品物が並んだ。売り子は御用商人の妻たちで、なじみの奥女中が相手のため、つい値引きして損をしたという。

五月　五月五日は「端午《たんご》の節句」で、御目見以上の者一同、祝儀を奏上した。御三家や御三卿、御家門等からは粽《ちまき》が献上された。御目見以上の女中には、柏餅が配られた。またこの日は菖蒲湯《しょうぶゆ》に入った。留守居は奥女中に御祝儀を述べ、その際、奥女中より粽を下された。

六月　六月一日には、加賀藩前田家から「氷室《ひむろ》の献上」があった。冬の雪を固めて土中に埋め、貯蔵しておいた貴重品で、広敷に持ち込まれ、そこで荷をほどいて器にいれたものが御前に差し出された。氷は御台所より奥女中一同にも下された。

　一五日は「お上のお祭り」と称された山王社の祭礼の日であり、将軍、御台所揃って吹上で神輿《みこし》を見物した。留守居には祭礼の二日前に吹上御庭奥締の通達があり、当日は上覧所の控所で待機し、上覧所の見分をした。

　一六日は「嘉祥《かじょう》」で、御座之間にて御目見以上の者に対して御台所手ずから捻《ひね》り餅が下された。餅は捻り餅で、紅色に胡麻《ごま》をまぶしたもの、緑色のもの等があり、その他に羊羹や饅頭等も加えて白木《しらき》の三方に盛った。また八ツ時（午後二時頃）に将軍の御成があった後に餅を下されることもあった。下旬の「土用」には、御三家、御三卿以下、諸大名より暑中見舞の献上物があった。

（西　光三）

【参考文献】山本博文『将軍と大奥』（小学館、二〇〇七年）、『幕末の江戸城大奥』（江戸東京博物館、二〇一三年）、『千代田城大奥』、『御殿女中』

【史料】「御留守居勤方手扣」（国立公文書館所蔵）

秋の行事

七月　七月七日は「七夕の節句」で、西瓜《すいか》、桃、菓子等の供物を盛った白木《しらき》の台を御座之間の縁端《えんばな》へ置き、その四隅に葉竹を立てて注連縄《しめなわ》を張り、灯明を供えた。御台所の和歌短冊は御休息之間へ供えられた。御目見以上の女中たちも歌をつくり、歌を書いた短冊は御年寄に渡され、御台所の前で披露したあと、庭の竹に結びつけられ、翌朝品川沖へ流した。

一三日から一五日までは盆であり、「御魂祭《みたままつり》」がなされた。仏間に供物を供え、将軍、御台所は、仏間に供えられた黒塗御紋蒔絵の盥《たらい》・湯桶《ゆおけ》で手を清め、朝晩参拝した。増上寺と寛永寺には毎日、代参が遣わされた。御目見以上の女中で片親の者は一三日、両親ある者は一四日に中元の祝儀として目録と料理が下された。御目見以下の女中へも御年寄詰所で目録、御肴等が下された。

八月　八月一日は「八朔《はっさく》」で、徳川家康の江戸入府の日とされることから、五節句のなかでも特に祝われた。御台所は白帷子《しろかたびら》で、女中たちも白装束で祝った。御三家、御三卿、御家門、諸大名より御太刀と御馬代とが献上された。夜には御次、御三之間の女中たちによる狂言や鳴物があり、終わると女中一同に料理や酒、丸餅が振る舞われた。留守居は奥女中に御祝儀を述べ、その際、奥女中より強飯《こわめし》を下された。

一五日は、「中秋」である。午前に「根引き」がなされ、御台所が御納戸座敷の庭で蓮芋の茎を抜き、これを御膳所にまわして白胡麻、枝豆等を加えて「ズイキアエ」として食べた。申の刻（午後四時頃）から御休息之間で、御歌合わせが催され、秀逸の者には賞品が下された。夜は月見を楽しんだ。白木の三方に団子や枝豆、栗、柿、芋等を盛って飾った。夜は鳴物の催しはあまりなされず、虫の鳴き声を楽しんだ。

九月　九月九日は「重陽《ちょうよう》の節句」で、菊の節句ともいった。御台所は長命を祝う縁起物として、杯に菊の花びらを浮かべて飲んだ。女中一同にも御料理・御酒・丸餅が配られた。留守居は奥女中に御祝儀を述べ、その際、奥女中より赤飯を下された。

一三日は「十三夜の月見」が催された。ただ、行事の内容は八月一五日の月見と同様であった。一五日は「御前様のお祭り」と称された神田明神の祭礼の日であり、将軍、御台所は吹上で神輿を見物した。留守居は御台所が吹上の上覧所に入る時刻を確認した上で、上覧所の控所で祭礼を見物した。九月中には観菊もなされた。庭園内に花壇を設け、菊を植え、その後ろに諸大名より献上された菊の盆栽を五段にして飾った。御台所は菊の品評をし、歌等を詠んだ。

（西　光三）

【参考文献】山本博文『将軍と大奥』（小学館、二〇〇七年）、『幕末の江戸城大奥』（江戸東京博物館、二〇一三年）、『千代田城大奥』、『御殿女中』

【史料】「御留守居勤方手扣」（国立公文書館所蔵）

冬の行事

一〇月　一〇月一日は「炉開《ろびら》き」で、御台所を主人にして御茶会が催された。また「荒神《こうじん》払い」の日でもあり、御膳所に荒神を祀った。二日は「東叡山（寛永寺）開山忌」として、御年寄が代参した。一〇月最初の亥の日である玄猪には、「玄猪《げんちょ》の祝い」として子孫繁栄と万病除けを願う行事が催され、女中一同に鳥ノ子餅・お萩餅が配られたと『千代田城大奥』にはあるが、三田村鳶魚『御殿女中』ではお萩餅ではなく、五色の餅を五つ包む「お慰み」が下されたのだとする。またこの日は「炬燵開《こたつ》き」もなされた。ただしこの炬燵は御座之間の飾り物であり、お召し替えを暖める炬燵は御納戸にあった。

一一月　「冬至」には、御台所が油揚げ、および白味噌に餅切れを入れた雑煮を食べた。御目見以上の女中には蛤《はまぐり》の吸い物・刺身・うどん、唐茄子《とうなす》の揚げ物等の料理、および酒が下された。御目見以下の女中にも同じものが御年寄から下された。一五日は「七五三」で、諸家の縁戚者に祝いの品が届けられた。

一二月　一二月一日から一二日まで「煤《すす》払い」が続く。御次・御三之間の女中たちが前掛けをし、頭に手ぬぐいをかぶって大掃除をした。二〇人ずつ一日交代でなされた。終わったあと、太物《ふともの》（麻織物や綿織物）や手拭い、御肴等を下された。一三日は「煤納め」である。煤払いが済んだ祝いとして、留守居が熨斗目麻上下を着て、手に長い笹竹を持って、部屋ごとに上払いをしながら「万々年」と唱えた。さらに恵方の場所において「久」の字を書く真似をした。また畳替えもなされ、一〇〇人あまりの畳師が広敷で畳を替えた。『御殿女中』によれば、煤払いが終わると蕎麦が下されたという。二八日には注連《しめ》飾りを飾った。翌年に年男になる留守居が指揮をして、広敷番頭および表使の立ち会いのもとで、御用達町人の御飾師が注連飾を飾った。また「御納戸払い」がなされ、御台所が女中たちへ御召物を下げ渡した。おさがりとはいえ、一度も袖を通していないものもあった。立春の前日は「節分」であり、豆撒きがなされた。留守居は升に入った豆をもって大奥各所をまわり、女中に豆を渡した。加えて、恵方の場所において「久」の字に豆を置いた。また『御殿女中』によれば年男の留守居は蒲団にまかれて胴上げされたという。

一年の最後は「大晦日」だが、御目見以上の女中たちは、将軍と御台所に対して除夜のお祝いを述べた。口上は「除夜の御祝儀を申し上げます。当年はお静かな年で殊更恐悦を申し上げます」というものであった。年越しの仕度に忙しい大奥女中等は、就寝前に福茶を飲んだという。こうして大奥の一年は幕を閉じるのである。

（西　光三）

【参考文献】　山本博文『将軍と大奥』（小学館、二〇〇七年）、『幕末の江戸城大奥』（東京博物館、二〇一三年）、『千代田城大奥』、『御殿女中』

【史料】「御留守居勤方手扣」（国立公文書館所蔵）

大奥の装い

服　装

大奥女性の服装　大奥の女性たちが日常着ていた服装は、身分、階級、役職、さらに季節によっても違っていた。三田村鳶魚の『御殿女中』によると、御台所は毎日五回のお召し替えがあったという。朝のお召しは緋縮緬《ひぢりめん》、または縞縮緬《しまちりめん》などの被布《ひふ》を召して、寒い時分には二ツ白、総触《そうぶれ》召《め》し、お昼召しといったものは毎日着替えた。また、正月三が日の御台所の服装は、単《ひとえ》、五着《いつつぎぬ》、打衣《うちぎ》、表着《おもてぎ》、唐衣《からぎぬ》、裳《も》を着用したが、最初のお召し替えでは、上衣は白綸子《しろりんず》の綾。間着《あいぎ》は、緋綸子、襠《まち》は白綸子に繡《ぬい》模様のあるもので、帯は宝尽しなど、繡のはいったものを用いた。二度目になると、上衣は紋縮緬、または紫、浅黄色などに総繡。間着は緋綸子の二つ着。三度目より模様物で繡なしであった。

　また、御台所以外の普段の服装についていえば、中臈以上の打掛《うちかけ》は綸子、地色は白か黒、または赤で、金糸や彩色で草花の折枝、立枠や紗綾形などを交互に配し、総刺繡したものが定形だったという。打掛の長さは、衣服より五寸（一五センチ）くらい長くして、幅もこれに準じて広くした。打掛着用の場合は、下にすぐ間着（打掛のすぐ下の着物）を着て、六寸五分前後の縮緬か繻子《しゅす》のやや幅の狭い掛下帯を締めた。間着は中臈以上綸子で、赤や白、黄などの草花の文様を刺繡したものだった。

　季節によっての違いは、打掛は九月九日から三月末日まで、袷《あわせ》は四月一日から一か月間と、九月一日から九月八日までしか着なかった。腰巻きと呼ばれる着物は、四月一日から九月八日までの間の式日に着用した。九月の節句（九日）で綿入れに着替えたが、身分の高い人ほど衣服を着込んだという。

下着　下着は必ず白絹《しろぎぬ》を用いた。袷にも下襲《したがさね》白絹。ただし、綿入れの場合は下着も綿入れを用いるし、袷には下着も袷であった。襦袢《じゅばん》は必ず半身で、御台所は冬春ともに白羽二重《しろはぶたえ》の袷で、襟も袖も同じ。夏秋にかけては白絽を用いた。御台所以外は、緋縮緬を着用したが、襟は必ず白絹で、袖は半幅にした。袖口から襦袢の見えるのを非礼としたからである。

帯　帯は錦、緞子《どんす》の類、或いは黒繻子に繡模様のあるもので、長さは市中の女性たちの帯より、七、八寸短かった。打掛の下に用いる帯は、幅五〜六寸で、黒繻子に刺繡したものが専ら使われた。帯の結び方は竪《たて》「やの字」の引き出しを、短く横に引き出したものである。四月一日より、九月八日まで打掛を着ないときは、竪「やの字」に結んだ。これを帯付といった。やの字結びは、結んだ上の方を背中へピッタリと付けるのが、中臈などの好みだった。背中に尽かないようにするのを、下卑《げび》ているといって嫌ったからである。その反対に御末《おすえ》などは、その下卑た方を好んだという。

　また、袷及び帷子《かたびら》の時には付帯《つけおび》を用いたが、略服には用いなかった。付帯は一名、下げ帯ともいう。錦のしんなしの平《ひら》絎《ぐけ》で、両端の結び目のところには、厚紙を入れて筒にした。この時、打掛は着用しなかった。付帯の生地は、紅、紺、萌黄の段織《だんおり》の錦に限っていて、地色は身分によって違うのではなく、年齢によって異なった。幅は三寸くらいで、寛永期（幅八分）の頃より、幅が広くなっている。

その他、帯締めは、一様に丸ぐけで先を桔梗の形に括る。生地は白縮緬か朱縮緬で模様はなく無地で、必ずお守りをつけた。（村田孝子）

【参考文献】『千代田城大奥』、『御殿女中』

髪型

片はづし　大奥女性の髪型といえば、御台所以下、御目見以上の女性たちが結った「片はづし」が代表的なものであろう。寛政一一年（一七九九）に詠まれた川柳「大老女まじないほどに片はづし」とあるので、寛政の頃には、すでに「片はづし」と呼ばれていたようだ。大奥の女性たちが長い垂髪《すべらかし》が煩わしい時、笄《こうがい》に髪を巻きつけたところから結われ、それが日常の髪型へと変化した。この「片はづし」のもととなったのは、片手髷《かたてまげ》、または片笄《かたこうがい》と呼ばれた髪型であろう。享保八年（一七二三）、西川祐信が描いた『百人女郎品定』の「大名国御前」と書かれた女性が、この片手髷で、笄に巻きつけた髷の形が「片はづし」と同じように見える。ただ、享保の頃は、まだ椎茸《しいたけ》髱《たぼ》（葵髱《あおいたぼ》ともいう）という、大奥女性の特徴ともいえる薄い髱はまだ出来上がっていない。たぶん明和頃（一七六四～七二）から結い始め、天明・寛政頃、庶民の間に大流行した燈籠鬢《とうろうびん》が、上流階級に取り入れられるようになり、おすべらかしのような鬢《びん》を膨らませた形や、ひいては椎茸髱といったような薄い髱が出来上がっていったと思われる。

ただ、大奥の女性たちの誰もがこのように髱をしていたわけではない。主に万石以上の大名の奥方諸婢などで、万石以下、俗に旗本といわれるような家では、髱は庶民と同じ形であったという。家の禄や格で決めていたと思われる。

おすべらかし　大奥の中で最高位の髪型といえば、「おすべらかし」である。この髪型は御台所が、正月三が日結った。形は前髪を小鬢《こびん》の辺りにかけて広めにとり、両鬢を後ろへかけてふっくらと膨らませるために、張り紙を入れる。その張り紙に硬い鬢付油などを付け、髪を貼り付けていく。髪のあまったところに、前髪の先を合せ、背の中央で長髱《ながかもじ》を繋ぎ、ここに丈長《たけなが》を結ぶのである。

お長下げ　一名「お長」ともいった髪型である。このお長の方は、三が日以外の式日に御台所が結った。前髪及び両鬢をおすべらかしのようにして、「いちょう取り」といって襟元で髪を膨らませ、撫《な》で付けた。そして、髪を後ろへ下げて長掛けという髱を掛け、最初の結び目のところに元結《もとゆい》を二重、三重に掛け、その上に中元結を亀結び（結び方の一種）を掛け、さらにその上に絵元結《えもとゆい》を掛けた。

絵元結の下の二番目を小びつさきといい、三番目を中結《なかむすび》、四番目を結捨《むすびすて》といった。結び方は片わなで、小びつさき・中結は薄様《うすよう》の紙。結捨も片わなで、そこに紅の水引《みずひき》を使った。絵元結は金銀地に鶴

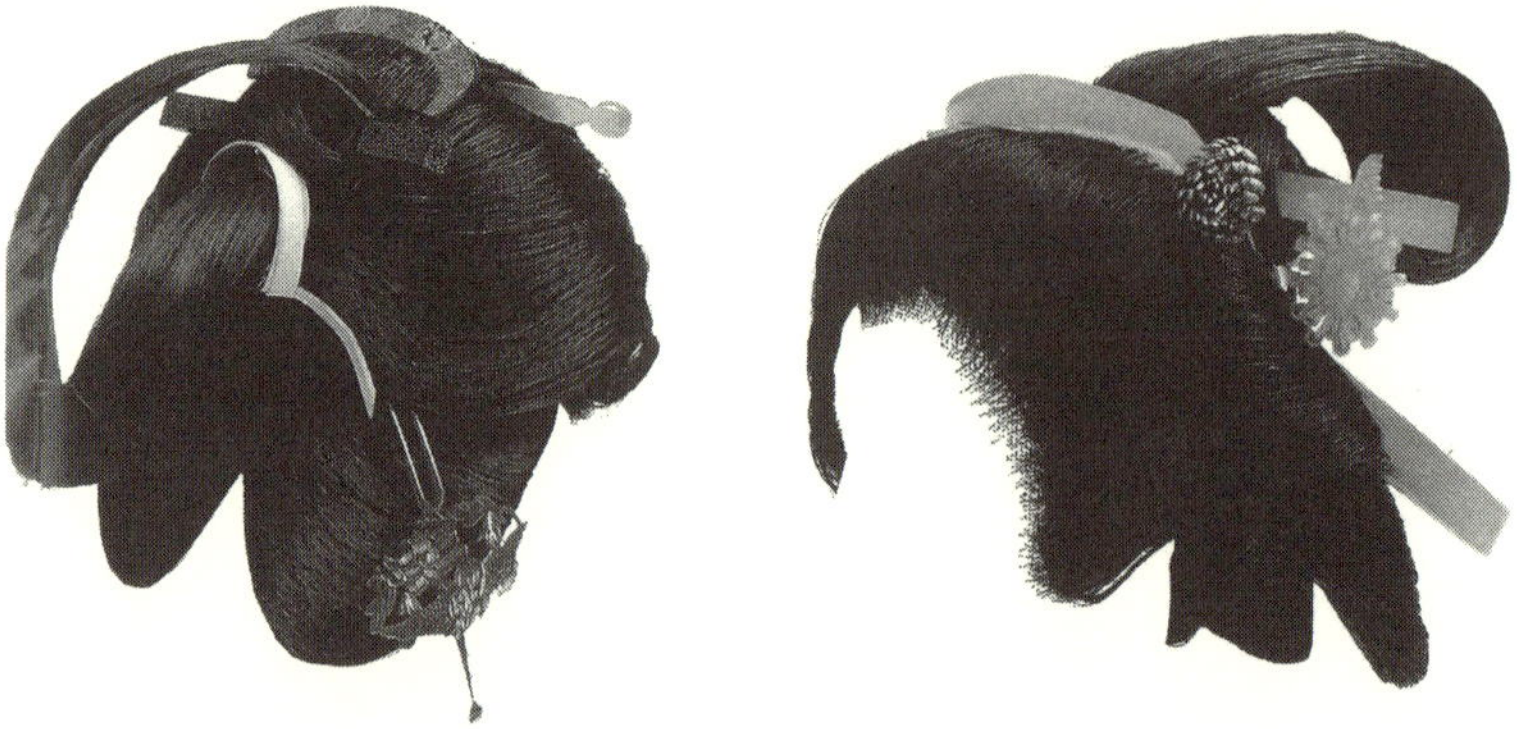

図23　片はずし（左）、おたまはずし（右）（いずれも江戸後期、写真提供：ポーラ文化研究所）

亀松竹の模様である。この髪型には、三月三日は柳の枝四五寸を切って結び添え、四月初卯は葵、五月五日は菖蒲《しょうぶ》を掛けたという。ちなみに、このお長下げは、御台所だけでなく、三が日及びその他の式日には上臈、御年寄、中臈、小性、御錠口、御次頭、右筆、呉服之間頭、御三之間頭等も結ったという。

おまたがえし　この髪型も御台所が結った髪型である。江戸時代後期結われた民間の勝山髷《まげ》に似た形で、御着帯《ごちゃくたい》（妊娠五か月の儀式）以前に結った髪型である。笄は鼈甲《べっこう》製の花笄を用いた。ただし、正月七草までの精進日（祖先の忌日など）に御次、御三之間が一人ずつ、このおまた返しを結った。

下働きの女性たちの髪型　片はづしの次に位置する髪型は「紅葉上げ《もみじあ》」という髪型で、使番、仲居、火之番、御末《おすえ》頭《がしら》といった直接の女中たちの髪型である。形は大体「しの字髷」に似ていて、片はづしと、しの字髷の中間のような髪型である。しの字髷は、御年寄以下、御次、御三之間（そうじ雑用に従事した御目見以下の女中）までの者に結われた髪型で、「しの字返し」、また「島田崩し」ともいった。この髷に用いる輪は、形をよくするために、染め紙に毛を貼り付けたもので、女中たちは「ワッパ」といった。しの字髷の次に、身分の低い女中たちが結った髪型が、「ちょんぼり髱」である。これも御三之間までが結ったもので、髱が椎茸髱にならず、ちょんぼり（ちょっぼり）小さい髱を中央から出した髪型であった。また、七歳くらいで小性に入ったものは「稚児髷《ちごまげ》」に結い、一三歳くらいで元服するが、その時は前髪を引き詰めた稚児髷、一六歳から一七歳になると「根細島田《ねほそしまだ》」に結った。

（村田孝子）

【参考文献】江馬務『日本結髪全史』（立命館出版部、一九三六年）、喜田川守貞『守貞謾稿』（東京堂出版、一九九二年）

装身具

髪飾り　大奥の女性たちの髪飾りは、鼈甲《べっこう》製か銀製のものが中心で、鼈甲の花《はな》笄《こうがい》、花簪《はなかんざし》、銀製の平打簪、耳かきの付いた銀簪などであった。とくに笄に花をつけるのは大奥の女性たちに限られていたらしく、江戸の一般庶民及び京坂もこの花笄は使われていなかったという。鼈甲は舶来物だったこともあり、全部鼈甲のものを使える女性は限られていた。中には、牛爪《ぎゅうず》などで作った贋物《にせもの》があったり、笄だけ鼈甲で、花飾りは牛爪という場合もあったようだ。また、櫛は、『守貞謾稿《もりさだまんこう》』によると、使番だけが島田崩しに、薄くて大きな鼈甲製を挿し、使番の目印にしたという。その他の大奥の女性たちは櫛を挿さなかったとある。しかし、『御殿女中』によると、櫛は妻にならないうちは挿さなかったらしく、櫛は人妻のしるしだったという。簪は小さな耳かきのついた銀簪を挿していた。その他、松竹梅や菖蒲《しょうぶ》などを彫った銀製の平打簪もあったが、平打簪を挿すものは元服前と決まっていたのか、小性などが稚児髷《ちごまげ》に結ったときに挿したようだ。

懐中袋物　御台所以下、打掛《うちかけ》を着るものは、いずれも箱迫《はこせこ》という袋物を懐中した。箱迫は紙入れと同じようなもので、長さが八寸（約二四チセン）、幅は五寸（約一五チセン）くらいのものである。錦、あるいは天鵞絨《びろうど》に、牡丹や梅といった花などが刺繍されたものが多い。箱のように作ったところに、紅、紅筆、懐中鏡、薬入れなど、もう一方の薄い差込みができる方には、七つ道具（錐《きり》、簪、鋏《はさみ》、小刀、楊枝、尺、型付）などを入れた。箱迫は、当番の御目見以上の女中が懐中したが、御台所や姫君は懐中しなかった。普段は鼻紙台という台の上に置き、外出の際には駕籠の中に置いたからである。

煙草入れ　煙草入れは、御台所を始めとして、女中たちも同じカマス形で、錦の布や天鵞絨地に豪華な刺繍が施され、裡《うら》には繻子《しゅす》を付けたものもある。金具などは銀製で、家紋または釦《ぼたん》の折枝や、月に杜鵑《ほととぎす》、菖蒲《しょうぶ》などを鋳った。男性用のように腰挿しの鎖のついたものもあれば、懐中用に鎖のないものもある。また、煙草入れ、煙管入れと同じとも布で懐紙入れや鼻紙入れなどもセットで作られているものもある。

扇子　正月三が日に限り、御台所は檜扇《ひおうぎ》を用いる。檜扇は、檜《ひのき》の細く薄い板を要《かなめ》で綴り、上を糸で綴り合せた扇で、装束を着た時に懐中する。檜の一片を橋といい、男性は二五橋で、要はしろの緒で留め、上辺の綴じ糸は親骨のところで結んであるか、または、そこに細い撚糸《ねんし》で家紋を現したりする。

女性の檜扇は衵扇《あこめおうぎ》ともいい、男性と違って扇の面を胡粉《ごふん》地にして、それを金銀

図24　装身具（写真提供：ポーラ文化研究所）

彩色で花鳥草木を美しく描いてある。ただ、御台所以外は、大奥で働く女性たちは、勤めの時は扇子を持ち歩かない。詰め所に団扇《うちわ》が広蓋《ひろぶた》に入れて備えてあったからである。ただ、御年寄でも扇子を持たない人が多かったという。持つとしても、人の前では使うようなことはしなかった。汗をかくことは下品とされたからである。御台所などは、酷暑の時に装束を着ていても、襦袢《じゅばん》が湿っぽいということはなかったという（帯をきつく締めると、汗はあまりかかない、といわれている）。

（村田孝子）

【参考文献】『千代田城大奥』、『御殿女中』

化粧と化粧道具

白粉化粧　江戸時代を通して行われていた化粧は、主に白粉《おしろい》、お歯黒、眉作り、眉剃り、口紅などで、身分、階級、地域や職業、未婚、既婚などによって様々であった。化粧の基本は白粉化粧で、当時は色の白さが美人の条件とされていた。使われていた白粉は、鉛白《えんぱく》（鉛白粉《なまりおしろい》）と、軽粉《けいふん》（水銀白粉《すいぎんおしろい》）の二種類があったが、一般的には鉛白粉が使われていた。白粉は、水で溶いてつけるのが特徴で、その溶《と》く水も寒《かん》の水《みず》がよいとされた。白粉を入れたりする陶器の白粉三段重《おしろいさんだんがさね》と、刷毛《はけ》も板刷毛、牡丹刷毛、鼻叩きといった具合に何種類かあった。

御台所などが使った白粉は、京都から取り寄せたもので、水で溶いたが、中臈などは化粧品店の玉屋などから買い求め、糸瓜《へちま》の水や、式亭三馬が売り出した「江戸の水」で溶いて使ったという。顔、首、髪の生え際、襟足、さらには胸の辺りまで塗ったが、全体的に市中の女性たちよりも、大奥の女性たちの方が紅や白粉は濃く塗られていたという。外出のときはもちろん、勤めている時も素顔を禁じ、薄化粧は下品として真っ白に塗ったのである。

紅化粧　江戸時代の紅は、主に紅花《べにばな》から作った紅が使われていたが、抽出量が大変少なかったため、「紅一匁・金一匁」といわれるほど高価だった。また、色としては赤一色で、濃いか、薄いかであったが、江戸時代の中でも流行があった。江戸時代後期の文化頃（一八〇四～一七）に、下唇を濃く玉虫色にする化粧が流行った。これは笹色紅《ささいろべに》ともいわれ、もともと紅をたくさん塗ると玉虫色になったことから、行われるようになったのだろう。大奥の女性たちは猪口《ちょこ》に塗られた紅を、筆や指で下唇だけ小さく濃く塗った。口紅は寡婦《かふ》でない証拠とされたため、普段から濃く塗ったのである。

紅の容器としては、前述したように猪口や子供の茶碗の大きさのものに塗られたものを使用した。

お歯黒化粧　お歯黒は鉄漿、涅歯、漂などと書かれ、はぐろめ、はぐろみ、かねなどと呼ばれた。原料は五倍子粉《ふしのこ》とお歯黒水である。五倍子粉は、ウルシ科の落葉小喬木のヌルデの若葉や若芽に、ヌルデノミミフシというアブラムシが刺激してできた瘤状の中癭《ちゅうよう》を粉にしたもので、主成分はタンニン酸である。また、お歯黒水は、酢、米のとぎ汁、酒や茶汁を混ぜたものに錆びた釘や針などを入れて密封し三か月以上保存したものを、温め、五倍子粉と混ぜるとまっ黒なお歯黒

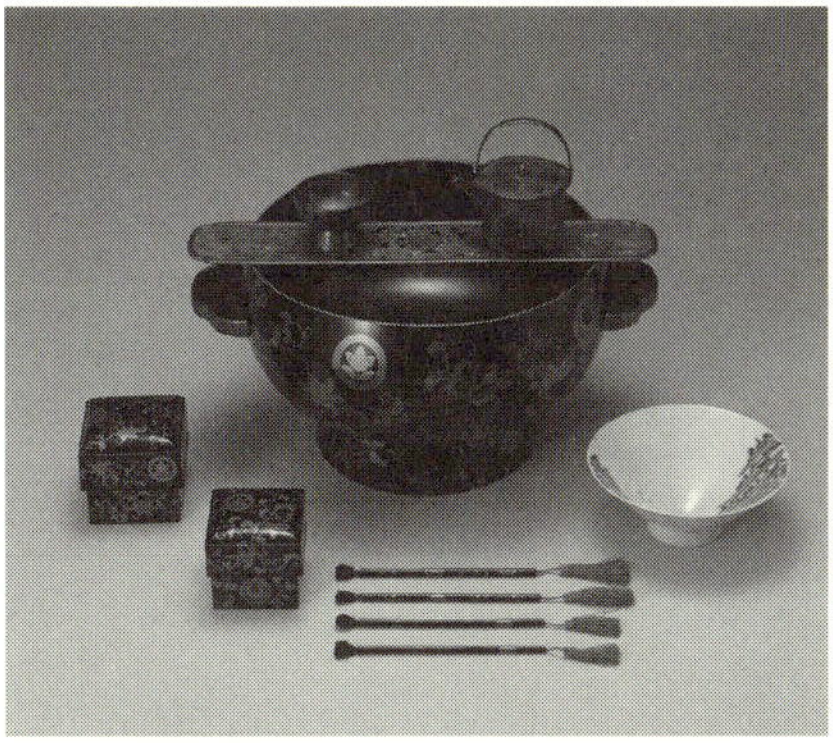

図24　お歯黒道具

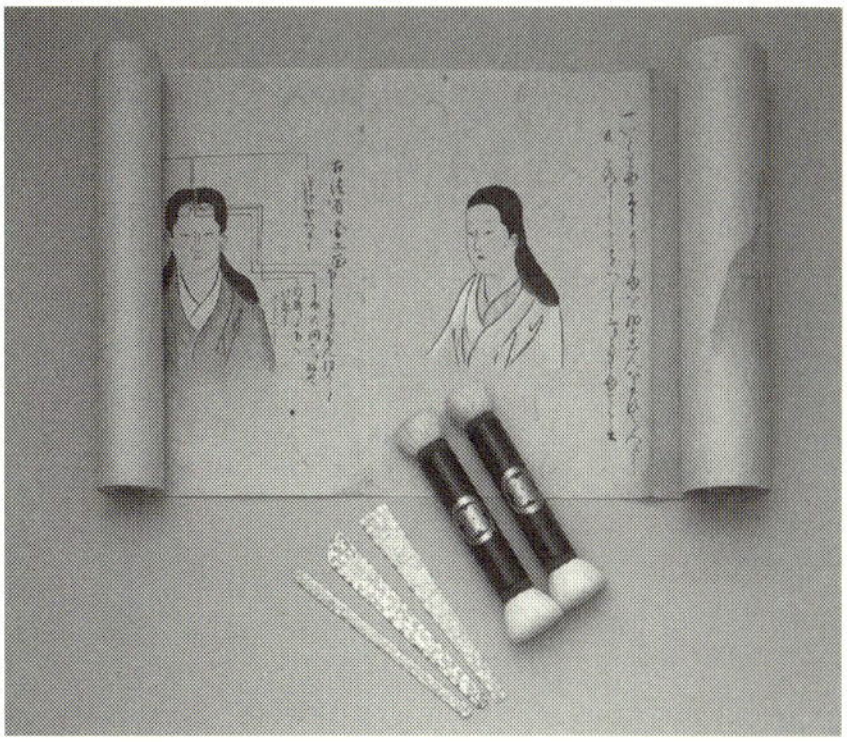

図25　化粧眉作口伝（宝永５年）

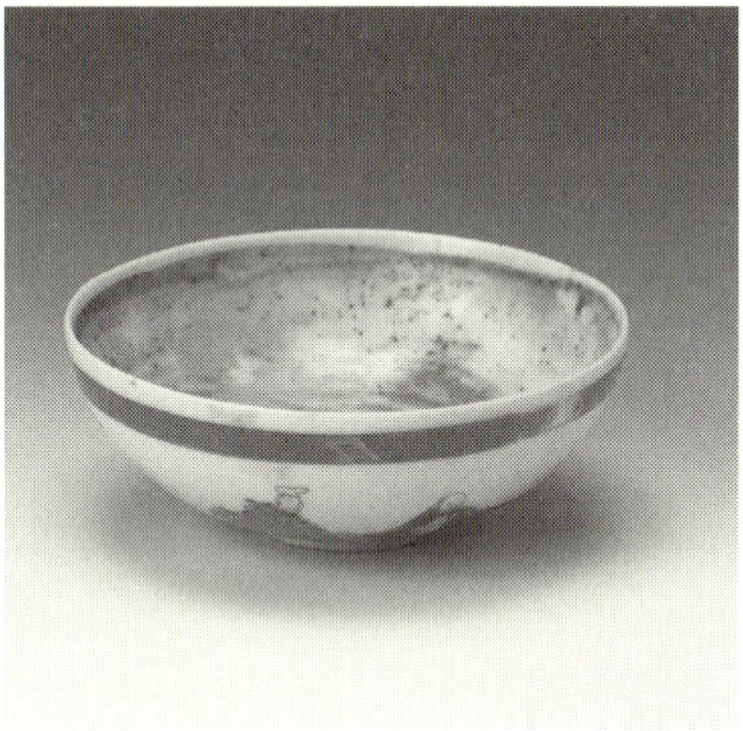

図26　紅猪口

図27　白粉包み、白粉三段重、刷毛

（図25〜28写真提供：ポーラ文化研究所）

ができた。女性のお歯黒は、成人式あるいは婚礼といった通過儀礼と深く結びついていた。お歯黒をつける年齢も江戸時代になると、一三歳、一七歳などと次第に上がっていき、江戸時代中期には、黒は不変で〝貞女《ていじょ》二《に》夫《ふ》にまみえず〟の証《あか》しとされたのである。こういった意味も含んで、結婚を前後して歯を黒く染めたので、既婚女性を象徴する化粧になった。

大奥でのお歯黒については、七歳くらいの稚児髷《ちごまげ》に結ったお小性が一二歳〜一三歳になると元服といって、眉を抜いてお歯黒をしたことが分かっている。これを「元服御小性」といい、髪型は引き詰めた前髪の稚児髷から、細根の島田髷に変わるのである。御台所については、毎朝、目が覚めるとお洗手、お洗手が済むとお歯黒をつけ、それから白粉、紅をつけたという。使われた道具類は、耳盥《みみたらい》、潼子《しょうず》、歯黒次《はぐろつぎ》、お歯黒筆《はぐろふで》といったもので、庶民と同じである。

眉化粧　お歯黒同様、眉化粧は大事な化粧であり、身分、階級などを示す重要なものであった。元服すると眉を剃り落としたが、元服前は、行事の時など眉の上、額《ひたい》の生え際のところに白キワといった際化粧《きわげしょう》を行った。それは鍋の弦《つる》のような形であった。その後、元服して眉を剃り落とした時、白キワは眉の上へ丸みを持たせて引き、その際《きわ》へ眉を描いた。眉は上を濃く、下を薄くしたが、眉と眉の間は指二本ほど開けて、若いものは一寸二三分（約三・五ミリ）、年配のものは小さく描いた。捏墨《こねずみ》は、露草《つゆくさ》花に、紅、油《ゆ》煙《えん》といったものをごま油で混ぜたものなどもあったが、京都の化粧品店などから買い求めたものであろう。道具としては、この眉墨と、象牙や黒檀《こくたん》などで作られたへら類三種（横おし、袖なり、しんさし）である。なお、眉化粧は、お三日（朔、一五日、二八日）と、五節句といった年中行事に行われた。その様子は、楊洲《ようしゅう》周延《ちかのぶ》などが描いた浮世絵『千代田の大奥』を見ても、窺い知れる。（村田孝子）

【参考文献】喜田川守貞『守貞謾稿』（東京堂出版、一九九二）、『千代田城大奥』、『御殿女中』

教養と文化

女筆

女子消息型往来物の普及　女筆《にょひつ》とは、広義には「女性の筆跡」をさす。女性が書いた文字で現存する最古のものは、奈良正倉院が所蔵する孝謙天皇と光明皇后のものという。平安時代になると女性用の文字として仮名文字（女手）が創られ、主に貴族出身の女性たちに用いられた。中世になると武家の女性たちも仮名文字を用いるようになり、中世末には庶民の女性たちにも仮名文字が普及した。

近世の寛文（一六六〇年代）から元禄（一六九〇年代）のころには、「女筆手本」などの女性用習字手本の版本が刊行され、女子消息型往来物としての形式を整えていった。これは単に手紙文の書き方や字を学ぶだけでなく、生活に直結した知識・道徳・技術を盛り込んだ女子教育の教科書的役割を持った。近世後期になるにつれて庶民化の様相も加わって広く普及していき、書筆など諸芸の習得が奥女中奉公のうえでの好条件ともなった。

「女筆手本」の筆者のうち、小野お通《づう》、長谷川妙貞《みょうてい》、沢田お吉《きち》は、柳亭種彦《りゅうていたねひこ》が「寛永以後女の三能書《のうじょ》」と紹介したことで当代屈指の女流書家として注目されたが、出版点数では長谷川妙貞、居初《いそめ》津奈の作品数が他に抜きんでており、それぞれ独自の書風を築いて女筆出版の活性化をもたらした。

女筆消息の様式　女筆は、狭義には仮名文字で書かれた消息文をさす。実際には男性が書いたものであっても、女筆の形式を踏襲して書かれたものは女筆消息に含めることができよう。朝廷では、勾当内侍《こうとうのないし》などが天皇の勅旨をうけて、女消息体で書いた女房奉書という書状形式の文書が発給された。この形式を借りて、天皇自身が執筆したものも伝来している。

形式は仮名中心の散らし書きを用いる。散らし方は、江戸時代中期の故実家伊勢貞丈の『貞丈雑記』では、立石様（上を揃え、下は不同）・藤花様（上は不同で、下を揃える）・小筋書（二行揃えに書く）・雁行様《がんこう》（行の頭を段々下りに書く）の四式があるとしているが、一般的には雁行式が好まれていたような形跡がある。

また、「（まいらせ候）」や「（候べく候）」など、女筆消息に特有の書体を用いることも特徴の一つである。

当初、紙は三枚重ね、日付や名前・宛名を書かないなどの決まりがあったが、戦国から近世初期にかけての女筆消息には、日付や宛名が書かれることが増え、差出者の名前も一文字のみを記す例（たとえば、明智玉《たま》は「た」、北政所《きたのまんどころ》浅野寧《ねい》は「ね」、浅井江《あざいごう》は「五」など）がみられるようになった。近世後期になると日付や名前・宛所が記されることが通常化し、仮名文字に漢字が交じることも増えてくるが、女筆消息の体系的な理解を深めるためには女筆学の構築が急務といえよう。とくに、一七世紀以前に女性自身が書いた史料としては、女筆消息に代替するものは少数の日記等に限られているため、これら女筆消息の解読を女筆学に基づき

ながら進めていくことが、奥向研究にとっても重要な課題となる。（福田千鶴）

【参考文献】　高尾一彦「女筆手本をめぐる諸問題」（『横笛と大首絵』法政大学出版局、一九八九年）、久曽神昇『近世仮名書状集』（風間書房、一九九四年）、前田訣子『近世 女人の書』（淡交社、一九九五年）、中野節子『考える女たち』（大空社、一九九七年）、天野晴子『女子消息型往来に関する研究』（風間書房、一九九八年）、小泉吉永『女筆手本解題』（青裳堂書店、一九九八年）、吉田豊『寺子屋式 古文書女筆入門』（柏書房、二〇〇四年）、小泉吉永「女筆の時代と女性たち」（『民衆史研究』七九、二〇一〇年）、勝又基「近世前期における仮名教訓書の執筆・出版と女性」（『民衆史研究』）七九、二〇一〇年）、妻鹿淳子『武家に嫁いだ女性の手紙』（吉川弘文館、二〇一一年）、福田千鶴「近世初期の『女筆消息』」（『週間日本の歴史』二九、朝日新聞出版、二〇一四年）、同「戦国女性をめぐる書状」（『歴史読本』八九七、KADOKAWA、二〇一四年）

絵画稽古

将軍家における絵画稽古　江戸城大奥は嫡男をはじめとする将軍の子どもが養育される場であり、他家から迎える正室が婚礼までの準備期間を過ごし、正室教育を受ける場でもある。絵画は和歌・茶道・香道などと同様、将軍家で必要とされる技芸の一つであった。家治・家斉・家慶の代では、将軍とその嫡男だけでなく、庶子（家斉の子斉彊《なりかつ》・斉裕、家慶の子慶昌）、女子（家治の養女種姫、家斉の娘溶姫・末姫）、嫡男の婚約者（家慶の嫡男家祥《いえさき》の婚約者有君〈鷹司政熙《まさひろ》娘〉）などが絵画の稽古を受けている（「公用扣」「公用日記」『増訂古画備考』）。

将軍家で子どもたちに絵画を教えていたのは、将軍や幕府御絵師（以下、御絵師）である。御絵師は江戸城・将軍家霊廟の障壁画の制作・修復、贈答品の制作、将軍家の行事に関する記録画の制作などをおこなうことにより、為政者である将軍の威光を可視化する役割を果たしていた。御絵師の中には、幕府の御用（表御用）の他に将軍家の御用（奥御用）を仰せつけられた家が四家（中橋・木挽町・鍛冶橋・浜町狩野家）あり、徳川家治・家斉・家慶の子どもや、家慶の嫡男の婚約者に対しては、木挽町狩野家の当主とその跡継ぎが稽古をつけている（「公用扣」「公用日記」）。

絵画稽古の内容　「公用日記」によれば、将軍は幼少の子どもたちのために大奥で手本の制作・習作の添削をしていた。子どもが成長すると御絵師が稽古をつけるようになるが、御絵師による絵画稽古には主に二通りの性格のものがある。第一は作画の技能を上達させるための訓練であり、第二は贈答品などに供する絵画制作の指導である。前者の過程で将軍の子どもたちによって制作される習作は「御清書」と呼ばれるのに対し、後者において制作される絵は「御筆」や「御画」と呼ばれる。本丸御殿での稽古は主に、御絵師が絵画の手本を描く→子どもたちが手本をもとに「御清書」や「御筆」を制作する→御絵師が奥の御絵部屋で「御清書」「御筆」を拝見し、「御清書」には御絵師が添削を加えて「御点」（「＝」）のように縦線で評価を示す評点で、数が多いほど出来が良い）を付け、「御筆」には子どもたちが押印する、という手順でなされた。また、「御筆」の場合、御絵師は下書き・手直し・仕上げ・印章の選定・押印位置の指示などをすることもあった。例えば、溶姫（家斉の娘）の稽古は初め家斉が、次に御絵師がおこなった。御絵師は、男子には側で手ほどきをすることもあったが、姫君には書面だけで徹底した指導をしなければならなかった。家斉は、溶姫の「御清書」の出来が悪ければ何度も描き直しをさせるよう御絵師に命じている。また姫君の場合、他家へ嫁いだ後も御絵師による稽古を受けた（以上「公用日記」）。

「御筆」が果たす役割　将軍やその家族は日常の慰みとしてだけでなく、年頭の書初など将軍家の年中行事に際して「御筆」を制作した。家慶は初午に掲げる絵馬も描いている。また、「御筆」は饗応儀礼の場で床飾りとして用いられたり、大名・旗本・公家などへの贈答品となった。例えば、家慶は父家斉の死後、政治改革を推し進めるにあたり、譜代大名らの乗馬を上覧し、彼らを吹上御庭で饗応した。その際、庭内の茶屋の一つに家慶の「御筆」を掛けて大名らに見物させ、改革の要となる老中・側用人に対しては「御筆」を下賜している（「辛丑日簿」）。また、溶姫（家斉の娘）は前田家との婚儀に際し、自ら制作した「御筆」を老中に下賜している（「忠成公御日記書抜」）。

（木下はるか）

【参考文献】松原茂「奥絵師狩野晴川院」（『東京国立博物館紀要』一七、一九八二年）、池田宏「狩野晴川院『公用日記』にみる諸相」（『東京国立博物館紀要』二八、一九九三年）、武田庸二郎・江口恒明・鎌田純子編『近世御用絵師の史的研究』（思文閣出版、二〇〇八年）、木下はるか「将軍家『奥』における絵画稽古と御筆画の贈答」（『歴史評論』七四七、二〇一二年）

【史料】狩野晴川著「公用日記」「公用扣」（東京国立博物館所蔵）、「忠成公御日記書抜」（水野家史料、早稲田大学図書館所蔵）、朝岡興禎著・太田謹増訂『増訂古画備考』（思文閣出版、一九七〇年）、「辛丑日簿」（首都大学東京図書館所蔵、大口勇次郎監修『水野忠邦天保改革老中日記』一一、ゆまに書房、二〇〇一年）

香道

大奥の香道　『千代田城大奥』には、「香合には吉野流、徳大寺流などいろ〳〵の流儀あり、先づ組香と名付けて其の品別けて多し。そが中に大奥にて絶えず行はるゝは十種なり。十種とは十炷香、宇治山、小鳥、小草、競馬、矢数、名所、花月、源氏、連理なり。此之十種の外に組と称ふる香多くあれど略す」とあり、江戸城大奥において十種香が絶えず行われてきたことがわかる。また同書には、聞香の際の注意事項八項目が記されている。①薫物の衣類、革製のものを着用しない、②香を聞き終えるまでは無言であること、③長聞きしない、④香爐を取り戻すことはしない、⑤符を取り換えることはしない、⑥他人と相談して符を入れてはいけない、⑦香を聞いているときは煙草、茶はしない、⑧香を聞いているときは席を離れない。さらに香爐を受け渡す際は、三脚の香爐であれば、爐の一脚ある方をその人へ向けて差し出す。脚なき香爐であれば、模様がある面を前面に向けて渡すとある。

大奥における志野流　西山松之助氏は、志野流《しのりゅう》香道家元・蜂谷宗由家に伝来した二冊の門人帳を分析し、享保二〇年（一七三五）から弘化三年（一八四六）にわたる一一二年間の門人の推移を、身分・国別などにわけて明らかにしている。これよれば、江戸の女性や江戸城大奥において志野流香道が受容されていく様子がわかる。その嚆矢《こうし》として、寛政九年（一七九七）、田安家の種姫をはじめ同家奥女中五四名がみえる。江戸城大奥では、文化一三年（一八一六）に女中のたき・ぬゐら二九名が入門しており、一一代将軍徳川家斉の時代に江戸城大奥を中心とする女性の入門者が集中している。

徳川宗家伝来の香道書　一三代将軍徳川家定の正室である篤姫《あつひめ》（天璋院《てんしょういん》）、一四代将軍徳川家茂の生母であるお操《みさ》（実成院《じつじょういん》）の香道書が徳川宗家に伝来している。

天璋院所用は帙《ちつ》などに収められ、全四五冊が伝来する。「軒のしのふ」全一〇冊で一帙、「十炷香」「源山雪」「源山雪秘事」「百千鳥」「米川流《よねかわりゅう》香真式」「米川流香道行式図書」「米川流道草式図解」「米川流棚飾香式」の全一一冊で一帙、「名物香爐拝領香炉扱 口伝共」「名香式拝領香炷式図解 下」「花月香二人香元式 全」「香道今案」「香台式之書 全」「草焚組香式」「香道春曙後編」上下「栄松香之記 全」「香銘附合定法書 全」「神前佛前焚香之式 全」「志野宗信名香合」「親長香之記 全」「香道系譜 全」「八卦香爐伝 全」「手記録盤物扱書 全」「春の山もり」「梅のしるべ」「行試十組之式」「長緒類結様図解」「浪花春」の全二一冊で一帙、ほかに「米川流草焚組香式」「香組覚」「香式」の三冊がある。このうち「神前佛前焚香之式 全」には「此本は賢章院様御筆也」とあり、薩摩藩主・島津斉彬《なりあきら》の生母である賢章院《けんしょういん》が書写したものが含まれている。

実成院所用のものは、江戸城で生活した部屋の名称である「七宝《しっぽう》之間」と裏表紙に墨書され、「志野香道順書」、「三十組」上中下、「四十組」春夏秋冬などが伝来する。いずれも志野流であり、化政期以降に大奥で流行していた流派と共通している。

また、天璋院の手廻り品を多く収納した梨子地笪牡丹蝶尾長鳥文蒔絵用箪笥（徳川記念財団所蔵）には、「小鳥香之記」「十炷香之記」「烟競香札」「香道具帳」など、天璋院の香道に関わる資料が大奥入城以前のものを含め伝来している。

なお、一四代将軍御台所である和宮（静寛院宮）に関しては、関東下向の際に孝明天皇より拝領した「梅に鶯蒔絵香合・香木『若木梅』」「象牙製香割道具」（徳川記念財団所蔵）、「十種香道具 黒塗桜花唐草蒔絵」（江戸東京博物館所蔵）が伝来している。

将軍正室（御台所）や生母の香道についての調査は緒についたばかりであり、今後、その受容過程と江戸城大奥での展開の具体的な解明が期待される。

（野本禎司）

【参考文献】　西山松之助『西山松之助著作集第一巻 家元の研究』（吉川弘文館、一九八二年）、江戸東京博物館『皇女和宮』（一九九七年）安藤綾信『徳川譜代大名 安

藤家の伝承』（東洋出版、二〇〇五年）、NHKプロモーション『天璋院篤姫』（二〇〇八年）、徳川記念財団編集・発行『徳川将軍家ゆかりの女性』（二〇〇八年）、福井市郷土歴史博物館『大奥』（二〇〇九年）

【史料】「（香道秘伝書）天璋院所用」（『徳川将軍家ゆかりの女性』）、『千代田城大奥』

歌学

大奥の歌道　三代家光以降、将軍は、天皇家、宮家、摂家から正室を迎えている。季節の移ろいや心の微妙なありようを、三一文字に託して和歌を詠むことは、古来より貴族にとってはたしなみのひとつであった。京都から入輿した御台所は、江戸城大奥において文雅に心を寄せ、流麗な手跡で和歌を料紙にしたため、古今集等の歌かるたをたしなんだ。

将軍の和歌を集めた「不盡《ふじ》の煙」（近藤正斉　謹集）には、四代家綱の御台所高《こう》巌院《げんいん》、五代綱吉の生母桂昌院、同御台所浄光院、同側室瑞春院、六代家宣の御台所天英院、七代家継の生母月光院、九代家重の側室安祥院《あんじょういん》の詠んだ和歌が収められている。冷泉家中興の歌人と評される為村《ためむら》に師事した月光院は、二一五首を収める家集『車玉集』を遺した。

一一代家斉の御台所広大院は、「千代の浜松」（文政九年八月廿一日濱の御庭御遊覧自記）や自詠の短冊を遺し、一二代家慶の養女精姫《あきひめ》は、「千代の浜松」を手本として、和歌を交えた和文「真砂のかず」や自詠の短冊等を有栖川流のあざやかな筆跡で記した。

『千代田城大奥』に見える文事に関する年中行事としては、正月二日の読書初、御台所が星合の歌を短冊にしたため御休息之間に供え、側女中の和歌短冊は葉竹に結び付け、翌朝品川沖に流したという七夕《たなばた》の祝儀、八月一五日（十五夜）、九月一三日（十三夜）等の節句に、歌合や歌会が催されたこと等があげられる。また大奥での具体的な和歌活動を伝える記事として「御台所の御歌は表にてその筋の役人これを御添削申し上げ、女中のものせしは大概御上﨟にて添削す」とある。

天璋院の和歌　薩摩藩主島津斉彬《なりあきら》・近衛忠煕《ただひろ》の養女として江戸城大奥へ入輿した篤姫（敬子《すみこ》、後の天璋院）は、嘉永六年（一八五三）八月に鹿児島を出立する以前から、将軍の縁組候補者として相応しい教養を身につけるため、和歌や香道、茶道などを熱心に学び、その奥義を極めていた。天璋院の手廻り品等を収めた「梨子地笘牡丹蝶尾長鳥文蒔絵用箪笥」には、「嘉永六年五月二十八日」「敬子」と自署した「歌道入門誓紙」やその案文「歌道入門誓紙案」、和歌を修得する過程で師から与えられた「竪詠草案」、美麗な雲紙に書かれた「出題短冊『寄道祝』」、歌題に対して敬子が二首詠み、師の添削や合点が付された「和歌詠草」をはじめ、和歌巻、御稽古月次和歌題、広大院や温恭院の追善「懐旧」題和歌、「二条家和歌秘書」（写本）、和歌仮詠草等が見える。

安政三年（一八五六）一二月、一三代将軍家定と結婚した敬子（天璋院）は、翌年より毎月日を決めて稽古歌会を行っていたと考えられる。用箪笥には、「安政四巳年」と端書のある「三十首御題」「七夕　七首」「八月十五夜　十五首」「重

陽　九首」「九月十三夜 十三首」や「安政四年　御稽古月次和歌題」をはじめ、慶応三年（一八六七）まで毎年行われた御稽古月次和歌題等が遺されている。

和歌仮詠草の表題には、「京都御直し」または「品川御直し」と記されており、天璋院は二人の師から指導を受けていたことが窺われる。「京都御直し詠草」と墨書された一綴には、巳年（安政四）より大奥で詠んだ和歌二二六首と「京都」の師匠（近衛忠煕カ）から受けた添削や合点等が朱書で記録されている。紙筆さえあれば学習できる和歌の指導は、主に通信添削の形で行われていたことが窺える。

和宮（静寛院宮）の和歌　文久二年（一八六二）二月一一日、一四代将軍徳川家茂に降嫁した和宮（親子内親王、後の静寛院宮）は、皇女として幼少より歌書や物語に親しみ、有栖川宮熾仁《たかひと》親王について書道・歌道を学んだ。大奥に入ってからの和歌活動については詳らかではないが、明治二年（一八六八）京都に帰住した翌年より三条西季知《すえとも》について歌学を学んだ（「静寛院宮御日記」）。宮内庁書陵部には、真筆の「静寛院宮御詠草」一四冊が伝えられ、四季折々に詠んだ一七〇〇～一八〇〇首の和歌が収められている。このうち一三冊は明治三年以降の草稿であるが、一冊には降嫁道中の詠草と思われるもの等が含まれている。

（柳田直美）

【参考文献】武部敏夫『和宮』（吉川弘文館、一九六五年）、久能山東照宮博物館編集・発行『徳川・松平家ゆかりの女性』（一九九〇年）、久能山東照宮博物館編集・発行『久能山東照宮博物館一〇〇選』（一九九五年）、徳川記念財団編集・発行『徳川家茂とその時代』（二〇〇七年）、『天璋院篤姫』（ＮＨＫプロモーション、二〇〇八年）、徳川記念財団編集・発行『徳川将軍家ゆかりの女性』（二〇〇八年）、徳川記念財団・江戸東京博物館編『幕末の江戸城大奥』（徳川記念財団、二〇一三年）、柳田直美「御台所の嗜み」（前同書所収）

【史料】正親町公和編『静寛院宮御日記』上（皇朝秘笈刊行会、一九二七年）、「不盡の煙」（楠瀬恂編輯『随筆文學選集』第八　書齋社、一九二七年）、「右文故事」（国書刊行会編『近藤正齋全集』二　第一書房、一九七一年）、「千代の浜松」（津本信博『江戸後期紀行文学全集』第一巻、新典社、二〇〇七年）、「真砂のかす」（久能山東照宮博物館編集・発行『久能山東照宮博物館一〇〇選』）、「（歌学秘伝書）天璋院所用」（『徳川将軍家ゆかりの女性』）、『千代田城大奥』

茶　道

大奥の茶道　大奥における茶道の様子は、明治二七年～二九年にかけて刊行された楊洲周延《ようしゅうちかのぶ》の『千代田の大奥』に取り上げられている。

「茶の湯」と題され、露地に設けられた腰掛待合における亭主の迎付の様子を画くものと、「茶の湯　廻花《まわりばな》」と題したものである。後者は真台子《しんのだいす》を構えた室内で、床の間や床柱に設えられた様々な花入に順に花を生ける廻花の様子を画く。廻花は、江戸時代中期に表千家の如心斎《じょしんさい》宗左《そうさ》と裏千家の一灯宗室《いっとうそうしつ》が、大徳寺の無学和尚の教えを仰いで、茶道の心技錬磨を目的として制定した「七事式《しちじしき》」に含まれる。江戸の茶道は、「七事式」の制定にも深くかかわった川上不白《かわかみふはく》が千家嫡流で新風の茶道を展開した事から、幕閣、島津家などの諸大名・江戸の大商人などが、千家流に改めたとされる。後世の考証による画だが、大奥の茶道の流儀を考える上で示唆的である。

天璋院の茶道　一三代将軍徳川家定との結婚のため、安政三年（一八五六）一一月、敬子《すみこ》（後の天璋院）は江戸城に入った。翌月一一日結納、一八日には華燭の典を挙げた。この婚礼に際して多様な婚礼道具が整えられた一方、敬子は御台所として茶道についても修養を重ねている。その姿は徳川記念財団所蔵の天璋院所持和歌巻に「こたひ、敬子の御方柳営へまうのほり給ふによて、何くれの道々をも其おくをきはめ給はんとの御事にて、茶の道の臺子真行草とも残らすつたえ侍りぬる」云々と記された詞書《ことばがき》からも窺われる。

これを裏付けるように、徳川宗家文書中には「台子飾秘伝書」六冊が伝えられる。「真臺子　風炉・囲炉裏」「真臺子　炭点前」「行臺子　真・行・草」「草臺子　真・行・草」「別會之部　囲炉裏・風炉」「両貴人點」から構成されるこの伝書の巻末には「右は御執心によりこたひ臺子真行草、のこらすつたへまいらせ候、あなかしこ、安政三　十月　弘子　敬子御かたへ」との記述から、江戸城入りを間近かに控えた時期に相伝されていることが分かる。「両貴人點」は、貴人に対して二服の濃茶を点て、茶入・茶杓を拝見に出す一連の所作を書き記したもので、大円盆に茶入・長茶杓・台天目二組を仕組んで台子を前に茶を点る次第を詳細に記すなど、大奥における茶道の一端を伝えている。

（田中　潤）

【参考文献】　徳川記念財団編集・発行『徳川将軍家ゆかりの女性』（二〇〇八年）
【史料】「和歌巻　天璋院所持」「（台子飾秘伝書）天璋院所用」（『徳川将軍家ゆかりの女性』）、『千代田の大奥』

芸　能

御殿奉公をめざす少女たち　肥前国平戸藩の老公松浦《まつら》静山（一七六〇～一八四一）は、子どもの頃、祖母を訪ねて来た大奥の女性が演じて見せた八代将軍吉宗の頃の踊が、とても古風でつまらないと感じたと懐古している（『甲子夜話』）。只野《ただの》真葛《まくず》（一七六三～一八二五）もまた同様の感想を記している。陸奥国仙台藩では、伊達宗村の時代（一七四三～五六）には、「四書五経」や「狩野の絵」などの「芸」で召し出された女性がいたというのである（『むかしばなし』）。

大名の城や江戸屋敷に奉公する奥女中たちに求められる「芸」が大きく変化したのは、一八世紀後半から。田沼政治を糾弾した天明七年（一七八七）の「植崎九八郎上書」は、近年は三味線・小唄・踊などの遊芸を磨いてないと奥女中に採用されないと慨嘆している。

安永二年（一七七三）に五〇歳で大和国郡山藩主を退き、下屋敷（その庭が六義園）で優雅な隠居生活を送った柳沢信《のぶ》鴻《とき》の『宴遊日記』には、奥女中の目見え（面接試験）に訪れた女性たちの得意芸が記されている。女性の年齢は一五歳から一八歳までが最も多く、彼女たちの得意芸は、一〇代前半が踊で、後半は長唄・常磐津・豊後節そして三味線だった。踊と浄瑠璃、三味線音楽。これらが屋敷奉公を目指す江戸の娘たちの必須科目になった風潮は、式亭三馬『浮世風呂』二編（一八一〇年刊）に登場する「十か十一ばかりの小娘」たちの会話からもうかがえる。

　手習・三味線・踊・琴と、「御奉公に出る為の稽古」に追われて、「さつぱり遊ぶ隙がない」と歎く少女。当時は母親の世代にも屋敷奉公の経験者が多く（「わたしのおッかさんは七の歳に、踊でお屋敷へお上りだと」）母娘ともどもブームを加熱させていた。

江戸城大奥の御狂言師　一八世紀後半から一九世紀にかけて花開いた江戸の娘たちの芸事文化の影響は江戸城大奥にも及んだ。

　三田村鳶魚（一八七〇～一九五二）の「公方様の話」によれば、江戸城大奥では大名家と違い、歌舞伎役者など芸人を呼んで芝居を上演することはなかったが、「お茶の間子供」と呼ばれる一〇代後半から三〇前後の女性たちが衣裳や鬘《かつら》を着けて、御台所（将軍の妻）や姫君たちのお慰みのため歌舞伎狂言を上演していたという（その費用は一度に金千両を下らなかったとも）。

　ほかに大奥の「御鳴物の間」では、精進日などを除いて長唄や常磐津・義太夫などが演奏され、御台所らを慰めると共に、歌舞伎上演のための稽古を行っていたという。歌舞伎を上演するといっても、役者は素人の女中たち。彼女たちの芸の指導をするために採用されたのが、御狂言師と呼ばれた女性である。

　鳶魚は、一二代将軍家慶に見そめられ、御狂言師として西丸大奥へ召し出された踊の師匠坂東照代を例に挙げているが、三代目中村仲蔵（一八〇九～八六）の『手前味噌』にも御狂言師の女性が登場する。それは初代仲蔵の後妻。踊りの師匠で、大奥で踊を披露した経験もあった彼女は、すでに御狂言師として大奥に奉公していた懇意の女性の紹介で大奥に上がったとか。

　大名屋敷における芸能上演の記録が比較的豊富なのに対して、江戸城大奥のそれはきわめて乏しい。史料の発掘が待たれる。

（氏家幹人）

【参考文献】　氏家幹人『江戸の少年』（平凡社、一九九四年）、氏家幹人『江戸の女子力』（新潮文庫、二〇一〇年、初出二〇〇四年）

【史料】　式亭三馬『浮世風呂』（日本古典文学大系六三、岩波書店、一九五七年）、「植崎九八郎上書」（滝本誠一編『日本経済大典』二〇、明治文献、一九六八年）、『三田村鳶魚全集』一（一九七六年）、「宴遊日記」（芸能史研究会編『日本庶民文化史料集成』一三、三一書房、一九七七年）、只野真葛『むかしばなし』（東洋文庫、平凡社、一九八四年）、三代目中村仲蔵『手前味噌』（青蛙房、二〇〇九年）、

大奥と動植物

天璋院の飼い猫　大奥に居住する人々は、日々の無聊を慰めるため、犬や猫を飼育していた。三田村鳶魚「御殿女中の研究」には、天璋院に仕えた元奥女中のませ子の談話として、以下に要約するような記事を載せている。

天璋院はもともと狆《ちん》が好きであったが、

夫の徳川家定が嫌いだったので、やむなく内緒で猫を飼っていた。最初はミチ姫という猫だったが、それは死んでしまい、御中﨟の飼い猫が産んだ子猫を譲り受けてサト姫と名付け、銀の鈴が付けられた紅絹の平紐を首に結んで飼育した。猫の係をつとめる女中もおり、ませ・つゆ・はなの三人がこれを担当した。食事のときは、天璋院の膳とともに、鮑貝を模した瀬戸物の器を置いた黒塗りの猫の膳も出され、天璋院がみずからの食事から〝お下《した》〟を分け与えた。御精進日には食事に魚類が出ないので、その日は飼料として泥鰌《どじょう》や鰹節を与えたが、その費用は一年で二五両に達したという。寝るときは、天璋院の御裾の上や猫専用に調《ととの》えられた布団の上に寝ていた。発情期になると、部屋から外へ逃げてしまうので、そのつど奥役人に頼んで捕まえてもらうが、二〜三人の役人が「おさとさん・おさとさん」と呼びながら辺りを探す姿がおかしいと言って、一同はよく笑ったものだった。この猫は一六年あまりも生きていた。

このように可愛がっていた犬や猫が死んだとき、墓石を建てて丁重に葬ることも多かった。大名屋敷の事例になるが、東京都港区教育委員会が芝の伊皿子遺跡の発掘を行った際、薩摩藩島津家の菩提寺である大円寺があった場所で、高輪や三田の藩邸の大奥で飼われていた犬や猫の墓石が発見された。そこには「高輪御狗白」「三田御屋鋪大奥御狗名染」といった文字が刻まれ、奥向でシロとかソメという名で飼育されていた犬の墓であることが確認された。一方、猫の墓石には「賢猫之塔」とあり、複数の猫の供養塔であると推定されている。「猫」の上に「賢い」という文字を付け加えるなど、当時の人々が飼育していた猫に愛着を抱いていた様子をうかがい知ることができる。

五十宮と蛍

江戸城大奥で飼育されていたのは、犬や猫ばかりではない。季節の移ろいを感じさせる蛍や鈴虫・松虫などの虫類も愛玩された。これらの虫類は、代官伊奈氏や御鷹野《おたかの》役所が奥御用の名目で江戸近郊の「領」を単位に上納役を賦課し、村々が直接捕獲したり、虫屋から購入したりして差し出す形で取り集められた。

講釈師の馬場文耕《ぶんこう》が江戸城内のさまざまな内幕や噂話などを著した「宝丙密《ほうへいみつが》秘登津《ひとつ》」（宝暦六年・一七五六）には、京都出身で将軍世子徳川家治（のちの一〇代将軍）の正室となった五十宮《いそのみや》（心観院）が蛍を所望したときの逸話が収録されている。それによれば、あるとき五十宮が、西の丸の広敷用人を通じて、新たにできあがった蛍籠に入れる観賞用の蛍を代官の伊奈半左衛門に取り集めさせた。伊奈代官所の役人は当初、本所や目黒あたりの蛍を集めて納入したが、「其色合宜《よろし》からず」として五十宮の好みに合わず、「随分吟味致上ケ候様に」と命じられてしまった。そこで小石川周辺の蛍を集めて再び納入したが、「未《いま》だ御心に応せす、宇治勢田の蛍には更に似すとて御意に入らず」と、生まれ育った京都の宇治周辺の蛍の輝きとは似ても似つかないと言って気に入ってもらえず、伊奈役所では困り果ててしまった。そこに助け船を出したのが御三卿の田安宗武夫人（森姫）で、「御府内にて一とせ王子の麓に石神井川と申所これ有り候由、此所蛍の名所とて其蛍を取寄候事これ有り候、其蛍能《よく》宇治の照に似候」とあるように、王子（東京都北区）近くの石神井川の蛍が宇治のものとよく似ていると西の丸の役人へ助言し、これを聞いた伊奈役所が王子の蛍を捕らえて差し出したところ、「其蛍の照、誠に宇治のことき＜とて甚御賞翫《しょうがん》遊ばされしと也」とあるごとく、ようやく五十宮の好みに合ったものを提供できたという。

　この逸話の内容が事実であるかどうかはひとまず措くとしても、ここから大奥—広敷用人—代官伊奈氏という愛玩虫類の注文→上納ルートが存在したこと、伊奈氏が江戸近郊各地の村々を督励し、蛍を集めて上納した具体的な様子をうかがい知ることができよう。

将軍「御通抜」の「御買物」　一方、その時々に流行した植木類など、鉢植えを中心とした植物は、御用達の植木屋などから購入するなどして調達するのが一般的であった。ここでは一風変わった事例として、将軍「御通抜《おとおりぬけ》」の際の「御買物」という植物などの調達方法を紹介しておこう。これは、将軍が鷹狩などの名目で江戸北郊地域へ御成《おなり》した際、染井（東京都豊島区）あたりの植木屋へ足を運び、庭先に並べられた植木類や虫類・魚類などから、将軍が気に入った物を指名して買い上げるというものである。事前準備に膨大な費用がかかる正式の御成ではなく、鷹狩の道すがら植木屋に立ち寄るという名目で行われたため、このような非公式な御成を「御通抜」と称した。将軍は、並べられた品々から好みの物を選んで「御買物」を楽しんだ後、これらを鷹狩御成の土産品として、御三家や側近に下賜したり、大奥の者たちへ下げ渡したのである。

　天保一二年（一八四二）五月、幕府は天保改革の経費節減策の一環として「御成先御買物改革」に着手した。「御通抜」の対象となっている植木屋たちを呼び出し、近年「御買物」の品々が高値になっていると厳しく注意して、一定の基準値を示したのである。このときの史料によれば、植木類は「以来御成先並置候分、相当の品ハ御代金迄の品差出置、三両以下の品ニても不相当の品ハ相除かせ申すべく候」とあり、一品につき金三両を「御代金」と定め、原則としてそれより安い品物を庭先に並べて置くようにと定められた。松虫・鈴虫・きりぎりすは、五月頃は一匹につき銀三〜四匁、七月頃は一匁ぐらいの値段で買い上げることとし、鯉や金魚などについては、文化年間（一八〇四〜一八）の値段に戻して、長さ一尺一寸（約三三センチ）のものが銀七五匁、以下一寸小さくなるごとに六五匁、五五匁、三〇匁、一五匁、一二匁、六匁五分という値段とし、庭の池に放しておいて、将軍から特に指名があった場合に限り買い上げの対象にすると改められたのであった。

（太田尚宏）

【参考文献】『駒込・巣鴨の園芸史料』（豊島区郷土資料館、一九八五年）、『北区史 資料編 近世1』（東京都北区、一九九二年）、大石学『享保改革の地域政策』（吉川弘文館、一九九六年）、太田尚宏「江戸城における消費物資の調達について」（『東京都江戸東京博物館研究報告』一四、二〇〇八年）、『江戸の大名菩提寺』（港区立港郷土資料館、二〇一二年）、三田村鳶魚「御殿女中の研究」（『御殿女中』）

【史料】　馬場文耕「宝丙密秘登津」（『未刊随筆百種』六、中央公論社、一九七七年）、天保一二年五月「御成先買物値段引下げの申渡」（渡辺家文書、『駒込・巣鴨の園芸史料』豊島区郷土資料館、一九八五年）

大奥イメージの形成

庶民がみた大奥

大奥に入れた庶民　通常、庶民が大奥を見ることはほとんどできない。しかし、相模国生麦村（現、横浜市鶴見区生麦）の村役人の娘関口千恵のように江戸近郊農村から大奥に行儀見習いに入った場合、その家族が大奥の雛人形を拝見することもあった。その様子は、『関口日記』に書かれているが、拝見の際、大奥の様子を少しだけ垣間見ることもできたと考えられる。

また、近江国堅田村（現、滋賀県大津市）の村役人錦織五兵衛の「東武日記」には江戸城西の丸と二の丸の見物を高野平八の手引きで行い、二の丸奥女中に会い御殿向の二階まで見ているのである。これらの事例はさらに検討を要するが、現段階では特殊な事例と考えておく。

一般の庶民にとってはまだ大奥は禁断の地であった。そこで庶民の大奥のイメージとして浮世絵をとりあげる。嘉永三年（一八五〇）六月に日本橋通三丁目の遠州屋彦兵衛から版行された、歌川国芳の浮世絵風刺戯画「きたいなめい医難病療治」などを見ると、庶民から見た大奥が興味本位で描かれていることが理解される。

大奥を描いた国芳の絵　この浮世絵は大判の三枚続きで、正面に竹斎（やぶ医者の代名詞）娘名医「こがらし」が描かれ、こがらしに治療を乞う病人と、こがらしを手伝う弟子たちが配されている。

病人の中には片足が不自由な姫君、あばた顔の器量が悪い女中や癇癪《かんしゃく》持ちの女中、大尻な女中、虫歯の女中、ろくろ首の女中など大奥を連想させるような女たちが描かれている。また梅毒で鼻が落ちた男、近眼の男、下腹部が病気の男、一寸法師のような背の低い男、膝に人面創のある男、太っているのに痩せた男、淋病の男など表の役人を連想させる人物も描かれている。こがらしは、たとえば片足が不自由な姫には片足だけ下駄をはかせる治療をするが、長い方を切って揃えてもいいとか、あばた顔の女中には鉄の面型をはめて湯の煮え立つところに顔をつけさせ、ふやけた顔がくっついていい器量になるとか、およそ非科学的なとんち治療を施している。やがて七月にはこの浮世絵の大尻は御殿女中だと評判になり、片足不自由な姫は将軍継嗣家定の嫁寿明《すめ》姫《ひめ》（一条秀子）だとか、近眼は近くばかり見えて遠くが見えない老中阿部正弘だとか市中で評判になり、求めるものが多くなって版を重ね、はてはほかの版元から海賊版まで出回った。これらの事情は江戸の情報屋『藤岡屋日記』に書き上げられている。

当時、江戸で開業していた医師坪井信良が越中高岡の兄に宛てた書状では、国芳の浮世絵を同封して、こがらしは、「当時之大キケ物ニテ役人之進退等多分ハ此人之指揮ニアリ」として大奥を牛耳るのみならず表の役人の任免にも力のあった老女姉小路だとしている。坪井は、あばたは将軍家慶で、大奥の女性の中にいる唯一の男なのでわざと女の格好をさせたのだとも分析している。まさにこの浮世絵には庶民（国芳）がイメージした大奥が描かれていた。

地方に伝播した江戸の浮世絵　あまりに評判になったので作者国芳は、町奉行所に呼び出されて尋問されたが、自分が考案したのではなく式亭三馬の作品を描いただけだと言い逃れた。一方、恐れをなした版元たちが自主的に絶版にしてこの一件は終わるかに見えたが、前述のように江戸での流行り絵、判じ絵として地方に発信された。江戸城大奥は江戸の庶民のみならず、日本各地の多くの庶民の好奇の対象になりえたことが指摘できるのである。

（岩下哲典）

【参考文献】　大口勇次郎「近郊農村と江戸」（横浜近世史研究会編『幕末の農民群像』横浜開港資料館、一九八八年）、岩下哲典『江戸情報論』（北樹出版、二〇〇〇年）、岩下哲典『幕末日本の情報活動（改訂増補版）』（雄山閣、二〇〇八年）、氏家幹人『江戸の女子力』（新潮文庫、二〇一〇年、初出二〇〇四年）

【史料】　横浜市文化財研究調査会編『関口日記』全二六巻（横浜市教育委員会、一九七一～一九八五年）、「（嘉永三年）八月八日付書翰」（宮地正人編『幕末維新風雲通信』東京大学出版会、一九七八年）、「六月十一日之配りニて」（鈴木棠三・小池章太郎編『近世庶民生活史料　藤岡屋日記』第四巻、三一書房、一九八八年）、「きたいなめい医難病療治」（稲垣進一・悳俊彦編『国芳の狂画』東京書籍、一九九一年）

大奥出世双六

絵双六　江戸時代には多色刷りの絵双六《すごろく》が数多く出版されている。双六は振り出しから上がりまで賽《さい》の目の出方に従って駒を進めて競う遊技である。確認できる最初の絵双六は仏教の世界観を表した「浄土双六」である。絵双六は名所双六・道中双六・芝居双六・開花双六・人生双六・出世双六など内容により分類することができる。

人生双六は男の一生や女の一生を双六にしたもので、上りは婚礼や長者楽隠居などで、女性の成長の過程で奥奉公が人生の選択の一つとして登場する。奥奉公は経験にすぎず、結婚をして子供を産むことが女の幸せと考えられていた。「男女振り分け婚礼双六」「女庭訓振分双六」「出世娘栄寿古録」「娘一代成人双六」などがそれに当たる。人生双六は地位の上昇を競う出世双六とも重なり、「婦人一代出世双六」などでは、奥女中が出世を果たした成功者として登場する。

【奥奉公出世双六】　出世双六の一種で奉公してからの奥御殿での出世を題材としたのが、「奥奉公出世双六」であり、奥女中の職制に従って出世する構成となっている。弘化元年（一八四四）に上州屋重蔵から出版された。マスには奥女中の職制である「御半下《おはした》」「御末《おすえ》」「御守」「呉服之間」「祐筆」「表使《おもてづかい》」「中老」などや、奥奉公の過程で経験する「御目見《おめみえ》」「御代参」「御暇」「御礼上り」などが、万亭応賀《まんていおうが》の文章と歌川国貞の絵で表現されている。詞書と挿絵が一体となってその職制の役割を示している。表使は男性役人と対峙して描かれ、「どうもそのやうにおものいりがかさんでハなりません、ごじせつがらゆへ、おまへがたもチトおきをつけられたらよからうに」と言われ

図29　奥奉公出世双六（江戸東京博物館所蔵、Image: 東京都歴史文化財団イメージアーカイブ）

ている。
　双六では次の一手で上がりになるマスが最高で「奥奉公出世双六」ではそのマスは「御部屋様」と「老女」に当たる。御部屋様とは側室のうち嫡子などを設けた者に与えられる尊称である。老女は職制上の最高位で、奥向を統括し、表との交渉なども行う。奥奉公のシステムでは両方を手に入れることは出来ないようになっており、一人の女性に権力を集中させない方策といえる。
　奥奉公で上を目指すのであれば、主の寵愛を得る御部屋様コース（御側系）か、権力を手に入れる老女コース（役人系）のどちらを目指すことになる。双六では賽《さい》の目の運さえ良ければ、御半下や御末から御部屋様や老女に進むことができるが、現実には職制の壁がある。また、町人の場合、親の思惑は幸せな結婚にあり、奥奉公での出世を望んでいるわけではない。従って、大概は採用時の職制かそのひとつ上で終わることになる。しかし、いったん側室となった後にコースを変えて老女となった事実もある。
　奥奉公での出世を題材としたものには、他に歌川広重が描き有田屋清右衛門から出された双六（無題、天保末年頃刊行）がある。振り出しは御目見で上りの手前が御年寄と中老になっている。さいきん（再勤）というマス目があり、「ていしゅにこりて、一生奉公」と詞書がある。娘時代に奉公し一旦結婚したが、離婚し再び奉公に出たという意味で、結婚より仕事を選んだといえる。

奥奉公関係の双六　出世双六以外では、遊芸が奥奉公に結びつくことを示した「新板娘諸芸双六」「奥勤音曲双六」、奥御殿における年中行事を描いた「奥御殿御祝儀双六」、宿下りの楽しみを描いた「新版宿下り楽双六」がある。

（畑　尚子）

【参考文献】　畑尚子『江戸奥女中物語』（講談社、二〇〇一年）
【史料】　「奥奉公出世双六」（国立国会図書館・都立中央図書館・東京都江戸東京博物館所蔵）、「男女振り分け婚礼双六」「女庭訓振分双六」「出世娘栄寿古録」「娘一代成人双六」「新板娘諸芸双六」「奥勤音曲双六」（国立国会図書館所蔵）、「奥御殿御祝儀双六」「新版宿下り楽双六」（江戸東京博物館所蔵）

外国人が見た大奥

大奥女性と外国人との接触　江戸時代のいわゆる「鎖国」以後に来日した外国人といえば、西洋人ではオランダ人、東洋人では中国人（明・清）、朝鮮人、琉球人が主なもので、そのほかには漂流民や船舶で日本近海にあらわれ上陸した外国人がいる。そのなかで、統治者にかかわる情報を多く入手できたのは、定期的に江戸に出て将軍に貿易の御礼言上をしたオランダ人（中にはスゥエーデン人やドイツ人もいたが表向きはオランダ人）である。その中から、大奥に関して言及しているものをピックアップしてみたい。

まずドイツ人ケンペルが、元禄四年（一六九一）当時の江戸城の本丸と西の丸を構造的に説明をして、「この二つの城では将軍の公子や姫たちが育てられる」としている。しかしこれ以上詳しい説明はない。つまり大奥の情報は外国人にはかなり閉ざされていたといえよう。しかし大奥の女性たちは外国人に関心があった。ケンペルによれば「この二〇年来は使節と一緒にやってきたオランダ人たちを、最初の拝謁の後で再び御殿のずっと奥に招じ入れ、娯楽や見物の目的で、将軍の夫人や、そのために招かれている一族の姫や、そのほか大奥の女たちの前に、連れ出すのである。その時、将軍は女たちと一緒に簾の後ろに隠れていた」とされる。外国人は大奥まで入れなかったが、白書院あたりで将軍は大奥の女性たちと外国人を見物したのであろう。ケンペルは、御簾の隙間から綱吉正室を見たとも、また三〇人ほどが見物していたとも書いている。見学は二時間に及び、さまざまな尋問から歌舞を要求され、ケンペルは「猿芝居」だと辟易しているが、将軍や大奥の女性たちにとっては、娯楽だったと思われる。

しかし文政五年（一八二二）の「フィッセル参府紀行」には大奥の女性たちが見物した記述はないのでいつの頃か特定できないが取りやめになったものと思われる。

外国人の記した大奥　ところで、日本の上流階級の女性に関して多くの外国人が「洗練された一家の主婦」と評価しているが、嘉永六年（一八五三）ペリー艦隊に乗艦して来日したドイツ人ハイネは、日本人の妻は「まったく夫に依存し、その後見のもとで生活している」とし、結婚に関しては「戸主である男性には正妻のほか、良いと思うだけの数の内縁の妻をもつ権利がある。また夫は正妻を自由意思で離別することもできる。しかし姦通や不妊等々のような理由による法的な離婚がなされない限り、夫は妻をその地位にふさわしく扶養しなければならない」と記述している。これは将軍や大名・旗本などの上層武士階級に関した記述で、正確性においてはおおむね首肯される。一夫一婦制のキリスト者西洋人からすれば正妻の他に側室を持つことは肯定できない制度だが、多くのアジア世界を見聞してきた目には日本の武士階級の結婚はまだまともなほうだった。

外国人の服喪　なお、文化七年（一八一〇）、長崎出島のオランダ商館長ドゥフは、家斉側室お楽が死去した報に接している。ドゥフは「午後になって警固番通詞が出島乙名と一緒に将軍の第一の側室で現在の将軍世子の母親である婦人が先月の二十日に死去したと、私に報せに来て、それとともに私に次のような注意を与えた。すなわち五日間は出島における修理の作業は行われないこと、また十日間は音楽ならびにその他の娯楽を公然と行ってはならないこと、である」と記している。このように将軍の家族の服忌は、江戸から遠い長崎出島のオランダ

人も無関係ではなかった。将軍の威光は日本の隅々にまで行き渡っていたのである。（岩下哲典）

【参考文献】岩下哲典編『江戸時代来日外国人人名辞典』（東京堂出版、二〇一一年）

【史料】「フィッセル参府紀行」（齋藤阿具訳註『ヅーフ日本回想録・フィッセル参府紀行』雄松堂出版、一九二八年）、ケンペル「江戸の町と江戸城の記述　同地での二、三の事件　われわれの拝謁と告別」（斎藤信訳『江戸参府旅行日記』東洋文庫、平凡社、一九七七年）、ハイネ「附録一　日本とその住民」（中井晶夫訳『ハイネ世界周航日本への旅』雄松堂出版、一九八三年）、「ヘンドリック・ドゥフの日記一八一〇年七月十七日」（日蘭学会編『長崎オランダ商館日記』五、雄松堂出版、一九九四年）

障壁画にみる大奥

大奥障壁画の特徴　大奥の障壁画は部屋の機能や格式に応じて描かれており、儀礼の場においては将軍家の権威を可視化する装置として機能した。大奥の障壁画を制作・修復したのは、幕府の御絵師や御絵番などである。大奥では御殿向のうち将軍・御台所・将軍生母などが儀式・謁見に使用する部屋（御対面所・御座之間・御小座敷・御客座敷）や将軍・御台所の居室（御小座敷・松御殿〈新御殿〉）が特別重要な場所と考えられたため（「御本丸御普請御用別記」、以下「御」）、御絵師のなかでも奥御用を勤める狩野四家（木挽町・中橋・鍛冶橋・浜町狩野家）や住吉家が障壁画の制作を担当した。大奥の障壁画の絵様は物語・名所・花鳥・草木・風俗・人物などで、大和絵・唐絵のどちらも用いられたが、大奥の公的な儀礼の場である御対面所や御台所の居室には物語絵が描かれている。

儀式・謁見の部屋　御対面所では、正月三が日・五節句などの主要な式日における将軍と御台所との対顔や幕府女中による将軍への拝謁などがおこなわれた（「大奥向御規式之次第」、以下「大」）。御対面所の御上段・御下段・御二之間・御三之間は格天井で、壁・建具・天井すべてが障壁画で装飾された。特に将軍・御台所の御座所である御上段だけが折上格天井で、最も格式の高い造りになっている（小粥祐子「万延度本丸御殿大奥における室内意匠の構成」）。弘化二年（一八四五）竣工の御殿における御上段・御下段の絵様は「栄花物語」、御二之間・御三之間は松・四季の草木・流水・禽鳥が描かれた花鳥図、天井は四部屋とも折枝である（いずれも狩野晴川院〈木挽町〉筆「御」「両丸両山其他諸貼付絵様」）。

御座之間では、年始の儀式や、月次などの式日における将軍と御台所との対顔、幕府女中による将軍への拝謁などがおこなわれた（「大」）。御座之間のうち将軍・御台所が儀礼をおこなうのが御上段・御下段であり（『千代田城大奥』、以下『千』）、弘化度の絵様は「名所」（泥引、狩野董川〈浜町〉筆）であった（「御」）。また、御下段西側の御小座敷は、式日などに将軍・御台所が幕府女中からの祝詞をうけ、御流れを下賜する場所で（『千』）、弘化度の絵様は「六玉川」（狩野薫筆）であった（「御」）。

将軍生母などが将軍・御台所や親戚と

面会するのが御客座敷である（『千』）。弘化度における御上段の絵様は「伊勢物語」（雲金砂子泥引）、御下段は「唐耕作」、御広間は「唐蚕之図」であった（いずれも狩野晴雪〈中橋〉筆）（『御』）。

将軍・御台所の居室　将軍の寝所が御小座敷である（『千』）。壁・建具の大部分が泥引《でびき》を施した墨画であり、弘化度の絵様は「竹ニ鶴」（墨画泥引、狩野探渕〈鍛冶橋〉筆）であった（『御』）。御小座敷の西には将軍が御台所や側室と過ごす蔦之間があり（『千』）、弘化度には将軍のお好みにより「蔦ニ菊をいただき十三羽」（泥引つけたて、狩野晴川院筆）が描かれた（『御』）。

御台所の住居が松御殿（新御殿）である（『千』）。弘化度における松御殿の御上段・御下段（御台所の居間〈『千』〉）と御二之間（女中の給仕場〈『千』〉）・御三之間（側付女中の詰所〈『千』〉）の絵様は「名所」（砂子泥引、住吉内記筆）であった（『御』）。一方、御上段の東にある御休息は御台所の通常の居間であり（『千』）、弘化度の絵様は「伊勢物語」（砂子泥引、住吉内記筆）である（『御』）。また、御下段の西に接する御化粧之間（御台所が毎朝化粧をする部屋〈『千』〉）には、天保一五年（一八四四）以前は「梅」（墨画泥引）が描かれていたが、弘化度には将軍のお好みにより絵様が「六玉川」（狩野晴川院筆）へ、さらに「大和山水」（墨絵泥引、狩野真笑筆）へと変更された（『御』）。

将軍側室の部屋　将軍側室のうち嫡男生母が住む部屋の障壁画の一部も御絵師によって描かれている。家慶の側室で二男嘉千代の生母お定・四男政之助（後の家定）の生母お美津の居室は、棚の天袋小襖を狩野晴川院が（お定の部屋は「春ノ冨士」〈泥引〉、お美津の部屋は「嵐山春の景」）、地袋小襖を住吉内記が制作している（『御』）。

（木下はるか）

【参考文献】　東京国立博物館編『江戸城障壁画の下絵 本文篇』（第一法規出版、一九八九年）、武田庸二郎・江口恒明・鎌田純子編『近世御用絵師の史的研究』（思文閣出版、二〇〇八年）、小粥祐子「幕末期江戸城本丸御殿大奥対面所の室内意匠」（『学苑』八〇八、二〇〇八年）、同「幕末期江戸城本丸御殿大奥御小座敷の室内意匠」（『学苑』八〇九、二〇〇八年）、同「幕末期江戸城本丸御殿大奥御座之間の室内意匠」（『学苑』八一四、二〇〇八年）、同「幕末期江戸城本丸御殿大奥新御殿の室内意匠」（『学苑』八一六、二〇〇八年）、同「万延度本丸御殿大奥における室内意匠の構成」（『学苑』八二〇、二〇〇九年）

【史料】　狩野晴川著「公用日記」（東京国立博物館所蔵）、「御本丸御普請御用別記」（『狩野家記録』三、国立国会図書館所蔵）、「大奥向総絵図」（東京市役所編『東京市史稿 皇城篇』附図一、東京市役所、一九一一年）、「大奥向御規式之次第（安政年間之調）」（徳川黎明会編『徳川礼典録（下）』原書房、一九八二年）、「両丸両山其他諸貼付絵様」（東京国立博物館所蔵、東京国立博物館編『江戸城障壁画の下絵 図版篇』第一法規出版、一九八九年）、『千代田城大奥』

大奥の語りと歴史認識

政治的性格を帯びた大奥　地政学的に、江戸時代の最高の公的・政治的・権力的空間は江戸城であった。表と奥（大奥）に分離されたこの空間において、男性家臣が表向き御用として幕政を執り行い、そこに大奥女中が関与することは厳しく規制された。しかし、将軍権力の再生産に不可欠であるゆえに政治的性格を帯びていた将軍家の相続・婚姻・出産・喪葬・法事・叙位等の公的儀礼に大奥の女性たちは深く関わっていた。時には、大奥が幕閣人事に介入した場合もある。江戸時代において、大奥そして大奥女中は否応なく政治的役割を果たしていたことになる。

大奥の語り　厳格な身分制社会であるこの時代には、一般庶民が江戸城大奥という空間を直接見ることはできなかった。だが、大奥や大奥女中については、様々に分化した文芸の世界から歌舞伎・浄瑠璃・浮世絵など芸術の世界にいたるまで、実に多くのことが語られ描かれていた。一八世紀の江戸に生まれた文芸である川柳もその一つである。川柳作者は、一般的に連《れん》や組《くみ》に所属し月次《つきなみ》の句会などで修練するが、その句会に集う人々の大半は中下層の武士や町人身分の男性たちであった。川柳では、武士への語りに比較して、人数の点では武士よりもはるかに少ない大奥女中について詠んだ句が意外なほど多い。先述のように、大奥女中は江戸城という権力中枢空間において、儀礼や人事を中心に政治的役割を果たしていた。ところが川柳での大奥女中は、「長局《ながつぼね》」などと称され、性的存在としてこれでもかこれでもかと執拗に語られているのが特徴である。大奥女中の性の相手としての「役者」、堕胎のための「女《おんな》医者《いしゃ》」、いわゆる婦人病としての「血の道」、将軍や御台所の「御代参」のあとの芝居見物、男娼のいる「かげま」茶屋での遊興、淫具としての「張形《はりかた》」等がキーワードとして頻出し、将軍以外男子禁制とされた大奥に奉公する女中は、あたかも性的欲望の塊《かたまり》であるかのごとく語られている。男尊女卑の儒教倫理がある程度浸透していたこの時代に、江戸城という権力中枢空間で政治的役割を果たす大奥女中は、句会に集う男たちにとっては「目の上の瘤《こぶ》」であり、嫌悪し忌避すべき存在であった。したがって、大奥女中へのセクシュアリティに局限した語りは、彼らのミソジニー（女嫌い）的意識からくるある種の「意趣返《いしゅがえ》し」とみなすことができよう。

近代の語りと歴史認識　江戸のホモソーシャルな男性文化において性的存在として語られ表象された大奥や大奥女中への視線は、近代にも受け継がれ増幅されていった。有名な絵島事件を例に挙げると、この事件は、すぐに戯作の題材等にもなり、絵島の「愛人」とされた役者生島新五郎が「蒸籠《せいろう》」に入って大奥に忍び込むなどの脚色もされ、それがいつのまにか事実のごとく流布したりした。川柳でも、恰好の作句対象とされ、絵島と新五郎との性的関係のあれこれが、面白《おもしろ》可笑《おか》しく語られている。絵島事件は、江戸期にあっても巷間多くの俗説を生み出していたのである。さらに、近代にはそれに新たな語りが加わりよりエスカレートしたかたちで展開していくことになる。明治中期に絵島事件を扱った歌舞伎上演台帳『江戸紫徳川源氏』が書かれている。ここでは依然として性的存在としての表象が続き、加えて反道徳的・反社会的という烙印が重なってくる。また、絵島の権力行使ぶりは、公的・政治的側面とは乖離し徹頭徹尾私利私欲のためであることが強調される。一九八一年から八三年にかけて小説『絵島疑獄』を『サンデー毎日』に連載した杉本苑子は、その執筆動機について「政治的視点からこの事件を取り上げた小説はこれまで無かった。みな色模様ばかりなのが私には納得でき」なかったと述べている。大奥や大奥女中についての語りは、杉本が指摘したように、長い間「色模様《いろもよう》」のみであった。この語りが国民の歴史認識に与えた影響は圧倒的であったとみてよい。大奥や大奥女中に対する「色模様《いろもよう》」的歴史認識が批判されてくるのは、近年のことである。

（長野ひろ子）

【参考文献】 杉本苑子『杉本苑子作品集』一三、月報（中央公論社、一九九七年）、長野ひろ子「『誹風柳多留』のディスクール」（黒田弘子・長野ひろ子編『エスニシティ・ジェンダーからみる日本の歴史』吉川弘文館、二〇〇二年）、同『日本近世ジェンダー論』吉川弘文館、二〇〇三年、初出一九九〇年）、同「明治前期におけるジェンダーの再構築と語り」（氏家幹人・桜井由幾・谷本雅之・長野ひろ子編『日本近代国家の成立とジェンダー』柏書房、二〇〇三年）、長野ひろ子「明治前期のジェンダー再構築と絵島」（歴史学研究会編『性と権力関係の歴史』青木書店、二〇〇四年）

【史料】 山澤英雄校訂『誹風柳多留』（岩波書店、一九九五年）、山澤英雄校訂『誹風柳多留拾遺』（岩波書店、一九九五年）、岡田甫校訂『誹風柳多留全集』（三省堂、一九八四年）、岡田甫『川柳末摘花詳釈』（有光書房、一九七七年）、『江戸紫徳川源氏』（日本大学蔵）、『江島騒動記』（国立国会図書館所蔵）、小柴研斎『研斎雑録』（国立公文書館内閣文庫所蔵）

「千代田の大奥」

「千代田の大奥」の内容　「千代田の大奥」は、楊洲周延《ようしゅうちかのぶ》が描いた大判錦絵三枚続の揃物《そろいもの》（四〇枚）で、明治二八年（一八九五）から明治二九年にかけて出版された。周延は、江戸時代の女性風俗、とりわけ江戸城大奥の女性たちを題材とする作品を数多く制作した。その代表的な作品が「千代田の大奥」である。

「千代田の大奥」は、①おさざれいし、②元旦二度めの御飯、③お流れ、④かるた、⑤鏡餅曳、⑥追羽根、⑦節分、⑧初午、⑨御花見、⑩雛拝見、⑪お庭の夜桜、⑫釈迦もふで、⑬御能楽や、⑭山里のお茶屋、⑮琴、⑯茶の湯、⑰歌合、⑱船あそび、⑲花菖蒲、⑳茶の湯廻り花、㉑こん礼、㉒お庭あるき、㉓御遊山、㉔神田祭礼上覧、㉕狆《ちん》のくるい、㉖吹上の夕富士、㉗七夕、㉘蛍、㉙月見のえん、㉚入浴、㉛お櫛あげ、㉜観菊、㉝お召かへ、㉞滝見のお茶や、㉟式日局の退出、㊱長刀《なぎなた》稽古、㊲猿若狂言、㊳園中の雪、㊴おたち退き、㊵御煤掃《すすはらい》、の四〇枚の大作である。このほか、国立国会図書館所蔵の「千代田の大奥」には「富禄久」（大判錦絵一枚物）が含まれている。なお版元は、東京日本橋区人形町通長谷川町の具足屋・福田初次郎である。

周延は、大奥の年中行事や女性風俗を時間軸（季節）に沿って画題とし、若い女性から御年寄、御台所から剃髪の尼や眼鏡をかけた老婆まで、身分の高低や年齢を問わず、大奥のあらゆる女性たちを描いている。作品では、身分の高い女性ほど座った姿で描かれ、動作があるのは身分の低い女性だけであるのも特徴的である。さらには、意匠を凝らし色彩豊かに描かれる女性たちの着物も目を見張る。着物の襟の白い部分も「空摺《からず》り」（絵具を付けずに摺り、凹凸だけで模様を表現する方法）で文様が表現されている。

楊洲周延は、「千代田の大奥」のほかにも「千代田の御表」（大判錦絵三枚続揃物）、「徳川時代貴婦人の図」（大判錦絵三枚続揃物）、「時代かがみ」（大判錦絵揃物）などで、過ぎ去りし江戸時代の優雅で礼節があり、そして魅惑的な世界を描いている。大奥の様子を実見したわけではなかった周延は、当時刊行されていた『風俗画報』（明治二二年創刊）、『千代田城大奥』（明治二五年初版）、『徳川盛世録』（明治二二年刊）、さらには大奥で働いていた女性たちの聞書をまとめた回想録などの出版物に依拠して制作したと考えられる。周延が描いた、江戸時代には題材とすることが禁じられた江戸城内の様子や、大奥の女性たちをモチーフにした作品は、明治二二年（一八八九）の江戸開府三〇〇年祭をきっかけとする徳川時代を懐古する当時の世相や人びとの好奇心と重なり、江戸へのノスタルジーを象徴している。

楊洲周延　楊洲周延は、「千代田の大奥」をはじめとする江戸城内の年中行事や女性風俗を題材とした作品を数多く手がけたことから、長らく御家人ではないかとする説があったが、本名は橋本直義《なおよし》、高田藩士である。

橋本直義は、天保九年（一八三八）八月に高田藩士・橋本直恕《なおひろ》の嫡男として生まれる。直義は、江戸藩邸で「帳付」（一〇石二人扶持高銀三枚）を勤めた。幼いころから絵を学び、歌川国芳・歌川国貞に師事した後、慶応元年（一八六五）ころから豊原国周《くにちか》の門人となり、生涯の画号となる楊洲周延を名乗るようになる。その他に、一春斎、楊洲斎、芳鶴（二代目）と号した。

橋本直義は、高田藩が幕府軍の先鋒を命じられた慶応二年の第二次長州戦争に従軍し、幕府軍が敗走する光景を目の当たりにする。慶応四年に勃発した戊辰戦争では、江戸の高田藩士らと「神木隊」を結成し、彰義隊とともに上野で新政府軍と戦った。上野戦争で敗れた後も、榎本武揚率いる旧幕府艦隊とともに箱館へ渡り、重傷を負いながらも最後まで旧幕府軍として行動した。戊辰戦争後、高田で謹慎の時を過ごした後、明治三年（一八七〇）四月に再び東京へ出て上野広小路に居住する。

浮世絵師としての転機は、明治一〇年の西南戦争であった。自らの実戦経験をいかして、政府と激戦をくり広げる西郷軍やその女性たちをテーマに戦争絵を多数制作した。この後、開化錦絵、御所絵、役者絵、歴史画、読み物の挿絵、双六作品など数多く手がけた。

楊洲周延が最も得意としたのが美人画であった。「時代かがみ」や「真美人」などの代表作では、ふくよかで優しい顔立ちという独自の作風で、これまでの江戸時代の芸妓や遊女を描く美人画にはない新しい女性像を表現している。周延は、様々な年齢、階級、職業の女性たちを描くことで、新しい価値観・事物と江戸時代以来の風俗・習慣とが入り混じる明治という時代を活写したのである。

（荒川　将）

【参考文献】『高田が生んだ明治文明開化の浮世絵師　楊洲周延』（上越市立総合博物館、一九七八年）、鈴木浩平「楊洲周延と神木隊について」（『浮世絵芸術』一五七、二〇〇九年）、アン・ウォルソール「楊洲周延と千代田城の女中たち」（『季刊日本思想史』七七、二〇一〇年）、『楊洲周延＝橋本直義』（上越市立総合博物館、二〇一二年）

【史料】「江戸役録帳」（榊原文書、上越市立高田図書館所蔵）、「長州征討行軍図」（榊原家史料、榊原家所蔵・公益財団法人旧高田和親会管理）、「夢もの語」（箱館市立中央図書館所蔵）、「徳川時代行軍図」（上越市立総合博物館所蔵）、「清水主税助宛　橋本直義書状」「青木昆山宛　橋本直義書状」（上越市公文書センター所蔵、『楊洲周延＝橋本直義』二〇一二年）

第6章

通過儀礼

婚礼

婚礼儀礼

婚礼の儀式　婚礼では、結納《ゆいのう》、輿入《こしいれ》れ道具搬入、輿入れ、輿受渡しなどの一連の儀礼が行われる。中でも婚礼の当日、夫婦となる二人の間で酒杯を交わす「式御三献」いわゆる三々九度の酒杯の交換が婚礼儀式の中心である。

儀式作法としては、九代将軍家重が伏見宮邦永親王息女の比宮《なみのみや》（増子女王、証明院）を享保一六年（一七三一）一二月に御台所に迎えたときの記録「大奥女中書留御入輿御規式書」（『徳川礼典録』附録巻一二）によると、床の間には蓬莱台《ほうらいだい》、水引、鶺鴒台《せきれいだい》の島台飾りをして、酒肴用の箸と酒を入れる瓶子《へいじ》、長柄銚子、提《ひさげ》（加銚子）などを飾り、室内には胡粉《ごふん》で描いた白絵屏風を立てる。床の間に向かって右に嫁が座り、その後に婿が着座する。

床の間の折れ釘に愛敬の守り袋を婿が懸けてから、式三献の儀を始める。白木《しらき》の三方の台に乗せた大中小の三枚一組の三つ盃を用いる。瓶子から長柄銚子、長柄から提に移した酒を盃へ注ぎ、男女が交互に飲む。三杯を「三度」と呼び「一献」と数える。これを三回つまり三献繰り返す。それぞれの献には、酒肴の干物、刺身などを食べる。『貞丈雑記』では、婿が先に飲むのが古法であると記されているが、江戸時代には嫁が先となるのが広まっていたようである。

式三献の後に、本膳から五の膳までを揃えた「御饗御膳」が供される。鯛や鳥などの姿を美々しく盛り付けた食膳であり、終わりに蓬莱の御菓子が供される。これらの豪華で華やかな料理は実際には、その場で食べることはなかったようである。

次いで「御色直し」と称して婿嫁の衣服を改め、その後に実際の酒杯や食膳が供される。御色直しまでの婿の装束は、嘉珍無地と称する黒味のある濃紺一色の熨斗目《のしめ》・裃長袴を着用。御色直しの後は、同じ嘉珍地熨斗目・裃長袴ながら子持ち筋という大小二本の横筋を白く抜きあらわした子孫繁栄の吉祥意匠の装束に改めた。嫁の衣裳の詳記がないが、他家の記録を見ると、嫁も一般に白無垢から赤地の掻取《かいどり》（打掛《うちかけ》）に改めた。

その後は、同様に初献・二献・三献と酒杯を交換し、「七五三」の献立を盛り付けた本膳・二の膳・三の膳が供される。これも実際に食べるのではなく、概ね見るだけで次に「常之御膳　三汁十菜」が本膳から五の膳の様々な献立が盛り付けられて夫婦に供される。実際にはこちらを食べるようである。途中で酒杯には、塗りでなく土器《かわらけ》を用いる。その後、菓子と茶が二度供される。祝の間には、さまざまな飾りを施し、家重婚礼の際も酒器の瓶子、銚子、提、酒杯などを床の間に飾りつけ、敷絹《しきぎぬ》という白綾《しろあや》　幸菱文《さいわいびしもん》の絹白布を床の間に敷きつめた。

寝所入り　その後、寝所に入る。尾張徳川家一一代斉温《なりはる》（一〇歳）と田安斉《なり》匡《まさ》の娘愛姫（一一歳）が文政一一年（一八二八）に婚礼をあげた時の記録によると、式三献は前記と同様である。

寝所室内には金屏風を立て、床の間の飾りにお守りと天児《あまがつ》と呼ぶ人形型のお守りを飾る。寝所には先に嫁が入り、婿がその後に着座。床の間に飾った一枚の酒盃で嫁が先に飲み、次に婿が飲む「床《とこ》盃《さかずき》」を交わす。酒盃、三方、銚子などを元通り床の間に飾り、介添役《かいぞえやく》が下がると二人だけとなる。婚礼翌朝以後は、嫁は「御簾中様」と呼ばれ、三日後「三つ目祝い」「五つ目祝い」「七つ目祝い」などの祝儀が続いた。

（小池富雄）

【参考文献】 近松真知子「大名の婚礼」（『徳川美術館蔵品抄7　婚礼』一九九一年）、稲垣知子「近世大名の家格と婚姻」（愛知学院大学大学院法研会『法研会論集』一二―二、一九九七年）、山本博文『徳川将軍家の結婚』（文藝春秋、二〇〇五年）畑尚子『徳川政権下の大奥と奥女中』（岩波書店、二〇〇九年）、吉成香澄「将軍姫君の婚礼の変遷と文化期御守殿入用」（『学習院史学』四七、二〇〇九年）

【史料】 「文政十一年十一月御婚礼御規式留　御膳所」（徳川林政史研究所所蔵）、徳川黎明会編『徳川礼典録』（原書房、一九八二年）、伊勢貞丈『貞丈雑記』一（東洋文庫、平凡社、一九八五年）、市川正一『徳川盛世録』（同上、一九八九年）

婚礼道具

成立と継承　婚礼に際して家具や手回りの調度品を揃える習慣は、平安時代の貴族生活の中で洗練された。品種、形状、意匠などが定型化し、日本独自の和風家具ともいうべき調度の概念が確立し、配置や利用も故実化された。

平安時代の婚姻は、母系制社会を基にした招婿婚《しょうせいこん》が色濃かったが、中世以降の武家社会では嫁が婚礼道具を揃えて、嫁入りする形式が定着した。室町時代の武家故実では、それまでの家具調度の形式が踏襲され、品揃えや婚礼の儀礼なども定型化した。調度品の形式や数量が室町時代の武家故実のなかで定型化し、戦国時代には、閨閥《けいばつ》結婚を誇示するために、婚礼行列や婚礼調度を格別に豪華な品揃えで調えるに至った。大名家にとって婚礼とは、合戦と同様に家の生死をかけた行事であったからである。

江戸時代になり、参勤交代制度が確立すると大名家の正室や子女は、人質として江戸住まいが強制された。婚礼は大名家の格式を誇示する重要な儀式であり、関連する美術工芸や衣裳などの産業が、江戸の町に花開く要因となった。身分制度のもとでも、大名や武家の婚礼は町民・農民にも影響し、近代以降の日本人の生活にも投影している。

千代姫の婚礼道具　慶長期以後、大名家の婚礼調度が大揃えで豪華に製作されるようになったと、幕府御用蒔絵師の幸阿弥家の記録「幸阿弥家伝書」に記されている。確実な遺品が現存するのは、元和・寛永期以降である。

代表作は、三代将軍家光の長女千代姫が寛永一六年（一六三九）に尾張徳川家に嫁いだ際の婚礼調度「初音《はつね》の調度」（徳川美術館蔵・国宝、口絵16）で、江戸時代の蒔絵の最高、近世漆工史上の最高峰である。尾張徳川家の二代藩主光友夫人の婚礼調度である初音の調度は、厨子《ずし》棚《だな》、黒棚《くろだな》、書棚の基本となる大型家具の棚と貝桶《かいおけ》、化粧道具、文房具、旅道具、遊戯具、香道具などの蒔絵の調度および緋《ひ》の袴、刀剣、長刀《なぎなた》など七五件が国宝に指定されている。

厨子棚・黒棚とは、平安時代に発達した日本的家具の伝統を踏まえた形式の棚で、貝桶とともに大名婚礼調度の中心である。さまざまな婚礼調度の中には、晴れの道具や日常使いの洗面・化粧など、用途によって上下の格がある。道具とは別に持参金、衣裳なども婚礼に際して準備された。

千代姫所用の純金の茶の湯道具初め調度品は、金銀調度類として別に重要文化財に指定されている。寛永一六年に数え年三歳の千代姫が嫁入りしたときの婚礼調度である初音の調度は、「幸阿弥家伝書」によれば、幕府御用蒔絵師の幸阿弥家一〇代の長重が棟梁として製作にあたり、千代姫が誕生の年に注文を受けた。

各器物の内外総体に純金を蒔いた濃密な梨子地《なしじ》にして、源氏物語の初音の帖にある「年月を松に引かれてふる人に今日鶯の初音聞かせよ」の和歌を絵画化した図様が、過半数の四七件に用いられているので、「初音の調度」と通称される。和歌の文字が図柄の中に隠し絵のようにとけ込んでおり、これは葦手《あしで》文字と呼ばれる、平安時代以来の伝統的装飾技法である。高蒔絵のほかに一部に珊瑚《さんご》や金銀の彫金をちりばめたりして、近世漆工芸技術の最高峰がこらされている。しかも統一的なデザインを大小、様々な曲面や複雑な調度品のそれぞれに施した驚異的な技術である。紅梅をあらわす珊瑚は、最近の研究により地中海サルジニア島周辺産と判明した。化粧道具、香道具、文房具など日本の家具調度の歴史を考える上でも、製作年代や制作者、所用者などが明確な基準作である。内容品にも、染織物、金工品など多数、多岐にわたっている。

三代将軍家光の時代は、「鎖国」制度や参勤交代など幕府の政治体制が固まった時代であった。また日光東照宮の造営や上方での幕府の様々な普請で幕府の権威確立がはかられた。近世婚礼調度の黄金時代もこの時期に絶頂を迎え、やがて江戸時代後期になると類型化、粗製化あるいは古い婚礼道具を再利用する方向に向かった。将軍、大名家など武家を中心に発展した婚礼道具は、浮世絵、歌舞伎などと同様に江戸文化の華やかな存在で、江戸時代後期に発達した雛飾りも婚礼道具のミニチュア版である。（小池富雄）

【参考文献】 小池富雄「菊の白露蒔絵調度について」（『金鯱叢書』五、徳川黎明会、一九八八年）、灰野昭郎『婚礼道具』（至文堂、一九八九年）、徳川美術館『徳川美術館蔵品抄7 婚礼』（一九九一年）、小池富雄「綾杉地獅子牡丹蒔絵調度について」（『金鯱叢書』二二、徳川黎明会、一九九五年）、仙台市博物館『大名家の婚礼』（二〇〇〇年）

【史料】 寛政五年「婚礼道具諸器形寸法書」（斎藤玉山『日本古典全集』一九七八年）、「清泰公諸器帳」（小池富雄解説・翻刻（『漆工史』九、一九八六年）、小池富雄「寛永十六年六月吉日幸阿弥家清三郎良尚筆〈御手道具蒔絵之御注文〉の研究」（『金鯱叢書』一六、一九八九）

女乗物

仕様・分類　駕籠は前後二名の駕籠《かご》

舁《かき》が人を乗せて運ぶ旅行道具である。庶民から上層階級者まで、多種多様な種類がある。江戸時代の大名夫人のために豪華な装飾で作られた駕籠を女乗物《おんなのりもの》と呼び、多い時に前後六人程の駕籠舁が担ぐ。

江戸時代の風俗を詳しい挿図を交えて解説した『守貞謾稿』後巻之三「駕車」の解説に従うと、大名・旗本らの用いた男性用の乗物には将軍が用いる最上級仕様の「溜塗総網代《ためぬりそうあじろ》・棒黒塗《ぼうくろぬり》」を筆頭にして六種類がある。以下、使用者の身分によって、竹の網代や塗装の材質・色など、また担棒が白木か装飾かなどの基準により段階的に差別化が計られており、男性用は全て無文様である。

対して将軍や大名夫人、高級女中らが用いた女乗物は、華やかな蒔絵と内外に装飾や彩色が施され、次の五種がある。

(一) 総黒漆金蒔絵、(二) 天鵞絨巻、(三) 網代、(四) 青漆《せいしつ》、(五) 蓙打。このうち（一）の総黒漆塗に金蒔絵で文様を施した仕様が、最上級である。蒔絵意匠には定紋散、あるいは定紋に唐草、または唐草のみを施す。最上級の女乗物には、ほかに猩々緋《しょうじょうひ》の日覆《ひおおい》を屋根の上に乗せ、窓にかけた簾の縁には赤地錦織に緋色《ひいろ》の房をつける。道中の行列をするときには、長刀・挟箱・緋傘が伴い、全て袋は猩々緋に白羅紗《しろらしゃ》の毛織物の裂《きれ》を定紋の形に切り抜いて縫いつける。

天璋院の女乗物　近年の大きな研究成果が、江戸東京博物館『開館一五周年記念 特別展 珠玉《たま》の輿～江戸と乗物～』展である。将軍や大名夫人の女乗物七挺が展示され、海外からの借用品も含めて一堂に公開された。同館では開館以前から女乗物の収集と研究を継続してきており、梨子地《なしじ》や黒漆塗など各種様々の仕様を蒐集しており、その成果であった。従来、編年・技法・由緒など研究の対象とならなかった女乗物が、初めて実物を展示して、研究考察の対象として公開された。

殊に天璋院篤姫所用の女乗物が、米国ワシントンDCのスミソニアン博物館アーサーサックラー美術館から貸与出陳されて話題となった。同館の女乗物は、黒漆地に金蒔絵で唐草と双葉葵を組み合わせた意匠に、三葉葵紋と抱牡丹紋、居室部分下部に六葉葵紋が散らされた作で、この展覧会まで所用者や製作年代は未解明であった。葵と牡丹の二種類の紋が施されている点からは、徳川家と近衛家の婚礼にちなむ夫人の所用品であり、居室内部左右の側面に金地に極彩色による源氏物語胡蝶図《こちょうず》、正面側に源氏物語初音《はつね》の小松引図が描かれているので、将軍家にゆかりの深い夫人の所用とまでは推定されていたが、所有者決定には至っていなかった。

国立公文書館内閣文庫所蔵の篤姫の婚礼調度製作記録である「篤姫御方御待請並御婚礼御用留」に彩色で女乗物の蒔絵意匠が描かれた記録があった。現存作と一致するのが発見され、米国所蔵の女乗物は、安政三年（一八五六）年に一三代将軍家定の正室となった天璋院篤姫の女乗物と決定するに至った。

本寿院の女乗物　この篤姫の女乗物と作風が最も近似していたのが、江戸東京博物館所蔵の黒塗丸に三階菱紋散梅唐草文様蒔絵女乗物である（口絵16）。内部には、金地に源氏物語が描かれ、金具は六葉葵紋が施され、徳川将軍家ゆかりの夫人所用と推定されたものの、詳細は未解明であった。三階菱紋は将軍家と姻戚関係をもった大名家では見られず、収集検討段階では所用者は確定できなかった。

しかしながら篤姫の女乗物と細部を比較してみると、蒔絵技法はじめさまざまな金具の形状と位置、六葉葵紋が近似するので、日米の二挺の女乗物は非常に近い関係と類推できた。篤姫の夫家定の生母本寿院の実家である旗本書院番の跡部氏の家紋が、三階菱紋であると判明し、この女乗物は本寿院の所用品と断定できた（口絵）。家定が一三代将軍の宣下を受けたのは嘉永六年（一八五三）であり、将軍生母としての身分にふさわしく新調されたとすれば、篤姫の女乗物よりもわずかに三年先行する。

江戸東京博物館での展覧会では、他にも多くの関連する知見が解明された。女乗物の内部に描かれる源氏物語の図は、正室・将軍生母・娘の独占で、御三家にも使用の例は無いと確認できた。また贅沢に金粉を全体に蒔いた梨子地の女乗物は、宮家・摂関家の娘が御三家・将軍家に嫁入りした場合にのみ製作されたのが、現存遺品から判明した。　（小池富雄）

【参考文献】　小池富雄「黒漆葵紋散牡丹唐草蒔絵調度について」（『金鯱叢書』二〇、徳川黎明会、一九九三年）、室瀬和美「江戸東京博物館所蔵 梨子地葵紋散松菱梅花唐草文様蒔絵女乗物の保存修復について」（『東京都江戸東京博物館研究報告』六、二〇〇一年）、櫻井芳明『駕籠』（法政大学出版局、二〇〇七年）、日髙真吾『女乗物』（東海大学出版会、二〇〇八年）、江戸東京博物館『開館一五周年記念特別展 珠玉の輿』（二〇〇八年）、小池富雄「建中寺所蔵の二挺の女乗物」（『金鯱叢書』三八、徳川黎明会、二〇一一年）

【史料】　喜多川守貞『近世風俗志五 守貞謾稿』（岩波文庫、二〇〇二年）、高橋雅夫編『守貞謾稿図版集成』（雄山閣、二〇〇二年）

婚礼行列

室町・桃山時代　嫁が婿の家に嫁入りする「嫁取り婚」は中世武家社会で固まった。古代母系制社会の「婿取り婚」「招婿婚《しょうせいこん》」とは、反対である。室町時代、武家故実が洗練されると、婚礼の行事次第や婚礼行列、婚礼道具が定型化した。伊勢貞陸《さだみち》著『嫁入記』によると、行列は次の通りに定められている。

一番 御貝桶《おかいおけ》（この間へ御色直しの長持）、二番 御厨子棚《ずしだな》・黒棚、三番 荷ない唐櫃《からびつ》、四番 長櫃、五番 長持、六番 御屏風箱、七番 行器、「此のほかさしては無き物は先へ参り候、料足《りょうそく》、または折などは先へ参り候、御物此の次第の如くの分、いずれも御輿よりも先へ参り候」（一部原文仮名書きを漢字に改めた）。

武家の女性の貞節を象徴する貝合わせの貝を収める貝桶一対を筆頭にして、調度品の格順による行列順序が定められている。婚礼行列の後には、嫁が輿に乗り、嫁入りしたので、「輿入れ」が婚礼と同義義になった。料足（銭）や格外道具、消耗品などは、行列には加えず、行列の前日までにすでに運ばれた。江戸時代にあっても基本的には、室町時代の武家儀礼として、踏襲された。

戦国時代には、家の栄枯盛衰をかけて閨閥《けいばつ》結婚がさらに重視された。大坂城で豊臣秀頼・淀殿が滅亡した一か月前の慶長二〇年（一六一五）四月一二日、家康は名古屋城において初陣《ういじん》を目前にした第九男で城主義直の婚礼に立ち合った。嫁入りしたのは、秀吉恩顧の大名浅野幸長の娘春姫である。婚礼行列は熱田から名古屋城に入った。供奉《ぐぶ》の女中の乗物五〇挺、馬上の女四三人、長持三〇〇棹の大行列であった。さらにこの前には、足軽一〇〇人が色鮮やかな「深紅縄」に銭一貫文（一〇〇〇枚）を通して肩にかけて行列入城し、永楽銭一〇万枚を持参金として搬入した。別に春姫から家康へ祝儀白銀二〇〇〇両、家康側室で義直生母にも白銀一〇〇〇両が贈られた。

参勤交代の制度が定着すると、諸大名の婚礼は江戸府内で行われ、正室は江戸住まいとなったので、大名間で行われたほとんどの婚礼行列は、江戸でのみ行われた。遠方の京都の公家、宮家から娘を迎えた場合も、華やかな行列を組んで東海道、ないし中山道などの経路を経て江戸に入り、後に正式な婚礼行列を整えて本邸に嫁入りした。

江戸における行列　狩野養和筆「種姫婚礼行列図」（東京国立博物館所蔵）では、田安宗武の娘種姫が将軍家治の養女となり、天明七年（一七八七）に紀伊徳川治宝《はるとみ》に嫁入りした時の行列が記録画として描かれている、上下二巻、総延長三〇《メートル》近い長編画巻で、婚礼道具や輿の彩色形状も明瞭である。また供奉する人物の役職、氏名も注記されて、衣服の形状・色も明瞭である。行列の先頭は、召し替えの女乗物（駕籠）に、お守りを乗せて、扉は開け放している、次いで貝桶一対を駕籠に乗せて、二名で担ぎ、輿が続く。白木に白い胡粉《ごふん》で彩色された白絵の輿は、前後二本ずつ四本の担い棒（轅《ながえ》）に三名合計一二名が担いでいる。大名の婚礼行列は参勤交代の大名行列のように、全国の街道や宿場整備などの波及効果は無いものの、江戸府内の大名間の格式誇示には重要で、衣裳・調度などを製作する高級な婚礼関連産業が江戸で発達した要因となった。　（小池富雄）

【参考文献】　徳川美術館『徳川美術館蔵品抄7　婚礼』（一九九二年）、仙台市博物館『大名家の婚礼』（二〇〇〇年）

【史料】　寛政五年「婚礼道具諸器形寸法書」（斎藤玉山『日本古典全集』一九七八年）、徳川黎明会『徳川禮典録』（一九八二年）、「嫁入記」（『群書類従』武家部　巻第四百十四）

御守殿と御住居

御守殿と御住居の違い　将軍家の姫君は、大名と結婚したのちは嫁ぎ先の大名の藩邸内に建てられた専用の御殿で生活した。その御殿と結婚後の姫君を、御《ご》守殿《しゅでん》または御住居《おすまい》と称した。

ふたつの違いについては、①御三家・御三卿に嫁いだ場合は御守殿といい、そのほかの大名に嫁いだ場合は御住居といった（松平春嶽「前世界雑話稿」）とも、②三位《さんみ》以上のものに嫁したものを御守殿とよび、四位《しい》以下に嫁したものを御住居と称した（市岡正一『徳川盛世録』）ともいわれる。ただし、御住居という名称や御守殿との使い分けは一一代将軍家斉の代に現れたもので、それ以前の八代将軍吉宗の養女竹姫（島津継豊《つぐとよ》室）、利根姫（伊達宗村室）は御守殿と称した。

松平春嶽は、自分が知る限り「入輿（丁重な婚礼式）」を行ったのは、一〇代将軍家治の養女種姫（紀伊徳川治宝《はるとみ》室）と家斉の長女淑姫（尾張徳川斉朝《なりとも》室）で、それ以降は専ら節倹を旨として、「入輿」から「引移」という表現にかわったという。ただし、家斉の八女峯姫（水戸徳川斉脩《なりのぶ》室）が嫁いだときは、「御引移即日御婚礼」という表現であったが、御三家へ嫁いだため、その御殿を御守殿と唱えたと記している。

なお、御住居という名称がはじめて使われた浅姫（将軍家斉の二一女、越前松平斉承《なりつぐ》室）からは、婚礼を「万端御手軽」に行う旨の御触書が出ており、幕府の財政難のために婚礼が省略されたことが表れている。

構造　将軍姫君を迎える藩では、御守殿・御住居を新築し、専用の門も新たに設置した。文京区の東京大学に現存する赤門は、もともと家斉の二一女溶姫（加賀藩一二代藩主前田斉泰室）の御住居（御守殿）門として建築されたものである。姫君の年始登城などの外出時に使用されるほか、将軍をはじめ老中などが御守殿を訪れた際に、御守殿門から出入りした。

御守殿は藩主正室の住居なので、藩邸全体のなかでは奥向の空間に属するが、その内部では表向と奥向にわかれており、一つの御殿としての構造を有していた。五代将軍綱吉養女の松姫（加賀藩六代藩主前田吉徳室）の御守殿は、表向には玄関の内側に式台・使者之間のほかに、計六〇畳に及ぶ広間を備え、付近には付人役人が勤務する役部屋などがあった。江戸城同様に表向と奥向の通路は数本の廊下のみで、錠口を通って出入りした。奥向には老女と幕府役人が面会する広敷や客間などの御殿向、姫君の生活空間、女中詰所・長局向があった。長局は江戸城大奥にならって総二階造りで一之側から三之側に分けられていた。

御守殿は場合によっては、藩邸の六割近くの規模になることもあった。

幕府との関わり　御守殿に仕える姫君用人以下の役人は、若年寄の支配であった。若年寄は姫君ごとに「御用承り」の係を決めており、担当する姫君の御守殿で上位の付人・女中の人事異動があるとその就任申し渡しに立ち会い、御守殿の近辺で火事が発生すると昼夜を問わず御守殿へ駆けつけた。

御守殿には年中行事ごとに届けられる贈答品のほか、年頭には老中が姫君への挨拶に訪れた。また、御成《おなり》好きで知られる家斉は、御成の途中の御立寄《おたちより》と称して、自身の娘たちの御守殿をたびたび訪れた。御立寄は御成よりも手軽な形式とされていたが、将軍に供奉する人々は大勢であったため、迎える御守殿や藩邸にとっては、その饗応が大きな負担となった。

御守殿は主である姫君が死去すると解体された。

（吉成香澄）

【参考文献】　宮崎勝美「紀尾井町遺跡における大名屋敷の様相とその変遷」（『東京都千代田区紀尾井町遺跡調査報告書』千代田区紀尾井町遺跡調査会、一九八八年）、氷室史子「大名藩邸における御守殿の構造と機能」（『お茶の水史学』四九、二〇〇五年）、吉成香澄「将軍姫君の公儀付人・女中について」（徳川林政史研究所『研究紀要』四四、二〇一〇年）

【史料】　「御守殿雑志」「御守殿廻惣御絵図」「御守殿方御用」「御守殿一巻」（加越

能文庫、金沢市立玉川図書館近世史料館所蔵）、松平春嶽「前世界雑話稿」「幕儀参考」（松平春嶽全集編纂刊行会編『松平春嶽全集』一、原書房、一九七三年）、市岡正一『徳川盛世録』（東洋文庫、平凡社、一九八九年）、「御守殿方留」（『丹鶴城旧蔵幕府史料』二〇～二四、ゆまに書房、二〇〇九年）

公家女性の下向と街道

御台所の出自　将軍御台所として京都より江戸へ下向した公家女性は、江戸時代を通じて一四人存在する。初代家康・二代秀忠と、婚約で終わった七代家継を除き、三代家光以降、全ての将軍御台所は京都より下向した。

七代家継の場合は、八歳で夭逝したため婚約不履行となり、婚約が予定された霊元《れいげん》天皇皇女浄淋院（八十宮《やそのみや》吉子内親王）の京都から江戸への下向は無かった。ただ、早くに将軍後継者に予定された者は幼少期に元服を終え、御台所の選定も早くに行われたため、幼少期に江戸へ下向する御台所候補者もいた。九代家重の御台所証明院（比宮《なみのみや》増子）は五歳、一〇代家治の御台所心観院（五十宮倫子《いそのみやともこ》）は一二歳、一二代家慶の御台所浄観院（楽《さざの》宮喬《みやたか》子《こ》）は九歳、一三代家定の最初の御台所天親院（有姫）は九歳で下向という例がある。

下向絵巻　御台所下向に関する記録は、まだ概括されていない中で、姫君の下向行列を描いた絵画作品が五点知られている。その内、御台所下向については、一二代家慶の御台所浄観院（楽宮喬子）の下向を描いた「楽宮下向絵巻」（江戸東京博物館所蔵）・一三代家定の最初の御台所天親院（有姫）の「有君之御方御下向御行列之図」（国立歴史民俗博物館所蔵）・一四代家茂の御台所静寛院宮（和宮）の「和宮下向絵巻」（江戸東京博物館所蔵）の三点が知られる。

他の二点は、御三家の簾中の下向を描いた絵画作品で、尾張徳川家一〇代斉朝《なりとも》の簾中淑姫の「徳川淑姫入輿行列の図」（ベルリン国立図書館所蔵）・尾張徳川家一一代斉温《なりはる》の簾中福君《さちぎみ》の「福君江戸下向行列図」（徳川美術館所蔵）である。

「和宮行列絵巻」は下向道中の風景を主とした絵物語的な描写をするのに対し、他の絵巻は家の威信をかけた壮麗な行列の様子が描かれている。おびただしい警護の武士団に加え、婚礼道具一式の運搬も行われたため、行列は有力大名の参勤交代行列を凌ぐ規模だった。静寛院宮（和宮）の場合は、天皇家・将軍家の威信を示す規模で行われたため、下向行列は中山道経由だったが、諸道具は東海道経由で運ばれた。

街道風景も描かれる「楽宮下向絵巻」と「有君之御方御下向御行列之図」では、下向行列を迎える沿道の様子が分かる。本陣には幔幕《まんまく》が張られ、三道具・飾り手桶の用意や、警護の人員が配置され、道普請が行われるなど、最上級の「馳走《ちそう》」が成されていた。なお、姫君下向道中の場合、女性の行列拝見は許されたが、一五歳以上の男子の行列拝見は許されなかったため、両絵巻に描かれる見物人の多くは女性である。

下向を迎える宿場　姫君の下向を迎える宿場は、相応の負担を余儀なくされた。天保七年（一八三六）に、尾張徳川家一一代斉温の簾中福君の江戸下向を迎えた尾張国起宿《おこしじゅく》では、御供の人数だけでも三九六名を数え、本陣の修復に四七両余、脇本陣の修復に二七両余が費やされた。

　起宿では宿場の掃除や給仕などに延べ九三九人の人足が動員された。下向の二か月前から宿場周辺村々より掃除や手伝いとして村人が動員され、宿泊前の三日間は九二名が掃除を行い、宿泊当日は四五〇名が給仕や下働きなどを行った。また、宿泊後は四日間かけて一九二名が「後仕廻」をするなど、沿道の経済的・人的負担は大きかった。

　御台所の場合は、さらに負担が大きかったと思われ、特に下向の際は、美濃国赤坂宿では宿場の景観を整えるため、五四軒の町屋を新築・修繕して約一三三〇両を費やしている。美濃国加納宿から同国落合宿までの一〇か宿の助郷記録を合計すると、人足延べ約六万二〇〇〇人・馬二八〇四・賃金約四万六〇〇〇両という膨大な経費が費やされた。沿道諸藩の負担も大きく、最も広範囲の警護・道中整備を担った尾張藩の場合、幕府に援助金の申請を行ったが却下されている。

（原　史彦）

【参考文献】『皇女和宮』（江戸東京博物館、一九九七年）、『福君様と起宿』（尾西市歴史民俗資料館、二〇〇二年）、『行列にみる近世』（国立歴史民俗博物館、二〇一二年）、久留島浩「有君之御方御下向御行列之図」（『歴博』一八一、国立歴史民俗博物館、二〇一三年）

将軍生母の江戸下り

お迎え　八代将軍吉宗は、享保三年（一七一八）に、生母浄円院を和歌山から江戸へ呼び寄せた。

　二月二一日に浄円院の江戸下向が触れ出され、若年寄石川総茂《ふさしげ》ほか一八名が浄円院の迎えの役を命じられた。二二日には浄円院下向の道中での隊列及び警備の分担と、それぞれの担当者が命じられ、二七日に書院番の土屋正慶が道中の宿割を命じられた。迎え役を命じられた人々は、三月二〇日から順次江戸を出発した。

　三月、浄円院が東海道・美濃路・本坂《ほんざか》通《どおり》を通行することが触れ出され、道中の宿々へも通達された。また、浄円院が道中で昼休・宿泊をする場所の領主は、浄円院が到着したときにお迎えの若年寄石川総茂に御機嫌伺いにいくことが事前に定められていた。

気賀宿通行　浄円院は四月一五日に和歌山を出発した。紀州藩士からは浄円院の兄弟である巨勢《こせ》由利《よしとし》とその甥の至信《ゆきのぶ》ほか二〇人が、幕府の御家人になって供奉した。

　浄円院一行は東海道で三河国に入ると、御油《ごゆ》宿から本坂通を経由し、浜松宿からふたたび東海道に戻り、江戸へ向かった。二二日に赤坂宿に宿泊、二三日に気賀《きが》宿に宿泊し、二四日は見付宿で休息し、袋井宿で宿泊するという行程であった。

　本隊に先行して、先立女中四七人が四月一九日に気賀に宿泊した。乗物九挺・駕籠三八挺に乗っての移動であった。

　同月二三日に浄円院一行は本坂通の気賀宿へ到着した。しかし、宝永四年（一七〇七）の地震からの復興が遅れていた気賀宿には、宿泊所として使える家が八〇軒しかなかったため、三ケ日《みっかび》宿とその間にある呉石村《くれいし》・葭本村《よしもと》・小森村・下村も宿所に割り当てられたほか、陣内平に新たに小屋を設置して、宿泊所を確保した。

気賀関所の通行時には、関所番人が染袷麻上下を着用し下座して見送った。

浄円院は翌二四日に気賀を発駕した。気賀を出立したときの供奉の人数は、又者を含めておよそ二五二〇人であった。事前の通達により、一行が気賀を通行するときは、嵩山《すせ》・三ヶ日・気賀・浜松・見付・袋井の六宿と、助郷の村々の人馬が気賀に集まり、次の宿泊地である袋井まで継立をした。六宿合わせて、人足が五〇九二人、馬が一八一八疋従事した。

江戸到着　幕府では、四月二二日に浄円院付の広敷番頭を設置した。また、二四日にお迎えとして大勢の女中を小田原へ遣わした。

五月一日に浄円院が江戸城に到着し、二の丸に入った。供奉《ぐぶ》をつとめた人々には饗膳が下された。また、御三家や諸大名からは、浄円院の到着を祝って贈り物の献上がなされた。

同月一三日、紀州から供奉してきた人々のうち幕臣に取りたてられる者もおり、巨瀬由利は五〇〇〇石を与えられて御側首座となり、至信は一〇〇〇石を与えられて小納戸となった。このほか、桑島政周は浄円院用人、富松喜兵衛は浄円院扈従《こじゅう》頭、また医師林良以も浄円院付となった。

同月一五日、浄円院江戸下向のことを勤めた老中井上正岑《まさみね》、若年寄石川総茂、留守居朽木則綱《のりつな》に褒美が下され、将軍生母の江戸下向という一大事業は終了した。

（吉成香澄）

【参考文献】『歴史の道　姫街道展』（豊橋市二川宿本陣資料館、二〇一一年）

【史料】「本坂通往来留書」「浄円院紀州より下向之節触書之写諸書留覚」（国文学研究資料館所蔵）、『徳川実紀』八

誕生と死去

懐妊と出産

西の丸奥医師の日記　将軍の子女の出産を記録した史料のひとつに「朝廷日記」（朝廷は幕府のこと）がある。「朝廷日記」は、寛政九年（一七九七）七月から同一一年一二月までの西の丸奥医師山《やま》添宗積《ぞえそうせき》の公務日誌で、一一代将軍家斉の子女の病状や治療（そして死）の様子を記録しているが、あわせて子女誕生前後のことも書きとめられている。

たとえば寛政一〇年二月晦日に誕生した豊三郎（生母はお歌）の場合、誕生前の正月一九日に側衆の高井飛騨守から奥医師の吉田快庵に対して、来月（二月）朔日以降、医師一名が昼夜の別なく広敷に詰めること。奥医師の栗本瑞見《ずいけん》は毎日一度（妊婦を）診察すること。「御催之節」（出産の気配が生じたとき）は医師全員が参上すること等、が指示され、特に栗本瑞見に対しては、出産後、お七夜（生後七日目）までは（広敷に）詰めきりで待機するよう指示されている。

出産前後の医療は十分配慮されていたが、豊三郎はその年の七月二四日に生後五か月弱で没した。

出産に際して待機を命じられたのは、医師だけではない。家斉が、安永二年（一七七三）一〇月三日に一橋家の当主徳川治済《はるさだ》の長男として一橋家の屋敷で誕生したときは、八月二四日から「御手前医師」（一橋家の医師）一名が泊まり、九月一五日にはさらに医師一名（千田玄知）が加わった。

ほかに八月一八日から「薩摩姥《さつまうば》」、九月九日からは「添うは」も一橋屋敷に泊まるように命じられている。

薩摩姥の仕事　薩摩姥は薩摩婆とも表記される産婆（助産婦）で、「添うは」（添姥）はその助手であろう。助産婦が出産の世話をしたのは、江戸城大奥でも同様で、元禄一三年（一七〇〇）から嘉永四年（一八五一）まで、各種「御褒美」等を下された例を載せた幕府の記録「恩賜例」に、薩摩姥のほか「安野姥」「三崎姥」「いつみ」（和泉）・「よつ」「きん」（吟）などの名が見える。

彼女たちは奥女中でも幕臣の妻でもなかった。旧幕臣の大谷木《おおやぎ》醇堂《じゅんどう》が明治半ばに著した『醇堂叢稿』によれば、「薩摩婆」「和泉婆」は本丸大奥・西の丸大奥で「御産御用」を務め、「御用掛りの人員」に数えられていたという。将軍夫人（御台所）と将軍世子夫人（御簾中）ばかりでなく中﨟の出産の際にも大奥に参上して助産婦を務めた彼女たちを醇堂は「御用掛」と表現している。幕府は技能に長けた町人の助産婦を用いていたのである。

ところで醇堂が記しているのは幕末の薩摩婆で、彼女は家斉の誕生の際に産婆を務めた薩摩姥ではない。薩摩婆（薩摩姥）ほか幕府の出産御用を務める助産婦の名は襲名されていた。それは幕府の屋敷方が作成した安政三年（一八五六）当時の江戸の屋敷地の調査書『諸向地面取調書』に、「相模婆々七代目　くら」「子安婆々より七代目　市兵衛」などが見えることからもうかがえる。

醇堂によれば、薩摩姥（婆）らはたいそう裕福だったという。出産直後はもとより、将軍や世子の子女が成長するにつれ、正月・寒中・歳暮ほか折々に祝儀の金品を下賜されたからである。

（氏家幹人）

【参考文献】氏家幹人『江戸の女子力』（新潮文庫、二〇一〇年、初出二〇〇四年）、『旗本御家人Ⅲ』（国立公文書館特別展展示資料解説、執筆氏家幹人、二〇一三年）、氏家幹人『幕臣伝説』（洋泉社、二〇一四年）

【史料】「朝廷日記」「恩賜例」「諸向地面取調書」（国立公文書館内閣文庫所蔵）、「醇堂叢稿」（国立国会図書館所蔵）

若君・姫君の誕生

家斉の子女　歴代の将軍の子女として誕生した若君・姫君の数をふりかえってみよう。

四代家綱・一三代家定・一四代家茂は皆無（八歳で没した七代家継にも当然子女はない）。二代秀忠と三代家光が、それぞれ九人、七人だが、子だくさんというほどではない。初代家康の子女は一九人とされているが（深井雅海『江戸城』）、そのうち将軍となってから誕生したのは頼房と市姫の二人だけである。突出して多いのは、子女五四人（五三人とも）の家斉（一一代）と二六人の家慶（一二代）だ。といっても家斉の正室が出産したのは男子一人だけで、家慶の正室は一男二女。ほかはいずれも妾腹である。

誕生した子女はその後どうなったか。家斉の子女についてみると、女子の場合は、淑姫が名古屋藩主徳川斉朝《なりとも》夫人となったほか、水戸藩主・福井藩主・会津藩主・金沢藩主等の夫人となっている（計一二人）。一方男子は、次男の敏次郎が一二代家慶になったほか、八人が和歌山藩主・名古屋藩主・鳥取藩主等の養子になり、それぞれ藩主となった。

問題は、数えで六歳未満、満年齢なら五歳に達しないで亡くなった子女が二八人もいることだ。次女は寛政二年（一七九〇）一〇月朔日に生まれ翌日没し、三男は寛政六年五月九日に生まれ即日死去。いずれも命名もされず、「御家譜」には「御女子」「御男子」とだけ記されている。二人を入れ、満一歳の誕生日を迎えられなかった若君・姫君が一五人もいる。

短命の原因　家斉の子女が、奥医師ほか多数の医師に日々健康状態をチェックされていたにもかかわらず、これほど早死にだった原因のひとつは、皮肉なことに奥医師たちがほどこす医療にあったようだ。

西の丸奥医師山添宗積の「朝廷日記」には、家斉の子女に対する医療の実態が詳しく記されている。それによれば、医師たちが投薬や鍼灸療法を過度にほどこした様子がうかがえる。事実、寛政一一年五月、若君（敦之助、生母は正室）の症状が重篤になったおりに、将軍家斉は、奥医師たちの医療に対して改善を求めた。上意の内容は、将軍子女だからと特別な医療をほどこさず、普通の医療を試みるようにというもの。若君・姫君が相次いで亡くなる状況に、家斉は危機感を抱いていたのである。

御乳持の仕事　将軍の子女の生育をさまたげていたのは過度な医療だけでは

ない。

　誕生した子女に最初にお乳を飲ませるのは、生母ではなく御乳付《おちつけ》と呼ばれる女性だった。御乳付は哺乳（授乳）体験豊富な旗本の妻の中から選ばれた。しかし御乳付が哺乳するのは誕生当初だけで、その後、若君・姫君に乳を提供したのは、幕臣の妻女の中から書類審査と面接試験（御乳持吟味）を経て選ばれた御乳持《おちもち》と呼ばれる複数の女性たちである。多くの子女が誕生した家斉の時代には、たとえば文化七年（一八一〇）だけで、四〇人もの幕臣の妻が御乳持に採用されている（「女中帳」）。

　当時大奥にはお乳を必要とする家斉の子女が七人おり、多数の御乳持が必要とされたのであるが、四〇人も採用された理由はそれだけではない。御乳持に採用された女性の中には、大奥に上がったのち、生活環境の変化と過度の緊張、ストレスでお乳が出なくなり、御用が務まらなくなる者が多く、おのずと補充が必要だったからである。

　ストレスの多い御乳持に応募するのは御目見以下の御家人の妻（あるいは娘）だったが、このため御乳持が若君・姫君を抱いて授乳することも、抱き寝して乳を与えることも憚られた。御乳持はあくまで乳汁を提供するだけ。若君・姫君とそれ以上の（母と子のように親密な）関係をもつことを禁じられた。

　その結果、女性の懐に優しく抱かれながらその乳首に吸い付くという、ごく当たり前の時間を許されない将軍の子女は、身心にストレスを抱え、ひいては健康を損なう場合が多かったのである。御乳持の採用を担当していた目付の矢部彦五郎は、事態を憂慮し、寛政五年（一七九三）に、老中松平定信に今後は旗本の妻女も御乳持に採用するべきであると上申した（森山孝盛「蜑《あま》の焼藻《たくも》の記」）。定信も承諾し、旗本の妻や娘も御乳持を務めるようになったが、彼女たちは御家人の妻女以上にストレスに弱く、哺乳をめぐる大奥の育児改革は順調に進まなかったようである。

（氏家幹人）

【参考文献】　深井雅海『江戸城』（中公新書、二〇〇八年）、氏家幹人『江戸の女子力』（新潮文庫、二〇一〇年、初出二〇〇四年）、『旗本御家人Ⅲ』（国立公文書館特別展展示資料解説、執筆氏家幹人、二〇一三年）、氏家幹人『幕臣伝説』（洋泉社、二〇一四年）

【史料】　「御家譜」「朝廷日記」「女中帳」（国立公文書館所蔵）、森山孝盛「蜑の焼藻の記」（『日本随筆大成』二期二二、吉川弘文館、一九七四年）

宮参り

徳川将軍家の宮参り　宮参りは、生後初めて産土神《うぶすながみ》に参詣することをいう。徳川将軍家では、江戸城の鎮守として城内に祀られていた日枝山王社《ひえさんのうしゃ》に二代秀忠の次男竹千代（後の家光、長男長丸は早世）が慶長九年（一六〇四）一一月八日に宮参りを行って以降、歴代将軍の世子やその他の男子、女子も山王社へ宮参りを行った。また、元和四年（一六一八）に家康の霊廟である東照社が紅葉山に建立されてからは、宮参りの折には山王社に参詣する前に東照宮に参詣する場合が多い。

　さらに山王社は秀忠が行った江戸城改

築の際、社地を城外西貝塚（現在の千代田区隼町）に遷されており、三代家光の長男竹千代（後の家綱）は山王社から城へ戻る際、井伊直孝邸に立ち寄っている。これは、山王社と井伊家が近接していたという地理的条件が理由と考えられるが、この家綱の宮参りが慣例となり、以降、将軍世子の宮参り後には井伊家屋敷へ立ち寄ることとなった（ただし、六代家宣四男家継は根津権現に宮参りを行い、酒井忠隆邸へ立ち寄った）。なお、この井伊家立ち寄りは世子にのみ見られるもので、世子以外の将軍男子や女子は宮参りの際、井伊家以外の大名家に立ち寄っている。

家治の宮参り　ここでは九代家重の長男竹千代（後の家治）の宮参りの様子を見ていく。家治は元文二年（一七三七）五月二二日に江戸城西の丸で誕生した。将軍世子の宮参りは、生後半年から一年ほどの間に実施される例が多いものの、世子の体調によって延期されることもあった。家治の場合、生後四か月経った九月二七日に宮参りを行っており、紅葉山東照宮および山王社参詣の後、井伊直定邸に立ち寄っている。

当時、家治（竹千代）は将軍世子である父家重とともに西の丸（大奥）に居住していたため、宮参り当日は西の丸から出発した。まず家治は四つ時（午前一〇時頃）に大広間へ出御し、紅葉山東照宮へ参詣した。それから再度大広間へ戻ってしばらく休憩を取り、その後、西の丸大手門を通って外桜田門より城外に出て、山王社に向かった。なお、山王社は明暦三年（一六五七）の大火災（明暦の大火）によって社殿を焼失し、万治二年（一六五九）に現在の位置（千代田区永田町）に遷されている。

家治一行が山王社に到着すると、先に来ていた老中・若年寄・側衆が出迎え、家治は楼門内で輿から降りた。家治はまだ生後四か月の赤子のため、同行した奥女中が家治を抱いて行動したと考えられる。その後、太刀・馬を奉納して内殿で拝礼を済ませ、井伊直定邸に立ち寄ってから江戸城へ戻った。

「竹千代君様御宮参記」（国立公文書館蔵）によると、この宮参りの行列には、諸大夫行列四六人、御供二五人、小性組・書院番・大番・小十人組御供一四一人、女中御供九人、小人《こびと》騎馬五一人、計二七二人が参加したことが分かる。ただし、これ以外にも御目見以下の者が多数加わっており、家治長男竹千代（後の家基、安永八年死去）の宮参り時に計九五〇人が供奉していることから、家治の宮参りもこれに近い人数が行列を成していたと考えられる。

この宮参りの実施によって、家治は誕生以降行われる諸儀礼を一通り終えたこととなり、一一月一二日に本丸で吉宗が家重・家治を祝っている。他の将軍世子の場合も誕生から宮参りの過程に大きな違いはない。宮参りについては世子のみが井伊家に立ち寄るという特徴はあるものの、世子以外の将軍男子、女子も宮参りまでの儀礼の過程は基本的に同じである。

（原田知佳）

【参考文献】　皿海ふみ「若君の宮参りと井伊家御成」（朝尾直弘編『譜代大名井伊家の儀礼』彦根城博物館、二〇〇四年）
【史料】　「竹千代君様御宮参記」（国立公文書館蔵）、『徳川実紀』八、『徳川諸家系譜』一、二

死去と鳴物停止

将軍とその家族の死　将軍やその家族などの死は公的、国家的な出来事で、幕府はその死を広く報知した。そして大名から石高に応じ、香奠の献上を求め、歌舞音曲や普請を停止させる鳴物停止《なりものちょうじ》令《れい》を発した。さらに死去・法事の折に「赦」を実施し、大名に御手伝役を課して廟所・宝塔を築造し、回忌法要も幕府の費用で欠かさず行なった。すなわち、将軍の家族である御台所や生母の場合、その死に際し、上記の事柄がどのように進行したか、個々の事実を確認するとともに、相互に比較し、その意味を問う必要があるが、ここでは研究が蓄積されている鳴物停止を取り上げる。

御台所・簾中の死去と鳴物停止　幕府の鳴物停止令は、中川学氏によると、一七世紀半ば以降広く触れられ、規制内容・停止日数に差異を設けることにより、将軍を頂点とする対象者を序列化した。将軍の御台所・生母もその中に位置づけられている。

表6は御台所・簾中、及び生母の普請・歌舞音曲の停止期間を江戸町触を中心にまとめたものである。将軍家御台所で死後鳴物停止令が発せられたことが史料上で確認できるのは、家光の御台所本理院のときがもっとも早く、延宝二年（一六七四）六月八日、江戸の町方に対し、「中御丸様」が逝去したので、「今日より町中鳴物を停止致すべく候、勿論何にても物さわかしき事これ無き様、急度あい触れらるべく候」と触れ出している。そして但し書で、その期間を七日から一一日までとしている（『江戸町触集成』一、一二一二）。「今日（八日）」からとあるのに、死去の前日から五日間としているのは、六月一五日に開催予定の山王祭礼との関連かとも考えられるが、確かなことはわからない。この五日という日数は以後の御台所より短い。

家綱の御台所高巌院のときは、死去の翌日に鳴物停止令が出され、その後解除日が触れられている。まだ普請・鳴物の区別はなく、停止日数は九日間であった。綱吉の御台所浄光院のときは、普請の停止期間（日数）のみ七日と触れられている。綱吉が一か月前の宝永六年（一七〇九）正月一〇日に死去し、その鳴物停止期間中に浄光院が死去したためである。家宣の御台所天英院のときは、死去の翌日鳴物停止令が出され、普請七日、鳴物一四日とされている。

その後一〇代の御台所心観院のときから普請七日、鳴物一五日が例となり、一一代、一二代のときも同じ日数となっている。簾中の場合も、家重の簾中証明院のときの普請五日、鳴物停止一〇日が例となっている。また期間・日数も、触れ出された日からではなく、死去の日からになり、定例化とともに実質的な短縮化が図られたことが窺える。

生母の死去と鳴物停止　生母の死後の鳴物停止は、綱吉の生母桂昌院のときが初見で、宝永二年六月二二日に死去し、ただちに期限の無い鳴物停止が触れられている（『御触書寛保集成』四〇三）。同月二八日に翌日より普請赦免、七月八日に翌日より「見物所ならびに鉦《かね》たたき躰の者ばかり」鳴物が許された。全く解除されたのは八月二二日で、長期間に及んだ。

表6　将軍家御台所・簾中・生母普請鳴物停止一覧（死去順）

名前	院号	死去年月日	死去時身分	普請停止期間	停止日数	鳴物停止期間（カッコは全面解除日）	停止日数
孝子	本理院	延宝二・六・八	先代（家光）御台所			七?〜一一日	五
顕子	高巌院	延宝四・八・五	将軍（家綱）御台所			六〜一四日	九
お玉	桂昌院	宝永二・六・二二	将軍（綱吉）生母	〜二八日	七	〜七月八日（八月二一日）	一六（五九）
信子	浄光院	宝永六・二・九	先代（綱吉）御台所	一〇〜一六日	七	（〜四月二日?）	
お由利	浄円院	享保一一・六・九	将軍（吉宗）生母	一〇〜一六日	七	一〇〜二三日	一四
培子	証明院	享保一八・一〇・三	世子（家重）簾中	〜七日	五	〜一二日	一〇
熙子	天英院	寛保元・二・二八	先々代（家宣）御台所	二九〜三月五日	七	二九〜三月一二日	一四
お幸	至心院	寛延元・二・二六	世子（家治）生母	〜晦日	五	〜三月五日	一〇
お喜世	月光院	宝暦二・九・一九	先々代（家継）生母	〜二三日	五	〜二八日	一〇
倫子	心観院	明和八・八・二〇	将軍（家治）御台所	〜二六日	七	〜九月五日	一五
お知保	蓮光院	寛政三・三・八	亡世子（家基）生母	〜一〇日	三	〜一四日	七
お楽	香琳院	文化七・五・二〇	世子（家慶）生母	〜二四日	五	〜二九日	一〇
お富	慈徳院	文化一四・五・八	将軍（家斉）生母	〜一四日	七	〜二一日	一四
喬子	浄観院	天保一一・正・二四	将軍（家慶）御台所	〜晦日	七	〜二月八日	一五
寔子	広大院	弘化元・一一・一〇	先代（家斉）御台所	〜一六日	七	〜二四日	一五
任子	天親院	嘉永元・六・一〇	世子（家定）簾中	〜一四日	五	〜一九日	一〇
秀子	澄心院	嘉永三・六・二四	世子（家定）簾中	〜二八日	五	〜七月三日	一〇

『御触書寛保集成』・『御触書宝暦集成』・『御触書天保集成』・『幕末御触書集成』・『徳川実紀』・『年録』・『江戸町触集成』より作成

中川氏によると、「見物所」とは芝居小屋で、芸能興行については鳴物停止の途中で鳴物が許され、綱吉死去後も鳴物に関わる生業者の鳴物は途中で許された。このような規制免除は以後の将軍・大御所の場合も共通してみられるという。ここでは将軍生母の鳴物停止が長期に及び、その後の将軍と同様の形式で実施されたところに注目したい。桂昌院の地位の高さは御台所以上で、他の生母と比べるべくもない。それはそのまま当該期の将軍の権威、権力の特質を表しているといえる。

　以後の生母を死亡順にみると、享保一一年（一七二六）に死去した浄円院（吉宗生母）の場合は普請七日、鳴物一四日、寛延元年（一七四八）に死去した至心院（世子家治生母）は普請五日、鳴物一〇日、宝暦二年（一七五二）に死去した月光院（家継生母）は普請五日、鳴物一〇日、寛政三年（一七九一）に死去した蓮光院（家治世子家基生母）は普請三日、鳴物七日、文化七年（一八一〇）に死去した香琳院（世子家慶生母）は普請五日、鳴物一〇日、文化一四年（一八一七）に死去した慈徳院（家斉生母）は普請七日、鳴物一四日である。時の将軍の生母の場合は御台所並、世子の生母は簾中並にほぼ定式化されている。

（松尾美恵子）

【参考文献】中川学『近世の死と政治文化』（吉川弘文館、二〇〇九年）。

【史料】『江戸町触集成』一・三、『御触書寛保集成』、『御触書宝暦集成』、『御触書天保集成』

葬儀と埋葬

死去から埋葬に至るまでの諸手続き　諸儀式は場所を順次変えながら行われる。正室・生母・側室の各階層は概ね同じ内容で進められるが、充てられる日数や動員人数に明確な格差が見られる。

没地での諸手続き（江戸城内）　没地は江戸城内の本丸（将軍夫妻）、二の丸（生母・側室）、西の丸（嗣子）であり、死去の公示直後には諸大名の弔問、音楽（歌舞音曲）や営築（普請）の停廃、葬儀・埋葬担当者の決定、埋葬寺院の決定と連絡が行われる。これらは記録によって記述順序が前後することから同時に進めたと考えられる。この間は、埋葬・葬儀に至るまでの準備期間であり、正室・生母・側室でおおむね五〜二〇日間前後が充てられる。また年代が下るにつれて、期間が長くとられる傾向が見られる。諸大名の弔問は公示の翌日もしくは翌々日に行われる。

葬送（江戸市中）　諸準備が整うと霊柩《れいきゅう》が江戸城から埋葬寺院へ出立する。霊柩は長大な葬列を組んで運ばれる。この時寺院から僧侶が出向き霊柩に付き添う。

　江戸城から寺院に至る順路はその所在地によって異なる。寛永寺の場合は階層と年代に関係なく、北拮槹橋《きたきこうばし》から平川門・竹橋門を経て城外へ出て東へ進み、神田、広小路を通って寛永寺に至る順路がとられている。特に竹橋門や平川門は城内で死亡者が出た時、遺体を外へ運び出す「不浄門《ふじょうもん》」として利用されていた。心観院（一〇代家治正室）の市中葬送順路は平川門→一橋門→筋違橋《すじかいばし》→神田→不忍池→新清水門（寛永寺）→龕前堂《がんぜんどう》の順路である。

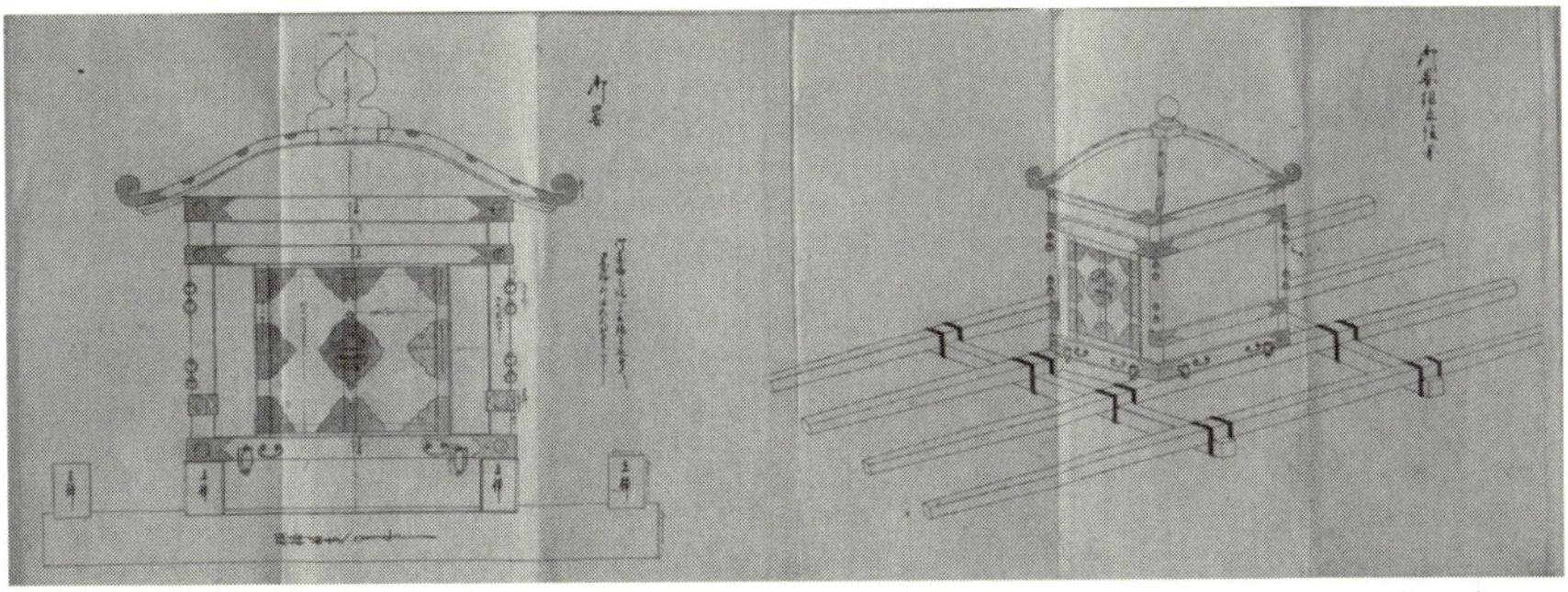

図30　浄観院（家慶正室）の「晏」（「浄観院葬送棺槨図」東京国立博物館蔵、Image:TNM Image Archives）

増上寺の場合は歴代将軍の順路を見ると、やはり竹橋門や平川門から城外に出て、内堀沿いを東回りで南下し、柴井町通りと浜松町通りを経て増上寺に至っている。天英院（六代家宣正室）の場合は平川門→一橋門→鎌倉河岸→本町→日本橋→浜松町→増上寺を通り、やや大きく江戸城を迂回して増上寺に至る。

この時組まれる葬列は長大であり、心観院の場合は埋葬寺院寛永寺子院の凌雲《りょううん》院《いん》や津梁院《しんりょういん》などの僧侶を先頭に、高提灯や手提灯を掲げながら徒衆《かちしゅう》、幕府重臣、伊賀者が並び続き、霊柩は葬列の中央に一〇八名の仕丁《しちょう》に担がれている。その後には幕臣、大番士、三五台の女房乗物、伊賀者が続く長大なものである。この時霊柩は「晏《あん》」に乗せられて運ばれる（図30）。一方生母の葬列は正室よりも規模は小さく、桂昌院の場合では伊賀者を先頭に幕臣や僧侶がわずかに見られ、霊柩を担ぐ者も正室の半数になっている（『徳川実紀』）。

埋葬寺院　江戸城からの葬列が寺院に到着してからは、宗派に関係無く、ほぼ同じ手順を経て埋葬に至る。

寺院に着いた霊柩は葬儀のために急造された「龕前堂」に入れられる。龕前堂について、八代吉宗の葬送次第「大御所吉宗公薨御一件聞書」には、葬儀を執行する仮設の堂であり、本堂に霊柩を入れることが禁止されているためと説明されている。

龕前堂においては、寺院宗派独自の法《ほう》会《え》が行われた。寛永寺に葬られた心観院は、龕前堂では輪王寺宮《りんのうじのみや》公啓法親王が座に着くと、大僧正継天によって「光明《こうみょう》供《く》」が行われ、次いで衆僧が「諸天讃《しょてんさん》」を唱える。衆僧が龕前堂の前に並び立つと、東漸院従宜が「四智讃《しちさん》」を唱え、終わると墓所へ埋葬のため霊柩は葬列をもって運ばれる。山内葬列は位牌を中央に、霊柩を最後尾に配した僧侶主体であり、それに宝幡《ほうどう》を掲げ、伶人《れいじん》が音楽を奏でながら墓所へ向かう。

墓所では衆僧が読経《どきょう》するなか法親王が焼香し、遺族や家臣がそれに続き、法親王が退座後に霊柩が墓所に納められる。そして位牌が本堂に移され、翌日から八日間にわたって葬儀が行われ、江戸城出立から九日間で一連の葬儀が終了した。

（今野春樹）

【史料】「大御所吉宗公薨御一件聞書」（法養寺所蔵）、『徳川実紀』

第二部

将軍と「大奥」

第7章

将軍をめぐる女性

家康をめぐる女性

岡崎・浜松城主時代　徳川家康は、天文一一年（一五四二）一二月二六日、松平広忠とお大（伝通院）の間に生まれた。生母であるお大は、三河刈谷城主水野忠政の娘。家康出生後の天文一三年、忠政が死去すると、跡を継いだお大の兄である信元は織田家に従ったため、広忠はお大を離縁した（『新編岡崎市史』）。お大と三歳で別れた家康は、その後、大伯母にあたるお久（随念院）に養育されたとされる。

岡崎・浜松城主時代の家康の正室は、今川家の一族に連なる関口親永（義広）の娘。今川義元の姪にあたり、のちに築《つき》山殿《やまどの》（西光院、清池院）と称された。弘治三年（一五五七）に駿府で婚姻し、長男信康、長女亀姫をもうけている。天正七年（一五七九）八月二九日、いわゆる信康・築山殿事件で家康により殺害された。

当時出生の子女には、長男信康、長女亀姫の他、二男結城秀康、三男徳川秀忠、四男松平忠吉、二女督姫（良照院）と三女振姫（松清院）がいる。結城秀康の生母である長勝院（お万、小督局）は、生年不詳。父は三河国池鯉鮒《ちりゅう》明神の社人永見吉英とされるが、他説もある。正室築山殿の侍女であったという。三男秀忠、四男忠吉の生母である宝台院（竜泉院、西郷局）は、永禄五年（一五六二）生まれ。実父は諸説あるが、西郷清員《きよかず》の養女として家康のもとに出仕。天正一七年死去。二女督姫の生母である蓮葉院（西郡局）は、生年不詳。父親については今川義元旧臣である鵜殿長持とされるが（『徳川幕府家譜』）諸説ある。なお、督姫は、永禄八年の生まれ。三女振姫の生母である良雲院（お竹）は、生年不詳。父親は武田氏旧臣の市川昌永（あるいは昌清）など諸説あるが、詳細は不明。振姫は、天正八年生まれである。

その他、諸書によりその存否に諸説有るが、松平民部の生母とされる法光院（お松）と、松平重吉の娘も当該期に家康の子息を生んでいるとされる。法光院は、生没年等未詳。天正一〇年松平民部を生んだという。松平重吉の娘は、生没年、法名等未詳。父は松平次郎右衛門重吉。家康の侍女であったが、のちに松井（松平）忠次（康親）に嫁したという（『寛政譜』）。松井忠次の嫡男康重には家康の御落胤であるとの説（「武蔵川越松井家譜」）もある。

五か国領有時代　家康は、二人目の正室として、豊臣秀吉の異父妹である朝《あさ》日《ひ》姫《ひめ》（旭姫、南明院）を迎えている。朝日姫は、天正一四年大坂より浜松城へ入輿した。同一六年大政所の見舞に上洛し、その後聚楽第に留まり、同一八年聚楽第にて死去した。家康との間には子はいない。

この当時に出生した子女には、五男武田信吉がいる。信吉の生母である妙真院（下山の方、於津摩《おつま》局）は、元亀二年（一五七二）生まれ。父は武田氏の旧臣である秋山虎康。穴山梅雪の養女として、家康に仕えた。

また、当該期までに家康の側室になった人物として、雲光院と泰栄院がいる。雲光院（お須和《すわ》、阿茶局）は、弘治元年生まれ。父は武田家家臣である飯田直政。

今川家家臣の神尾忠重に嫁ぐが、その死後、家康に召された。泰栄院（お仙）は、生年未詳。父は信濃国駒場村の宮崎泰景で、武田氏旧臣とされる。天正年間に召し出され、奥勤めとなる。

関東入部以降

天正一八年、家康は江戸に入部し、その後の江戸幕府の基盤を築いていくこととなる。

当時出生の子女には、六男松平忠輝、七男松平松千代、八男松平仙千代、九男徳川義直、一〇男徳川頼宣、一一男徳川頼房、四女松姫と五女市姫がいる。

六男忠輝、七男松千代の生母である朝覚院（茶阿局）は、生年不詳。父は花井氏または山田氏ともされるが（「幕府祚胤伝」）不詳である。遠江金谷村の鋳物《いも》師《じ》（または農夫）の妻であったといわれる。なお、四女松姫は文禄四年（一五九五）または慶長元年（一五九六）の生まれで、生母は間宮豊前守康俊の娘とも、お茶阿の方ともいわれているため、適宜ここに記す。八男仙千代、九男義直の生母である相応院（お亀）は、石清水八幡宮の神職清水清家の娘で、志水宗清の養女。前夫は竹腰正時。一〇男頼宣、一一男頼房の生母である養珠院（お万）は、天正八年生まれ。父は元里見氏の家老であった正木邦時。母は北条氏尭《うじたか》の娘。同一八年に奥勤めとなった。五女市姫の生母である英勝院（お加知、勝、お梶、お八）は、天正六年生まれ。太田康資の娘。一三歳で家康のもとに出仕した。のちに頼房の養育を命じられ、准母（養母）となる。市姫（一照院）は、慶長一二年の生まれ。なお、当該期に出産している側室に正栄院（お牟須《むす》）がいる。正栄院は、生年未詳。父は武田氏旧臣の三井十郎左衛門吉正。天正一〇年、奥勤めに上がる。文禄元年、家康に従い名護屋で出産するが難産のため母子ともに死去した。

その他、当該期までに家康の側室になった人物として、清雲院、養儼院、蓮華院がいる。清雲院（お奈津《なつ》、お夏、阿夏）は、天正九年生まれ。父は元伊勢北畠氏家臣の長谷川藤直。慶長の初め頃に奥勤めとなる。養儼院（お六）は、父は北条氏旧臣の黒田五左衛門直陣。英勝院（お梶）の部屋子となり、のちに側室となる（「幕府祚胤伝」）。家康没後、秀忠の計らいで喜連川氏に嫁したともいわれる（『家康の族葉』）。蓮華院（お梅）は、天正一四年生まれ。父は元近江佐々木六角家家臣の青木一矩（秀以、重治とも）。慶長年間に奥勤めとなる。家康祖母華陽院（お大の母）の姪にあたる。のちに、本多正純《まさずみ》の妻となる。

その他、諸書によりその存否に諸説有るが、京の三条某の娘という小笠原権之丞生母も当該期までに家康の子息を生んでいるとされる。生没年、法名等は未詳。

家康養女

家康の養女については人数が多いため、「幕府祚胤伝」や「徳川幕府家譜」、「寛政重修諸家譜」等から判明する範囲でまとめて列記するに留める。

本多忠勝の娘（真田信幸室）、徳川（松平）信康の娘（小笠原秀政室）、松平康元娘（岡部長盛室）、松平康元娘（満天姫。葉縦院。福島忠勝、津軽信牧室）、保科正直娘（栄姫。ねね姫。大凉院。黒田長政室）、松平康元娘（田中忠政室、のち松平成重室）、松平康元娘（浄明院。中村忠一室、のち毛利秀元室）、松平康元娘（大須賀（榊原）忠政室、のち菅沼定芳室）、松平定勝娘（阿姫。光照院。山内忠義室）、松平康直娘（連姫。長寿院。有馬豊氏室）、松平康親娘（井伊直政室）、岡部長盛娘（高源院。鍋島勝茂室）、本多忠政娘（国姫。栄寿院。堀忠俊室、のち有馬直純室）、本多忠政娘（小笠原忠脩室、のち小笠原忠真室）、水野忠重娘（清浄院、加藤清正室）、小笠原秀政娘（万姫、氏姫、蜂須賀至鎮室）、保科正直娘（安部信盛室）、保科正直娘（小出吉英室）、戸田康長娘（戸田氏鉄室）、保科正直娘（加藤明成室）、奥平信昌娘（大久保忠常室）、池田輝政娘（京極高広室）

当該将軍期の奥の状況　家康に正室が置かれていたのは、築山殿と朝日姫が存在していた時期（一五五七～七九、八六～九〇）となるが、正室が存在しない際にも、側室の扱いの女性のうち実質的に家康の妻の立場に置かれていた女性が存在したとされている。一人は、秀忠生母の西郷局であり、築山殿没後から朝日姫入輿までの間、実質的に家康の妻として処されていたとされる。また、朝日姫没後には、相応院、養珠院及び英勝院らが、ともに家康の「女中三人衆」と呼ばれて（「多聞院日記」）、実質的に家康の正妻の立場に置かれ、他の側室とは別格に扱われていたとの指摘がある。また、雲光院（阿茶局）は大坂冬の陣での講和の使者、東福門院和子入内時の母親代わりを務めるなど、家康の側室とされながらも高度な政治的役務もこなしており、役女（上級女中）として位置付ける必要があるとの指摘もある。雲光院も相応院・養珠院らと同格に位置付けられていたようであり（「東武実録」）、家康の正室・側室等を検討する際には、同時代的な妻妾の区別を考慮しつつ評価する必要が指摘されている（福田千鶴『徳川秀忠』）。

なお、養女については、万姫・栄姫と京極高広の妻が別格扱いされていたようである。養女は、外様大名を中心にした婚姻政策の重要な要素となっており、徳川家の一員としての扱いを受けるなど、実質的に重い意味を持っていたこと、実際の血縁関係より系図上の関係が重視されていたことなどが指摘されている（福田千鶴『徳川秀忠』）。（小宮山敏和）

【参考文献】中村孝也『徳川の族葉』（講談社、一九六五年）、『新編岡崎市史』中世二（岡崎市、一九八九年）、平野明夫『徳川権力の形成と発展』（岩田書院、二〇〇六年）、『安城市史』通史編原始・古代・中世（安城市、二〇〇七年）、秋元茂陽『徳川将軍家墓碑総覧』（星雲社、二〇〇八年）、本多隆成『定本徳川家康』（吉川弘文館、二〇一〇年）、福田千鶴『徳川秀忠　江が支えた二代目将軍』（新人物往来社、二〇一一年）、大石学・佐藤宏之・小宮山敏和・野口朋隆編『現代語訳徳川実紀　家康公伝』一～五（吉川弘文館、二〇一〇年～一二年）、大石学編『徳川歴代将軍事典』（吉川弘文館、二〇一三年）

【史料】『東武実録』（内閣文庫所蔵史籍叢刊、汲古書院、一九八一年）、『徳川諸家系譜』一・二、『寛政重修諸家譜』、『徳川実紀』一

秀忠をめぐる女性

将軍就任以前　徳川秀忠は、天正七年（一五七九）四月七日、徳川家康の三男として生まれた。生母は、お愛（お相）（西郷殿、宝台院、竜泉院）である。お愛は、永禄五年（一五六二）の生まれであるが、実父は諸説あり定かではない。

天正六年に、親族である三河国の西郷清《きよ》員《かず》の養女として家康のもとに出仕した。同一七年駿府にて二八歳で死去している。

秀忠の乳人《めのと》としては、大姥殿《おおうば》（大姥局）の存在が知られている。今川氏真《うじざね》に仕えた岡部貞綱の娘または妹（「寛政重修諸家譜」「柳営婦女伝系」他）とされる。生年は不詳。今川家家臣の河村善右衛門重忠の妻であったが、夫重忠没後、天正七年に秀忠の乳人に召し出されたという。

秀忠はお江（崇源院）との婚姻以前、天正一八年に織田信雄の娘で秀吉養女の小姫と婚姻している。小姫は天正一三年生まれ。秀吉の養女として手元で育てられたようである（福田千鶴『淀殿』）が、同一九年七月に七歳で死去。

お江とは、文禄四年（一五九五）九月に婚姻。お江は、天正元年生まれ。父は北近江の戦国大名浅井長政、母は尾張の戦国大名織田信秀の娘（信長の妹）お市で、三女として生まれている。秀忠との婚姻前に、尾張大野城主で従兄弟にあたる佐治一成《さじかずなり》と婚姻しているが、秀吉の意向により離婚。同一三年、秀吉の甥である羽柴小吉秀勝に再嫁。しかし、秀勝は文禄元年に巨済島で病没している。

お江と秀忠の間には、二男五女の七人をもうけたとされる（「徳川幕府家譜」他）が、うち四子は庶出子であり、いわゆる「嫡母の養い」との扱いでお江が母となっているとの説も近年示されている（福田千鶴『江の生涯』）。お江は、寛永三年（一六二六）九月一五日、江戸城西の丸にて死去。

当該期出生の子女には、長女千姫、二女子（祢）々姫、三女勝姫、四女初姫と、長男長丸、二男家光がいる。

長女の千姫（天樹院、東丸、北之丸）は、慶長二年（一五九七）生まれ。同八年に豊臣秀頼に嫁いだ。元和元年（一六一五）、夫秀頼が大坂城落城とともに自害。翌二年に本多忠政の子の忠刻に再嫁する。寛永三年に忠刻が死去したのちは江戸に移っている。二女の子（祢）々姫（珠姫、天徳院）は、慶長四年生まれ。同六年、加賀の前田利常（利光）のもとに入輿。三女の勝姫（天崇院、高田様）は、慶長五年生まれ。同一六年、越前の松平忠直のもとに入輿。四女の初姫（興安院）は、慶長七年生まれ。同一一年、伯母初《はつ》の婚家である京極忠次の子忠高のもとに入輿。子はいない。

なお、秀忠の長男としては、夭折した長丸がいる。生母はお江ではないため側室等に当たるものと思われるが、生母の子細については不詳である。

将軍就任から大御所時代　慶長一〇年、秀忠は将軍宣下を受けて征夷大将軍となっている。正室はお江である。当該期に出生したとされる子女としては、三男忠長、四男保科正之、五女東福門院がいる。

三男忠長の生母はお江。五女の東福門院（松姫。和子。国母様）は、慶長一二年生まれ。母はお江とされるが（「幕府祚胤伝」他）、生母は越後国古志郡栖吉城主本庄慶俊の娘妙徳院とする説もある（福田千鶴『徳川秀忠』）。元和六年後水尾天皇の女御として入内。寛永元年中宮。

保科正之の生母はお静（浄光院）。武蔵国板橋竹村の農人または大工の神尾伊代栄加の娘（「柳営婦女伝系」「幕府祚胤伝」ほか）とされ、秀忠乳母の大姥局の下で女中として奉公する中で秀忠の子を懐妊したという。なお、お静は秀忠の側室と語られることが多いが、正式に側室や侍妾等には位置付けられていなかったとの指摘がある（『徳川秀忠』）。

秀忠養女　秀忠の養女については人数が多いため、「幕府祚胤伝」や「徳川幕府家譜」、「寛政重修諸家譜」等から判明する範囲でまとめて列記するに留める。

　結城秀康娘（喜佐姫。竜照（昌）院。毛利秀就室）、小笠原秀政娘（千代姫。保寿院。細川忠利室）、奥平家昌娘（雲松院。堀尾忠晴室）、池田輝政娘（振姫。利久姫。孝勝院。伊達忠宗室）、蒲生秀行娘（崇法院。加藤忠広室）、松平忠直娘（亀姫。寧姫。宝珠院。好仁親王御息所《みやすどころ》）、榊原康政娘（福照（正）院。池田利隆室）、松平忠良娘（梅渓院。黒田忠之室）、本多忠刻娘（勝姫。円盛院。池田光政室）、保科正直娘（加藤明成室）、羽柴秀勝娘（完子。九条幸家室）

当該将軍期の奥の状況　当該期までの奥の形成及び運営状況については不明な点が多いが、元和四年元旦に奥向きの法度が出され、次第に奥の出入りが制限されていったようである（「東武実録」「御当家令条」）。その後、元和六年四月二二日には、大奥への奥方番衆、侍衆、台所衆、小人、下男のほか無用の者の出入りの禁止（「東武実録」「御当家令条」）、同九年正月には大奥台所口の出入りの法度の制定（「東武実録」）等、奥向きの管理が厳しくされていったようである。また、東福門院の中宮御所の管理についても寛永三年に法度が出されており、将軍または大御所秀忠の指示の下に奥向きの統制が強められていったようである（『江の生涯』）。

　秀忠の正室としては、お江との前に小姫と形の上では婚姻しているが、事実上の初婚はお江との婚姻となり、お江の後に正室は置かれていないため、当該期にはお江を中心として奥が運営されていたことと推測される。

　正室お江に関しては、恐妻というイメージで語られることが多く、保科正之の誕生時のエピソードなどもその話の線上で語られている。ただし、正之が江戸城内ではなく城下で誕生した理由としては、お江を中心とした奥向き制度の中において、生母お静が正室に認められた侍妾ではなく、制度の枠外の存在であったため、秀忠が配慮したとの指摘がある（『徳川秀忠』）。また、これまでお江が生母とされてきた、子々姫、勝姫、家光、東福門院については、それぞれ側室の子であり、正室お江が嫡母として対応したものという新たな見解が出されているが（『江の生涯』）、これらは当該期の正室・側室も含めた奥向きの制度と政治状況等をどのように捉えるのかという点で議論となろう。同時代的な妻妾の区別を考慮しつつ当該期の奥向きを評価する必要が指摘されているところである（福田千鶴『徳川秀忠』）。

（小宮山敏和）

【参考文献】中村孝也『徳川の族葉』（講談社、一九六五年）、秋元茂陽『徳川将軍家墓碑総覧』（星雲社、二〇〇八年）、福田千鶴『江の生涯』（中公新書、二〇一〇年）、同『徳川秀忠 江が支えた二代目将軍』（新人物往来社、二〇一一年）、大石学・佐藤宏之・小宮山敏和・野口朋隆編『現代語訳徳川実紀 家康公伝』一～五（吉川弘文館、二〇一〇年～一二年）、大石学編『徳川歴代将軍事典』（吉川弘文館、二〇一三年）

【史料】「千年の松」（国立公文書館所

蔵）、『東武実録』（内閣文庫所蔵史籍叢刊、汲古書院、一九八一年）、『徳川諸家系譜』一・二、『寛政重修諸家譜』、『徳川実紀』一

家光をめぐる女性

摂家からの輿入れ　徳川家光は慶長九年（一六〇四）七月一七日に江戸城で誕生した。生母は二代将軍となる秀忠の正室お江（崇源院《そうげんいん》）である。元和九年（一六二三）七月二七日に将軍宣下を受け、同年一二月二〇日には正室となる孝子（本理院）が江戸に下り、輿入れした。婚礼は寛永二年（一六二五）八月九日に行われた。孝子は前関白鷹司《たかつかさ》信房の娘である。鷹司家は摂政や関白を出す摂家《せっけ》の一つで、徳川将軍家が摂家ほどの高い家柄の公家から正室を迎えるのはこれが初めてのことであった。この縁組は家光の妹で後水尾天皇の中宮であった和子の働きかけが大きかった。しかし家光は、孝子に「御台所」の呼称を与えず、孝子は住まいの場所から「中之丸様」と呼ばれていたという記録も残っている。

側室と子女　孝子と疎遠であった家光の様子を見て、将軍家の世継ぎが誕生しないことを懸念した乳母の春日局は側室となる女性を探したといわれている。

家光の側室としては、お振（自証院《じしょういん》）、お楽（宝樹院《ほうじゅいん》）、お夏（順性院《じゅんしょういん》）、お玉（桂昌院《けいしょういん》）、お万（永光院）、お里佐（定光院《じょうこういん》）、お琴（芳心院）、おまさが確認できる。

お振は寛永一四年閏三月五日に長女千代姫を生み、お楽は寛永一八年八月三日、のちに四代将軍となる長男家綱を生んだ。お夏は京都の町人の子で、孝子に従ってきた女中の一人であったが、家光の寵愛をえて側室となった。寛永二一年年五月二四日に誕生した次男綱重の生母である。お夏の父は綱重に取り立てられて藤枝重家と名乗り、甲府松平家の家老になっている。お玉はお万との縁で大奥に入り、初めは秋野と名乗った。正保三年（一六四六）正月八日に四男綱吉（のち五代将軍）を生んだ。綱吉の兄亀松（正保四年八月四日に三歳で早世）も出産しているようだが、亀松の生母をおまさとする説もある。お里佐（一説にお佐野）の出自は不詳で、青木直辰の娘、斉藤氏の娘、太田氏の娘など諸説ある。孝子に従って江戸に下り、奥勤めをしており、正保五年（二月に慶安改元）正月一〇日に五男鶴松が誕生した。お琴の経歴は不詳であるが、江戸牛込の徳円寺の娘で、寛永一八年から大奥に勤めている。

なお、家光は実子の他に、大名家の子女を養女に迎えている。寛永九年一二月一三日、水戸徳川家初代当主頼房（家康一一男）の娘亀姫（大姫）を養女とし、翌年一二月五日に加賀の前田光高と縁組させている。この縁組は光高の母が二代将軍秀忠の娘子々《ねね》姫（珠姫）であった繋がりによる。また、越前福井の松平忠直の娘鶴姫や備前岡山の池田光政の娘通姫（輝姫）も養女にしている。将軍の養女となった鶴姫は寛永九年一一月に九条通房と、通姫は慶安二年六月に一条教輔と、それぞれ摂家に輿入れしている。

春日局・祖心尼と大奥　家光の誕生により乳母となった春日局（お福）は、慶長一一年に家光の弟忠長が誕生したことで家光の将軍継嗣としての地位が危う

くなり始めると、その状況を家康に直訴した。春日局の行動により、家康は家光を将軍継嗣とすることを表明したといわれている。春日局は家光が将軍になると、江戸城本丸の奥向きを統率する役割を担うようになった。

大奥を取り仕切っていた春日局を補佐したのが、祖心尼《そしんに》である。春日局は祖心尼の叔母にあたる。祖心尼は蒲生家の家臣だった町野幸和のもとに嫁ぎ、娘お多《た》阿《あ》が誕生した。お多阿は同じく蒲生家の家臣で牢人となった岡重政の子吉右衛門と結婚して娘お振を出産した。蒲生家が世嗣断絶により改易となると、祖心尼は江戸に身を寄せていたが、この頃春日局から大奥に入ることを要請された。このとき孫娘のお振を大奥に入れたことで、お振は家光の寵愛をえて側室となり、長女千代姫が誕生した。春日局も千代姫を養育し、尾張徳川家への入輿に尽力したという。

（白根孝胤）

【参考文献】　藤井讓治『徳川家光』（吉川弘文館、一九九七年）、山本博文『徳川将軍家の結婚』（文春新書、二〇〇五年）

【史料】　『尾張徳川家系譜』（『名古屋叢書三編』一、一九八八年）、『徳川諸家系譜』一・二

家綱をめぐる女性

生母お楽　家綱は寛永一八年（一六四一）八月三日に誕生した。将軍家光にとって待望の男子であり、幼名は竹千代と称した。生母は側室のお楽（宝樹院）である。三代将軍家光の乳母春日局が浅草観音の参詣から帰る途中にお楽の姿を見たのが大奥に入るきっかけになったといわれている。また、お楽が大奥女中として呉服之間に居た頃、故郷の麦搗《つ》き歌を披露していたところを通りかかった将軍家光が聞き、それを大変気に入って側室になったという記録もある。

宮家からの輿入れ　慶安四年（一六五一）四月二〇日、三代将軍家光が死去すると、家綱は同年八月一八日にわずか一一歳で将軍宣下を受けた。四代将軍となった家綱が婚儀をあげたのは一七歳のときで、相手は伏見宮貞清親王の姫宮であった。寛永一七年に生まれ、安宮（浅宮）と号し、諱《いみな》を顕子《あきこ》といった。明暦三年（一六五七）四月五日に京都を発ち、同月二三日に江戸城大奥に輿入れし、七月一〇日、西の丸で婚儀が行われた。西の丸で行われたのは、この年の正月に起こった明暦の大火で本丸が焼失し、再建されていなかったためである。宮家との縁組は、摂家の一つである鷹司家と縁組した三代将軍家光のときよりも、さらに高い家柄を望んでのことであった。当初幕府はさらに地位の高い、後水尾天皇の皇女降嫁を望んでいたが、天皇が承諾しなかったため実現しなかったといわれている。家綱との間に子は誕生せず、顕子は延宝四年（一六七六）八月五日に三七歳で死去した。法名は高巌院殿月潤円真大姉で、上野の東叡山寛永寺に葬られた。翌年八月二日には従一位を追贈された。

側室と子女　家綱には数人の側室がおり、その一人がお振である。神道を司る吉田神祇少副兼起の娘で、母は通仙院瑞龍の娘である。のちに吉田兼敬の養女となった。寛文五年（一六六五）三月に上臈《じょうろう》として大奥に入り、延宝七年五月一八日に懐妊が明らかになった。やがて

傷寒（熱病）にかかったため、家綱の命により御医師が治療を施したが、六月二八日に一九歳で死去した。法名は養春院和徳宗永大姉で、牛込の済松寺正光院（東京都新宿区）に葬られた。

他にはお満流が側室であった記録が確認できる。佐脇《さわき》十郎左衛門安清の娘で、松平縫殿助《ぬいのすけ》組の大番佐脇伝右衛門の妹にあたる。延宝五年一二月に懐妊し、翌六年六月には千代姫（家綱の姉で尾張徳川家二代当主光友の簾中）から腹帯や袷《あわせ》、樽肴が贈られた。若君誕生にむけて蟇目《ひきめ》役や篦刀《へらがたな》の役が決まるなど期待が高まったが、一二月二日頃に流産となった。このときお満流は無事であった。家綱の死去後、大奥を出て尼となり、桜田御用屋敷に住んで月俸五〇口を与えられた。元禄二年（一六八九）一一月二三日に死去した。法名は円明院智本心鏡沙弥尼で四谷の天龍寺（東京都新宿区）に葬られた。

家綱には実子がおらず、弟の綱吉が養子となり五代将軍に就任した。また千代姫の娘直姫を養女としたが、寛文元年（一六六一）一一月二二日に早世した。

家綱期の大奥　家綱が誕生した際、老中松平信綱は筋目の良い乳母の選定を行った。その結果登用されたのが矢嶋である。このとき信綱から夫の俸禄を尋ねられた矢島は、実際よりも多い三〇〇石であると答え、そのことを主君の牧野家に報告し、今後幕府から問い合わせがあった場合は、口裏を合わせてほしいと依頼した。そこで牧野家は、矢島の夫の禄高を三〇〇石に加増したという。慶安三年（一六五〇）九月二〇日に、家綱が将軍世嗣として江戸城西の丸に移ると大奥に入り、矢嶋局と称された。翌年八月に家綱が将軍宣下を受けた後は大奥を取り仕切っていたといわれている。

家綱の乳母としては三沢局の存在も確認できる。茶人としても著名な小堀政一の側室であったが、家綱が誕生すると春日局の推挙によって乳母として召し出されたといわれている。明暦二年（一六五六）五月一九日に死去した。法名は浄心院殿妙秀日求大姉で、生前の願いによって開創された深川の浄心寺（東京都江東区）に葬られた。

（白根孝胤）

【参考文献】久保貴子『近世の朝廷運営』（岩田書院、一九九八年）、福田千鶴『酒井忠清』（吉川弘文館、二〇〇〇年）、山本博文『徳川将軍家の結婚』（文春新書、二〇〇五年）

【史料】『徳川諸家系譜』一、『徳川実紀』四

綱吉をめぐる女性

館林宰相時代　綱吉は、正保三年（一六四六）正月八日、三代将軍徳川家光の四男として誕生した。生母はお玉（桂昌院《けいしょういん》）である。家光の六人の子のうち、三男亀松と五男鶴松は夭折している。生母はみな異なり（亀松を桂昌院所生とするのは誤り）、綱吉は、長幼の順はあるものの次兄綱重とほぼ「同格」に扱われた。この事実と、綱重が家光の長姉天樹院《てんじゅいん》に養育されていたため、桂昌院は愛息綱吉の教育に力を注いだといわれる。寛文四年（一六六四）九月、鷹司教平《のりひら》の娘信子（浄光院）を神田屋敷に正室として迎えた。信子は子に恵まれず、子を儲けたのは桂昌院に仕えていたお伝（瑞春院《ずいしゅんいん》）で、延宝五年（一六七七）六月一五

日に長女鶴姫《つるひめ》が、同七年五月六日に長男徳松《とくまつ》が誕生する。

本丸大奥　延宝八年五月六日、綱吉は長兄家綱の養子となり、同月八日家綱が没して将軍就任が確定した。七月一〇日、綱吉が二の丸から本丸に移るのにともない、信子と鶴姫、お伝も本丸大奥に入った。同月一八日、桂昌院も本丸大奥に入る（のち三の丸に移る）。徳松は館林を継ぐことになっていたが、家綱の子が誕生する可能性の消えた同年一一月西の丸に入った。しかし、天和三年（一六八三）閏五月二八日夭折する。このため世子誕生が望まれ、翌貞享元年（一六八四）九月、清閑寺熙房《せいかんじひろふさ》の娘（一六歳）と難波宗量《なんばむねかず》の娘が、綱吉の「妾」になるため京都を出立した（「兼輝公記」貞享元年九月一五日条）。このときの清閑寺の娘がのちに側室となる大典侍《おおすけ》（寿光院《じゅこういん》）と見られ、江戸下向後、桂昌院付女中とめとなった（「柳営日次記」貞享元年一一月九日条にとめの名がみえる）。

大奥御年寄　綱吉時代初期の大奥御年寄は家綱時代からの女中が中心だったが、天和・貞享年間に相次いで没し、かわって筆頭御年寄（大上臈《おおじょうろう》でもある）になったのが、鶴姫の上臈として京都から招聘されていた右衛門佐《えもんのすけ》である。その他の御年寄は幕臣の出とみられる尾上《おのえ》と高《たか》瀬《せ》で、元禄年間半ばに松江《まつえ》が加わった。元禄一一年（一六九八）八月、尾上は御用番・御供・御使等を免ぜられ、同年九月、桂昌院付の上臈とめが将軍付に異動し、右衛門佐「両役」を命じられ大典侍と改称した（席次二位）。ついで、元禄一三年桂昌院に召し出された故豊岡有尚《とよおかありひさ》の娘とよも、同一五年一〇月将軍付に異動して新典侍《しんすけ》（清心院）と改称し、一一月御年寄（小上臈）となった。この二人は綱吉の妾でもあったと考えられる。翌一六年西洞院時成《にしのとういんときなり》の娘が大奥入りし、豊原《とよはら》と称して新典侍に次ぐ席次四位となる。宝永三年（一七〇六）右衛門佐が没し、翌四年東園基量《ひがしぞのもとかず》の娘が豊原の「相役」として大奥に入り常盤井《ときわい》と称した。

綱吉の養女　鶴姫と徳松以後、綱吉は子女に恵まれなかった。将軍の娘には徳川一門や加賀前田家などに嫁いで将軍家との絆を深める役割があり、鶴姫は紀伊徳川家の世継綱教《つなのり》に嫁いだ。他に娘のいなかった綱吉は、御台所信子の生家から元禄四年八重姫《やえひめ》を引き取り、同一〇年養女にして翌一一年水戸徳川家の世継吉《よし》孚《ざね》に嫁がせる。同年、さらに甥にあたる尾張徳川家当主綱誠《つななり》の娘喜知姫《きちひめ》を養女に迎えたが夭折した。加賀前田家の世継吉《よし》徳《のり》に嫁がせるつもりだったと思われ、一〇年後の宝永五年三月、綱誠の娘磯姫《いそひめ》（松姫）を養女に迎え、同年一一月吉徳に嫁がせている。さらに、綱吉は松平の称号と葵の紋の使用を許した会津松平家との縁組みも考えていたようで、宝永四年一二月、大典侍を「北御部屋」（側室）にして将軍の家族の末端に加え、翌五年七月大典侍の姪竹姫を養女にして松平正容《まさかた》の子正邦と縁組みさせた。しかし同年一二月正邦が没したため婚姻には至らなかった。なお、宝永五年のうちに新典侍も「西御部屋」になったとみられるが、側室の待遇を得ているとはいえない。このように綱吉時代の大奥は公家出自の御年寄の比率が上昇傾向にあり、側室や養女においても同様である。（久保貴子）

【参考文献】　石田俊「綱吉政権期の江戸城大奥」（『総合女性史研究』三〇、二〇一

三年）

【史料】「兼輝公記」（東京大学史料編纂所所蔵）、「柳営日次記」「江戸幕府日記」（国立公文書館所蔵）

家宣をめぐる女性

甲府時代　家宣は、寛文二年（一六六二）四月二五日、徳川家光の次男甲府宰相綱重の長男として誕生した。幼名は虎松。母はお保良《ほら》（寛文四年没）。しかし綱重には前年六月二条光平《みつひら》の娘先子《さきこ》（母は東福門院の娘女五宮《おんなごのみや》）を娶せることが決まっており、寛文二年八月婚礼を挙げる。同九年先子（隆崇院）が没したことで、翌一〇年嫡子として認められた。延宝四年（一六七六）元服して名を綱豊とする。同六年綱重の死去により家督相続。同七年六月一九日、左大臣近衛基熙《もとひろ》の娘熙子《ひろこ》（一四歳、母は後水尾院皇女品宮《しなのみや》）との縁組みが発表され、同年一二月一八日桜田屋敷で婚礼を挙げた。天和元年（一六八一）八月二六日熙子は豊姫《とよひめ》を儲けたが、同年一〇月二一日夭折した。その後長らく子に恵まれず、元禄一二年（一六九九）九月一八日ようやく男子が誕生したが、同日没した。「基熙公記」に「月不足」とあるので早産だったと思われる。こうしたこともあって、元禄一六年一一月、熙子の弟近衛家熙《いえひろ》の娘政君《まさぎみ》（政姫と改称）を養女に迎えたが、翌宝永元年（一七〇四）七月夭折した。同年一二月、綱豊は将軍綱吉の養嗣子に定められ、江戸城西の丸に入り家宣と改名した。熙子をはじめ奥向きの女中たちも西の丸大奥に入った。

西の丸大奥　甲府時代の家宣は熙子以外と子をなしていないが、将軍世子ともなるとそういうわけにはいかなかった。宝永四年七月一一日、おこん（右近、太田氏）が待望の男子を出産し、熙子の養子にして名も家千代と名付けられ、同月一八日盛大に御七夜の祝儀が行われたが、同年九月二八日夭折する。おこんは家千代の出産により御部屋（側室）になった。同五年一二月二二日、今度はおすめが男子（大五郎）を出産する。おすめは櫛笥《くしげ》隆賀《たかよし》の養女（園池公屋《そのいけきんおく》の娘）で、元禄一六年一〇月江戸に下向して桜田屋敷に入った上臈《じょうろう》であろう（「基熙公記」元禄一六年一〇月一〇日条）。出産により新御部屋となり、おすめ御方と称される。さらに、宝永六年七月三日、おきよ（左京、勝田氏）が山里御殿で男子（世良田鍋松）を出産し、一時山里御部屋と称されたが、通常は左京御方と呼ばれる。

本丸大奥　これより先の宝永六年正月一〇日に将軍綱吉が、二月九日に綱吉の御台所浄光院が相次いで死去した。四月二日、綱吉養女の竹姫と側室寿光院《じゅこういん》（大典侍《おおすけ》）が二の丸へ、同月二三日、側室瑞春院《ずいしゅんいん》（お伝）が三の丸へ移る。西御部屋の清心院《せいしんいん》（新典侍《しんすけ》）は、将軍の家族の地位を与えられておらず、二の丸長局に住居するよう申し渡された。一一月二日、家宣が西の丸から本丸に移ったのにともない、熙子ほか側室や子たちも本丸大奥に移居した。宝永七年八月一二日大五郎が夭折し、正徳元年（一七一一）八月二五日、おすめが虎吉を出産するものの同年一一月六日またしても夭折した。その側室の席次は子を生んだ順で、生んで初めて御部屋（側室）になっている。そのため、宝永六年四月一日、おすめには御年寄以下の女中が新たに付けられた。一方、同月二五日、将軍代替の祝儀が大奥女中に下された時、将軍付御年寄の富岡と川島の間にいつきと左京の名が見え、左京は懐妊していたがまだ女中で、しかも懐妊前のいつき（斎）の次であったことがわかる（いつきは翌七年七月流産後に没した）。綱吉時代の本丸大奥御年寄（大年寄）は引き続き新将軍家宣に仕え、席次は豊原・常盤井《ときわい》・まち・高瀬・富岡・川島の順である。まちまでが公家出自で、浄光院付だったまちは新将軍付上臈に異動したが、御年寄（大年寄）に就任するのは宝永七年一一月一一日で、呼称を三室《みむろ》と改める。川島は元西の丸（家宣）付御年寄であろう。正徳元年には交《かた》野時香《のときか》の娘が下向して上臈となってまちを称し、席次は三室の下、高瀬の上となった。こうして、本丸大奥は将軍付女中のほか、御台所と三人の側室および鍋松とそれぞれの付女中で構成された。

（久保貴子）

【史料】「間部日記」「江戸幕府日記」（国立公文書館所蔵）、「基熙公記」（陽明文庫所蔵、東京大学史料編纂所架蔵写真帳）、「楽只堂年録」（謄写本、東京大学史料編纂所所蔵）

家継をめぐる女性

誕生　家継は、宝永六年（一七〇九）七月三日、六代将軍徳川家宣の四男として西の丸山里御殿で誕生した。幼名は鍋松。母はおきよ（左京、勝田氏）である。誕生したとき、すでに長兄・次兄は亡かった。御七夜の祝儀の下賜状況をみると、このときの鍋松付女中は、いさの・野村をはじめ御抱守《おだきもり》一人・御三間《おさんのま》四人・仲居一人・使番一人・御乳《おち》三人・御半下四人である。同年一一月、父家宣の本丸移徙《いし》にともない本丸大奥に移る。宝永七年八月一二日兄大五郎が三歳で死去し、家宣唯一の子となる。正徳元年（一七一一）八月二五日、梅田が新たに鍋松御用（野村通り）を命じられた。左京御用もこれまで通り勤めるよう命じられているので、左京付女中であったことがわかる。これで鍋松付御年寄は三人となったが、いさのと野村は介添と表記されることもあり、梅田とは若干異なる。この異動にともない、同日、表使《おもてづかい》の江島（絵島）が左京付御年寄となった。鍋松の御抱守も四人に増えた。

将軍代替　正徳二年一〇月一四日将軍家宣が没し、翌日、大年寄・まち（のちにさえと改名）・御客応答《あしらい》・御錠口番・中臈・小性はそのまま家継に奉公するよう遺言が伝達された。このとき、民部《みんぶ》が大年寄並に、中臈の臈しゅん（のち清科《きよしな》に改名）が中臈頭に役替となる。同月二一日、御台所熙子《ひろこ》以下に法号が与えられ、御台所が天英院、御部屋（右近）が法心院、おすめが蓮浄院《れんじょういん》、左京が月光院となった。一二月五日、月光院の席次が天英院の次となり（四人とも本丸大奥に住居）、同日、女中らの役替と加増が行われる。これにより、家継付御年寄いさの・野村・梅田はそれぞれ丹後・御乳《おちの》人《ひと》・倉橋と改名して大年寄並を命じられ、川島同様の諸色《しょしき》増となり、御抱守のさち・とや・たく・なるはそれぞれ滝尾・吉岡・藤崎・岩井と改名して御年寄並となった。天英院付の中年寄のうち高野・村井・佐山も加増されて姫君方への使者等を勧めるよう命じられ、中﨟きし・かるは浅瀬・森岡と改名して中﨟頭となった。月光院付御年寄は宮路《みやじ》（元右筆すの）が加わって絵島・福井・宮路の三人となり、絵島は切米一〇石を加増される。家継からの代替祝儀は、同月二一日、将軍および天英院付女中のほか月光院・法心院・蓮浄院付の各女中に、二三日、瑞春院・養仙院（八重姫）・松姫・竹姫・寿光院付の各女中と清心院、および桂昌院・浄光院の元女中に、二八日、霊仙院（家光長女千代姫）・明信院（綱吉長女鶴姫）の元女中らに、それぞれ下された。

将軍時代　正徳三年に入っても、将軍付と月光院付の女中の役替等が続き、同年七月将軍付大年寄民部が奉公御免となり、合力金一〇〇両・三〇人扶持と七六〇坪余の屋敷地を与えられた。さらに、正徳四年二月二日、絵島事件により月光院付御年寄絵島・宮路以下多くの女中が仕置されたため、月光院付女中は役替を余儀なくされる。そうしたなか五月、月光院に初めて上﨟が二人付けられた。萩《はぎ》原《わら》兼武《かねたけ》の伯母小右兵衛《こひょうえ》（六条に改名）と高辻総長の養妹まつ（大炊《おおい》に改名）である。翌五年三月には、筆頭御年寄（大上﨟兼大年寄）豊原の養娘（実姪）やよが月光院付の小上﨟《こじょうろう》となっている。嫡母天英院（従一位）の地位は変わらないものの、実母月光院（従三位）の格上げが図られたのである。将軍家継の御台所選びも粛々と進められた。これは幕府にとって重要な案件でもあった。そして正徳五年、前年誕生したばかりの霊元院皇女八十宮《やそのみや》に白羽の矢が立つ。同年九月霊元院の了承により縁組みは治定し、同月二九日幕府は婚約内定を公表した。翌六年二月一八日京で納采《のうさい》（結納）が行われ、八十宮は正式に将軍の婚約者となる。しかし、同年四月三〇日家継が八歳で没して、八十宮が江戸に下向することはなく、皇女の御台所は実現しなかった。

（久保貴子）

【史料】「間部日記」「江戸幕府日記」（国立公文書館所蔵）、「基熙公記」（陽明文庫所蔵、東京大学史料編纂所架蔵写真帳）

吉宗をめぐる女性

正室真宮　吉宗の生母浄円院《じょうえんいん》（お由《ゆ》利《り》・紋子《もんこ》）の出自については諸説がある。いずれの説にしても浄円院の身分が低く、そのためか目立つことを好まず、吉宗が将軍職に就任した後も、生涯控えめな存在であり続けた。

吉宗の正室真宮理子《さなのみやまさこ》（寛徳院）は、伏見宮貞致《さだゆき》親王の娘で、元禄四年（一六九一）八月一八日に誕生し、一六歳の時、七歳年上の吉宗と婚約し、宝永三年（一七〇六）三月一一日に京都を出発、三月二七日に江戸の紀伊徳川家中屋敷に着いた。同年一一月一日婚礼、翌四年九月に中屋敷の奥へ移った。宝永六年六月袖留を行い、翌七年正月一五日に妊娠のため着帯を迎えたものの、同年五月二二日に女子を流産した。そのため体調を崩し、六月四日にわずか二〇歳で死去し、池上本門寺に葬られた。法名は寛徳院殿玄真日中大姉という。その後、吉宗は正室を迎えなかった。なお、正徳三年（一七一三)、理子が住んでいた江戸屋敷の御殿を、浄円院と縁が深い養源寺《ようげんじ》(和歌山県有田郡広川町)に移築している。

吉宗と側室たち　正室理子の死後、側室お須磨《すま》(深徳院)が、正徳元年(一七一一)一二月二一日に江戸中屋敷で長福丸(家重)を生んだ。お須磨は、紀州藩士の大久保八郎五郎忠直《ただなお》の娘で、吉宗の嫡男長福丸を生んで二年後の正徳三年九月一九日(一説に一三日)に次男を生んだが翌日死去し、お須磨も一〇月二四日に没した。遺骸は池上本門寺に葬られ、法名を深徳院殿妙顕日喜大姉という。本門寺には五〇〇俵を寄付したが、別に位牌を上野寛永寺塔頭福聚院に置き、一〇〇俵を寄付している。宝暦一三年(一七六三)四月一六日、従二位を贈られた。なお、実家の大久保家は弟忠寛《ただひろ》が継ぎ、正徳六年(享保元・一七一六)、吉宗の将軍就任により、八〇〇石を与えられ、その子熊之丞は家重に仕え、五〇〇〇石を与えられて伊勢守に任じられている。

そのほかの側室として、お古牟《こん》(本徳院)・お梅《うめ》(お久・深心院)・お久免《くめ》(覚樹院)がいる。お古牟は、紀州藩大番組頭竹本茂兵衛正長の娘で、正徳五年一一月二七日に江戸中屋敷で小次郎(のち田安宗武《むねたけ》)を生み、享保元年(一七一六)に吉宗が将軍となると吉宗に従って江戸城に入り、「御内証之方」と称され、後に「御部屋様」と称された。享保八年二月二一日、江戸城本丸において二三歳で他界し、池上本門寺に葬られた。法名は本徳院殿妙亮日秀大姉という。

お梅は、京都の谷口長右衛門正次の娘で、元禄一七年三月、和歌山城奥勤めをし、吉宗の生母浄円院に仕えていたが、吉宗の寵愛を受けるようになった。享保元年、吉宗に従って江戸城に入り、その後「御内証之方」と称された。享保四年三月一四日江戸城本丸において三男源三を生んだが、同年五月六日に早世した。享保六年閏七月一六日、四男小五郎(のち一橋宗尹《むねただ》)を本丸にて生んだが、同年一〇月七日、二二歳で病死した。遺骸は上野寛永寺凌雲院に葬られ、法名は深心院殿慈潭性水大姉という。

お久免は、紀州藩士稲葉彦五郎定清《さだきよ》の娘で、元禄年間(一六八八〜一七〇四)に和歌山城の奥勤めをしていたが、のち吉宗の側室となり、享保七年九月六日、本丸において芳姫(一説に吉姫)を生んだが、享保七年一一月六日に早世した。寛延四年(宝暦元・一七五一)六月二〇日、大御所吉宗が西の丸で没した。お久免は、吉宗死後、落飾して桜田御用屋敷に住み、安永六年(一七七七)一一月二八日に八一歳で亡くなった。遺骸は小石川伝通院に葬られ、位牌供養料として一五〇両が納められた。法名は覚樹院殿曜誉光記智仙大禅定尼という。(小山譽城)

【参考文献】小山譽城「八代徳川吉宗の正室真宮理子」(『歴史読本』五三―七、二〇〇八年)、和歌山市立博物館編『紀州徳川家のお姫さま』(和歌山市教育委員会、二〇一〇年)

【史料】『南紀徳川史』一(南紀徳川史刊行会、一九三〇年)、『徳川諸家系譜』一、二

家重をめぐる女性

正室比宮　家重《いえしげ》の正室 比宮増子《なみのみやますこ》(証明院)は、伏見宮邦永《くになが》親王の娘で、正徳

元年（一七一一）一〇月一九日に生まれた。家重も同年一二月二一日生まれであるから同年であった。享保一六年（一七三一）四月、幕府の留守居諏訪頼秋《よりあき》・目付山岡五郎作景久《かげひさ》ら迎えの役人が上京し、四月二二日に京都を出発し、五月七日に江戸城西の丸に着いた。翌六月一八日に結納、同年一二月一五日に江戸城西の丸で婚姻、廉中と称された。翌一七年九月二七日、隅田川で乗船して遊覧し、江戸の景色を楽しんだ。しかし、享保一八年に懐妊したものの早産し、一〇月三日に二三歳で死去した。比宮は、家重が将軍に就任する前に亡くなったため、「御台所様」と呼ばれることはなかった。遺骸は、寛永寺に葬られ、法名は証明院殿智岸真恵大姉という。同寺別当春性院に三五〇俵が寄進され、同年一〇月二五日に従二位を贈られた。

家重と側室たち　側室お幸《こう》（至心院）は、梅溪《うめたに》前中納言通条《みちえだ》の娘で、比宮増子に付いて江戸に下り、大奥上臈を勤めた。一説には正室増子の死後、享保二〇年一〇月に江戸に下向したともいう（「幕府祚胤伝」）。元文二年（一七三七）五月二二日、竹千代（家治）を生み、「御部屋様」と称された。この時期、正室増子が死去していたので、世子竹千代の生母として大奥でもっとも重い存在であった。寛保元年（一七四一）六月二〇日、西の丸から二の丸に入り、同年（一説に延享二年）八月七日に従三位に叙せられた。延享二年（一七四五）九月一日、吉宗が隠居し、家重が将軍に就任したことにより、お幸も本丸に移り住んだ。同五年（寛延元年）二月二六日に没し、寛永寺に葬られ、法名は至心院殿観真円如大姉という。御供料として三〇〇俵を同寺別当福聚院に寄進し、宝暦一〇年一二月にも二〇〇俵を加えている。さらに、宝暦一三年（一七六三）四月に従二位を贈られ、翌年二月にはさらに五〇俵を加えて都合五五〇俵が福聚院に寄進された。

側室お遊喜（お遊・お逸・お千瀬・安祥院）は、松平又十郎親春《ちかはる》の養女（実は牢人三浦五郎左衛門義周の娘）で、元文元年一〇月二〇日に西の丸御次となり、その後中臈となった。延享二年二月一五日に西の丸で家重の次男万次郎（重好《しげよし》・清水徳川家初代）を生み、「御内証之方」と称された。これにより、同年八月、実父五郎左衛門義周《よしちか》は御家人となり、五〇〇俵を与えられた。同年九月には家重に従って本丸に移り住んだが、宝暦一〇年四月に家重が隠居したため、家重とともに二の丸に移った。翌一一年六月一二日に家重が死去したため、剃髪し、「安祥院殿」の法号を増上寺大僧正妙誉定月から与えられた。同年一二月二三日、西の丸の新屋敷に移ったが、明和九年（安永元・一七七二・「幕府祚胤伝」には明和四年とする）二月二九日に新屋敷が類焼したため、息子重好の清水家屋敷に逗留した。同年（「幕府祚胤伝」には明和四年）一二月二一日、桜田御用屋敷の普請が落成したことにより同所に移った。しかしその後、浜御殿へ移り（『徳川諸家系譜』）、寛政元年（一七八九）四月六日、六九歳にて死去し、寛永寺普門院に葬られ、法名は安祥院殿受徳光潤大姉という。

（小山譽城）

【史料】『徳川諸家系譜』一、二

家治をめぐる女性

将軍の女性たち　正室は、閑院宮直仁親王の娘である五十宮倫子《いそのみやともこ》であり、宝暦四年一二月一日に結婚している。講談師の馬場文耕《ばばぶんこう》によれば、家治と倫子は夫婦仲が良く、西の丸において家治が倫子に会うため、頻繁に大奥を訪れたところ、老女たちが拒んだ。その結果、家治付の女中衆が憤慨したうえ、倫子付の女中衆との間に不和を生じた。そこで、家治の乳母であった岩瀬が登城して、両者を和解させたという。

側室には、旗本津田信成《つだのぶなり》の娘であるお知保と、公家藤井兼矩《ふじいかねのり》の娘で、倫子が江戸に下向する際に随行してきたお品（養蓮院殿）がいる。

子女　第一子は、宝暦六年七月二一日誕生の千代姫であるが、同七年四月一二日に二歳で死去している。次が、同一一年八月一日誕生の万寿姫であり、明和五年（一七六八）三月二七日に尾張徳川家の治休《はるよし》と婚約した。次いで、同年四月二三日に結納を交わしたが、彼女は安永二年二月二〇日に一三歳で死去している。

次が、宝暦一二年一〇月二五日誕生の竹千代である。彼は同年一一月一日に御台所（倫子）に養われて竹千代と名乗り、明和二年一二月一日には、実名を家基《いえもと》としている。同三年四月七日には元服し、従二位権大納言に叙任し、同六年一二月二七日には、将軍世子として西の丸に移居している。

さらに、宝暦一二年一二月一九日誕生の貞次郎がいたが、翌一三年三月一六日に二歳で死去している。

これらのうち、倫子が千代姫と万寿姫を、お知保が家基を、お品が貞次郎を、それぞれ生んでいる。そして、正室である倫子が明和八年八月二〇日に三五歳で死去すると、お知保が大奥において最上位となったが、安永八年二月二四日に、家基は一八歳で急死している。そのため、家治は一橋治済《はるさだ》の子である豊千代を養嗣子にしている。

このほかに、家治は安永四年一一月一日に、田安宗武の娘である種姫を養女とし、のちに紀州藩養嗣子徳川岩千代（治《はる》宝《とみ》）に嫁がせている。

大奥と田沼意次　当時の政界の実力者は田沼意次であり、家治の信頼により、安永元年には老中にまで進み、領地は最終的に五万七〇〇〇石にまで達している。しかし、彼は父が紀州藩士出身である“成り上がり者”であった。そこで、それを補うため、有力大名と姻戚関係を結ぶなど、人脈作りに努めたが、大奥も例外ではなかった。

大奥老女の実力者は、宝暦期は松島であり、お品はその養女となっており、第二位が高岳であった。明和期には高岳が実力者となり、田沼とつながっていた。高岳のほうは、勢力を強めていた田沼と結ぶことにより、大奥での立場を強化し、田沼も高岳を通して、大奥からの支持を確保しようとした。しかし天明期には、高岳が高齢となり、滝川が実権を握っている。

さらに、田沼は自分の妾の知人であるお知保にも取り入り、自らの権勢を家基の将軍就任後まで持続させようとした。そこで、幕府財政悪化に対処するため、予算制度を導入して、諸役所に対して倹約に努めさせたものの、大奥は適用外であったという。

田沼は、家基の急死により、養嗣子の選定を拝命すると、弟や甥が家老を勤めてきた一橋家の治済と、自分と以前から懇意であったお富との間に生まれた、豊千代（家斉）を選定している。豊千代が西の丸に移居する際には、かつて豊千代の「御誕生御用掛」を勤めた、個性の強い大崎が、高橋や梅の井らとともに随従している。

天明六年八月に、田沼の推薦した医師の投薬により家治の病状が悪化すると、大奥女中たちが激怒した。そこで、将軍の側近たちは、老女から老中や御側御用取次らへ提案させ、田沼を辞任に追い込んだという。以後は、田沼派残党の御側御用取次が、老中と協議して諸事を決め、決め難いことは同意見の老女と相談して定め、表向きは新将軍家斉の意向として取り扱った。（高澤憲治）

【参考文献】 竹内誠「大奥老女の政治力」（『図説人物日本の女性史六　大奥の修羅と葛藤』小学館、一九八〇年）、高澤憲治「田沼意次の勢力伸張」（『学習院大学史料館紀要』創刊号、一九八三年）、藤田覚『田沼意次』（二〇〇七年、ミネルヴァ書房）、高澤憲治『松平定信政権と寛政改革』（清文堂出版、二〇〇八年）

【史料】 「宝丙密秘登津」（『未刊随筆百種』六、中央公論社、一九七七）、「当時珍説要秘録」（『叢書江戸文庫一二　馬場文耕集』国書刊行会、一九八七年）、『徳川諸家系譜』一・二、『徳川実紀』一〇

家斉をめぐる女性

生母　生母は、旗本の岩本正利の娘で一橋治済《はるさだ》の側室のお富である。一〇代将軍家治の代に大奥で女中勤めをしており、そこで治済の目にとまったという。安永二年（一七七三）に豊千代（徳川家斉）を懐妊したとき、のちに大奥御年寄になる大崎が一橋家に仕えており、「御誕生御用掛」になっている。豊千代は天明元年（一七八一）五月に将軍家治の養子となる。この養子縁組は治済の活動の成果であるが、その影には当時西の丸大奥にいた大崎（家斉の世子擁立が公表される直前に本丸大奥の年寄に異動する）や田沼意次などとの縁をもつお富の存在があったとされる。なお、お富はほかに力之助（後の一橋徳川家嫡子徳川治国《はるくに》）、雅之助（後の福岡藩主黒田斉隆《なりたか》）、好之助（後の一橋徳川家当主徳川斉敦《なりあつ》）を産んだ。豊千代が将軍家養子として婚約者茂姫と江戸城入りすると、お富も江戸城西の丸に入る。同七年に家斉（豊千代）が一一代将軍になったため本丸に移り、将軍生母として大奥で過ごした。文化一四年（一八一七）五月八日に死去した。

正室　正室は島津重豪《しげひで》娘の茂姫（広大院）である。家斉が将軍世子として江戸城入りすると、茂姫も江戸城西の丸に入った。家斉が将軍になると、近衛経熈《つねひろ》の養女になり、近衛家の姫として家斉と婚姻した。

同八年に家斉の五男敦之助《あつのすけ》を出産したが、すでに世子は家斉側室のお楽が産んだ敏次郎《としじろう》（後の家慶）と決まっていたため、清水徳川家の養子となるが、敦之助は四歳で死去した。同九年にも懐妊するが流産した。しかし、家斉の側室が産んだ子はすべて御台所の養子とし、大奥に

おける地位を保ったとされる。弘化元年（一八四四）に死去。

家斉同様、茂姫も長命であった。これにあやかり、のちに一三代将軍家定の簾中を選出するにあたって島津家にも打診があり、篤姫（天璋院）が御台所となった。

側室　家斉は五〇年の将軍在職期間中に一六人の側室をもった。そのなかでも有名なのがお美代《みよ》（専行院）である。お美代は家斉の二一女溶姫（加賀藩主・前田斉泰《なりやす》室）、二三女仲姫（夭逝）、二四女末姫（広島藩主・浅野斉粛《なりたか》室）を産んだ。お美代が家斉の寵愛を受けたことで、養父の中野清茂は小納戸頭取から二〇〇〇石の新番頭格に取り立てられた。また、実父の日啓が住持を務めていた下総中山法華経寺は将軍家の祈禱所となり、日啓は祈禱御用取扱となって大奥に出入りした。しかし家斉死去後、日啓は女犯の罪に問われて牢死した。

子女　家斉の子供は六〇人（出生当日死去七人を含む）誕生したといわれるが、六歳まで成長したのは半数の三〇人であった。成人した子女は、御三家・御三卿や、国持大名を中心とする大名家へ嫁いだり養子入りしたりした。

家斉の代から幕府財政の悪化を理由に節倹省略が唱えられた。これにより婚姻後の姫君の御殿も、従来の「御守殿《ごしゅでん》」より下げた格式の「御住居《おすまい》」が創られ、嫁ぎ相手の位階が三位以上か未満かによって使い分けられた。

家斉時代の大奥　天明期の田沼意次失脚から松平定信老中就任までの動きに、大奥老女が関わっていたことが明らかになっている。家斉が将軍になった当初の大奥には、この時の政治的な力をもつ女中が存在していたが、定信による大奥対策によってそうした女中たちのほとんどが排除された。さらに、老女の縁者が中﨟になったときは将軍の側室にさせないとする規定を新たに設け、老女が権力をもつことを規制した。

このほかに定信は幕府財政の改善には大奥の倹約が肝心と考え、大奥の年中行事や大奥の修復に勘定所を立ち入らせて、厳しく支出を管理した。しかしこれが女中の反発を買い、定信失脚後の大奥支出はすこしずつ元にもどった。

家斉時代の大奥は、次々と将軍の子どもが誕生したことで諸行事が多かった。また、御乳持《おちもち》が不足し、本来は御家人の妻が任用されていたのを旗本の妻まで範囲を広げて人員の確保に努めていた。

（吉成香澄）

【参考文献】山本博文『大奥学』（新潮文庫、二〇一〇年）、高澤憲治『松平定信政権と寛政改革』（清文堂、二〇〇八年）

【史料】「幕儀参考増補　第三」（松平春嶽全集編纂委員会編『松平春嶽全集』一、一九七三年）、『徳川諸家系譜』一

家慶をめぐる女性

生母　生母はお楽（香琳院）。小性組押田敏勝の娘で、一〇代将軍家治の養女種姫（実父は田安宗武《むねたけ》）の中﨟として天明七年（一七八七）七月に大奥に上がった。同年一一月に種姫の紀伊徳川家への入輿に従って紀州藩邸内の種姫御守殿へ入った。寛政元年（一七八九）に本丸へ召し返され、将軍付の中﨟となった。同五年五月一四日に敏次郎（徳川家慶）を

出産し、六月一三日に中臈上座となり、九月二一日には御年寄上座に昇進した。将軍継嗣の生母として大奥で大きな力を得たが、文化七年（一八一〇）五月二〇日に死去した。文政一一年（一八二八）正月二〇日に従三位が追贈された。

正室 正室は楽宮喬子《さざのみやたかこ》女王（浄観院）。有栖川宮織仁《おりひと》親王の六女で、文化六年一二月朔日に家慶との婚礼が行われた。喬子は家慶の長男竹千代、次女儔《とも》姫、三女最玄院を出産したが、みな夭逝した。天保八年（一八三七）、家慶の将軍職就任に伴って本丸大奥に移り、御台様と称された。同一一年正月二四日に死去。同年二月に従二位、弘化二年（一八四五）六月に従一位が追贈された。

側室 家慶の側室は、お久（清涼院・押田勝長娘）、おかく（妙華院・太田資寧《すけやす》娘）、一三代将軍家定の生母のお美津（本寿院・跡部正賢娘）、おはな（菅谷政徳娘）、お筆（殊妙院・稲生正方娘）、お金《きん》（見光院・竹本正民娘）、お琴（妙音院・水野忠啓《ただあき》娘、杉重明養女）、お津由（秋月院）の八人である。家慶の子どもは二七人産まれたが、そのうちで二〇歳を超えたのは家定だけであった。

なお、お琴は紀伊徳川家付家老の水野忠央《ただなか》の妹である。これについては、水野家を大名に昇格させることを望む忠央が、権力向上のために妹を大奥へ送り込んだとされる（『新宮市史』）。お琴は家慶死去後に落飾して桜田屋敷で生活したが、安政二年に頓死した。屋敷の工事の際に大工と密通したため、激怒した忠央に殺害されたとする話がある。

家慶時代の大奥 家慶時代の大奥女中で著名なのは、上臈御年寄の姉小路である。姉小路は公家橋本実誠《さねなり》の娘で、家慶御台所の楽宮喬子に従って江戸城に入った。大奥で強大な権力をもち、表向への影響力も強かった。そのため、御三家などが幕府へ政治的な要求を行うにあたり、姉小路を屋敷に呼んで面談したという。

また、姉小路の逸話で、老中の水野忠邦が大奥の経費節減を姉小路に要求したところ、「男女とも恋愛の欲望をもっているのは同じだが、大奥女中はそれを抑圧して働いているので、驕奢に流れることはやむを得ない」として、忠邦の側室を持ち出して忠邦をやりこめたというものがある。上臈御年寄は実権がないといわれているが、姉小路については名実ともに大奥の頂点にいたといえるだろう。

（吉成香澄）

【参考文献】『新宮市史』（一九七二）、小山譽城『徳川御三家付家老の研究』（清文堂、二〇〇六年）、山本博文『大奥学』（新潮文庫、二〇一〇年）、氏家幹人『江戸の女子力』（新潮文庫、二〇一〇年、初出二〇〇四年）

【史料】日本史籍協会編『遠近橋』（東京大学出版会、一九七六年）、『徳川諸家系譜』一

家定をめぐる女性

二人の簾中 徳川家定は、文政七年（一八二四）四月八日、徳川家慶の四男として西の丸で誕生した。生母は家慶付中臈のお美津（のちの本寿院）。養母は家慶簾中楽宮喬子《さざのみやたかこ》。幼名を松平政之助といい、髪置を済ませて「家祥《いえさき》」と名乗った（「幕府祚胤伝」八）。同一一年に元服

し、天保八年（一八三七）、父家慶の将軍宣下と同時に右大将を兼任した。

家定の最初の結婚相手は、鷹司政熙《まさひろ》の一八女（鷹司政通《まさみち》の養女）有姫（有君・任《ただ》子《こ》）である。文政一一年、家定五歳、有姫六歳の時に結婚が決まった。有姫は九歳の天保二年に下向し、本丸広敷に入った。一〇年後の同一二年五月に「姫君様」と称せられ、一一月に結納、その後西の丸に入輿し、婚礼をあげて「御簾中様」と称せられた。しかし、嘉永元年（一八四八）六月一〇日、疱瘡《ほうそう》により二六歳で死去した。院号は天親院殿有誉慈仁智誠大姉。墓は芝増上寺にある。増上寺霊廟の発掘調査によれば、「身長は当時とすればかなり高く（一四七・八㎝）、顔は瓜実形、鼻筋はよく通っているが高すぎることはなく、眼は大きく、反っ歯もさほどではなく、江戸時代の代表的な美人」（鈴木尚『骨は語る徳川将軍・大名家の人びと』）であったとされる。鼓の名手で一二代将軍家慶の相手をしたとも伝わる。なお、有姫は鷹司家の姫ではなく、実は光格天皇の姫宮で、鷹司家の養女となって将軍家に輿入れしたという話もある（『井関隆子日記』天保一一年五月二九日条）。

二度目の結婚相手は、一条忠良の一四女寿明《すめ》姫（壽明君、秀子）である。壽明姫は、文政八年生まれ。嘉永二年に二五歳で家定と婚礼をあげ「御簾中様」と称せられたが、翌年六月二四日、二六歳で死去した。院号は澄心院殿珠現円照大姉。墓は上野寛永寺にある。当時から身長が低かったことで知られ、足の長さが不均等であったといわれる。寛永寺御裏方霊廟の発掘調査によれば、壽明姫の身長は一三二・五㎝と非常に低かった。当時の落首に「箱入りの 京人形を連れてきて 一丈あるとは 無理な姉さま」とあるように、結婚を仲介したのは上臈御年寄の姉小路であり、姉小路は、壽明姫死後、水戸家の徳川慶篤《よしあつ》と婚約していた有栖川宮家の線姫《いと》を家定の簾中にしようと計画したが、慶篤の父徳川斉昭の反発もあり実現しなかった。

広大院の血筋　京都出身の二人の姫君が短命であったため、別の方面から継室選びが行われた。候補にあがったのは、一人は新庄藩主戸沢正令《まさよし》の息女お鑑で、もう一人は八戸藩主南部信順《のぶゆき》の女お朝《とも》（八百姫）であった。お鑑の母貢姫は、島津重豪《しげひで》の息女で、お朝の父信順も重豪の九男にあたっていた。注目すべきは、候補にあがった女性がいずれも島津家出身で、一一代将軍徳川家斉の御台所であった広大院（茂姫）の血筋に連なる者たちであり、お鑑もお朝も広大院の姪にあたっていたことである。嘉永三年秋頃から、広大院付比丘尼《びくに》を通じて薩摩藩側に問い合わせがあり、相応の者を島津家の実子として、家定に嫁がせるよう打診が為されたが、双方とも縁がなかった。

その後、島津斉彬は、異母弟久光の娘お哲の存在を気にしつつも、一門家今泉島津家の島津忠剛《ただたけ》の娘お一を候補者に絞り込み、お一を自身の養女（幕府への届け出は実子）とし、将軍家との縁組を進めていった。その間、公家の二条斉敬《なりゆき》から娘を簾中にしたいという働きかけもあったが、評判が良くないとのことで幕府が断っている。

篤姫と改名したお一は、近衛家養女となり、安政三年（一八五六）に江戸城御広敷に入り、家定と婚礼を挙げた。家定との間に子供はできなかったが、間柄は良好であったといわれる。家定死後、天璋院と名乗りを改めた篤姫は、幕末の大奥で大きな影響力を持った。

お手付中﨟　天璋院付女中であったませ（家定付御年寄瀧山の姪）によれば、家定のお手付中﨟にお志賀（父は鎗奉行の堀利邦）という女性がいたという。お志賀は御三之間から取り立てられ、「さほど美人というでもなかった」が「ちょっと奇麗」にみえた女性で、「御台様へお泊りが一度あれば、自分に二度お泊りがなければ承知しない」という性分であったという（『御殿女中の研究』）。安政四年二月二八日付の松平慶永宛て島津斉彬書状によると、「此比《このごろ》ハ例之おしか（おしが）少々色々申し候哉ニ聞得申し候」（『昨夢紀事』二）とあり、御台所となった篤姫に対するお志賀の行動は、斉彬にとってあまり好ましいものではなかったことをうかがわせる。家定死後、比丘尼となり豊倹院と号した。家定死後の「大奥風聞探索書」（『井伊家史料』一五）によると、お志賀は「忠儀」なる人物と評価されている。幕府瓦解後も他家へ仕えることも、縁付きもしなかったという。

（藤田英昭）

【参考文献】鈴木尚『骨は語る徳川将軍・大名家の人びと』（東京大学出版会、一九八五年）、深沢秋男『旗本夫人が見た江戸のたそがれ』（文春新書、二〇〇七年）、寺尾美保『天璋院篤姫』（高城書房、二〇〇七年）、徳永和喜『天璋院篤姫』（新人物往来社、二〇〇七年）、畑尚子『幕末の大奥』（岩波新書、二〇〇七年）、馬場悠男・坂上和弘「寛永寺徳川将軍親族遺体の形態学的研究」（寛永寺谷中徳川家近世墓所調査団編『東叡山寛永寺 徳川将軍家御裏方霊廟』第3分冊考察編、吉川弘文館、二〇一二年）、三田村鳶魚「御殿女中の研究」「副書条々」（『御殿女中』）

【史料】安政四年二月二八日「旅中へ薩州侯ヨリ数通ノ来書」（日本史籍協会編『昨夢紀事』二、東京大学出版会、一九六八年）、深沢秋男校注『井関隆子日記』中（勉誠社、一九八〇年）、「大奥風聞探索書」（東京大学史料編纂所編『大日本維新史料類纂之部 井伊家史料』一五、東京大学出版会、一九八七年）、『徳川諸家系譜』一・二

家茂をめぐる女性

紀伊家から将軍家へ　徳川家茂は、弘化三年（一八四六）閏五月二四日、紀伊徳川家一一代徳川斉順《なりゆき》の嫡男として江戸赤坂屋敷で誕生した。幼名は菊千代。元服して慶福《よしとみ》と名乗る（安政五年七月二一日に家茂と改名）。生母は紀伊家家臣の松平六郎右衛門（晋《すすむ》）の女お操《みさ》（実成院《じつじょういん》）。家茂を生んだ時、お操は若年寄格だったが、家茂が嘉永二年（一八四九）に紀伊家の家督を相続し、六歳で元服して従三位左近衛権中将に任官すると、御内証之御方同格となり、紀伊家家中において「実成院殿」「実成院様」と称された。

家茂は、一一代将軍徳川家斉の孫で、一三代将軍徳川家定の従弟という徳川将軍家の正統であったことから、家定の後継をめぐる安政の将軍継嗣問題においては、大老井伊直弼ほか譜代幕閣だけではなく、江戸城大奥からの支持も獲得した。その中心となったのが、家定生母の本寿院であり、彼女は水戸血統への嫌悪から、

一方の候補者であった水戸家出身の一橋慶喜を擁立する運動に反発していた。

安政五年（一八五八）六月二五日に御養君となった家茂には御付の者が決められた。井伊家史料「覚書」には、この頃の家茂付女中の名が記載されている。すなわち、御年寄に花嶋（もと花澤）・大崎（もと関山）、御客応答《あしらい》に三保嶋・三保の、御客応答格に石野、中臈に「くわ」「きわ」、御錠口に筒井（もと「ふね」）、表使に室田・太田（もと「とそ」）の名前が書かれ、その他御末頭《おすえがしら》一人、中居二人、使番三人が付属していた。また同書には、紀伊家より御供をした女性も記され、それぞれ波江（浪江）が御客応答、「よさ」「にわ」が中臈、嵯峨の・条尾が御錠口となった。このうち、波江は「公方様御誕生より御附申上、格別御親みも深く、至て手堅き人にて、大奥にて当時仁物《じんぶつ》の由」（『幕末風聞探索書』下）と評判であった。

ちなみに、明治三七年一二月五日付「東京朝日新聞」には、「家茂将軍乳母の死去」に関する報が載せられている。それによると家茂の乳母は家茂が将軍となった後、「局役」として大奥で影響力を持ち、歌舞伎『伽羅先代萩《めいぼくせんだいはぎ》』（伊達騒動を題材とした演目）の登場人物にかこつけて「今政岡」と称されていたという。後年搖泉院と称し、維新後も徳川家で養育されていたが九五歳で死去し、上野寛永寺に埋葬されたといわれる。

世継誕生の期待　文久二年（一八六二）二月一一日、一七歳の家茂は、同い年の皇女和宮親子《ちかこ》内親王と婚儀を挙げた。家茂には紀伊家時代から伏見宮貞教親王の妹倫宮《みちのみや》則子女王との間に縁談があったが、これを破談とし公武一和を実現するため和宮を正室として迎えたのである。家茂と和宮との間柄は、仲睦まじかったことで知られるが、子供はできなかった。ただし、元治元年（一八六四）六月末から七月にかけて、和宮に懐妊の徴候があり、以後一〇月までに帯親・箆親《へらおや》・袖留・着帯・降誕などの式は江戸風、和宮や女房の身なりは京風という具合に準備が進められた事実もあった（『静寛院宮御日記』二）。

世継誕生を求める老中は、大奥に「御手かはりの御人」を採用するようにと求め、一二代将軍徳川家慶時代に大奥に勤めていた瀧島の縁につながる女性で、当時御年寄大崎の部屋子であった一六歳の「てふ」に白羽の矢が立った。そこで、元治元年一一月二二日、家茂と和宮が大奥御対面所の前庭で「てふ」を「御すき見」したが、「小き方のよし、外にもちと〳〵思しめしに叶られぬ」と、二人とも気に入らなかったため、他の女性を探すことになった。しかし、「よろしき御人」は見つからず、来年中にも嫡子の誕生をと期待する幕閣から、「少々の事は御用捨にて先日御覧の御人に治定」してはどうかとされ、翌慶応元年（一八六五）五月一五日（長州戦争のために家茂が江戸を進発する前日）、「てふ」は名前そのままに家茂の中臈に任じられた（『静寛院宮御日記』二）。大坂城滞陣中の家茂の側には、中臈がいたとされる史料もあるが、その女性が「てふ」であったかどうかは不明である。

家茂は、長州戦争の最中の慶応二年七月二〇日、脚気衝心により二一歳の若さで死去した。世継が嘱望されながら、結局子供はできなかった。なお、家茂が埋葬された増上寺の徳川将軍墓の発掘調査によると、家茂の棺の中には和宮とは別の女性の頭髪一束が他の副葬品に混じって埋葬されていたという。　（藤田英昭）

【参考文献】　樹下快淳「和宮静寛院殿の大奥に於ける御生活に就て」（『史談会速記録』三八四、一九三〇年、合本四四、原書房、一九七五年）、武部敏夫『和宮』（吉川弘文館、一九六五年）、鈴木尚・矢島恭介・山辺知行編『増上寺 徳川将軍墓とその遺品・遺体』（東京大学出版会、一九六七年）、氏家幹人「史料紹介 江戸城多門櫓文書のうち某氏書簡（その三）」（『北の丸』三七、国立公文書館、二〇〇四年）、辻ミチ子『和宮』（ミネルヴァ書房、二〇〇八年）

【史料】　堀内信編『南紀徳川史』三（南紀徳川史刊行会、一九三一年）、安政五年六月頃「宰相様附女中衆書上」（東京大学史料編纂所編『大日本維新史料類纂之部 井伊家史料』七、東京大学出版会、一九七一年）、日本史籍協会編『静寛院宮御日記』二（東京大学出版会、一九七六年）、『井伊家史料 幕末風聞探索書』下（雄山閣出版、一九九九年）

慶喜をめぐる女性

水戸家から一橋家へ　徳川慶喜は、天保八年（一八三七）九月二九日、水戸徳川家九代当主徳川斉昭の七男として小石川の水戸藩上屋敷で生まれた。幼名は松平七郎麿。母は有栖川宮織仁《おりひと》親王の末娘登美宮《とみのみや》吉子である。有栖川宮家は天皇家の血筋を引いているので、慶喜は天皇の血を引く唯一の徳川将軍となった。

　弘化四年（一八四七）九月朔日、一一歳の慶喜は、一二代将軍徳川家慶の意向により御三卿の一橋家を相続し、九代当主となる。御三卿は、これまで紀伊家の血筋で継承されてきたが、この時初めて水戸の血を引く者が当主を務めることとなった。水戸家からは御付老女磯山が慶喜に従い、その養育にあたった（弘化四年「支配向被仰渡御書付留」）。

　嘉永元年（一八四八）一二月には、父斉昭と親交のある上臈御年寄姉小路の世話により、一条忠香《ただか》の娘千代君と婚約した。当時世子であった徳川家祥《いえさき》（家定）の簾中寿明君《すめ》（秀子）も一条家出身であったが、寿明君が「極御短身」であったことなどから、斉昭は「壽明君ニて御連の人々ハ何レモ不宜しからず」と述べ、代わりに御三家・御三卿では前例のない皇女との縁組を希望し、「橋本家御預りの皇女」である和宮を慶喜の簾中にしたいと姉小路に要望していた（「新伊勢物語」）。もっともそれが叶わなかったことは周知の通りで、結局千代君とは嘉永六年二月に婚約を解消、同年五月に水戸家の縁家にあたる菊亭（今出川）家出身の娘延君（天保六年〈一八三五〉生まれ）を一条家の養女とし、安政元年（一八五四）に美賀君と改称したうえで、安政二年一二月に簾中に迎えた。

徳信院直子　慶喜が一橋家を相続した時には、七代当主徳川慶寿《よしひさ》の簾中徳信院直子《つねこ》（文政一三年〈一八三〇〉～明治二六年〈一八九三〉、伏見宮貞敬《さだよし》親王の王女）も同家で生活していた。慶喜にとっては義祖母にあたるが、弘化四年当時いまだ一八歳で、慶喜とは七歳しか違わなかったため、松平慶永ら諸大名の間では、親子関係を越えて両者の男女の関係が噂の種となった。そのため「御嫉妬ふかき御気性」の美賀君が、自殺未遂を起こす事態にまで至っている（『昨夢紀事』一）。

　一三代将軍徳川家定の後継をめぐる安政の将軍継嗣問題で、慶喜が次期将軍候補者の一人になると、徳信院は「せっかく年頃馴染みたるものを、またまた外へ移られんことはいかにも心細し」と述べ、慶喜は「自分は御養君の事は決して御請せざる決心なれば、御心安《やす》かるべし」（『昔夢会筆記』）と応答したという。

　安政六年八月二七日、慶喜が安政の大獄によって隠居・慎を命じられ、一橋家が明御屋形になると、徳信院は当主の慶喜に代わって各種の儀礼・交際を務めていた。文久三年（一八六三）以降、慶喜は江戸を離れ、京都に長期にわたって滞在していたが、この間も徳信院への信頼は揺るがなかったと見え、元治元年（一八六四）七月に勃発した禁門の変の様子を詳細に綴った徳信院宛ての慶喜の手紙が遺されている。

京都「一橋後宮」　文久三年以降の足掛け六年間、慶喜は京都を拠点に幕末政治の中心人物として活動した。この間の慶喜周辺の女性については、詳細がよくわかっていないが、折しも一四代将軍徳川家茂が死去する直前の松平慶永「登坂心覚」に、「一橋後宮《こうきゅう》」に関する記事が出てくる。

　すなわち、慶喜は長期の滞京が続き、身辺の不自由もあったのであろう、南北朝時代の武将新田義貞の故事を持ちだし、禁裏御局より女性を遣わされたいと一条家や関白二条斉敬《なりゆき》に願い出たという。しかしこれは認められず、紆余曲折を経て、一条家・伏見宮家より二人ずつ、菊亭家から一人が慶喜のもとに遣わされることとなった。そして、上﨟は二条関白が、「御裏方召し遣わされ候乙女」については九条家で世話することになったとされる。ところが、九条家が見込んだ「乙女」が町奉行与力の娘で「身分卑く候」ことが発覚したため、慶喜の激怒を買い、改めて九条家から別の女性が遣わされることとなったというのである。

　この記事の裏付けをとることは難しいが、少なくともここからは、幕府から一定の距離を置いて、朝廷の上層部に依存しようとする慶喜の政治姿勢をうかがうことができるのではないか。あわせて、天璋院ら江戸城大奥からの支持を獲得できなかった慶喜の立場も髣髴とさせよう。

　とはいえ、皇族・公家だけではなく、武家出身の女性もいたことは確実である。しかも、市井の女性も慶喜の側にいた可能性もある。例えば、鳥羽・伏見の戦いに敗れた慶喜が、軍鑑開陽丸で大坂を脱出する際の様子について、会津藩主の松平容保は「御船中御座所に始めは小児の声致し候と思召《おぼしめ》し候処、後には婦人姿を現し、承れば御侍妾の由、何時《いつ》の間に御連れ成られ候哉」（「浅羽忠之助筆記」）と証言している。この「御侍妾」は、江戸の町火消で侠客の新門辰五郎の娘お芳であったという（遠藤幸威『女聞き書き　徳川慶喜残照』）。辰五郎は、元治元年八月、一橋家の依頼により消防人足一五〇人を率いて入京し、慶喜の京都屋敷の増改築や諸雑用を担っていったが、お芳も元治～慶応期に入京し、慶喜の側に仕えていたと考えられる。

（藤田英昭）

【参考文献】遠藤幸威『女聞き書き　徳川慶喜残照』（朝日文庫、一九八五年）、大庭邦彦『徳川慶喜と幕末・明治』（日本放送出版協会、一九九八年）、桐野作人『孤高の将軍 徳川慶喜』（集英社、一九九八年）、畑尚子『幕末の大奥』（岩波新書、二〇〇七年）。藤田英昭「徳川慶喜」（笹部昌利編『幕末維新人物新論』昭和堂、二〇〇九年）、野口武彦『鳥羽伏見の戦い』（中公新書、二〇一〇年）

【史料】 弘化四年「支配向被仰渡御書付留」（一橋徳川家文書、茨城県立歴史館所蔵）、渋沢栄一編・大久保利謙校訂『昔夢会筆記 徳川慶喜公回想談』（東洋文庫、平凡社、一九六六年）、安政三年七月「薩侯ヨリ密啓水府内乱ノ件并ニ一橋卿簾中件」（日本史籍協会編『昨夢紀事』一、東京大学出版会、一九六八年）、「新伊勢物語」（茨城県史編さん幕末維新史部会編『茨城県史料 幕末編Ⅰ』茨城県、一九七一年）、「登坂心覚」二（松平春嶽全集編纂刊行会編『松平春嶽全集』四、原書房、一九七三年）、辻達也編『新稿一橋徳川家記』（続群書類従完成会、一九八三年）、「浅羽忠之助筆記」（宮崎十三八編『会津戊辰戦争史料集』新人物往来社、一九九一年）、元治元年八月一五日「徳信院夫人への書翰」（日本史籍協会編『徳川慶喜公伝』史料篇二、

一九九七年）

第8章

江戸初期の大奥

―家康・秀忠・家光・家綱―

伝通院（お大）

生い立ち　享禄元年（一五二八）生まれ。三河刈谷城主水野右衛門大夫忠政と、大河内元綱養女お富の間に生まれたとされる（『寛政重修諸家譜』）。ただし、一説によれば、実父を青木加賀守政信、母は不詳とし、お富を政信の妹としてお大《だい》の叔母とする。この説によると、お富が水野忠政の室となった際に、お大も忠政の養女となり、その後お富が忠政と死別し松平清康に再嫁した際に、お大も同時に伴われて清康の養女となった上、清康と先室青木貞景の女との間の子である松平広忠と婚姻したとされる（『柳営婦女伝系』）が、各人の年齢構成等に無理があるため、話としては成立しないとの指摘がある（『新編岡崎市史』）。

松平広忠との結婚と離縁　天文一〇年（一五四一）、三河岡崎城主松平清康の子広忠に嫁ぎ、翌年家康が生まれている。この婚姻は、当時三河国安城《あんじょう》まで進出した織田信秀への対抗のため、水野家と松平家の連合を狙った政略結婚であったとされる。すでに、お大の伯母（又は叔母）にあたる水野清忠の女が清康の父である松平信忠の元に嫁いでおり、且つ、お大の実父忠政と清康は、共に岡崎信貞の女を室に迎えて義理の兄弟関係になっていた時期もあることから、水野家と松平家の姻戚関係の再強化を諮ったものとみられている（『新編岡崎市史』）。

しかし、この婚姻関係は長くは続かなかった。天文一二年七月、父忠政が死去すると、跡を継いだ兄信元は、今川家から離れて織田家に従った。今川家の後ろ盾を得て織田家と対抗していた松平家としては、水野家との婚姻関係を解消し、今川家との友好関係を重視する必要があったとされる（『新編岡崎市史』）。このため、翌一三年、広忠はお大を離縁し、水野家に送り届けている。また、形原松平の松平家広の室となっていたお大の姉もこのとき同じく離縁されており、松平一族をあげて水野家との絶縁と今川家重視の方針を示している。

松平家・水野家間の婚姻関係が解消された結果として、両家と連携して織田家に対抗していた美濃斎藤家の政策にも影響を与え、斎藤道三は婚姻関係解消に対して異議を唱えていたとされる。なお、三歳で母と別れた竹千代（後の家康）は、その後、大伯母であるお久（随念院）に養育されたという。また、「柳営婦女伝系」では家康の他に広忠とお大の間の子として「女子」がいるとしているが、不詳である。

久松俊勝との再婚　広忠と離縁の後、実家である水野家に戻り、のちに尾張国知多郡阿久比《あぐい》（愛知県知多郡阿久比町）の久松《ひさまつ》俊勝の室となり、俊勝との間に、のちの松平康元、勝俊（または康俊）、定勝の三人の男子と、松平忠正、松平忠吉及び保科正直の室となった多劫《たけ》姫（『寛政重修諸家譜』久松家条、「柳営婦女伝系」による。『徳川実紀』では久松俊勝の女とする説を否定する）、松平（戸田）康長室、松平家清室など四女をもうけたとされる。

再嫁後の家康との関係では、永禄三年（一五六〇）のいわゆる桶狭間の戦いの緒戦として、家康による織田方の大高城への兵糧入れが行われているが、その際に家康が阿久比の久松家を訪れて、お大及び康元ら異父弟達に面会したとされる（『寛政重修諸家譜』『徳川実紀』）。

また、天正一二年（一五八四）に家康が豊臣秀吉と和議を結ぶ際、当初、人質として秀吉の下には三男定勝が赴く予定であったが、出発直前にお大の懇願により取りやめとなったという（『寛政重修諸家譜』）。

さらに、最晩年となる慶長七年（一六〇二）には、子の康元、定勝の子の定行とともに上京し（『寛政重修諸家譜』『朝野旧聞裒藁』）、同年五月一八日には北政所（高台院）を訪ね（「時慶卿記」）、同二二日には参内（「時慶卿記」）、翌二三日には豊国社に参詣する（「梵舜日記」）、などの動きを見ることができる。

同年七年（一六〇二）八月二九日、伏見において死去。享年七五。江戸小石川の伝通院に葬られた。法名は伝通院殿蓉誉光岳智光大禅定尼。

（小宮山敏和）

【参考文献】 中村孝也『徳川の族葉』（講談社、一九六五年）、『新編岡崎市史』中世二（岡崎市、一九八九年）、平野明夫『徳川権力の形成と発展』（岩田書院、二〇〇六年）、『安城市史』通史編原始・古代・中世（安城市、二〇〇七年）、秋元茂陽『徳川将軍家墓碑総覧』（星雲社、二〇〇八年）、大石学・佐藤宏之・小宮山敏和・野口朋隆編『現代語訳徳川実紀 家康公伝』一～五（吉川弘文館、二〇一〇年～一二年）、大石学編『徳川歴代将軍事典』（吉川弘文館、二〇一三年）

【史料】『朝野旧聞裒藁』（内閣文庫所蔵史籍叢刊、汲古書院、一九八二～八四年）、『徳川諸家系譜』一・二、『寛政重修諸家譜』一・六・一七、『徳川実紀』一

宝台院（西郷局）

出生 永禄五年（一五六二）生まれ。名はお愛《あい》（お相）、西郷殿などとも称されている。宝台院の生い立ちについては諸説があり、家康の元につかえるまでには不明な点が多い。まず、宝台院の実父については諸説あり、主に戸塚忠春とする説（「幕府祚胤伝」『徳川実紀』『寛政重修諸家譜』）、伊賀国の住人服部平太夫（簑笠正尚）とする説（「柳営婦女伝系」）、百々度右衛門某とする説（「幕府祚胤伝」が一説として記載）、遠江国の住人秋山十郎とする説（「徳川幕府家譜」）などがあるようである。このうち、「幕府祚胤伝」『寛政重修諸家譜』等は実父を戸塚忠春として、実母の再婚相手を簑笠正尚と整理し、初婚の相手を従兄弟にあたる西郷義勝（清員《きよかず》の甥）として戦による死別とする。また「徳川幕府家譜」では異説を採り服部平太夫を兄として整理しているが、各説共に確証はない。ただし、最終的には親族である三河国の西郷清員の養女として、家康の元に出仕したことは各説共通している。出仕の時期は「幕府祚胤伝」によると、天正六年（一五七八）とされる。

子女等 天正七年四月七日浜松にて、後に江戸幕府二代将軍となる家康三男秀忠を出産する。続いて、同八年九月には、同四男松平忠吉を出産している。なお、秀忠の生まれた天正七年には、家康の正室である築山殿と同長男信康が死去しており、同二男秀康の生母も築山殿の侍女の身分であったため、宝台院が妻妾の中で第一位の立場に置かれていた可能性が指摘されている（福田千鶴『徳川秀忠』）。

ただし、同一四年に家康は豊臣秀吉妹の朝日姫を正室として迎えており、序列に変動がある。

不慮の死　天正一七年五月一九日、駿府にて二八歳で死去したとされる。何らかの事件に巻き込まれて命を落としたようであり、『家忠日記』では「喧嘩」に巻き込まれて死去したとの情報が伝えられ、「柳営婦女伝系」では松平主殿助家忠家の家臣稲富吉兵衛が殺害したとしている。駿府の竜泉寺（静岡市葵区）に葬られ、竜泉院殿松誉樹貞大姉と号した。寛永五年（一六二八）、贈位がなされているが、「徳川幕府家譜」他では正一位、『徳川実紀』では「東武実録」などを典拠に従一位としている。宝台院殿一品大婦人松誉貞樹大禅定尼と改号され、竜泉寺も金米山宝台院となった。

（小宮山敏和）

【参考文献】中村孝也『徳川の族葉』（講談社、一九六五年）、秋元茂陽『徳川将軍家墓碑総覧』（星雲社、二〇〇八年）、大石学・佐藤宏之・小宮山敏和・野口朋隆編『現代語訳徳川実紀　家康公伝』一～五（吉川弘文館、二〇一〇年～一二年）、福田千鶴『徳川秀忠』（新人物往来社、二〇一一年）、大石学編『徳川歴代将軍事典』（吉川弘文館、二〇一三年）

【史料】『家忠日記』（臨川書店、一九六八）、『東武実録』（内閣文庫所蔵史籍叢刊、汲古書院、一九八一年）、『徳川諸家系譜』一・二、『寛政重修諸家譜』六、『徳川実紀』一

朝覚院（お茶阿）

出生　生年等、家康の元に召されるまでの詳細については不詳な点が多い。遠江国金谷村の鋳物師（または農夫）の妻で、前夫が事件に巻き込まれて殺害され、その事件の解決に当たり家康に訴え出た。そのことがきっかけとなり、家康の側に召されたとされるが、その点は各説共通しているようである。この事件にも諸説あり、金谷・島田両郷の住人による口論の延長で起こったとする説（「柳営婦女伝系」）、金谷の代官の横恋慕により陥れられたという説（『徳川実紀』）などが存在する。また、家康との出会いについても、放鷹中の家康に事件を訴え出たことが縁になったとする説（「徳川幕府家譜」、「柳営婦女伝系」）、浜松城に出向いて訴えたとする説（『徳川実紀』）などが存在し、一様ではない。

また、父についても花井氏とする説、または山田之氏《ゆきうじ》とする説（「幕府祚胤伝」）があり、さらに、父を河村氏とする記述もあり（「柳営婦女伝系」など）、江戸時代の段階で、史料によって混同がみられ、記述が錯綜している状況が窺える。

子女等　文禄元年（一五九二）に浜松で辰千代（のちの忠輝《ただてる》）を、同三年に松千代を出産したとされるが（「徳川幕府家譜」）、文禄元年に松千代・辰千代を双子として江戸城で出産したとの説もある（「幕府祚胤伝」、「柳営婦女伝系」）。出産場所については、時期的に徳川家が江戸に本拠を移した後のことであるので、江戸城と考えるのが妥当であろう。また、家康との間に松姫をもうけたとの説もあるが（「幕府祚胤伝」）、同姫の母は間宮豊前守康俊の女（「徳川幕府家譜」）とする説もあり定かではない。

前夫との間には一女（於八）をもうけるが、史料によってはこの女子の名（於八）と、お茶阿の名との混同等が指摘されている（中村孝也『家康の族葉』）。於八は、後に家康の命により、忠輝の付家老となる花井遠江守に嫁いでいる。その他に、前夫の連れ子である善八郎と又八郎を自分の子として忠輝家臣とし、それぞれ木全《きまた》刑部の養子としている（「柳営婦女伝系」）。

晩年　元和二年（一六一五）に家康が没すると落飾し、駿府から江戸へ移る。元和七年六月一三日（「幕府祚胤伝」では一二日）に没し、小石川の宗慶寺に葬られた。法名は、朝覚院殿貞誉宗慶大姉。

（小宮山敏和）

【参考文献】中村孝也『徳川の族葉』（講談社、一九六五年）、秋元茂陽『徳川将軍家墓碑総覧』（星雲社、二〇〇八年）、大石学・佐藤宏之・小宮山敏和・野口朋隆編『現代語訳徳川実紀　家康公伝』一～五（吉川弘文館、二〇一〇年～一二年）、大石学編『徳川歴代将軍事典』（吉川弘文館、二〇一三年）

【史料】『徳川諸家系譜』一・二、『徳川実紀』一

相応院（お亀）

徳川家康との出会い　天正四年（一五七六）に山城国石清水八幡宮の神職志水宗清の娘として生まれる。母は石清水八幡宮祠官田中長清（善法寺）の娘である。はじめは竹腰《たけのこし》正時（光昌）に嫁ぎ、天正一九年正月二一日には嫡男正信《まさのぶ》が誕生したが、文禄二年（一五九三）に徳川家康の側室となった。家康との出会いには諸説あるが、夫の正時が会津の上杉景勝に仕えるためにお亀と離別し、正時の死後伏見城に奉公するようになった縁によるといわれている。同四年、家康の八男として仙千代が誕生したが、慶長五年（一六〇〇）二月七日に六歳で早世した。同年一一月二八日には、大坂城西の丸において家康の九男義直（幼名は五郎太）を出産した。義直の誕生をめぐっては、家康が同年九月一五日の関ヶ原の戦いに勝利して大坂城西の丸に移ったとき、お亀は身重の体であったにもかかわらず、家康の給仕をしていたが、生玉大明神の御利益のおかげで安産であったという記録が残されている。

お亀の人脈　家康の側室となった際、お亀は前夫との間で生まれた竹腰正信を召し出し、家康への御目見を願い出た。伏見城での拝謁を許されたことで正信は家康の小性となった。関ヶ原の戦い後、甲斐国を拝領していた義直が尾張国清洲（のち名古屋）に転封となると、異父兄の正信は、家康の命により義直の後見役となった。このとき家康付の年寄であった成瀬正成《なるせまさなり》も義直の傅役《もりやく》を命じられた。成瀬正成と竹腰正信は付家老と称され、家康・お亀とともに駿府に留まっていた幼少の義直の育成に努めるとともに、「両家年寄」として尾張での執政を担当した。また、これを補佐するためにお亀の兄志水忠宗は加判役となった。竹腰正信は慶長一四年に将軍秀忠付の年寄大久保忠隣《ただちか》の孫娘日春と婚姻したが、これはお亀が家康に進言したことによるものであった。日春の死後はお亀の女中お喜佐が後妻となった。成瀬正成の嫡男正虎は志水忠宗の娘宇婦を妻に迎えたが、その際婦宇は

お亀の養女となって嫁いでいる。正虎の後妻となった竹腰正信の娘お養もお亀の養女となっている。お亀の人脈によって、当時の幕府有力者や尾張徳川家の重臣たちとの間に婚姻関係による結束が図られた。

尾張徳川家の繁栄を願う　元和二年（一六一六）四月一七日に家康が死去すると、お亀は相応院と名乗り、駿府を離れて義直の居城である名古屋城に移り住んだ。義直は慶長二〇年四月に浅野幸長の娘春姫と婚姻していたが世嗣がいなかったため、お亀はこの頃から義直に側室をすすめたといわれている。義直は最初聞き入れなかったが、三代将軍家光の命によってこれを受け入れ、側室としてお尉（歓喜院）が召し出された。寛永二年（一六二五）七月二九日、お尉は待望の男子五郎八を出産した。のちに尾張徳川家二代当主となる光友である。光友は寛永一六年九月に将軍家光の長女千代姫と結婚するが、将軍家と尾張徳川家の結びつきを一層強くしたこの婚姻を重視していたお亀は、まだ幼少であった千代姫の世話に心血を注いだといわれている。そして、寛永一九年閏九月一六日に六七歳で死去した。法名は相応院殿信誉公安大禅定尼で、江戸の伝通院（東京都文京区）に葬られた。その後義直は名古屋に宝亀山相応寺（名古屋市千種区）を創建して菩提を弔うために改葬した。

（白根孝胤）

【参考文献】跡部佳子「徳川義直家臣団形成についての考察（四）」（『金鯱叢書』四、一九七七年）、白根孝胤「御三家における縁戚関係の形成と江戸屋敷」（徳川林政史研究所『研究紀要』四一、二〇〇七年）

【史料】「相応院様御事蹟集録」「源敬様御代御記録」（徳川林政史研究所所蔵）、「尾張徳川家系譜」（『名古屋叢書三編』一、名古屋市蓬左文庫、一九八八年）、『徳川諸家系譜』一・二

養珠院（お万）

生い立ち　天正五年（一五七七）に安房国主里見忠義の一族である上総国大多喜城主正木頼忠（邦時）の娘として生まれた。母は北条氏尭《うじたか》の娘といわれている（遊女でその名は「相」と称したとの説もある）。頼忠の死後、母が北条氏に仕えていた伊豆国河津城主蔭山《かげやま》氏広のもとへ再嫁したため、氏広の養女となった。その後、徳川家康の側室となり、慶長七年（一六〇二）三月七日に頼宣《よりのぶ》（幼名長福・家康一〇男）、同八年八月一〇日には頼《より》房《ふさ》（幼名鶴千代・家康一一男）が誕生した。頼宣は御三家の一つ、紀伊徳川家の初代当主、頼房は水戸徳川家の初代当主となった。この縁により、お万の兄（一説に弟）三浦為春は頼宣の傅役《もりやく》を命じられ、代々紀伊徳川家の家老を務めることになった。元和二年（一六一六）四月一七日に家康が死去すると、養珠院と称した。

信仰をめぐって　お万は日蓮宗の熱心な信徒で、身延山久遠《くおん》寺の法主日遠上人に師事していた。慶長一三年、日蓮宗と浄土宗双方の僧による宗論をめぐって、家康は日蓮宗側に非があるとしたが、日遠はその裁定に異を唱えたため死罪を命じられた。これを知ったお万は、日遠の救済を嘆願し、受け入れられなければ自身も死ぬ覚悟であると訴えたといわれて

いる。お万の信心の強さに心を打たれた家康は日遠を宥免した。

死去　承応二年（一六五三）八月二二日（二一日の説あり）、紀伊徳川家の江戸上屋敷において七七歳で死去した。養珠院妙紹日心大姉と号した。池上本門寺に葬られたとの記録があるが、遺言により日遠上人が開創した甲斐国大野山本遠《ほんのう》寺に葬られている。（白根孝胤）

【参考文献】『南紀徳川史』一（南紀徳川史刊行会、一九三〇年）、『和歌山県史 人物』（和歌山県史編さん委員会、一九八九年）

【史料】『徳川諸家系譜』一、『寛政重修諸家譜』九

英勝院（お梶）

家康に召し出される　天正六年（一五七八）一一月九日、安房国小湊で誕生した。はじめお八と称した。父は北条氏康に属していた太田康資《やすすけ》（太田道灌《どうかん》の曾孫）、母は北条氏政・氏直の家老を務めた遠山直景の娘である。

父が北条氏を裏切り、安房国の里見氏に属したのちに生まれたお八は、天正一八年に徳川家康が関東に入国した際、「女なれども道灌が子孫なれば」（『寛政重修諸家譜』四）ということで召し出された。この時一三歳。お八の兄重正と昵懇であったという今川家旧臣の黒田直陳《なおのぶ》が召し出しの取次を務めた。その由緒により、直陳の娘お六（養儼院）が家康に召し出されると、お六はお八の「御寄子」（部屋子）となった（「英勝院様御事績」）。

家康に召し出されたのちにお梶と名を改め、一三歳であったことから老女安西（大名池田家家臣の小寺半兵衛母方の叔母にあたる）が世話役を務めた。その後、兄の重正も家康に取り立てられ、武蔵国豊嶋郡のうちで五〇〇石を賜った。重正の次男資宗《すけむね》は、お梶の養子となり、三代将軍徳川家光のもとでのちの若年寄に相当する「六人衆」の一人となった（その後太田氏は五万石に加増され、延享三年〈一七四六〉以降は遠江掛川城主となった）。

英勝院の養女　慶長五年（一六〇〇）の関ヶ原の合戦に勝利した家康は、それにあやかってお梶をお勝へと改称させたという。慶長一二年、三〇歳の時、家康の息女市姫を出産するが、市姫は慶長一五年に四歳で死去。不憫に思った家康は、お万（養珠院）が産んだ末子頼房《よりふさ》をお勝の養子とした。お勝とお万とは北条氏綱を介して遠縁にあたっていた。また池田輝政の娘で家康の外孫にあたる振姫（母は家康の次女督姫）もお勝の養女となり、市姫が嫁ぐはずだった伊達忠宗に嫁いだ。

元和二年（一六一六）、駿府城で家康が死去すると、お勝は英勝院と称し、江戸の代官町（北の丸）に居宅を賜った。特筆すべきことは、家康の死後、家康に仕えていた女中たちのうちの数人を自身の養女とし、身の振り方を差配したことである（表7）。そのうちのおむうは二代将軍徳川秀忠の出頭人である土井利勝の奉公人となり、寛文・延宝期に若年寄や老中を務めた土井利房の母となった。また内藤忠興（のちの陸奥平城主）の奉公人となったおふうは、嫡男頼長の母となるが、『寛政重修諸家譜』一三によると頼長の母は「小山田氏」（武田家家臣小山田信茂の娘香具姫のこと）とある。小山

田信茂は天正一〇年（一五八二）に武田家を裏切り、武田家の滅亡を導いたとされる人物である。香具姫とおふうが同一人物であるかどうかは、後考に待ちたい。なお、林羅山「英勝寺之記」（「英勝院様御事跡」所収）には、英勝院に仕えた女中たちが記載される。これに関しては表2に掲載した。

英勝寺と水戸徳川家　寛永一一年（一六三四）、英勝院は先祖の菩提と自身の後生を祈願するため、太田道灌の旧蹟がある鎌倉扇谷《おうぎがやつ》の地に一寺を建立し、英勝寺と名付けた（寛永一三年創建）。宗派は浄土宗。英勝院は、水戸頼房の六女小良《こやや》姫を養女とし、沙弥と称する比丘尼としていたが、その沙弥を英勝寺の住持とした（住持となって清因と改称）。寺領は三浦郡池子《いけご》村（神奈川県逗子市）において三〇〇石を賜った（のちに四二〇石に加増）。寛永一九年八月二三日、英勝院は六五歳で死去。遺体は鎌倉由比ヶ浜において荼毘に付された。法号は英勝院殿長誉清春大禅尼。

英勝院と水戸頼房との由緒から、英勝寺は水戸家との関わりが深かった。頼房の娘が初代住持となったことを先例として、以後水戸家当主の娘か養女が住持となっている。しかし、幕末期の九代当主徳川斉昭は仏教を批判したため、斉昭の存命中は住持は置かれていない。斉昭死後の元治元年（一八六四）一一月に改めて斉昭一五女の正姫（七歳）が住持となり、清端と称した（正姫は維新後還俗し、池田徳澄に嫁した）。

また、英勝寺の組織は、住持を中心とした奥と、留守居が主宰する表とに分かれていたことも特徴的である。奥は住持のもとに老尼、中﨟、小性、小性尼、奥女中、御次女中、表使、御半下女などがおり、住持が幼少の際には乳母もいた。奥を取り仕切っているのは老尼であり仏前の勤行《ごんぎょう》や住持への取次を担当した。表の役職には留守居、代官、御用達、奥御番、勘定役、右筆、徒、徒目付、改役、吟味役、同心、中間、御末《おすえ》之者などがあり、中間、御末之者以外は水戸家から任命されたという。中間、御末之者は寺領がある池子村からの取り立てが多かった（『東光山英勝寺』）。

寛永一八年に家光から下賜された金三〇〇〇両を元手に、勘定役を中心として、鎌倉郡、高座郡、三浦郡などに祠堂金貸付を行い、その利金を寺の維持費に充てていた。貸付金の利子をかせぐ以外に、大坂で富興行も行っていたことでも知られる。

（藤田英昭）

【参考文献】床次和子「鎌倉英勝寺の祠堂金貸附」（東京女子大学史学研究室『史論』九、一九六一年）、小丸俊雄『東光山英勝寺』（英勝寺、一九六四年）、中村孝也『家康の族葉』（講談社、一九六五年）、鎌倉市市史編さん委員会編『鎌倉市史』近世通史編（吉川弘文館、一九九〇年）

【史料】「英勝院様御事跡」（太田家文書、千葉県文書館所蔵）、「鎌倉英勝寺住持職事記」（逗子市教育研究会調査部編『逗子市誌』第七集　史料編三・池子文書〈下〉、逗子市役所、一九七六年）、「扇ガ谷村浄土宗英勝寺由来」（鎌倉市市史編さん委員会編『鎌倉市史』近世史料編第二、吉川弘文館、一九八七年）、『寛政重修諸家譜』四

表7　家康付女中で英勝院の養女となった者

女中	家康死後の進退
おむう	秀忠出頭人の土井利勝の奉公人となり、４男利房（老中、越前大野城主、４万石）を産む。号は正樹院。
おしゐ	大坂冬の陣の際に池田利隆に属し、夏の陣の時家康に供奉した渡辺勝綱（御先弓頭、1000石）の奥方となり、次男隆（書院番士）を産む。長男忠綱が死去すると庶子であった隆が嫡男となり家督を継いだ。『寛政重修諸家譜』には、勝綱の妻と隆の生母は「紀伊家の臣進藤三郎左衛門某の女」とある。
おます	大坂の陣に供奉し、駿府の家康に仕えた山下周勝（小十人頭・清水御船手、1700石）の奥方となり、長男昌勝（使番、1200石）を産む。
お長	関ヶ原の戦いの際秀忠に従い上田攻めに参加し、大坂の陣では井伊直孝に属して軍功をあげた皆川隆庸（大番頭、1万8000石）の奥方となり、次男秀隆（寄合、下館城守衛にあたる、5000石）を産む。号は長泉院。
おたつ	織田有楽斎（信長の弟）の５男織田尚長（居所は大和柳本1万石）の奥方となる。
おふう	大坂夏の陣の際、酒井家次に属して秀忠に従った内藤忠興（陸奥平城主、7万石）の奉公人となり、長男頼長を産む。『寛政重修諸家譜』によると頼長の生母は「小山田氏」とある。
おちく	日医師三休の妻となる。

「英勝院様御事跡」をもとに、『寛政重修諸家譜』を参照して作成。

表8　英勝院に仕えた者たち

名前	由緒・足跡など
日円	関白豊臣秀次の医師吉田友益の娘。大浜彦右衛門の母。蓮花寺治兵衛の妻は日円の姪にあたる。
小侍従	女中のなかの「一臈」で、英勝院の甥にあたる太田資宗へも出入りする。自身の姪を藤堂高次の家臣水上孫右衛門の妻に遣わす。
よう	藤堂高次の家臣松井太兵衛の妻で松井市左衛門の母。
あい	若い時期に英勝院に仕えのち太田資宗に仕えて日井と称す。比丘尼となり御扶持を下され江戸城の長局に居住する。
小宰相	英勝院の兄太田重正に仕える。
妙おく	英勝寺方丈にいる貴志権兵衛の姉。
ゑいじゆ	英勝寺方丈にいる山崎安兵衛の妹。

ほかに山崎安太夫・中村作左衛門・加藤太郎右衛門も祖父の代から英勝院に仕えたという。以上「英勝院様御事跡」をもとに作成。

阿茶局

召し出し　弘治元年（一五五五）、戦国大名甲斐武田家家臣であった飯田直政（久左衛門、筑後）の娘として生まれる。須和《すわ》と称した。のちに今川家家臣の神尾孫兵衛尉忠重（または久宗）に嫁いだとされるが、『寛政重修諸家譜』神尾忠重条では、忠重は武田信玄の子である一条信龍に仕えたとしている。また、家康に召し出された時期については説が分かれており、主なところでは、天正五年（一五七七）に忠重と死別し、同七年五月に召し出されて阿茶局《あちゃのつぼね》と称したとする説（『幕府祚胤伝』）と、永禄三年に夫と死別し、天正一〇年の甲州討入の際に家康に歎訴したところ、家康が駿府に居た際に好意を持っていた女性であったため召し出されたとする説（『柳営婦女伝系』）がある。なお、前夫忠重の死については、天正一六年とする説（『寛政重修諸家譜』）もある。

子女等　家康の子供を出産したとの記録はない。ただし、天正一二年の小牧・長久手の戦いの際に在陣し妊娠したが、同所にて流産したとする記述が「幕府祚胤伝」では確認できる。その他、死別した前夫との間に神尾守世がおり、のちに焼火間番頭等を務めている。また、松平康親の家臣岡田元次の子息である元勝を請いて養子とし、弟の娘を娶らせて神尾を名乗らせている。なお、弟又左衛門の系統は尾張家の付家老成瀬家の与力として付属されている。

徳川家での位置　阿茶局の関わった出来事としては、慶長一九年（一六一四）の大坂冬の陣の際、講和の使者として常高院（初《はつ》、茶々《ちゃちゃ》の妹、江《ごう》の姉）とともに大坂城中に出向いている。また、元和七年（一六二一）の秀忠娘の東福門院和子が入内する際には、母親代わりとして共に上洛しており、のちに従一位に叙せられ、「神尾一位」とも称されたことが有名である。その他、年頭御礼のために秀忠からの使者として駿府の家康の元に遣わされた酒井家次が御礼の場で犯した失態をその場で取り繕う。伝通院十三回忌の際に駿府に派遣された大坂方の使者が内々に本多正純とともに阿茶局に到着の旨を連絡したなどというエピソードが伝わることから（『徳川実紀』）も、家康の信頼厚く、奥向きのみならず、表の用向きなども任され、戦場にも供奉することがあった様子が窺われる。徳川家の中では相応院・英勝院らと同格に位置付けられていたとの指摘（福田千鶴『徳川秀忠』）もある。

家康の死後はその命により剃髪しなかった。秀忠死去後に剃髪し、寛永一四年（一六三七）年正月二二日に死去、享年八三。雲光院（東京都江東区。滝徳山高巌寺より改名）に葬られた。法名は雲光院従一位尼公正誉周栄大法女（雲光院殿従一位尼公松誉周栄大姉とも）。（小宮山敏和）

【参考文献】中村孝也『徳川の族葉』（講談社、一九六五年）、秋元茂陽『徳川将軍家墓碑総覧』（星雲社、二〇〇八年）、福田千鶴『徳川秀忠』（新人物往来社、二〇一一年）、大石学・佐藤宏之・小宮山敏和・野口朋隆編『現代語訳徳川実紀 家康公伝』一～五（吉川弘文館、二〇一〇年～一二年）、大石学編『徳川歴代将軍事典』（吉川弘文館、二〇一三年）

【史料】『東武実録』二（内閣文庫所蔵史籍叢刊、汲古書院、一九八一年）、『徳川諸家系譜』一・二、『寛政重修諸家譜』一六、『徳川実紀』一

崇源院（お江）

生い立ち　天正元年（一五七三）生まれ。北近江の戦国大名浅井長政と、尾張の戦国大名織田信秀の娘（信長の妹）お市《いち》の間に、三女として生まれた。しかし、父の浅井長政は、織田信長・徳川家康連合軍に居城小谷城を攻められ、この年九月に自害している。お市と、お江を含む三姉妹は小谷城を脱出し、信長方に保護されている。

天正一〇年の本能寺の変後の清洲会議により、母お市が柴田勝家に嫁いだため、母とともに越前北ノ庄（福井）に移るが、翌一一年に起こった賤ヶ岳の戦いに養父勝家が敗北し、程なく北ノ庄城を攻められると勝家・お市夫妻は自害、三姉妹は秀吉方によって保護された。

佐治一成・羽柴秀勝との結婚　通説では、こののち秀吉の命により、尾張大野城主で従兄弟にあたる佐治《さじ》一成《かずなり》（母が信長の妹にあたる）と婚姻したとされるが（「柳営婦女伝系」など）、近年では、この婚姻は天正二年頃に信長の意向で行われた可能性が指摘されている（福田千鶴『徳川秀忠』）。

佐治一成との婚姻関係は、天正一二年の小牧・長久手の戦いののち、徳川家康が三河へと帰る際に佐屋《さや》の渡しで一成が船を提供したことが秀吉の怒りを買い、茶々《ちゃちゃ》が病気との理由でお江を召還して、強制的に離婚させたとの説もある（「柳営婦女伝系」等）が、実際はこの戦いにおいて没落した佐治を秀吉が見限ったのではないかとの指摘がある（福田千鶴『徳川秀忠』）。

天正一三年一〇月、秀吉の意向で、秀吉の甥である羽柴小吉秀勝に再嫁した。秀勝との婚姻時期については天正一四年とするものもあるが、『兼見卿記』の記載より天正一三年が有力と考えられる（岡田正人「将軍秀忠夫人となったお江」）。また、お江の再嫁先について、織田信長の四男で秀吉の養子となった秀勝と混同する史料もあるが（「柳営婦女伝系」）、信長四男の秀勝は天正一二年〜一三年頃に毛利輝元の養女と結婚していることから、お江との婚姻については考えにくい（小和田哲男『戦国三姉妹物語』）。秀勝との婚姻関係も長くは続かず、夫秀勝は、朝鮮出兵の際に渡海し、文禄元年（一五九二）巨済島で病没した。

秀勝との間には完子《さだこ》という名の一女をもうけている。完子は、お江が秀忠に再嫁する際に伯母である茶々の元に引き取られて養育され、のちに九条忠栄《ただひで》（幸家）の室となり、道房他の子女を生んでいる。なお、秀勝死後、お江は九条道房に嫁ぎ、道房死後に秀忠に嫁いだとする史料もあるが（「柳営婦女伝系」「徳川幕府家譜」）、娘完子の事例との混同によるものだろう。

徳川秀忠との結婚　文禄四年（一五九五）九月、お江は徳川秀忠に再嫁する。秀忠との間には、生まれた順に、千姫（豊臣秀頼室、のち本多忠刻《ただとき》室）、子々《ねね》姫（前田利常室）、勝姫（松平忠直室）、初姫（京極忠高室）、家光、忠長、東福門院（後水尾天皇女御、後明正天皇母）の二男

五女の七人をもうけたとされる（「徳川幕府家譜」）。ただし、子々姫、勝姫、家光、東福門院については、お江を実母とする通説に対して疑問が呈せられ、前述の四子は庶出子であり、いわゆる「嫡母の養い」の扱いによって、お江が母として記載されているとの説も近年示されている（福田千鶴『江の生涯』）。

その死　寛永三年（一六二六）九月一五日、江戸城西の丸にて死した。享年五四。同年六月より、夫秀忠及び家光、忠長は参内するために上洛していた。危篤の報を受け、まず忠長がすぐに江戸に下向したが、江戸の芝の辺りで訃報に接したようであり、死に際には間に合わなかった（『東武実録』）。一〇月一八日より芝の増上寺で葬送が営まれ、麻布にて荼毘《だび》に付された。歴代将軍及び正室等において荼毘に付された事例は珍しいが、その理由は定かではない。後年、松浦静山《まつらせいざん》は増上寺の典海僧正からその理由を聞き、自著『甲子夜話』に書き留めている。その内容は、秀忠が上洛中であり、江戸帰着までには相当の時間がかかるため、帰着後に死後の醜状を見せることになるのを憚り、お江の命によって荼毘が選択されたというものであった（氏家幹人『江戸のエロスは血の香り』）。

法名は、崇源院《そうげんいん》殿昌誉和興仁清大禅定尼。同一一月二八日に従一位が贈位されている。

（小宮山敏和）

【参考文献】小和田哲男『戦国三姉妹物語』（角川書店、一九九七）、秋元茂陽『徳川将軍家墓碑総覧』（星雲社、二〇〇八年）、小和田哲男『お江』（角川学芸出版、二〇一〇年）、福田千鶴『江の生涯』（中央公論新社、二〇一〇年）、氏家幹人『江戸のエロスは血の香り』（朝日新聞出版、二〇一〇年）、岡田正人「将軍秀忠夫人となったお江」（小和田哲男編『浅井三姉妹の真実』新人物文庫、二〇一〇年）、福田千鶴『徳川秀忠』（新人物往来社、二〇一一年）、大石学・佐藤宏之・小宮山敏和・野口朋隆編『現代語訳徳川実紀　家康公伝』一～五（吉川弘文館、二〇一〇年～一二年）、大石学編『徳川歴代将軍事典』（吉川弘文館、二〇一三年）

【史料】松浦静山『甲子夜話』続編・三編（東洋文庫、平凡社、一九七七年）、『東武実録』二（内閣文庫所蔵史籍叢刊、汲古書院、一九八一年）、『兼見卿記』（八木書店、二〇一四年）、『徳川諸家系譜』一・二、『寛政重修諸家譜』一六、『徳川実紀』一

千　姫（天樹院）

誕生と豊臣秀頼との結婚　千姫は二代将軍徳川秀忠と御台所お江《ごう》の長女として誕生した。その日を「幕府祚胤伝」では慶長二年（一五九七）四月一一日とするが、公家山科言経《やましなときつね》の日記「言経卿記」には同年五月一〇日とあり、一次史料の後者が正しいとみられ、また生誕地も伏見だが伏見城とする前者は誤認と指摘されている（福田千鶴『江の生涯』）。

慶長八年七月二八日、千姫は大坂城の豊臣秀頼のもとに入輿《じゅよ》した（「台徳院殿御実紀」二）。秀頼は豊臣秀吉と千姫の母お江の姉淀《よど》の子息で従兄にあたるが、婚姻は秀吉の遺言による政略であった（「豊臣秀吉遺言覚書」）。慶長二〇年（元和元・一六一五）五月七日、大坂夏の陣で大坂城は落城、翌八日、秀頼と淀は自害した。千姫は七日に大坂城を脱出したが、

これは豊臣の臣大野治長《はるなが》が秀頼と淀の助命を期待して東軍の陣営に送還したものという（中村孝也『千姫真実伝』）。その後千姫は祖父家康の側室阿茶局《あちゃのつぼね》ら女中一〇〇人に供奉されて江戸に下り、八月二〇日に到着した（「元和年録」）。千姫と秀頼に子はなく、妾腹の男子国松《くにまつ》と一女は捕えられ、国松は殺害されたが女子は千姫の助命が叶ってその養女となり、鎌倉松岡東慶寺（縁切寺）に入れられて天秀《てんしゅう》と称した。

本多忠刻への再嫁　翌元和二年七月には伊勢桑名藩主本多忠政嫡子忠刻《ただとき》への再嫁が決定し、九月に祝言となった（『本光国師日記』四）。その日付は史料により区々だが、『イギリス商館長日記』から推定した九月一三日江戸発輿、同月二六日桑名着・入輿（橋本政次『千姫考』）とみるのが妥当であろう。本来九月一一日発輿のはずが、石見津和野藩主坂崎直盛《さかざきなおもり》がその途上千姫を奪取すると触れ回り秀忠に切腹を命じられ、これに抗議して前日自邸に籠城する騒動があって二日遅れたという。直盛がこのような変に及んだ理由は諸説あり、『イギリス商館長日記』では家康が在世中に千姫の大坂城脱出時に功のあった直盛に千姫を与えるとした約定が破られたためとしている。

元和三年七月一四日、義父忠政の播磨姫路転封に伴い、夫忠刻へも千姫の化粧料として一〇万石が播磨国内に与えられ、千姫も姫路城に移った。翌四年に長女勝《かつ》姫が誕生し、翌五年には嫡子幸千代《こうちよ》を儲けたが同七年に早世した。そして寛永三年（一六二六）五月七日、忠刻が死去したため千姫は再び江戸に戻ることになり、一一月二日に姫路を発ち同月二七日着府した。一二月六日、落飾して天樹院《てんじゅいん》と号し、住まいを江戸城北の丸西方の一画に与えられた（「幕府祚胤伝」三、位置は第一部第1章「北の丸の居住者」に掲載の図11「武州豊島郡江戸庄図」参照）。このとき勝姫も母と江戸に下り、寛永五年正月二六日、大御所秀忠の養女として因幡鳥取藩主池田光政《みつまさ》に嫁した（「大猷院殿御実紀」一二）。

落飾後の生活　その後も天樹院は、寛永六年には加賀藩主前田利常の世子光高との縁談が画策され、また同八年にも越前藩主松平忠昌への再々嫁が取沙汰されており（『細川家史料』九）、いずれも立ち消えたものの、いまだ父大御所秀忠の政略に翻弄された。

しかし寛永九年正月二四日に秀忠が没すると、弟の将軍家光は姉天樹院の屋敷を、北の丸東端の竹橋門内に新たに広く設けて御座所の建設に着手したもようで（渋谷葉子「江戸城北の丸の土地利用」、位置は第一部第1章「北の丸の居住者」に掲載の図12「寛永江戸全図」参照）、翌一〇年五月二〇日には完成した新邸に家光が天樹院を訪ねた（「大猷院殿御実紀」二二）。天樹院は「東の丸」とも通称されたが（『池田光政日記』）、それはこれ以降と考えられる。

そしてこののちは兄弟、子、孫のために、平穏ながら多忙な日々を過したことが窺われる。寛永一〇年一〇月には鶴岡八幡宮に弟の将軍家光の病気平癒祈禱を依頼し、同年一二月六日には同じ弟の駿河大納言忠長が自殺させられたが、その屋敷を鎌倉東慶寺に移して仏殿を建立した。寄進したのは養女天秀尼であった（中村孝也『千姫真実伝』）。また同二一年

（正保元・一六四四）五月二四日には家光に二男長松《ちょうまつ》（のちの甲府宰相綱重《つなしげ》）が誕生したが「四十二《しじゅうに》の二《ふた》つ子《ご》」の伝承から天樹院が養子として自邸で育てることになり（「大猷院殿御実紀」五七）、さらに池田光政と勝姫の間に儲けられた孫たちの任官や婚姻などにも種々心を配っている（『池田光政日記』）。

晩年と死　明暦三年（一六五七）正月一九日、いわゆる明暦大火により天樹院の屋敷も焼失した。天樹院は赤坂の紀州藩中屋敷に避難ののち、江戸城吹上の同藩上屋敷を仮住まいとした（「人見私記《ひとみしき》」）。北の丸はこの機に屋敷割が改変され、天樹院の屋敷は場所を旧来の西向いに移されて（位置は第一部第1章「北の丸の居住者」に掲載の図13「江戸大絵図」参照）、一二月二六日、竣工した新邸に移徙した。そして寛文六年（一六六六）二月六日、この屋敷で没した。享年七〇、小石川伝通院に葬られた。法名は天樹院殿栄誉源法松山大姉。屋敷はその後解体されて、建物の一部は天樹院にゆかりの下総飯沼弘経寺《ぐぎょう》、また江戸新知恩寺、上野浄円院、深川浄真寺に分けあたえられた（「厳有院殿御実紀」三二）。

（渋谷葉子）

【参考文献】　中村孝也『千姫真実伝』（国民文化研究会、一九六六年）、橋本政次『千姫考』（のじぎく文庫、一九六六年）、渋谷葉子「江戸城北の丸の土地利用」（東京都埋蔵文化財センター編・発行『千代田区江戸城跡』二〇〇九年）、福田千鶴『江の生涯』（中公新書、二〇一〇年）

【史料】　「寛永江戸全図」（臼杵市教育委員会所蔵）、「江戸大絵図」（公益財団法人三井文庫所蔵）、「人見私記」（国立公文書館所蔵）、藤井駿ほか編『池田光政日記』（山陽図書出版、一九六七年）、『新訂本光国師日記』四（続群書類従完成会、一九七〇年）、「豊臣秀吉遺言覚書」（東京大学史料編纂所編『大日本古文書　浅野家文書』東京大学出版会、一九七九年）、前同編『日本関係海外史料　イギリス商館長日記』訳文編之上（前同、一九七九年）、「（寛永六年）五月一九日書状案」「（寛永七年）一二月一七日書状案」（前同編『大日本近世史料　細川家史料』九、前同、一九八四年）、『元和年録』（内閣文庫所蔵史籍叢刊、汲古書院、一九八六年）、「武州豊島郡江戸庄図」（『東京市史稿　市街篇』附図一、臨川書店、一九九四年）、『徳川諸家系譜』二、『徳川実紀』一～四

子々姫（天徳院）

前田家へ輿入れ　加賀藩三代目藩主前田利常（初め利光）の正室子々《ねね》姫は、徳川秀忠と正室お江の次女である。生年月日・生誕地には諸説があるが、慶長四年（一五九九）三月、伏見で誕生したとする『天徳夫人小伝』の説をとる。名前は「徳川幕府家譜」や「幕府祚胤伝」では子々とするが、「禰々」と自署した書状が残り、婚家の前田家では「珠」を正式な名前としている。当時の人々は、はじめ「姫君様」のち「御前様」と呼んだ。

慶長三年八月に太閤秀吉が死去し、四年閏三月には前田利家もこの世を去って、徳川家康の力が一段と大きくなり、これに反発する勢力との間に対立が深まった。その中にあって利家の跡継ぎ利長の立場は難しいものとなり、謀反の疑いをかけられたが、母芳春院を人質として江戸に送り、危機を脱した。このとき利長の命

を受けて大坂に赴き弁明につとめた利長の臣横山長知《ながちか》が、秀忠息女と利長の弟猿千代（利常）との結婚を願い出、徳川家康もこれを承知したと伝えられる（「杉本義隣覚書」）。事実とすれば、子々姫は襁褓《むつき》の内に婚約したことになる。関ヶ原戦後の論功行賞で、利長は加賀・能登・越中三か国の領有が認められ、正式に子々姫と利常の婚約が成った。子々姫二歳、利常八歳であった。

輿入れしたのは翌慶長六年で、七月に江戸を立ち、東海道から美濃路を経て、中山道、北国街道へと進んだ。道筋は掃き清められ、橋が架けられ、五色の砂が敷かれ、茶屋が設けられたという。そして九月晦日、越前国金津上野《うわの》（現福井県あわら市）で、嫁入りの作法である輿渡と貝桶渡が行われた。利長は一行を手取川（現石川県白山市辺）まで出迎えた。

金沢での暮らし　金沢城の本丸に子々姫のための御殿が新たに造られ、石川門外に姫付属の人々が住む長屋が設けられ、江戸町と呼ばれた。幼い子々姫の日常は想像するしかないが、大切に保護・養育されことは間違いない。慶長七年八月、金沢で大々的に催された踊り興行で、利長は姫に見せようと自ら鼓を打ち、重臣たちと踊りの稽古をしている（「象賢紀略」）。

慶長一〇年、家康は将軍職を秀忠に譲り、前田家も利長が利常に家督を譲った。子々姫は成長し、慶長一八年三月に初めての子を出産した。女児で、亀鶴と名付けられた。懐妊中、利長は熱田神宮に安産の祈禱を依頼し、駿府の家康も生まれるとすぐ使者を遣わし、祝いの産着を届けている。この頃健康を害していた利長は慶長一九年五月に死去し、その隠居領一六万石の内、三万石が姫の化粧料となった。

徳川家の血を引く子供たち　子々姫と利常の結婚は政略的なものだったが、夫婦仲は良く、二人の間には次々と子が生まれた。長女の亀鶴に続いて長男光高、次女小媛《こひめ》（早世）、次男利次、三男利治、三女満《まん》、四女富《ふう》、五女夏（早世）と、三男五女の子宝に恵まれた（光高・利治・満・富は子々姫の所生ではないとする説もある）。のち光高は宗家を継ぎ、利次は越中富山一〇万石、利治は加賀大聖寺七万石の藩祖となった。また亀鶴は秀忠の養女となり、美作国主森忠政の嫡子忠広に嫁し、満は家光の仮の養女となり、安芸国主浅野光晟《みつあきら》の室となった。富は八条宮智忠《としただ》親王に嫁いだ。徳川の血を引く子供たちの存在は、近世大名前田家を磐石なものにした。

元和八年（一六二二）、夏を出産後、子々姫は体調を崩し、手厚い看病の甲斐もなく、七月三日死去した。まだ二四歳であった。利常の嘆きは一通りでなかったと伝えられる。八月八日、金沢小立野《こだつの》

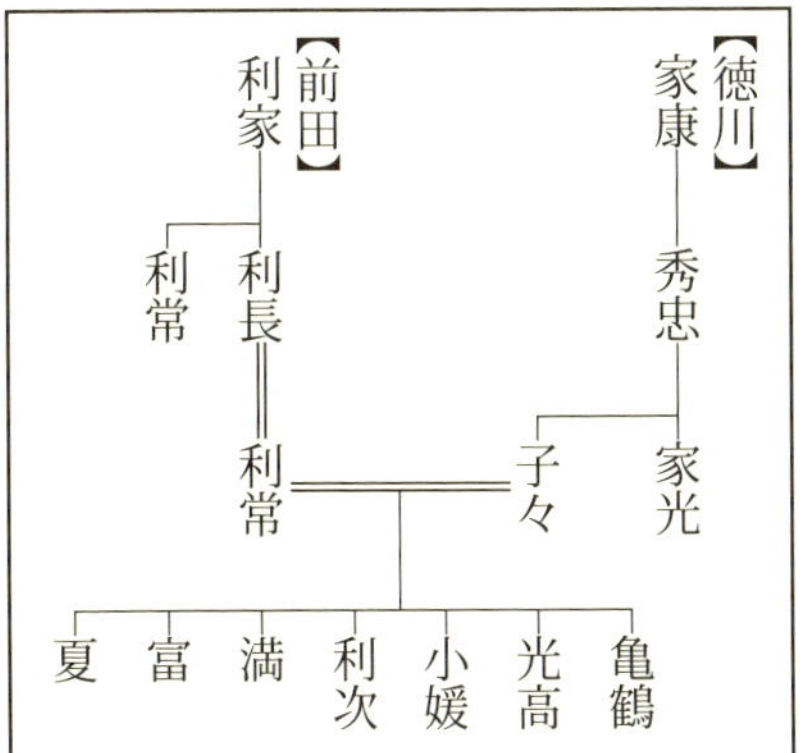

子々（天徳院）関係系図

で盛大な葬儀が行われ、子供たちも参列した（「三壺記」）。翌年ここに寺が建立され、法名の天徳院を寺号とした。利常はまた高野山に位牌所を建立し、墓所を築いて遺髪・遺骨を分納した。ここも天徳院といい、幕府からも灯明料などが送られている。

（松尾美恵子）

【参考文献】近藤磐雄編『天徳夫人小伝』（一九二二年）、松尾美恵子「『江戸の姫君』から『加賀の御前様』へ」（『おまつと利家』集英社、二〇〇一年）、福田千鶴『江の生涯』（中公新書、二〇一〇年）

【史料】「杉本義隣覚書」「象賢紀略」「三壺記」（『加賀藩史料』二、清文堂、一九八〇年）、『大日本史料』一二篇之四五、『徳川諸家系譜』一・二

東福門院

入内まで　慶長一二年（一六〇七）一〇月四日に二代将軍徳川秀忠の五女として誕生した。母は御台所のお江《ごう》（浅井長政の三女）。ただし生母は別人との説もある。諱は和子《まさこ》。名は定かでなく、編纂物には松姫（「幕府祚胤伝」）、和（「徳川系譜」）などと見える。同一七年には和子入内《じゅだい》が朝幕間の議題に上り、同一九年三月、朝廷が入内の内旨を発し、武家伝奏《てんそう》が駿府に赴き、大御所の家康がこれを受けて正式に決定した。その後大坂の陣、家康の死、後陽成上皇の死などがあり、元和四年（一六一八）ようやく入内に向けた準備に入った。建設される和子が住む女御《にょうご》御殿および女御御里御殿の規模は従来にない広さとなる。しかし、元和四年、同五年と続けて天皇に皇子女が誕生したことで、入内は延期される。

入内　元和六年二月、六月入内が決定した。同年五月四日、入内の差配のため土井利勝と松平正綱が江戸を出立し、四日後、和子も酒井忠世・板倉重宗らを伴って江戸を発った。五月二八日二条城に到着、六月二日従三位に叙せられ、同月一八日、迎えの公家衆が二条城に集まった。午刻、大行列が編成されて内裏《だいり》郁《いく》芳門《ほうもん》まで進み、和子の乗る車は新造の女御御殿に到着、夜、天皇と対面した。翌七年一二月に脇附祝《わきづけのいわい》が、翌八年六月に鬢曾木《びんそぎ》が行われ、成人儀礼も恙なく済ませていく。元和九年一一月一九日、女《おんな》一宮《いちのみや》（明正天皇）を出産し、翌寛永元年（一六二四）一一月二八日、中宮《ちゅうぐう》に冊立された。

国母となる　寛永二年九月一三日女二宮を出産し、翌三年九月の二条城行啓《ぎょうけい》には二人の姫宮を伴った。同年一一月一三日待望の皇子を出産し、皇子は同月二五日親王宣下により高仁《すけひと》と命名された。翌年には寛永六年の譲位が朝幕間で合意して準備に入ったが、親王は寛永五年六月一一日に夭折し、以後女一宮への譲位を希望する夫後水尾天皇と反対する父徳川秀忠の間で対立が生じる。同年九月二七日皇子を出産するも一〇月六日に夭折、翌六年八月二七日女三宮を出産した。わずか六年の間に五人の皇子女を儲けており、皇子誕生への期待を一身に背負っていたことをよく現している。同年一一月八日、天皇は突然興子《おきこ》内親王（明正天皇）に譲位し、中宮御所を仮の院御所とした。翌日和子は院号宣下により東福門院と号した。もっともしばらくは中宮、国母と称される。またこの日、中宮付天野長信に秀忠宛の書状を託して江戸に下

向させた。譲位の了承を願ったのであろう。

女院として　寛永七年、院御所・女院御所の建設が再開され、同年一一月に完成して一二月一日に入った。同九年六月五日女五宮を出産、翌一〇年九月一日菊宮を出産したが、ついに皇子には恵まれなかった。なお菊宮は翌一一年七月一五日に夭折する。菊宮誕生の半年前、院の女房が皇子素鵞宮《すがのみや》（後光明《ごこうみょう》天皇）を出産し、兄徳川家光が上洛中の同一一年閏七月一一日にも皇子今宮《いまのみや》が誕生した。同年八月五日、東福門院は今宮を養子に迎える。この今宮がのちの輪王寺宮《りんのうじのみや》初代守澄《しゅちょう》法親王で、家光の指示による養子縁組だったと考えられる。寛永一九年九月二日、東福門院の意向として素鵞宮を儲君《ちょくん》に定め、閏九月一九日養子にした。翌二〇年一〇月三日に皇位についた期待の後光明天皇は承応三年（一六五四）九月二〇日急死し、皇弟良仁《ながひと》親王（後西《ごさい》天皇）が東福門院の養子となって践祚《せんそ》した。儲君に定められた高貴宮《あてのみや》（霊元天皇）も明暦四年（一六五八）正月一六日養子となる。こうして、明正天皇を含め四代にわたる天皇の母となった。将軍の娘として幕府の意向を体現しながら、後水尾院の正妻として、女院として多くの皇子女など院の一族への気配りも怠らず、幕府との仲介役を果たし続けた。延宝六年（一六七八）五月重病となり、甥の将軍徳川家綱は老中稲葉正則を上洛させる。六月一五日、七二歳で没。同月二六日泉《せん》涌《にゅう》寺《じ》に葬送された。

（久保貴子）

【参考文献】久保貴子『徳川和子』（吉川弘文館、二〇〇八年）、福田千鶴『江の生涯』（中公新書、二〇一〇年）

【史料】「女御和子御入内之記」（宮内庁書陵部所蔵）、「大内日記」「宣順卿記」（国立公文書館所蔵）、『東武実録』一・二（内閣文庫所蔵史籍叢刊、汲古書院、一九八一年）、仏書刊行会編『本光国師日記』一〜五（大日本仏教全書、名著普及会、一九八二年）、藤井讓治・吉岡眞之監修・解説『後水尾天皇実録』三（『天皇皇族実録』一〇五、ゆまに書房、二〇〇五年）

按察使局

土佐一条家出身の大上﨟

按察使《あぜち》局《のつぼね》は、戦国期の土佐国司一条兼定《かねさだ》の娘として土佐国に生まれた。土佐一条家は摂家一条家から分家した戦国大名である。母は下野宇都宮氏と同族であった伊予宇都宮氏の宇都宮豊綱の娘。

『寛政重修諸家譜』によると、按察使局ははじめ高嶋兼政に嫁ぎ、兼政との間に男女一人ずつを儲けたとされる。その後、徳川秀忠の正室お江（崇源院《そうげんいん》）に仕え、のちに三代家光、四代家綱にも仕えた。寛永八年に大御所秀忠が西の丸から本丸御殿に伺候した際には、春日局の銀三〇枚についで、銀二〇枚が下賜されており、奥における立場をある程度推察することができる（「大猷院殿御実紀」）。寛永一九年（一六四二）に上総国埴生《はにゅう》郡のうちで五〇〇石の地を賜り、大上﨟を務めたという。寛永一九年〜二〇年頃の江戸の様子を描いたとされる「寛永江戸全図」の北の丸の一画には、「中之御丸様」（家光御台所孝子）・「天樹院様」（千姫）・「英勝院」・「春日」・「慶光院」（お万）と並んで「阿せち」の屋敷もあり、江戸城に登城した際の休息の間も本丸御殿の奥に設けられるなど、手篤い待遇を受けていたことがわかる。

　寛文九年（一六六九）九月八日に死去し、西久保（東京都港区）天徳寺に埋葬された。法名は光園院一譽清覚。

　なお、寛文二年七月一二日に死去した大老酒井忠勝（空印）宛の将軍家綱の消息（七月六日付）が残されているが、そこに「あせち」と按察使局の名が出てくる。この消息によれば、当時按察使局は八二歳であったという。消息の内容は、病気の忠勝を家綱が励ましている様子がうかがえるので、恐らく発信年は寛文二年ではないかと推察される。仮に寛文二年当時、按察使局が八二歳（数え年）であったとすると、生年は天正九年（一五八一）、没年は八九歳ということになる。

遺跡を受け継ぐ者　按察使局と高嶋兼政の間に生まれた男子は左近と称し、家光の小性を務めた。左近は、寛永一四年（一六三七）に二〇〇俵を賜い、同一六年に御膳番を務め、三〇〇石を加増され、すべて五〇〇石を賜ったという。しかし、寛永一九年二月二六日に赤井弥兵衛と「喧嘩」をしたことで、翌日死罪となり高嶋の家は絶えた。按察使局の娘は書院番士大久保忠興（一〇〇〇石）の後妻となった。

　左近の死後、按察使局は池田長幸（池田輝政の甥）の六男長親を養子とした。承応三年（一六五四）二月、長親は按察使局の願いにより召し出されて小性組に列した。しかし、寛文五年に按察使局の意向に添わなかったことから怒りを買い、津山城主森長継に預けられたという。その後自身の娘が嫁した大久保忠興の四男兼明《かねあきら》を養子とし、高嶋を称させた。兼明は按察使局が死去した寛文九年に家綱に召されて、その遺跡五〇〇石を賜り小普請となった。

　なお、森長継に預けられた長親は、元禄元年（一六八八）七月に赦され小普請となり二〇〇俵を賜うが、その孫千次郎も元禄一五年に死去し、断絶している。

（藤田英昭）

【参考文献】　松尾美恵子「江戸城の女の空間〈大奥〉」（『歴博』一五一、二〇〇八年）、藤田英昭「『森川家文書』所収の江戸城『御本丸御奥方御絵図』について」（『千葉県の文書館』一八、二〇一三年）

【史料】　「大日本史料稿本」寛永一九年二月二七日条（大日本史料総合データベース、東京大学史料編纂所）、「寛永江戸全図」（臼杵市教育委員会所蔵）、「御本丸御奥方御絵図」（森川家文書、千葉県文書館所蔵）、（年未詳）七月六日「徳川家綱消息酒井忠勝宛」（久能山東照宮博物館編集・発行『徳川歴代将軍の書画』一九七一年）、『寛政重修書家譜』五・一一・二一、『徳川実紀』三

本理院

家光との婚姻　本理院《ほんりいん》は三代将軍家光の正室で名を孝子《たかこ》、また中の丸と通称された。慶長七年（一六〇二）五月、のちの関白左大臣鷹司信房の息女として京に生れ、元和九年（一六二三）、二二歳のとき家光実母で将軍秀忠御台所お江《ごう》に乞われて江戸へ下った。これは事実上家

光の正室候補となったためで、まずはお江の猶子《ゆうし》となり、その心に適い同年一二月二〇日、江戸城西の丸の家光のもとに入輿した。翌寛永元年（一六二四）一二月一〇日には家光の本丸移徙と同時に祝言が行われて、孝子はお江に替って江戸城本丸大奥に入り、さらに翌二年八月九日、家光との婚礼が正式に挙行されて、この日より「御台《みだい》」と称されることとなった（「幕府祚胤伝」四、藤井譲治『徳川家光』）。

中の丸への移居

しかし寛永三年九月、お江が没する。孝子は御台となってわずか一年で後ろ楯を失った。その後の孝子は、豊前小倉（のち肥後熊本）藩主細川忠利《ただとし》が父三斎《さんさい》（忠興《ただおき》）に送った書状によれば、寛永五年七月に煩いが大事に至ったといい（病名・症状は不詳）、翌六年正月には舌を噛み切って自害を図り、幸い一命は取り留めたものの、口中が本復し次第京へ返されると取沙汰されたという（『細川家史料』九）。

そして孝子は本丸大奥から中の丸御殿へと居を移すことになる。それは広芝というところに設けられたもので、江戸城吹上《ふきあげ》のうちとされる（「以貴小伝」）。前の細川忠利の書状では孝子を「御本丸御台様」と呼んでおり、寛永六年にはいまだ大奥に暮していたと推定され、したがって移居はその後と考えられる。これは一説に孝子は家光より二歳年上で嫉妬心が強いことから秀忠が命じたものといい、以降は居所の名である中の丸と呼称された（「柳営婦女伝系」九）。

孝子が大奥を出た原因は家光との不仲にあったとみられているが、春日局は自らが奏上した「東照大権現祝詞《とうしょうだいごんげんのりと》」（寛永一七年頃）のなかで、孝子は精神に異常を来しており、それは冥罰《みょうばつ》でまた東照大権現の神罰だと述べている。その真偽は擱《お》き、夫家光と大奥の権力者春日局に疎まれ、孝子の江戸城での暮しは孤独で非常に辛いものだったことが察せられる。

北の丸への移居

寛永一九～二〇年の様相である「寛永江戸全図」（第一部第1章「北の丸の居住者」に掲載）によれば、江戸城北の丸の一画に「中之御丸様」と記された屋敷地が確認される。既述のとおり中の丸は江戸城吹上のうちとみられ、描かれた屋敷地は位置から判断してそれとは考えにくい。つまりその頃には孝子の住まいは北の丸へ移されていたと理解するのが妥当であろう。したがって慶安四年（一六五一）四月二〇日の夫家光の訃報を、孝子はこの屋敷で聞いたとみられる。そしてこれを受けて落飾し、本理院と号した。

家光死後の生活

「厳有院殿御実紀」には、主に将軍家綱よりの賜物の記事に本理院の名が登場するようになり、それによれば家光の姉天樹院（千姫）や高田の方（勝姫）、息女千代姫らと並び遇されている。また本理院の北の丸の屋敷は明暦三年（一六五七）正月一九日、いわゆる明暦大火で焼失したが、再建にあたって奉行選定から移徙に至るまで、同じ北の丸のうち本理院屋敷の北東向いにあって同時に焼失した天樹院の屋敷に準ずる扱いを受けている（「柳営日次記」、「厳有院殿御実紀」一三・一四）。北の丸はこの機に屋敷割が改変され、本理院の屋敷は場所を旧来の北東向い、つまりかつての天樹院屋敷の場所に移された（位置は第一部第1章「北の丸の居住者」に掲載の「江戸大絵図」参照）。そして本理院は明暦三年一二月二七日、完成した屋敷に移徙した。

その後、万治三年（一六六〇）には中《ちゅう》宮東《ぐうとう》福門院に拝謁のため本理院は京に上り、翌寛文元年（一六六一）まで医師半《なから》井《い》驢庵《ろあん》の京都屋敷を御座所として滞在したといい（中村孝也『千姫事実伝』）、江戸に下って三七年目にして里帰りの機会を得たということになる。

その死と係累　寛文八年二月六日、本理院の屋敷はまた類火に遭い全焼する。当時北の丸東部は、すでに天樹院も没して屋敷が取り払われるなど明地《あきち》が多くなっていたが、本理院の屋敷は焼失前と変らない、住み慣れた場所に再建された（「新板江戸大絵図」）。そして延宝二年（一六七四）六月八日、本理院はこの北の丸の屋敷で一生を終えた。享年七三、小石川伝通院に葬られ、また遺言により茶毘《だび》にふされて遺骨が高野山大徳院に納められた。法名は本理院殿照誉円光徹心大姉。家綱は本理院が父家光の正室、つまり嫡母と認められていなかったため喪に服することもできなかったが、没後八九年を経た宝暦一三年（一七六三）、九代将軍家重の意向により従一位が贈位された（「厳有院殿御実紀」四八）。

本理院の弟、鷹司信平《のぶひら》は慶安三年に江戸へ下り、家光にまみえて旗本に取り立てられた。承応三年（一六五四）三月一〇日には本理院の由緒をもって将軍家綱より松平の称号を与えられ（「柳営婦女伝系」九）、本理院の没した延宝二年の九月一日には上野・下総国内に知行七〇〇〇石を得た。さらに信平の次々代信清《のぶきよ》は宝永六年（一七〇九）四月六日、上野・上総国内に一万石を領して矢田《やだ》藩主となった。五代将軍綱吉の正室信子《のぶこ》も鷹司家出身（本理院兄信尚《のぶひさ》の孫）であったことからこのような累進に及んだものとみられる（『寛政重修諸家譜』二一）。

（渋谷葉子）

【参考文献】　中村孝也『千姫事実伝』（国民文化研究会、一九六六年）、藤井讓治『徳川家光』（吉川弘文館、一九九七年）、渋谷葉子「江戸城北の丸に暮した女性たち」（『江戸城の考古学』千代田区教育委員会、二〇一一年）

【史料】　「寛永江戸全図」（臼杵市教育委員会所蔵）、「江戸大絵図」（公益財団法人三井文庫所蔵）、「新板江戸大絵図」（東京都立中央図書館所蔵）、「以貴小伝」（近藤瓶城編『改定史籍集覧』一一、近藤出版部、一九二五年）、「東照大権現祝詞」（日光東照宮社務所編集・発行『徳川家光公伝』一九六一年）、「（寛永五年）七月一七日書状」「（寛永六年）正月二三日書状」（東京大学史料編纂所編『大日本近世史料　細川家史料』九、東京大学出版会、一九八四年）、「柳営日次記」（『東京市史稿　市街篇』七、臨川書店、一九九四年）、『徳川諸家系譜』一・二、『寛政重修諸家譜』二一

永光院（お万）

還俗した側室　寛永元年（一六二四）に参議六条有純《ありずみ》の娘として生まれた。六条家は五摂家の一つ二条家の支流、冷泉家の一族である。母は戸田為春の娘で、為春の兄である美濃国大垣藩主戸田氏鉄《うじかね》の養女となった。一六歳のとき、伊勢の慶光院に入室して院主となった。慶光院は伊勢内宮の付属する尼寺で、院主《いんじゅ》は門跡同様の高い格式であった。寛永一六年

三月、継目《つぎめ》の御礼で江戸に下向し、三代将軍徳川家光に拝謁したところ見初められた。家光は伊勢に帰ることを許さず、還俗させて大奥に入れ、側室にした。還俗後は名を改めてお万と称した。のちに五代将軍綱吉の生母となるお玉は、お万との縁で大奥に勤めることとなったといわれている。なお、将軍家光の側室となったことで、弟の藤右衛門（一説に甥）は将軍家光に召し出されて高家《こうけ》に列した。このとき母方の姓を名乗り、戸田氏豊（忠豊）に改めている。

家光死後の余生　慶安四年（一六五一）四月二〇日に将軍家光が死去するが落飾せず、やがて大奥に復して大上臈《じょうろう》と称された。すでに死去していた将軍家光の乳母春日局に代わって大奥の取り締まりにあたった。明暦三年（一六五七）一月に起きた明暦の大火で江戸城本丸が焼失すると、将軍家光正室の本理院（孝子）とともに小石川無量院に立ち退き、以後ここで余生を過ごした。正徳元年（一七一一）一〇月一一日、八八歳で死去した。法名は永光院相誉心安法寿大姉。小石川無量院（東京都文京区、廃寺）に葬られた。

（白根孝胤）

【参考文献】藤井譲治『徳川家光』（吉川弘文館、一九九七年）、山本博文『徳川将軍家の結婚』（文春新書、二〇〇五年）

【史料】『徳川諸家系譜』一・二、『寛政重修諸家譜』一四・二〇

宝樹院（お楽）

数奇な運命　元和七年（一六二一）に朝倉惣兵衛の娘として生まれた。惣兵衛は下総国猿島郡鹿麻村（一説に下野国古河郷鹿麻村）の出身で、二代将軍徳川秀忠の代に御膳番を勤めていた朝倉政明に仕えていたが、政明の死後、鹿麻村に戻り、名を一色庄左衛門と改め、諸鳥を売って生計を立てていた。しかし、禁止されていた鶴を鉄砲で捕らえ、密かに江戸日本橋近くの小田原町の鳥問屋に数度売っていたことが露見し、死罪に処せられた。なお、実父を下野国高島村の青木三太郎利長とする記録も残っている。生母は下野国島田村の増山織部の娘である。父の死後、母とともに古河城主永井尚政のもとにいたが、尚政の娘が立花忠茂に輿入れした際に、母は紫と名乗って奉公にあがり、お楽もお蘭という名で立花家に召し出された。程なく立花忠茂の室が死去すると、紫とお蘭は暇を出された。そこで紫は、永井尚政の家臣であった七《なら》沢《さわ》作左衛門と再婚し、お蘭も連れ子として七沢家に入った。作左衛門はお蘭を実子のように養育したという。

春日局との出会い　義父七沢作左衛門は浅草で店借をしていたが、ある年の正月、お蘭が外で遊んでいたところ、浅草観音の参詣から帰る途中であった三代将軍徳川家光の乳母春日局の目にとまった。春日局は作左衛門・紫夫婦にお蘭をどこにも奉公に出さないようにと約束させて江戸城に戻ると、将軍家光に言上し、即座に大奥に迎え入れることが決まった。このときお蘭は名を改め、お楽と称した。また一説では、お楽が大奥女中として呉服之間に居た頃、他の女中たちに故郷の麦搗《むぎつ》き歌を披露したところ、通りかかった将軍家光が聞いており、その様子を大変気に入った家光が側室にしたともいわれている。

将軍家綱の生母　寛永一八年（一六四一）八月三日、将軍家光とお楽との間に待望の男子が誕生し、竹千代と名付けられた。のちの四代将軍家綱である。このとき七沢作左衛門は富士山御師《おし》の三浦家に家綱の「御息災幾久敷御繁昌」の祈念を依頼した。この依頼は作左衛門が三浦家の檀那であったためで、この縁により三浦家は将軍への御目見が許される格別の家格を得ることになった。お楽が将軍生母となったことで、弟の弁之助は将軍家光に召し出され、母方の苗字をとって増山《ましやま》正利と名乗るようになり、三河国西尾城主として二万石の譜代大名に取り立てられた（後継の正弥の代に伊勢国長島二万石に転封）。同じく弟の友之助は下野国の名門那須家の養子となり、那須資彌《すけみつ》と名乗って同国烏山城主二万石の大名となった。また、お楽の姉は幕府の儀礼や勅使の接待等を勤める高家の品川高如《たかゆき》の妻となった。

　お楽は承応元年（一六五二）一二月二日に三二歳で死去した。法名は宝樹院殿華域天栄大姉で、上野の東叡山寛永寺の勧善院に葬られた。

（白根孝胤）

【参考文献】　藤井讓治『徳川家光』（吉川弘文館、一九九七年）、酒入陽子「徳川四代将軍家綱生母宝樹院と富士山御師三浦家」（『小山工業高等専門学校研究紀要』四〇、二〇〇八年）

【史料】　『徳川諸家系譜』一・二、『寛政重修諸家譜』二二、『徳川実紀』三・四

自証院（お振）

誕生までの経緯　蒲生氏郷《がもううじさと》の家臣であった岡重政の娘といわれているが、重政の息子吉右衛門の娘との記録もあり、出自については諸説がある。重政は蒲生氏郷・秀行父子の重臣として信頼されていたが、秀行の死後、蒲生家の家督を幼少の忠郷が継ぐと、その母である振姫（徳川家康の三女）と対立した。この状況を振姫が家康に訴えたため、歎願して許しを請うたが叶わず、改易に処せられた。重政の死後、息子の吉右衛門は同じく蒲生家の家臣だった町野幸和とその妻である祖心尼《そうしんに》のもとに身を寄せた。将軍家光の乳母である春日局は祖心尼の叔母にあたる。岡吉右衛門は町野幸和と祖心尼の娘お多阿《たあ》を妻とし、二人の間に誕生したのがお振である。

家光の側室になる　寛永三年（一六二六）三月、大奥に勤めることになったが、これは将軍家光の後継者が誕生していない状況を心配していた春日局と祖心尼の働きかけによるものといわれている。この頃祖心尼は春日局の推挙によって大奥に老女として仕えていた。そして、寛永一四年閏三月五日、将軍家光の長女として千代姫が誕生した。しかしその後体調を崩したようで、寛永一七年八月二八日（一説に二一日）に死去した。法名は自証院殿光山暁桂大姉。牛込の法常寺（東京都新宿区）に葬られたが、承応元年（一六五二）に寺号を改めて移転した市ヶ谷の自証院に改葬し、御霊屋《おたまや》が建立された。この御霊屋は、現在、江戸東京博物館たてもの園（東京都小金井市）に移築されており、東京都の文化財指定を受けている。

（白根孝胤）

【参考文献】　藤井讓治『徳川家光』（吉川弘文館、一九九七年）

【史料】　『尾張徳川家系譜』（『名古屋叢

書三編』一、一九八八年）、『徳川諸家系譜』一・二

千代姫

待望の姫君　寛永一四年（一六三七）閏三月五日に三代将軍徳川家光の長女として生まれた。母は側室のお振（自証院）である。同年七月一六日に江戸城内の紅葉山御宮で宮参りを行った時、天海より「千代姫君」と名付けられた。同日、将軍家光の乳母である春日局のもとで真《ま》魚始《なはじめ》（喰初）の儀式も執り行われた。

翌年二月二〇日には、早くも尾張徳川家初代当主義直（家康の九男）の嫡男光友との縁組が決定した。光友は寛永二年七月二九日に誕生しており、千代姫より一二歳年長である。将軍家光にとっては三四歳にして誕生した待望の第一子で、「天下に替難き御大切の姫君」であったが、尾張徳川家からの要望で嫁に出すことにしたといわれている。この縁組は尾張徳川家にとって、将軍家との結びつきを強くするうえで重要であり、千代姫誕生の際には「尾州ニハ此方へ御縁組あらんと潜ニ喜合云々」との記録も残っている。当時将軍家光には世継ぎとなる男子がいなかったため、大事な一人娘を将来の後継将軍候補と考えていた尾張徳川家に嫁がせて、将軍家の血筋の保持を意図していたといえる。婚礼の様子を伝えるため旗本の阿部正之が萩藩主毛利秀就《ひでなり》に宛てた書状には、「万一若君様無御座なく候ハ、右兵衛様ニ天下可被成御譲候」と記されており、将軍家光が今後自分に男子がいない場合は光友に天下を譲るらしいと噂されるほどであった。なお、寛永一八年八月三日、将軍家光に待望の男子竹千代（のちの四代将軍家綱）が誕生したため、光友が将軍世嗣となることはなかった。

華麗な婚礼　婚礼は寛永一六年九月二一日に行われた。この日、千代姫は午《うま》の刻に江戸城西の丸を出御し、新しく造営された尾張徳川家上屋敷内の御守殿《ごしゅでん》に入った。当時尾張徳川家の上屋敷は江戸城郭内吹上に位置し、鼠穴邸《ねずみあな》と称された。御輿の前後を春日局や老女たちが守り、左右を数十名の大名や旗本、四〇人余りの御家人が固め、貝桶・手箱・衣桁《いこう》・挟箱などの婚礼道具が続いた。このとき御輿を老中酒井忠勝、貝桶を酒井忠清から、それぞれ尾張徳川家付家老（両家年寄）の竹腰正信と成瀬正虎が受け取った。それが済むと初代当主義直は、忠勝・忠清と対面して刀と脇差《わきざし》を下賜している。婚礼には井伊直孝・老中阿部忠秋などの幕閣や御三家の水戸徳川家初代当主頼房《よりふさ》（家康の一一男）、紀伊徳川家初代当主頼宣《よりのぶ》（家康の一〇男）の嫡男光貞などが参上した（頼宣は所労により参上しなかった）。無事に婚礼が済むと、義直・光友父子は御礼のために、将軍家光に拝謁し、千代姫は西の丸の大奥に入って御祝いを受けている。

輿入れのとき運び込まれたのが「初音《はつね》の調度」（口絵16）と称される絢爛豪華な婚礼調度である。この婚礼調度は、『源氏物語』の「初音」の帖「年月を松にひかれてふる人に今日鶯の初音きかせよ」の歌意を全体の意匠とし、その歌の文字を葦手《あしで》書きに散らしているところに特徴がある。その意匠や豪華さは一日中見ても飽きることがないことから、「日

暮しの調度」とも呼ばれた。室町時代以来の御用蒔絵師である幸阿弥《こうあみ》家の一〇代長重の製作で、現在は徳川美術館が所蔵しており、江戸時代を代表する大名婚礼調度として国宝に指定されている。

千代姫の子供たち　婚礼後も幕府から毎年五〇〇〇両を送られ、夫の光友からは「姫君様」と呼ばれていた千代姫は将軍の娘として高い格式を維持していた。こうしたなかで慶安五年（一六五二）八月二日、光友との間に長男綱誠《つななり》が誕生した。綱誠は将軍の娘から生まれた嫡男として、幕府から産衣《うぶぎ》や脇差が贈られるなど格別の扱いを受けた。その後明暦元年（一六五五）に長女豊姫、同二年には次男義行、同四年には直姫がそれぞれ誕生しており、二男二女に恵まれた。豊姫と直姫は早世したが、義行は分家を許されて美濃高須松平家を創出し、三万石を拝領した。尾張本家に嫡男がいない場合は高須松平家から当主となるべき男子を迎え入れることになった。

　元禄一一年（一六九八）一二月一〇日に六二歳で死去。法名は霊仙院長誉慈光松月大姉で、芝の増上寺東京都港区に葬られた。翌年二月には尾張徳川家の菩提寺である建中寺（名古屋市東区）に御霊《おたま》屋《や》が建立された。

（白根孝胤）

【参考文献】小池富雄「初音の調度について」（『新版 徳川美術館蔵品抄⑤ 初音の調度』、二〇〇五年）、山本泰一「千代姫婚礼調度における主題選択とその意味」（前同上）、吉川美穂「徳川家の姫君」（徳川美術館編『徳川美術館名品展 徳川家の姫君』（二〇〇七年）、白根孝胤「御三家における縁戚関係の形成と江戸屋敷」（徳川林政史研究所『研究紀要』四一、二〇〇七年）

【史料】「源敬様御代御記録」「尾記」「寛永覚書」（徳川林政史研究所所蔵）、「尾張徳川家系譜」（『名古屋叢書三編』一、名古屋市蓬左文庫、一九八八年）、『徳川諸家系譜』一・二、『徳川実紀』三

春日局

乳母となるまで　徳川家光の乳母春日局は天正七年（一五七九）に生まれた。父は明智光秀の重臣斉藤利三《としみつ》、母は稲葉通明の娘とされる（「春日局譜略」）。名はお福。天正一〇年、四歳のとき、山崎の合戦で明智方が敗北し、父利三は自刃（一説に磔刑）。その後は母の親類縁者を頼って成長したとみられ、稲葉重通の養女となり、文禄四年（一五九五）頃、重通の養子正成《まさなり》の後妻となって、正勝・正定・正利らを産んだ。

　正成は豊臣秀吉に仕え、その後小早川秀秋の家老となり、慶長五年（一六〇〇）の関ヶ原の戦いでは、秀秋の東軍への寝返りに力があったとされる人物であったが、まもなく秀秋と不和となり、故郷の美濃国に閑居した。慶長九年七月、家光（竹千代）が誕生すると、お福は正成の許を去り、幼い子供たちを連れ江戸に出て、秀忠正室お江《ごう》（崇源院）付の老女民部卿局のきもいりで、家光の乳母となった。

春日局となる　乳母となったお福は家光を献身的に養育した。秀忠・お江夫妻の愛情が弟の忠長（国松）に集まり、家光の地位が脅かされるのを危惧したお福が家康に直訴し、家康の意向で家光が世継ぎと定まったという話はよく知られ

ている。寛永六年（一六二九）家光が疱瘡を患ったときには、その回復を祈り、自分は生涯薬を服用しないとの願を立てたという。同年家光全快の御礼参りのため、伊勢神宮と山城愛宕社に参拝し、そのあと中宮和子（東福門院・家光妹）のもとに伺候した。そして一〇月一〇日、武家伝奏三条西実条《さねえだ》の妹分として参内し、後水尾天皇に拝謁、天盃を賜った。このとき室町将軍家の例に倣って、春日の局号を賜与された。

当時朝幕関係は高僧に与える紫衣《しえ》などの勅許を幕府が無効にした事件（紫衣事件）でぎくしゃくしていた。お福の上洛には天皇・朝廷の様子を探るという目的もあったかもしれない。かねて退位の意思を表明していた天皇は、同年一一月突如女一宮（明正天皇）に譲位する。春日局の参内が天皇の自尊心を傷つけ、譲位の引き金になったとみられる。彼女の存在は、それまでも将軍家光の乳母であり、江戸城本丸の奥向きを取り仕切る「御《お》局《つぼね》」として知られていたが、以後幕府の要人として重きをなすようになった。

春日局の仕事　春日局の活躍は広範囲に及んだ。寛永八年には、家光の命を受けて、秀忠の病回復を祈願するため、近江多賀《たが》社に参り、ついで彦根に赴き、井伊直孝に家光の言葉を伝えた。寛永九年にも上洛し、東福門院を介して幕府と朝廷との融和に尽力した。大名統制の面でも、諸家から幕府に提出される証人（人質）の内、女子については春日局が扱い、交代のたびに対面していた（『徳川実紀』三、卒伝条）。

寛永一七年には、「禁中方御用」（『江戸幕府日記　姫路酒井家本』九、寛永一七年五月二六日条）のため後水尾院や東福門院らへの進物を持参して上洛し、また伊勢、多賀社、鎌倉鶴岡八幡宮、大山を巡拝した。その後日光に社参している。現在日光山輪王寺に所蔵されている「東照大権現祝詞」はこのとき春日局が奏上したものと伝えられている。家光の東照大権現信仰の篤さを述べ、その加護を願っているが、そこには家光の心理が反映されており、家光と春日局の意識の「一体化」を窺うことができる。

また家光の子女の生育に尽力し、長女千代姫の誕生から尾張家入輿まで関与している。自ら推挙した側室のお楽に継嗣の家綱が誕生し、はじめて奥から表に出たときには、家綱を抱いて、御三家、大名、諸臣の拝謁を受けさせている。家光政権の下での春日局の力はのちの大奥老女とは比べ物にならないほど大きなものがあった。

春日局の係累　春日局に繋がる縁で世に出た者は多い。前夫の稲葉正成は慶長一二年に召し出され、大坂の役にも在陣し、その後越後の松平忠昌に付属したが、退去し、子の正勝のもとに蟄居していた。寛永四年に至り再仕し、下野国真《も》岡《おか》二万石を賜った。正勝は八歳のときから家光に小性として仕え、次第に重用されて、家光付の年寄となり、相模国小田原八万五〇〇〇石を領した。

寛永一一年、正勝が三八歳で没すると、春日局は出家し、麟祥院と号した。さきに江戸湯島に建立した天沢寺を麟祥院と改め、京都妙心寺内にも麟祥院を建立している。正勝の子正則は幼時より局の許で育てられ、父の死後無事家督を相続している。兄の斉藤利宗・三存《みつなか》、義理の女婿堀田正吉は旗本に取り立てられ、正吉

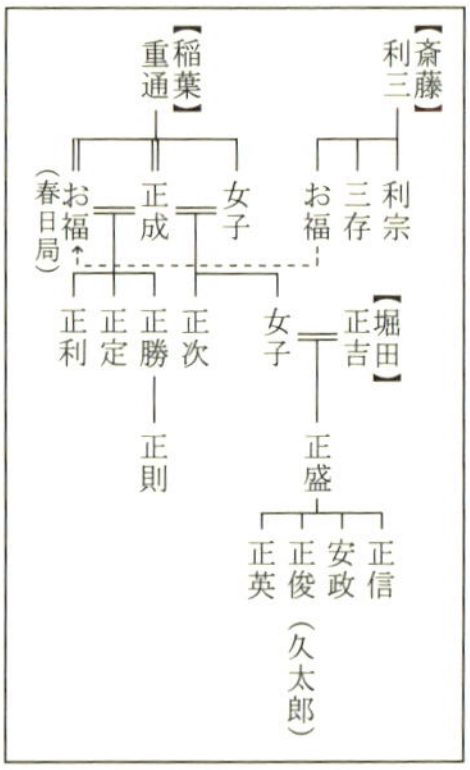

春日局関係系図

の子堀田正盛も早くから家光の側近く仕え、累進して下総佐倉一二万石を領した。その三男久太郎（のちに大老となる堀田正俊）は春日局の養子となり、江戸城の奥で育てられた。

　駿河大納言忠長に仕えていた局の末子正利は、主君の改易後不遇で、肥前国熊本の細川家に預けられている。「上様とちおとゝい（乳兄弟）」（「細川忠利書状」）でありながら、その行状は芳しくなかった。権勢並ぶものもない春日局にとって、ただひとつ悩みの種であったに違いない。

　局は日頃は江戸城の奥に居住していたと見られるが、北の丸代官町に休息用の屋敷を拝領している。この屋敷には家光も度々来訪した。相模国高座《こうざ》郡の内に三〇〇〇石の知行を与えられ、また毎年白《しろ》銀《がね》一〇〇貫目を支給されている。寛永二〇年九月一四日、六五歳で没。湯島の麟祥院に葬られた。

（松尾美恵子）

【参考文献】『ビジュアル版 春日局』（角川書店、一九八八年）、高木昭作『江戸幕府の制度と伝達文書』（角川書店、一九九九年）、長野ひろ子「明治前期におけるジェンダーの再構築と語り」（『日本近代国家の成立とジェンダー』柏書房、二〇〇三年）、井澤潤「東照大権現祝詞にみる徳川家光の東照大権現崇拝心理」（『駒沢史学』七九、二〇一二年）

【史料】「春日局譜略」（京都・麟祥院所蔵）、「東照大権現祝詞」（日光山輪王寺所蔵）、『東武実録』二（内閣文庫所蔵史籍叢刊、汲古書院、一九八一年）、「紀氏雑録」二（『佐倉藩紀氏雑録』千葉県史料近世篇、一九八四年）、寛永一四年正月二〇日「細川忠利書状」（東京大学史料編纂所編『大日本近世史料 細川家史料』一五、東京大学出版会、一九九六年）、『徳川諸家系譜』一、『寛政重修諸家譜』一〇・一三

第9章

江戸中期の大奥——綱吉・家宣・家継・吉宗——

浄光院

結婚　前左大臣鷹司教平《のりひら》の娘として誕生した。母は、家譜では冷泉為満《れいぜいためみつ》の娘とされ、小石君と名付けられた。諱は信《のぶ》子《こ》。生年は諸説あるが、慶安四年（一六五一）説が一般的である。寛文三年（一六六三）一〇月一五日、江戸城で綱吉との縁組みが発表された。翌四年九月東福門院の女房も付き添って下向し、同月一八日、神田屋敷で婚礼を挙げた。同月二一日、将軍徳川家綱から、信子にも銀三〇〇枚・縮緬《ちりめん》五〇巻などが贈られた。子には恵まれなかったが、綱吉との仲は悪くなく、一緒に能を見たり、祭礼見物をしたりと、行動をともにする機会を得ている。これは、側室お伝が鶴姫・徳松を儲けても変わらなかった。

御台所として　延宝八年（一六八〇）五月将軍家綱が没し、夫綱吉が五代将軍となると、同月七月一〇日本丸大奥に入り、御台所としての生活が始まる。貞享元年（一六八四）、鶴姫の紀伊徳川家への入輿を翌年に控え、その上臈に水無瀬《みなせ》家の娘常盤井《ときわい》（右衛門佐《えもんのすけ》）が選ばれた。肝煎《きもいり》が鷹司家諸大夫で、右衛門佐が霊元天皇中宮《ちゅうぐう》房子（信子の妹）付の元女房であることから、この人選に信子が関わったことは間違いない。翌二年二月鶴姫の入輿行列には、御台所付の小上臈《こじょうろう》ゆうと年寄山崎も加わったが、山崎は、三月一八日、品川寺中性院一件に関わり追放になっている（「柳営日次記」）。元禄四年（一六九一）、ドイツ人医師ケンペルは、江戸城本丸奥で垣間見た信子を「小麦色の丸顔の美しい御方で、ヨーロッパ的な活々したぱっちりした黒目が印象に残った。お姿から測れば背はかなり高く、御年は三六歳位と思われた」と記しており、御台所としての風格をしのばせる。

大奥での地位　綱吉には鶴姫以外娘がおらず、元禄四年、信子は兄鷹司房輔《ふさすけ》の孫八重姫《やえひめ》を引き取って育てた。同一〇年二月八重姫は綱吉の養女となり、四月に水戸綱条《つなえだ》の子吉孚《よしざね》との縁組みが発表された。宝永五年（一七〇八）七月には清閑寺熙定《ひろさだ》の娘竹姫を養女にしている。元禄一五年綱吉の母桂昌院《けいしょういん》が従一位となって以降、序列は桂昌院、御台所信子の順となったが、綱吉の養女らとの関係、鶴姫との交流、西の丸大奥との関係などを見ると、その地位は最後まで保たれている。宝永六年（一七〇九）正月一〇日綱吉が没し、同月二〇日信子は浄光院《じょうこういん》と号した。竹姫、寿光院（綱吉側室）とともに二の丸に移ることになったが、二月九日疱瘡《ほうそう》により死去。戒名は浄光院殿円岸真珠大姉で、同月一九日寛永寺（東京都台東区）に葬られた。三月六日従一位が追贈される。

（久保貴子）

【参考文献】福田千鶴『徳川綱吉』（山川出版社、二〇一〇年）

【史料】「鷹司家譜」「楽只堂年録」（東京大学史料編纂所所蔵）、「鶴姫様御婚礼書物」「柳営日次記」「八重姫君様御婚礼留」（国立公文書館所蔵）、エンゲルベルト・ケンペル著・今井正編訳『改訂増補日本誌』下（霞ヶ関出版、一九八九年）、「楽只堂年録」（柳沢文庫所蔵、『楽只堂年録』二、八木書店、二〇一三年）

桂昌院

出自　二条関白光平の家司本庄《ほんじょう》太郎兵衛宗正（のち宗利）の継子。実は、京都堀川通西藪屋町八百屋仁左衛門の娘で、実母が本庄の後妻になったときの連れ子という。お玉と名乗っていたとき、六条宰相《さいしょう》有純の娘で将軍家光の側室お梅（お万）の縁で江戸に来て、春日局の指南により家光の側に仕え、秋野と称した。

綱吉の誕生とその後　正保三年（一六四六）正月、二〇歳のとき徳松（のちの綱吉）を生み、慶安四年（一六五一）、家光の没後、剃髪して尼となり桂昌院と称した。この後、子の館林藩主綱吉の江戸屋敷である神田御殿に移ったが、延宝八年（一六八〇）、綱吉の五代将軍就任にあたって江戸城に入り、同年一一月一二日以降三の丸御殿に住んだため「三の丸様」と呼ばれた。貞享元年（一六八四）一一月、従三位に叙された。

従一位への昇進　元禄一五年（一七〇二）三月には、従一位に昇進し、以後「一位様《いちいさま》」と称された。この宣下の式は、同年月の九日に、年始の勅使が江戸に参向したときに合わせて行われた。すなわち、桂昌院は黒書院上段御簾《みす》の中に出座し、位記使石井少納言行康が覧箱《らんばこ》に入った位記を持ち出して、桂昌院の甥（弟の子）本庄安芸守資俊に渡し、資俊が桂昌院に届けた。桂昌院は位記の他、天皇や上皇から、紅白縮緬や土佐光成《みつなり》の屏風、宸翰《しんかん》の詠歌大概などを下賜されている。この叙位は、側用人柳沢吉保の働き掛けによって実現したため、吉保はその功労により二万石を加増された。しかし、御台所でさえ、生前に従一位に叙された者はいなかったため、世論は批判的であった。近衛基熙《もとひろ》は、その日記に「古今未曾《みぞ》有《う》」「頗《すこぶる》無念」（『基熙公記』）と記している。

寺社の建立・再建　桂昌院は、仏教に帰依し、信仰心が厚かったという。そのため、桂昌院の口利きによる寺社の建立・再建、寺社領の寄進などは多数にのぼる。真言僧隆光《りゅうこう》への尊崇による護持院の建立はよく知られているが、ここでは京都の寺院についてみよう。桂昌院は、大原野の出身という縁から、善峰寺《よしみねでら》に深く帰依し、二〇〇石及び山林四二万坪を寺領として寄進するとともに、一山の七堂をすべて改築せしめたという。今日残る堂舎は、ほとんどこのときの寄進によるものという。

親族の栄達　将軍綱吉による、桂昌院の縁者の取立ても目覚ましかった。たとえば、弟の本庄宗資は常陸国笠間五万石、弟の孫本庄宗長は越前国高森二万石、兄の孫本庄道章は美濃国岩滝一万石と、三名が大名に取り立てられた。こうした例は、他にはみられない。

宝永二年（一七〇五）六月二二日に七九歳にて没し、増上寺に葬られた。

（深井雅海）

【参考文献】『京都市の地名』（日本歴史地名体系二七、平凡社、一九七九年）、久保貴子『近世の朝廷運営』（岩田書院、一九九八年）、杣田善雄『幕藩権力と寺院・門跡』（思文閣出版、二〇〇三年、初出一九八〇年）、徳川記念財団編集・発行『徳川将軍家ゆかりの女性』（二〇〇八年）、松尾美恵子「将軍御台所と生母の位置」（徳川記念財団編集・発行『幕末の江戸城大

奥』二〇一三年）、

【史料】「基熙公記」（東京大学史料編纂所所蔵）、「玉輿記」六（『柳営婦女伝叢』国書刊行会、一九一七年）、『徳川諸家系譜』一、『徳川実紀』五・六、『寛政重修諸家譜』二二

瑞春院（お伝）

出自　父は幕府の小遣男（黒鍬之者《くろくわのもの》ともいう）小屋（又は小谷）権兵衛といい、博奕のことで人を切り殺し、斬罪に処せられたという（「渡辺幸庵対話」）。母は、紫と名乗って四代将軍家綱の御台所に御末《おすえ》として仕え、以後出世して御末頭、火之番を務めたのちに暇をとり、小屋権兵衛と結婚したという。お伝は万治元年（一六五八）、その次女に生まれ、父の同役平井吉右衛門の娘分となって、寛文一〇年（一六七〇）一二歳のとき館林城主徳川綱吉の母桂昌院に小性として仕えたという。

綱吉の側室となる　その後、綱吉の側に仕えることになった。この点に関しては、真偽のほどは不明であるが、綱吉は風呂をたく火を運んでいたお伝を見初め、側に召し出したという逸話が残る（「渡辺幸庵対話」）。側女になってからは綱吉の寵愛を得て、延宝五年（一六七七）四月八日に白山《はくさん》御殿で鶴姫、同七年五月六日に神田御殿で徳松を生み、同八年綱吉が将軍になってのち、「御袋様《おふくろさま》」と称された。元禄七年（一六九四）七月一日以降は「五ノ丸様」と呼ばれたが、これは大奥の一角「五之御丸」に居住していたためと思われる。綱吉が没してのちの宝永六年（一七〇九）正月一八日、落飾して瑞春院と号し、四月二二日に三の丸御殿へ移ったため「三ノ丸様」と称され、元文三年（一七三八）六月九日、同所において八〇歳で没し、増上寺に葬られた。

親族の取り立て　お伝の妹の夫白須才兵衛政休は、その縁により、天和三年（一六八三）一一月三日、幕臣に召し出されて二〇〇俵を賜い、元禄一五年（一七〇二）三月二九日には加増されて五〇〇石の地方知行取となった。また、その妻、つまりお伝の実妹も終身月俸五〇人扶持を給された。さらに、二人の長男胤《たね》親《ちか》は、一〇歳のとき、元禄五年（一六九二）五月九日、綱吉の仰せにより、一万石（三河国渥美郡畑村）の大名戸田氏成の養子となって、七歳で没した遠藤常久（美濃国郡上二万四〇〇〇石）の名跡を継ぎ、常陸・下野両国の内で一万石を賜い、大名となった（同一一年三月に領地を近江国に移され、野洲《やす》郡三上《みかみ》を居所とした）。

（深井雅海）

【史料】「渡辺幸庵対話」（蜀山人編『三十輻』四、大東出版社、一九三九年）、『徳川諸家系譜』一・二、『寛政重修諸家譜』九・一四・一九

右衛門佐

後宮から大奥へ　慶安元年（一六四八）一二月一二日に水無瀬兼俊《みなせかねとし》の娘として誕生した。その後の経歴は定かでないが、寛文九年（一六六九）に霊元天皇の女御《にょうご》となった鷹司房子《たかつかさふさこ》に仕える女房となり、延宝年間には仙洞《せんとう》御所に異動して後水尾院に仕えている。仙洞御所での呼

称は右衛門佐《えもんのすけ》である。延宝八年（一六八〇）後水尾院が没したのを機に奥勤めを退いたとみられ、甥の町尻兼量《まちじりかねかず》宅に身を寄せた。転機は貞享元年（一六八四）に訪れる。五代将軍徳川綱吉の長女鶴姫の上臈に選ばれたのである。当時は常盤井《ときわい》と称しており、六月二五日支度金一〇〇両が渡された。肝煎《きもいり》は鷹司家諸大夫広庭《ひろにわ》祐宣《すけのぶ》で、将軍御台所信子が妹の房子か実家の鷹司家に依頼して人選したものと見られる。江戸下向後、呼称を右衛門佐に戻し、貞享二年二月鶴姫とともに紀伊徳川家の江戸藩邸に入った。しかし、貞享四年には大奥に戻り、将軍付筆頭御年寄（大上臈でもある）すまに替わってその地位についた。

上臈御年寄　元禄一二年（一六九九）、東山天皇の生母宗子《むねこ》を後ろ盾とする中御《なかみ》門資熙《かどすけひろ》の排斥に苦慮していた関白近衛基《このえもと》熙《ひろ》は、町尻兼量に宸翰《しんかん》を託し、右衛門佐を介して綱吉に天皇の意思を内密に伝えた。これが功を奏し、同年八月幕府からの指示により資熙は逼塞《ひっそく》・解官に処される。右衛門佐に対する綱吉の厚い信頼ぶりを窺わせる。大奥において、公家出自の御年寄は上臈（小上臈《こじょうろう》の場合もある）で、幕臣出自の御年寄より上席となるが、実際の権勢は必ずしも席次通りというわけではない。しかし、右衛門佐は名実ともに筆頭御年寄であった。兼量が、綱吉の意に叶い「繁栄追日増長也」と述べていることもこれを裏付けている（「基熙公記」元禄一五年二月六日条）。元禄一五年、五〇代半ばとなった右衛門佐は自らの後継者を人選し、翌一六年、三〇歳近い西洞院時成《にしのとういんときなり》の娘を京から大奥に迎えた。豊原と称することになるこの女性は、幼くして後宮《こうきゅう》に出仕し、一〇代で勾当内《こうとうのない》侍《し》を勤めた経歴をもつ。不幸にも蟄居処分を受けて後宮を退いたが、そうした厳しい経験を右衛門佐は逆に買ったのであろう。

養子桃井之政　元禄一三年七月二日、田中半蔵之政《ゆきまさ》を養子にする。之政はこれを機に桃井内蔵丞《くらのじょう》と改名し、寄合をへて同年一二月二二日小性組となった（三〇〇俵加増され五〇〇俵取）。「御法名留」に収載されている右衛門佐の墓碑には「外弟」（異父弟）とある。一方、『断家譜』には名が「直政」で、享保一一年（一七二六）八九歳で没したと記される。これを信じるならば寛永一五年（一六三八）生まれとなり、右衛門佐より一〇歳年長となる。しかし、養子が一〇歳上というのは当時の常識からも不自然で、右衛門佐が父兼俊五六歳の時の子であることを考慮すると、母が妾で、のちに之政の父主馬《しゅめ》に嫁いで之政を生んだ可能性は十分考えられよう。なお右衛門佐の父を兼俊の子氏信《うじのぶ》とする説もある。宝永三年（一七〇六）三月一一日、五九歳で死去すると、四月四日、之政に香奠として白銀一〇〇枚が下された。戒名は心光院殿古鑑貞円大姉。月桂寺（東京都新宿区）に葬られた。

（久保貴子）

【参考文献】　石田俊「綱吉政権期の江戸城大奥」（『総合女性史研究』三〇、二〇一三年）

【史料】　「水無瀬家譜」（東京大学史料編纂所所蔵）、「鶴姫君様御婚礼御用」「鶴姫様御婚礼書物」（国立公文書館所蔵）、「基熙公記」（陽明文庫所蔵、東京大学史料編纂所架蔵写真帳）、田畑喜右衛門撰・斎木一馬・岩沢愿彦校訂『断家譜』三（続群書類従完成会、一九六九年）、「御法名留」

（一柳家文書、小野市立好古館所蔵、『播州小野藩一柳家史料　由緒書』、小野市、一九九九年）

鶴　姫

紀伊徳川家に入輿　父は五代将軍徳川綱吉、母は側室お伝（瑞春院）。延宝五年（一六七七）四月八日、江戸の白山《はくさん》御殿において誕生。同八年七月一〇日に江戸城本丸に入り、延宝九年（天和元・一六八一）七月一八日、わずか五歳で一二歳上の紀伊徳川家三代綱教《つなのり》と縁組みした。綱教は、同三年三月に紀伊徳川家江戸中屋敷から上屋敷に移った。貞享二年（一六八五）二月二二日、鶴姫《つるひめ》は九歳にして綱教と結婚した。鶴姫は、綱吉の子でただ一人成人した愛娘であったので、その婿に選ばれた綱教は、綱吉からよほど気に入られていたのであろう。この縁組みによって紀伊徳川家では、麹町の上屋敷に将軍の姫君を迎えるために御守殿《ごしゅでん》を造り、鶴姫はそこで暮らすことになった。

鶴姫と綱教　紀伊徳川家では、鶴姫の入輿により、領民に対して「鶴」の文字を使用することを禁じたため、和歌山城下の菓子屋「鶴屋」は、紀伊徳川家初代頼宣《よりのぶ》がかつて駿河国の領主であったことにちなんで「駿河屋」と改名した。元禄九年（一六九六）三月、鶴姫は懐胎したものの流産した。元禄一四年正月に疱《ほう》瘡《そう》を患い、宝永元年（一七〇四）四月一二日、二八歳で逝去した。

「明君徳備抄」によれば、「綱教卿ニハ至極御実体ナル御生質ニテ、御廉中ヘノ御遠慮ニヤ外ニ御召仕ノ女中モ無之、江戸・御国元ニモ御妾腹ノ御息子モ無之」と記され、綱教が将軍の婿として品行方正であり、鶴姫への遠慮からか側室を和歌山にも置かなかったことが知れる。そのため、子供はいなかった。

鶴姫の遺骸は、紀伊徳川家の菩提寺である長保寺《ちょうほうじ》（和歌山県海南市下津町）ではなく、徳川将軍家の菩提寺である芝の増上寺に葬られた。そして同寺に新たに秀蓮社（のち鑑蓮社と改名）が開かれ、鶴姫の位牌所として二〇〇石が寄進された。法名は明信院殿澄誉恵鑑光耀大姉。ちなみに、綱教の鶴姫への愛情がよほど深かったのか、綱教は鶴姫が没した翌年四月二九日に和歌山城に帰ったが、その半月後の閏四月に体調を崩し、翌五月一四日に後を追うように亡くなっている。

（小山譽城）

【参考文献】　小山譽城「紀伊藩徳川家の夫人伝」（『歴史読本』四八―七、二〇〇三年）

【史料】　『南紀徳川史』一（南紀徳川史刊行会、一九三〇年）、『徳川諸家系譜』一、二

松　姫

生い立ち　元禄一二年（一六九九）一二月一五日に尾張徳川家三代当主綱誠《つななり》の一六女として誕生した。生母は綱誠の側室利清院（上村猶右衛門息女）である。はじめは磯姫と名乗った。宝永五年（一七〇八）三月二七日、五代将軍徳川綱吉の養女になることを命じられ、松姫と名を改めた。二代当主光友の簾中千代姫は三代将軍家光の娘であったことから、当

時尾張徳川家と将軍家との関係は深かった。将軍綱吉にとって綱誠は甥にあたる。綱吉ははじめ松姫の姉喜知姫を将軍養女としたが早世したため、今度は松姫に白羽の矢が立ったのである。

大奥入り　宝永五年三月二七日、幕府の上使として側用人柳沢吉保《よしやす》が、市谷にある江戸上屋敷に到着した。松姫の父綱誠はすでに死去していたため、松姫の兄で四代当主の吉通《よしみち》がこれを出迎えた。上使の柳沢吉保が市谷御殿の御対面所で、松姫を将軍綱吉の養女とする上意を申し渡すと、当主の吉通は同道して御守殿《ごしゅでん》の御座之間に案内した。このとき、まだ幼い松姫が、吉通の簾中輔君に手を引かれて御座之間に出御し、柳沢吉保に対面した。将軍家からは留守居・目付・御広敷番などの役人や奥女中たちが迎えにきており、松姫はその日のうちに付き添われながら御殿を出発した。その際、兄吉通は式台まで出て見送り、年寄衆（家老）などの家臣も御広敷御門外まで出向いてその行列を見送った。その後、吉通は松姫が将軍養女として大奥に入ったことに対する御礼を述べるため、将軍綱吉と世嗣家宣（のち六代将軍）に拝謁し、祝いの御酒を振る舞われた。

結婚　大奥に入った松姫は、宝永五年四月九日に加賀藩主前田綱紀《つなのり》の嫡男吉徳《よしのり》との縁組が決まった。婚礼は一一月一八日に行われた。この日の昼、松姫は本郷の江戸屋敷に増築された御守殿に入った。松姫の御輿は藩主綱紀が、貝桶《かいおけ》（嫁入り道具の一つで貝合わせに使う貝殻を入れた桶）は吉徳の弟利章が、それぞれ受け取った。同月晦日に将軍家から結婚を祝う品々が届けられると、松姫は御礼を述べるため、夫吉徳とともに江戸城に登城し、大奥にあがっている。ところが、享保五年（一七二〇）九月二〇日、二二歳の若さで死去した。法名は光現院鏡誉円清大姉で、同月二六日、伝通院（東京都文京区）に葬られた。

（白根孝胤）

【参考文献】　塚本学『徳川綱吉』（吉川弘文館、一九九八年）、白根孝胤「御三家における縁戚関係の形成と江戸屋敷」（徳川林政史研究所『研究紀要』四一、二〇〇七年）

【史料】　「磯姫様御養女被仰出候節覚書」（徳川林政史研究所所蔵）、「松姫君様御下御養女御入輿記」「松姫君様御養子御縁組留」（国立公文書館所蔵）、「政隣記」（『加賀藩史料』五、侯爵前田家編纂部、一九三二年）、「尾張徳川家系譜」（『名古屋叢書三編』一、名古屋市蓬左文庫、一九八八年）、『徳川諸家系譜』二

梅津

出自・結婚　元禄～享保期に大奥の上級女中であった梅津は承応三年（一六五四）京都に生まれた。父は朝廷に勤仕する非蔵人《ひくろうど》松尾《まつのお》相氏《すけうじ》、母は近衛家家令《かれい》森主殿女嘉子である。五人兄妹の長女で幼名シゲ、名は栄子という。弟松尾相匡《すけまさ》は非蔵人として、妹二人も周防局《つぼね》と越前局という名で女中として、それぞれ朝廷に勤仕している。

栄子は二五歳頃、備中松山藩主水谷《みずのや》勝宗《かつむね》の後妻に入り、女子を産んだが早世し、子供には恵まれなかった。五万石の譜代大名の正室としての生活を一〇年余送ったが、元禄二年（一六八九）栄子が三六歳の時に勝宗が病死した。栄子は慈

光院と号し、国元松山城に戻った。しかし、家督を相続した先妻の子勝美《かつよし》が元禄六年一〇月に三一歳という若さで病死した。不幸は続き、翌月にその養子も幼くして疱瘡で急逝したため、一二月二一日、養子相続もかなわず水谷氏は改易となった。この時、松山城の収城使に命じられたのは赤穂城主浅野長矩《ながのり》である。収城の赤穂藩士のなかには後の赤穂義士数名の名もあり、大石良雄が実務を取り仕切った。

元禄七年一月、慈光院は四一歳で京都の松尾家に帰家した。

大奥入り　当時大奥で権勢をもっていた上臈御年寄右衛門佐《えもんのすけ》の生家水無瀬《みなせ》家と松尾家は遠縁であり、親しい間柄であった。右衛門佐から大奥入りを勧められ、元禄八年二月に慈光院は亡夫の法事を行なった後、鷹司家諸大夫に同行して関東へ下向した。慈光院は右衛門佐の休息屋敷に滞留した後、四月末に江戸城本丸に登城し、右衛門佐の局に入った。五月に御広敷で右衛門佐の立会のもと側用人柳沢吉保、若年寄秋元喬知《たかとも》より梅津という名を与えられた。上級女中の名には地名を用いることが多く、「梅津」は京都、松尾家の氏神である松尾社近くの景勝地名であった。梅津は大名正室であったことからか上臈御年寄に準ずる格で採用され、御台所に対面し御服一重を拝領した。

この時梅津は四二歳であり右衛門佐より一〇数歳年上だった。公家社会で学芸や作法を身につけ、また大名の奥向きにも通じる梅津は、右衛門佐にとって、また大奥にとっても有用な存在となったであろう。

梅津は元禄九年には将軍綱吉の養女八重姫の婚礼準備に関わり、元禄一一年（一六九八）には八重姫付女中として入輿行列に加わっている。

大奥に入って一一年目の宝永二年（一七〇五）一二月五二歳のとき、梅津は将軍綱吉より精勤を賞され、判金を与えられた。老中秋元喬知、若年寄加藤明英《あきひで》がわざわざ梅津の部屋に来入して判金を渡しており、上臈梅津の威勢の大きさがわかる。またいつの頃からかは不明であるが、大名並みに神田駿河台と下谷長者町に休息屋敷を拝領していた。同年三月、後ろ盾であった右衛門佐が死去した。

松姫付介添　宝永五年（一七〇八）には梅津は御客会釈《おきゃくあしらい》に退いていたが、同年四月に五五歳で将軍綱吉の養女松姫付介添《かいぞえ》上臈となることを命じられた。梅津は一〇歳の松姫の婚礼の準備にあたり、一一月には松姫が加賀藩主前田綱紀《つなのり》の嫡男吉徳《よしのり》に嫁したのに従って御守殿《ごしゅでん》に入った。梅津の局は建具や道具など全て梅の模様で取り揃えられていた。梅津はその後一三年間「大切にお守りし、養生から食事にまで心を添えて」（「相国日記」）松姫の側近として仕えた。また、松姫付女中の仕切りと御守殿奥向きの差配を行った。さらに将軍の娘付として、御守殿の運営を表向き男役人とともに担っていたのである。正徳五年（一七一五）には加賀江戸藩邸に招かれた二条綱平《つなひら》の御機嫌伺いに出向くなど、公家との繋がりもあった。俸禄は切米七〇石・八人扶持、薪一〇束、炭六俵、油二ヵ所、湯之木一〇束、五采銀一二四匁二分であった。

しかし享保五年（一七二〇）九月梅津が六七歳のとき、松姫は二二歳の若さで死去した。梅津は剃髪を許され演慈院と号し、その後は駿河台屋敷で松姫の冥福を祈る日々をおくった。幕府からは四〇人扶持を与えられた。

享保七年、梅津は病気に臥した。見舞客や見舞品が相次いだという。将軍吉宗は駿河台屋敷へ御側詰医師を治療に遣わすなど心を配ったが、三月一八日、梅津は六九歳で没した。二七年間の大奥勤仕であった。法名を慈光院大姉天誉《てんよ》華月《かげつ》貞《てい》春《しゅん》と号し、浅草源空寺《げんくうじ》に葬られた。

（鞍負みはる）

【参考文献】 松尾剛「上臈梅津の半生」（ACC古文書の会『古文書に親しむ』、一九八五年）、林英夫「京女の見た元禄『大奥物語』」（『新潮45』六七、新潮社、一九八七年）、竹内誠「元禄の世」（『大系日本の歴史⑩江戸と大坂』、小学館、一九八九年）、『高梁市史』上巻増補版（二〇〇四年）、畑尚子『徳川政権下の大奥と奥女中』（岩波書店、二〇〇九年）、氷室史子「大名藩邸における御守殿の構造と機能」（『お茶の水史学』四九、二〇〇五年）、石田俊「綱吉政権期の江戸城大奥」（『総合女性史研究』三〇、二〇一三年）

【史料】 「相匡日記」（松尾家文書、個人蔵）、「梅津史料」（松尾剛編、個人蔵）、「八重姫君様御養子被仰出之留」「松姫君様御養子御縁組之留」（国立公文書館所蔵）、「政隣記」（『加賀藩史料』五、清文堂出版、一九八〇年）、「浚新秘策」（前同六）

正親町町子

生い立ち 前大納言正親町実豊《おおぎまちさねとよ》の娘として誕生した。初名は弁子とも。母は妾。生年は延宝七年（一六七九）頃と推定される。時に父実豊は六一歳。母はのち田中（桃井）之政《ゆきまさ》に嫁いだ。このおり之政は町子を養って自分の子とする約束であったが、これは約束のみで実行されず（「楽只堂年録」宝永三年三月一一日条、ただし、柳沢文庫蔵本の該当記事には数文字脱漏があるようで、この記事を根拠に大奥の大上臈《おおじょうろう》で筆頭御年寄右衛門佐《えもんのすけ》を町子の実母と解するのは誤り）、町子は実豊の許で養育された。幼い頃は父の側を片時も離れなかったという。元禄六年（一六九三）頃、右衛門佐から「さる縁」によりたびたび誘いを受けて江戸に下向した（「松蔭日記」）。「さる縁」とは、母の夫田中之政を介する縁のことであろう。

柳沢家に入る 江戸に下った町子は、ほどなく将軍徳川綱吉の寵臣柳沢吉保《よしやす》（当時は保明）の側室となり、柳沢邸に入ったとみられる。この際田中氏を名乗った。元禄六年一二月二二日に之政が幕臣として召し抱え（二〇〇俵取）られて右筆となったのは、これに連動したものと考えられる。翌七年正月、吉保は一万石を加増されて、七万二三〇〇石の川越藩主となる。同年一一月一六日、町子は経隆《つねたか》（吉保四男、のちの越後黒川藩主）を生み、同八年六月、経隆は綱吉の命により横手を称することになる。同九年六月一二日には時睦《ときちか》（吉保五男、のちの越後三日市藩主）を生んだ。元禄一四年一一月、吉保に松平の称号が与えられたのにともない、経隆・時睦兄弟も松平の名字を許された。宝永元年（一七〇四）一二月、甲府綱豊《つなとよ》（徳川家宣）が綱吉の継嗣に定まり西の丸に入ると、吉保は甲府一五万一二〇〇石の藩主となる。

誉れ 町子の異母兄正親町公通《きんみち》は元禄六年から一三年にかけて武家伝奏《ぶけてんそう》を勤め、古典にも通じた人物で、吉保が霊元院から和歌添削を受けられたのは、公通の存在があってのことである（加えて霊元院に仕える新大納言は公通の従妹）。宝永元年、町子も千首和歌を詠み、公通を通じて霊元院に披露された。霊元院は町子の詠んだ一〇〇〇首から気に入った五〇首を選定して下賜し、「八景和歌」も下賜した。宝永四年には初めて霊元院の添削も受けている。同五年、西の丸から懐妊中のお須免《すめ》に斎肌帯《ゆはだおび》を贈るよう要請され、七月一八日、帯一筋に唐絹《からぎぬ》（縮緬《ちりめん》）三〇巻・割籠《わりご》（行器）・酒・肴などを添えて届け、お須免から長綿一〇〇把および酒・肴が返礼された。このおり、将軍綱吉にも折櫃物《おりひつもの》（檜重一組・干鯛一箱）を献上したところ、将軍だけでなく御台所信子からも夏衣などが下賜された。御台所からの下賜は初めてで、町子は縮緬・干鯛・樽代を贈り、御台所付の豊小路《とよのこうじ》・大弐《だいに》・町にも干鯛・樽代を贈った。お須免は無事男子（大五郎）を出産し、翌六年四月、この吉例により、今度は左京（お喜世《きよ》）に斎肌帯を贈ることになる。鍋松誕生後も、何度か鍋松と左京およびその女中らに贈り物をした。

松蔭日記　宝永六年正月、綱吉が没したのを機に、吉保は同年六月駒込の六義園《りくぎえん》に隠棲した。それからまもなく、吉保の勧めで松蔭日記《まつかげにっき》を執筆し始めたとみられる。同日記は、「源氏物語」を意識しつつ、貞享二年（一六八五）から宝永六年頃までの二五年間に及ぶ柳沢吉保の栄華のさまを編年体で記したもので、全三〇巻から成る。その成立は正徳二年（一七一二）頃と言われる。享保九年（一七二四）三月一一日死去した（「福寿堂年録」、墓碑など）。戒名は理性院殿本然自覚大姉で、月桂寺（東京都新宿区）に葬られた。なお、生年を延宝四年、江戸下向を元禄四年とする見解もある。

（久保貴子）

【参考文献】　増淵勝一「正親町町子考」（『並木の里』三一、一九八九年）、宮川葉子『柳沢家の古典学（上）』（新典社、二〇〇七年）、宮川葉子『柳澤家の古典学（下）』（青簡舎、二〇一二年）

【史料】　「楽只堂年録」（謄写本、東京大学史料編纂所所蔵）、「柳営日次記」（国立公文書館所蔵）、正親町町子著・上野洋三校注『松蔭日記』（岩波文庫、二〇〇四年）

天英院

将軍の御台所　六代将軍徳川家宣の御台所天英院（熙子《ひろこ》）は、寛文六年（一六六六）三月二六日に生まれた。父は関白近衛基熙《もとひろ》、母は後水尾天皇皇女品宮《しなのみや》常子である。延宝七年（一六七九）一二月甲府綱豊《つなとよ》と結婚し、江戸桜田館に住んだ。一男一女を出産したが、いずれも夭折した。宝永元年（一七〇四）十二月、綱豊（家宣）が将軍継嗣となり、ともに江戸城西の丸に移った。この頃元甲府家の別邸の浜御殿・浜御庭に夫とともに時おり訪れている。

宝永六年正月、五代将軍綱吉が死去し、家宣は六代将軍を継承した。熙子は御台所となり、従三位に叙せられた。御台所の叙位は熙子が最初である。本丸大奥の修復を待ち、一一月に移った。

実家との結びつきは深く、宝永三年には父基熙が江戸に下向し二〇日ほど滞在し、家宣の将軍宣下の折には、甥の家久《いえひさ》（弟家熙の子）が江戸に下向し、幕府の饗応を受けている。基熙は宝永七年にも再訪し、二年間滞在しており、この間幕府は近衛家領として一〇〇〇石を加増している。また家久と薩摩藩島津家の娘、および家熙の養女と弘前藩津軽家の嫡子との縁組に尽力している。

将軍の「後見」　正徳二年（一七一二）一〇月、家宣が死去し、家継がわずか四歳で七代将軍となった。熙子は落飾し天英院と称したが、家宣の遺言により本丸にとどまり、家継の嫡母としてその「後見」となった。近衛家の使者が基熙に江戸の様子を伝えた手紙からは、将軍の「後見」ということで、天英院の「御威光」が増し、大老・老中から重んじられている様子がうかがえる（「基熙公記」）。翌年、家継の将軍宣下と同時に従一位に除せられ、以後「一位様《いちいさま》」と呼ばれた。天英院自身は、家継の生母の月光院の権威も高まり、先行きを心細く感じ、故郷の京都に帰りたい思いもあったようであるが、間部詮房《まなべあきふさ》に諫められて思いとどまったといわれる（「兼山秘策」）。

家継と霊元法皇の皇女八十宮《やそのみや》との縁組を橋渡ししたのは天英院である。正徳五年九月、結納の運びとなったが、家継が翌享保元年（一七一六）四月に没したため、実現に至らなかった。

将軍の擁立　家継の後継者として紀州の吉宗を江戸城に迎え入れるさい、天英院が大きな役割を担ったことはよく知られている。「有徳院殿御実紀付録」の記事によると、四月二九日、家継の病いが重体となり、御三家が江戸城に出仕すると、老中土屋正直と間部詮房から「天英院殿の御旨として、こたび君の御病あつきにより、文昭院殿（家宣）御遺命のごとく、紀伊中納言殿（吉宗）御後見あるべきよし」が伝えられた。吉宗は門地では尾張殿（継友《つぐとも》）、年齢では水戸殿（綱条《つなえだ》）であるとし、これを固辞した。そこで天英院が大奥に吉宗を招き、「文昭院殿御遺教のままに、国家の政務を摂《せっ》し給うべし、何事もただたのみ思し召す」といい、自ら熨斗鮑《のしあわび》を与えた。吉宗がさらに老臣らの会議に従うというと、天英院は「いよいよ辞退あるべからず」と声高く述べた。吉宗は受諾せざるを得ず、江戸城二の丸に留まった。その翌日家継は死去する。天英院はこれより三日前、諸家から自分への祝儀物、御礼の献上物、付属女中への贈り物を停止させた。将軍「後見」としての地位を退き、全権を吉宗に委譲することの覚悟を示した行為といえよう。

吉宗が後を継いだ後も、天英院はしばらく本丸に留まったが、享保二年一二月西の丸に移った。吉宗は天英院を厚く遇し、幕府財政が逼迫しているにも関わらず、毎年金一万一一〇〇両、米一〇〇〇俵を贈った。その権威も衰えることなく、弘前藩津軽家が縁故のある天英院を頼り、領知高の高増しを請願した事実もある。享保一〇年六月からは、継嗣家重が二の丸より西の丸に移り、同居したが、享保一六年九月に天英院が二の丸に移った。寛保元年（一七四一）二月二八日死去した。享年七六歳。増上寺に葬られた。

（松尾美恵子）

【参考文献】　久保貴子「武家社会に生きた公家女性」（『日本の近世』一五、中央公論社、一九九三年）、瀬川淑子『皇女品宮の日常生活』（岩波書店、二〇〇一年）、山本博文『大奥学事始め』（NHK出版、二〇〇八年）、松尾美恵子「将軍御台所近衛

熙子（天英院）の立場と行動」（『歴史評論』七四七、二〇一二年）

【史料】「基熙公記」（陽明文庫所蔵、東京大学史料編纂所架蔵写真帳）、「兼山秘策」二（『日本経済大典』六、明治文献、一九六六年）、『徳川実紀』八

月光院

前身　六代将軍家宣の側室で、七代将軍家継の生母となったお喜世（月光院）の出自、前身は謎につつまれている。「柳営婦女伝系」や『寛政重修諸家譜』の勝田氏条によると、お喜世の実父勝田玄哲は、加賀の生まれで、佐藤治部右衛門といい、加賀前田家に仕えていたが、浪人し、のち浅草唯念寺の塔頭林昌軒の住持となった人物で、母は松平伊勢守家臣和田治左衛門の娘という。宇治茶師の家来の娘（「兼山秘策」）、また京都五条佐屋町の貧しい医者の娘（三田村鳶魚）との説もある。生年も貞享二年（一六八五）とするものと、元禄二年（一六八九）とするものがある。

いずれにせよ、お喜世は少女のころから大名諸家に奉公に出ている。但馬豊岡京極家、出羽新庄戸沢家のほか、見過ごせないのは、播磨赤穂浅野家への奉公である。「兼山秘策」によると、お喜世は浅野内匠頭長矩《ながのり》の奥方（瑤泉院《ようぜんいん》）に軽い奉公をしていて、名を「小つま」といい、長矩の殿中刃傷事件ののち解雇されたという。お喜世が浅野家に仕えたことは、「徳川幕府家譜」「幕府祚胤伝」はもとより、『徳川実紀』や『寛政重修諸家譜』にも見えない。「柳営婦女伝系」も京極・戸沢家に仕えたことは記すが、浅野家のことは出てこない。

赤穂浅野家との関係　一方、月光院の履歴を記した史料に、「豊岡侯・新庄侯に仕へ、及《および》矢嶋氏に養ハる、皆何乃年にあること考へからす、桜田邸に入、仕へまいらせ給ふも、亦《また》何年なるをしらすといへとも、文昭院様かつて赤穂の四十七士かために建白せさせ給ひし事、こと有しハ、内より子細にきこしめしによりしや、なとの説有しといふをもておもふに、四十七士か事ハ元禄十五年にあれハ、入仕その前にやあらんといふはかりのことハ推知《おして》るへきかことし」（「月光院殿御年譜」）とある。甲府綱豊《つなとよ》（家宣）が四十七士のために建白したのは元禄一五年であるから、お喜世が綱豊に仕えたのはそれ以前かと推定している。綱豊の建白は四十七士の討ち入り後の助命嘆願ではないかと思われるが、その背後にお喜世の存在があったというのである。

「兼山秘策」からは、お喜世が将軍家宣の子鍋松（家継）を産み、また将軍家継の生母となってからも、瑤泉院に書状を送ったり、歳暮を届けており、その交流は瑤泉院が死去する正徳四年（一七一五）まで続いたことがわかる。瑤泉院が「月光院の古主」（三田村鳶魚）であったことは、おそらく事実であろう。問題なのは、『徳川実紀』などの幕府編纂史書がこの事実にふれないことである。「月光院殿御年譜」には「御実紀調所」の印があり、『徳川実紀』の編纂者たちも目にしていた筈であり、実際に採られた記事（「有章院殿御実紀付録」引用の「萱堂聞書《けんどうききがき》」）もある。『徳川実紀』に多く引用された「兼山秘策」も同様である。浅野長矩と赤穂四十七士は幕府にとっては罪人

である。将軍生母月光院との関係については、あえてふれるのを避けたといえよう。

将軍の側室から生母へ　お喜世が桜田館に仕えるようになった経緯も不明だが、「月光院殿御年譜」に矢嶋氏に養われたとあり、「柳営婦女伝系」では矢嶋次大夫（義充）の娘分として召出されたとしている。次大夫は大奥老女八嶋（矢嶋）の養子で小性組の番士である（『寛政重修諸家譜』）。次大夫の娘の一人が唯念寺住職の妻という関係で、お喜世の実父勝田玄哲と知り合い、彼女を養女としたのであろう。老女矢嶋の縁故者となったことで、お喜世が桜田館に奉公する機会を得られたということも考えられる。なお次大夫の婿養子となったのが太郎左衛門（帯刀・典愛《のりよし》）で、お喜世の形式上の兄にあたる。太郎左衛門はのち養家を離れ、月光院の請いにより、勝田寿迪（宗信、月光院の実父玄哲の兄）の跡を継ぎ、三〇〇〇石の旗本に取り立てられている。

家宣は宝永元年（一七〇四）、綱吉の継嗣となり、江戸城西の丸に移り、同六年正月に六代将軍となった。左京局と呼ばれるようになったお喜世は、この年七月、西の丸の山里で鍋松（家継）を産んだ。家宣には御台所熙子のほか、子供を産んだ側室三人がいたが、左京の序列は三番目で「三の御部屋」といわれた。但し用人等の役人が付けられ、金一〇〇〇両、米五〇〇俵を給されている（『徳川実紀』宝永六年一〇月七日条）。将軍家の家族に准じる扱いであった。

家宣には数人の子があったが、次々早世し、家宣が正徳二年（一七一二）に死去したとき、残っていたのは鍋松（家継）だけであり、わずか四歳の将軍が誕生した。左京は以後月光院と称され、将軍生母となったことから、天英院（熙子）の次に位置付けられ（『徳川実紀』正徳二年一二月五日条）、従三位の位階を賜った。その威勢が日に日に強まるなか、実父の玄哲や兄（一説に弟）にあたる典愛に対しては常に身を慎むよう言っていたという。

正徳四年、月光院付の御年寄江島（絵島）らが増上寺代参の帰途、木挽町の山村座に立ち寄って芝居見物し、役者生島新五郎らと遊興した罪を問われ、江島・生島ほか多くの者が処罰された事件（江島事件）が起こった。これに対し、月光院は厳しく詮議するよう申し付けた。付属女中が数多く処罰されたことは、月光院にとり大きな打撃であったに違いないが、彼女自身に累が及ぶことはなかった。

吹上御殿の主　享保元年（一七一六）四月、七代将軍家継は八歳でこの世を去った。八代将軍吉宗は前代の二人の母、天英院と月光院を厚く遇し、月光院には毎年金八六〇〇両、米一一三〇俵を贈った。また吹上に一万坪の屋敷を与え、新邸を設けた。口絵に掲げた「江戸城吹上御苑絵図」に見える「月光院様御構《おかまえ》」がそれに当たる。ここで月光院は長い歳月を過ごした。

吹上の館で彼女にかしづいた女中は上臈御年寄から下女にいたるまで九七、八人と伝わる（「月光院殿御年譜」）。薄化粧を好み、女中たちが都人の真似をして言葉を飾るのを嫌った。つねに和漢の書籍をひもとき、修養を怠らなかったが、とくに和歌をよくし、その影響で女中たちも歌詠むものが多かった。晩年、自らの人生を述懐し、「かく計り老いとなるまでうき度にいけらん身とは思はざりしを」という歌を詠んでいる。宝暦二年（一七五二）九月一九日死去、享年六八歳（六四歳説もある）。増上寺に葬られた。月光院の没後、その詠歌を、歌の師冷泉為村が「車玉集」と名付けて残している。

（松尾美恵子）

【参考文献】「横から見た赤穂義士」（『三田村鳶魚全集』一六、中央公論社、一九七五年、初出一九三〇年）、『徳川将軍家ゆかりの女性』（徳川記念財団、二〇〇八年）

【史料】「江戸城吹上御苑絵図」（江戸東京博物館所蔵）、「兼山秘策」一・二（『日本経済大典』六、明治文献、一九六六年）、「月光院殿御詠」（『視聴草』六、汲古書院、一九七五年）、「月光院殿御年譜」（『徳川将軍家ゆかりの女性』徳川記念財団、二〇〇八年）、『徳川諸家系譜』一・二、『徳川実紀』七・八、『寛政重修諸家譜』一八・二二

八十宮（浄琳院）

生い立ち　正徳四年（一七一四）八月二二日、霊元《れいげん》法皇の皇女として誕生し、九月一〇日、八十宮《やそのみや》と名付けられる。母は非蔵人松室重敦《ひくろうどまつむろしげあつ》の娘伊勢（心観院）。伊勢は前年皇子（のちの有栖川宮職仁《ありすがわのみやよりひと》親王）を生んでおり、正徳五年中﨟《ちゅうろう》に格上げされ、名を右衛門佐《えもんのすけ》に改めた。享保二年（一七一七）にも皇子（のちの妙法院宮堯恭《ぎょうきょう》法親王）を儲けた。正徳五年、幕府老中は朝廷に八十宮の降嫁を願い出る。これは家継嫡母天英院・実母月光院および幕府老中一同の願いとされ、七月霊元法皇が「公武御合体珍重」として了承し、九月二三日公家に伝達された。幕府でも同月二九日縁組を披露する。こうして、八十宮はわずか二歳で将軍家継の御台所に定められた。

将軍の婚約者　幕府は、江戸下向までの住まいとして内裏東外側、日之御門通りに面した北東隅（女御御里御殿地《にょうごおさとごてんち》）に屋敷を用意することにし、朝廷も八十宮付の女房や侍を人選した。正徳六年二月、老中阿部正喬《まさたか》が納采《のうさい》の使者として上京し、同月一八日納采が行われた。しかし、同年四月三〇日家継が八歳で没し、八十宮が江戸に下向することはなかった。それでも幕府は御殿の建設を予定通り進め、一〇月一八日、八十宮は新造御殿に入る。同年七月二日には、合力として五〇〇石（山城国西院村・中島村・石田村内）が進上され、享保一四年（一七二九）さらに合力金年二〇〇両が進献された。享保一一年一一月二八日、親王宣下により諱を吉子《よしこ》とし、同一七年八月に父霊元法皇が没すると、一〇月二九日髪を下ろした（浄琳院《じょうりんいん》）。

晩年　八十宮の世話は同母の兄弟有栖川宮と妙法院宮が行い、八十宮も、宝暦四年（一七五四）二月、前年に誕生した兄職仁親王の王子寿手宮《すてのみや》（のちの織仁《おりひと》親王）を預かるなど兄弟との関係を大事にしていた。しかし翌五年一一月、八十宮の家来谷口右近らが箱訴をし、有栖川宮家司《けいし》藤木成寿と妙法院坊官《ぼうかん》菅谷栄洪が吟味を受けるという事件が起きる。詳細は不明ながら藤木と菅谷の罪が明らかと

なり、翌六年五月一八日官位召上という軽い処分でこの一件は落着した。ところが、以後有栖川宮と妙法院宮が八十宮の世話を断り、幕府からの要請にも応じなかったため、宝暦七年九月禁裏付《きんりづき》が世話をすることになる。翌八年九月二一日二《に》品《ほん》に叙品され翌日死去した。享年四五歳。朝廷では三日間の廃朝《はいちょう》、幕府は三日間の鳴物停止《なりものちょうじ》とした。一〇月二〇日知恩院へ葬送される。

（久保貴子）

【史料】「基長卿記」（東京大学史料編纂所所蔵）、「新修有栖川宮系譜」（杉栄三郎等編『有栖川宮総記』開明堂、一九四〇年）、『史料纂集　妙法院日次記』一三（続群書類従完成会、一九九七年）、東京大学史料編纂所編『大日本近世史料　廣橋兼胤公武御用日記』六（東京大学出版会、二〇〇一年）、藤井讓治・吉岡眞之監修解説『霊元天皇実録』三（『天皇皇族実録』一一一、ゆまに書房、二〇〇五年）、東京大学史料編纂所編『大日本近世史料　廣橋兼胤公武御用日記』八（東京大学出版会、二〇〇六年）

浄円院

浄円院の出自　吉宗《よしむね》の生母浄円院（お由利《ゆり》また紋子《もんこ》）の出自については、紀州藩士巨勢《こせ》八左衛門利清の娘説、紀州巨勢村の百姓説、近江浅井氏の牢人の後裔で、彦根で医者をしていた某の娘説など諸説があるが、もっとも妥当な説は、巡礼の娘説である。「神野嘉功筆記」によれば、西国巡礼の母子が、和歌山城下にきたとき、母が病にかかり大立寺《だいりゅうじ》の山門の蔭で臥せていたのを兄妹で看病していた。その様子を見た大立寺の僧が、衣類や薬餌を与えて介抱したので、母は全快し、熊野へ旅だった。

母子が熊野からの帰路、先日の礼を述べに大立寺に立ち寄ったところ、母子の行く末を心配した僧が、兄妹の奉公先を世話した。お由利は、和歌山城内の中﨟の下女として奉公し、陰日向なくまめに働く誠実な人柄が認められて徳川光貞《みつさだ》の湯殿掛となった。

ある日、光貞が入浴の時、たわむれに風呂の湯をすくってお由利にかけたところ、「何ヲ遊ハス」と言うやいなや、かたわらにあった手桶の水を光貞にあびせかけた。この行動に光貞は、「是は叶ハヌ」と思いながらも、彼女に好感を持つようになり、側室に取立て吉宗を生ませた。この時、浄円院は三〇歳であった。

大奥に入った浄円院　享保元年（一七一六）に吉宗が将軍に就任すると、浄円院も江戸城に入城した。幕臣の根岸《ねぎし》鎮衛《やすもり》が著した『耳囊《みみぶくろ》』には、「其出生を承るに、至て卑賤にて、御兄弟も紀州にて軽き町家の者なりし」とあり、浄円院がきわめて身分の低い出身であり、その弟も和歌山の身分の低い町人であったと記している。それゆえ、浄円院は「巨瀬両人は元来町人の儀、御身分の故を以御取立の儀、御国政の道理に当り不申、難有《ありがたし》とは不被思召《おぼしめされず》」と、兄弟や甥が幕臣として取立てられるのは国政の道理に合わないと当惑している。浄円院が自分の身分を自覚し、分相応に行動していたことは、同書に「軽き身分より結構に成候儀、歴々の御前へ出候身分に無之《これなく》」と、江戸城に入城後も常に表立った場に出なかったことにもあらわれている。『耳嚢』に記された浄円院についての内容は、作者鎮衛が勘定奉行や町奉行に任じられ、吉宗とは一五年ほど生を共にしていることから、自ら幕府内で集めた情報であり、彼の記事はかなり信憑性が高いといえる。

　また、浄円院の母が巡礼であったとの説によれば、母子が熊野詣の途次に養源《ようげん》寺《じ》（和歌山県広川町）で世話になったという伝承があるが、その説の真偽はともかく浄円院は同寺に祈禱料をたびたび納めている。また、吉宗も初代藩主頼宣《よりのぶ》が築造した広御殿《ひろごてん》の地を正徳元年（一七一一）に養源寺の敷地として与え、同三年には正室真宮理子《さなのみやさとこ》が住んでいた江戸屋敷の御殿を同寺に移築するなど特別の援助を与えている。その理由としては、浄円院と吉宗が養源寺の大黒天を深く信仰していたというだけでは説明しきれない面がある。いずれにしろ浄円院の出自については、謎が多く、それだけ身分が低かったということを示している。

　享保一一年六月九日、江戸城二の丸において七二歳で亡くなった。位牌は上野寛永寺塔頭福聚院に安置され、同院に御牌料として五五〇俵が寄進された。法名は、浄円院殿禅台智鏡大姉。その後、宝暦一三年（一七六三）五月一一日に従二位を贈られた。

（小山譽城）

【参考文献】　小山譽城「徳川吉宗の母浄円院」（小山譽城『徳川将軍家と紀伊徳川家』清文堂出版、二〇一一年）

【史料】　「検束帖」（養源寺所蔵）、『南紀徳川史』一（南紀徳川史刊行会、一九三〇年）、『徳川諸家系譜』一、二

竹　姫

悲運の姫君　宝永二年（一七〇五）二月一九日、清閑寺《せいかんじ》前大納言熙定《ひろさだ》の娘として京都で誕生した。同四年に父熙定が死去すると、同五年には五代将軍徳川綱吉の側室である大典侍《おおすけ》（寿光院）のもとに下向し、将軍綱吉の養女となった。大典侍は清閑寺熙房の娘で竹姫の叔母にあたる。同年七月二五日、会津藩主松平正容《まさかた》の嫡男久千代（正邦）と婚約したが、一二月二六日に久千代が死去したため、この婚礼は叶わなかった。宝永七年八月一九日には有栖川宮正仁《ただひと》親王と婚約し、納《のう》采《さい》の儀まで行われたが、享保元年（一七一六）一〇月七日に親王が死去し、この婚礼も実現しなかった。その後、叔母の寿光院（大典侍は綱吉の死後落飾）と生活をともにし、仏事に明け暮れる日々を送った。

島津家に嫁ぐ　享保一四年四月六日、薩摩藩主島津継豊《つぐとよ》の後室として竹姫を嫁がせたいという八代将軍吉宗の内意が申し渡された。このとき竹姫は二五歳になっていた。継豊は長門国萩藩主毛利吉元《よしもと》の娘との縁組が成立したが、やがてその娘が亡くなると、その後は正室を置いていなかった。継豊との縁談は宝永五年六月にもあったが、このとき継豊（当時鍋三郎）は八歳、竹姫はわずか四歳と幼かったため、島津家は丁重に断った。そこで竹姫の行く末を案じていた将軍吉宗は、今回の縁談を成功させるために非常に力を入れていた。すでに継豊と側室お嘉久との間には男子益之助がいたが、もし入輿後竹姫との間に男子が誕生しても、益之助を嫡男とすることは差し支えないと明言するほど、吉宗は大幅な譲歩を示

した。それにも関わらず島津家はこの縁談をなかなか承諾せず、むしろ断ることができないか、老中をはじめ幕府の諸役人に相談する有様であった。

　こうした動きに対して、天英院は将軍吉宗の依頼もあってこの縁談を承諾するように強く要請した。天英院は六代将軍家宣の御台所で、前太政大臣近衛基熙《もとひろ》の娘である。しかも島津継豊の父吉貴《よしたか》は天英院の甥近衛家久の舅にあたる。天英院の意向は大奥上﨟《じょうろう》年寄秀小路《ひでこうじ》を通じて薩摩藩の老女佐川に伝えられた。竹姫を子供の頃から知り、妹同然に思っていた天英院は、島津家と実家の近衛家が深い関係にあることから受け入るようにと吉貴を再三説得した。

　これにより縁組がようやく成立し、竹姫は享保一四年一二月一一日に入輿し、「御守殿《ごしゅでん》様」と称された。御守殿は将軍家の娘が三位以上の官位をもつ大名に嫁いだときの称号であり、島津家の官位は正四位《しょうしい》どまりのため御前様と呼ばれるのが通例だが、特別な措置として許された。このとき住居となる御守殿の用地として、芝の薩摩藩江戸屋敷北部に六八七〇坪の広大な屋敷地が下賜された。

　また、夫の継豊は婚礼後の享保一四年一二月一六日に従四位上左近衛中将に昇進し、同二〇年六月八日には玉川上水を芝の江戸屋敷に分水することが許されるなどの優遇措置がとられた。しかしその一方で、藩財政が赤字続きのなか、御守殿の建設や婚礼に莫大な費用がかかり、また竹姫の衣装代や御道具代、奥女中への下賜金、御守殿勤めの役人への経費などで年間生活費は約六〇〇〇両にも及んだ。

多大な影響力

　竹姫は婚礼をあげてまもない享保一四年一二月二五日に益之助を養子とした。益之助は元文四年（一七三九）一二月二一日に元服して宗信と名乗り、延享三年（一七四六）一一月二一日に家督を相続した。将軍の孫となった宗信は、尾張徳川家八代当主宗勝《むねかつ》の娘房姫と婚約した。婚礼前に房姫が亡くなると、その妹嘉知姫と婚約した。しかし宗信が若くして死去したため、尾張徳川家との婚姻関係は実現しなかった。享保一八年五月一日には女子を出産しており、菊姫と名付けられた。菊姫は三歳のとき、竹姫に連れられて江戸城大奥を訪問したが、将軍吉宗は実の孫に接するような態度であったという。

　宗信の後を継いだ弟の重年も若くして死去したため重年の子又三郎が一一歳で藩主となり、元服して重豪《しげひで》と名を改めた。竹姫は重豪の養育にあたった。宝暦一一年（一七六一）一二月四日、重豪は一橋宗尹《むねただ》の娘保姫と婚姻し、島津家と徳川家との縁戚関係が深まる契機となった。保姫との間に男子がいなかったため、竹姫は重豪に甘露寺矩長の娘綾姫（のち多千姫、竹姫のいとこ）を側室に勧めた。綾姫は保姫の死後継室となった。宝暦一〇年九月二〇日、継豊の死去により竹姫は落飾して浄岸院と称した。そして安永元年（一七七二）一二月五日、芝の御守殿で六八歳で死去した。法名は浄岸院殿信誉清仁祐光大禅定尼で、島津家の菩提寺である福昌寺（鹿児島市）に葬られた。

　竹姫は保姫が死去してから徳川家との関係が疎遠となっていることを懸念し、重豪に娘が誕生した場合は徳川家一門と縁組することを遺言した。遺言に従い、安永五年七月一八日、重豪の娘茂姫と一橋治済《はるさだ》の長男豊千代の縁組を幕府から命じられた。豊千代は家斉と名を改めて一一代将軍となり、寛政元年（一七八九）二月四日には茂姫（近衛家の養女となり寔子《ただこ》と名乗る）と婚礼をあげた。茂姫は御台所と呼ばれ、重豪は将軍の岳父となった。竹姫が築いた縁戚関係によって、島津家は以後、幕末に至るまで幕府に対して大きな影響力を及ぼす存在になった。

（白根孝胤）

【参考文献】 土田美緒子「竹姫入輿一件」（『尚古集成館紀要』一、一九八七年）、山本博文『徳川将軍家の結婚』（文春新書、二〇〇五年）

【史料】『鹿児島県史料 旧記雑録追録三』（鹿児島県維新史料編さん所、一九七三年）、『徳川諸家系譜』一

利根姫

誕生から縁組成立まで 享保二年（一七一七）八月一日、紀伊藩六代藩主徳川宗直の次女として誕生。はじめ峯姫、後に利根姫と改める。諱は温子《はるこ》。享保二〇年（一七三五）四月二三日、八代将軍徳川吉宗の養女となり、江戸城に入城。四月二七日仙台藩五代藩主伊達吉村の嫡男宗村との縁組が公表された。この縁組は当初、紀伊家と伊達家の間に持ち上がっていた。享保八年三月に吉宗は利根姫を養女として嫁がせる意向を伊達吉村に伝えたが、利根姫の江戸城大奥入りの時期が定まらないまま、公表が延期された経緯がある。この間、将軍家と伊達家の取次は、表役人のルートに替えて、大奥老女外山《とやま》と伊達家の女使《おんなづかい》おかせ（上臈）によって担われていた。

婚礼の準備 縁組の公表後、利根姫は仙台藩では姫君様と称され、それまで姫君様と呼ばれていた藩主吉村正室冬姫は御前様《おまえさま》と称されることになった。また領内で武家・庶民を問わず、「とね」を名乗ることは禁止された。幕府は利根姫の新居となる御守殿《ごしゅでん》をはじめ、婚礼の支度について、享保一四年一二月の竹姫（薩摩藩島津継豊《つぐとよ》夫人）の婚礼に準拠して質素にする方針を示していたが、仙台藩が幕府に細かく指示を仰ぎながら愛宕下の中屋敷に建設した御守殿は、金具など主要部分に葵の紋が入り、屋根は銅瓦葺、各部屋の襖は金唐紙《きんからかみ》または砂子《すなご》絵を基本とした豪奢なつくりとなった。享保二〇年一〇月二五日に行われた最終見分では玄関前の鴨居などの高さが江戸城本丸大奥より低いことが判明し、仙台藩は急ぎ改築を行い、婚礼に間に合わせた。婚礼道具のうち「御先《おさき》道具」は、同年七月一日諸大名に献上が命じられ、一一月三日に江戸城で上覧の後、婚礼前日の一一月二七日まで、合計一一回に分けて御守殿に運ばれた。長持一九八棹・屏風二三双・逗子棚一・黒棚一・書棚三・呉服箪笥など、合計一五二品目、六三八点にものぼる。一一月二八日に行われた婚礼で、輿渡は幕府老中松平信祝《のぶとき》、貝桶渡は幕府老中本多忠良《ただよし》、輿の受取りは仙台藩主伊達吉村、貝桶の受取りは一関藩主田村村《むら》顕《あき》がそれぞれ務めた。婚儀を取り仕切る「御待上臈《おまちじょうろう》」の役目は宗村姉で岡山藩主池田継政正室和姫（村子）が務めている（『御曹司様御縁組之記』）。婚礼後、宗村が御礼の贈り物を献上した先に幕府大奥の老女豊岡・八嶋・浦尾（白銀五枚充）、表使三人（白銀三枚充）、惣女中（白銀一

○○枚）、広敷惣中（白銀一〇〇枚）が含まれている。

婚姻後の利根姫

利根姫の婚礼に伴い幕府から仙台藩に移った役人は、用人から小間遣《こまづかい》まで四九人を数え、奥女中は大上臈から御半下《おはした》まで六七人、これに仕える付女中は一六八人にのぼった。利根姫の年間経費は六〇〇〇両とされ、これに合わせて宗村の経費も三〇〇〇両から五〇〇〇両に引き上げられている。元文四年（一七三九）利根姫は源姫（淳子《あつこ》、霊松院）を出産。源姫は宝暦八年（一七五八）、佐賀藩六代藩主鍋島宗教《むねのり》弟重茂《しげもち》（七代藩主）に嫁いだ。寛保三年（一七四三）一二月に催された伊達宗村の家督相続後初の歳暮の祝儀では、帰国した宗村に代わり利根姫が表に出向き、家臣と謁見している。延享二年（一七四五）閏一二月三日に第二子の女児を出産したが、女児は即日死去し、利根姫自身も同月一六日に二九歳で没した。法名は雲松院殿梅月浄馨大姉。墓所は仙台市の大年寺。仙台までの葬送行列には、幕府から付人用人川勝勘右衛門をはじめ、台所頭・同朋・侍・小人《こびと》・輿舁《こしかき》に至るまで随従しており、将軍家の女性としての利根姫の立場は最期まで貫かれた。

（柳谷慶子）

図33　利根姫肖像（写真提供：仙台市博物館）

【参考文献】齋藤悦雄「江戸中期幕藩間の儀礼について」（『宮城農業短期大学学術報告』四三、一九九五年）、高橋あけみ「大名家の婚礼について」（仙台市博物館特別展図録『大名家の婚礼』仙台市博物館、二〇〇〇年）、『仙台市史　通史編五』（仙台市、二〇〇四年）、柳谷慶子「大名家『女使』の任務」（総合女性史学会編『女性官僚の歴史』吉川弘文館、二〇一三年）

【史料】「御曹司様御縁組之記」（伊達家文書、仙台市博物館所蔵）、「獅山公治家記録」巻之一二七・一二八・一二九、「忠山公治家記録」巻之一（仙台市博物館所蔵）、「雲松院入輿覚書」（『大日本古文書　伊達家文書之六』二三五九号、東京大学出版会、一九六九年）、『徳川諸家系譜』二

第10章

江戸後期の大奥

―家重・家治・家斉・家慶―

安祥院（お遊喜）

大奥入り　父は浪人三浦五郎左衛門義周《よしちか》であるが、母については不明であり、成長後に旗本松平親春の養女となっている。そして、元文元年（一七三六）一〇月二〇日に、将軍世子家重の住む西の丸大奥の御次となり、のちに中﨟となった。この間、お千瀬、お遊喜と名乗っている。延享二年（一七四五）二月一五日には、家重の次男である万次郎（のちの清水重好）を産んだため、御内証之方と称されることになった。

そのため、同年八月一八日には義周が、将軍吉宗に召し抱えられて寄合に列し、五〇〇俵を賜り、二八日に初御目見したが、寛延三年（一七五〇）に死去している。一方、彼女は延享二年九月二五日に、家重が将軍として本丸に入ると、随従している。そして、宝暦一〇年（一七六〇）四月朔日に家重が辞職し、五月一三日に二の丸に移ると、御供している。

家重の死去　宝暦一一年六月一二日には、家重が死去したため、剃髪して安祥院殿と号し、一二月二三日には西の丸下の新屋敷に移居している。

安永元年（一七七二）二月二九日には、新屋敷が類焼したため清水邸に逗留し、一二月二一日には桜田御用屋敷へ移居している。

ところが、明和末年以降に負債が累積していった。これを多少緩和させたのが、清水家からの無利息年賦返済の借入金と、「安祥院殿御貸付」の利金であった。後者は明和三年（一七六六）から始まり、関東郡代伊奈氏を通じて、その支配地へ貸し付けるか、または町奉行―町年寄を通じて江戸町人へ貸し付けた。しかし、天明期になると借入金と利金を用いても、焼石に水の状況となった。そうしたなかで、彼女は寛政元年（一七八九）四月六日に、六九歳で死去し、寛永寺（東京都台東区）の普門院へ葬送された。法名は、安祥院殿受徳光潤大姉である。

直後の五月には用人に対して、九月に渡す予定の合力金などと、村方貸付金を、立て替えて支給し、それを支払いや、寺院への寄付金に充てさせている。また、「安祥院殿御仏供料・御回向料御貸付」を新設し、幕府から仏供料・回向料を支出し、それをもとに利殖を図り、供養時の出費に備えている。

彼女の弟である義如は、義周の死後に三浦家を相続し、宝暦元年五月一二日に小納戸に就任し、同一〇年五月からは、家重に随従して二の丸に勤務し、のちには先手頭に就任している。さらに、彼女の姪は大奥に仕え、甥の義富は清水重好に仕えている。

実父の正体　講談師の馬場文耕によれば、三浦義周は新吉原の揚屋《あげや》（遊女を置屋から招いて遊興させる店）を経営する三浦四郎左衛門の「舎弟」であり、浅草辺りに住み、縁を求めて娘を西の丸へ奉公に出した。

その後、彼女の妊娠が判明し、着帯祝儀が迫るなかで、将軍吉宗は竹千代（家治）の際には、懐妊したお幸に自ら腹帯を贈っていたが、今回は長男でないうえ、生母の家柄が悪いとして、それを拒んだ。そこで、老中の松平武元《たけちか》が、お幸からお遊喜に贈らせることを提案したところ、吉宗が賛同したという。

（高澤憲治）

【参考文献】飯島千秋「近世中期における幕府公金貸付の展開」(『横浜商大論集』一八―二、一九八五年)、氏家幹人『小石川御家人物語』(朝日新聞社、一九九三年)

【史料】「安祥院殿卒去之留」(国立公文書館)、「近代公実厳秘録」「当時珍説要秘録」(『叢書江戸文庫一二 馬場文耕集』国書刊行会、一九八七年)、『寛政重修諸家譜』二〇、『徳川諸家系譜』一・二

蓮光院(お知保)

大奥入り　元文二年(一七三七)一一月一五日に、禄高三〇〇俵の旗本津田信成と某氏との間に生まれ、のちに伊奈忠《ただ》宥《おき》の養女となった。寛延二年(一七四九)一二月には、将軍家重の大奥において御次となり、お蔦、のちにはお知保と称した。一五歳となった同四年正月一八日には、中﨟に進んでいる。しかし家重は宝暦一〇年(一七六〇)四月一日、家治に将軍職を譲って二の丸に移り、同一一年六月一二日に死去した。

そこで、彼女は八月五日に本丸に移って将軍家治の大奥の中﨟となり、二六歳となった同一二年一〇月二五日に男子を産んだ。その子は一一月朔日に御台所(倫子《ともこ》)の養子となり、竹千代と命名されている(のちの家基《いえもと》)。そのため、彼女は一一月一五日に老女の上座となった。

明和六年(一七六九)一一月には、将軍世子の家基が西の丸へ移居したため随従し、同月四日には格式が浜女中(浜御殿にいたもと将軍の側室)と同様になった。次いで、安永三年(一七七四)一一月七日には御部屋の方と称されることになり、同四年一二月一一日には、それまで増額を重ねてきた合力が金二〇〇〇両に達している。

家基と家治の死去　同八年二月二四日には、家基がわずか一八歳で急死したため、将来将軍の母となる夢が潰えている。同年には彼女に対して、金一万両が貸与され、二〇か年賦返納を条件にして、それを原資にした公金貸付が設定されている。天明二年(一七八二)二月には、合力が当年より銀五〇貫目増しとなっている。次いで、同四年一二月には、大坂町人の申し出を受けた、代官大屋正巳の提案により、公金貸付の運用方法が変更されている。

この間、弟の津田信之は小納戸から側衆にまで昇進したうえ、六〇〇〇石にまで加増され、嫡子の信久も中奥小性に就任している。

天明六年八月末に家治の病状が悪化した際、彼女が僧侶の祈禱札を、老女を通して献上したところ、家治はそれを賞している。しかし、あとで伊勢と日光の両宮以外の祈禱は望まないとして、小性にそれを撤去させている。

家治の死去により、九月二九日に彼女は剃髪して蓮光院殿と号し、一一月三日には二の丸へ移っている。翌七年八月には、貸与された一万両のうち、未返納の六五〇〇両は、返済免除となっている。

親族の処罰　彼女や津田一族の運命は、彼らを自らの勢力拡大に利用してきた、田沼意次の失脚により、大きく変わる。すなわち、寛政元年(一七八九)七月一二日に、先の貸付金を不束《ふつつか》な証文により借用したうえ、貸付の斡旋をしたとして、津田信之・信久親子が逼塞《ひっそく》を命じられている。同時に、大屋は小普請入り、

蓮光院付年寄の玉沢は、証文に押捺していたため無役にされ、翌一三日には貸付金が廃止された。

　蓮光院は寛政三年三月八日に、五五歳で死去し、一九日に送葬を寛永寺の子院である福聚院で行い、ここが別当寺となっている。しかし御裏方墓域内に改葬されている。法名は、蓮光院殿法妙善潤大姉である。なお、文政一一年（一八二八）二月朔日には従三位《じゅさんみ》を追贈され、今後は彼女に対して、様の字を用いることになった。

（高澤憲治）

【参考文献】竹内誠「大奥老女の政治力」（『図説人物日本の女性史六 大奥の修羅と葛藤』小学館、一九八〇年）、松尾美恵子「江戸幕府女中分限帳について」（総合女性史研究会編『日本女性史論集二 政治と女性』吉川弘文館、一九九七年、初出一九九二年）、中川仁喜「徳川将軍家塋域と寛永寺御裏方霊廟の形成」（『東叡山寛永寺徳川将軍家御裏方霊廟』第一分冊本文編、吉川弘文館、二〇一二年）

【史料】「寛政元年七月一二日二丸貸付金不正処罰」（『東京市史稿』産業篇三三、東京都、一九八九年）、『寛政重修諸家譜』二〇、『徳川諸家系譜』一・二、『徳川実紀』一〇

種　姫

母の出自　明和二年（一七六五）七月五日に、田安宗武と側室の「とや」との間に生まれた。「とや」は、尾張藩士山村氏の分家の出身で、本家の山村良啓《たかひら》の養女となり、田安家に仕えていた。母を同じくする兄には、伊予松山藩主松平家を継いだ定国、陸奥白河藩主松平家を継いだ定信がいる。

　七月二三日には種姫と命名され、同三年九月五日に、宗武の正室である森姫（近衛家久の娘）に養われている。しかし、安永三年（一七七四）九月八日に、宗武の嫡男の治察《はるあき》が死去し、同家は当主が不在となった。そして、一二月一〇日には名前の読みを、「ふさ」から「たね」に代えている。

　次いで、翌四年一一月朔日に将軍家治の養女となり、同月七日には本丸に移居し、同九年一一月一日には聡子《としこ》を実名としている。

徳川治宝との婚姻　天明二年（一七八二）二月七日には、和歌山藩主徳川重倫《しげのり》の養嗣子である、岩千代（治宝《はるとみ》）と婚約している。しかし、同藩では以前から財政が窮乏していたうえ、入輿の準備に多大の出費を要するため、幕府から二万両を拝借している。

　同三年四月一五日には、結納が済んだが、同藩では天明の飢饉による不作も加わって、財政が大打撃を受けている。そこで、同六年には幕府から入輿手当として五万両を拝借し、翌七年からは彼女への手当として、三か年間七〇〇〇両ずつを下賜されることになった。そして、二三歳の彼女は一一月二七日に、赤坂の中屋敷内に竣工した、豪華な御守殿《ごしゅでん》に移って婚姻している。

　同藩では、財政難に対処するため、半知《はんち》と厳格な倹約を導入した結果、藩士の不満が高まっていた。そのうえ、治宝が寛政元年（一七八九）に相続したものの、藩政を主導できなかったことから、老中の松平定信は、手厚い財政支援を行いつつ、藩政を指導した。ところが、寛政五

年七月に反定信勢力は、定信の支持基盤であった尾張・水戸両家から、彼の解任への同意を取り付けようとした際に、それを定信の実妹に対する優遇措置と捉えて非難している。

死去　彼女は、同年暮に疱瘡《ほうそう》に罹り、翌六年正月八日に三〇歳で死去している。そこで、治宝の願いにより、遺体を江戸から和歌山へ送り、二月二七日に浜中の長保寺《ちょうほうじ》へ葬送している。三月には、和歌山にある藩主一族の位牌所である雲蓋《れいがい》院《いん》において、法事が営まれた。法名は貞恭院殿祐誉芳蘭慈室大姉である。なお、江戸にある増上寺の子院である鑑蓮社《かんれんしゃ》にも、位牌が安置されている。彼女は画才があり、多数の遺筆を残したという。

なお、栃木県芳賀町の般若寺《はんにゃじ》跡には、彼女が建立した徳川家治や田安宗武らの供養塔がある（県指定有形文化財）。墓誌銘には、家治の三回忌の年月日とともに、家治が彼女を召して、吉宗らの菩提を弔うための造寺・造塔を望んでいる、自分の意志を継ぐように遺言した。そこで、彼女は写経し、家治の爪や髪などを塔内に奉納して、菩提を祈った、とある。

（高澤憲治）

【参考文献】『芳賀町の文化財』（芳賀町教育委員会、一九八七年）、高澤憲治『松平定信政権と寛政改革』（清文堂出版、二〇〇八年）、高澤憲治『松平定信』（吉川弘文館、二〇一二年）

【史料】「舜恭公御簾中」（『南紀徳川史』二、清文堂出版、一九八九年）、「香巌公」（『南紀徳川史』一二、前同、一九九〇年）「種姫君様御入輿御婚姻」（『南紀徳川史』一四、前同）、『徳川諸家系譜』一・二

広大院

生い立ち　安永二年（一七七三）六月一八日に鹿児島城で誕生する。父は島津重豪《しげひで》、母は重豪の側室お登勢（市田勘解由姉）。はじめは篤姫という名であった。同五年七月一九日、一橋徳川治済《はるさだ》の四男豊千代《とよちよ》（家斉）との縁組が仰せ出される。この縁組は、浄岸院（島津継豊継室・徳川吉宗養女・竹姫）の意向として達せられた（『旧記雑録追録』）。これにより、同二七日に名を篤姫から茂姫《しげひめ》へ改めた。

御台所として　天明元年（一七八一）閏五月一八日、豊千代が将軍の養子となることが決定する。翌日に茂姫は薩摩藩邸から一橋邸へ入り、同年九月二三日、すでに家斉がいる江戸城西の丸へ入った。このときはまだ婚姻前のため、御縁女様と称された。同六年九月に先代将軍家治の死去をうけて家斉が本丸へ移ると、一一月二七日に茂姫も本丸へ移った。同七年四月に家斉が将軍宣下を受ける。歴代将軍の御台所が、宮家か公家から迎えられていた例に倣い、茂姫は一一月一五日に近衛経熙《つねひろ》の養女となり寔子《ただこ》と改めた。寛政元年（一七八九）二月四日、江戸城本丸において婚礼が行われ、この日から御台様と称された。

同九年三月朔日、従三位に叙せられ、文政五年（一八二二）三月朔日に従二位となった。

茂姫は寛政八年に家斉の五男敦之助《あつのすけ》を出産した。しかし、すでに側室お楽が産んだ敏次郎《としじろう》（後の家慶）が将軍世子と定められていた。このため敦之助は清水徳川家の養子となったが、同一一年にわずか四歳で死去した。同九年にも懐妊する

が、翌年正月に流産した。これ以降、茂姫が出産することはなかった。一方で、茂姫は家斉の側室が生んだ子供をすべて「御台所御養」とした。これにより大奥内での茂姫の地位はゆるぎないものになった。

大御台所　天保八年（一八三七）四月二日、家斉が家慶に将軍職を譲り、大御所として西の丸に移った。茂姫もそれに伴って西の丸に移り、大御台様《おおみだいさま》と称された。同一二年閏正月に家斉が死去すると、落飾し広大院と称した。同時に、将軍世子家定に西の丸を明け渡すため、家慶の御台所楽宮《さざのみや》が死去して主を失っていた本丸大奥へ移った。同一三年二月二五日に従一位に叙され、一位様《いちいさま》と称された。

同一五年一〇月二六日から体調をくずし、一一月一〇日に死去した。行年七二。法名は広大院殿従一位超誉妙勝貞仁大姉。増上寺に葬られた。

（吉成香澄）

【参考文献】山本博文『大奥学』（新潮文庫、二〇一〇年）

【史料】『徳川諸家系譜』一

専行院（お美代）

側室となる　下総国中山法華経寺《なかやまほけきょうじ》の智泉院住職日啓の娘。寛政九年（一七九七）に生まれた。はじめは駿河台の中野清茂《きよしげ》（碩翁《せきおう》）の屋敷へ奉公に上がったが、そこで器量を見込まれ、清茂の養女になって文化三年（一八〇六）大奥に御次として奉公に上った。同七年中﨟になると、家斉の側室として同一〇年に溶姫（金沢藩主前田斉泰《なりやす》室）、同一二年に仲姫（夭折）、同一四年に末姫（広島藩主浅野斉粛《なりたか》室）を生む。お美代は家斉に寵愛され、大奥で大きな存在となった。養父清茂は家斉付の小性であったが、文化三年に小納戸頭取になり、文政一〇年（一八二七）には二〇〇〇石取の新番頭格まで昇進した。また実父日啓は、祈禱僧として大奥に出入りすることが許された。

感応寺取立　天保三年（一八三二）九月二四日、溶姫付老女袖嶋の取次そめが池上本門寺に参詣した際、応接した貫主日帖（日萬）が、谷中感応寺の日蓮宗帰宗の内願書を託した。これが袖嶋を通じて溶姫へ伝わり、生母お美代へ届いたとされる。お美代はその出自から、日蓮宗を篤く信仰しており、感応寺の取立に深く関与したとみられる。なお、大谷木《おおやぎ》醇堂《じゅんどう》は『燈前一睡夢』で、お美代が日啓のために感応寺建立を家斉にねだり、日啓を住職にしたと記している。これについて、現在は①日啓が感応寺住職になった事実はなく、②感応寺は池上本門寺の末寺として成立した寺であり、法系が異なる中山法華経寺の日啓が住職になることはありえない、という点で否定されている。

家斉死去後　天保一二年に家斉が死去すると、家斉側近の追放を狙う水野忠邦により、中野碩翁は登城差し止めと加増地没収の処分を受けた。日啓は遠島となるが（智泉院事件）、執行の前に獄死した。また、多くの女中が処分を受けて大奥を去ったとされるが、実際は将軍代替わりによる隠居や暇であった。

お美代は二の丸に移って上﨟御年寄上座になり、上﨟御年寄並の給与のほかに手当として毎年三〇〇両が下された。また、剃髪には及ばないとして摘髪《てきはつ》をゆるされた。その後は娘の嫁ぎ先である前田家や浅野家の屋敷を転々としたとされる。元治元年（一八六四）には、駿河台の中野河内守屋敷に移っている。明治二年（一八六九）に本郷無縁坂の講安寺に移り、同五年六月一一日に七七歳で死去し、駒込の長元寺に葬られた。法名は専行院殿舜沢亮照大禅定尼。後に金沢市の野田山の墓地に改葬されたという説があるが、確証はない。

なお、『藤岡屋日記』では、お美代は日啓の妹とする。また、『天保雑記』や『藤岡屋日記』ではお美代の法号を「真行院」としている。

（吉成香澄）

【参考文献】 畑尚子『江戸奥女中物語』（講談社現代新書、二〇〇一年）、『鼠山感応寺』（池上本門寺霊宝殿　特別展、二〇一一年）

【史料】 大谷木醇堂「燈前一睡夢」（『鼠璞十種』二、国書刊行会、一九一六年）、『天保雑記』（一）～（三）（内閣文庫所蔵史籍叢刊、汲古書院、一九八三年）、『近世庶民生活史料　藤岡屋日記』一（三一書房、一九八七年）、『徳川諸家系譜』一

淑　姫

最初の縁談　寛政元年（一七八九）三月二五日に一一代将軍家斉の長女として誕生した。母は家斉の側室お万（勢真院、平塚為喜の娘）である。同年八月二八日に尾張藩九代藩主徳川宗睦《むねちか》の嫡孫徳川五郎太との縁組が仰せ出された。五郎太はこれ以前に、一橋治済《はるさだ》の娘で家斉の妹満姫との縁組が成立していたが、満姫が早世したため縁談は解消していた。同五年六月三日、淑姫は五郎太と結納をとりかわすが、同六年九月二日に五郎太の病気重篤を理由に尾張徳川家から離縁の申し入れがあり、五郎太は翌日に死去した。

二度目の縁談　同八年二月五日、淑姫と一橋治国の嫡子愷千代《やすちよ》（斉朝《なりとも》）との縁組が仰せ出され、一一月一五日に結納が行われた。同一〇年四月一三日、愷千代が徳川宗睦の養子となることが決定する。これは、宗睦の嫡子治行《はるゆき》が死去し、尾張徳川家の後継者がいなくなってしまったためである。これにより、すでに愷千代と婚約していた淑姫は尾張徳川家へ入輿することになった。同年一〇月一三日、翌年に淑姫が尾張家へ入輿することが仰せ出される。同年九月一一日に愷千代は元服し、従三位中将に任じられ、斉朝と名を改めた。同年一一月一五日淑姫は入輿し、尾張藩市谷屋敷の御守殿《ごしゅでん》で暮らした。

入輿後　尾張家に嫁いだ後も、淑姫は将軍家家族として季節ごとの贈答をはじめ、江戸城大奥と交際している。正月には淑姫が年頭挨拶のため江戸城へのぼり、御守殿へは老中が挨拶に訪れた。

また、将軍家斉は御立寄《おたちより》として淑姫の御守殿を頻繁に訪れた。そのたびに御守殿では盛大に宴が催された。このときは斉朝やほかの尾張家の人々も御守殿に揃い、家斉に対面した。

文化六年（一八〇九）九月一六日に鎮《しず》子《こ》という名を贈られる。

同一四年五月二九日に死去。享年二八。法名は清湛院殿純誉貞心旋了大姉。増上寺に葬られた。

淑姫と斉朝の間には子供がなかったため、淑姫の弟で将軍家斉一九男の斉温《なりはる》を

斉朝の養子にして尾張家を相続させた。

なお、『柳営補任』では「淑姫御用人」に「ひで」というふりがなをふっているが、尾張藩などの史料には「よしひめ」と書かれているものもある。

（吉成香澄）

【参考文献】白根孝胤「御三家における縁戚関係の形成と江戸屋敷」（徳川林政史研究所『研究紀要』四一、二〇〇七年）

【史料】「御守殿方留」「御守殿諸書付留」（『丹鶴城旧蔵幕府史料』二〇～二四、ゆまに書房、二〇〇九年）、『徳川諸家系譜』一

峯　姫

誕生・入輿　寛政一二年（一八〇〇）閏四月四日に家斉の七女として誕生した。母は家斉の側室お登勢（梶勝俊の娘）。同年五月一一日、御台所寔子《ただこ》の養女となる。享和三年（一八〇三）六月一八日、水戸藩主徳川治保《はるもり》の嫡孫鶴千代（斉脩《なりのぶ》）との縁組が仰せ出される。文化二年（一八〇五）二月一三日に結納が行われる。同一一年一一月二三日、水戸藩小石川邸に引き移り、婚礼が行われた。同一二年一〇月一八日実名として美子《よしこ》の名がおくられた。同日に将軍家斉が峯姫の御守殿《ごしゅでん》へ初めて御立寄《おたちより》を行っている。

藩邸火災　文政一〇年（一八二七）一一月二五日の夜、水戸藩小石川邸で火災が起こり、藩邸・御守殿ともに焼失した。翌夕から峯姫は江戸城本丸広敷へ逗留したが、一二月二六日に斉脩とともに水戸藩の支藩である守山藩大塚邸の仮住居へ移り、同一一年六月二五日に仮御守殿へ移った。しかしその後も藩邸での火災が起こり、その再建費用は藩財政を圧迫した。

後継者問題　斉脩と峯姫には子供がなかった。文政六年頃、家斉が、多くの子のうちの誰かを水戸家へ養子に遣わしたいと、峯姫にもらしたという（『水の一すぢ』）。同時期、水戸藩彰考館総裁藤田幽谷《ゆうこく》は、斉脩弟の斉昭《なりあき》を次期藩主に推す意見を出していた。同一一年暮頃、峯姫が清水恒之丞（徳川斉彊《なりかつ》・家斉二一男）を養子に迎えて次期藩主にしようとしているとの風説が、江戸から水戸彰考館へ伝えられた。これに対する反対運動が起こり、継嗣問題が表面化した。特に江戸彰考館に出入りする下士層が激しく反発し、斉昭を支持した。一方、恒之丞擁立派は、将軍家から養子を迎えることで幕府からの援助を得ることを期待しており、執政榊原照昌らが中心となって幕府老中に働きかけていたという。

同一二年一〇月一六日、病気療養中だった斉脩が死去した。斉脩の生前に跡継ぎの指名はなかったが、死去後に家老にあてた手紙が発見され、そこに斉昭を次期藩主とする旨があったことで、後継者問題は決着した。

斉昭が藩主となったのち、峯姫は養母として幕府と水戸藩の融和に努めた。斉昭が弘化元年（一八四四）に隠居・謹慎を申し付けられた後の復権運動では、江戸城大奥とへ内願するなど、活動の一翼を担った（『遠近橋《おちこちばし》』）。

嘉永六年（一八五三）六月二六日死去。行年五三。法名は峯寿院殿観誉無量貞覚大姉。諡号は孝文夫人。瑞龍山（茨城県常陸太田市）に葬られた。

（吉成香澄）

【参考文献】『水戸市史』中巻（三）（水

戸市史編さん委員会、一九七六年）、畑尚子「姉小路と徳川斉昭 内願の構図について」（『茨城県史研究』九四、二〇一〇年）

【史料】日本史籍教会編『遠近橋』（東京大学出版会、一九七六年）

浅姫

越前松平家と縁組　享和三年（一八〇三）一二月一〇日、一一代将軍徳川家斉の一一女として江戸城本丸で生まれた。生母はお美尾（家慶付の小性組木村七右衛門重勇《しげとし》の娘）。浅姫君と称した。文化四年（一八〇七）六月一一日、仙台藩伊達家九代当主の伊達周宗《ちかむね》（政千代、一二歳）と縁組するが、周宗の病気により実現しなかった。ついで同一四年九月二七日、一五歳の時に越前松平家一四代当主治好《はるよし》の嫡子仁之助（斉承《なりつぐ》）と縁組した。文政二年（一八一九）七月一八日には将軍家斉より儭子《すみ》の実名を賜り、同年一一月二九日、越前松平家の霊岸島中屋敷御《お》住居《すまい》に入輿した（霊岸島の御住居は、のちに火災で焼失したため、越前家の上屋敷である常盤橋内屋敷や下屋敷の中ノ郷屋敷に御住居が設けられた。しかし、これらの御住居もたびたびの火災により焼失、江戸城本丸大奥に逗留することも多かった。天保一四年（一八四三）には田安家の神田橋内屋敷を拝領し、晩年はそこの御住居で暮らした）。

文政九年八月に菊姫、同一二年七月に於義丸を出産したが、いずれも夭折した。ただし、斉承と浅姫との間に子が出来たことを受けて、浅姫付女中は「公儀風をふかし」、今後の斉承との「御同寝」を断ってきたという。これに対し、「御気象男子のことし」とされる治好長女で斉承の姉箏《こと》姫（涼晴院）は、「夫婦の中て御同寝を断るといふハ、決して道理におゐて無之《これなき》事なり」と、浅姫に直接言上したという。しかし、かえって浅姫付女中の反発を招き、以後「御同寝」はなしと決められた（「真雪草紙」）。そのうえ斉承も、公儀を憚って姉の涼晴院を「御疎遠」としてしまうなど（『奉答紀事』）、涼晴院の働きかけをきっかけに、浅姫側と越前家の奥との間には溝が出来てしまった。これ以降、斉承と浅姫との間に子は出来ず、天保六年閏七月二日に斉承は死去、浅姫は松栄院と称することとなった。

田安錦之丞の養子縁組　斉承の死後、越前家の家督を相続したのは、家斉の二四男（二二男とも）で浅姫の弟にあたる千三郎（斉善《なりさわ》）であった。しかし、斉善は病弱であったため、家督相続からわずか三年、天保九年八月二八日に一九歳で死去した。

そこで、すでに伊予松山松平家の松平勝義の養子に内定していた一一歳の田安錦之丞を急きょ越前家の養子とし、天保九年一〇月二〇日に家督相続させた。この錦之丞が越前家一七代当主にして、藩政改革や幕末の中央政界で活躍した松平慶永である。錦之丞の養子縁組にあたっては「松栄院様御願之趣も有之《これあり》」（『越前松平家家譜』慶永1）とあるように、浅姫の意向も大きく働いていたようである。錦之丞の父田安斉匡《なりまさ》は家斉の弟であり、家斉の息女であった浅姫にとって、錦之丞は二五歳離れたいとこであった。

「真雪草紙」によると、錦之丞の越前家相続後、その父斉匡が越前家の常盤橋上屋敷を訪問することになった際、涼晴院（筝姫）は松栄院（浅姫）に対して常盤橋邸に出向くよう願い出たという。その結果、松栄院も伯父斉匡に逢うため出向し、あわせて涼晴院とも久しぶりに逢うことができた。錦之丞の相続を機に、松栄院と涼晴院の交流も復し、お互いのわだかまりも氷解したとされている。

　錦之丞（慶永）が松栄院を敬愛していたことは、『越前松平家家譜』や『昨夢紀事』など、越前家側の記録から知ることができる。松栄院は、安政四年（一八五七）閏五月一〇日、五五歳で死去。危篤に際して、慶永は二日にわたって看病を尽くし、死に際しては深い悲しみにむせび、葬儀も手篤く丁重に行った。死の直後、慶永自ら松栄院の経歴をまとめた「松栄君年譜」を作成していることから、慶永の心情を察することができる。将軍の息女であった松栄院は、寛永寺か増上寺、伝通院に葬られることが通例であったが、慶永の願いにより、越前家代々の菩提寺である西久保（現港区虎ノ門）天徳寺に葬られた。法号は松栄院殿勁誉彰月禎寿大姉。

（藤田英昭）

【参考文献】　福井市郷土歴史博物館編集・発行『平成21年春季特別展「大奥」図録』（二〇〇九年）、本川幹男「松平慶永と福井藩政」（福井県文書館編集・発行『越前松平家家譜』慶永3、二〇一一年）

【史料】　松平慶永「松栄君年譜」（福井市春嶽公記念文庫所蔵）、「松栄院尼公掩粧一件」（日本史籍協会編『昨夢紀事』二、一九六八年）、松平慶永「真雪草紙」二（松平春嶽全集編纂刊行会編『松平春嶽全集』一、原書房、一九七三年）、中根雪江『奉答紀事』（東京大学出版会、一九八〇年）、福井県文書館編集・発行『越前松平家家譜』（慶永1・3、二〇一〇～一一年）、『徳川諸家系譜』一

溶　姫

お美代の娘　文化一〇年（一八一三）三月二七日に一一代将軍家斉の二一女として誕生。母は家斉側室のお美代（中野清茂養女、専行院）。同一四年七月二二日に御台所の養女となる。文政六年（一八二三）四月一一日、加賀藩一二代藩主の前田斉泰《なりやす》と縁組。同一〇年一一月一一日実名諧子《とも》が与えられる。

前田斉泰との婚姻　同月二七日加賀藩本郷邸へ引き移り、同日婚礼が行われた。溶姫のために建設された御守殿門《ごしゅでんもん》は、東京大学の赤門として現存し、国の重要文化財に指定されている。なお、入輿時の溶姫の御殿ははじめ「御住居《おすまい》」と呼ぶよう幕府から定められていた。その後、安政二年（一八五五）一二月に夫の斉泰が三位《さんみ》に昇進し、前田家から御住居の名称を「御守殿」に改めたいと幕府に願い出て、同三年二月に許可された。

　天保元年（一八三〇）五月四日に犬千代丸（加賀藩一三代藩主慶寧《よしやす》）、天保三年七月二日に駒次郎（釣次郎。夭逝）、同五年三月二三日に亀丸（喬松丸。鳥取藩一一代藩主池田慶栄《よしたか》）を出産した。

幕末の溶姫　文久三年（一八六三）、金沢に入るが、翌年に江戸へ戻り、禁門の変で無断退京した慶寧の助命を嘆願した。慶応四年（一八六八）三月、戊辰戦争のさなか再度金沢に移ったが、二か月後の五月一日に死去した。五六歳。前田家の墓所である野田山の天徳院に葬られた。法名は景徳院殿舜操惟喬大禅定尼。

なお、溶姫のよみについて、『柳営補任』では「よう」とふりがながあるが、前田家の史料では「やす」とある。また実名について、『徳川諸家系譜』と墓碑銘は「諧子」とあるが、前田家の史料では「偕子」となっているものがある。

（吉成香澄）

【参考文献】『徳川将軍家と加賀藩』（石川県立歴史博物館、二〇一〇年）

【史料】「溶姫君様御婚礼御用留」「溶姫君様御婚礼一件」「溶姫君様御引移御婚礼御用日記」「溶姫君様御引移御用」（加越能文庫、金沢市立玉川図書館近世史料館所蔵）、『徳川諸家系譜』一

楽宮（浄観院）

生い立ち　寛政七年（一七九五）六月一四日、有栖《ありす》川宮織仁《がわのみやおりひと》親王の王女として誕生する。母は家女房常盤木《ときわぎ》（高木敦子、常信院）。楽宮《さざのみや》と称される。諱は喬《たか》子《こ》。寛政八年二月二六日、年齢を三歳に改める。享和三年（一八〇三）叔母董子《のぶこ》（円台院、故近衛経熙《このえつねひろ》正室）の仲介で、一一代将軍徳川家斉の世子家慶（一一歳）との縁組が調った。家斉の御台所茂姫が近衛経熙の養女だった縁により、将軍家から依頼されたと見られる。同年八月一一日、織仁親王は家中役方に縁組治定を内々伝え、諸稽古行儀などは織仁親王御《み》息所《やすどころ》福子《とみこ》の取り計らいとなった。九月三日、家臣一統に発表される。嫡母を福子としたのはこの縁組治定によるものであろう。一一月一一日、京都所司代青山忠裕《ただひろ》が有栖川宮邸を訪れて、翌年九月中の江戸下向を申し入れた。文化元年（一八〇四）九月三日京を出立し、木曽路を下って同月二一日江戸城本丸に入り、一一月一五日西の丸に移った。

簾中となる　文化四年一一月、鉄漿《おはぐろ》始《はじめ》では御台所茂姫が筆親《ふでおや》を務めた。翌五年一一月一五日、家慶との縁組が発表され姫宮と称される。同六年五月一九日結納が行われ、一二月一日婚儀が執り行われて簾中となる。文化一〇年一〇月三〇日、嫡男竹千代を出産したが、翌一一年八月二六日夭折した。同一二年二月一七日女子（儔姫《ともひめ》）を出産するものの同月二八日夭折、翌一三年一〇月二三日にも女子を出産するが即日没した。楽宮所生の子女はこの三人のみである（血荒《ちあれ》を除く）。家慶には多くの子女が誕生するが、その多くが楽宮養いとされた。文政五年（一八二二）三月一日従三位《じゅさんみ》に叙される。同一三年、水戸藩主徳川斉昭と妹吉子の縁組の口添えをしたとされる。

御台所　天保八年（一八三七）四月二日、家斉が隠居し、家慶が本丸に移徙《いし》するのにともない、楽宮も本丸大奥に入り御台所となる。江戸下向から三三年、四三歳になっていた。しかし、同一一年正月一六日に死去し、同月二四日発喪《はつも》、二月六日寛永寺（東京都台東区）に葬られた。享年四六歳。墓所の発掘調査により国内最大の墓誌が発見されている。戒名は浄観院殿慈門妙信大姉。同月二七日従二位が贈られ、弘化二年（一八四五）六月三日さらに従一位が贈られる。

（久保貴子）

【史料】杉栄三郎等編『織仁親王行実』（開明堂、一九三八年）、「新修有栖川宮系譜」（杉栄三郎等編『有栖川宮総記』開明堂、一九四〇年）、寛永寺谷中徳川家近世墓所調査団編『東叡山寛永寺徳川将軍家御

裏方霊廟』第一分冊（吉川弘文館、二〇一二年）

森山りさ

松平定信に認められた父　旗本森山孝盛の長女で、一一代将軍家斉の御台所であった広大院付女中りえの姉。天保一二年（一八四二）に成立した「風のしるへ」の著者である。

父孝盛は、元文三年（一七三八）に生まれ、明和八年（一七六六）に家督を相続し、大番士、小普請組支配組頭、徒頭、目付、先手頭、鑓《やり》奉行などを歴任。文化一二年（一八一五）に七八歳で没した。幕政改革に関する意見書を提出して松平定信に認められ、寛政改革に協力した人物である。孝盛には男子がなく、りさに旗本土方家から養子盛年を迎えた。盛年との間には三男二女があって、家は三男与一郎が継いだ。二人の娘のうち長女は御三卿清水徳川家の貞章院付中臈、のち家斉子息斉裕付となって蜂須賀家に入った。二女は家斉御次、ついで家斉正室で島津薩摩家出身の広大院付女使《おんなづかい》となった。これにはりさの妹りえの存在があったという。りえは広大院付の中臈、中年寄として広大院の信頼がすこぶる厚かった。

「閑道取次」　こうした関係からりさとりえは連携して「閑道取次」（「風のしるへ」）を行ったという。閑道取次とは、広大院とその実家薩摩島津家との取次や島津家と姻戚関係にある諸大名の官位昇進などの内密の願いなどの仲介を行うもので、りさによれば文政八年（一八二五）からはじまったという。孝盛死後の森山家の窮乏を広大院が配慮して、仲介による付け届けを期待したものとされる。りさは、薩摩前藩主斉宣《なりのぶ》の意向を受けて広大院実父重豪《しげひで》の従三位昇進を内願し実現させたのをはじめ、藩主斉興《なりおき》の宰相昇進、世子斉彬《なりあきら》の少将昇進、琉球交易一件などを取り次ぎ、薩摩藩関係のみならず、脇坂安董《やすただ》の老中内願、本多家・奥平家などの昇進願いなど多岐にわたる取り次ぎも行った。そのほか「風のしるへ」には江戸城や薩摩藩の大奥の内情や家斉の死去の真相や奥医師間の争い、京都近衛家の内情など文政期から天保期の政治の舞台裏が描かれている。　（岩下哲典）

【参考文献】水原一「森山孝盛伝 付・娘利佐子『風のしるへ』」（『駒澤國文』三八、二〇〇一年）、畑尚子『徳川政権下の大奥と奥女中』（岩波書店、二〇〇九年）
【史料】森山りさ「風のしるへ」（森山家文書、国文学研究資料館史料館所蔵）

姉小路

大奥出仕　文化七年（一八〇八）公家の橋本実誠《さねなり》の娘として京都に生まれる。諱は勝子。文政九年（一八二六）江戸に下向し、大奥に出仕した。一一代将軍家斉息女和姫付女中（小上臈《こじょうろう》、名はしん）となって、同一二年、和姫が長州藩世子毛利斉広に嫁した際、上臈御年寄庭田として長州藩桜田上屋敷に移った。翌年和姫が死去したため江戸城に戻り、天保二年（一八三一）、将軍家斉付小上臈となり、いよと称した。同九年には世子家慶付上臈御年寄となり姉小路《あねがこうじ》の名をもらった。

天保改革に反発　家慶が将軍になるに従い本丸に移り、さらに権勢を得たものと考えられる。すなわち、大御所家斉が死去して家慶の親政下、老中首座水野忠邦の天保改革が開始されると大奥にも倹約が通達された。姉小路によれば大奥女性は男女の情愛を許されないのだから、食事や服装が華美になることは当然だと倹約をはねつけたという。また、旗本大久保外記の使番任用の際、便宜を図った可能性もあり、表の役人の進退にも関与したといわれる。

弘化三年（一八四六）、水戸の徳川斉昭は、水戸家の老女花野井といとこ同士であった姉小路を介して家慶に国家の危機的な状況と政務に関する意見書を提出した。家慶は、同じく姉小路を通じて斉昭に返書を送っている。また、嘉永二年（一八四九）姉小路は上洛したが、箱根関所で関所役人が姉小路に対してすこぶる丁重に接遇していることを武州青梅の商家の娘で大奥奉公した経験のあるものが記している。このように大奥のみならず、表役人や御三家との通信などにも関与した実力者であった。

庶民の噂の的　こうしたことは市井にもよく知られ、歌川国芳の風刺戯画「きたいな名医難病療治」の中心人物「やぶくすし竹斎娘名医こがらし」は、姉小路との噂がたった。嘉永六年、ペリー来航直後に家慶が死去すると、落飾して勝光院と称した。宿元は長門清末藩主毛利元純の赤坂今井町屋敷だった。和宮降嫁に際しては斡旋を行うなど、なお隠然たる力をもっていた。なお、家慶世子家定の二度の婚礼、すなわち一条秀子、島津一子（篤姫）の輿入れにも姉小路局の意向が色濃く反映しているとも言われている。（岩下哲典）

【参考文献】　大槻如電「上臈姉小路（一）〜（三）」（『名家談叢』三一〜三三、談叢社、一八九八年）、岩下哲典『江戸情報論』（北樹出版、二〇〇〇年）、同『幕末日本の情報活動（改訂増補版）』（雄山閣、二〇〇八年）、畑尚子『幕末の大奥』（岩波文庫、二〇〇八年）、同『徳川政権下の大奥と奥女中』（岩波書店、二〇〇九年）、同「姉小路と徳川斉昭」（『茨城県史研究』九六、二〇一〇年）、氏家幹人『江戸の女子力』（新潮文庫、二〇一〇年、初出二〇〇四年）

【史料】　「七宝御右筆間御日記」（津山郷土博物館）、続日本史籍協会編『遠近橋』（東京大学出版、一九七六年）、「（嘉永三年）八月八日付書翰」（宮地正人編『幕末維新風雲通信』東京大学出版会、一九七八年）、「新伊勢物語」（『茨城県史料』幕末編I、茨城県、一九八二年）、「きたいな名医難病療治」（稲垣進一・悳俊彦編『国芳の狂画』東京書籍、一九九一年）、『道中日記』（青梅市史史料集五二、青梅市教育委員会、二〇〇四年）

川路家の女性たち

川路聖謨の妻　江戸末期の勘定奉行にして、ロシア使節応接でも著名な川路聖謨《としあきら》（享和元年〈一八〇一〉〜慶応四年〈一八六八〉、五〇〇石）は、生涯に四度結婚した。一度目は文政二年（一八一九）、一九歳の時で、相手は西の丸書院番与力桑原政盈の娘えつだったが、えつは子を儲けることなく二年後に病死した。二度目は文政五年（一八二二）で、相手は同僚の評定所留役市川常春の娘やすである。やすのと間に長男鍬五郎（のちの彰常）、長女けい（のちの邦子）、次女のぶ（宣子）が生まれたが（ほかに別の女性との間にできた次男種倫《たねとも》、三男新吉郎、四男又五郎もいる）、聖謨に言わせれば、やすは「才気有りて、いはゆる男まさりの女」で、しだいに「妻の勢段々つのり、気ま、に成、捨て置き難く」（『川路聖謨遺書』）なったため、天保六年（一八三五）二月に離縁した。ついで三度目は、やすと別れた半年後、天保六年九月に持弓組与力高橋兵左衛門の娘かねと結婚した。今度は「穏を主として」選んだが、かねは「下女其外取扱不出来」と、家事の切り盛りができなかったため、結局天保八年に離縁している。

　四度目の結婚で娶ったのが、「賢女」として知られるさとである。さとは大工頭大越喬久の次女で、文化元年（一八〇四）に江戸で生まれた。自伝「ね覚のすさひ」によれば、さとは一五歳の時紀伊徳川家の江戸屋敷に上がり、御殿奉公を勤めること八年、姫の死去により退職したという。ついで一一代将軍徳川家斉の二四女末姫（生母はお美代）が安芸広島藩主浅野斉粛《なりたか》に嫁すのに際して、その侍女となった。川路聖謨との縁談が持ち上がった頃には若年寄を勤めており、琴井と称していた。聖謨の友人である勘定組頭都筑峯重《みねしげ》の仲人により、天保九年四月に結婚。さとは三五歳、聖謨は三八歳だった。さとは、茶道・花道だけではなく学問の素養も深く、特に和歌に堪能で、国学者前田夏蔭《なつかげ》に師事したことで知られる。聖謨もさとの影響を受け和歌を嗜んだという。

　慶応四年三月一五日、新政府軍の江戸総攻撃の予定日に夫の聖謨が自尽したのち、さとは江戸での争乱を避けるために、次男原田種倫の知行所がある上総国山辺郡平沢村に疎開した。この時の日記に「上総日記」がある。晩年、さとは自叙伝「ね覚のすさひ」を著し、明治一七年（一八八四）一〇月に死去した（享年八一）。

大奥に泊まる太郎と敬次郎　聖謨は一三年連れ添った二番目の妻やすとの間に三人の子を儲けているが、うち二人の娘は江戸城の大奥女中になった。長女のけいは一二代将軍徳川家慶の養女精姫《あきひめ》（実父は有栖川宮韶仁《つなひと》親王）に仕えたが、嘉永元年（一八四八）末に奉公を嫌って宿下りした。聖謨は激怒し、けいを「狂女」と罵り勘当も考えたが（『寧府紀事』）、結局聖謨の弟井上清直の養女に出したうえで、旗本で勘定の高山隼人助（八〇石）に嫁いだ。

　次女のぶも弘化三年（一八四六）に大奥に上がった。折しものぶが大奥勤めをしている最中の嘉永四年、聖謨は奈良奉行から大坂町奉行に転じたが、奈良奉行時代は江戸に残していた孫の太郎（彰常の長男・八歳）と敬次郎（同次男・六歳）を大坂に連れて行くつもりであった。出立に先立ち親戚に暇乞いをするとともに、太郎と敬次郎が大奥に仕える叔母ののぶの部屋に遊びに行き、宿泊しているのは興味深い（「浪花日記」）。奥女中は、自身の家族を大奥にある自分の部屋に呼び寄せることができたが、女性家族はもちろん、男性の場合でも九歳までは大奥に出入りすることができたのである。

　かくして大奥に遊びに行った太郎と敬次郎は、御伽《おとぎ》坊主の案内で、大奥の中を案内され、御年寄の詰所では上﨟御年寄の姉小路から「早く帰りて御小納戸に御なり候へ」と声を掛けられ、お菓子も貰った。その後、「いとかしこき御所」にも上がって拝見に及んでいる。この時、敬次郎は「兄サン、コンナところへ上りては叱られはスマシヤ」というと、太郎は「あの坊サンか案内する故来し也、わるくは坊さんかシバラル、なるへし」と応え、女中たちの大笑いを誘っている。敬次郎は障子を開き、力を込めて「川路敬次郎也」と述べ、皆を笑わせたともいう。大奥に一泊して帰った時には、大奥女中から貰った「御もチヤ」（玩具）も一緒だった。御右筆頭の嶋沢は特に太郎を可愛がり、八丈縞一反も与えている。

太郎と敬次郎を大奥に誘ったのぶも、この直後に聖謨の反対を押しきって宿下りし、結局旗本で騎兵頭などを務めた貴志忠孝（五〇〇石）と結婚した。

（藤田英昭）

【参考文献】　川田貞夫『川路聖謨』（吉川弘文館、一九九七年）、氏家幹人『江戸奇人伝』（平凡社新書、二〇〇一年）、井上勲「川路高子『上総日記』解題」（『学習院大学史料館紀要』一三、二〇〇五年）、氏家幹人『江戸の女子力』（新潮文庫、二〇一〇年、初出二〇〇四年）

【史料】　「寧府紀事」（日本史籍協会編『川路聖謨文書』四、一九八四年）、「浪花日記」（同編『川路聖謨文書』六、同上、一九八五年）、「川路聖謨遺書」「ね覚のすさひ」（同編『川路聖謨文書』八、同上）、藤實久美子・渋谷葉子「『上総日記』翻刻」（『学習院大学史料館紀要』一三、二〇〇五年）

第11章

幕末期の大奥
——家定・家茂・慶喜——

天璋院（篤姫）

御台所までの道程

「島津氏正統系図」によれば、生年月日は天保六年（一八三五）一二月一九日（天保七年二月一九日とする史料もある）。島津家の一門家今泉家の島津忠剛《ただたけ》と島津久丙《ひさあき》の娘（幸とされる）の長女として鹿児島城下に誕生した。名はお一。その読み方は、「斉彬公史料」ほかの編纂史料では「おかつ」とされるが、「表方御右筆間 日記」などの一次史料では「於市」と表記されることから、島津斉彬《なりあきら》の養女となる嘉永六年（一八五三）以前は、「おいち」であった可能性が高い。

嘉永三年に徳川家定の継室選びが開始されると、薩摩藩主島津重豪《しげひで》の娘で一一代将軍徳川家斉の御台所となった広大院（茂姫《しげ》・寔子《ただこ》）を先例として、島津斉彬のもとに縁組の話が持ち込まれた。斉彬は、将軍家との関係強化が藩政運営に有利になるものと考え、今泉家のお一に白羽の矢を立て、嘉永六年三月一日に自身の養子とする（幕府への届け出は実子）。お一は「篤姫」と名を改め、鹿児島城に入った。同年八月に鹿児島を出立し、京都の近衛家を経て、一〇月に江戸芝の薩摩藩邸に到着するが、安政大地震などの影響で婚姻は延期された。安政三年（一八五六）二月二八日、ようやく婚姻が内定すると、七月七日には近衛忠煕《ただひろ》の養女となり、「敬子《すみこ》」の諱と「篤君」という君号を賜った。そして一一月一一日に江戸城本丸広敷に入り、一二月一一日に結納、一二月一八日に家定と婚礼を挙げた。この時二二歳。この婚礼により、島津斉彬の殿席は大広間から大廊下下之部屋に変わり、家格が上昇した。

篤姫の人物評

篤姫（敬子）が入輿する前の安政二年一二月一六日、薩摩藩の渋谷別邸に島津斉彬を訪ねた越前松平家の松平慶永は、そこで篤姫を見て「丈高クヨク肥へ玉へル御方」と感想を述べた（『昨夢紀事』一）。斉彬自身は、「（篤姫は）耐忍力ありて、幼年よりいまた怒の色を見たる事もなく、不平のやう子もなし、腹中ハ大きなるものと見ゆ、軽々《かるがる》敷《しき》事なく、温和ニ見へて、人ニ応接するも誠ニ上手也」と評し、将軍家の御台所に最適だとして「実ニ徳川家ニとりてハ幸福といふへし」（「閑窓秉筆」）と絶賛していた。

これに反して、水戸の隠居徳川斉昭は、徳川家門の立場から、篤姫の人物如何に関わらず、「東照宮御敵《かたき》」である島津家の養女が御台所になること自体、恥も外聞もない屈辱的なことだとして反発していた（『昨夢紀事』二）。

安政五年、篤姫は夫の家定と養父の斉彬を同時に喪った。篤姫付の御年寄幾島（つぼね）によると、家定の死に直面した篤姫（落飾して天璋院と号す）は、「御力おとしさま」だが「御若年なから御気生ハ御年より御ふけ被遊《あそばされ》」「御しつかりさま故」気丈に振る舞っている、などと述べるように、篤姫は年齢の割には大人びていたようである。

なお、大久保忠寛《ただひろ》（一翁《いちおう》）によれば、「此御方（天璋院）ハ男ノ様ナル御方ニテ、色々御《お》好《このみ》有之《これあり》甚六《むず》ケ《か》敷《しく》」（『越前藩幕末維新公用日記』慶応四年二月二〇日）と、斉彬とは正反対の評価を述べるが、性格に関してはこちらのほうが事実に近いように思われる。

ちなみに、篤姫が大柄であったことは、地方の豪農も知っており、例えば近江国堅田村の庄屋錦織五兵衛の日記には、「薩州侯ヨリ御入輿ノ御姫君御身目量十八貫目（六七・五キログラム）アリ」（『東武日記』）と記されている。

篤姫（天璋院）付女中

婚礼当日の安政三年一二月一八日、篤姫付の女中の主だった者が選定されたが、これらの母胎となったのは、家定の簾中秀子（寿明《すめ》姫《ひめ》）付であった女中たちであった。

島津家からは、御年寄幾島（つぼね）、中年寄留野（永江藤右衛門姉）、中﨟さか（仙波市左衛門妹）、小性りき（岩本太右衛門妹）、御次格御前詰ほの（逆瀬川玄斎妹）の五人が大奥に入り篤姫付となった。このうちほのは中﨟頭に昇進し、嶋沢と改名。さかは明治以降も天璋院（篤姫）の側を離れず、徳川家の「女中頭」となった。

御付女中は、御台所であった時よりも天璋院と名乗るようになってからのほうが多くなっているのが特徴である。その理由を家茂付御年寄の瀬川は、「壱株」になったからだと述べている。江戸城の大火や財政難などで、大奥女中のリストラが敢行されても、天璋院付女中の減員数は、家茂付や和宮付にくらべて少なかった（畑尚子『幕末の大奥』）。

また、薩摩藩江戸藩邸（渋谷藩邸）に詰める奥女中は、天璋院と薩摩とをつなぐパイプ役を果たしていたが、軍備増強その他による藩の出費過多により、慶応元年（一八六五）に国許へ引き払うことになった。この間の様子は、大久保利通に宛てた新納《にいろ》嘉藤二《かとうじ》（江戸留守居役）の書簡などで知ることができる。もっとも、天璋院の願いにより老女花川はじめ一部が江戸に残り、天璋院の御用を務めており、薩摩との交際は続いた。

晩年

慶応四年の戊辰戦争に際しては、徳川家が江戸城を放棄することを潔しとせずに、薩摩・長州中心の新政府軍に対して徹底抗戦を主張した。江戸開城に先立ち一橋邸に引き移り、その後牛込戸山邸、赤坂福吉邸へと転居し、千駄ヶ谷邸を終の棲家《すみか》とした。明治以降は、徳川家一六代当主家達《いえさと》の養育に関わり、近衛忠房の長女泰子《ひろこ》を家達の許嫁《いいなずけ》と定めた。

明治一六年（一八八三）一一月一三日、脳卒中を発症し（ドイツ人医師ベルツの診断によれば血栓）、二〇日に四九歳の生涯を閉じた。上野寛永寺にある夫家定の墓の隣りに埋葬された。法号は天璋院殿敬順貞静大姉。

（藤田英昭）

【参考文献】鹿児島県歴史資料センター黎明館編『薩摩の篤姫から御台所 天璋院』（鹿児島県、一九九五年）、保科順子『花葵』（毎日新聞社、一九九八年）、寺尾美保『天璋院篤姫』（高城書房、二〇〇七年）、徳永和喜『天璋院篤姫』（新人物往来社、二〇〇七年）、畑尚子『幕末の大奥』（岩波新書、二〇〇七年）、柳田直美・藤田英昭「史料紹介『天璋院様御履歴』」（『徳川記念財団会報』一〇、二〇〇七年）、『天璋院篤姫展』（NHKプロモーション、二〇〇八年）、崎山健文「幾島と天璋院」（古閑章編『新薩摩学』南方新社、二〇〇八年）、崎山健文「史料紹介『嘉永六年 表方御右筆間 日記』（一）」（『黎明館調査研究報告』二三、二〇一〇年）

【史料】「表方御右筆間 日記」（尚古集成館所蔵）、安政二年一二月一六日「薩侯邸内話」（日本史籍協会編『昨夢紀事』一、東京大学出版会、一九六八年）、安政三年九月二一日「水府公ヨリ下田港夷情報告（別紙）」（前同編『昨夢紀事』二、前同）、立教大学文学部史学科日本史研究室編『大久保利通関係文書』五（吉川弘文館、一九六八年）、「天璋院のこと」（松平慶永「閑窓秉筆」、松平春嶽全集刊行会編『松平春嶽全集』一、原書房、一九七三年）、本多修理著・谷口初意校訂『越前藩幕末維新公用日記』（福井県郷土誌懇談会、一九七四年）、「東武日記」（『日本都市生活史料集成二』三都篇Ⅱ、学習研究社、一九七七年）、「藩内事蹟総覧」（鹿児島県維新史料編さん所編『鹿児島県史料　斉彬公史料』一、鹿児島県、一九八〇年）、尚古集成館編『島津家資料　島津氏正統系図（全）』（島津家資料刊行会、一九八五年）、安政五年八月九日「つぼね（幾島）書状近衛家老女村岡宛」（陽明文庫所蔵、『天璋院篤姫展』前同）

本寿院

大奥奉公のきっかけ　「本寿院殿御履歴」によると、生年は文化三年（一八〇六）正月一五日とされるが、寛永寺墓地にある本寿院墓には「明治十八年二月三日歿享歳七十九年一月」とあり、七九歳を数え年とすれば生年は文化四年。父は、「温恭院殿御実紀」「本寿院殿御履歴」によると書院番諏訪頼存組の跡部茂右衛門（正賢）とあるが、正賢の子宗左衛門（正寧）とする説もある（「徳川幕府家譜」「幕府祚胤伝」）。諱は堅子。お美津と称した。

松平慶永「閑窓秉筆《かんそうへいひつ》」に「不審儀といふ中にも、不審儀なる幸福を保ち給ひし」女性とあるように、お美津が大奥奉公に出たきっかけは、偶然なものであった。一二代将軍徳川家慶がまだ世子であった頃、家慶付中臈の新規採用の面接が行われ、三人の応募者が御目見に訪れるはずだった。しかし、一人欠員が出たため、たまたま大奥に務める姉浜尾（家慶の弟千三郎付、のちの本立院《ほんりゅういん》）の部屋に泊まりに来ていたお美津が、請われて「穴埋」の面接を受けることとなった。先日の御目見の際も、採用された女性はいなかったため、まさか採用されるとは思っていなかったが、お美津は透間より「内々御覧」になった家慶から気に入られ、「あの女子を抱へ申せ」との上意により、そのまま召抱になったという。「幕府祚胤伝」によると、お美津は文政五年（一八二二）に西の丸御次として採用され、翌六年に中臈になっているので、このエピソードはこの頃の話と思われる。

将軍生母　文政七年四月八日、一九歳のお美津は家慶四男の政之助を出産した。文化一一年（一八一四）に家慶と簾中楽宮喬子《さざのみやたかこ》（浄観院）との間に生まれた長男竹千代や、文政二年にお定（お久）との間に生まれた嘉千代、文政五年にお加久との間に生まれた男子が、いずれも早世したため、政之助は「若君様」として養育された。文政一〇年には家祥《いえさき》と名を改め、翌年四月、五歳で元服して従二位権大納言宣下を受けた。その一か月前の文政一一年三月一五日、お美津は老女上座に昇進している。なお、この間お美津は、文政九年に家慶六男春之丞を、文政一一年に七男悦五郎を産むが、いずれも早世した。

嘉永六年（一八五三）六月二二日に家

慶が死去すると（発喪は七月二二日）、七月二三日、家祥は「上様」と称され、お美津も九月一七日に落飾し、「御内証之御方本寿院殿」と称するよう触れられた（『続徳川実紀』三）。一一月二三日に家祥は将軍宣下を受け、一三代将軍となる。この時家定と名を改めた。家定の将軍継承とともに本寿院は将軍家の家族となり、幕府女中が付けられた。安政二年（一八五五）九月二三日には「本寿院殿」から「本寿院様」へと敬称が変わった（「本寿院殿御履歴」）。

　家定の後継問題においては、大奥の中心となり紀伊家一三代の徳川慶福《よしとみ》を後継者として推し、それを実現させた。京都における江戸風聞では、継嗣問題においては「上様御実母当時尼将軍様」（『井伊家史料』八）であった本寿院の影響力が大きいと噂され、当時は御台所敬子《すみこ》（篤姫、のちの天璋院）以上の威勢を誇っていたことがうかがわれる。

後半生　文久元年（一八六一）八月一五日、本寿院様御用人と同御用人並が設けられた。九月二五日には本丸から二の丸へ移るが、翌三年一一月一五日の火事により北の丸にあった清水屋形に一旦入った。その後、二の丸再建に伴い、慶応元年（一八六五）五月三日に引き移ったが、同三年の二の丸炎上により西の丸仮御殿へと移っている。西の丸での居所を「御客座敷」と称した。

　江戸開城に先立つ慶応四年四月一〇日、天璋院とともに一橋邸に移り、七月二八日に赤坂紀伊屋敷へと引き移った。明治二年（一八六九）七月一八日に落髪。その後、翌三年に天璋院・家茂生母の実《じつ》成院《じょういん》とともに牛込戸山屋敷（尾張家下屋敷）へ移り、赤坂福吉町邸を経て明治一〇年一〇月二七日に千駄ヶ谷邸に転居した。ここでの居所を「御部屋」と称した。

　熱海・箱根に湯治旅行に出た天璋院に宛てた明治一三年一〇月九日付の手紙によれば、この頃の本寿院の側には、「しま」「ちせ」「林久」「なか」「たか」「さか」「りき」らの女中がいたことがわかる。明治一八年二月三日、慢性腸胃加《か》答《た》児《る》で死去。法号は本寿院遠常妙堅大姉。上野の谷中墓地に埋葬された。近年の寛永寺徳川将軍家御裏方霊廟の発掘成果により、推定身長が一四〇・七cmと江戸庶民の平均よりもやや低かったことが判明した。「本寿院殿御履歴」の末尾には、「尼君品格高尚ニシテ謙遜柔和ノ徳ヲ備ヘ、居事歓喜微笑御満足ノ御様子ニ伺ハレタリ、和歌ヲ好ミ玉ヒ御筆跡美麗ナリ」とある。

（藤田英昭）

【参考文献】松尾美恵子「江戸幕府女中分限帳について」（総合女性史研究会編『日本女性史論集二 政治と女性』吉川弘文館、一九九七年、初出一九九二年）、辻達也「明治維新後の徳川宗家」（『専修人文論集』六〇、一九九七年）、畑尚子『幕末の大奥』（岩波新書、二〇〇七年）、徳川記念財団編集・発行『徳川将軍家ゆかりの女性』（二〇〇八年）、柳田直美「史料紹介『本寿院様御履歴』」（『徳川記念財団会報』一一、徳川記念財団、二〇〇八年）、秋元茂陽『徳川将軍家墓碑総覧』（株式会社パレード、二〇〇八年）、氏家幹人『江戸の女子力』（新潮社、二〇一〇年、初出二〇〇四年）、馬場悠男・坂上和弘「寛永寺徳川将軍親族遺体の形態学的研究」（寛永寺谷中徳川家近世墓所調査団編『東叡山寛永寺 徳川将軍家御裏方霊廟』第3分冊考察編、吉川弘文館、二〇一二年）

【史料】「本寿院のこと」（松平慶永「閑窓秉筆」、松平春嶽全集刊行会編『松平春嶽全集』一、原書房、一九七三年）、八月一一日「某上書（京都風聞書）」（東京大学史料編纂所編『大日本維新史料類纂之部井伊家史料』八、東京大学出版会、一九七三年）、明治一三年一〇月九日「本寿院書状 天璋院宛」（徳川記念財団所蔵、『天璋院篤姫展』NHKプロモーション、二〇〇八年）、『徳川諸家系譜』一・二

幾島

前半生　文化五年（一八〇八）六月一八日、薩摩藩島津家家臣で江戸・大坂の留守居や側用人を歴任した朝倉孫十郎（景矩）の娘として誕生する。母は秋田藩佐竹家家臣阿比留《あびる》軍吾の娘民。朝倉家は安永年間（一七七二〜一七八一）に島津家に仕え、江戸屋敷の小納戸役を務めていた。江戸で雇われた家臣と推測され、母の出自を考えると幾島も江戸生まれであったと考えられる。

文政三年（一八二〇）、一三歳の時、島津斉宣《なりのぶ》の娘（斉興《なりおき》養女）で近衛忠熙《ただひろ》の簾中となった郁姫（興子・常興善院）に仕えるために近衛家に入った。この時、幾島は「藤田」と名乗り、御側女中や御年寄を歴任した。嘉永三年（一八五〇）に郁姫が死去すると、「得浄院」と改名し、そのまま近衛家に出仕し郁姫の菩提を弔っていた。

篤姫に仕える　転機となったのは安政三年（一八五六）である。この年二月二八日、島津斉彬《なりあきら》の養女篤姫が一三代将軍徳川家定に輿入れすることが内定すると、篤姫付となるため、三月一四日に「幾島」と名を改めた。この時四九歳。三月二九日には京都を出立して江戸に下向した。道中は、二人の下女と薩摩藩の針医師原田才輔が附き添っていたとされる。

はじめ篤姫の身辺を世話する中年寄となったが、篤姫が江戸城広敷に入った後に御年寄となり、「つぼね」と称した。安政三・四年の女中分限帳（稲生家文書）に記載された宿元は、近衛家の家士「今大路民部権少輔」であった。

幾島が御年寄になったのは、近衛家老女の村岡や薩摩藩江戸屋敷の御年寄小の嶋が、家定付上臈御年寄の歌橋へ打診した結果であったという。そもそも御年寄は中年寄にくらべて外部との接触が容易で、折からの安政の将軍継嗣問題において、一橋慶喜の擁立運動を展開していた島津斉彬も、御年寄となった幾島に大奥工作を期待していた。松平慶永に仕えた中根雪江によると、幾島は島津斉彬の密旨を受けて、篤姫に付いて江戸城に上がったと理解され、「女丈夫とかいへる類にて心逞敷《たくましく》、胆太《ふと》き本性」で、一橋派に批判的な大奥を切り崩すため、「黄白（金銀）を湯水のごとく」使って活動していたとされる。「何処にか宿瘤《しゅくりゅう》のある故、皆人ものかけにてハ瘤〳〵とのみ唱へて」（『昨夢紀事』二）恐れていたとある。実際に、斉彬の意を受けて、薩摩藩邸の小の嶋に大奥の内情を伝達するとともに、御台所となった篤姫を補佐して、慶喜の擁立運動を水面下で支えた。しかし、継嗣は将軍家との血筋が重視され、紀伊家の徳川慶福《よしとみ》に決定したため一橋派は敗北した。

後半生　幾島（つぼね）は、家定の死

後、天璋院と号した篤姫にそのまま仕えていたが、元治元年（一八六四）頃から病気がちとなり、慶応期には江戸城を後にし、日比谷門外にある薩摩藩桜田屋敷で、藩から拝借金も受けて養生していた。

ところが、慶応四年（一八六八）の戊辰戦争の際、新政府軍が江戸城総攻撃に向け進軍すると、天璋院が書いた徳川家救済の歎願書を薩摩藩隊長に届けるため三月一一日に江戸を出立し、救済活動に尽力することとなった。幾島には、表使の福田、使番頭さつ、使番さよ路だけではなく、広敷番之頭二名、同添番三名、伊賀者四名、御小人《こびと》五名、御下男八人が同行し、あわせて歩行困難な幾島には、漢方医の浅田宗伯《そうはく》も付けられ、天璋院から「御くるみ御ふとん」も遣わされるなど、病身を押しての活動であったことがわかる（『藤岡屋日記』）。五十嵐金三郎編著『浅田宗伯書簡集』所収の浅田宗伯年譜によると、一行は川崎宿万年屋で薩摩藩の相良長発《ながなり》（小松帯刀の実兄）と応接し、その後西郷隆盛が来て談判に及んだのち、三月一三日に帰府したという。

明治三年（一八七〇）四月二六日、東京において死去。六三歳。墓は島津家の江戸の菩提寺大圓寺（東京都杉並区、もとは港区）にある。鹿児島市の唐湊《とそ》墓地に幾島の招魂墓があり、出自・経歴を知ることができる。　（藤田英昭）

【参考文献】　辻ミチ子『女たちの幕末京都』（中公新書、二〇〇三年）、畑尚子『幕末の大奥』（岩波新書、二〇〇七年）、藤田英昭「知られざる戊辰戦争期の天璋院」（『天璋院篤姫展』ＮＨＫプロモーション、二〇〇八年）、崎山建文「幾島と天璋院」（古閑章編『新薩摩学　天璋院篤姫』南方新社、二〇〇八年）、大石学「大奥の『内政』と『外交』」（同編『時代考証の窓から』東京堂出版、二〇〇九年）

【史料】　「（大奥女中分限帳幷剃髪女中名前）」（稲生家文書、埼玉県立文書館所蔵）、安政四年一二月「西郷ヨリ後宮往復ノ密書ヲ呈ス」（日本史籍協会編『昨夢紀事』二、東京大学出版会、一九六八年）、九月二九日「天璋院付局ヨリ久光公側役ヘノ礼状」（鹿児島県歴史資料センター黎明館編『鹿児島県史料　玉里島津家史料』三、鹿児島県、一九九三年）、鈴木棠三・小池章太郎編『近世庶民生活史料　藤岡屋日記』一五（三一書房、一九九五年）

和　宮（静寛院宮）

幼少期　弘化三年（一八四六）閏五月一〇日、仁孝《にんこう》天皇の皇女として誕生した。母は橋本実久《さねひさ》の娘で新典侍《しんすけ》の経子《つねこ》（観《かん》行院《ぎょういん》）。すでに父仁孝天皇は死去し、兄孝明《こうめい》天皇が践祚《せんそ》しており、御七夜では、孝明天皇から和宮《かずのみや》と命名され、誕生した橋本邸でそのまま養育される。嘉永元年（一八四八）八月一日、誕生日を弘化二年一二月一一日とする歳替《としがえ》が行われた。同四年有栖川宮幟仁《ありすがわのみやたかひと》親王から「てにをは」（助詞を使った基本的な文章）を学ぶことになり、同年七月一二日には幟仁親王の第一王子熾仁《たるひと》親王との縁談が治定した。その後、一二月九日深曾木《ふかそぎ》、翌五年一一月一八日有卦《うけ》入り、翌六年一一月二四日紐直《ひもなおし》と通過儀礼などが滞りなく行われ、幼児から子供へと順調に成長した。

将軍との縁組　安政六年（一八五九）四月二七日、有栖川宮への入輿が翌年に内定し、翌万延元年（一八六〇）二月二三日、桂御所に移り婚儀を待つ身となる。一方、幕府は将軍徳川家茂への降嫁の動きを本格化させ、同年五月一日孝明天皇に奏上し、朝幕間の交渉が始まった。八月一五日、和宮は周囲からの圧力と天皇の立場を考え、五か条の条件を出して降嫁を了承する。一〇月八日、天皇は降嫁の勅許を出し、翌日公家たちに通達された。その後、下向日程が定まらないまま、一二月一六日納采《のうさい》（結納）が行われ、翌文久元年（一八六一）四月一九日親王宣下により親子《ちかこ》と名付けられる。同月二四日には石清水八幡宮に参詣した。八月、ようやく下向が一〇月と決まり、一〇月二日に参内し、翌日首途の儀として祇園社に参詣した。同月二〇日天皇の見送りを受けて京都を出立し、中山道を下って一一月一五日江戸の清水屋敷に到着した。

大奥での生活　同年一二月一一日江戸城本丸大表から大奥へ入り、家茂や天璋院《てんしょういん》らと対面した。翌二年二月一一日婚儀が行われ、この日から御台所《みだいどころ》となる。しかし、一一月二三日、天皇の勅旨により呼称を「御台様」から「和宮様」に変更した。これにより皇女としての立場をより鮮明にしたが、和宮側が望む京風（御所風）の堅持はむずかしく、大奥内の軋轢は収まらなかった。ただ、夫家茂との仲はよく、家茂上洛の度にお百度詣を行った。文久三年一一月江戸城が火災にあい吹上《ふきあげ》に避難したのち清水邸、田安邸と移って仮住居とし、翌元治元年（一八六四）七月西の丸に移居した。慶応元年（一八六五）八月一〇日江戸城内で母観行院が没した。一〇月条約勅許を知ると朝廷に善処を求め、攘夷にこだわりを見せる。翌二年七月家茂が死去し、一二月九日薙髪《ちはつ》して静寛院《せいかんいん》と号した。年が明けて兄孝明天皇の死去の報に接する。

徳川家存続へ　慶応四年正月七日慶喜追討令が発せられ、同月二一日、上臈（小上臈）ふじ（土御門藤子《つちみかどふじこ》）に直書をもたせて京に向かわせ、徳川家存続の嘆願を行った。さらに三月一〇日藤子を、翌一一日玉島を、それぞれ橋本実梁《さねやな》と岩倉具定《ともさだ》に送って江戸進撃猶予を嘆願した。四月九日江戸城を立ち退いて清水邸に入り、閏四月七日清水邸で橋本実梁と面会し、徳川家の継嗣決定等について依頼した。一一月一日、東京に行幸していた明治天皇に対面し帰京について話し合い、翌明治二年（一八六九）正月一八日東京を発ち、二月三日京都に入った。同四年七月三日家禄一〇〇〇石、化粧料三〇〇石を下賜された。同六年三月二〇日二品《にほん》を宣下される。明治七年六月二四日京都を発って、七月八日東京に到着すると、用意されていた麻布邸に入居した。同一〇年箱根塔ノ沢へ湯治に赴いたが、九月二日に脚気衝心《かっけしょうしん》の発作で死去した。享年三二歳。遺言により九月一三日、増上寺（東京都港区）で葬儀が行われた。

（久保貴子）

【参考文献】武部敏夫『和宮』（吉川弘文館、一九六五年）、辻ミチ子『和宮』（ミネルヴァ書房、二〇〇八年）

【史料】「橋本実麗日記」（宮内庁書陵部所蔵）、「静寛院宮御日記」「静寛院宮御文通留」「観行院手留」「静寛院宮御側日記」「土御門藤子筆記」（日本史籍協会編『静寛院宮御日記』一・二、東京大学出版会、一九七六年）

実成院

紀伊家時代　文政四年（一八二一）、高一二〇〇石の紀伊家小納戸の松平六郎右衛門（晋《すすむ》）の娘として生まれる。母は紀伊家大番頭平井助左衛門の妹学。名は操《みさ》子。お操と称した。

天保三年（一八三二）七月朔日に御次に召し出され、一二歳で紀伊家一一代徳川斉順《なりゆき》の御側詰となった。天保五年、一四歳で中臈となる。二三歳の同一四年八月二八日に伊曾《いそ》姫を出産、一一月二四日に若年寄格を仰せ付けられ、切米金五〇両七人扶持を賜った。しかし、翌一五年一〇月二日に伊曾姫は夭折した。

斉順が死去した後の弘化三年（一八四六）閏五月二四日、二六歳で菊千代を出産した。菊千代はのちの紀伊家一三代徳川慶福《よしとみ》にして、一四代将軍徳川家茂のことである。斉順の死に伴い同年九月一四日に剃髪を願うが、摘髪《つみがみ》のみとされ、一二代徳川斉彊《なりかつ》の命で菊千代の養育に関わった。菊千代が「至極御丈夫ニ御成育」（『南紀徳川史』三）していることを受けて、同年一二月一五日には格別の思召をもって大上臈を仰せ付けられ、切米金一〇〇両・一〇人扶持を賜った。

菊千代は弘化四年四月二二日に斉彊の養子となり、斉彊が死去した後の嘉永二年（一八四九）閏四月三日、四歳で遺領を相続、嘉永四年一〇月九日に元服して慶福と名乗った。同日、従三位左近衛権中将に任官している。これを受けた一二月一〇日、おみさは御内証之御方同格となり、以後「実成院《じつじょういん》殿」と称することとなった。同時に御定金米として金三〇〇両・一五人扶持を賜っている。嘉永五年一〇月一三日には、「実成院様」と称され、御定銀七二〇両・米九〇石を進ぜられた。

安政五年（一八五八）六月二五日、一三歳の慶福は、一三代将軍徳川家定の養子となり、七月二一日に諱を家茂と改めた。将軍世子となった家茂は、赤坂紀伊屋敷から江戸城に引き移ったが、世子であっても西の丸に入ることはなく、本丸に「御逗留」したまま、家定の死の発喪を受けて徳川宗家を相続するという異例の手続きをとった（『続徳川実紀』四）。

居所の移動と呼称の変化　家茂が将軍職を継承したことにより、実成院は安政六年四月二四日に「公方様御実母実成院方」と称されることとなった。ただし、家茂が江戸城に引き移った後も、実成院は赤坂屋敷に留まったままで、江戸城本丸広敷に移徙したのは、万延二年（一八六一）二月一八日であった。この日、実成院の呼称は「実成院殿」とされ、本丸大奥では「七宝之間《しっぽうのま》」を居所とした。実成院は「華美好きなキャンキャン婆さんで、踊子やら能役者やら、そうした者に贔屓《ひいき》が多く、酒は朝からという似合わしくない身持」で、御付御次のおつち・おつさの二人とともに「乱痴気騒ぎ」をしていたとされている（「母の御本丸の話」）。

実成院の大奥引き移りに伴い、実家の兄松平織部（庸《いさを》）は紀伊家家老から幕府に召し出され、常陸国・下野国のうちで知行三〇〇〇石を与えられて新番頭となった。その後、庸は日光奉行、小性組番頭、書院番頭を歴任し、元治元年（一八六四）に病死している（『柳営補任』一・二・五）。

図34　池上本門寺にある実成院納髪塔（左）
円柱の中央には「南無妙法蓮華経」と彫られている。

文久三年（一八六三）一一月一五日の本丸・二の丸炎上により、実成院は家定御台所の天璋院や家定生母の本寿院らとともに、北の丸にある清水屋形に一旦入った。その後、元治元年に西の丸に仮御殿が落成すると西の丸に移っている。

長州戦争の最中、大坂城で家茂が二一歳で死去すると、大奥内で「御取扱振御格直り」が天璋院・和宮から求められ（『淀稲葉家文書』）、喪が発せられた後の慶応二年（一八六六）八月二五日、実成院の呼称は「実成院様」と改められた。同時に実成院様御用人・御用人並・御用達などが設けられている。家茂の死を受けて、実成院は紀伊屋敷に帰りたいと願っているが（『静寛院宮御日記』二）、それは叶わず江戸城西の丸仮御殿に留まり続け、慶応三年一二月一四日に天璋院と本寿院が住まう二の丸御殿へと引き移った。しかし、二の丸御殿も一二月二三日に炎上し、天璋院らとともに再び西の丸仮御殿に戻った。

瓦解後の生活　江戸開城に先立つ慶応四年四月九日、実成院は静寛院宮（家茂御台所）とともに田安屋形へと退去した。なお、江戸時代以来の田安屋形は先年の慶応元年閏五月一八日に焼失しており、田安家は当時当主不在の明御屋形となっていた清水屋形を仮屋形とし、そのまま維新を迎えていた。

徳川家の家名存続が認められたのちの七月四日に落髪。法華経信者だった実成院は、池上本門寺の深徳院（九代将軍徳川家重の生母）墓の右隣に髪を埋葬し、その地に円柱の納髪塔を建てた（図34）。駿河府中藩主となった徳川亀之助（家《いえ》達《さと》）が、東京を出立しても、静寛院宮・天璋院・本寿院とともに東京に留まった（翌年に静寛院宮は上京）。

その後居所としていた田安屋形の政府接収がきまると、明治二年（一八六九）八月二二日、すでに天璋院・本寿院が引き移っていた赤坂紀伊屋敷へと移り、翌三年八月一一日には天璋院らとともに牛込戸山屋敷（旧尾張家下屋敷）へと転居した。その後、赤坂福吉町邸を経て明治一〇年には千駄ヶ谷邸へ転居し、ここを終の棲家《すみか》とした。千駄ヶ谷邸における居所は「新御部屋」と称された。

明治三七年（一九〇四）一一月三〇日、肺炎により死去。八四歳。法号は実成院清操妙寿大姉。上野谷中墓地の本寿院の墓の側に埋葬された。実成院は蘭の花を好み、家達の長女綾子や次女綏子《やすこ》によると、手先が器用で、細工物に巧であったとされる（『花葵』）。寛永寺徳川将軍家御裏方霊廟の発掘成果により、推定身長が一四六・八cmと江戸庶民の平均と同程度であったことが判明した。（藤田英昭）

【参考文献】辻達也「明治維新後の徳川宗家」（『専修人文論集』六〇、一九九七年）、保科順子『花葵』（毎日新聞社、一九九八年）、柳田直美「史料紹介『本寿院様御履歴』」（『徳川記念財団会報』一二、徳川記念財団、二〇〇八年）、望月良親「徳川将軍とその生母」（徳川記念財団編集・発行『徳川将軍家ゆかりの女性』二〇〇八年）、馬場悠男・坂上和弘「寛永寺徳川将軍親族遺体の形態学的研究」（寛永寺谷中徳川家近世墓所調査団編『東叡山寛永寺徳川将軍家御裏方霊廟』第3分冊考察編、吉川弘文館、二〇一二年）、夏目琢史「実成院とその実家松平家」（徳川記念財団・東京都江戸東京博物館編『幕末の江戸城大奥』徳川記念財団、二〇一三年）、三田村鳶魚「母の御本丸の話」（『御殿女中』）
【史料】堀内信編『南紀徳川史』二・三（南紀徳川史刊行会、一九三〇〜三一年）、慶応二年八月一五日「将軍家危篤ニ付実成院身分昇格其他大奥の意見書」（日本史籍協会編『淀稲葉家文書』東京大学出版会、一九七五年）、『続徳川実紀』三〜五

橋本経子（観行院）

典侍となる　文政九年（一八二六）一一月二六日に橋本実久《さねひさ》の娘として誕生した。諱は経子《つねこ》。天保一〇年（一八三九）一二月一九日典侍《ないしのすけ》として参内し、二六日新典侍《しんすけ》と称した。このおり仰せにより表向き一六歳となる。弘化元年（一八四四）一一月一日仁孝《にんこう》天皇の皇子胤宮《たねのみや》を出産するが、翌二年一〇月五日夭折する。この年八月八日従五位上《じゅごいのじょう》に叙せられる。同三年正月二六日同天皇が病死して二月一三日孝明《こうめい》天皇が践祚《せんそ》する。仁孝天皇の皇子女を儲けた経子を含む三人の典侍は薙髪することになったが、このとき経子は懐妊中で、閏五月一〇日、橋本邸で皇女和宮《かずのみや》を出産する。

和宮降嫁をめぐって　同年一二月薙髪して観行院《かんぎょういん》と称し、父実久とともに和宮の養育にあたり、安政四年（一八五七）の実久没後は兄実麗《さねあきら》と引き続き養育した。万延元年（一八六〇）幕府による和宮降嫁の動きが本格化し、同年六月、一二代将軍徳川家慶の上﨟御年寄だった叔母の勝光院《しょうこういん》（姉小路）から兄実麗に説得の書状が届いた。八月和宮は縁組を固辞し、経子も大典侍《おおすけ》らに現状ではとてもお勧めすることはできないと述べる。しかし、時勢に抗することはできず、和宮降嫁は治定し、経子も和宮とともに江戸に下向することになり知行を返上した。江戸下向に際しては、年寄一人・針妙《しんみょう》三人・半下《はした》五人・近習六人・青士《あおざむらい》六人・小頭二人・下部《しもべ》二七人が付き従った。

位階昇叙　大奥に入った経子は京風の慣習にこだわりながら和宮を支えた。文久三年（一八六三）和宮付の女官庭田嗣子《つぐこ》（宰相典侍《さいしょうのすけ》）は、和宮の意向をくんで経子への位階昇叙を両頭（大典侍・勾当内侍《こうとうのないし》）に打診した。和宮の成長は経子の養育によるもので、婚礼も無事に済んだので宮の孝養として賜りたいというのである。しかし、両頭は、先帝（仁孝天皇）に仕えた期間が一〇年に満たず、宮の養育は母として当然で、婚礼からも年月が経っていないこと、さらに薙髪した者への位階はかなり難しく、時期を待つよう返答する。元治元年（一八六四）

一一月頃から体調を崩し、翌慶応元年（一八六五）七月に入ると病状が悪化した。亀戸の天神や目黒の祐天寺、伊勢神宮と京都の寺社などで祈禱が行われた。八月六日位階の昇叙がようやく認められ、翌七日正五位下《しょうごいのげ》が与えられる。同月一〇日江戸城内で死去し、一四日公表された。享年四〇歳。戒名は観行院心誉心月覚影大姉で、増上寺内（東京都港区）に埋葬された。

（久保貴子）

【参考文献】辻ミチ子『和宮』（ミネルヴァ書房、二〇〇八年）

【史料】「橋本実久日記」「橋本実麗日記」（宮内庁書陵部所蔵）、「静寛院宮御文通留」「静寛院宮御側日記」（宮内庁書陵部所蔵、日本史籍協会編『静寛院宮御日記』一・二、東京大学出版会、一九七六年）、「和宮様御下向に付為御迎罷登候役々書留」（徳川黎明会編『徳川礼典録』中、原書房、一九八二年）

庭田嗣子

典侍となる　文政三年（一八二〇）庭田重能《しげよし》の娘として誕生した。諱は嗣子《つぐこ》。天保七年（一八三六）仁孝《にんこう》天皇の典侍《ないしのすけ》に補されて新典侍《しんすけ》となり、同一〇年権典侍《ごんすけ》に進んだ。弘化三年（一八四六）正月同天皇が没して二月孝明《こうめい》天皇の践祚《せんそ》が行われ、嗣子は暇《いとま》となるが、翌四年再出仕し、宰相典侍《さいしょうのすけ》と称する。万延元年（一八六〇）八月一五日、和宮側が降嫁了承の際に五か条の条件を提出し、そのなかに禁裏女官《にょかん》一人を和宮の側付として随従させてほしいという一か条があったことが、嗣子の人生を大きく変える。

和宮付となる　万延元年一〇月二九日、嗣子にその役が沙汰される。翌日辞退したが、一一月二日再度下命があり、実家と相談の上渋々承諾する。このとき典侍の身分のまま下向することなどの希望を出し、その後江戸下向のための支度金や幕府からの宛行《あてがい》に関する希望なども出した。文久元年（一八六一）江戸での宛行が年一二〇俵（米四八石）・金一〇〇両と決まり、知行一二〇石はやむなく返上した。約束された支度金は半金しか届かず、和宮の納戸から六〇〇両を拝借する。和宮付として下向前の石清水八幡宮の参詣などに供奉《ぐぶ》し、同年一〇月二〇日京を出立。一一月一五日江戸に到着して一二月一一日本丸大奥に入った。

大奥入り　当初から御風違に悩まされ続け、京都の両頭（大典侍《おおすけ》と勾当内侍《こうとうのないし》）と頻繁に連絡をとっていたが、文久三年、両頭から大奥の融和と侍女たちの一層の監督を要請され、両頭に罷免を願い出るほど追い詰められた時期もあった。一方で典侍として御所からの知行拝領にこだわり、この年五月、先の手当に加え一五四俵の支給が申し渡されたときも、御所からの拝領を望んでいる。慶応二年（一八六六）一二月二五日孝明天皇が死去し、翌三年正月九日明治天皇が践祚した。孝明天皇の譲位までの勤めとされていたこともあり、嗣子をはじめ命婦《みょうぶ》の能《の》登《と》、三仲間《みなかま》の梅・松江の処遇が話し合われ、能登らは九月か一〇月に帰京することになるが、嗣子は薙髪《ちはつ》を許されず、そのまま和宮に仕えることになった。以後、和宮の帰京実現に向けて尽力していたが、病が重くなり、同年一一月九日死去した。享年四七歳。戒名は清実院殿忠香妙蓮嗣香大姉。墓所は金戒光明寺（京都市）。

（久保貴子）

【参考文献】辻ミチ子『和宮』（ミネルヴァ書房、二〇〇八年）
【史料】「静寛院宮御側日記」「静寛院宮御文通留」（宮内庁書陵部所蔵、日本史籍協会編『静寛院宮御日記』一・二、東京大学出版会、一九七六年）

瀧山

生家大岡家　文化三年（一八〇六）四谷南伊賀町に住む御鉄砲百人組与力・大岡権左衛門義方（七代）の娘として生まれる。通称多喜といわれる。六代孫右衛門義安の娘も染嶋という名前で大奥に奉公していた。大岡家は家禄二五〇俵であったが、弟の孫右衛門は瀧山の縁で小納戸（五〇〇石高・役料三〇〇俵）を勤め、その娘ませは天璋院付中﨟となった。大岡家では三代に渡り叔母と姪の関係で大奥奉公を継続していた。

御年寄瀧山　文政五年（一八二二）一六歳の頃に江戸城へ奉公に上がったといわれる。嘉永五年（一八五二）頃に世子家祥《いえさき》（後一三代将軍家定）付御年寄に昇進し、家定が将軍職に就くとそれに従い西の丸から本丸に引き移る。家定在世中、その大奥は歌橋が支配していたため、瀧山にはいわれるほどの権力はなかった。

家定死去後も一四代将軍家茂の御年寄も務め、天璋院の信頼を得て、和宮降嫁後の混乱した大奥を取り仕切った。その後和宮や本寿院の信頼も得て、老女の数が削減される中、筆頭上﨟御年寄万里小路《までのこうじ》と共に幕末期の大奥を支えた。

平成二二年に発見された瀧山の日記から、御年寄の仕事の一端や女中の採用や昇進に関わっていること、参詣や御三家への上使として外出していること、などが知られる。

暇の時期　慶応四年（一八六八）四月江戸城開城時、瀧山は官軍への江戸城明け渡しに難色を示していた天璋院を説得し、奥女中たちの身の振り方を差配したといわれてきた。しかし、徳川慶喜夫人美賀子からの贈物を書き上げた史料などから、慶応三年一〇月に大奥奉公を辞めていることが明らかとなった。

慶喜の徳川宗家相続に反対していた瀧山は家茂の死後、和宮の説得を振り切り職を辞した。しかし、家茂の一周忌までは江戸城内に留まり、後任の錦小路の指導にあたることを了承する。慶応二年一二月まで現役で、翌三年正月以降元職となり、一〇月に江戸城を出た。

川口での晩年　慶応三年（一八六七）一二月に御礼上りをした後、翌四年の早い時期に川口へ移ったと思われる。瀧山の部屋方で局として仕えていた仲野は、川口二軒在家の船津家から王子に出た船津家の娘であり、その縁を頼ったといえる。染島、仲野と共に移り住んだ瀧山は船津家から夫妻養子を迎え、瀧山家を興した。

明治九年（一八七六）一月一四日、七一歳で没し、錫杖寺《しゃくじょうじ》（埼玉県川口市）に葬られた。錫杖寺の記録に「瀧音院殿響誉松月祐山法尼　二軒在家村八番屋敷農　瀧山寅之助母たき七拾年満」とある。

（畑　尚子）

【参考文献】『江戸城』（東京都江戸東京博物館、二〇〇七年）、畑尚子『徳川政権下の大奥と奥女中』（岩波書店、二〇〇九年）

【史料】「徳川慶喜夫人美賀子よりの遺物差上帳」(東京都江戸東京博物館所蔵)、「昭徳院様附元御年寄瀧山御充行其外渡方之儀書付」(国立公文書館所蔵)、日本史籍協会編『静寛院宮御側日記』(東京大学出版会、一九七六年)、畑尚子「大奥御年寄瀧山日記」(『國史學』二〇六～二〇八、二〇一二年)

万里小路

二人の万里小路　江戸城大奥で万里《まで》小路《のこうじ》を名乗る人物は二人いる。一人は勧修寺《かじゅうじ》家分流の岡崎国栄の娘で、天明元年(一七八一)に若君(家斉)付小上臈となり、同五年に上臈御年寄となった万里小路。当人は、林忠篤《ただあつ》(一橋家老)や子の忠英《ただふさ》(御側御用取次・若年寄)を宿元とし、一〇代家治、一一代家斉、世子家慶に仕え、天保四年(一八三三)六月二八日に死去した(延良院殿珠誉仙覚寿貞大姉)。

もう一人は、墓誌に「女而心如男、操如鉄(女にして心男の如く、操《みさお》鉄の如し)」と評された万里小路で、文化一〇年(一八一三)、同じく勧修寺家分流池《いけ》尻《がみ》興房の末娘として京都で誕生し、寿賀姫と称したといわれる(「萬里小路松壽院殿墓誌銘」)。ただし「池尻興房」という人物が実在しないため出自は疑わしい。墓誌にある「興房」が、実在する池尻暉《てる》房《ふさ》の誤記であるとすれば、暉房の娘が岡崎国均に嫁いでいるので、初代万里小路と関わりがあるが、実は町人の娘ではないかとする説もある。

二代目万里小路は、大御所家斉、一二代家慶、一三代家定、一四代家茂の四代に仕えた。宿元は大御所時代に絶大な権勢を誇った若年寄の林忠英で、忠英は大奥での足場を維持するために、出自に問題のある女性を公家の娘とし、初代万里小路の名跡を継がせたのではないかとされている。ここでは二代万里小路を中心に見ていく。

徳川四代に仕える　「萬里小路松壽院殿墓誌銘」によると、二代目万里小路は天保初年に江戸に来て幕府に仕えたとされる。当初は「おふち」と名乗っていた(「七宝御右筆間御日記」)。おふちは、天保七年(一八三六)九月六日、内府(家慶)付小上臈から公方(家斉)付小上臈に変わり、同九年一一月朔日に大御所(家斉)付上臈御年寄となって、万里小路と改名した。

天保一二年閏正月三〇日、大御所家斉が死去すると、その側近勢力が一掃され、忠英も御役御免・隠居を命じられるが、万里小路は大奥に残り、忠英の家督を継いだ嫡男忠旭《ただあきら》を宿元として、翌年三月二四日に家慶付上臈御年寄となった。その後、上臈御年寄の筆頭となり、家慶の死後も家定・家茂の上臈御年寄として勤めを続けた。文久三年(一八六三)一一月、幕府が大奥女中のリストラを敢行した際に御暇願いを出したが差し留められ(『藤岡屋日記』一一)、翌元治元年(一八六四)五月二九日、病気により御暇を許された(「御老女衆記」)。

戊辰戦争期の動向　しばらく江戸市中で過ごしていたと思われるが、慶応四年(一八六八)に戊辰戦争が勃発し、東征軍が江戸に進軍するという報を受けて、「予雖非嫁於覇府而既事覇府、則覇府之媵而非王家之妾(予覇府《はふ》〈幕府〉に嫁すにあらずと雖も既に覇府に事《つか》ふ、則ち覇府の媵《よう》〈女官〉にして王家の妾《しょう》に非ず）」（「墓誌銘」）として、佐幕的な動きを見せた。

　すなわち、林忠英の孫忠崇《ただたか》（上総国請西《じょうざい》藩主）が、江戸開城後に遊撃隊に参加し、脱藩して新政府軍に抗戦の意志を示すと、その「義挙」に感じ入り、請西（上総国望陀《もうだ》郡）に赴き木更津《きさらづ》村の長楽寺において、村民を巻き込んだ戦勝祈願を行ったのである（「慶応四戊辰年新聞一」慶応四年閏四月五日条）。忠崇軍へは軍用金も提供するなど（「林昌之助戊辰出陣記」同年閏四月一六日条）、女性の立場で徳川軍を支援した。

　木更津に来た時、万里小路は女中七、八人を従え、長楽寺の一室で江戸城大奥そのままの生活を続けていたとされるが、忠崇軍の敗走・恭順という時勢の転変とともに生活は困窮し、その後、望陀郡横田村の豪商河内屋惣左衛門宅に移り、その娘でかつて万里小路の部屋方を務めていた里鹿《りか》の世話を受けたという（「墓誌銘」）。晩年、旧請西藩士の重田鹿次郎を養子とし、明治一一年（一八七八）五月七日、河内屋宅で死去。六六歳。戒名は松壽院殿雙圓成心大姉。墓は長楽寺山上の墓地にある。　（藤田英昭）

【参考文献】木更津市史編集委員会編『木更津市史』（木更津市、一九七二年）、畑尚子『徳川政権下の大奥と奥女中』（岩波書店、二〇〇九年）、宮間純一「戊辰戦争期における上総国農村の『佐幕』的動向」（『千葉史学』五五、二〇〇九年）

【史料】「七宝御右筆間御日記」（津山郷土博物館所蔵）、「林昌之助戊辰出陣記」（日本史籍協会編『維新日乗纂輯』五、一九六九年）、「万里小路松壽院殿墓誌銘」（林勳編『上総国請西藩主一文字大名林侯家関係資料集』私家版、一九八八年）、實形裕介「民衆の見た戊辰戦争」（『袖ヶ浦市史研究』三、一九九五年）、「御老女衆記」（『古事類苑』官位部三）

美賀子

代役　天保六年（一八三五）七月一九日、今出川《いまでがわ》公久《きんひさ》の娘として誕生した。延《なが》君《ぎみ》と称する。嘉永六年（一八五三）二月、一橋慶喜と婚約していた一条忠香《ただか》の娘千代君が病気のため婚約を解消すると、代わりに千代君より八歳年長の延君を忠香の養女として嫁がせることになり、五月幕府も了承した。安政元年（一八五四）美賀君《みかぎみ》と改名し、翌二年九月二九日と翌一〇月一日、美賀君の道具が江戸城本丸から一橋邸に廻送された。美賀君一行は一〇月五日江戸城本丸に到着した。本来は即日、一橋家五代斉位《なりくら》の後室誠順院《せいじゅんいん》（徳川家斉の娘賢子）に引き取られる予定だったが、御守殿《ごしゅでん》が直前の大地震で大破したため、移ったのは復旧後の一一月一一日であった。同月一五日結納、一二月三日婚礼と進められた。

一橋家簾中　一二月一八日、慶喜とともに本丸大奥に登り婚姻の礼を述べ、簾中としての生活が始まった。住まいは桜御殿と呼ばれた。当時の一橋家には誠順院のほか、七代慶寿《よしひさ》の後室徳信院《とくしんいん》（伏見宮貞敬《さだゆき》親王の娘直子《つねこ》、二六歳）がおり、翌三年慶喜の実父徳川斉昭《なりあき》は、琵琶を嗜む美賀君（今出川家の家業が琵琶）に琵琶を贈るなど気を遣った。しかし、美賀君は慶喜と徳信院の仲を疑って悋気《りんき》を起こし、二人の不仲は島津斉彬《なりあきら》や松平慶永《よしなが》ら周囲の大名や将軍の耳にも入るほどになる（「昨夢紀事」四）。それでも安政五年七月一六日女子を出産したが、同月二〇日夭折した。翌六年八月慶喜は隠居・慎を命じられる。その後、万延元年（一八六〇）九月慎が免じられ、文久二年（一八六二）七月、さらに一橋家再相続・領知一〇万石下賜と将軍後見を命じられて一二月には上京したため、以後ほとんど別居状態となる。

最後の御台所　慶応二年（一八六六）八月二〇日、慶喜が徳川宗家を相続するも、美賀君は当分一橋邸に住居するよう幕府から達せられた。九月一一日、美賀君の用品は、和宮・天璋院同様の取り計らいとなり、一〇月五日非常時の立退場所は吹上御庭とされた。翌三年九月御台《みだい》所《どころ》の称に改められたが、一二月慶喜の将軍職辞退により簾中に戻った。明治元年（一八六八）四月水戸家の小石川邸に移る。謹慎中の慶喜とは別居が続き、同二年九月深川の蔵屋敷に居を移したのち、一一月静岡に入り同居した。同二七年七月九日、東京千駄ヶ谷の徳川宗家の屋敷で死去。享年六〇歳。名を省子から美賀子に改めたのは維新後で、院号は貞粛院。墓所は谷中墓地である。　（久保貴子）

【参考文献】　大庭邦彦『父より慶喜殿へ』（集英社、一九九七年）

【史料】　辻達也編『新稿一橋徳川家記』（続群書類従完成会、一九八三年）、中根雪江「昨夢紀事」四（日本史籍協会編『昨夢紀事』一、東京大学出版会、一九八九年）

貞芳院（有栖川宮吉子）

生い立ち　文化元年（一八〇四）九月二五日、有栖川宮織仁《ありすがわのみやおりひと》親王の末の王女として誕生する。母は家女房安藤清子（清心院）。登美宮《とみのみや》と称される。諱は吉子《よしこ》。同九年二月、父織仁親王が落飾して兄韶仁《つなひと》親王が家を継ぐ。文政二年（一八一九）父とともに土手町の夷川隠殿に移るが、翌三年父が死去したため本邸に戻る。同一三年、前年一〇月に水戸徳川家を継いだばかりの斉昭《なりあき》との縁組が持ち上がり、同年一二月二八日縁組が治定した。斉昭三一歳、登美宮二七歳であった。将軍世子家慶の簾中楽宮《さざのみや》（異母姉）の肝煎りという。

水戸家に入る　翌天保二年（一八三一）三月一八日京を出立し、四月六日江戸に到着して同月一三日婚儀を挙げた。天保三年五月三日長男（嫡男）慶篤《よしあつ》を出産し、その後二男一女を儲ける。このうち天保八年九月二九日に誕生したのが慶喜である。生家での生活が長かったため、有栖川流の書をはじめ箏《こと》や篳篥《ひちりき》にも堪能であった。弘化元年（一八四四）夫斉昭が幕命により強制隠居・謹慎となり、水戸家は慶篤が継いだ。同四年慶喜は将軍家慶の命により一橋家を相続した。嘉永五年（一八五二）一二月一五日には甥の有栖川宮幟仁《たかひと》親王王女線宮《いとのみや》が、将軍家慶の養女として慶篤に嫁いできている。安政五年（一八五八）七月五日、斉昭が幕府から駒込邸に蟄居を命じられ、翌六年八月二七日さらに水戸へ永蟄居となった。同年一二月、吉子も幕府の許可を得て水戸に下る。吉子は女丈夫で、斉昭の影響もあってか家政や海防にも関心があったという。翌万延元年（一八六〇）八月斉昭が没すると、薙髪して貞芳院《ていほういん》と称した。

晩年　慶応二年（一八六六）慶喜が将軍職を継いだが、同四年朝敵となって追討令が発せられると、東征大総督に任じられたのは幟仁親王の子熾仁《たるひと》親王という皮肉な巡り合わせとなった。同年四月五日には慶篤が死去する。維新後は跡を継いだ昭武《あきたけ》の世話を受け、明治五年（一八七二）九月から向島小梅に住居した。静岡の慶喜とは親しく文通し、貞芳院が静岡を訪れたこともある。慶喜も病気見舞いなどで上京した。明治二六年正月二七日に死去し、二月七日水戸徳川家の墓所瑞竜山（茨城県常陸太田市）に葬られた。享年九〇歳。文明夫人と諡《おくりな》される。

（久保貴子）

【参考文献】『徳川慶喜展』（NHK、一九九八年）、『幕末日本と徳川斉昭』（茨城県立歴史館、二〇〇八年）

【史料】杉栄三郎等編『織仁親王行実』（開明堂、一九三八年）

新村信

慶喜に仕える　一五代将軍徳川慶喜に仕えた信《のぶ》は、嘉永五年（一八五二）、小普請組や大番組に列した松平政隆（勘十郎、二五〇俵）の二女として生まれた。はじめ一橋家の小性・小性頭取を務めた荒井省吾（助太郎・筑後守、四〇〇俵）の養女となるが、のちに同じ経歴を持つ新《しん》村猛《むらたけ》雄《お》（弘之助・平吉郎・主計頭、二〇〇俵）の養女となった。新村猛雄は、幕末・明治にかけて常に慶喜の側にあって「終始内に侍して直言讜議《とうぎ》、心を啓沃《けいよく》に尽したれば、赫々《かくかく》の功の外に顕はるゝものなしといへども、公（慶喜）を伝するについては、必ず記さゞるべからざる人なり」（『徳川慶喜公伝』四）と評される人物で、表立って活躍することはなかったが、慶喜を語る上では不可欠な人物であったとされる。猛雄の養子には『広辞苑』を編纂したことで知られる言語学者の新村出《いずる》（実父は関口隆吉）もいる。

　市川東巌（大垣藩の絵師）の風聞書である「坤儀革正録」によれば、信が慶喜に仕えたのは慶応二年（一八六六）であった。恐らく慶喜が徳川宗家を相続し、将軍職に就いた時期と重なるのではないか。信は馬術を得意とし、糸竹《しちく》（管弦）の心得もある「艶色之婦人」であったという。同時期、信のほかに一橋家老大井信道の娘など五、六人が慶喜のもとに召し寄せられ、「御手附御中老」になった。興味深いのは、「写真鏡に而形を写し取り召し寄せられ候へ共、又直に御覧に相成り候へは、大に様子相変り候間、御帰しに相成り候者も御座候」と、女中選定にあたって慶喜は、姿形を撮らせた写真を見て決めたとされる点である。ただし、「御覧」になってみると慶喜の気が変わり、帰した者もあったという。こうしたなかで信は慶喜のお眼鏡に叶って側に仕えることになった。

「御かわいそう」な信　慶応三年二月五日、将軍慶喜はフランス公使レオン・ロッシュを引見するため大坂に下り、京都を留守にした。この時京都に残った信や信の「召仕之女」は、江戸にいる知人に宛てて手紙を認めている。「召仕之女」の手紙によれば、「旦那様（信）もいつそ御かわいそう」（「坤儀革正録」）な姿であったという。というのは「上様（慶喜）御膳所より差し上げ候物は召し上がらず、御側に而出来候ぶたや牛計り召し上り」と、慶喜が用意された食事には手を付けず、豚や牛ばかりを食べていたからだという。しかも、慶喜一人で食べるのならまだしも、周りの者にも勧めているため「きみわるく皆々さま御いやかり遊し候、誠に〳〵是には困りまいらせ候」日常であった。それでも信は慶喜の側を離れず、明治以降、慶喜との間に五男五女を儲けた。明治三八年（一九〇五）二月八日、五四歳で死去。墓は谷中墓地（東京都台東区）の徳川慶喜家墓域内にある。

（藤田英昭）

【参考文献】 渋沢栄一『徳川慶喜公伝』四（東洋文庫、平凡社、一九六八年）、遠藤幸威『女聞き書き徳川慶喜残照』（朝日文庫、一九八五年）、前田匡一郎『駿遠へ移住した徳川家臣団』二・四（私家版、一九九三・二〇〇〇年）、榊原喜佐子『徳川慶喜家の子ども部屋』（草思社、一九九六年）、松戸市戸定歴史館編集・発行『最後の将軍　徳川慶喜』（一九九八年）、同『徳川慶喜家　最後の家令』（二〇一〇年）、静岡市美術館・NHKプロモーション編集・発行『家康と慶喜』（二〇一〇年）、松戸市戸定歴史館・静岡市美術館編集・発行『没後一〇〇年　徳川慶喜』（二〇一三年）

【史料】「坤儀革正録」（内閣文庫、国立公文書館所蔵）

中根幸・一色寿賀

中根幸　一五代将軍徳川慶喜に仕えた幸《こう》は、講武所剣術教授方出役や大番入りを経て、のちに遊撃隊頭取並となった中根芳三郎（正丙）の娘として生まれた（生年は嘉永四年と思われる）。一橋家の小性頭取を務め、明治以降も慶喜付家扶となった成田新十郎の養女となった。

慶喜に仕えた時期は定かではないが、慶喜が徳川宗家を相続し、将軍となった慶応二年（一八六六）頃ではなかったかと推定される。幕末期における足跡は、同じく慶喜に仕えた新村信ほど明らかではない。明治五年に慶喜の側仕の「於法」「里尾」「久免」が御暇となって以降も、慶喜の側を離れず、慶喜との間に六男七女を儲けた。

信とは仲が良かったことで知られ、夜《よ》伽《とぎ》と湯殿の係を交代で務めていたという。信と同様、明治七年や明治二二年、また明治二六から三〇年の間に撮影された写真が残されている。明治二六年から三〇年に撮られた写真は、慶喜自らの撮影であった。成田家の困窮により、明治二七年に中根家に復籍。大正四年（一九一五）一二月二九日、六五歳で死去した。墓は谷中墓地の徳川慶喜家墓域内にある。

一色寿賀　一色寿賀は、天保九年（一八三八）四月二六日、一色貞之助（定住）の長女として生まれた。幼名はみち。六歳の時、一橋家の若年寄格だった伯母の杉浦の養女となり、その部屋子となった。名はさて、花浦、須賀と職名が変わるたびに変わった。幕末期は慶喜の正室美賀君付の若年寄を務めたが、その後、老女として慶喜にも仕えた。明治以降、静岡で暮らす慶喜の子女が、東京の千駄ヶ谷の徳川宗家邸で暮らすようになると、御付として従った。晩年、慶喜より寿賀の名を賜っている。慶喜の死後も徳川慶喜家に仕え続け、慶喜の孫たちから「すがばばあ」として親しまれていた。昭和四年（一九二九）一〇月七日、九二歳で死去。谷中墓地にある徳川慶喜家墓域内に墓があることから、慶喜家の一員として遇されていたことがわかる。

（藤田英昭）

【参考文献】渋沢栄一『徳川慶喜公伝』四（東洋文庫、平凡社、一九六八年）、遠藤幸威『女聞き書き徳川慶喜残照』（朝日文庫、一九八五年）、前田匡一郎『駿遠へ移住した徳川家臣団』二・四（私家版、一九九三・二〇〇〇年）、榊原喜佐子『徳川慶喜家の子ども部屋』（草思社、一九九六年）、松戸市戸定歴史館編集・発行『最後の将軍 徳川慶喜』（一九九八年）、保科順子『花葵』（毎日新聞社、一九九八年）、前田匡一郎『慶喜邸を訪れた人々』（羽衣出版、二〇〇三年）、松戸市戸定歴史館編集・発行『徳川慶喜家 最後の家令』（二〇一〇年）、静岡市美術館・NHKプロモーション編集・発行『家康と慶喜』（二〇一〇年）、松戸市戸定歴史館・静岡市美術館編集・発行『没後一〇〇年 徳川慶喜』（二〇一三年）

【史料】「書付（慶応二年慶喜宗家相続の際の御附女中名一覧）」（一橋徳川家文書、茨城県立歴史館所蔵）、「書付（一橋慶喜宗家相続にあたり御附女中任命の件）」（同上）

第三部

大名家の「奥」

第12章

大名奥向と政治・経済・社会

大名家の正室と藩政

大名家の正室　一般に正室の役割は、まず当主の血筋に連なる子女、とりわけ跡継ぎの男子を産むことにあるが、側妾の産んだ子女や跡継ぎに迎えた養子と擬制的な母子関係を結び、嫡母・養母ともなった。あわせて正室には、奥向を統括するという役割があった。親族との交際や、先祖の法要の執行も正室の役割であった。

　さらに最近では、正室が政治的な役割を担っていたことも指摘されている。年頭祝儀をはじめとする年中行事、家督相続、初御目見など、公の政治的儀礼に正室が関わることが、最近の研究で明らかにされている。たとえば、薩摩藩島津家、仙台藩伊達家、また佐賀藩鍋島家の大身給人の家や高田藩等を領知した榊原家の附家老家でもこのような事例が確認されている。さらに、大名当主が不在時の江戸屋敷においては、正室が最高責任者であったという見解も出されている。

大名家正室と家臣　柳谷慶子氏の研究により、仙台藩伊達家の事例を見ていきたい（「武家権力と女性」）。伊達家七代当主重村正室の惇姫《あつひめ》（観心院）の場合、年頭祝儀、歳暮祝儀、寒暑御機嫌伺の三度、家臣団からの挨拶を受けていた。このうち年頭祝儀においては、御一門衆、同隠居、同子息、同内室、同母、御一家、准御一家、御一族、家老、家老筋目の着座の輩、若老、小性頭、頭年寄が、便書により肴一種を正室に献上するとされていた。家臣団の最高序列に位置する一門衆は、家臣本人のみではなく、その内室と母も惇姫への挨拶を求められた。すなわち、一門衆は、その当主夫妻、母子ぐるみで大名当主夫妻に仕えるという奉公関係が結ばれていたのである。

　また正室は、家臣の家督相続において、家臣からその返礼である「継目《つぎめ》家督《かとく》之御《のおん》礼《れい》」を受ける対象でもあった。さらに藩主への初御目見を果たした家臣は、藩主正室へも挨拶や肴代の献上を行った。家督御礼・初御目見は、大名当主と家臣の間の主従関係の確認・更新という意義をもつ政治儀礼であったが、正室との間にも同様の行為が行われており、正室が家臣との間に主従関係を結んでいたことがわかる。家臣からみれば、正室は大名当主、世子と同様に奉公の対象であった。

奥と表　同じく柳谷慶子氏の研究によれば、出羽秋田藩佐竹家の場合、江戸藩邸においては、表方の重職や側廻りの役人は、正室と謁見することが可能であった。通常は上屋敷の広敷《ひろしき》が謁見の場所である。また、謁見の対象家臣は、通常婚礼直後の時期に決定された。明和四年（一七六七）の規定からは、正室が表方の重臣にも直接に命を下す場合が想定されている。

　さらに正室が直接に表に出向く場合もあった。八代藩主義敦正室の賀姫（貞明院）は、婚礼から一か月後の明和四年三月に表に出御し、祝いの儀式が執り行われた。婚姻後に正室が表に出向くことは、政治的儀礼としてこの時期にはすでに慣例化していた。

　出産後に表で執り行われた産屋明けの儀礼も、明暦元年（一六五五）には確認できる。この祝儀の主催者は、出産した正室であった。佐竹家においては、出産が家の繁栄をもたらす公的な行事として位置付けられ、母である藩主の正室も公的存在として、儀礼の主体に位置付けられていたことが知られる。出羽米沢藩上杉家の事例として、儒者細井平洲《へいしゅう》の講義を正室が表で内々に聴講するなどの事例もあり、表と奥との関係については、さらに検討を重ねる必要がある。

正室の政治性　松崎瑠美氏の研究（「大名家の正室の役割と奥向の儀礼」）によれば、薩摩藩島津家では、三代藩主綱貴の次女の縁組みを契機として将軍家との儀礼が開始され、その後、藩の重要な政治ルートとして定着する。将軍家との交際は、島津家の正室の重要な役目であった。六代藩主継豊《つぐとよ》の継室竹姫（五代将軍綱吉養女）は、養子とした継豊世子の宗信を江戸城大奥に伴い、将軍吉宗から脇差しを拝領し、その後松平の名字を許されるなど、島津家と将軍家との結び付きの強化に寄与した。また、宝暦一二年（一七六一）に島津家の江戸上屋敷が焼失した際には、幕府から復興資金を引き出すことに成功した。正室や前藩主の正室の上級女中が女使《おんなづかい》として江戸城大奥に登城し、将軍の家族に献上したり、書状を送る奥向のルートは、将軍家との姻戚関係に基づくもので、大名家の権威付けや名誉に大きく貢献した。

また、柳谷慶子氏によれば、仙台藩の八代藩主斉村が急逝した際に、嫡子政千代の擁立とその後の藩政の安定に尽力したのは、七代藩主重村の正室観心院であった。彼女は、伊達家の親族大名との協議を重ね、了解と支援をとりつけ政千代の襲封を実現させた。さらに藩政の後見役を依頼したり、重要事項の決定の仕方を定めるなど、幼君の補佐体制を整えた。とりわけ当時幕府若年寄の要職にあった親族大名の堀田正敦を藩政の後見役に任じた意義は大きいとされる。彼女は、家臣団に対しても藩祖政宗以来の御恩を説くなど、結束して奉公することを説き諭した。

同じく鳥取藩池田家においては、四代藩主宗泰の正室桂光院が、子、孫、曾孫の三代に渡り、継嗣問題などで決定権を有しており、家臣から「尼将軍」と称されていたという（谷口啓子「池田家の女性」）。

他方、信濃上田藩松平家の第二代当主忠昭の正室栄昌院は、三代忠周の後継問題に関与したとして、江戸下屋敷に押込められ、その後当時の忠周《ただちか》の領地であった岩槻に送られ、そこで押し込められた（小宮山千佐「上田藩松平家の妻妾（上）」）。さらに転封先の出石《いずし》、上田でも同様に押し込められていた。栄昌院の政治的影響力を恐れての押込めであったと考えられている。

正室が、跡目相続、藩政の危機や御家の大事に、少なからぬ影響力を行使したことがうかがえる。

（浅倉有子）

【参考文献】谷口啓子「池田家の女性」（『新修鳥取市史』二、鳥取市、一九八九年）、山本博文『江戸お留守居役の日記』（読売新聞社、一九九一年）、高野信治『近世領主支配と地域社会』（校倉書房、一九九七年）、浅倉有子「上級家臣の家と交際」（大口勇次郎編『女の社会史』山川出版社、二〇〇一年）、長野ひろ子『日本近世ジェンダー論』（吉川弘文館、二〇〇三年）、柳谷慶子『近世の女性相続と介護』（吉川弘文館、二〇〇七年）、大藤修「秋田藩佐竹家の人生儀礼と名前」（『国立歴史民俗博物館研究報告』一四一、二〇〇八年）、柳谷慶子「武家権力と女性」（藪田貫他編『身分のなかの女性』吉川弘文館、二〇一〇年）、小宮山千佐「上田藩松平家の妻妾（上）」（『信濃』五九―一〇、二〇一一年）、松崎瑠美「大名家の正室の役割と奥向の儀礼」（『歴史評論』七四七、二〇一二年）

【史料】東京大学史料編纂所編『大日本古文書　家わけ第三伊達家文書之七』（東京大学出版会、一九六九年）、『伊達治家記録』全二四冊（宝文堂、一九七二～八二）、鹿児島県維新史料編さん所編『鹿児島県史料　旧記雑録』三～七（鹿児島県、一九七四～七年）、秋田県立図書館編『国典類抄』第一四巻嘉部二・第一七巻嘉部五（一九八三年）、藩法史料叢書刊行会編『仙台藩（上）』（藩法史料叢書三、創文社、二〇〇二年）

大名家の婚姻

幕府の許可　大名家の婚姻については、武家諸法度により規制されていた。元和元年（一六一五）の武家諸法度第八条では、「国主、城主、壱万石以上」の者の婚姻は、幕府（将軍）の許可が必要と規定している。以後、許可された正室が唯一の公的な配偶者となった。

大名の縁組みには、家格や血筋、家の由緒などが重んじられたが、婚姻は相互の家の安定化を図り、家のネットワークを広げるための重要な方策であった。そのため、パイプ役の嫁は、双方の家にとって重要な役割を担った。大名家の婚姻は嫁取り婚が主流であるが、直系の男子がいない場合には、女子に婿養子を迎える婚姻が一般に行われた。

将軍家との縁組み　御三家、御三卿、家門大名の他、譜代大名の本多家や酒井家、外様大名の前田家、京極家、伊達家、黒田家、鍋島家、毛利家、池田家などの有力外様大名は、将軍家の娘や養女を正室に迎えた。これらの大名家では、御守《ごしゅ》殿《でん》とよばれる特別な住まいを用意し、また江戸城大奥から付随した大勢の女中などを迎え入れた。

初代将軍家康・二代将軍秀忠の時代は、特に有力な外様大名に娘・養女を嫁がせ、有力大名を将軍家の親族にする政策が積極的に進められた。徳川政権の安定が期待されての縁組みであった。三代将軍家光以降は、御三家、御三卿、家門との縁組みが中心になるが、外様大名との戦略的な縁組みは、その後も存続した。将軍家と姻戚関係にあった大名家には、京極家を除いて松平の名字が賜与され、東照宮が分祀された。

永室史子氏の研究（「大名藩邸における御守殿の構造と機能」）によれば、御守殿は大名家の奥でありながら、表御殿とは別に御守殿自体が「表」と「奥」を有する構造であった。御守殿の「表」には、幕府から派遣された役人と藩側の役人の双方が詰め、幕府方の役人が藩側の役人を統括した。また男性の役人の俸禄は、幕府と大名家の双方から給せられた。一方、女中の俸禄は、大名家が負担したという。幕府からは毎年の入用金が給付される場合があったが、それ以外の経費を含め、大名家の負担には膨大なものがあった。

入輿に関わる儀式としては、入輿後の江戸城への登城も含まれていた。また大名家に嫁いだ将軍の娘・養女は、毎年年始の登城を行い、将軍宣下や大喪などの重要な儀式には将軍家の一員として参加した。将軍家の主要な年中儀式にも贈答を行っている。さらに大名家の大事には、幕府へ働きかけるなどの政治的な働きをした。

大名家の婚姻の傾向　『寛政重修諸家譜』を用いた統計的な研究によれば、サンプリングした大名家一〇〇家の女性のおよそ九四%が結婚し、その八割以上が一度きりの婚姻である（浅倉有子「武家女性の婚姻に関する統計的研究・試論」）。またその約一二%が離婚するが、離婚した者の約六割が再婚をしている。離婚率、再婚率ともに高率であることが特徴である。また旗本一〇〇家のデータと比較すると、より幼少時に婚姻を結ぶ（婚約をする）傾向にある。

石高別に見ると、より石高の高い大名家で婚姻する者の比率が高くなる傾向にある。逆に離婚する者の比率は石高が低い大名家の方が顕著であるが、再婚する者は石高の高い大名家で多くなっている。大きな大名家ほど寡婦を厭う傾向があったこと、再婚を可能とする経済的条件、政治的な要因があったことなどが窺える。

さらに時期的な変遷を見ると、一八世紀になると、一七世紀に比して離婚率が上昇し、しかも結婚生活を経ずしての離婚、すなわち婚約期間中の離婚が増える傾向が顕著になる。江戸城内の殿席別では、雁間・菊間の「御取立之御譜代」で離婚率が高く、逆に再婚率が帝鑑之間・雁間・大広間という、上位の譜代大名を含む家格の高い大名家で高くなる傾向がある。また大名家では養女を他家に嫁がせる者が少なくなく、日常的であったことが窺える。これも石高の高い大名家に顕著である。さらに地方別では、西日本に比して東日本の大名家の離婚率が高い傾向にある。

なお、実家と婚家との石高の相関を見ると、娘を嫁に出す時は、自家より若干石高の低い家と通婚する傾向が明瞭である。再婚先には、さらに低い石高の家と婚姻する傾向がある。これは、持参金などの経済的な負担を考慮した結果と推察される。

大名家の縁組みは、両家の事情に通じた商人や医師、江戸城内の坊主などが縁結びをすることが多かったという（松尾美恵子「近世武家の婚姻・養子と持参金」）。

伊達家の婚姻　柳谷慶子氏の研究により、仙台藩伊達家歴代藩主の正室を確認しよう（「武家社会と女性」）。伊達家では、二代忠宗以降一二人の当主のうち、将軍家養女を正室とする者が二名（二代忠宗、六代宗村）、御三家の娘が二名（一〇代斉宗、一三代慶邦の再婚）、公家との婚姻が四名（五代吉村、七代重村、八代斉村、一三代慶邦の初婚）で、いずれも格式の高い摂関・清華家から迎えている。他に伊達騒動の不始末により、幕府に命じられて老中稲葉正則の娘をむかえたケースと、女子に養子を迎えるケースが二例（一一代斉義、一二代斉邦）ある。公家の娘との婚姻が多いのは、伊達家の財政事情によるものであった。また女子に婿を迎えたのは、伊達家の直系の血筋を尊重した所為と考えられる。そのため一一代斉義の正室となった芝姫は、ただ一人の子供として、他家に嫁に出されることがなかった。

伊達家の婚姻は、伊達家歴代の血統の存続を第一義とするものであった。第二に正室の産んだ女子を中心に、家の外部に婚姻を通じた強固なネットワークが形成されたことが特質としてあげられる。子女の婚姻によるネットワークの形成は、大名家一般に見られる戦略である。

正室の経済基盤　大名家の婚姻においては、実家から持参金が付けられた。近世後期になると、財政事情が縁組みの成立に優先され、持参金で折合いをつけることが、重要な要件となった。

また婚姻時に化粧料を分与されることがあった。化粧料は妻の特有財産とされ、離婚時や死亡時には実家へ返還される慣例であったが、一七世紀中には、婚家の子女に譲与・相続される事例も存在するという（柳谷慶子「武家のジェンダー」）。嫁入り道具は妻の所有物で、これは近世においても夫婦別産制が維持されていたことが背景にあるという。また婚家からも知行や扶持、金子が給付された。

（浅倉有子）

【参考文献】　松尾美恵子「近世武家の婚姻・養子と持参金」（『学習院史学』一六号、一九七九年）、脇田修「幕藩体制と女性」（女性史総合研究会編『講座日本女性史』三、東京大学出版会、一九八二年）、浅倉有子「武家女性の婚姻に関する統計的研究・試論」（近世女性史研究会編『江戸時代の女性たち』吉川弘文館、一九九〇年）、長野ひろ子『日本近世ジェンダー論』（吉川弘文館、二〇〇三年）、柳谷慶子「武家社会と女性」（大石学編『享保改革と社会変容』吉川弘文館、二〇〇三年）、大森映子『御家相続』（角川選書、二〇〇四年）、永室史子「大名藩邸における御守殿の構造と機能」（『お茶の水史学』四九、二〇〇五年）、柳谷慶子『近世の女性相続と介護』（吉川弘文館、二〇〇七年）、松崎瑠美「大名家の正室の役割と奥向の儀礼」（『歴史評論』七四七、二〇一一年）、柳谷慶子「武家のジェンダー」（大口勇次郎他編『ジェンダー史』山川出版社、二〇一四年）

【史料】　『寛政重修諸家譜』、『徳川諸家系譜』五

奥向の経済

彦根井伊家の場合　近世中期、彦根井伊家の奥向経費は、御奥方御入用米が二〇〇〇俵と御前様御小袖代并女中御切符代三〇〇両が基本であった。支払いの内訳は、女中衆御切符金に三三五両、女中衆被下《くだされ》椀代に一両壱歩一六匁六歩四厘、女中衆菜代《さいだい》に四八両三三匁七歩四厘、御奥方御用に二五〇匁、御前様御用に二〇〇匁、若殿様行に一〇〇匁、御弥寿様御用に一〇〇匁、御奥方行御子様方御奉納御用并被下御用共積もりに二五二匁八分八厘を計上している。江戸・彦根いずれも、子一人には七〇両から一〇〇両までの予算を立て、そのなかから各自の生活費・交際費や身の回りの世話をする御付の家臣・奥女中たちの人件費が支払われていた。なお、先代の正室・側室や婚家先の娘の経費は右には含まれず、表向の財政から支出されている。

奥女中には、職種に応じて切符金（三月・九月渡り）・扶持（月給）・菜代・鏡餅代・菱餅代・粽代《ちまきだい》・蓬飯代・地鯖代が支給され、特別に呉服代を支給される者もいた。明和元年（一七六四）年に井伊家御本奥の奥女中で最高位にある年寄繁岡の給金は、切符一五両・三人半扶持・菜代八匁宛・鏡餅四升五合・菱餅一升二

合・粽七合・蓬飯二升五合・鯖二刺であり、最下位の末女中の給金は、切符二両・半扶持二合減らし・菜代二匁五歩宛・鏡餅三升・菱餅六合・粽三合五勺・蓬飯一升一合・鯖一刺であった。

唐津水野家の場合　天保二年（一八三一）に唐津水野家で作成された「金銭御勘定帳」によれば、江戸送金分一万二三二三両一分三朱・銭四貫七〇〇文のうち、御手許金五〇〇両と御奥五〇〇両の計一〇〇〇両は、月々六〇両宛、盆と暮は二〇〇両宛を江戸への「運漕金」五〇〇〇両のうちより別立てにして運漕するように勝手方より命じられたため、前年の八月から江戸の小納戸宛への送金が始まった。この時期の当主は水野忠邦であり、中奥（御手許金五〇〇両）と奥（御奥五〇〇両）と奥向の経費が分けられていた。

天保一一年（一八四〇）一二月作成の「御奥御入用勘定帳」によれば、奥の予算五〇〇両に対し、不足分の二五三両弐歩一朱が補填され、年間経費は計七五二両二歩一朱であった。その支払内訳は、殿様（水野忠邦）用金三四一両三歩三朱・銭二五九文、奥様（酒井忠進《ただゆき》娘嗣）用金三三三両三歩・銭二三九文、若殿様（忠邦世嗣忠精《ただきよ》）用金七七両三歩三朱・銭二九四文であり、前年に見合わせると金七二両二歩一朱・銭一一文の増加であった。これとは別に、麻姫（忠邦の妹、夫の死後に水野家に戻った）の合力金九〇両三朱・銭八三文の支出があり、これも去年と見合わせると金一両二朱・銭七四文の増加であった。二年後の奥向経費も、予算は規定通り五〇〇両が計上されたが、不足分として一八五両を補填し、前年と比較すると一両一朱・銭二一二文の増加であり、年々経費が嵩んでいる。

嗣の実家である小浜酒井家からは、化粧料として毎年二〇〇両を受け取っていたが、嘉永二年（一八四九）にはさらに一〇〇両を補填してもらっている。これとは逆に、水野家でも嫁いだ娘に同様の化粧料を送り続けており、大名家の娘は嫁いだのちも実家から経済的援助をうけていた。

（福田千鶴）

【参考文献】　福田千鶴「近世中期における彦根井伊家の奥向」（村井康彦編『武家の生活と教養』サンライズ出版、二〇〇五年）、同「水野家文書の奥向関係資料について」（一）（二）（東京都立大学『人文学報』三六八・三八五、二〇〇六年〜〇七年）

【史料】　天保一一年・同一三年・嘉永二年「御奥御入用勘定帳」（水野家文書、首都大学東京図書情報センター所蔵）

女性の知行と相続

女性知行の名目　将軍家・大名家において女性の財産はさまざまな名目で存在し、相続を認められる場合もあった。嫁入り時に持参する「化粧料」、妻室として宛がわれる「内儀方知行」ないし「奥方知行」、娘や後家、側室の立場で付与される知行のほか、奥勤めの女性への知行給与も見出される。近世中期にかけて知行地の形態は姿を消してゆき、蔵米や扶持、さらに金銭や衣服・調度で支給されるかたちに推移していった。これらは中世以来の女子一期分譲与の慣行を受け継ぎながらも、新たな知行宛行《あてがい》の原則に基づいて設定されていたことが重要である。

化粧料は、近世前期には、縁組の事情や親としての配慮がはたらいて大規模に設定される場合があった。二代将軍徳川秀忠の娘千姫が本多忠刻《ただとき》へ再嫁した際、一〇万石を持参したのはその最たる例である。当人の離縁や死没の後は生家に戻されるのが原則であったが、婚家において子女に譲られた例も稀有ではない。盛岡藩南部家（一〇万石）で二代藩主利直の娘七姫が一族家臣の中野元康に嫁いだ際、持参していた化粧料五〇〇石は、生前の寛文元年（一六六一）に康忠・保次の二人の男子に分け与えられ、それぞれ知行をもとに換地を与えられて、分家として独立する基盤となった（『南部藩参考諸家系図』一）。妻室の知行として、陸奥国中村藩相馬家（六万石）では、文政一〇年（一八二七）に「両奥様」、すなわち藩主益胤《ますたね》室高姫と隠居樹胤《むらたね》室駒姫にそれぞれ二五〇〇石がつけられている（「相馬年譜抄」）。

家存続に貢献した女性への知行付与　近世前期には女性が政治的に重要な役割を果たしたことで知行を与えられる機会があった。薩摩藩島津家では、本宗家家督の義久やその弟義弘の子女たちが、豊臣政権や徳川政権の人質として京都や大坂、江戸に上るなど、当家の血筋を受け継ぐ者としての役割を担い、その恩賞として一〇〇〇石から一万二〇〇〇石の知行を付与されている。このうち義弘の娘御下《おした》に与えられた三〇〇〇石は、没後に嫡子久近に相続され、島津家一族の佐志家が立てられる基盤となるなど、女子名跡で新たな一族家が創出されることもあった。島津家では人質となった義久娘や、義弘の養女に仕えた奥女中たちにも、それぞれの功績に応えて二〇〇石から三〇〇石の知行が宛がわれている。

出羽新庄藩戸沢家（六万八二〇〇石）では、初代藩主政盛の娘で離縁後に戸沢家の下屋敷に暮らしていた伊勢子に一五〇〇石、政盛の側室で「二丸様」と呼ばれた天慶院に三五〇石の知行がつけられ、二代藩主正誠の娘の諏訪に一三五〇石、正誠の娘で三代藩主正庸《まさつね》の養女万世に一〇〇〇石の知行が設定されるなど、一八世紀半ばまで女性の知行が存続している。諏訪と万世は家付き娘の立場にあり、これを含めて女性たちの知行はいずれも、戸沢家の存続に果たした役割と功労に基づいて付与されたものとみられる。

奥女中の俸禄と相続　側室、乳母を含めて、奥向に仕えた女性たちは、知行や俸禄（扶持米や合力銀）をもとに養子を擁立し、新たな家臣家の創設を認められた場合がある。当人の没後と生前の両方の事例があるが、事実上、女性を始祖とする武家が創設されたことになる。鳥取藩池田家では、初代藩主光仲の代から、藩が消滅する直前の明治三年（一八七〇）まで、奥女中を始祖とする家臣家の創設が続き、明治初年に家譜が存在する一六〇四家のうち八四家、割合にして五%を占めていた。このうち、御年寄・若年寄など女中職の上位に昇進した者が養子を迎えて創立した藩士家は、「御女中跡」と呼ばれた。この名跡立ては二〇年の勤仕を基準とされており、徒士が新規に取立てられる場合と同様の待遇である。奥女中の功績により親族が家臣として召し出される例も多くの藩で見出される。

（柳谷慶子）

【参考文献】　城島正祥『佐賀藩の制度と

財政』(文献出版、一九八〇年、初出一九七二年)、脇田修「幕藩体制と女性」(女性史総合研究会編『講座日本女性史』三、東京大学出版会、一九八二年)、長野ひろ子「幕藩制国家の政治構造と女性」(総合女性史研究会編『日本女性史論集二 政治と女性』吉川弘文館、一九九七年、初出一九九〇年)、長野ひろ子『日本近世ジェンダー論』(吉川弘文館、二〇〇三年、初出一九八九年)、根津寿夫「徳島藩の女性家臣団について」(藪田貫代表『「江戸の女性史」フォーラム・徳島』二〇〇六年)、柳谷慶子『近世の女性相続と介護』(吉川弘文館、二〇〇七年、初出一九九〇年)、林匡「近世前期の島津氏系譜と武家相続・女子名跡」(『九州史学』一五二、二〇〇九年)、福田千鶴「奥女中の世界」(『身分のなかの女性』吉川弘文館、二〇一一年)、谷口敬子『武家の女性・村の女性』(鳥取県、二〇一四年)

【史料】「藩士家譜」(鳥取藩政資料、鳥取県立博物館所蔵)、「知行万年分限帳」(「戸沢家中分限帳」一、『郷土資料叢書』九、山形県新庄図書館、一九七七年)、『鹿児島県史料 旧記雑録後編』二〜五(一九八二年〜八五年)、「相馬年譜抄」(『相馬市史 資料編Ⅲ』相馬市、二〇一三年)

第13章

大名奥向の世界

尾張徳川家

尾張徳川家の「奥」　尾張徳川家は徳川家康の九男義直《よしなお》を祖とし、一〇男頼《より》宣《のぶ》を祖とする紀伊徳川家、一一男頼房《よりふさ》を祖とする水戸徳川家とともに、御三家と称され、諸大名のなかで最高の格式を有した。そのため当主の正室は「御簾中様」と称され、尾張徳川家歴代の当主は将軍家・田安徳川家、および摂家《せっけ》の近衛家・九条家、清華《せいが》家の広幡家といった身分の高い武家・公家の娘と婚姻することが多かった。婚姻にあたり当主の居館となる江戸上屋敷の「奥」の空間には、簾中の出自に応じて殿舎が作事され、専用の門や玄関、接客の部屋などが設けられた。将軍家の姫君が嫁いだ場合は最高の格式である御守殿《ごしゅでん》が造営された。尾張徳川家では、寛永一六年（一六三九）九月に三代将軍家光の娘千代姫が二代当主光《みつ》友《とも》と婚姻した際に、江戸城郭内の吹上に位置する鼠穴《ねずみあな》屋敷に造営されたのが最初である。江戸上屋敷は明暦二年（一六五六）三月、市谷に移り、四代当主吉通《よしみち》と摂家九条輔実《すけざね》の娘輔姫との婚姻のときに殿舎が造営されたが、公家の娘の御殿に対しても内々では御守殿の名称が使用された。寛政一一年（一七九九）一一月に一一代将軍家斉の娘淑姫が家斉の甥で九代当主宗睦《むねちか》の養嗣子となった斉朝《なりとも》（実父は一橋治国、同一二年正月に一〇代当主となる）のもとに輿入れすると、以後将軍家斉はしばしば御守殿を訪問しており、これを「御立寄《おたちより》」と称した。

市谷上屋敷は明和四年（一七六七）に添地を拝領して西側を拡張しており、文政七年（一八二四）閏八月には西御殿を竣工し、斉朝の居所となった（西御殿は安永七年に造営されたが、文化年間に一旦取り壊されていた）。西御殿の東半分は奥向の空間で、大奥御座之間、御広敷、長局三棟などが配置された。長局には老女を筆頭に、奥女中の職階に応じた規模や仕様の居室が置かれた。一一代当主斉温《なりはる》以降の簾中の居室には個別の名称が付されるようになり、斉温の簾中愛姫の住まいは「菊御殿」、一二代当主斉荘《なりたか》の簾中猶姫《ゆうひめ》の場合は「柏御殿」、一四代慶勝《よしかつ》の簾中矩姫《かねひめ》の場合は「松御殿」と称された。当主は隠居すると戸山の江戸下屋敷を居所としたが、その際には付属の女中も移り住んだ。国元の名古屋城では二の丸御殿が当主の居所となり、執務を行う「表」と生活空間である奥向で構成された。奥向は当主が日常生活をおくる「中奥」と側室や女中が詰める「奥」に分かれており、奥女中たちが暮らす長局も置かれていた。

公儀付人の構成　簾中の居所には付属の役人が詰めており、簾中が将軍家の姫君の場合は、御守殿に幕府の役人が出向するため公儀付人と称された。公儀付人は用人が統率し、若年寄の支配下に置かれた。二代当主光友の簾中千代姫の公儀付人には、用人二人、医師一人、用達一人、台所頭一人、侍五人、台所組頭二人、同朋一人、台所人四人、赤坂屋敷奉行一人、進物奉行一人、小人頭一人、小人五人、小間遣五人、駕籠之者二〇人がいた。一〇代当主斉朝の簾中淑姫の公儀付人も千代姫のときとほぼ同じ構成で、用人・医師・用達・台所頭・同朋は御目見以上、侍・台所組頭・台所人・用部屋書役・台所小間遣頭・輿昇《こしかき》組頭・台所小間遣・小人・輿昇は御目見以下であった。御目見以上の職は幕府からの役料の他に尾張徳川家からも合力米が支給され、御目見以下の職にはそれまで幕府から支給されていた宛行《あてがい》高分を尾張徳川家が支給していた。付人に欠員が生じたときは、用人が担当の若年寄に伝え、補充のため幕府で同役、もしくはそれに準じた役職を勤めていた者が任命された。

簾中が死去すると、公儀付人は原則として幕府に召し返されたが、淑姫の死後、付人五五人のうち、半数近くの二八人が小普請入りとなった。また、姫君付以前の幕府の役職に復帰した者のなかには付人だった期間に昇進する場合があったが、幕府はこれを認めず、以前の地位に戻された。

奥女中の職制と処遇　尾張徳川家の奥女中の職制は、江戸城大奥の制度に倣って構築された。簾中が将軍家の姫君の場合、奥女中の人事は御守殿錠口内の御広座敷で担当の幕府の若年寄から申し渡された。職階に応じて切米や扶持、呉服代、雑用金などが支給されたが、姫君の輿入れのたびに数多くの女中が付き従ったため、多大な経費が問題となった。

一〇代当主斉朝の簾中淑姫が入輿した際、江戸城大奥から付き添った女中は七一人で、淑姫が死去した文化一四年（一八一七）には九六人に及んだ。そのため嘉永二年（一八四九）八月に女中の人数が規定された。このとき一四代当主慶勝付（御本殿付）は七二人と、九代当主宗睦のときに定めた人数に戻した。その内訳は上﨟（老女）五人、若年寄六人、中﨟四人、御錠口三人、表使五人、右筆五人、御次五人、御三之間六人、中居頭一人、火之番五人、中居二人、使番一二人、御茶之間四人、御半下九人であった。簾中矩姫付は四七人、貞慎院《ていしんいん》（一二代当主斉荘簾中猶姫、一一代将軍家斉の異母弟田安斉匡《なりまさ》の娘）付も四七人、利姫（斉荘の娘）付は一九人、釧姫（斉荘の娘）付は一三人であり、落飾後も貞慎院には簾中矩姫付と同規模の女中が付属していた。落飾後九代宗睦の生母英厳院付の女中が三五人であった事例をふまえると、貞慎院は特別な待遇を受けていたといえる。当時貞慎院付女中のうち、上﨟・若年寄のなかから江戸城大奥との折衝役である御城使《おしろづかい》が任命され、手当として合力金が支給された。貞慎院は江戸城大奥との良好な関係を維持するうえで、尾張徳川家の奥向にとっても重要な存在であった。

奥女中は主人が死去すると原則として暇を出されたが、剃髪を許可された者は切米や合力金などが一生支給された。奉公を願い出た者には再出仕できるように幕府の若年寄が働きかけることもあった。

（白根孝胤）

【参考文献】　大塚英二「光友夫人死去に伴う公儀付人の召返しについて」（徳川林政史研究所『研究紀要』二七、一九九三年）、山本英二「尾張藩上屋敷西御殿の歴史と沿革」（『東京都埋蔵文化財センター調査報告』三〇、一九九六年）、渋谷葉子「尾張藩市谷邸の歴史的変遷」（前同上）、金行信輔「市谷邸西御殿の空間構成」（前同上）、畑尚子「尾張徳川家の奥女中」（徳川林政史研究所『研究紀要』四〇、二〇〇六年）、『尾張の殿様物語』（徳川美術館、二〇〇七年）、白根孝胤「御三家における縁戚関係の形成と江戸屋敷」（徳川林政史研究所『研究紀要』四一、二〇〇七年）、

吉成香澄「将軍姫君の公儀付人・女中について」（徳川林政史研究所『研究紀要』四四、二〇一〇年）
【史料】「御本殿女中惣帳」、「女中分限帳」（徳川林政史研究所所蔵）、「大奥女中之儀ニ付勘考之趣達書草稿」「続学舎叢書」（名古屋市蓬左文庫所蔵）、「尾張徳川家系譜」（『名古屋叢書三編』一、名古屋市蓬左文庫、一九八八年）、『徳川諸家系譜』一・二

紀伊徳川家

奥女中の職制　紀伊徳川家の大奥は、大上臈、老女、若年寄、御中臈、御錠口、表使《おもてづかい》、御次、御右筆、呉服之間、御三之間、使番、御仲居、御半下《おはした》などの職制があった。そのうち主要な職掌を列挙すると、大上臈は、老女の詰め所に出勤し、その上席に列し、御城使、御代参あるいは儀式の際の配膳を勤め、総じて儀式などに関与した。老女は、大奥の機密に関して補佐し、女中全体を管理し、御城使《おしろづかい》、諸代参を勤め、威権のある重職であった。若年寄は、老女に次いで重職で、表方の御用人のようなもので、客の対応、衣服や道具の預かり、御清之間の管理などを担当した。御中臈は、藩主の側室で、世子を生めば、「御内証之方」「御部屋様」と称された。御錠口は、藩主が大奥に入る時に錠口に行き、御納戸頭取から刀を受け取る。表使は、表方の目付に准じ、何事にも立ち会いし、女中の非理不法を尋問・糾弾する。さらに普請所見分などで表方の役人が大奥へ立ち入る時には必ず立ち会い、毎日膳を改めて毒味し、夜中は局々を見廻って火の元を改め、総じて威権のある役職であった。

また、御廉中様方にも大小上臈（大小は老若による呼称）、御介添御局、御中臈頭　中臈、御小性などがあった。なお、御目見以上の女中を召し抱える際には、一生御奉公の誓詞を差し出させた。そのため、一三、四歳より奉公にあがって四〇年、五〇年も勤続する者が多かった。大奥は、江戸屋敷を主とし、和歌山城にはわずかに留守の女中がいる程度であったという。それゆえ、藩主の帰国には、大奥の女中が江戸より多数付き従い、藩主とともに江戸と和歌山を往来した。大奥の人数は、一一代藩主斉順《なりゆき》の代がもっとも多く、その後かなり減少したというものの、明治維新前には上下総数四百人余の女中が存在した。

紀伊徳川家の格と正室　紀伊徳川家（以下紀伊家と略す）歴代の正室は、初代徳川頼宣《よりのぶ》の正室瑤林院《ようりんいん》（加藤清正の娘）以外は、宮家や公家あるいは将軍家など、いずれも同家よりも格式の高い家から迎えられている。瑤林院は九歳で頼宣と縁組みしているが、結納があった慶長一四年（一六〇九）は、大坂城に豊臣秀頼が居住し、豊臣家の恩顧大名である加藤清正が健在であった。家康は、関ヶ原の戦いで抜群の戦功があった清正を懐柔し、徳川方に付けておく必要があったため、瑤林院を頼宣の正室に迎えたといえよう。

二代光貞《みつさだ》の正室は、伏見宮貞清親王の三女安宮照子《やすのみやてるこ》（一説に安子・天真院）である。明暦三年（一六五七）に紀州へ入輿して婚礼を挙げ、万治二年（一六五九）に江戸に下向している。光貞の代になると幕府の基盤は安定し、御三家の格式も整ってきていたので、もはや大名家

との政略結婚の必要はなく、紀伊徳川家の家格にふさわしい家柄として宮家が選ばれたのであろう。紀伊徳川家は、その後も伏見宮などの宮家と縁組みするが、和歌山で婚礼を挙げたのは天真院だけである。

　三代綱教《つなのり》は、五代将軍綱吉の娘鶴姫《つるひめ》を正室に迎えた。綱教は、鶴姫に遠慮したのか側室を置かず、宝永元年（一七〇四）に鶴姫が子のないまま死去すると、その翌年五月に綱教も後を追うように死去した。その跡を継いだ頼職《よりもと》も同年九月に正室を迎える間もなく急逝した。

　六代宗直《むねなお》は、享保元年（一七一六）に吉宗が八代将軍に就任したため、紀伊徳川家の分家である伊予西条松平家から本家を相続した。三五歳で紀州藩主となった宗直は、側室に子を生ませていたが正室はなく、その後も迎えなかった。

　七代宗将《むねのぶ》の正室は、伏見宮貞建《さだたけ》親王の養女順宮《のぶのみや》徳子《とくこ》（のち富宮・浄眼院・実は今出川公詮《きんあきら》の娘）であったが、宝暦七年（一七五七）五月に死去したため、二年後の宝暦九年に元関白一条兼香《かねよし》の娘愛君《ちか》高子《たかこ》（明脱院）と再婚した。

徳川宗家と紀伊徳川家の婚姻と確執　八代重倫《しげのり》の正室は、有栖川宮職仁《もとひと》親王の娘於佐《おさ》宮で宝暦二年に縁組みしたものの、明和六年（一七六九）に絶縁になった。その原因は、重倫が安永四年（一七七五）二月に三〇歳の若さで幕府の命で隠居させられるほど狂暴であったことから、有栖川宮家にそのような風評が届いたのであろう。ちなみに重倫は、明和八年一一月に一〇代藩主治宝《はるとみ》の生母で側室のおふさ（澄清院）を斬殺し、治宝まで殺そうとした（「観自在公附録」『南紀徳川史』二）。

　重倫の隠居により、分家の西条《さいじょう》松平家から治貞《はるさだ》が急遽紀州藩主に就任した。治貞の正室は、大納言今出川誠季《のぶすえ》の娘千《ち》穂《ほ》君（定子《さだこ》・寛耀院）である。治貞は、宝暦三年に二六歳で西条松平家を相続し、同五年に定子と結婚した。その後、治貞は四八歳で本家を相続するが、その二年前に定子が死去していたものの正室を宮家から迎えることはなかった。

　治貞には嗣子がなく、重倫の子治宝が安永六年に養子となった。治宝は、天明七年（一七八七）に将軍家治の養女種姫（聡子《としこ》・実は田安宗武の娘・貞恭院）と結婚したが六年後に死去し、その後正室を迎えていない。

　治宝には嫡子がなかったため、娘豊姫（鶴樹院）の婿養子として将軍家斉の七男斉順《なりゆき》を迎えた。この時期、紀伊徳川家と徳川宗家の関係は深く、斉順が世嗣のないまま弘化二年（一八四五）に病死すると、隠居の治宝が望んだ西条松平家からの養子を無視して、幕府は家斉の二一男斉彊《なりかつ》を紀伊家に押しつけた。斉彊の正室は、内大臣近衛忠熙《ただひろ》の娘充君《たか》（豊子《とよこ》・観如院）で、斉彊が清水家を相続していた天保一〇年（一八三九）に結婚していた。

　斉彊が跡継ぎのないまま三〇歳で急逝すると、斉順の死後に生まれた慶福《よしとみ》（家茂）がわずか四歳で紀伊徳川家を相続した。安政五年（一八五八）、慶福が一三歳で徳川宗家を相続し、一四代将軍に就任すると、紀州藩主にかつて治宝や家臣たちが強く願った西条松平家から養子を迎えることが実現した。最後の紀州藩主に就任した茂承《もちつぐ》は、光貞や吉宗らが宮家から正室を迎えた例にならい、伏見宮貞《さだ》教《のり》親王の妹倫宮則子《みちのみやのりこ》と結婚した。

（小山譽城）

【参考文献】　小山譽城「紀伊藩徳川家の夫人伝」（『歴史読本』四八―七、二〇〇三年）

【史料】　『南紀徳川史』一～四、九（南紀徳川史刊行会、一九三〇年）、『柳営婦女伝双』（国書刊行会、一九六五年）、『徳川諸家系譜』一・二

一橋徳川家

一橋徳川家の奥向　一橋徳川家は、八代将軍吉宗の四男宗尹《むねただ》を初世とし、同二男宗武《むねたけ》に始まる田安徳川家、九代将軍家重の二男重好に始まる清水徳川家と並んで御三卿と称される。いずれも江戸城内に屋敷を与えられるなど、将軍家身内として遇され、大名家とは性格を異にする家であった。

宗尹は、享保六年（一七二一）閏七月江戸城に生まれた。吉宗の紀州藩主時代からの側室お久を生母とするが、兄たちとは違い、いわゆる「生まれながらの将軍の子」として江戸城大奥で養育された。寛保元年（一七四一）一一月、宗尹は江戸城一橋門内に造営された屋形に移徙《いし》する。この時すでに、一条兼香《かねよし》の娘俊姫との縁組も予定されていた。当初の一橋徳川家大奥は、江戸城から宗尹にともなって引き移ってきた幕臣や奥女中らを中心として、それに京都から下向した俊姫付の奥女中らが若干加わったもので、職制や法度などは江戸城大奥のそれに近似したものであったと推定される。

奥向の職制　一橋徳川家大奥に勤める奥女中の分限帳として、二世治済《はるさだ》の神田橋邸隠居時期のものが伝存している。それによると奥女中の主な職制は御年寄―若年寄―中﨟―御錠口―表使―御次―呉服之間―御三之間―御末頭―仲居―使番―御半下《おはした》で、隠居した治済付の奥女中だけで四五人となる。奥女中らには役職に応じて切米金、合力金のほか、部屋方などを雇う扶持、炭・薪・湯之木・油・味噌・塩などの諸経費である諸渡物代が支給され、対外交渉にあたる表使や使番には、ほかに「御役金」などが宛《あて》がわれた。分限帳によると御年寄は佐山と槙尾の二人、ともに切米金一五両、合力金三〇両、男一人女二人の三人扶持に加えて、御役扶持として女二人扶持、諸渡物代として銀一貫七二三匁八分六厘が支給された。

広敷向の男性役人には、広敷用人・広敷用達・広敷御用部屋書役・広敷勘定役・広敷御用部屋六尺・添番・御錠口番・広敷御膳所台所頭・広敷御膳所台所組頭・広敷御膳所台所人・御広敷御膳所小間遣・広敷御膳所六尺・下男頭・下男組頭・奥小人・下男・輿舁・広敷小遣之者などが配された。広敷切手御門を入った各所にそれらの詰所があった。

広敷向は広敷用人が、奥女中は御年寄が最高責任者としてそれぞれを統括し、いずれも家老の管轄下にあった。

一橋徳川家の大奥に関する法度類は八冊にまとめられ、そのうちの六冊が伝存している。寛保元年一一月に進上之間と錠口にそれぞれ「定」が出され、以来増補がなされた。特に寛政八年（一七九六）六月には、治済が目付助の中根長十郎に、広敷に立ち入り実態を取り調べ、これまでの仕来りも含めて見直すことを

命じ、奥向の法度類が整備された。

奥向の交際　一橋徳川家当主の正室は御簾中様と称され、将軍家・田安徳川家のほか、摂家または親王家の娘から選ばれた。京都から下向するとまず江戸城に入り、そこから一橋邸に入輿した。宗尹正室俊姫の場合は、将軍綱吉養女であった養仙院（水戸徳川家世子吉孚《よしざね》正室）の養女となり、水戸徳川家の駒込御守殿から一橋邸へ入輿行列が仕立てられた。

　奥向の交際としては、将軍家、田安徳川家、清水徳川家とは、身内として年中行事やお互いの吉凶儀礼にかかわり、そのつど女使《おんなづかい》をやりとりした。御台所への年始祝儀や雛拝見、将軍家若君や姫君、逗留中の将軍養女やその子女との対面など、一橋徳川家の当主や子どもたちが、直接江戸城大奥へ入ることもあった。

　また正室の出身及び由緒のある公家や大名家、越前松平家・福岡黒田家・鹿児島島津家など一橋徳川家子女の婚姻や養子縁組により姻戚となった大名家とも、贈答儀礼がかわされた。それらの大名家と交際するにあたっては両敬《りょうけい》、すなわちお互い同等の敬礼を以て手紙や口上、贈答品、使のやりとりをすることが確認されたが、一橋徳川家は将軍家の身内という自負から、格上の立場をとることがあった。宗尹長女保姫を正室とした島津重豪《しげひで》が、治済嫡子豊千代（のちの将軍家斉）と娘茂姫（寔子《ただこ》・広大院）の縁組が決まってのち、一橋徳川家老女飯嶋らの振る舞いに対して抗議する一件は、それが顕在化した一例である。（笹目礼子）

【参考文献】辻達也編『新稿一橋徳川家記』（続群書類従完成会、一九八三年）、同編『一橋徳川家文書摘録考註百選』（同、二〇〇六年）、『御三卿　一橋徳川家』（茨城県立歴史館、二〇〇八年）、長野ひろ子「幕末維新期の奥女中」（『茨城県史研究』八六、二〇〇二年）、笹目礼子「一橋家の諸家交際にみる奥向の役割」（『茨城県立歴史館報』四〇、二〇一三年）

【史料】「覚了院様御実録」「神門分限帳」「一橋屋敷絵図」「御黒印切手鑑札之部三」「女中出方之部四」「雑之部五」「非常御定書六」「神田橋御逗留取扱方七」「御広敷御条目八」、安永五年一〇月「（末吉善左衛門書付）」（一橋徳川家文書、茨城県立歴史館所蔵）、「覚了院様御実録」（『茨城県立歴史館史料叢書』一四・一七・一八、茨城県立歴史館、二〇一一年・二〇一四年・二〇一五年）

彦根藩井伊家

屋敷の所在地　彦根藩井伊家は、初代直政から一四代直憲まで近江彦根一八万石を支配した。井伊家の江戸屋敷は、江戸城に近い外桜田に大名当主夫妻が住む上屋敷（一万九八一五坪余）があり、正徳元年（一七一一）三月五日には隣接する旗本屋敷を添え屋敷として与えられ、物見屋敷と称した（三七〇〇坪）。赤坂には世嗣や先代正室（大御前）が住む中屋敷（一万四〇七五坪）、南八丁堀（蔵屋敷、七二七六坪）と千駄ヶ谷邸（一八万二三四二坪余）の二か所には下屋敷があった。

　一方、国元の彦根には、藩庁であり大名当主の居住空間でもある表屋敷、先代当主（大殿）や世嗣の居住空間として主に用いた黒門前御殿（槻御殿）、庶子や側室が暮らす広小路屋敷・大手前屋敷・山崎屋敷・御末町屋敷・松の下屋敷があり、松原には下屋敷があった。

江戸・国元ともに、それぞれの屋敷は表・中奥・奥の空間に分けられ、規模の格差はあるが、それぞれに奥女中たちが置かれていた。

近世中期の奥向構造　明和元年（一七六四）の江戸屋敷における奥女中の構造は、年寄・側・次・中居・末という単純な構造であった。正室や側室のみならず、男女の子にも奥女中が付けられたが、嫡出長女には誕生直後から中老が付くが、庶出の男子・女子には次以下の女中しか付かないといったように、個々人の格式に従って上位の奥女中の配置が異なっていた。

奥付の男性役人としては、用人・付人・賄役・上番・鎖前番・小使いなどがいた。また、男子は表に座敷（部屋）を得るまでは奥で暮らしたが、昼間は奥と表を行き来した。そのため、男子の成長に伴い、表や中奥で接する抱守《だきもり》・伽役《とぎやく》・師範・医師などの男性役人も、奥の周辺に位置して重要な役割を果たした。

江戸城大奥との交流　井伊家は譜代筆頭の家格であり、江戸城内における殿席は「溜詰《たまりづめ》」であったが、将軍家からの降嫁はなかったため、江戸城大奥との交流はなかった。ところが、宝暦一三年（一七六三）に将軍家若君（家治長男）が山王社への宮参りの際に井伊家上屋敷に御成があり、これを契機に大奥との交流を願い出て許可され、以後、年始や暑中・寒中の御機嫌伺、その他格別の祝儀の際に正室からの御歓の文を大奥老女まで送る文通を開始することになった。この格式は基本的には一代限りであったが、寛政六年（一七九四）、文政一二年（一八二九）の若君御成によって大奥との交流が続けられた。また、天明四年（一七八四）に一〇代直幸《なおひで》の世子直富に伊達家から嫁いだ守真院は、八代将軍徳川吉宗の養女利根姫が祖母であったため、将軍家の一族として扱われ、婚姻後も将軍家や江戸城大奥との交流があり、守真院付の老女が「女使《おんなづかい》」として江戸城に登城した。これら大奥との交流によって老女の役務が増加したためか、井伊家では寛政期までには老女の下で諸事を取り仕切る表使という役職が新設され、奥女中の構造が整えられている。

（福田千鶴）

【参考文献】　野田浩子「井伊家の家格と幕府儀礼」（朝尾直弘編『譜代大名井伊家の儀礼』サンライズ出版、二〇〇四年）、皿外ふみ「若君の宮参りと井伊家御成」（前同上）、福田千鶴「近世中期における彦根井伊家の奥向」（村井康彦編『武家の生活と教養』サンライズ出版、二〇〇五年）

【史料】　「彦根藩資料」（井伊家伝来資料、彦根城博物館所蔵）

高田藩榊原家

榊原家の概要　榊原家は、初代康政（一五四八～一六〇六）が徳川四天王の一人とされたことから、幕末に至るまで武門の家柄を誇った。領地は、初代康政が天正一八年（一五九〇）に家康の関東入国に際して上野国館林で一〇万石を給与され、三代忠次（一六〇五～六五）が陸奥白河を経て、慶安二年（一六四九）に姫路に所替となり一五万石を領した。その後、越後村上、姫路と転封を繰り返し、寛保元年（一七四一）から越後高田を城地とした。

正室の出自　まず、各当主がどのような家から正室を迎えているか確認する（以下の記述は、『寛政重修諸家譜』と「嗣封録」上越市立高田図書館所蔵「榊原文書」によっている）。初代康政は、松平（大須賀）康高の女子、二代康勝が肥後五一万石余の加藤清正の女子、三代忠次が肥前福岡五二万石余の黒田長政の娘を迎えたが、同女死去後に肥前唐津藩一二万三〇〇〇石を領した寺沢広高の娘と再縁した。四代政房は岡山の松平（池田）光政の女子、継室が池尻《いけかみ》大納言共孝《ともたか》の女子で、六代政邦が肥前佐賀の松平（鍋島）綱茂の娘、八代政岑《まさみね》は陸奥白河の松平基知《もとちか》の女子、九代政永が下総佐倉一〇万石の堀田正亮《まさすけ》の娘を迎え、一〇代政敦が岡山藩松平（池田）宗政の娘、一一代政令《まさのり》は肥前佐賀の松平（鍋島）治茂女子、継室が上総飯野二万石保科正率《まさのり》女子であった。一二代政養《まさきよ》は近江彦根の井伊直中の娘、十三代政恒が遠州浜松の水野忠邦の娘、一四代政敬《まさたか》が初め越前丸岡藩五万石の有馬温純《はるすみ》女子、継室が加賀金沢の前田慶寧《よしやす》の娘である。すなわち、榊原家では、基本的に譜代大名か外様の国持大名から正室を迎えている。また岡山藩池田家と佐賀藩鍋島家とは、二度ずつ婚姻を結んでいる。

持参金に関する松尾美恵子氏の研究（「近代武家の婚姻・養子と持参金」）によれば、一二代政養と井伊直中の娘知姫《ともひめ》との婚姻の仲立ちをしたのは、江戸の商人升屋源四郎の手代と幸手《さって》屋長次郎で、まず文化四年（一八〇七）に井伊・榊原両家の家臣が日本橋の茶屋で会って、縁談の内談を行ったことを初発とする。大名家の縁組みは、このように両家の事情に通じた商人や医師、江戸城内の坊主などが縁結びをすることが多かったという。その後、両家の家臣によって持参金・仕送り金の交渉が進められた。交渉は難行したが、最終的には持参金二五〇〇両、毎年の仕送金を三〇〇両とし、持参金のうち一〇〇〇両を榊原家が借用することで話がまとまった。同年八月七日に正式に使者を取り交わし、縁談が内定した。幕府への願書を両家から提出し、九月一三日に許可された。

しかし、実際の輿入れは、九年後の文化一三年一二月五日であった。前借りした一〇〇〇両は、毎年二〇〇両ずつ返済する約束であったが、返済されたのは二〇〇両のみであった。残りの持参金一七〇〇両は井伊家が預かることになり、井伊家出入りの商人に貸付、その元利を知姫の生活費にあてることになった。

婚姻に際しては、新夫人と重臣達との御目見儀礼が執り行われた。二代政令の継室豊姫の場合、現当主政敦の正室寿姫との対面と盃ごとの後で、豊姫は中老や側用心に御目見を許し、手熨料を下賜した（浅倉有子「慶祝・儀礼関係と家族」）。

また、政令の隠居の決断にあたって、跡継ぎの政養は、正室の知姫に相談して同意を得た後に、知姫の実家の井伊家や親族に、夫婦の連盟で政養の家督相続と後継問題を相談し、さらに知姫単独で兄井伊直亮や親族に相談している。この事例は、武家家族における正室の役割、すなわち重要事項の意志決定や親族との交際における正室の果たす役割の重さを示すものである。

榊原家の女子の嫁ぎ先　初代康政の女子は、厩橋《うまやばし》藩主の酒井忠世室（母・正室）、二代将軍秀忠養女として松平（池田）利隆室（同前）、喜連川《きつれがわ》義親室（母は側室縁者）、四代政房女子が松平（蜂須賀）綱通室となり、夫死去後美濃高須藩主松平義行室（母は側室）、六代政邦の娘が阿部正喬《まさたか》世子正秋と婚約後、盛岡藩主南部利視室となり（母は正室）、側室から生まれた三名の女子が丹波篠山藩主の青山忠朝室、姫路藩主の酒井忠知室、下総結城藩主の水野勝庸《かつのぶ》室、八代政岑《まさみね》の娘が小田原藩主の大久保忠由《ただよし》室（母は正室）、側室の女子が家臣で一族の榊原長之に嫁いでいる。さらに九代政永の女子（いずれも母は側室）が、福岡藩主松平（黒田）治之室、喜連川彭氏《ちかうじ》室、五七〇〇石取の旗本内藤正博の妻など、一〇代政敦の娘（母は側室）が陸奥泉藩主本多忠知室、一一代政令の娘（母は側室）が下総佐倉藩主の堀田正睦《まさよし》室となるなど、多くが外様の国持大名か譜代の有力大名家と婚姻しており、榊原家が迎える正室の傾向と一致する。また、正室の出生であるか否かの区別は、基本的にないようである。

江戸藩邸の奥方　榊原家では、現当主とその奥方が上屋敷に居住し、次代の当主と妻子、あるいは隠居した当主と妻子が中屋敷に居住するという慣例があった。当主の代替わりにあたっては、正室の転居も行われた（浅倉有子「慶祝・儀礼関係と家族」）。一一代政令への代替わりにあたっては、正室豊姫の上屋敷への移《い》徙《し》が行われた。上屋敷奥の広敷には、来客をもてなす最上位の馳走行為の一つである錺《かざり》手《て》桶《おけ》が設けられ、大老・中老の上級家臣が控え、切手門前には独礼格以上の役人が出て豊姫を出迎えた。その際には、豊姫付の家臣によって、彼らの名が披露された。その後、独礼格以上の役人は、広敷で催された祝儀の儀礼に連なった。重臣と、新当主夫人の御目見儀礼がもたれたのである。

寛政八年（一七九六）の家中法度（「御役々江被下御判物幷御書付御條目控」「諸御張紙控」、上越市立総合博物館寄託「榊原家史料」）によれば、錠口より内へは、村上太助・原源五郎らあらかじめ決められた役人以外は、七歳以下の男児であっても、一切立入り禁止とされる。当該期の分限帳、及び各家の先祖書が現存していないので明確にはできないが、村上太助は、村上という姓から幕府から一〇〇〇石の公地を給せられた三家老家の村上家の一族と考えられる。寛政七年・八年の「江戸日記」によれば、幕府や各大名家との交渉を担当する留守居役を勤めている。したがって、原源五郎も同様の役職にあった人物と推測される。寛政八年六月に嗣子政令が婚儀を行っており、それを契機としてこの家中法度が制定されたと推測される。

この法度によれば、下女などが外出する時は多山・富崎から札を借出した上で「時留帳」に記載し、切手門の「判鑑帳」に引き合わせるなどの手順を踏む必要があった。借用した札は下女の主人から多山・富崎に返却する決まりであり、下女の門限は、日帰りの場合申下刻《さるのげこく》（午後五時頃）であった。多山・富崎は、老女と推察される。また、家中から奥に勤める女性と親兄弟などとの通交は、奥家老の許可を得る必要があった。したがって、後述する女性による役職のみならず、奥担当の家老がいたことが知られる。奥向きに仕える女性たちには、正月と七月の年に二度「女宿暇」という休暇が与えられた。
　奥と取引をする町人に対しては、奥家老の許可を得て広敷で対応し、台所出入の商人には切手が交付された。奥家老への機嫌伺いは茶の間で行われた。加藤忠三郎・平井貞兵衛も奥方に止むを得ない用事がある時は、茶の間までの出入りを許可されていた。加藤忠三郎は「江戸御留守中御用留」寛政八年五月一九日条によれば、「御新造様御目付御納戸御膳番兼帯」に任じられた人物である。
　陸奥泉藩主本多忠知室となった一〇代藩主政敦の娘泰姫（初め昌姫）の場合、婚姻に際して、老女一名、中臈一名、御側三名、御小性一名、御次一名、御末一名を伴った（「泰姫様御祝用記」）。文久二年（一八六二）の江戸藩邸家臣団の「江戸 役録帳」（『史料集・高田の家臣団』）には、金一〇両と一か月に白米三斗・菜銀三〇匁、膳腕代として暮に一〇匁、他に物価高騰時に金三両一分余等を支給される老女菊枝、同じく金八両、毎月白米三斗、菜銀二〇匁、物価高騰時に二両二分二朱余等を支給される中臈登美、三名の側、一名の小性、次二名、中居・末各二名が記されている。上・中・下の屋敷の区別は明記されていないが、おそらく上屋敷の奥向に仕える女性達であろう。あわせて「西座敷」付として、中臈・側・次・末が各一名ずつ、「伊織様付」として側と下女が各一名、「於晴付」として次一名などが記載されている。

（浅倉有子）

【参考文献】松尾美恵子「近世武家の婚姻・養子と持参金」（『婚姻と家族・親族』吉川弘文館、二〇〇二年、初出一九七九年）、上越市史編さん委員会編『上越市史』通史編4 近世二（上越市、二〇〇四年）、浅倉有子「慶祝・儀礼関係資料と家族」（『高田藩榊原家史料目録・研究』上越市総合博物館、二〇〇九年）
【史料】「嗣封録」「江戸日記」「江戸 御留守中御用留」（榊原文書、上越市立高田図書館所蔵）、「政養様御婚姻記」「政令様御婚姻之記」「政令様御再縁記」「御役々江被下御判物幷御書付御條目控」「諸御縄張紙控」「泰姫様御祝用記」（榊原家史料、上越市立総合博物館寄託）、上越市史近世史部会編『史料集・高田の家臣団』（上越市史叢書五、上越市、二〇〇〇年）、『寛政重修諸家譜』

山形藩水野家

水野家史料　老中水野忠邦が天保の改革の責任により失脚すると、跡を継いだ忠精《ただきよ》は二万石を減じられ浜松から山形へ移封となった。ここでは天保期以降から幕末明治にかけての水野家の奥向について概観する。
　首都大学東京が所蔵する約三〇〇〇点の水野家文書の内、奥向関係としては、奥向勘定や水野忠邦の生母恂《じゅん》（宝蓮院）の辞世の歌などがある。東京都江戸東京博物館には、「水野家奥女中奉公細帳」一綴、「山形藩水野家奥日記」（元治元年・明治元年）二冊、「山形藩主水野忠精生母・亮寿院関係史料」一六三点が収められている。一六三点の内、江戸末期の史料は六点で「かもりの手紙」や忠精の成長記録である「心おぼえ」などがある。

婚姻関係　忠邦の正室嗣（清純院）は小浜藩主酒井忠進《ただゆき》娘で文化八年（一八一一）に婚姻し、嘉永六年（一八五三）九月に死去。忠精の正室愛は浜松藩主井上正春娘で、嘉永五年に婚姻し、万延元年（一八六〇）五月に死去する。

当水野家は紀州徳川家の付家老新宮水野家と互いに婚姻関係を結んでいる。忠邦の娘八重は嘉永六年四月新宮水野忠幹《ただもと》に嫁ぐ。安政二年（一八五五）に八重が没すると、翌年直ちに忠精は宇都宮藩主戸田忠温の娘釭を養女として忠幹の後妻とした。万延元年釭が死去すると再度養女を求め忠幹の元へ送った。最後の山形藩主忠弘の正室は忠幹の養女悦で、戸田忠温の正室は忠邦の養女である。他の忠邦の妹と娘の嫁ぎ先として、烏山藩大久保家、唐津藩小笠原家、飯田藩堀家、高田藩榊原家、飫肥《おび》藩伊東家がある。

奥女中の制度　職制は老女・中老・御側・小性・御次・中居・御末となり、表使・右筆は存在しない。他に御乳がいる。老女は役女とも称される。妾は子を産んだものとそうでないものに区別され、産母・召仕と呼ばれる。職制とは別に台子の間や仏間の掛かりがあり、藩主や奥方、生母、子どもたちにそれぞれ付属する。「水野家奥女中奉公細帳」によると家臣の娘は「高四両壱人扶持・菜代銀参拾匁」で御次として、町人の娘は「高五両弐人扶持・菜代銀六拾匁」で御側として採用されている。給金は御末が二両一人扶持で、老女が一〇両三人扶持となる。

忠精生母亮寿院　忠邦の側室で忠精の生母、寿《ひさ》（亮寿院）の経歴から奥向の制度を見ていきたい。「水野家奥女中奉公細帳」より亮寿院は町人の出と考えられる。天保三年一一月に忠精を出産し、御側より中老格となる。同一〇年二月、忠精は忠邦の正室嗣のお養いとなり、翌年忠邦の嫡子と触れられた。同一二年五月中老となり若殿様（忠精）付となる。

天保の改革の失政を問われた忠邦は、渋谷の下屋敷に隠居、蟄居謹慎する。弘化三年二月忠精が家督を相続し、藩主生母となった亮寿院は同年一一月老女上席を仰せつけられた。嘉永二年（一八四九）一二月、病状の悪化した忠邦は三田への転居を許され、亮寿院は再び忠邦付となる。嘉永四年二月忠邦が没したことにより、亮寿院と号し御上通りとなり、藩から御付女中が付与される。その後二人の正室が死去したことにより、亮寿院は幕末期の水野家奥向の要となった。明治期には大方様と呼ばれて家族の一員として息子や孫に囲まれて暮らし、明治一七年（一八八四）忠精が亡くなったのと同じ年に天寿を全うした。

（畑　尚子）

【参考文献】　畑尚子「山形藩水野家奥日記」（『東京都江戸東京博物館研究報告』五、二〇〇〇年）、同「水野家奥女中かもりの手紙」（『東京都江戸東京博物館研究報告』一〇、二〇〇四年）、同『徳川政権下の大奥と奥女中』（岩波書店、二〇〇九年）

【史料】　「水野家奥女中奉公細帳」「山形藩水野家奥日記」「かもりの手紙」（山形藩主水野忠精生母・亮寿院関係史料、江戸東京博物館所蔵）、『丕揚録・公徳辨・藩秘録』（近藤出版社、一九七一年）、『水野忠精 幕末老中日記』（ゆまに書房、一九九九年）

仙台藩伊達家

独自の奥女中制度　仙台藩伊達家

（六二万石）は、御三家・御三卿を除く大名家の中で、金沢藩前田家・薩摩藩島津家に次ぐ国持大名としての地位にあり、松平の名字賜与、将軍諱《いみな》の一字拝領、大広間席の家柄である。これに相応して歴代藩主の正室は、二代・六代が将軍家養女、一〇代・一三代（継室）が御三家（紀伊・水戸）、五代・七代・八代・一三代が公家（久我・近衛・鷹司）から迎えられ、「奥方《おくかた》」と呼ばれた江戸藩邸上屋敷の奥向は将軍家大奥の影響を大きく受けるものとなった。ただし藩政中期の奥方には独自の制度が生まれている。それまで藩主付と正室付に分けられていた奥女中組織は、五代藩主吉村と正室冬姫（貞子、長松院）のもとで、藩主夫妻双方に仕えるシステムに改められた。続く六代藩主宗村は、八代将軍徳川吉宗の養女利根姫（温子《はるこ》・雲松院）を正室に迎えたことで、利根姫付の幕府女中とは別に専属の老女中や御錠口番などを置いていたが、七代藩主重村とその正室惇君《あつぎみ》（年子《のぶこ》、観心院）は、五代藩主の時代を規範として受け継ぐ方針をとり、奥女中を藩主付と正室付に分けない制度を復活させた。ただしこのシステムが八代以降の奥方に踏襲されたものかどうかは不明である。

奥女中の職制　六代藩主宗村正室利根姫付、および七代藩主重村の時代の奥方女中について、職制の全容が知られる。享保二〇年（一七三五）一一月の利根姫の婚礼に際して、愛宕下の藩邸中屋敷に御守殿《ごしゅでん》が建造され、幕府女中が付き従った。その役職および人数は、大上臈《おおじょうろう》一（付女中八）、小上臈《こじょうろう》一（同八）、介添《かいぞえ》一（同八）、大年寄一（同八）、御局《おつぼね》一（同八）、御年寄格二（同各八）、若年寄四（同各五）、中臈八（同各三）、小性二（同各三）、表使《おもてづかい》三（同各四）、右筆三（同各二）、御次五（同各二）、呉服之間六（同各二）、盲女一（御次二）、御三之間五（付女中各二）、御末頭二（同各一）、中居三（同二）、使番三（同二）、右筆間小遣三（同一）、御半下《おはした》一二（同三）である。二〇の職階に六七人の役職女中がおり、それに仕える付女中は一六八人にのぼる。利根姫は宗村の家督相続後、上屋敷（新橋汐留地区）に新たな御守殿が築かれるのを待って、延享二年（一七四五）三月、宗村とともに上屋敷に引き移った。上記の奥女中組織はそのまま上屋敷に移動したものと思われる。

七代重村の時代の奥方女中の職制は、天明七年（一七八七）頃に制定された「御奥方格式」によれば、大上臈、小上臈、介添、御局、老女中（御年寄・御年寄女中ともいう）、若年寄、中臈、若キ衆、小性、表使、御錠口番、右筆、御次、呉服之間、御三之間、御末頭、中居頭、仲居、使番、御茶之間（御走太《おはした》、御半下）という二〇もの職階がある。このうち御末頭以下の役職は記述により順番が異なる。なお、当時は介添を置かず、御局も老女中の加役とされていた。御三之間より上が大名夫妻との謁見を許された御目見以上の身分である。一方、領国仙台城の奥向は「中奥」と呼ばれ、「御奥方格式」によれば、奥女中の組織は老女中以下、若年寄、中臈、若キ衆、小性、表使、右筆、御次、呉服之間、御茶之間、御末頭まで一一の役職がある。老女中は若年寄の人数が少ないことで多くの仕事を課され、表使は御錠口番を兼務したほか、軽い用向きであれば二の丸留守居と直接交渉することがあり、最下位の御末頭も軽い身分でありながら二の丸留守居との交渉を担当する。「中奥」は役職が少ない分、仕事の範囲をひろげて運営されていた。

女使を介した江戸城大奥との交際　伊達家は奥向から将軍家大奥に対して儀礼務めをおこなう「女使《おんなづかい》」の派遣を認められていた。元和三年（一六一七）、後に二代藩主となる忠宗が二代将軍徳川秀忠の養女振姫《ふりひめ》を正室に迎えたことが契機となり、当時存命した初代藩主政宗後家の陽徳院を含めて、歴代の正室にその由緒が受け継がれた。女使は基本的に正室の使者として立てられ、上﨟もしくは御年寄を務める奥女中から選ばれていたが、九代藩主周宗《ちかむね》の時代は周宗の女使として、老女藤崎と増野が任命されている。正室が不在の時期にあって、大奥との交際を継続させるために採られた措置であったと考えられる。

（柳谷慶子）

【参考文献】　齋藤悦雄「江戸中期幕藩間の儀礼について」（『宮城農業短期大学学術報告』四三、一九九五年）、松崎瑠美「天下統一・幕藩制確立期における武家女性の役割」（『国史談話会雑誌』四五、二〇〇四年）、同「近世武家社会のジェンダーシステムと女性の役割」（『歴史』一〇三、二〇〇四年）、柳谷慶子『近世の女性相続と介護』（吉川弘文館、二〇〇七年、初出二〇〇一年）、柳谷慶子「大名家『女使』の任務」（総合女性史学会編『女性官僚の歴史』吉川弘文館、二〇一三年）

【史料】　「奥方日記」（明治大学刑事博物館所蔵）、「獅山公治家記録」巻之一二七下、享保二〇年六月七日条、同六月二五日条（仙台市博物館所蔵）、「獅山公治家記録」巻之一二九中之上、享保二〇年一一月一三日条（前同上）、東京大学史料編纂所編『大日本古文書　家わけ三　伊達家文書之八』二八六八号（東京大学出版会、一九六九年）、高橋あけみ「『御奥方格式』について」（『仙台市博物館調査研究報告』第32・33合併号、二〇一三年）

米沢藩上杉家

上杉家の概要　上杉家は、初代景勝の時に越後春日山から陸奥会津若松一二〇万石に転封となったが、関ヶ原合戦にて西軍に与したことから、出羽米沢三〇万石に領地を削減された。さらに、三代綱勝が継嗣を決めないまま急死したことで、一五万石にまで削封された。現存する鎌倉時代からの文書群「上杉家文書」（米沢市上杉博物館所蔵）は、国宝に指定されている。

正室の出自　初代景勝室は武田勝頼妹（以下、『寛政重修諸家譜』、「上杉家文書」所収の「上杉氏系図」による）で、継室（側室とも）が四辻公遠《よつつじきんとお》女子、二代定勝が佐賀藩主の鍋島勝茂女子、三代綱勝室が会津藩主の保科肥後守正之の娘、後室（側室か、米沢に住居）四辻公理《きんあや》女子、四代綱憲室は紀州徳川光貞女子、五代吉憲室が福岡藩主の松平（黒田）右衛門佐綱政の娘、後室松平（鍋島）丹後守吉茂養女である。六代宗憲室は土佐藩主の松平（山内）土佐守豊常妹、七代宗房室が尾張徳川宗春の養女、八代重定室は尾張徳川宗勝養女、九代治憲が八代重定の女子、一〇代治広室は尾張徳川宗睦《むねちか》養女、一一代斉定室が九代治憲女子、後室が安芸広島藩主の松平安芸守斉賢娘、一二代斉憲室は讃岐高松藩主の松平讃岐守頼《より》胤《たね》の妹である。御三家、あるいは家門・外様の大藩から正室を迎えているのが特徴である。なお、九代治憲の側室であるお豊は、上杉一族の娘であることを重視して側室に選ばれた。彼女は二人の子供を設けたが、治憲の跡継ぎと期待された顕孝を含め、いずれも早世した。

上杉家の女子の嫁ぎ先　二代定勝の二名の女子（いずれも母は正室・鍋島氏）は、加賀藩の支藩である大聖寺《だいしょうじ》藩主松平（前田）飛騨守利治室、松平（鍋島）丹後守光茂室、大聖寺藩主松平（前田）飛騨守利明室、高家吉良義央室（母は側室）、四代綱憲娘（母は側室）が福岡藩主黒田甲斐守長治室、同養女が鹿児島藩主松平（島津）薩摩守綱貴室、黒石藩主（一万石）津軽釆女政兕《まさたけ》妻、旗本酒井主膳忠平室となり、後に公家の大炊御門《おおいみかど》経音室となった。八代重定女子（母は正室）は九代治憲室、九代治憲娘が一一代斉定室（母は側室）、陸奥福島藩主板倉甲斐守勝俊室（母は側室）、高知藩主松平土佐守豊興室（母は側室）となり後に鳥取藩主松平因幡守斉稷《なりとし》と再縁、女子二名（母は側室）が相次いで高家畠山飛騨守義宣室、同じく高家戸田中務大輔氏敏室（母は後室）が陸奥福島藩主板倉刑部少輔勝顕室、二人の女子が日向高鍋藩主の秋月佐渡守種殷《たねとみ》と婚約（母は正室）、また秋月種胤に入輿（母は後室）し、他に備中岡山新田藩主の池田山城守政和室（母は側室）、出羽山形藩秋元左衛門佐志朝《ゆきとも》室（母は側室）、交代寄合の山崎主税助義厚室（母は側室）となり離別後に日向飫肥《おび》藩の伊東修理大夫祐相《すけとも》と婚約、などである。総じて外様の大藩、あるいはその支藩、旗本とは高家との縁組みが多いのが特徴である。

江戸藩邸の奥方　酉四月付の「御奥向御法度書」（内題「御西奥老女江相渡御書付」米沢市上杉博物館所蔵「上杉家文書」）を見ると、奥向に仕える職名として、老女、中老が見えるが詳細は不明である。御鈴口は夜分四つ時（午後一〇時頃）に閉め切るが、その後に用事がある時は、切戸口から用向きを伝えることと記され、あまり管理が厳しくなかった様子が窺える。また、家老・用人・医師以外は、「御新造様」（嫡子の妻）との御目見はできないが、長年勤めて晩年に至った留守居役と小納戸役の者は、「御新造様」が表に出られた時に御目見が可能とされている。さらに「御ひな（雛）拝見」という行事があり、役人中、医師、留守居、近習、小性が奥への立入りを許可されていることは、興味深い。芸人・盲人も女性であれば、奥に入れることが可能であった。嫡子の妻の役目としてあがっているのは、若殿を座敷口で出迎えること（深夜を除く）と、脇差を受け取って刀掛に納めることである。

一〇代治広は、前述のように、尾張徳川宗睦の養女純姫《すみひめ》を正室に迎えた。天明元年（一七八一）一一月末のことである。翌同二年正月、「純姫君初テ御表へ出サセラル、ニ付、御祝ノ御料理進セラレ」と、江戸藩邸の表に出て、諸臣から祝儀を受けた。このように、上杉家では、奥と表の出入りに対して寛容である状況が「治広公御年譜」（『上杉家御年譜』一一）からは窺える。天明四年正月にも「年礼」のため純姫が表に出て献酬が行われた。同年四月からは、九代藩主治憲が深く傾倒した儒者・細井平洲《へいしゅう》の講談を表で内々に聴聞した。

尾張徳川家からは、七代宗房、八代重定、一〇代治広の三代の藩主が正室を迎えている。そのためか、尾張藩主徳川宗睦もしばしば奥を訪れており、天明七年三月には、奥で「御二方様」の饗応を受けた後で、表御座之間で饗応を受けた。表の饗応は、「御二方様」も「御相伴」している。「御二方様」は、八代重定室と純姫を指すと考えられる。さらに尾張家からは、傅役《もりやく》が交代で派遣されていた（たとえば「治広公御年譜」天明二年一一月七日条）。

他方、一〇代治広は、「菜姫君へ御対顔ノタメ土州邸御奥へ入ラセラル」（「治広公御年譜」天明八年一二月六日条）と、菜姫と対面、あるいは饗応を受けるためにしばしば土佐藩山内家邸を訪問した。菜姫は、九代治憲の男子で将来を嘱望されながら寛政六年（一七九四）に一九歳で死去した顕孝（当時世子）の婚約者であった（「上杉氏系図」）。

（浅倉有子）

【参考文献】　米沢市史編さん委員会編『米沢人国記』中・近世編（米沢市史編さん委員会、一九八三年）、『米沢市史』二近世編1、同上三 近世編2（米沢市、一九九一・九三年）、柳谷慶子「武家権力と女性」（藪田貫他編『身分のなかの女性』吉川弘文館、二〇一〇年）

【史料】　「上杉系図」「御奥向御法度書」（上杉家文書、米沢市上杉博物館所蔵）、『上杉家御年譜』全二四巻（米沢温故会、一九七六～八六年）

松代藩真田家

真田家の概要　近世大名としての真田家は、昌幸の嫡子信之に始まる。信之は、上野沼田から信濃上田九万五〇〇〇石の大名となり、さらに信濃松代一〇万石に転じる。以後、廃藩置県に至るまで、代々松代を城地とした。六代幸弘の時に行われた恩田木工《おんだもく》を登用した藩政改革は、全国的に著名である。八代幸貫《ゆきつら》は、松平定信の次男で、天保一二年（一八四一）に幕府老中となり海防掛を勤めた。

正室の出自　初代信之室は本多忠勝の女子で徳川家康養女の大蓮院（以下、『寛政重修諸家譜』、真田宝物館編集・発行『真田家の名宝』などによる）で、二代信政が越後三条などを領した稲垣重綱の女子、三代幸道室が宇和島藩主の伊達宗利の娘、四代信弘室は伊予西条藩主の松平右京大夫頼純（紀州藩主徳川頼宣の男子）の女子、五代信安室が加賀大聖寺藩主の松平（前田）備後守利章の娘、六代幸弘室が陸奥白河藩主などを勤めた松平越中守定賢の娘である。七代幸専《ゆきたか》（彦根藩井伊直幸《なおひで》男子）の室は幸弘の女子、八代幸貫室が六代幸弘の孫娘で遠江浜松藩主の井上正甫《まさもと》女子、九代幸教《ゆきのり》の室は讃岐高松藩（初代藩主は水戸徳川頼房男子頼重）主の松平頼恕《よりひろ》の娘、一〇代幸民室が肥前大村藩主大村純熈《すみひろ》女子、継室が日向飫肥藩の伊東修理大夫祐相《すけとも》の娘と島津忠済《ただなり》の養妹である。御三家に関わる藩や、譜代藩から正室を迎えているのが特徴である。また、一度婚姻を結んでいる家と再度婚姻を結ぶケースも多く見られる。なお、真田家の血筋が途切れることを危惧し、八代幸貫の男子幸良（家督相続以前に死去）に大和郡山藩主松平家から正室を迎えている。

真田家の女子の嫁ぎ先　初代信之の

二名の女子（いずれも母は正室本多氏）は、浜松藩主などであった高力《こうりき》摂津守忠房室、飯山藩世子の佐久間民部少輔勝宗室、二代信政女子（いずれも母は側室）がそれぞれ陸奥湯長谷《ゆながや》藩主の遠山主殿頼直室、和泉陶器《とうき》藩の小出大隅守有重室、出羽上山《かみのやま》藩土岐家の嫡子左京亮頼長の室、遠州浜松藩主の青山和泉守忠雄室、及び家臣鎌原重俊妻になり、四代信弘の女子二人（いずれも母は側室）がそれぞれ大和郡山藩主の松平（柳沢）美濃守信鴻《のぶとき》室、播磨小野藩の一柳《ひとつやなぎ》土佐守末栄《すえなが》室、五代信安娘（いずれも母は正室）が、それぞれ肥前平戸藩松浦家の嫡子であった壱岐守政《まさし》の室となり、その後に播磨林田藩の建部《たけべ》内匠頭政賢《まさかた》の室、もう一人が讃岐高松藩主の松平主殿頭頼恕室、六代幸弘の女子二名（いずれも母は側室）が七代幸専室と遠州浜松藩主の井上河内守正甫室となっている。七代幸専の女子二名のうち、養女一人が八代幸貫室に、もう一名が旗本斎藤左近の室、八代幸貫の男子で家督相続以前に没した幸良の二名の女子のうち一名が伊勢桑名藩主の松平定猷《さだみち》室、九代幸教の娘が元伊勢亀山藩主の石川成徳室と、五万石の元三河岡崎藩主の本多忠敬《ただたか》室である。総じて譜代の中小藩との縁組みが多いのが特徴である。

江戸藩邸の奥方

北村典子氏の研究（「真田家南部坂下屋敷の『御奥』」）によれば、六代藩主幸弘時代の南部坂屋敷は真田家の江戸下屋敷で、婿養子の順介（後の七代幸専）と幸弘の娘で幸専正室の三千姫が住居していた。奥の御殿向きには奥向全体を取り締まる老女一名と、その補佐的役割を担う中老一名、主人の遊芸の相手をする御側四名、主人の側で身の回りの世話をする御小性一名、次の間にあって身の回りの世話をする御次が二名、「御側格御次兼」二名、料理の配膳などを行う中居二名、諸々の雑務を行う御末二名が勤めていた。これらの他に、老女～御小性は、自分の給金の中で自ら下女を雇うことができ、御次は、真田家から下女を借りることができた（「御借下女」という）。

奥の各部屋の内、御居間は三千姫の日常生活の部屋で、奥女中のうち御次以下の出入りが禁じられていた。ただし、男性の役人でも御守役は御前で酒を頂戴することがあり、当番の医師は老女を伴って毎日三千姫の往診をしていた。御三之間は、老女が客人や上席の男性役人と面会したり、祝儀膳が振舞われる場所として利用されていた。また琵琶・琴などの管弦や按摩などを業とする検校《けんぎょう》、勾当《こうとう》との面会の場でもあった。上御鈴之間は、幸専が奥に入る時に用い、その御用は老女・中老の他に、御守役などの近習が務めた。

奥女中に対しては、決められた宿下りの他、家族の病気見舞願いは親類を以て差し出し、一泊のみを許可する、実家との面会は名前を奥支配に届け出て、対面所にて行う、奥女中の善悪の取り計らいについては、御守役・御本〆役（いずれも男性の役）にも相談し、場合によっては上屋敷の藩主夫人にも伺って取り計らうこと、などの取り極めがあった。ただし、この取り極めは管理の強化がなされた時期のものである。

日常生活に触れると、奥の食生活は、朝・夕食が一汁二菜、夜食が一汁一菜で、夜食は幸専も奥で共にとった。三千姫の試食は老女が、幸専の分は守役が行った。

溜池の上屋敷にはしばしば訪問したが、三千姫の場合、お忍びの外出も少なからずあり、御守役が閉口している。

奥女中の処遇　文化一四年（一八一七）に没した六代幸弘室の真松院の場合、彼女に仕えていたのは、老女二名、中老一名、御側六名、御小性一名、御次・中居各三名、御末四名の合計一九名であった（岩淵令治「大名正室の形見分け」）。このうち老女一名と御側二名が藩主夫人付などとなり配置換えされたが、残り一六名が「永之御暇《ながのおいとま》」、すなわち解雇となった。嘉永六年に死去した真月院（七代幸専室、三千姫）の場合は、一〇年の年季を勤め上げた場合の基準額が定められ、老女金一五両、中老一二両二歩、御側一〇両、御次七両二歩、中居が五両であった。実際の支払いは、勤続年数が加味されたためこの算定額より高額になったという。

　天保六年の「千寿姫様御附女中被下物其外品々凡積」（「（奥向諸用留）」国文学研究資料館所蔵「真田家文書」）によれば、千寿姫は、「此度松平甲斐守様の御娘様御貰い遊ばされ候御内約御整」と記されていることから、真田家を継ぐこと無く没した幸貫の息子幸良の正室で、大和郡山藩松平（柳沢）保泰の娘定姫を指すと考えられる。千寿姫付の女中として、老女・中老各一名、御側四名、御小性一名、御次・中居・御末各二名があげられている。女中の合計は一三名となり、三千姫の場合より二名少ない。藩財政窮迫の影響と考えられる。

　また現存する奉公請求の分析によれば（福田千鶴「奥女中の世界」）、採用されるのは一〇代、二〇代の女性が多く、年季は一〇年季、御目見以上の女中の場合は武士を身元保証人とし、他家の奥向に奉公した経験者が多く、医者を保証人とする者もいる。御目見以下の場合は、百姓・町人・寺家出身の女性が主流である。

（浅倉有子）

【参考文献】『真田家の名宝』（松代文化施設等管理事務所、二〇〇一年）、福田千鶴「真田家の交流」（『松代』二一、真田宝物館、二〇〇八年）、岩淵令治「大名正室の形見分け」（『企画展示［染］と［織］の肖像』国立歴史民俗博物館、二〇〇八年）、北村典子「真田家南部坂下屋敷の『御奥』」（『お殿様、お姫様の江戸暮し』真田宝物館、二〇〇九年）、福田千鶴「奥女中の世界」（藪田貫他編『身分のなかの女性』吉川弘文館、二〇一〇年）

【史料】「（奥向諸用留）」「御婚姻御用取調帳」・「南天御方御免し物心覚」「銑姫様御召物究帳」「日記（御側小納戸）」（真田家文書、国文学研究資料館所蔵）

薩摩藩島津家

奥向の職制　薩摩藩島津家の江戸屋敷には、表のほかに、藩主の私的な生活空間である中奥と、藩主の正室をはじめとした奥向の女性や藩主の子どもの生活空間である奥があり、五代将軍綱吉の養女竹姫を正室に迎えた際には、竹姫の住まいである御守殿《ごしゅでん》が建てられ、それぞれの奥に奥女中が配置された。奥女中の職制を知る手がかりとなる分限帳《ぶげんちょう》が現存しないため、奥向の職制の詳細は不明だが、宝暦期から明和期に見られる江戸屋敷の奥向の職制として、中奥は御年寄、若年寄、中﨟、表使、若女中、御次、中居、御末、御簡所、小坊主など、奥は上臈、御年寄、若年寄、中臈、表使、若女中、小性、右筆、呉服之間で構成されている。江戸城大奥の職制を規範とした役人系女中を含む職制であるが、若女中という他家では見られない職名が存在するのが特徴である。また、御守殿の奥女中は江戸城大奥の女中で構成され、大上臈《おおじょうろう》、小《こ》上臈《じょうろう》、大年寄、御局、御年寄、若年寄、中臈、小性、表使、右筆、御次、呉服之間、盲女、御三之間、御末、中居、使番、右筆小間遣、半下など、江戸城大奥の職制が引き継がれている。なお、国元の鹿児島城にも表と奥が存在し、奥女中が配置された。

江戸城大奥との関わり

薩摩藩島津家と江戸城大奥との交際の契機は、宝永二年（一七〇五）の三代藩主綱貴の二女亀姫（のち四代藩主吉貴の養女）と近衛家久との縁組である。近衛家久は、将軍継嗣家宣の廉中熙子《ひろこ》（のち六代将軍家宣御台所、天英院）の甥であり、島津家は熙子と縁戚関係になることで、宝永六年（一七〇九）に藩主吉貴の正室福姫が江戸城大奥に女使《おんなづかい》を派遣することを許された。以後、歴代の藩主や正室は、年中行事や将軍家の通過儀礼、御機嫌伺いの際に、江戸城大奥に女使を派遣して将軍家に献上を行い、将軍家からも品々を拝領するようになる。江戸城大奥との交際では、島津家の奥女中と江戸城大奥の女中が、それぞれ島津家と将軍家の仲介役を務めるが、島津家と将軍家との間における内々の政治的な通信や交渉においても、取り次ぎの役割を果たした。

天英院は、享保一四年（一七二九）、五代将軍綱吉の養女竹姫（のち八代将軍吉宗の養女、浄岸院）を五代藩主継豊の後室とする縁談について、八代将軍吉宗の依頼を受けて、江戸城大奥と島津家の奥を通じて島津家を説得し、縁組を実現させた。竹姫は江戸城大奥を度々訪問したほか、島津家の縁組に関与した。一橋宗尹《むねただ》の娘保《やす》姫と八代藩主重豪《しげひで》の縁組では、九代将軍家重から竹姫に縁談が持ち込まれ、江戸城大奥と島津家の奥を通じた内々の交渉を経て公式決定し、宝暦一二年（一七六二）に婚儀が行われた。竹姫は、側室を持たず男子のいない重豪に、国元の側室として公家の甘露寺規長《かんろじのりなが》の娘綾《あや》を勧め、保姫の死後、綾は多千姫と称し正室となった。竹姫が嫁いで以降、島津家は藩主だけでなく嫡子も松平名字を名乗ることを許され、宝暦一二年に上屋敷と御守殿が類焼した際には、幕府から拝借金のほか竹姫に対する多額の手当が支給された。また、竹姫の願いにより、御守殿の拝借地を竹姫の死後も引き続き島津家が拝借することを許されるなど、竹姫が島津家に与えた影響は大きい。

徳川家との縁戚関係を深めることを望んだ竹姫の遺言により、八代藩主重豪の三女茂《しげ》姫（広大院）と一橋治済《はるさだ》の長男豊千代との縁組が成立する。この縁組は、豊千代が将軍家治の養君となったことから、将軍家との縁組へと変わり、茂姫は格式を整えるために近衛経熙《つねひろ》の養女となり、寛政元年（一七八九）に婚儀が行われ、茂姫は一一代将軍家斉の御台所となった。茂姫は長期にわたり江戸城大奥の主となり、その間に島津家は、江戸城大奥と頻繁に交際するようになったほか、江戸城の殿席や官位が昇格するなど、御台所の実家として様々な恩恵を受けることになった。

家斉と茂姫は長命で子孫にも恵まれたことから、めでたい先例とされ、将軍世嗣家定の後室を島津家から迎えたいと江戸城大奥から島津家に打診があり、近衛忠熙《ただひろ》からも家定との縁組を勧められたことから、一一代藩主斉彬《なりあきら》は、老中、奥医師、奥右筆、江戸城大奥の上臈年寄の協力を得ながら縁談を進め、養女篤姫（天璋院）を実子として幕府に届け出た上で、近衛忠熙の養女とし、安政三年（一八五六）に婚儀が行われ、篤姫は一三代将軍家定の御台所となった。この縁組により、斉彬の殿席が茂姫在世中と同等に復している。折しも将軍継嗣問題が幕政の重要事項となっていたことから、斉彬をはじめとした一橋派からは、篤姫が家定に一橋慶喜を継嗣とするよう説得することが期待されたが、不調に終わった。家定の死後も、島津家は天璋院をはじめ江戸城大奥と頻繁に交際を続けていたが、慶応元年（一八六五）に入り天璋院と距離をおくようになる。島津家は倒幕派の中心として幕府と敵対することになり、天璋院は婚家の徳川家を守るため、新政府軍の大総督府参謀であった薩摩藩の西郷隆盛に、徳川家への寛大な処分を嘆願し、江戸城無血開城と徳川家の存続に寄与した。

お由羅騒動　幕末、島津斉彬の藩主就任を望む近藤隆左衛門《りゅうざえもん》、山田一郎左衛門、高崎五郎右衛門を中心とする斉彬派の家臣が、家老島津将曹《しょうそう》ら調所《ずしょ》派の殺害を計画するも事前に露見し、嘉永二年（一八四九）一二月三日に、近藤、山田、高崎ら六名が評定所出頭を命じられて切腹したのをはじめとして、切腹、遠島、役免、慎などを含め総計五〇余名が処罰された。この御家騒動を嘉永朋党事件、近藤崩れ、高崎崩れなどと呼び、俗にお由《ゆ》羅騒動という。

お由羅は、一〇代藩主斉興《なりおき》の側室で、久光をはじめ三人の子どもを産み、斉興の正室弥《いよ》姫の死後は正室同様の地位にあった。当時、斉興は、従三位昇進の念願と、世嗣斉彬の蘭学趣味が再び藩財政の破綻を招くのではないかとの恐れから、斉彬への家督譲渡を躊躇していた。一方、家老調所広郷《ずしょひろさと》による改革で久光が台頭する中、斉彬の子どもが相次いで死去したことから、お由羅が我が子久光を次期藩主とするため、調所派と結び斉彬父子を調伏しているとの噂が広まった。さらに、調所広郷の死後も続く調所派による政治への不平不満が生じていた。これらが要因となって、斉彬派の暴走により騒動が発生した。

騒動の実態は、お由羅が斉彬父子を調伏した確たる証拠はなく、斉彬の藩主就任後もお由羅は処罰されることはなかったのであり、お由羅が首謀者となって引き起こしたものではなく、琉球外交問題や藩財政問題などが複雑に絡んで発生したものであった。

（松崎瑠美）

【参考文献】　土田美緒子「竹姫入輿一件」（『尚古集成館紀要』一、一九八七年）、芳則正『島津斉彬』（吉川弘文館、一九九三年）、久保貴子「武家社会に生きた公家女性」（『日本の近世　第一五巻　女性の近世』中央公論社、一九九三年）、江後迪子「武家の江戸屋敷の生活Ⅱ」（『港区立港郷土資料館研究紀要』五、一九九八年）、山本博文「幕府大奥と薩摩藩奥の交際について」（『東京大学史料編纂所研究紀要』一五、二〇〇五年）、山本博文『徳川将軍家の結婚』（文春新書、二〇〇五年）、松尾千歳

「お遽羅騒動」（福田千鶴編『新選御家騒動　下』新人物往来社、二〇〇七年）、畑尚子『幕末の大奥　天璋院と薩摩藩』（岩波新書、二〇〇七年）、松崎瑠美「近世前期から中期における薩摩藩島津家の女性と奥向」（『歴史』一一〇、二〇〇八年）、佐藤宏之「お由羅騒動という記憶」（大石学編『時代考証の窓から』東京堂出版、二〇〇九年）、畑尚子『徳川政権下の大奥と奥女中』（岩波書店、二〇〇九年）

【史料】「中奥日記」（島津家文書、東京大学史料編纂所所蔵）、「薩摩藩奥女中文書」（東京大学史料編纂所所蔵）、『鹿児島県史料　旧記雑録追録』（鹿児島県維新史料編さん所、一九七一年〜七八年）、『鹿児島県史料　斉彬公史料』（鹿児島県維新史料編さん所・鹿児島県歴史資料センター黎明館、一九八一〜八四年）、『鹿児島県史料　玉里島津家史料』（鹿児島県歴史資料センター黎明館、一九九二〜二〇〇三年）

付録

徳川将軍家妻妾一覧

代数	将軍名	妻妾名（別称）	父氏名	法号	生児	生没年（享年）	墓所（墓碑・供養塔・位牌所を含む）	備考
1	家康	★築山殿	関口刑部少輔義広（親永）	西光院 清池院	信康・亀姫	天文一一～天正七（三八）	西来院（静岡市） 祐伝寺（愛知県） 八柱神社（愛知県）	父は今川義元の武将、母は義元の妹。
		★旭（朝日・駿河御前）	筑阿弥	南明院		天文一二～天正一八（四八）	瑞龍寺（静岡県） 南明院（京都府）	父は尾張国中村の人で織田信秀の同朋といわれ、豊臣秀吉の継父という（秀吉の実父は木下弥右衛門とされる）。秀吉の異父妹。
		☆お愛（お丁・昌子・西郷局）	戸塚五郎太夫忠春	竜泉院 宝台院	秀忠・忠吉	永禄五～天正一七（二八）	宝台院（静岡県）	父は秋山十郎、百々度右衛門という説もある。伯父西郷左右衛門尉清員の養女とも、外祖父西郷弾左衛門正勝の養女ともいう。享年は三八歳ともいう。
		お万（小督局）	永見志摩守吉英	長勝院	秀康	天文一七～元和五（七二）	海晏寺（東京都） 永平寺（福井県） 金剛峯寺（和歌山県）	父は三河池鯉鮒明神の社人。父については尾張熱田社の禰宜でのちに大坂の町医者となった竹田意竹という説もある。享年は七三歳ともいう。
		お津《つ》摩《ま》（下山方）	秋山越前守虎康	妙真院	信吉	元亀二～天正一九（二一）	本土寺（千葉県）	父は武田氏の旧臣。
		お八（茶阿局）	花井氏	朝覚院	忠輝・松千代	?～元和七（?）	宗慶寺（東京都）	遠江金谷村の農夫（または鋳物師）の妻であったという。父は山田四郎八之氏という説もある。

お亀	志水加賀守宗清	相応院	仙千代・義直	天正元～寛永一九（七〇）	相応寺（愛知県） 密蔵院（愛知県） 定光寺（愛知県） 光明寺（京都府） 正法寺（京都府） 金剛峯寺（和歌山県）	父は石清水八幡宮の社家。また、実父は清水清家であり、志水宗清の養女となったという説もある。
お万（蔭山方）	正木左近大夫邦時（頼忠）	養珠院	頼宣・頼房	天正八～承応二（七四）	池上本門寺（東京都） 理性寺（東京都） 久遠寺（山梨県） 本遠寺（山梨県） 妙法華寺（静岡県） 蓮永寺（静岡県） 養珠院（和歌山県）	父はもと里見氏の家老。小田原北条氏の臣蔭山長門守氏広に養わる。
お勝（お八・お梶・お加知）	太田新六郎康資	英勝院	市姫	天正六～寛永一九（六五）	瑞林寺（東京都） 英勝寺（神奈川県） 妙法華寺（静岡県） 法然寺（香川県）	父は里見氏の旧臣。頼房の准母。
西郡方	鵜殿三郎長持	蓮葉院	督姫	?～慶長一一（?）	長応寺（東京都） 本興寺（静岡県） 本禅寺（京都府） 青蓮寺（兵庫県）	父は今川義元の旧臣。
お竹	市川十郎左衛門尉昌永	良雲院	振姫	?～寛永一四（?）	西福寺（東京都） 善光寺（長野県）	父は武田氏の旧臣。
お牟須《むす》	三井十郎左衛門吉正	正栄院	女児	?～文禄元（?）	浄泰寺（佐賀県）カ	父は武田氏の旧臣。

代数	将軍名	妻妾名（別称）	父氏名	法号	生児	生没年（享年）	墓所（墓碑・供養塔・位牌所を含む）	備考
1	家康	すわ（阿茶局）	飯田筑後直政	雲光院		弘治元～寛永一四（八三）	雲光院（東京都）光明寺（京都府）上徳寺（京都府）	父は武田氏の旧臣。今川氏の臣神尾孫兵衛忠重の妻。夫の死後家康に仕う。
		お奈津	長谷川三十郎藤直	清雲院		天正九～万治三（八〇）	伝通院（東京都）清雲院（三重県）	父は北畠氏の旧臣。
		お六	黒田五左衛門直陣	養儼院		慶長二～寛永二（二九）	光明寺（京都府）伝通院（東京都）	父は今川氏の旧臣。
		お仙	宮崎筑後泰景	泰栄院		?～元和五（?）	浄久寺（長野県）上徳寺（京都府）	父は武田氏の旧臣。初葬地は浄念寺（静岡県）。
		お梅	青木紀伊守一矩	蓮華院		天正一四～正保四（六二）	梅香寺（三重県）	父は近江佐々木氏の旧臣。
		お久	間宮豊前守康俊	普照院	松姫	?～元和三（?）	華陽院（静岡県）	父は北条氏の旧臣。
		ちよぼ	未詳	未詳		未詳	未詳	
		未詳	松平次郎右衛門重吉	未詳		未詳	未詳	
		お松	未詳	法光院	松平民部	未詳	未詳	
		未詳	三条氏	未詳	小笠原権之丞	未詳	未詳	
		富子	山田氏	信寿院		?～寛永五（?）	池上本門寺（東京都）	

2	秀忠	★☆お江（お江与・江子・達子）	浅井備前守長政	崇源院	千姫・子々姫・勝姫・初姫・家光・忠長・和子	天正元～寛永三（五四）	増上寺（東京都）光明寺（京都府）金剛峯寺（和歌山県）	父は近江小谷城主。母は織田信長の妹。豊臣秀吉の養女。
		小姫	織田信雄	春昌院		天正一三～寛永一八（五七）	未詳	縁女。豊臣秀吉の養女。祝言直後の天正一八年八月、秀吉と信雄の不和により不縁となる。
		お静	神尾伊予栄加	浄光院	保科正之	?～寛永一二（?）	久遠寺（山梨県）	初葬地は浄光寺（福島県）。
		未詳	未詳	未詳	長丸	未詳	未詳	
3	家光	★孝子（中之丸様）	鷹司信房	本理院		慶長七～延宝二（七三）	伝通院（東京都）善光寺（長野県）二尊院（京都府）	
		お振	岡半兵衛重政	自証院	千代姫	?～寛永一七（?）	自証寺（東京都）	父は蒲生氏の旧臣。町野長門守幸和の養女ともいう。霊屋は現在、江戸東京たてもの園に移築。
		☆お楽（お蘭）	青木三太郎利長	宝樹院	家綱	元和七～承応元（三二）	谷中霊園（東京都）	増山弾正大弼正利の姉。父は下野都賀郡の農人という。父については朝倉惣兵衛であり、七沢作左衛門清宗の養女という説もある。
		お夏	岡部八左衛門重家	順性院	綱重	元和八～天和三（六二）	谷中霊園（東京都）久遠寺（山梨県）	享年は七〇歳ともいう。初葬地は幸龍寺（東京都）。

代数	将軍名	妻妾名（別称）	父氏名	法号	生児	生没年（享年）	墓所（墓碑・供養塔・位牌所を含む）	備考
3	家光	☆お玉（お国・光子・秋野・一位殿）	本庄太郎兵衛宗利	桂昌院	綱吉	寛永四～宝永二（七九）	増上寺（東京都） 法受寺（東京都） 不動寺（埼玉県） 善峯寺（京都府） 金蔵寺（京都府） 室生寺（奈良県）	父は二条家の臣。父は京都の八百屋仁左衛門という説もある。享年は八五歳ともいう。
		お万（お梅）	六条有純	永光院		寛永元～正徳元（八八）	無量院（東京都）	もと伊勢内宮の尼寺慶光院の住持。無量院は現在廃寺。
		お里佐（お佐野）	青木直辰	定光院	鶴松	?～延宝二（?）	済松寺（東京都）	父は京都の官人。父については、青木利長・斉藤氏・太田氏・成瀬氏という説もある。
		お琴	未詳	芳心院		慶長一九～元禄四（七八）	芳心院（東京都）	父は牛込榎町徳円寺の住持という。
		おまさ	成瀬氏	未詳	亀松	?～寛文元カ（?）	済松寺（東京都）カ	
		未詳	未詳	未詳	男児	未詳	未詳	寛永九年に長子を生んだが即日夭し、生母も間もなく没したと『本光国師日記』『寒松日記』等に見える。
4	家綱	★浅宮顕子	伏見宮貞清親王	高巌院		寛永一七～延宝四（三七）	谷中霊園（東京都）	享年は三八歳ともいう。
		お振	吉田神祇少副兼起	養春院カ		慶安二～寛文七（一九）	済松寺（東京都）	母は通仙院瑞龍の娘。吉田兼敬の養女。没年は寛文七年ともいう。

将軍	名（呼称）	父	院号	子女	生没年（享年）	墓所	備考
	お満流《まる》	佐脇十左衛門安清	円明院		?〜元禄二（?）	天龍寺（東京都）	母は遠山氏。
5 綱吉	★信子（従姫・小石君）	鷹司教平	浄光院		慶安四〜宝永六（五九）	寛永寺（東京都）光台院（和歌山県）	
	お伝（五之丸殿・三之丸殿）	小谷権兵衛忠栄（正元）	瑞春院	鶴姫・徳松	万治元〜元文三（八一）	増上寺（東京都）長命寺（東京都）	父は黒鍬之者。
	大内侍（北之丸殿）	清閑寺熙房	寿光院		?〜寛保元（?）	谷中霊園（東京都）	墓所を増上寺（東京都）とする説もある。
	新典侍	豊岡有尚	清心院		寛文七〜元文四（七三）	大円寺（東京都）	日野弘資の養女。
6 家宣	★熙子（一位様）	近衛基熙	天英院	豊姫・男児	万治三〜寛保元（八二）	増上寺（東京都）長命寺（静岡県）大徳寺（京都府）	生年は寛文六年（享年八〇歳）ともいう。
	☆お喜世《きよ》（輝子・左京・三之御部屋・山里御部屋）	勝田玄哲著邑	月光院	家継	貞享二〜宝暦二（六八）	増上寺（東京都）	父は浅草唯念寺塔頭林昌軒の僧という。母は松平伊勢守の臣和田治左衛門女。勝田備後守典愛の養妹。生年は元禄四年（享年六四歳）ともいう。
	お古牟《こん》（右近・一之御部屋）	太田宗庵	法心院	家千代	天和二〜明和三（八五）	谷中霊園（東京都）	太田内記政資の妹。父は太田宗円資武とする説もある。享年は八六歳ともいわれる。
	お須免《すめ》（新典侍・大典侍・二之御部屋）	園池季豊	蓮浄院	大五郎・虎吉	?〜安永元（?）	谷中霊園（東京都）	櫛笥隆賀の養女。

代数	将軍名	妻妾名（別称）	父氏名	法号	生児	生没年（享年）	墓所（墓碑・供養塔・位牌所を含む）	備考
6	家宣	斎宮	小尾十郎左右衛門直易	本光院		?～宝永七（?）	常泉寺（東京都）	父の兄は徳川忠長の旧臣。
7	家継	★八十宮吉子内親王	霊元天皇	浄琳院		正徳四～宝暦八（四五）	知恩院（京都府）	正徳五年婚約が成立したが、翌享保元年家継が死去し、降嫁には至らなかった。
8	吉宗	★真宮《さな》理子	伏見宮貞致親王	寛徳院		元禄四～宝永七（二〇）	池上本門寺（東京都）報恩寺（和歌山県）金剛峰寺（和歌山県）	吉宗の将軍就任前の室。以後吉宗に正室はない。
		☆お須摩《すま》	大久保八郎五郎忠直	深徳院	家重・体幻院	元禄元～正徳三（二六）	池上本門寺（東京都）	父は紀伊藩士。母は紀伊家の臣内藤守政女。
		お古牟	竹本茂兵衛正長	本徳院	宗武	元禄九～享保八（二八）	池上本門寺（東京都）	父は紀伊藩士。生年は元禄八年（享年二九歳）ともいう。
		お久（お梅）	谷口長右衛門正次	深心院	源三・宗尹	元禄一四～享保六（二一）	谷中霊園（東京都）	父は京都の浪人。生年は元禄一三年（享年二二歳）ともいう。
		お久免《くめ》	稲葉彦五郎定清	覚樹院教樹院	芳姫	元禄一〇～安永六（八一）	伝通院（東京都）	父は紀伊藩士。享年は八五歳という説もある。
		おさめ	未詳	未詳		未詳	未詳	
		お咲	未詳	未詳		未詳	未詳	
9	家重	★比宮《なみ》培子（増子）	伏見宮邦永親王	証明院		正徳元～享保一八（二三）	谷中霊園（東京都）本能寺（京都府）	

		☆お幸	梅渓通条	至心院	家治	?～寛延元(?)	谷中霊園(東京都)	
		お遊喜(お遊《ゆう》・お千瀬《ちせ》)	三浦五郎左衛門義周	安祥院	重好	享保六～寛政元(六九)	谷中霊園(東京都)	父は浪人、吉宗に召し出される。小性組の松平又十郎親春の養女。
10	家治	★五十宮倫子《とも》	閑院宮直仁親王	心観院	千代姫・万寿姫	元文三～明和八(三四)	谷中霊園(東京都)	
		お知保	津田宇右衛門信成	蓮光院	家基	元文二～寛政三(五五)	谷中霊園(東京都)	父は書院番士。側衆津田日向守信之の姉。
		お品《しな》	藤井兼矩	養蓮院	貞次郎	?～安永七(?)	谷中霊園(東京都)	上臈年寄松島の養女。
11	家斉	★寔子《ただ》(篤姫・茂姫・一位様)	島津薩摩守重豪	広大院	敦之助	安永二～弘化元(七二)	増上寺(東京都) 長命寺(東京都) 大徳寺(京都府) 金剛峯寺(和歌山県)	母は市田氏。近衛右大臣経熙の養女。
		お万	平塚伊賀守為喜	契真院 勢真院	淑姫・女児・竹千代・綾姫	?～天保六(?)	増上寺(東京都) 長命寺(東京都)	父は小納戸頭取、のち先手鉄炮頭。
		☆お楽	押田藤次郎敏勝	香琳院	家慶	?～文化七(?)	谷中霊園(東京都)	父は小性組番士。
		お梅	水野権十郎忠芳	真性院	男児	?～寛政六(?)	伝通院(東京都)	父は小性組番士。
		お宇多(お満天《まて》)	水野内蔵丞忠直	宝池院	敬之助・豊三郎・五百姫・舒姫	?～嘉永四(?)	谷中霊園(東京都)	父は小普請組の士。
		お志賀《しが》(永岡)	能勢市兵衛頼能	慧明院	総姫	?～文化一〇(?)	伝通院(東京都)	父は書院番組頭。

代数	将軍名	妻妾名(別称)	父氏名	法号	生児	生没年(享年)	墓所(墓碑・供養塔・位牌所を含む)	備考
11	家斉	お利尾《りを》	朝比奈舎人矩春	超操院	格姫	?～寛政一二(?)	伝通院(東京都)	父は書院番士。
		お登勢《とせ》(お以登《いと》)	梶久三郎勝俊(勝後)	妙操院	峯姫・斉順・寿姫・晴姫	?～天保三(?)	伝通院(東京都)池上本門寺(東京都)	父は小普請組の士。
		お蝶(お八百・お伊野《いの》)	曽根弥三郎重辰	速成院	亨姫・時之助・虎千代・友松・斉荘・和姫・久五郎	?～嘉永五(?)	谷中霊園(東京都)	父は西の丸納戸番士。
		お美尾《みを》(お八十・お筆)	木村七右衛門重勇	芳心院	女児・浅姫	?～文化五(?)	伝通院(東京都)	父は西の丸小性組番士。
		お八千《やち》(お喜曽《きそ》・お利尾《りを》)	大岩庄兵衛盛英	清昇院	高姫・元姫	?～文化七(?)	伝通院(東京都)	父は新番士。書院番士諸星千之助信邦の養女。
		お袖(お保能《ほの》)	吉江左衛門政福	本性院	岸姫・文姫・艶姫・孝姫・陽七郎・斉彊・富八郎	?～文政一三(?)	谷中霊園(東京都)	父は小十人組与頭、御船手頭。父の通称はのち左門。
		お八重(お辺牟《へむ》・お美尾《みを》)	牧野多門忠克	皆善院	斉明・盛姫・斉衆・斉民・信之進・喜代姫・斉良・斉裕	?～天保一四(?)	谷中霊園(東京都)	父は清水家の臣。小普請組土屋忠兵衛知光の養女。

代	将軍	名	父	院号	子	生没年（享年）	墓所	備考
		お美代（お伊《い》根《ね》）	内藤造酒允就相	専行院	溶姫・仲姫・末姫	?～明治五（?）	長元寺（東京都）	父は中山智泉院の僧日啓、または川尻与兵衛ともいう。小納戸頭取中野播磨守清茂の養女。墓所は大正期に野田山（石川県）に改葬されたと言われる。
		お屋を（お喜宇《きう》）	阿部九右衛門正芳	智照院	與五郎	?～文化一〇（?）	伝通院（東京都）	父は西の丸納戸役（西の丸小納戸役ともいう）。阿部勘左衛門正盈（徒頭、次いで先手弓頭）の養女。
		お以登《いと》（お波奈《はな》）	高木新三郎広充（弘充）	本輪院	琴姫・永姫・斉善・斉省・斉宣	?～嘉永三（?）	谷中霊園（東京都）池上本門寺（東京都）	父は奥右筆組頭（はじめ西の丸勤務、次いで本丸勤務となる）。
		お瑠璃（お八百）	戸田四郎右衛門政方	青蓮院	斉温・泰姫	?～弘化元（?）	寛永寺（東京都）法養寺（東京都）	父は小性組番士。
12	家慶	★楽宮喬子《たか》（房君）	有栖川宮織仁親王	浄観院	竹千代・儔姫・女児	寛政七～天保一一（四六）	谷中霊園（東京都）一心院（京都府）光台院（和歌山県）金剛峯寺（和歌山県）	
		お定（お久）	押田丹波守勝長	清涼院	達姫・嘉千代・慶昌	?～弘化四（?）	増上寺（東京都）	父は家慶の生母お楽の兄に当たり、小性組番士ののち西の丸新番頭格。
		お加久《かく》	太田内蔵頭資寧	妙華院	咸姫・男児	?～文政九（?）	伝通院（東京都）	父は中奥小性、次いで小普請組支配。
		☆お美津《みつ》（堅子）	跡部茂右衛門正賢	本寿院	家定・春之丞・悦五郎	文化四～明治一八（七九）	谷中霊園（東京都）	父は書院番士。父については正賢の男正寧とする説もある。
		お波奈	菅谷平八郎政徳	香共院カ	米姫・暉姫	?～嘉永五カ（?）	増上寺（東京都）カ	父は小納戸役。

代数	将軍名	妻妾名(別称)	父氏名	法号	生児	生没年(享年)	墓所(墓碑・供養塔・位牌所を含む)	備考
12	家慶	お筆《ふで》	稲生八左衛門正方	殊妙院	直丸・銀之丞・千恵姫・亀五郎・若姫	?〜弘化元(?)	増上寺(東京都)	父は小普請組の士。
		お金《きん》	未詳	見光院	里姫・吉姫・万釵姫・男児	?〜天保一四(?)	増上寺(東京都)	小納戸役竹本沢右衛門正路の妹。
		お広(お琴)	水野忠啓	妙音院	鐐姫・田鶴若・鋪姫・長吉郎	?〜万延元(?)	増上寺(東京都)	旗本杉源八郎重明の養女。紀伊徳川家の付家老水野土佐守忠央の妹。
		お津由	押田勝延	秋月院	男児	?〜明治二一(?)	増上寺(東京都)	
13	家定	★任子《ただ》(有姫)	鷹司政熙	天親院		文政六〜嘉永元(二六)	増上寺(東京都) 二尊院(京都府) 金剛峯寺(和歌山県)	兄鷹司政通の養女となる。
		★秀子(寿明姫)	一条忠良	澄心院		文政八〜嘉永三(二六)	谷中霊園(東京都)	
		★篤子(敬子)	島津忠剛	天璋院		天保七〜明治一六(四八)	寛永寺(東京都)	父は島津斉彬の伯父。薩摩藩主島津斉彬の養女となり、近衛右大臣忠熙の養女となる。
		お志賀	堀利邦	豊倹院		未詳	未詳	父は鎗奉行。
14	家茂	★和宮親子内親王	仁孝天皇	静寛院		弘化三〜明治一〇(三二)	増上寺(東京都) 金剛峯寺仙陵内(和歌山県)	

15	慶喜	★美賀子(延君)	今出川公久	貞粛院	女児	天保六～明治二七(六〇)	谷中霊園(東京都)	一条忠香の養女。
		お信	松平政隆	なし	慶久・仲博・精他	嘉永五～明治三八(五四)	谷中霊園(東京都)	小性頭取新村猛雄の養女。
		お幸	中根芳三郎	なし	厚・誠他	?～大正四(?)	谷中霊園(東京都)	小性頭取成田新十郎の養女。

本表は、「幕府祚胤伝」(『徳川諸家系譜』所収)を底本に、適宜「江戸幕府日記」(国立公文書館内閣文庫所蔵)、「年録」(国会図書館所蔵)、「徳川幕府家譜」(『徳川諸家系譜』所収)、『徳川実紀』、『続徳川実紀』、『寛政重修諸家譜』、『柳営補任』、『茨城県立歴史館史料叢書一四　一橋徳川家文書　覚了院様実録Ⅰ』(二〇一一年)、秋元茂陽『徳川将軍家墓碑総覧』(パレード、二〇〇八年)、深井雅海・藤實久美子編『江戸幕府役職武鑑編年集成』(東洋書林、一九九六～一九九九年)、藤井讓治監修『江戸幕府日記　姫路酒井家本』(ゆまに書房、二〇〇三～二〇〇四年)等を参考に高田綾子が作成し、藤田英昭が確認した。

表中の★は将軍の正室(後室)、☆は将軍の生母を示す。

徳川将軍家子女一覧

代数	将軍名	子女名（別称）	実母名（法号）	生没年（享年）	法号	墓所（墓碑・供養塔・位牌所を含む）	備考
1	家康	信康	築山殿（清池院）	永禄二～天正七（二一）	騰雲院 清瀧院	清瀧寺（静岡県）・隆岩寺（茨城県）・西念寺（東京都）・万松院（神奈川県）・江浄寺（静岡県）・若宮八幡宮（愛知県）・金剛峯寺（和歌山県）	法号は、潮雲院・光徳院・常法院ともいう。はじめ大樹寺（愛知県）に葬られたともいわれる。
		亀姫（森姫・加納殿）	築山殿（清池院）	永禄三～寛永二（六六）	盛徳院	盛徳寺（岐阜県）・大善寺（愛知県）・光国寺（岐阜県）・久昌院（京都府）・金剛峯寺（和歌山県）	天正四年奥平信昌（三河新城）へ嫁す。享年は六八歳ともいう。
		督姫（お富宇）	西郡方（蓮葉院）	天正三～元和元（四一）	良正院	知恩院（京都府）	生年を永禄八年、享年を五一歳とする説もある。天正一一年北条氏直（相模小田原）へ嫁す。文禄二年池田輝政（播磨姫路）と再縁。
		秀康	お万（長勝院）	天正二～慶長一二（三四）	孝顕寺 浄光院	孝顕寺（福井県）・大安寺（福井県）・海晏寺（東京都）・金剛峯寺（和歌山県）	天正一一年豊臣秀吉の養子となる。同一八年結城晴朝の養子となる。
		秀忠	お愛（宝台院）	天正七～寛永九（五四）	台徳院	増上寺（東京都）	慶長一〇年四月一六日将軍宣下。

忠吉	お愛（宝台院）	天正八～慶長一二（二八）	広度院 性高院	増上寺（東京都）・性高院（愛知県）・隣松院（愛知県）	文禄元年武蔵国忍を拝領。慶長五年尾張国清洲に移封。法号は性雲院ともいわれる。
振姫	お竹（良雲院）	天正八～元和三（三八）	正清院 松清院	光明寺（京都府）・光恩寺（和歌山県）・金剛峯寺（和歌山県）	慶長三年蒲生秀行（陸奥会津）へ嫁す。元和二年浅野長晟（紀伊和歌山）と再縁。墓所は松応寺（和歌山県）とする説もある。
信吉	お津摩（妙真院）	天正一一～慶長八（二一）	浄鑑院	瑞龍山（茨城県）	天正一八年下総国小金三万石を拝領。文禄元年下総国佐倉城を拝領。慶長七年常陸国水戸城を拝領。
忠輝	お八（茶阿局）（朝覚院）	文禄元～天和三（九二）	寂林院	貞松院（長野県）	慶長四年松平（長沢）康直の家督を相続、武蔵国深谷を拝領。同七年下総国佐倉に転封の後、信濃国川中島へ、同所より越後国高田に移り、元和二年伊勢国朝熊へ遠流。
松千代	お八（茶阿局）（朝覚院）	文禄三～慶長四（六）	栄昌院 松葉院	妙心寺（愛知県・現円福寺）カ	生年は文禄元年、没年は文禄三年ともいわれる。
仙千代	お亀（相応院）	文禄四～慶長五（六）	高岳院	高岳院（愛知県）・一心寺（大阪府）・教安寺（山梨県）・金剛峯寺（和歌山県）	文禄四年平岩親吉の養子となる。
松姫	お久（普照院）	文禄四～慶長三（四）	栄昌院カ	清涼寺（京都府）カ	
義直	お亀（相応院）	慶長五～慶安三（五一）	敬公	定光寺（愛知県）・建中寺（愛知県）	慶長八年甲斐国を拝領。同一二年尾張一国、三河国・美濃国内に転封。

代数	将軍名	子女名（別称）	実母名（法号）	生没年（享年）	法号	墓所（墓碑・供養塔・位牌所を含む）	備考
1	家康	頼宣	お万（養珠院）	慶長七～寛文一一（七〇）	南龍院	長保寺（和歌山県）・金剛峯寺（和歌山県）	慶長八年常陸国水戸城を拝領。同一四年駿河・遠江両国に転封。元和五年紀伊一国・伊勢国内に転封。
		頼房	お万（養珠院）	慶長八～寛文元（五九）	威公	瑞龍山（茨城県）・法然寺（香川県）	慶長一一年常陸国下妻を拝領。同一四年常陸国水戸に転封。
		市姫	お勝（英勝院）	慶長一二～同一五（四）	一照院 清雲院	華陽院（静岡県）	
		女子	お牟須（正栄院）	文禄元年（一歳で死去）	未詳	浄泰寺（佐賀県）カ	
		松平民部	お松（法光院）	天正一〇～？（？）	未詳	未詳	俗忌を避け家康の子息松平秀康の養子となる。
		小笠原権之丞	三条氏	？～元和元（？）	未詳	未詳	家康の家臣小笠原広朝の養子となる。
		女子（養女）	右衛門某女	天正元～元和六（四八）	大倫院	大英寺（長野県）	実父は本多忠勝。天正一三年真田氏と和睦の際養女となり、同一四年真田信之（信濃上田）に嫁す。
		松平家治（養子）	亀姫（盛徳院）	天正七～文禄元（一四）	桃林院	桃林寺（長野県）	実父は奥平信昌。母は家康の息女。天正一六年養子となる。
		松平忠明（養子）	亀姫（盛徳院）	天正一一～正保元（六二）	天祥院	妙心寺（京都府）	実父は奥平信昌。母は家康の息女。天正一六年養子となる。慶長一五年三河国作手を転じ伊勢国亀山城を拝領。寛永一六年播磨国姫路城を賜る。

女子（養女）	未詳	未詳	未詳	未詳	実父は家康の長男信康。小笠原秀政に嫁す（年未詳）。のちに家康の養女となる万姫、秀忠の養女となる千代姫を出産。
女子（養女）	未詳	?〜寛永六（?）	未詳	未詳	実父は松平康元。伝通院の養女となり、家康の妹に准じられ、岡部長盛（美濃大垣）に嫁す。慶長四年に家康の養女となったという説もある。
満天姫（養女）	未詳	?〜寛永一五（?）	葉縦院	長勝寺（青森県）	実父は松平康元。慶長四年養女となり、福島正則（尾張清洲）子息正之と縁組。正之の死後、弟の忠勝と縁組。忠勝の死後、慶長一六年津軽信枚（陸奥弘前）と再縁。
栄姫（ねね姫）（養女）	多劫	?〜寛永一二（?）	大梁院	天徳寺	実父は保科正直。母は家康の妹。慶長五年養女となり、黒田長政（筑前福岡）に嫁す。
女子（養女）	未詳	?〜寛永六（?）	久松院	未詳	実父は松平康元。養女となり、田中忠政（筑後柳川）に嫁す。忠政の死後、松平（大給）成重と再縁（いずれも年未詳）。
女子（養女）	未詳	?〜承応二（?）	浄明院	泉岳寺（東京都）	実父は松平康元。慶長九年松平（中村）忠一へ嫁す。忠一死去により、同一七年秀忠の養女となり、毛利秀元（長門長府）へ嫁す。
女子（養女）	未詳	未詳	未詳	未詳	実父は松平康元。養女となり、榊原忠政（遠江横須賀）へ嫁す。忠政の死後、菅沼定芳（丹波亀山）と再縁（いずれも年未詳）。

代数	将軍名	子女名（別称）	実母名（法号）	生没年（享年）	法号	墓所（墓碑・供養塔・位牌所を含む）	備考
1	家康	名阿姫（養女）	奥平貞友女	文禄四～寛永九（三八）	光照院	霊巌寺（東京都）	実父は松平定勝。慶長一〇年養女となり、同一一年山内忠義（土佐高知）に嫁す。
		連姫（蓮姫）（養女）	本多広孝女	天正一九～承応元（六二）	長寿院	祥雲寺（東京都）	実父は松平（長沢）康直。慶長七年養女となり、有馬豊氏（丹波福知山）に嫁す。
		女子（養女）	江原政秀女	?～寛永一六（?）	唐梅院	大泉寺（群馬県）	実父は松平（松井）康親。養女となり、井伊直政（上野安中）に嫁す（年未詳）。
		女子（養女）	松平清宗女	天正一六～寛文元（七四）	高源院	賢崇寺（東京都）・高伝寺（佐賀県）	実父は岡部長盛。慶長一〇年養女となり、鍋島勝茂（肥前佐賀）に嫁す。
		国姫（養女）	徳川信康女（妙光院）	文禄四～慶安二（五五）	栄寿院	天徳寺（東京都）・栄寿寺（東京都）	実父は本多忠政。慶長一〇年養女となり、堀忠俊に嫁す。同一四年忠俊の改易により召し返され、駿河居住。同一五年有馬晴信（肥前日之江）子息直純と再縁。享年は五二歳ともいう。
		女子（養女）	徳川信康女（妙光院）	元亀三～寛永二〇（七二）	円照院	海禅寺（東京都）	実父は本多忠政。養女となり、元和二年に小笠原忠脩に嫁す。忠脩の死去により、弟の忠真（信濃松本）に嫁す。
		女子（養女）	未詳	天正一〇～明暦二（七五）	清浄院	本国寺（京都府）	実父は水野忠重。養女となり、加藤清正に嫁す（年未詳）。清正の子息忠広が所領没収となったのち、水野氏へ帰す。没年は慶長一六年ともいう。
		万姫（氏姫）（養女）	徳川信康女（峰高寺殿）	文禄元～寛文六（七五）	敬台院	敬台寺（徳島県）	実父は小笠原秀政。元和二年駿府へ赴く。慶長五年蜂須賀至鎮（阿波徳島）に嫁す。なお、養女となった時期は未詳。

2 秀忠

千姫	お江（崇源院）	慶長二～寛文六（七〇）	天樹院	伝通院（東京都）・弘経寺（茨城県）・知恩院（京都府）・金剛峯寺（和歌山県）	慶長八年豊臣秀頼に嫁す。元和四年本多忠刻と再縁。享年は七〇歳ともいう。
子々姫	お江（崇源院）	慶長四～元和八（二四）	天徳院	野田山（石川県）	慶長六年前田利常（加賀金沢）に嫁す。
勝姫	お江（崇源院）	慶長六～寛文一二（七二）	天崇院	天崇寺（新潟県）・金剛峯寺（和歌山県）	生年は慶長五年ともいう。慶長一六年松平忠直（越前福井）へ嫁す。元和九年忠直の配流により、嫡子忠光とともに江戸高田屋敷に移住。
長丸	未詳	慶長六～同七（二）	秋徳院	増上寺（東京都）	生母はお江（崇源院）ともいう。
初姫	お江（崇源院）	慶長七～寛永七（二九）	興安院	伝通院（東京都）・金剛峯寺（和歌山県）	慶長一一年京極高次（若狭小浜）子息忠高に嫁す。
家光	お江（崇源院）	慶長九～慶安四（四八）	大猷院	大猷院（栃木県）・寛永寺（東京都）	元和九年七月二七日将軍宣下。
忠長	お江（崇源院）	慶長一一～寛永一〇（二八）	峰巌院	大信寺（群馬県）・薬王寺（神奈川県）・光明寺（京都府）	元和四年甲斐一国を拝領。同八年信濃国小諸を加えられる。寛永二年駿河・遠江両国を加えられる。
和子	お江（崇源院）	慶長一二～延宝六（七二）	東福門院 荘厳院	泉涌寺（京都府）・円照寺（奈良県）	元和六年後水尾天皇女御となる。寛永元年中宮となる。
正之	お静（浄光院）	慶長一六～寛文一二（六二）	土津霊神	見祢山（福島県）	元和三年保科正光（信濃高遠）の養子となる。寛永一三年出羽国山形に転封。同二〇年陸奥国会津に転封。

代数	将軍名	子女名（別称）	実母名（法号）	生没年（享年）	法号	墓所（墓碑・供養塔・位牌所を含む）	備考
2	秀忠	松平忠政（養子）	亀姫（盛徳院）	天正八～慶長一九（三五）	光国院	光国寺（岐阜県）	実父は奥平信昌。母は家康の息女。文禄四年養子となる。慶長二年菅沼定利（上野吉井）の養子となる。同一五年美濃国加納城へ移る。
		女子（養女）→家康養女（浄明院）の項参照					
		土佐姫（養女）	未詳	慶長二～明暦元（五九）	龍照院	天徳寺（東京都）	実父は結城秀康。慶長一三年養女となり、同一五年毛利秀就（長門萩）に嫁す。
		千代姫（養女）	徳川信康女（峰高寺殿）	慶長二～慶安二（五三）	保寿院	妙解寺（熊本県）	実父は小笠原秀政。慶長一三年養女となり、同一四年細川忠興（豊前小倉）子息忠利に嫁す。享年は五四歳とも、墓所は東海寺（東京都）ともいう。
		女子（養女）	本多忠勝女	慶長七～慶安三（四九）	雲松院	東海寺（東京都）	実父は奥平家昌。慶長一五年養女となり、堀尾忠晴（出雲松江）に嫁す。寛永一〇年堀尾氏除国後、奥平氏へ帰す。
		振姫（利久姫）（養女）	未詳	慶長一二～万治二（五三）	孝勝院	孝勝寺（宮城県）	実父は池田輝政。初め家康の養女となったが、家康の死去により元和三年秀忠の養女となり、伊達政宗（陸奥仙台）子息忠宗に嫁す。
		女子（養女）	振姫（正清院・松清院）	慶長七～明暦二（五五）	未詳	本国寺（京都府）	実父は蒲生秀行。母は家康の息女。慶長一八年養女となり、同一九年加藤忠広（肥後熊本）に嫁す。寛永九年忠広及び子息光正（光広）罪有り出羽国庄内鶴岡へ配されるにより、以後京都に棲居す。

		亀姫（養女）	未詳	元和三〜天和元（六五）	宝珠院	長恩寺（新潟県）	実父は結城忠直。寛永七年養女となり、高松宮好仁親王と縁組。親王死去により、承応二年越後国高田へ移住。
		女子（養女）	松平康高女	?〜寛文一二（?）	福照院 福正院	霊巌寺（東京都）	実父は榊原康政。慶長一〇年養女となり、池田輝政（播磨姫路）子息利隆に嫁す。
		女子（養女）	酒井家次女	?〜寛永五（?）	梅渓院	祥雲寺（東京都）	実父は松平（久松）忠良。養女となり、黒田忠之（筑前福岡）に嫁す（年未詳）。
		勝姫（養女）	千姫（天樹院）	?〜延宝六（?）	円盛院	霊巌寺（東京都）	実父は本多忠刻。母は秀忠の息女。寛永五年養女となり、池田光政（備前岡山）に嫁す。
3	家光	大姫（亀姫・絲姫）（養女）	喜佐（玉宝院）	寛永四〜明暦二（三〇）	清泰院	伝通院（東京都）	実父は徳川頼房。寛永九年養女となり、同一〇年前田光高（加賀金沢）に嫁す。享年は三一歳ともいう。
		千代姫	お振（自証院）	寛永一四〜元禄一一（六二）	霊仙院	定光寺（愛知県）	寛永一六年徳川義直（尾張家）嫡子光友に嫁す。初葬地は増上寺（東京都）。
		家綱	お楽（宝樹院）	寛永一八〜延宝八（四〇）	厳有院	寛永寺（東京都）	慶安四年八月一八日将軍宣下。
		綱重	お夏（順性院）	正保元〜延宝六（三五）	清揚院	増上寺（東京都）・能仁寺（埼玉県）・金剛峯寺（和歌山県）	寛文元年甲府一〇万石加増、計二五万石拝領。
		亀松	おまさ（成瀬氏）	正保二〜同四（三）	月渓院	伝通院（東京都）	生母はお玉（桂昌院）ともいう。

代数	将軍名	子女名（別称）	実母名（法号）	生没年（享年）	法号	墓所（墓碑・供養塔・位牌所を含む）	備考
3	家光	綱吉	お玉（桂昌院）	正保三〜宝永六（六四）	常憲院	寛永寺（東京都）	寛文元年上野国館林一〇万石加増、計二五万石拝領。延宝八年家綱の御養君となる。同年八月二三日将軍宣下。
		鶴松	お里佐（定光院）	慶安元年（一歳で死去）	齢真院	谷中霊園（東京都）	初葬地は天徳寺（東京都）。
		鶴姫（養女）	勝姫（天崇院）カ	?〜寛永一一（?）	廉貞院	東福寺（京都府）	実父は松平忠直。寛永八年養女となり、同九年九条道房に嫁す。享年は五四歳ともいわれる。
		通姫（輝姫）（養女）	本多忠刻女	承応元〜享保二（六六）	靖厳院	東福寺（京都府）	実父は池田光政。正保四年一条教輔と縁組。慶安二年養女となり、教輔に嫁す。享年は八二歳ともいわれる。
4	家綱	直姫（養女）	千代姫（自証院）	万治元〜寛文元（四）	冬晃院	天徳寺（東京都）	実父は徳川光友。
5	綱吉	鶴姫	お伝（瑞春院）	延宝五〜宝永元（二八）	明信院	増上寺（東京都）	貞享二年徳川綱教（紀伊家）に嫁す。
		徳松	お伝（瑞春院）	延宝七〜天和三（五）	浄徳院	増上寺（東京都）	延宝八年西の丸に入り、若君と称する。
		八重姫（養女）	未詳	元禄三〜延享三（五七）	随性院	寛永寺（東京都）	実父は鷹司兼煕。元禄四年江戸へ下向し、同一〇年綱吉室信子の養女となる。同一一年徳川吉孚（水戸家）へ嫁す。
		喜知姫（養女）	唐橋（卓然院）	元禄一〇〜同一一（二）	智法院	伝通院（東京都）	実父は徳川綱誠。元禄一一年養女となる。

		松姫（磯姫）（養女）	倉橋（利清院）	元禄一二～享保五（二二）	光現院	伝通院（東京都）	実父は徳川綱誠。宝永五年養女となり、前田吉徳（加賀金沢）に嫁す。
		竹姫（養女）	未詳	？～安永元（？）	浄岸院	福昌寺（鹿児島県）	実父は清閑寺熙定。宝永五年保科正容（陸奥会津）嫡子久千代（政邦）と縁組。久千代早世により、同七年有栖川宮正仁親王と縁組。親王死去により、享保年中に吉宗の養女となる。享保一四年島津継豊（薩摩鹿児島）に嫁す。
6	家宣	豊姫	熙子（天英院）	天和元年（一歳で死去）	妙敬日信	常泉寺（東京都）	没年は天和二年ともいわれる。
		男子	熙子（天英院）	元禄一二年（即日死去）	夢月院	常泉寺（東京都）	
		政姫（養女）	未詳	元禄一二～宝永元（六）	本乗院	常泉寺（東京都）	実父は近衛家熙。元禄一六年桜田館に到着。
		家千代	お古牟（法心院）	宝永四年（一歳で死去）	智幻院	伝通院（東京都）	
		大五郎	お須免（蓮浄院）	宝永五～同七（三）	理岸院	伝通院（東京都）	宝永六年本丸へ移徙。
		家継	お喜世（月光院）	宝永六～享保元（八）	有章院	増上寺（東京都）	正徳二年家督相続。同三年四月二日将軍宣下。
		（流産）	斎宮（本光院）	宝永七年（即日死去）	幽夢	常泉寺（東京都）	
		虎吉	お須免（蓮浄院）	正徳元年（一歳で死去）	俊覚院	谷中霊園（東京都）	初葬地は天徳寺（東京都）。

代数	将軍名	子女名（別称）	実母名（法号）	生没年（享年）	法号	墓所（墓碑・供養塔・位牌所を含む）	備考
7	家継	なし					
8	吉宗	（流産）	真宮理子（寛徳院）	宝永七年（即日死去）	種縁院	池上本門寺（東京都）	
		家重	お須摩（深徳院）	正徳元～宝暦一一（五一）	惇信院	増上寺（東京都）	享保元年二の丸に入る。同一〇年西の丸移徙。延享二年本丸移徙。同年一一月二日将軍宣下。
		男子	お須摩（深徳院）	正徳三年（一歳で死去）	体幻院	池上本門寺（東京都）	
		竹姫→綱吉養女の項参照					
		宗武	お古牟（本徳院）	正徳五～明和八（五七）	悠然院	谷中霊園（東京都）	田安徳川家初代。享保一六年田安門内に屋敷拝領。
		源三	お久（深心院）	享保四年（一歳で死去）	涼池院	谷中霊園（東京都）	
		宗尹	お久（深心院）	享保六～明和元（四四）	覚了院	谷中霊園（東京都）	一橋徳川家初代。元文五年一橋門内に屋敷拝領。
		芳姫	お久免（覚樹院・教樹院）	享保七年（一歳で死去）	正雲院	伝通院（東京都）	
		利根姫（養女）	勝浦（智境院）	享保二～延享二（二九）	雲松院	大年寺（宮城県）・東漸時（東京都）	実父は徳川宗直。享保二〇年養女となり本丸に入り、伊達吉村（陸奥仙台）嫡子宗村に嫁す。墓所は瑞巌寺（宮城県）ともいわれる。

9	家重	家治	お幸（至心院）	元文二～天明六（五〇）	浚明院	寛永寺（東京都）	宝暦一〇年本丸移徙。同年九月二日将軍宣下。
		重好	お遊喜（安祥院）	延享二～寛政七（五一）	峻徳院	谷中霊園（東京都）	清水徳川家初代。宝暦九年本丸より清水門内屋敷に移徙。
10	家治	千代姫	五十宮倫子（心観院）	宝暦六～同七（二）	華光院	谷中霊園（東京都）	
		万寿姫	五十宮倫子（心観院）	宝暦一一～安永二（一三）	乗台院	谷中霊園（東京都）	明和五年徳川宗睦（尾張家）子息治休に嫁す。
		家基	お知保（蓮光院）	宝暦一二～安永八（一八）	孝恭院	寛永寺（東京都）・養林寺（群馬県）	明和六年西の丸移徙。
		貞次郎	お品（養蓮院）	宝暦一二～同一三（二）	崇善院	谷中霊園（東京都）	
		種姫（聴《とし》子）（養女）	香詮院	明和二～寛政六（三〇）	貞恭院	長保寺（和歌山県）・増上寺（東京都）	実父は田安宗武。安永四年養女となり、本丸に入る。天明七年徳川重倫（紀伊家）子息治宝に嫁す。
11	家斉	淑姫（鎮《しず》子）	お万（契真院・勢真院）	寛政元～文化一四（二九）	清湛院	増上寺（東京都）・定光寺（愛知県）	寛政二年徳川治行（尾張家）子息五郎太と縁組。同六年五郎太死去により、同一一年徳川宗睦（尾張家）養子斉朝に嫁す。
		女子	お万（契真院・勢真院）	寛政二年（一歳で死去）	瓊岸院	谷中霊園（東京都）	
		竹千代	お万（契真院・勢真院）	寛政四～同五（二）	孝順院	増上寺（東京都）・天岑寺（埼玉県）	

代数	将軍名	子女名（別称）	実母名（法号）	生没年（享年）	法号	墓所（墓碑・供養塔・位牌所を含む）	備考
11	家斉	家慶	お楽（香琳院）	寛政五～嘉永六（六一）	慎徳院	増上寺（東京都）	寛政九年西の丸移徙。天保八年本丸移徙。同年九月二日将軍宣下。
		男子	お梅（真性院）	寛政六年（即日死去）	端正院	谷中霊園（東京都）	
		敬之助	お宇多（宝池院）	寛政七～同九（三）	瑞厳院	定光寺（愛知県）	寛政八年徳川宗睦（尾張家）の養子となる。初葬地は伝通院（東京都）。
		敦之助	寔子（広大院）	寛政八～同一一（四）	体門院	谷中霊園（東京都）	
		綾姫	お万（契真院・勢真院）	寛政八～同一〇（三）	麗玉院	増上寺（東京都）	寛政九年伊達斉村（陸奥仙台）子息政千代（周宗）と縁組。
		総《ふさ》姫	お志賀（慧明院）	寛政八～同九（二）	棲真院	谷中霊園（東京都）	
		（流産）	寔子（広大院）	寛政一〇年（即日死去）	清雲院	祐天寺（東京都）	
		（流産）	お志賀（慧明院）	寛政一〇年（即日死去）	即幻院	谷中霊園（東京都）	
		豊三郎	お宇多（宝池院）	寛政一〇年（一歳で死去）	良元院	谷中霊園（東京都）	
		格姫	お利尾（超操院）	寛政一〇～同一一（二）	冲縁院	谷中霊園（東京都）	

五百姫	お宇多（宝池院）	寛政一一～同一二（二）	瑩光院	谷中霊園（東京都）	
峯姫（美子《よし》）	お登勢（妙操院）	寛政一二～嘉永六（五四）	峯寿院	瑞龍山（茨城県）	文化一一年徳川治紀（水戸家）子息斉脩に嫁す。
亨姫《みち》	お蝶（速成院）	享和元～同二（二）	唯乗院	谷中霊園（東京都）	
斉順	お登勢（妙操院）	享和元～弘化三（四六）	顕龍院	長保寺（和歌山県）・金剛峯寺（和歌山県）	文化七年清水屋敷に移徙。同一三年徳川治宝（紀伊家）の聟養子となる。
舒姫《ゆき》	お宇多（宝池院）	享和二～同三（二）	感光院	伝通院（東京都）	
（流産）	お美尾（芳心院）	享和二年（即日死去）	法如院	谷中霊園（東京都）	
（血荒）	お登勢（妙操院）	享和三年（即日死去）	真空院	谷中霊園（東京都）	生母はお宇多（宝池院）ともいう。
時之助	お蝶（速成院）	享和三～文化二（三）	天淵院	谷中霊園（東京都）	
寿姫《とし》	お登勢（妙操院）	享和三～文化元（二）	蓉香院	伝通院（東京都）	
浅姫（瀞子《すみ》）	お美尾（芳心院）	享和三～安政四（五五）	松栄院	海晏寺（東京都）	文化四年伊達斉村（陸奥仙台）子息政千代（周宗）と縁組。同九年政千代死去により、文政二年松平斉承（越前福井）と再縁。初葬地は天徳寺（東京都）。
晴姫	お登勢（妙操院）	文化二～同四（三）	晃耀院	谷中霊園（東京都）	

代数	将軍名	子女名（別称）	実母名（法号）	生没年（享年）	法号	墓所（墓碑・供養塔・位牌所を含む）	備考
11	家斉	虎千代	お蝶（速成院）	文化三～同七（五）	俊岳院	増上寺（東京都）	文化六年徳川治宝（紀伊家）の聟養子となる。
		高姫	お八千（清昇院）	文化三年（一歳で死去）	円琮院	谷中霊園（東京都）	
		岸姫（安《しづ》姫）	お袖（本性院）	文化四～同八（五）	精純院	谷中霊園（東京都）	
		元姫（幸子《さち》）	お八千（清昇院）	文化五～文政四（一四）	貞鑑院	伝通院（東京都）	文政四年松平容衆（陸奥会津）に嫁す。
		友松	お蝶（速成院）	文化六～同一〇（五）	了湛院	谷中霊園（東京都）	
		文姫（結子《ゆい》）	お袖（本性院）	文化六～天保八（二九）	霊鏡院	伝通院（東京都）	文政九年松平頼胤（讃岐高松）に嫁す。
		斉明	お八重（皆善院）	文化六～文政一〇（一九）	寛量院	谷中霊園（東京都）	文化一三年清水屋敷に移徙。
		斉荘	お蝶（速成院）	文化七～弘化二（三六）	大覚院	定光寺（愛知県）	文化一〇年田安斉匡の聟養子となる。天保一〇年尾張徳川家相続。初葬地は建中寺（愛知県）。
		艶姫	お袖（本性院）	文化八年（一歳で死去）	法量院	谷中霊園（東京都）	
		盛姫（国子）	お八重（皆善院）	文化八～弘化四（三七）	孝盛院	春日山（佐賀県）・高伝寺（佐賀県）	文政二年鍋島斉直（肥前佐賀）嫡子貞丸（斉正）に嫁す。初葬地は増上寺（東京都）。

斉衆	お八重（皆善院）	文化九〜文政九（一五）	英俊院	奥谷墓地（鳥取県）	文化一四年池田斉稷（因幡鳥取）の聟養子となる。初葬地は弘福寺（東京都）。
和姫（操《もち》子）	お蝶（速成院）	文化一〇〜天保元（一八）	貞惇院	大照院（山口県）	文政一二年毛利斉熙（長門萩）嫡孫保三郎（斉広）に嫁す。初葬地は寛永寺（東京都）。
孝姫	お袖（本性院）	文化一〇〜同一一（二）	淳脱院	谷中霊園（東京都）	
溶姫（諧《とも》子）	お美代（専行院）	文化一〇〜明治元（五六）	景徳院	野田山（石川県）	文政九年前田斉泰（加賀金沢）に嫁す。初葬地は天徳院（石川県）。
與五郎	お屋を（智照院）	文化一〇〜同一一（二）	常境院	谷中霊園（東京都）	
斉民	お八重（皆善院）	文化一一〜明治二四（七八）	文定院	谷中霊園（東京都）	文化一四年松平斉孝（美作津山）の聟養子となる。
琴姫	お以登（本輪院）	文化一一〜同一三（三）	浄薫院	谷中霊園（東京都）	
久五郎	お蝶（速成院）	文化一二〜同一四（三）	浄門院	伝通院（東京都）	
仲姫	お美代（専行院）	文化一二〜同一四（三）	華成院	谷中霊園（東京都）	
信之進	お八重（皆善院）	文化一四年（一歳で死去）	影幻院	伝通院（東京都）	
末姫（貴子）	お美代（専行院）	文化一四〜明治五（五六）	泰栄院	新庄山（広島県）	天保四年浅野斉粛（安芸広島）に嫁す。初葬地は青松寺（東京都）。

代数	将軍名	子女名（別称）	実母名（法号）	生没年（享年）	法号	墓所（墓碑・供養塔・位牌所を含む）	備考
11	家斉	陽七郎	お袖（本性院）	文政元～同四（四）	正徳院	伝通院（東京都）	
		喜代姫（都子《みや》）	お八重（皆善院）	文政元～明治元（五一）	晴光院	景福寺（兵庫県）・龍海寺（群馬県）	天保三年酒井忠実（播磨姫路）嫡子忠学に嫁す。
		永姫（賢子《かた》）	お以登（本輪院）	文政二～明治八（五七）	誠順院	谷中霊園（東京都）	天保六年一橋斉位に嫁す。
		斉温	お瑠璃（青蓮院）	文政二～天保一〇（二一）	良恭院	定光寺（愛知県）	文政五年徳川斉朝（尾張家）の養子となる。初葬地は建中寺（愛知県）。
		斉良	お八重（皆善院）	文政二～天保一〇（二一）	大智院	善性寺（東京都）	文政五年松平武厚（石見浜田）の聟養子となる。
		斉彊	お袖（本性院）	文政三～嘉永二（三〇）	憲章院	長保寺（和歌山県）・金剛峯寺（和歌山県）	文政一〇年清水家相続。弘化三年紀伊徳川家を養子相続。
		斉善	お以登（本輪院）	文政三～天保九（一九）	諦観院	海晏寺（東京都）	天保六年松平斉承（越前福井）の養子となる。初葬地は運正寺（福井県）。
		斉裕	お八重（皆善院）	文政四～明治元（四八）	大龍院	興源寺（徳島県）・万年山（徳島県）	文政一〇年蜂須賀斉昌（阿波徳島）の養子となる。
		富八郎	お袖（本性院）	文政五～同六（二）	春光院	伝通院（東京都）	
		斉省	お以登（本輪院）	文政六～天保一二（一九）	隆章院	寛永寺（東京都）・泰宗寺（東京都）	文政一〇年松平矩典（斉典、武蔵川越）の聟養子となる。

		斉宣	お以登（本輪院）	文政八～弘化元（二〇）	至徳院	長寿院（兵庫県）	文政一〇年松平直韶（斉韶、播磨明石）の養子となる。
		泰姫（益子）	お瑠璃（青蓮院）	文政一〇～天保一四（一七）	泰明院	増上寺（東京都）	天保一一年池田斉訓（因幡鳥取）に嫁す。同一二年斉訓死去により江戸城本丸へ引取られる。
12	家慶	（血荒）	楽宮喬子（浄観院）	文化九年（即日死去）	明幻院	祐天寺（東京都）	
		（血荒）	楽宮喬子（浄観院）	文化九年（即日死去）	浄邦院	祐天寺（東京都）	
		竹千代	楽宮喬子（浄観院）	文化一〇～同一一（二）	玉樹院	増上寺（東京都）	
		達姫	お定（清涼院）	文化一一～文政元（五）	深珠院	谷中霊園（東京都）	
		儔姫	楽宮喬子（浄観院）	文化一二年（一歳で死去）	瑞芳院	谷中霊園（東京都）	
		女子	楽宮喬子（浄観院）	文化一三年（即日死去）	最玄院	谷中霊園（東京都）	
		嘉千代	お定（清涼院）	文政二～同三（二）	璿玉院	増上寺（東京都）	
		男子	お加久（妙華院）	文政五年（一歳で死去）	円常院	谷中霊園（東京都）	
		家祥（家定）	お美津（本寿院）	文政七～安政五（三五）	温恭院	寛永寺（東京都）	嘉永六年一一月二三日将軍宣下。

代数	将軍名	子女名（別称）	実母名（法号）	生没年（享年）	法号	墓所（墓碑・供養塔・位牌所を含む）	備考
12	家慶	米姫	お波奈（香共院カ）	文政七～同一二（六）	瑤台院	谷中霊園（東京都）	
		慶昌	お定（清涼院）	文政八～天保九（一四）	英徳院	谷中霊園（東京都）	天保八年一橋斉位の養子となる。
		咸姫	お加久（妙華院）	文政九年（一歳で死去）	諦明院	谷中霊園（東京都）	
		春之丞	お美津（本寿院）	文政九～同一〇（二）	覚性院	谷中霊園（東京都）	
		暉姫	お波奈（香共院カ）	文政九～天保一一（一五）	貞明院	谷中霊園（東京都）	天保一〇年田安慶頼と縁組。
		悦五郎	お美津（本寿院）	文政一一～同一二（二）	充誠院	谷中霊園（東京都）	
		直丸	お筆（殊妙院）	文政一二～天保元（二）	詮量院	谷中霊園（東京都）	法号は詮童院・詮董院ともいう。
		銀之丞	お筆（殊妙院）	天保三～同四（二）	彩恍院	谷中霊園（東京都）	
		里姫	お金（見光院）	天保四～同五（二）	麗娟院	谷中霊園（東京都）	
		千恵姫	お筆（殊妙院）	天保六～同七（二）	妙珠院	谷中霊園（東京都）	

吉姫	お金（見光院）	天保七～同八（二）	麗台院	谷中霊園（東京都）	
亀五郎	お筆（殊妙院）	天保九～同一〇（二）	憲宗院	谷中霊園（東京都）	
万釵姫	お金（見光院）	天保一〇～同一一（二）	瓊玉院	谷中霊園（東京都）	
若姫	お筆（殊妙院）	天保一三～同一四（二）	蓮玉院	増上寺（東京都）・長命寺（東京都）	
精姫（養女）	未詳	文政八～大正二（八九）	未詳	未詳	実父は有栖川宮韶仁親王。天保一三年江戸へ下向し、養女となる。嘉永二年有馬慶頼（頼咸、筑後久留米）に嫁す。
男子	お金（見光院）	天保一四年（即日死去）	照輝院	増上寺（東京都）・長命寺（東京都）	
鐐姫	お広（妙音院）	弘化元～同二（二）	玉蓉院	谷中霊園（東京都）	
田鶴若	お広（妙音院）	弘化二～同三（二）	瑞岳院	増上寺（東京都）・長命寺（東京都）	
鏞姫	お広（妙音院）	嘉永元年（一歳で死去）	輝光院	増上寺（東京都）	
男子	お津由（秋月院）	嘉永二年（一歳で死去）	斉信院	谷中霊園（東京都）	
線姫（養女）	未詳	天保六～安政三（二二）	線教院	瑞龍山（茨城県）	実父は有栖川宮熾仁親王。嘉永三年養女となり、同五年徳川慶篤（水戸家）に嫁す。

代数	将軍名	子女名（別称）	実母名（法号）	生没年（享年）	法号	墓所（墓碑・供養塔・位牌所を含む）	備考
12	家慶	長吉郎	お広（妙音院）	嘉永五～同六（二）	景徳院	伝通院（東京都）	
13	家定	なし					
14	家茂	なし					
15	慶喜	女子	美賀子（貞粛院）	安政五年（一歳で死去）	瓊光院	谷中霊園（東京都）	
		敬事	お信	明治四～同五（二）	未詳	谷中霊園（東京都）	
		善事	お幸	明治四～同五（二）	未詳	谷中霊園（東京都）	
		琢磨	お幸	明治五～同六（二）	未詳	谷中霊園（東京都）	
		鏡子	お信	明治六～同二六（二一）	鏡月院	谷中霊園（東京都）	徳川達孝（田安家）に嫁す。
		厚	お幸	明治七～昭和五（五七）	なし	谷中霊園（東京都）	
		金子	お幸	明治八年（一歳で死去）	未詳	谷中霊園（東京都）	
		鉄子	お信	明治八～大正一〇（四七）	真月院	谷中霊園（東京都）	徳川達道（一橋家）に嫁す。

筆子	お幸	明治九～同四〇（三二）	なし	万年山（徳島県）	蜂須賀正韶（因幡鳥取）に嫁す。
博（仲博）	お信	明治一〇～昭和二三（七二）	なし	大雲院（鳥取県）	明治二三年池田輝知（因幡鳥取）の養子となる。
修子	お幸	明治一一年（一歳で死去）	未詳	谷中霊園（東京都）	
斉	お信	明治一一年（一歳で死去）	未詳	谷中霊園（東京都）	
良子	お信	明治一三年（一歳で死去）	未詳	谷中霊園（東京都）	
浪子	お幸	明治一三～昭和二九（七五）	なし	谷中霊園（東京都）	松平斉（津山松平家分家）に嫁す。
国子	お幸	明治一五～昭和一七（六一）	月庭院	平林寺（埼玉県）	大河内輝耕（上野高崎）に嫁す。
経子	お信	明治一五～昭和一四（五八）	なし	豊島岡墓地（東京都）	伏見宮博恭王に嫁す。
糸子	お幸	明治一六～昭和三八（八一）	荘厳院	妙伝寺（京都府）	四条隆愛に嫁す。
男子	お幸	明治一七年（即日死去）	未詳	谷中霊園（東京都）	
寧	お幸	明治一八～同一九（二）	未詳	谷中霊園（東京都）	

代数	将軍名	子女名（別称）	実母名（法号）	生没年（享年）	法号	墓所（墓碑・供養塔・位牌所を含む）	備考
15	慶喜	久（慶久）	お信	明治一七～大正一一（三九）	なし	谷中霊園（東京都）	徳川慶喜家を相続。
		英子	お信	明治二〇～大正一三（三八）	貞敏夫人	瑞龍山（茨城県）	徳川圀順（水戸家）に嫁す。
		誠	お幸	明治二〇～昭和四三（八二）	なし	谷中霊園（東京都）	
		精	お信	明治二一～昭和七（四五）	なし	谷中霊園（東京都）	勝海舟（旧幕臣）の養子となる。
		女子	お幸	明治二四年（即日死去）	未詳	谷中霊園（東京都）	

本表は、「幕府祚胤伝」（『徳川諸家系譜』所収）を底本に、適宜「江戸幕府日記」（国立公文書館内閣文庫所蔵）、「年録」（国会図書館所蔵）、「徳川幕府家譜」（『徳川諸家系譜』所収）、秋元茂陽『徳川将軍家墓碑総覧』（パレード、二〇〇八年）、『徳川実紀』、『続徳川実紀』、『寛政重修諸家譜』、『柳営補任』、『藩史大事典』、竹内誠編『徳川幕府事典』（東京堂出版、二〇〇三年）、「徳川慶喜公子孫系図」、『徳川慶喜家 最後の家令』（松戸市戸定歴史館、二〇一〇年）等を参考に高田綾子が作成し、藤田英昭が確認した。

尾張徳川家妻子一覧

代数	当主名・正室名	子女名（別称・諱）	生母名（別称・諱・法号）	生没年（享年）	法号	備考
1	義直《よしなお》　父徳川家康・母お亀（相応院）　慶長五〜慶安三（五一）　敬公					
	春姫（安芸御前）　父浅野幸長・母池田信輝女　慶長七〜寛永一四（三六）　高原院　生年は慶長八年ともいう。					
	お佐井　父津田信益・母――　寛永元〜貞享元（六一）　貞松院義直継室。はじめ東福門院に仕える。					
		光友　＊別項参照				
		京姫	お佐井（貞松院）	寛永三〜延宝二（四九）	普峰院	公家の広幡忠幸に嫁す。
2	光友《みつとも》　父徳川義直・母お尉（歓喜院）　寛永二〜元禄一三（七六）　正公・瑞龍院					
	千代姫　父徳川家光・母お振（自証院）　寛永一四〜元禄一一（六二）　霊仙院					
		豊姫	千代姫（霊仙院）	明暦元年（一歳で死去）	珠光院	
		義行	千代姫（霊仙院）	明暦二〜正徳五（六〇）	崇巌院	美濃高須松平家初代。
		直姫	千代姫（霊仙院）	万治元〜寛文元（四）	冬晃院	
		義昌	勘解由小路（三の丸殿・松寿院）	慶安四〜正徳三（六三）	得安院	陸奥梁川松平家初代。
		綱誠　＊別項参照				
		友久	大弐（清心院）	寛文元〜延宝三（一五）	清雲院	尾張家家臣の松平康久の養子となり、康永と名乗る。
		貴姫《あて》	大弐（清心院）	寛文七〜天和三（一七）	馨香院	生年は寛文六年ともいう。綱誠の養女となり、浅野綱長（安芸広島）に嫁す。
		八郎太郎	新式部（長昌院・長照院）	寛文八〜同九（二）	明了院	

代数	当主名 正室名	子女名（別称・諱）	生母名（別称・諱・法号）	生没年（享年）	法号	備考
2		友重	新式部（長昌院・長照院）	寛文九～元禄一五（三四）	源了院	
		秀姫	ふせ屋（二の丸殿・宗隆院）	?～延宝元（?）	超勝院	
		能《なよ》姫	糸	?～延宝二（?）	自光院	
		次郎（仙之助）	大弐（清心院）	?～延宝三（?）	清浄院	
		長尊《ちょうそん》	新式部（長昌院・長照院）	延宝三～天和元（七）	恢広院	生母は麗（聚福院）ともいう。
		万里之助	お津連（正善院）	?～延宝五（?）	寿正院	
		官之助	津知（大橋氏）	?～延宝五（?）	玉樹院	
		友著《ともあき》	梅の枝（梅香院）	延宝六～享保一一（四九）	隆興院	川田久保松平家初代。
		元姫	以津（龍峯院）	延宝七～元禄三（一二）	信正院	
3	綱誠《つななり》 父徳川光友・母千代姫（霊仙院） 承応元～元禄一二（四八） 誠公・泰心院					
	新《にい》君 父広幡忠幸・母京姫（普峰院） 承応三～元禄五（三九） 瑩珠院					
		五郎八	礼与（日下氏）	延宝四～六（三）	円照院	
		源之丞	佐野	延宝六年（一歳で死去）	光周院	
		悦姫	下総（河野氏）	延宝七～天和元（三）	麗赫院	
		鶴丸	梅小路（二の丸殿・梅昌院）	延宝八年（一歳で死去）	松岩院	
		松之助	梅小路（二の丸殿・梅昌院）	天和二～同三（二）	靖康院	法号は請康院とも。
		未詳	未詳	?～天和三（?）	玉渓院	
		初姫	段（遠寿院）	天和三年（一歳で死去）	真乗院	
		八代姫	津解	貞享元年（一歳で死去）	了寿院	

清姫	佐子	貞享元年（一歳で死去）	花庭	
菊姫	梅小路（二の丸殿・梅昌院）	貞享元～同二（二）	智峯院	
春姫	難波（蓮乗院）	貞享二～同三（二）	臨照院	
喜太郎	梅小路（二の丸殿・梅昌院）	貞享三～同四（二）	独立院	
亀太郎	和泉（泉光院）	貞享四～元禄五（六）	幽巌院	
蔦姫	下総（本寿院）	元禄元年（一歳で死去）	到岸院	
内膳	難波（蓮乗院）	元禄元～同四（四）	智照院	法号は智性院とも。
猶《ゆう》姫	阿古（清遊院）	元禄元～同二（二）	宝池院	
常三郎	和泉（泉光院）	元禄元～同四（四）	迢珠院	
吉通　＊別項参照				
勝之丞	阿古（清遊院）	元禄三年（一歳で死去）	徹空	
光姫	難波（蓮乗院）	元禄三～同四（二）	真如院	
立姫	下総（本寿院）	元禄四～同九（六）	澄照院	
通顕↓継友の項参照				
綾姫	梅小路（二の丸殿・梅昌院）	元禄五～同七（三）	涼雲院	
石松	阿古（清遊院）	元禄五～同七（三）	離相院	
伊羅姫	万（心常院）	元禄五～同七（三）	了智院	
男子	梅小路（二の丸殿・梅昌院）	元禄六年（即日死去）	秋光院	
義孝	唐橋（卓然院）	元禄七～享保一七（三九）	高徳院	松平義行（美濃高須）の養子となる。
城次郎	梅津（宣揚院）	元禄七～同一〇（四）	桂鏡院	
岩之丞	下総（本寿院）	元禄七～宝永二（一二）	法雲院	
政姫	梅小路（二の丸殿・梅昌院）	元禄八年（一歳で死去）	慈月院	

代数	当主名／正室名	子女名（別称・諱）	生母名（別称・諱・法号）	生没年（享年）	法号	備考
3		繁之丞	菊山（蓮養院）	元禄八〜同九（二）	秋林院	
		通温《みちまさ》	唐橋（卓然院）	元禄九〜享保一五（三五）	顕性院	法号は顕照院とも。
		通春→宗春の項参照				
		千之丞	倉橋（利清院）	元禄九〜同一〇（二）	浄体院	
		喜知姫	唐橋（卓然院）	元禄一〇〜同一一（二）	知法院	五代将軍徳川綱吉の養女となる。法号は智法院とも。
		女子	梅津（宣揚院）	？〜元禄一一（？）	晴龍院	
		副姫《そよ》	倉橋（利清院）	元禄一一〜同一三（三）	艶陽院	
		増之丞	おしん（新大夫・西生院）	元禄一二年（一歳で死去）	航運院	
		磯姫	倉橋（利清院）	元禄一二〜享保五（二二）	光現院	五代将軍徳川綱吉の養女となり、松姫と改め、前田吉徳（加賀金沢）に嫁す。
4	吉通《よしみち》　父徳川綱誠・母下総（本寿院）　元禄二〜正徳三（二五）　立公・円覚院					
	輔君（輔子）　父九条輔実・母益子内親王　元禄三〜享保一六（四二）　瑞祥院					
		五郎太　＊別項参照				
		三千君（徳姫・通姫・千姫）	おさん（随縁院）	宝永三〜宝暦七（五二）	信受院	六代当主継友の養女となり、公家の九条幸教に嫁す。
		三姫《さん》→別項（宗勝正室）参照				
5	五郎太《ごろうた》　父徳川吉通・母輔君（瑞祥院）　正徳元〜同三（三）　達公・真巌院					
	正室なし					
6	継友《つぐとも》　父徳川綱誠・母和泉（泉光院）　元禄五〜享保一五（三九）　曜公・晃禅院					

安己君《あこ》　父近衛家熙・母町尻兼量女（景雲院）　宝永元～享保一〇（二二）　光雲院

八三郎	右京（善良院）	享保七～同八（二）	円善院	

7

宗春《むねはる》　父徳川綱誠・母梅津（宣揚院）　元禄九～明和元（六九）　逞公・章善院

正室なし

富姫	梅津（栄昌院）	享保九～同一八（一〇）	理泡院	
補誦姫《ほじゅ》	民部（瑩光院）	享保一一～同二〇（一〇）	凜霜院	
八千姫	梅津（栄昌院）	享保一一～同一六（六）	曄徳院	
頼君	伊予（銀昌院）	享保一三～宝暦一〇（三三）	霊樹院	八代当主宗勝の養女となり三喜姫と改める。のち伝姫と改め公家の九条稙基と結納を行うが、稙基の死去により公家の近衛内前と再縁。
国丸	梅津（栄昌院）	享保一五～同二〇（六）	慧運院	
八百姫	民部（瑩光院）	享保一五～同一六（二）	秋感院	
以津姫	伊予（銀昌院）	享保一五～同一六（二）	性如院	
龍治代	民部（瑩光院）	元文二年（一歳で死去）	円徳院	

8

宗勝《むねかつ》　父松平友著・母お繁（円珠院）　宝永二～宝暦一一（五七）　戴公・賢隆院

三姫《さん》　父徳川吉通・母尾上（清水院）　宝永七～享保一五（二一）　宝蓮院

万弥《まんや》	三姫《さん》（宝蓮院）	享保一五～一七（三）	玉泡院	
房姫	お嘉代（英巌院）	享保一七～寛延元（一七）	冷池院	島津宗信（薩摩鹿児島）と縁組。
宗睦　＊別項参照				

代数	当主名 正室名	子女名（別称・諱）	生母名（別称・諱・法号）	生没年（享年）	法号	備考
8						
		義敏	おとせ（清光院）	享保一九～明和八（三八）	蒼岳院	松平義淳（美濃高須）の養子となる。
		類姫	お嘉代（英巌院）	享保一九～元文元（三）	法理院	
		信之進	おすめ（寿光院）	享保二〇～元文元（二）	玄時院	
		豊姫	おとせ（清光院）	享保二〇～宝暦七（二三）	蔡香院	上杉重定（出羽米沢）に嫁す。
		栄之助	おすめ（寿光院）	元文元～延享四（一二）	心浄院	
		勝長	お嘉代（英巌院）	元文二～文化八（七五）	亮諦院	
		勝当《かつまさ》	おとせ（清光院）	元文二～享和元（六五）	大慈院	松平義裕（美濃高須）の養子となる。
		勝綱	おすめ（寿光院）	元文三～享和元（六四）	得性院	
		勝紀	お津屋（妙観院）	元文三～寛政元（五二）	映徳院	尾張家家臣の竹腰正武の養子となり、勝起と名乗る。
		大之丞	おとせ（清光院）	元文四年（一歳で死去）	法清院	
		勝斯《かつのり》	おすめ（寿光院）	元文四～寛政三（五三）	玄津院	井上正森（下総高岡）の養子となり、正国と名乗る。
		嘉知姫（福子）	おつや（妙観院）	元文五～明和四（二九）	智岳院	はじめ島津宗信（薩摩鹿児島）と縁組、宗信の死去により邦姫と改め、浅野重晟（安芸広島）と再縁。
		峯姫	三保（教性院）	元文五年（一歳で死去）	善光院	
		勝邦	おとせ（清光院）	寛保元～明和八（三一）	至善院	内藤頼由（信濃高遠）の養子となり、頼多と名乗る。
		麻姫	おつや（妙観院）	寛保元～延享三（六）	瑞光院	

	品姫	留屋（秋光院）	寛保元～文化一一（六四）	瓊樹院	はじめ松平重昌（越前福井）と縁組、重昌の死去により松平頼前（常陸府中）と再縁。
	勝鷹	おそよ（仙宥院）	延享元～宝暦一一（一八）	随円院	生年は延享二年ともいう。松平（本庄）資昌（遠江浜松・丹後宮津）の養子となることが決まるが早世。
	長之助	お美予（伊勢氏）	延享四～寛延二（三）	花香院	
	恭《ゆき》君（季姫・譲子）	およん（得船院）	延享四～寛政三（四五）	光相院	公家の九条道前に嫁す。
	陽姫（順子）	およん（得船院）	宝暦元～安永二（二三）	深広院	はじめ公家の二条重良と縁組、重良の死去により浅野重晟（安芸広島）と再縁。
	睦精	おそよ（仙宥院）	宝暦二～文化一一（六四）	尚徳院	内藤政陽（日向延岡）の養子となり、政脩と名乗る。
	皆姫	およん（得船院）	宝暦五～同六（二）	芳樹院	
9	宗睦《むねちか》	父徳川宗勝・母お嘉代（英巌院）	享保一八～寛政一一（六七）	明公・天祥院	
	好《たか》君（周子《ちか》）	父近衛家久・母（真涼院）	享保一五～安永七（四九）	転陵院	
	治休《はるよし》	好《たか》君（転陵院）	宝暦三～安永二（二一）	紹隆院	
	治興	好《たか》君（転陵院）	宝暦六～安永五（二一）	天祐院	
10	斉朝《なりとも》	父一橋治国・母彰君（乗蓮院）	寛政五～嘉永三（五八）	順公・天慈院	
	淑姫《ひで》（鎮子《しず》）	父徳川家斉・母お万（契真院・勢真院）	寛政元～文化一四（二九）	清湛院	はじめ五郎太（九代当主宗睦の養子治行の子息）と婚約するが、五郎太早世。
11	斉温《なりはる》	父徳川家斉・母お瑠璃（青蓮院）	文政二～天保一〇（二一）	僖公・良恭院	

代数	当主名・正室名	子女名（別称・諱）	生母名（別称・諱・法号）	生没年（享年）	法号	備考
11	愛姫 父田安斉匡・母八木氏 文政元～天保三（一五） 琮樹院					
	福君《さち》（祥君・豊姫・定子） 父鷹司政煕・母―― 文政三～天保一一（二一） 俊恭院 近衛基前の養女となる。斉温継室。					
12	斉荘《なりたか》 父徳川家斉・母お蝶（速成院） 文化七～弘化二（三六） 懿公・大覚院					
	猶姫《ゆう》（友子） 父田安斉匡・母裕宮貞子 文化四～明治五（六六） 貞慎院					
		勝姫《かち》	登佐（笹本氏）	天保三～同四（二）	瑤理院	
		利姫	やを（法行院）	天保七～明治一八（五〇）		清水斉彊（のち紀伊徳川家一二代当主）の養女となり、浅野慶熾（安芸広島）に嫁す。
		邦姫	やを（法行院）	天保一〇～同一一（二）	浄形院	
		釣姫（釧姫）	やを（法行院）	天保一四～明治四（二九）	清月院	明治四年に松平乗命（美濃岩村）に嫁す。
		女子	久米（戒光院）	弘化元年（一歳で死去）	幽香院	
		昌丸	やを（法行院）	弘化三～同四（二）	馨明院	一橋慶寿の養子となるが早世。
13	慶臧《よしつぐ》 父田安斉匡・母れい（青松院） 天保七～嘉永二（一四） 欽公・顕曜院 利姫（一二代当主斉荘の息女）と婚約後死去。					
	正室なし					
14	慶恕《よしくみ》 父松平義建・母規姫（真證院） 文政七～明治一六（六〇） 文公・賢徳院 一七代当主の際は慶勝《よしかつ》と改めている。					
	矩姫《かね》（お茂・準子《かね》） 父丹羽長富・母―― 天保二～明治三五（七二） 貞徳院					
		栄姫《てる》	多満（禎正院）	嘉永五～同六（二）	蕙心院	

寛《ひろ》之助	多満（禎正院）	安政元～同三（三）	霊珠院	
女子	矩《かね》姫（貞徳院）	安政二年（即日死去）	良幻院	
堯之助	由起（辰子・諒正院）	安政二年（一歳で死去）	馨徳院	
道姫	多満（禎正院）	安政三～明治八（二〇）	清心院	明治二年に松平義生（美濃高須）と縁組。
豊姫	多満（禎正院）	安政四～明治四一（五二）		尾張徳川家一八代当主義禮と婚姻。
義宜　＊別項参照				
茂徳　＊別項参照				
万姫	多満（禎正院）	文久元年（一歳で死去）	蓮池院	
亀千代	由起（辰子・諒正院）	文久元年（一歳で死去）	華容院	
岑姫	多満（禎正院）	文久二～元治元（三）	春陽院	
時千代	たけ（竹子・靖恭院）	文久二～同三（二）	賢明院	
安千代	由起（辰子・諒正院）	元治元～明治二（六）	秋英院	
知千代	由起（辰子・諒正院）	慶応二～同三（二）	快楽院	
釟《はつ》千代	たけ（竹子・靖恭院）	慶応二～同三（二）	善明院	
男子	由起（辰子・諒正院）	慶応三年（一歳で死去）	秋露院	
盛千代	たけ（竹子・靖恭院）	明治元～同二（二）	霊沼院	
良《かた》姫	たけ（竹子・靖恭院）	明治二～大正一三（五六）		稲葉正邦（山城淀）の養女となる。徳川義禮後室。
富姫	たけ（竹子・靖恭院）	明治三～同四二（四〇）		
英姫	たけ（竹子・靖恭院）	明治五～？（？）		
義恕	加津（慈光院）	明治一一～昭和二一（六九）		

代数	当主名 正室名	子女名（別称・諱）	生母名（別称・諱・法号）	生没年（享年）	法号	備考
14		義信	加津（慈光院）	明治一三年（一歳で死去）		
15	茂徳《もちなが》　父松平義建・母みさを（陽清院）　天保二～明治一七（五四）　顕樹院　はじめ高須藩主（義比）、尾張徳川家当主となったのち一橋家の当主（茂栄）となる。					
	政姫　父丹羽長富・母――　天保九～明治四二（七二）　崇松院					
		義端	政姫（崇松院）	安政五～万延元（三）	泰巌院	
		常千代	知加（山中氏）	文久二～同三（二）	理性院	
16	義宜《よしのり》　父徳川慶恕・母多満（禎正院）　安政五～明治八（一八）　靖公・隆徳院					
	正室なし					

本表は、「御系譜」・「系譜」（いずれも『名古屋叢書三編　第一巻　尾張徳川家系譜』所収、一九八八年）、「御系譜」（『徳川諸家系譜』二所収）、霞会館華族家系大成編輯委員会編『平成新修旧華族家系大成』（霞会館、一九九六年）等をもとに高田綾子が作成し、藤田英昭が確認した。

・当主の欄は、当主名、実父・生母名（法号）、生没年（享年）、法号、備考の順に記す。
・正室の欄は、正室名（通称・諱）、実父・実母名（法号）、生没年（享年）、法号、備考の順に記す。
・子女の生母については、法号が未詳の場合は氏名を記した。
・子女については、原則として尾張徳川家当主であった期間の子女を記す。
・慶恕（慶勝）は一四代の当主となったのち一七代当主を再承するが、子女については一四代の中にまとめて記した。

紀伊徳川家妻子一覧

代数	当主名・正室名	子女名（別称・諱）	生母名（別称・諱・法号）	生没年（享年）	法号	備考
1	頼宣《よりのぶ》　父徳川家康・母お万（養珠院）　慶長七～寛文一一（七〇）　南龍院					
	あま姫（八十姫）　父加藤清正・母（清浄院）　慶長六～寛文六（六六）　瑤林院					
		女子	未詳	?～寛永七（?）	了心院	
		光貞　＊別項参照				
		茶々姫（因幡姫）	中川氏（理真院）	寛永八～宝永五（七八）	芳心院	池田光仲（因幡鳥取）に嫁す。
		松姫（松子）	山田氏（円住院）	寛永八～延宝六（四八）	松寿院	松平（鷹司）信平に嫁す。
		修理	武藤氏（長寿院）	寛永一〇～同一三（四）	真空院	
		万姫	一野殿（益心院）	寛永一五～同一七（三）	鮮容院	
		頼純	越智氏（浄心院）	寛永一八～正徳元（七一）	源性院	伊予西条松平家初代。
		女子	未詳	?～寛永一二（?）	忠善院	
2	光貞《みつさだ》　父徳川頼宣・母中川氏（理真院）　寛永三～宝永二（八〇）　清渓院					
	安宮（照子・安子）　父伏見宮貞清親王・母――　寛永二～宝永四（八三）　天真院					
		なか姫（なな姫）	未詳	?～慶安五（?）	天心院	
		光姫（光君・通子）	岡村氏（神智院）	明暦元～寛文一一（一七）	台嶺院	公家の一条兼輝に嫁す。
		栄姫（称為姫・英子）	未詳（成等院）	万治三～宝永二（四六）	円光院	上杉綱憲（出羽山形）に嫁す。
		綱教　＊別項参照				
		次郎吉	未詳	寛文七～延宝七（一三）	高岳院	

代数	当主名 正室名	子女名（別称・諱）	生母名（別称・諱・法号）	生没年（享年）	法号	備考
2		育姫《のり》（幾子）	未詳（林光院）	延宝三～元禄六（一九）	霊岳院	佐竹義苗（出羽秋田）に嫁す。
		頼職　＊別項参照				
		頼方→吉宗の項参照				
		菅姫	中条氏（聞是院）	元禄四～同六（三）	清心院	
3	綱教《つなのり》　父徳川光貞・母山田氏（瑞応院）　寛文五～宝永二（四一）　高林院					
	鶴姫　父徳川綱吉・母お伝（瑞春院）　延宝五～宝永元（二八）　明信院					
4	頼職《よりもと》　父徳川光貞・母志隝（真如院）　延宝八～宝永二（二六）　深覚院					
	正室なし					
5	吉宗《よしむね》　父徳川光貞・母お由利（浄円院）　貞享元～宝暦元（六八）　有徳院　のち八代将軍となる。					
	真宮《さな》（理子）　父伏見宮貞致親王・母――　元禄四～宝永七（二〇）　寛徳院					
		女子	真宮（寛徳院）	宝永七年（即日死去）	種縁院	
		家重	お須摩（深徳院）	正徳元～宝暦一一（五一）	惇信院	のち九代将軍となる。
		男子	お須摩（深徳院）	正徳三年（即日死去）	体幻院	
		宗武	竹本氏（本徳院）	正徳五～明和八（五七）	悠然院	田安徳川家初代。
		源三	お久（深心院）	享保四年（一歳で死去）	涼池院	将軍就任後に生まれる。
		宗尹	お久（深心院）	享保六～明和元（四四）	覚了院	将軍就任後に生まれる。一橋徳川家初代。
		芳姫	お久免（覚樹院・教樹院）	享保七年（一歳で死去）	正雲院	将軍就任後に生まれる。

6

宗直《むねなお》　父松平頼純・母太田氏（観樹院）　天和二～宝暦七（七六）　大慧院

正室なし

朝姫（阿佐子）	下条氏（妙相院）	享保元～同七（七）	真性院	
利根姫（温《はる》子・利根子・綱子）	勝浦（智境院）	享保二～延享二（二九）	雲松院	八代将軍徳川吉宗の養女となり、伊達宗村（陸奥仙台）に嫁す。
常姫	下条氏（妙相院）	享保五～同二〇（一六）	芳林院	浅野宗恒（安芸広島）と縁組内約。
宗将　＊別項参照				
喜《よし》姫（友姫・当子）	勝浦（智境院）	享保五～安永九（六一）	静澄院	細川宗孝（肥後熊本）に嫁す。
久姫	山本氏（孝晴院）	享保一一～寛政一二（七五）	桂香院	池田宗泰（因幡鳥取）に嫁す。法号ははじめ円泰院。
頼淳→治貞の項参照				
頼央	長谷川氏（凉心院）	享保一四～宝暦七（二九）	孝順院	生母の凉心院は神谷氏・岸田氏ともいう。
頼香	入江氏（得生院）	享保一六～寛政五（六三）	松岳院	松平（鷹司）信友（上野矢田）の養子となり、信有と名乗る。
富千代	勝浦（善修院）	享保一八～同一九（二）	法幻院	
女子	未詳（雲紹院）	享保一九年（一歳で死去）	白道院	
賢《まさ》姫（忠姫）	勝浦（善修院）	元文元～天明元（四六）	遠紹院	はじめ前田重靖（加賀金沢）と縁組、重靖死去により松平頼済（常陸府中）に嫁す。
圭姫	森山氏	元文三～同五（三）	佳玄院	生母は勝浦（善修院）ともいう。
達姫（悦姫・致子）	篤子（心敬院・信敬院）	元文四～宝暦九（二一）	寵岳院	丹羽高庸（陸奥二本松）に嫁す。生母の法号ははじめ心静院。
相姫（載《とし》姫・相君・寿子）	落合氏（慈応院）	寛保三～寛政元（四七）	霊光院	京極宮公仁親王に嫁す。

代数	当主名 正室名	子女名（別称・諱）	生母名（別称・諱・法号）	生没年（享年）	法号	備考
6		薫《しげ》姫（悦姫・永子）	篤子（心敬院・信敬院）	延享元～天明五（四二）	永昌院	生母を落合氏（慈応院）とする説もある。松平頼真（讃岐高松）に嫁す。
		頼章	村井氏（即証院）	延享三～安永七（三三）	徳本院	内藤政業（陸奥湯長谷）の養子となり、貞幹と名乗る。
7	宗将《むねのぶ》　父徳川宗直・母珠子（永隆院・現成院）　享保五～明和二（四六）　菩提心院					
	順宮《のぶ》（富宮・徳子・展子・憲子）　父今出川公詮・母基宮（宝樹院）　享保一二～宝暦七（三一）　浄眼院　伏見宮貞建親王の養女。					
	愛君《ちか》（高子）　父一条兼香・母（榮秀院）　元文五～安永八（四〇）　明脱院　宗将継室。					
		直松	順宮（浄眼院）	寛保三～延享四（五）	宝池院	一条家の姫君と縁組内約。
		勝姫（千間姫・套姫・延子）	順宮（浄眼院）	延享二～享和二（五八）	寿光院	前田重教（加賀金沢）に嫁す。
		重倫　＊別項参照				
		琴姫（定姫）	順宮（浄眼院）	延享三～宝暦八（一三）	円妙院	池田重寛（因幡鳥取）と縁組。
		門之進	順宮（浄眼院）	寛延元～同三（三）	泰良院	
		致《むね》姫	美尾（八重・清信院）	寛延三～寛政六（四五）	光安院	松平重富（越前福井）に嫁す。
		女子	順宮（浄眼院）	寛延三年（即日死去）	慈縁明智	
		政養	美尾（八重・清信院）	宝暦元～寛政六（四四）	勇信院	内藤政苗《さとふみ》（三河挙母）の養子となり、学文と名乗る。
		頼興	順宮（浄眼院）	宝暦二～文政八（七四）	葆光院	
		逸《はや》姫	順宮（浄眼院）	宝暦四～同七（四）	慈泉院	

頼謙《よりかた》	お安（普明院）	宝暦五〜文化三（五二）	寿徳院	松平頼淳（伊予西条）の養子となる（養父頼淳はのち紀伊徳川家九代当主治貞）。
頼久	順宮（浄眼院）	宝暦六〜天保元（七五）	大乗院	松平（奥平）忠啓（伊勢桑名）の養子となり、忠功と名乗る。
従姫《より》	美衛（法成院）	宝暦七〜文化元（四八）	聖聡院	松平義柄（美濃高須、のち尾張徳川家の養子の治行）に嫁す。
為脩	美衛（法成院）	宝暦九〜寛政元（三一）	厳浄土院	紀伊家家臣の三浦為積の養子となる。
頼徳《よりやす》	さよ（保福院）	宝暦九〜享和二（四四）	遊心院	兄である松平（奥平）忠功（伊勢桑名）の養子となり、忠和と名乗る。
頼融《よりあきら》	美衛（法成院）	宝暦九〜文政七（六六）	観妙院	生年は宝暦一一年ともいわれる。紀伊家家臣の安藤次猷の養子となり、直矢《なおのぶ》と名乗る。
頼朴《よりなお》	美衛（法成院）	明和元〜文化五（四五）	厚徳院	阿部正識（武蔵忍）の養子となり、正由と名乗る。
男子	美尾（八重・清信院）	?〜延享二（?）	峯雲院	
男子	お安（普明院）	?〜寛延四（?）	即到浄源	
男子	美尾（八重・清信院）	?〜宝暦三（?）	覚真春夢	
男子	さよ（保福院）	?〜宝暦五（?）	遇光真流	
女子	美衛（法成院）	?〜宝暦一〇（?）	陽雲院	

8				
重倫《しげのり》 父徳川宗将・母美尾（八重・清信院） 延享三〜文政一二（八四） 観自在院 有栖川宮職仁親王の息女佐宮と縁組するが、明和六年絶縁。				
正室なし				
懿姫《よし》（懿《よし》君・福子）	お八百（慈譲院）	明和四〜天保一四（七七）	芳樹院	公家の一条輝良に嫁す。

代数	当主名／正室名	子女名（別称・諱）	生母名（別称・諱・法号）	生没年（享年）	法号	備考
8		錯姫《あや》	お多可（袖崎・信受院）	明和四～同八（五）	妙泰院	
		丞姫《かず》（等姫《とし》・直子）	お多可（袖崎・信受院）	明和七～文政九（五七）	転心院	はじめ池田治恕（因幡鳥取）と縁組、治恕死去により弟の治道に嫁す。
		鐓姫《もと》	お八百（慈譲院）	明和七～同八（二）	知幻院	
		弥《ひさ》之助	お八百（慈譲院）	明和八年（一歳で死去）	一生院	
		治宝　＊別項参照				
		鋒姫《とき》	お多可（袖崎・信受院）	明和八～安永元（二）	春窓院	
		雅之助	お八百（慈譲院）	安永元～同三（三）	空如院	
		方姫《みち》	お八百（慈譲院）	安永三～寛政六（二一）	恭岳院	治貞の養女となり、徳川治紀（水戸家）に嫁す。
		備姫《のぶ》	お八百（慈譲院）	安永四～寛政八（二二）	心蓮院	前田斉敬（加賀金沢）と縁組。
		乙之助	未詳	天明元～同二（二）	妙智院	
		丁之助	鎌田氏	寛政八年（一歳で死去）	如幻院	
		未詳	お花（観光院）	?～明和四（?）	如電院	
		男子	未詳（瑞応院）	寛政六年（即日死去）	縁覚院	
		男子	未詳（春台院）	寛政十年（即日死去）	青樹院	
		男子	未詳（春台院）	寛政十一年（即日死去）	幻寿院	
9	治貞《はるさだ》　父徳川宗直・母勝浦（善修院）　享保一三～寛政元（六二）　香厳院　はじめ松平頼邕（伊予西条）の養子となる。					
	千穂君（定子）　父今出川誠季・母節君　元文三～安永二（三六）　寛耀院　法号ははじめ寛明院。					

10				
治宝《はるとみ》	父徳川重倫・母おふさ（澄清院・光照院・弥利院）	明和八〜嘉永六（八三）	舜恭院	
種姫（聡子《とし》）	父田安宗武・養父徳川家治・母 香詮院	明和二〜寛政六（三〇）	貞恭院	徳川家治養女。
鍇姫《かた》	おさゑ（せい・さい・栄恭院）	寛政七〜文政一〇（三二）	信恭院	伊達斉宗（陸奥仙台）に嫁す。
喬姫《たか》	おちや（おかや・譲恭院）	寛政一〇〜同一二（三）	霊応院	
男子	おさゑ（せい・さい・栄恭院）	寛政一一年（一歳で死去）	観達院	
佶姫《まさ》	おちや（おかや・譲恭院）	寛政一二〜享和二（三）	法縁院	
豊姫→別項（斉順正室）参照				
未詳	おちや（おかや・譲恭院）	享和元年（即日死去）	空生院	
銈姫《のり》（鎗姫《おと》）	おちや（おかや・譲恭院）	享和三〜文化二（三）	普現院	御三卿の一橋備千代と縁組。
女子	おちや（おかや・譲恭院）	文化四年（即日死去）	乗元院	
富姫	おちや（おかや・譲恭院）	文化六〜同一〇（五）	清泰院	
鋒姫《さき》（万須姫）	おちや（おかや・譲恭院）	文化九〜同一一（三）	示幻院	

11				
斉順《なりゆき》	父徳川家斉・母お登勢（妙操院）	享和元〜弘化三（四六）	顕竜院	
豊姫（豊子）	父徳川治宝・母おさゑ（栄恭院）	寛政一二〜弘化二（四六）	鶴樹院	
菊姫	豊姫（鶴樹院）	文化一四年（一歳で死去）	瓊淳院	
女子	豊姫（鶴樹院）	文政元年（即日死去）	相幻院	
女子	お留井（三毛氏）	文政八年（一歳で死去）	心浄院	

代数	当主名・正室名	子女名（別称・諱）	生母名（別称・諱・法号）	生没年（享年）	法号	備考
11		庸《つね》姫	お八十（松前氏）	文政一一年（一歳で死去）	蔓珠院	
		男子	おこと	文政十二年（即日死去）	幻成院	
		女子	お八十（松前氏）	天保三年（即日死去）	清影院	
		女子	おるき	天保七年（即日死去）	明元院	
		伊曽姫	みさ（おみき・実成院）	天保一四～同一五（二）	神光院	
		慶福　＊別項参照				
12	斉彊《なりかつ》　父徳川家斉・母お袖（本性院）　文政三～嘉永二（三〇）　憲章院　はじめ御三卿の清水家当主となる。					
	充君《みつたか》（豊子）　父近衛忠煕・母郁君　文政五～嘉永六（三二）　観如院					
		延姫	しづ（南条氏）	天保一二～同一三（二）	麗如院	御三卿清水当主時代に早世。
		龍千代	しづ（南条氏）	天保一三～同一四（二）	資成院	御三卿清水当主時代に早世。
		鈎《かた》姫（珣姫）	しづ（南条氏）	天保一四～弘化元（二）	珂月院	御三卿清水当主時代に早世。
		鋭《なる》姫	しづ（南条氏）	弘化三～同四（二）	琮玉院	
		秋《とき》姫	しづ（南条氏）	弘化四～嘉永五（六）	蕙岑院	
		辰《しん》次郎	てつ（斉藤氏）	弘化四～同五（二）	令孝院	
		男子	てつ（斉藤氏）	嘉永二年（即日死去）	清涼院	
13	慶福《よしとみ》　父徳川斉順・母みさ（実成院）　弘化三～慶応二（二一）　昭徳院　のち一四代将軍徳川家茂となる。					
	和宮（親子内親王）　父仁孝天皇・母橋本経子（新典侍・観行院）　弘化三～明治一〇（三二）　静寛院　慶福の将軍就任後の婚姻。					

14			
茂承《もちつぐ》	父松平頼学・母よし（玉蓮院）	弘化元～明治三九（六三）	慈承院
倫宮（則子）	父伏見宮邦家親王・母鷹司織君（景子）	嘉永三～明治七（二五）	貞淑夫人
広子	父本多忠穆・母――	安政三～明治一九（三一）	
長福丸	倫宮（則子）	明治二～同三（二）	妙幻院
孝子		明治七～昭和三五（八七）	伊達宗陳（伊予宇和島）に嫁す。
保子		明治八～昭和二五（七六）	松平頼和（伊予西条）に嫁す。

・吉宗・斉彊については、和歌山藩主前後の子女も記載した。茂承については、明治になってからの継室・子女も記載した。

本表は、『南紀徳川史』、「紀州水戸御系譜写」（『徳川諸家系譜二』所収）、『平成新修旧華族家系大成』（霞会館華族家系大成編輯委員会編纂、霞会館、一九九六年）等をもとに高田綾子が作成し、藤田英昭が確認した。

水戸徳川家妻子一覧

代数	当主名／正室名	子女名（別称・諱）	生母名（別称・諱・法号）	生没年（享年）	法号	備考
1	頼房《よりふさ》　父徳川家康・母お万（養珠院）　慶長八〜寛文元（五九）　威公					
	正室なし	頼重	久（久昌院）	元和八〜元禄八（七四）	竜雲院	讃岐高松松平家初代。
		通	勝（円理院）	寛永元〜寛文四（四一）	恵了院	公家の松殿道昭と縁組、婚礼以前に道昭死去。
		亀丸（亀麻呂）	勝（円理院）	寛永二〜同五（四）	本妙院	
		万		?〜貞享四（?）	長寿院	
		女子	勝（円理院）	寛永四〜元禄二（六三）		水戸家家臣の太田資政に嫁す。こちらを万とする説もある。
		女子		（早世）		
		弃（捨）	耶耶（寿光院）	寛永四〜同八（五）	玉露	
		糸（大姫）	喜佐（玉宝院）	寛永四〜明暦二（三〇）	清泰院	三代将軍家光の養女となり、前田光高（加賀金沢）に嫁す。享年は三一歳ともいう。
		光圀　＊別項参照				
		菊（貞子）	勝（円理院）	寛永五〜宝永三（七九）	芳園院	水戸家家臣の松平康兼に嫁す。
		小良《こやや》	耶耶（寿光院）	寛永五〜享保二（九〇）	玉峰院	鎌倉英勝寺住職となり、清閑（清因）と号す。法号は玉安院とも。
		頼元	勝（円理院）	寛永六〜元禄六（六五）	真源院	陸奥守山藩初代。生年は寛永五年ともいう。

頼隆	耶耶（寿光院）	寛永六～宝永四（七九）	長徳院	常陸府中藩初代。生母は耶耶（寿光院）ともいう。
頼利	玉（証真院）	寛永七～延宝二（四五）	高性院・簡良	水戸家家臣となる。
頼雄	勝（円理院）	寛永七～元禄一〇（六八）	一法院・融山円公	常陸宍戸藩初代。
頼泰	耶耶（寿光院）	寛永八～享保二（八七）	香正院	水戸家家臣の長倉松平家初代。
頼以	愛（厚善院）	寛永八～寛文四（三四）	大空院・懿孝	水戸家家臣となる。
律	耶耶（寿光院）	寛永九～正徳元（八〇）	光曜院	水戸家家臣の山野辺義賢に嫁す。
房時	愛（厚善院）	寛永一〇～天和二（五〇）	覚林院	水戸家家臣となる。
布利（振）	俊（長松院）	寛永一〇～寛文七（三五）	春松院・青松院	本多政利（播磨明石）に嫁す。没年は寛文四年ともいう。
重義	耶耶（寿光院）	寛永一一～寛文八（三五）	釈貞寿	水戸家家臣の雑賀重次の養子となる。
犬	七（真善院）	寛永一一～延宝三（四二）	本源院	兄松平頼重の養女となり、細川綱利（肥後熊本）に嫁す。
藤（千）	勝（円理院）	寛永一二～天和元（四七）	証智院	水戸家家臣の真木景信に嫁す。
竹		寛永一三～同一四（二）		
梅		寛永一五～元禄一三（六三）		水戸家家臣の宇都宮隆綱に嫁す。
市	七（真善院）	寛永一六～宝永二（六七）	清雲院	水戸家家臣の酒井忠治に嫁す。元禄三年に五二歳で没したともいう。
助	幾都（覚心院）	慶安二～宝永六（六一）	松寿院	水戸家家臣の伊藤友次に嫁す。
松	勝（円理院）	（早世）		
2				
光圀《みつくに》　父徳川頼房・母久（久昌院）　寛永五～元禄一三（七三）　義公				
泰姫（尋子）　父近衛信尋・母――　寛永一五～万治元（二一）　法光院・哀文夫人				
頼常	玉井氏	承応元～宝永元（五三）	節公	伯父である松平頼重（讃岐高松）の養子となる。

代数	当主名・正室名	子女名（別称・諱）	生母名（別称・諱・法号）	生没年（享年）	法号	備考
2		女子				公家の鷹司兼熙に嫁す。
3	綱条《つなえだ》　父松平頼重・母お万（皓月院）　明暦二〜享保三（六三）　粛公					
	季君　父今出川公規・母――　万治二〜享保一七（七四）　本清院・荘恵夫人					
		鍋千代	順（了照院）	延宝七〜天和三（五）	高雲院	没年は天和元年ともいう。
		巌麻呂	都礼（禅定院）	貞享元年（一歳で死去）	天岸空心	
		吉孚	都礼（禅定院）	貞享二〜宝永六（二五）	恭公	
		清姫	順（了照院）	貞享二〜同四（三）	空山幼覚	
		豊麻呂	都礼（禅定院）	貞享三〜元禄元（三）	如幻院	
		元姫	都礼（禅定院）	元禄元〜同二（二）	芳容妙現	
		幸姫	都礼（禅定院）	元禄三〜同五（三）	冷松院	
		金松	理璵（井出氏）	元禄五〜同九（五）	玉樹清嶽	
		直松	順（了照院）	元禄六〜同八（三）	泉入院	
		友千代	順（了照院）	元禄一〇〜宝永二（九）	敬信院	
4	宗堯《むねたか》　父松平頼豊・母お喜智（湯浅氏）　宝永二〜享保一五（二六）　成公　生母は三上氏ともいう。					
	美代姫　父徳川吉孚・母八重姫（随性院）　宝永五〜延享三（三九）　泰受院・純懿夫人					
		宗翰　＊別項参照				
		頼順	岡崎氏	享保一一〜安永三（四八）	貞公	
5	宗翰《むねもと》　父徳川宗堯・母美代姫（泰受院・純懿夫人）　享保一三〜明暦三（三九）　良公					
	絢君（千代姫）　父一条兼香・母――　享保一九〜？（？）　浚祥院・俊祥院・瑞懿夫人					

治保　＊別項参照				
直之允	中沢氏	宝暦二~同九（八）		
勝五郎	榊原氏	宝暦三~同四（二）		
時姫（恒）	山本氏	宝暦四~天明六（三三）	清徳院	松平義裕（美濃高須）に嫁す。
直之介	中沢氏	宝暦五~同六（二）		
頼図	毛利氏	宝暦五~安永五（二二）	禅立院	叔父の松平頼順（徳川宗堯子息）の養子となる。享年は二一歳ともいう。
頼救		宝暦六~天保元（七五）	広正院	松平頼多（常陸宍戸）の養子となる。
嘉君	大西氏	宝暦七~寛政六（三八）		公家の二条治孝に嫁す。
国君	大西氏	宝暦九~文化三（四八）		公家の今出川実種に嫁す。
嶺姫	大西氏	宝暦一〇~文政五（六三）	宝照院	水戸磐船願入寺瑞華院に嫁す。
保受	三宅氏	宝暦一一~天明五（二五）		
保福	三宅氏	宝暦一二~天保元（六九）		水戸家家臣の松平頼脩の養子となる。
金姫	深津氏	明和元~文化一四（五四）		鎌倉英勝寺住職となり、清月と号す。
信徳	三宅氏	明和元~文政三（五七）	魏公	水戸家家臣の中山政信の養子となり、信敬と名乗る。
6				
治保《はるもり》　父徳川宗翰・母美衛（榊原氏）　宝暦元~文化二（五五）　文公				
八代君（溢子）　父一条道香・母――　宝暦二~天明元（三〇）　修成院・正礼夫人				
述姫	前田氏	明和五~天保一一（七三）		松平頼起（讃岐高松）に嫁す。
治紀　＊別項参照				
雅姫	前田氏	安永二~天保一〇（六七）	松操院	松平頼慎（陸奥守山）に嫁す。

代数	当主名 正室名	子女名（別称・諱）	生母名（別称・諱・法号）	生没年（享年）	法号	備考
6		保右	前田氏	安永五～天保三（五七）	泰量院	松平義居（美濃高須）の養子となり、義和と名乗る。
		彦直	石黒氏	寛政一〇～弘化四（五〇）	賢相院	土屋寛直（常陸土浦）の養子となる。
		女子		（早世）		
		女子		（早世）		
7	治紀《はるとし》　父徳川治保・母八代君（修成院・正礼夫人）　安永二～文化一三（四四）　武公					
	方姫（常子・達子）　父徳川重倫・養父徳川治貞・母お八百（慈譲院）　安永三～寛政六（二一）　恭穆夫人					
		栢姫		（早世）		
		綏姫		（早世）		
		偉姫（順君・従子）		寛政八～弘化元（四九）	順恭院	生年は寛政六年ともいう。公家の二条斉信に嫁す。
		鄰君（清子）		寛政八～文久元（六六）		公家の鷹司政通に嫁す。
		斉脩　＊別項参照				
		規姫		寛政九～嘉永四（五五）	真証院	松平義建（美濃高須）に嫁す。
		苞姫（厚姫）		寛政九～文政六（二七）	貞寛院	松平頼誠（陸奥守山）に嫁す。
		紀経	中山氏	寛政一〇～天保一三（四五）	慤公	松平頼儀（讃岐高松）の養子となり、頼恕と名乗る。
		紀教→斉昭の項参照				
		頼筠		享和元～天保一〇（三九）	又玄院	松平頼敬（常陸宍戸）の養子となる。
		申之允		（早世）		
8	斉脩《なりのぶ》　父徳川治紀・母五百（小池氏）　寛政九～文政一二（三三）　哀公					

9

峰姫（美子）	父徳川家斉・母お登勢（妙操院）	寛政一一〜嘉永六（五四）	峯寿院・孝文夫人	
斉昭《なりあき》	父徳川治紀・母永（外山氏）	寛政一二〜万延元（六一）	烈公	
登美宮（吉子）	父有栖川宮織仁親王・母――	文化元〜明治二七（九一）	文明夫人	
賢姫（佐加姫）	古与（萩原豊子）	文政五〜天保一〇（一八）		伊達宗城（伊予宇和島）に嫁す。
色許姫	古与（萩原豊子）	文政八〜同九（二）		
祝姫《ほぎ》	古与（萩原豊子）	文政一〇〜嘉永六（二七）		水戸家家臣の山野辺義正に嫁す。
慶篤　＊別項参照				
二郎麿	登美宮（文明夫人）	天保四〜同五（二）		
恕姫（比呂姫）	直（山野辺氏）	天保五年（一歳で死去）		
唯姫《いい》	登美宮（文明夫人）	天保六年（一歳で死去）		
三郎麿	春（松波氏）	天保六〜同八（三）		
三郎麿	直（山野辺氏）	天保六〜同七（二）		
松姫（明子）	春（松波氏）	天保七〜明治三六（六八）		南部利剛（陸奥盛岡）に嫁す。
庸姫	直（山野辺氏）	天保八〜同一四（七）		
昭徳	春（松波氏）	天保八〜明治一〇（四一）	慶徳命	池田慶栄（因幡鳥取）の養子となり、慶徳と名乗る。
六郎麿	登聞（柳原氏）	天保八〜同九（二）		
昭致	登美宮（文明夫人）	天保八〜大正二（七七）		御三卿の一橋家の養子となり慶喜と名乗る。のち一五代将軍となる。
昭融	直（山野辺氏）	天保一〇〜文久元（二三）	建中院	松平典則（武蔵川越）の養子となり、直侯と名乗る。

代数	当主名 正室名	子女名（別称・諱）	生母名（別称・諱・法号）	生没年（享年）	法号	備考
9		昭休	春（松波氏）	天保一〇～明治三二（六一）		はじめ松平忠国（武蔵忍）の養子となるが、病により帰家。その後池田慶政（備前岡山）の養子となり、茂政と名乗る。
		一棄《いき》姫	直（山野辺氏）	天保一一～同一四（四）		
		八代姫（孝子）	春（松波氏）	天保一二～明治二（二九）		伊達慶邦（陸奥仙台）に嫁す。
		昭音	直（山野辺氏）	天保一三～明治一五（四一）	高徳院	松平武成（石見浜田）の養子となり、武聡と名乗る。
		静姫	夏（立原氏）	天保一四～弘化元（二）		
		昭縄	夏（立原氏）	弘化元～明治七（三一）	竜公院	喜連川宜氏（下野喜連川）の養子となり、縄氏と名乗る。
		余二麿	春（松波氏）	弘化元年（一歳で死去）		
		余三麿	直（山野辺氏）	弘化元年（一歳で死去）		
		昭訓	睦《ちか》子（万里小路氏）	嘉永元～元治元（一七）	孝順公	
		余五麿	徳子（高丘氏）	嘉永二年（一歳で死去）		
		茂《しげ》姫（繁君・貞子）	睦《ちか》子（万里小路氏）	嘉永三～明治五（二三）		有栖川宮熾仁親王に嫁す。
		昭嗣	徳子（高丘氏）	嘉永四～大正六（六七）	真龍院	松平（深溝）忠愛（肥前島原）の養子となり、忠和と名乗る。
		昭邦	睦《ちか》子（万里小路氏）	嘉永五～明治二五（四一）	高林院	土屋寅直（常陸土浦）の養子となり、挙直と名乗る。
		愛《めで》姫（愛《あい》子・真子）	徳子（高丘氏）	嘉永五～大正三（六三）		井上正順（下総高岡）に嫁す。
		久姫	道（庵原氏）	嘉永六年（一歳で死去）		

昭武　＊別項参照				
昭則	里瀬（高橋氏）	安政二～明治二四（三七）		はじめ松平容保（陸奥会津）の養子となり、喜徳と名乗るが、のち帰家。明治六年に松平頼之（陸奥守山）の養子となる。
廿麿	睦子《ちか》（万里小路氏）	安政三～同五（三）		
廿一麿	徳子（高丘氏）	安政三年（一歳で死去）		
寧《やす》姫	里瀬（高橋氏）	安政四～同六（三）		
昭鄰	睦子《ちか》（万里小路氏）	安政五～明治六（一六）		松平頼升（陸奥守山）の養子となり、頼之と名乗る。
正姫（正子）	里瀬（高橋氏）	安政五～明治六（一六）		池田慶徳（因幡鳥取）の養女となり、池田徳澄（因幡鹿野）に嫁す。

10

慶篤《よしあつ》　父徳川斉昭・母登美宮（吉子・文明夫人）　天保三～明治元（三七）　順公

線宮《いと》（幟子《たか》）　父有栖川宮幟仁親王・養父徳川家慶・母――　天保六～安政三（二二）　順貞夫人

鋭君（経子）　父広幡基豊・母――　天保八～明治九（四〇）　恵懿夫人　慶篤継室。

随姫	線宮（順貞夫人）	安政元～？（？）		
篤敬	水谷氏	安政二～明治三一（四四）		のち昭武の養子となり、水戸家一二代当主となる。
篤守	水谷氏	安政三～大正一三（六九）		のち御三卿の清水徳川家七代当主となる。
信之丞		（早世）		
鶴千代麿	鋭君（恵懿夫人）	万延元年（一歳で死去）		
順之丞		（早世）		
女子		（早世）		

代数	当主名 正室名	子女名（別称・諱）	生母名（別称・諱・法号）	生没年（享年）	法号	備考
11	昭武《あきたけ》	父徳川斉昭・母睦子《ちか》（万里小路氏）		嘉永六~明治四三（五八）	節公	はじめ御三卿の清水家の養子となる。
	瑛子（盛子《せい》）	父中院通富・母――		文久元~明治一六（二三）	恭哀夫人	
		昭子	瑛子（盛子《せい》・恭哀夫人）	明治一六~昭和五一（九四）		松平頼壽（讃岐高松）に嫁す。
		政子	八重	明治一八~昭和五二（九三）		毛利元雄（長門長府）に嫁す。
		武定	八重	明治二一~昭和三二（七〇）		明治二五年に水戸徳川家より分家。
		直子	八重	明治三三~平成元（九〇）		松平斎光（津山松平家分家）に嫁す。
		温子	八重	明治三四~平成七（九五）		京極高修（讃岐丸亀）に嫁す。

本表は、「紀州水戸御系譜写」（『徳川諸家系譜二』所収）、「水戸御家譜」「紀州水戸御系譜写」（いずれも徳川林政史研究所所蔵）、「御続帳」（常陸国土浦土屋家文書、国文学研究資料館所蔵）、「水戸前中納言殿御系記」（『未刊随筆百種』第八巻所収、中央公論社、昭和五二年）、「常陸水戸徳川家譜」（『茨城県史料 近世政治編Ⅰ』所収、茨城県、昭和四五年）、『平成新修旧華族家系大成』（霞会館華族家系大成編輯委員会編纂、霞会館、一九九六年）、吉田俊純「徳川光圀の世子決定事情」（『筑波学院大学紀要』第8集）などをもとに高田綾子が作成し、藤田英昭が確認した。

徳川「大奥」関係 主要文献一覧

一八九二（明治二五）年〜一九四三（昭和一六）年

永島今四郎・太田贇雄『千代田城大奥』（朝野新聞社、一八九二年）
池田晃淵『大奥の女中』（冨山房、一八九四年）
大槻如電「上﨟姉小路（一）〜（三）」（『名家談叢』三二〜三三、一八九八年）
小杉榲邨『春日局小伝』（春日局頌徳会、一九〇七年）
本多辰次郎「天璋院夫人」（『歴史地理』一四―五、一九〇九年）
岡部精一「静寛院宮親子内親王」（『歴史地理』二八―五、一九一六年）
桑原随旭『和宮御事蹟』（蔵経書院、一九二一年）
井野辺茂雄「和宮の御降嫁に関する研究」（『史苑』一―五、一九二九年）
三田村鳶魚『御殿女中』（春陽堂出版、一九三〇年）
横江勝美「徳川時代に於ける大名の階級的内婚に就いて―特に松平諸大名の婚姻を中心としての考察―」（『季刊社会学』三、一九三二年）
樹下快淳『和宮様の御一生』（女子会館建設委員会、一九三三年）
長坂　濈『老女絵島』（長野県高遠尋常高等小学校、一九三五年）
横江勝美「大名の身分的内婚に関する統計学的考察」（『綜合科学』一―九、一九三五年）
田邊　泰「崇源院霊牌所造営考」（『建築学会論文集』一、一九三六年）
中山栄子『只野真葛』（丸善、一九三六年）
樹下快淳『和宮様の御生涯』（人文書院、一九三六年）
龍居松之助「近世武家社会の女性」（『歴史教育』一二―三、一九三七年）
森　銑三「春日局」（『近世人物叢談』大道書房、一九四三年）

一九五一（昭和二六）年
宮下　功「静寛院宮御日記を読む」（『信濃教育』七七四）

一九五二（昭和二七）年
塩田昭子「天秀泰尼」（川崎庸之・佐山済編『日本歴史の女性』御茶の水書房）

一九五六（昭和三一）年
小林克己「和宮の下向について—中山道本山・洗馬・塩尻三宿を中心として—」（『信濃』八—一〇）
宮崎英修「天保年間における鼠山感應寺の興廃」（『大崎学報』一〇〇）

一九五八（昭和三三）年
桑田忠親『淀殿』（吉川弘文館）

一九六一（昭和三六）年
床次和子「鎌倉英勝寺の祠堂金貸附」（『史論』九）

一九六三（昭和三八）年
荒川秀俊「『千年山御伝略』に見えたる十一代将軍家斉の子女」（『日本歴史』一七七）
岡田　甫「江戸城大奥の女性秘史」（『国文学　解釈と教材の研究』八—一六）
河鰭實英『宮中女官生活史』（風間書房）
友田久美子「松蔭日記と正親町町子」（『香椎潟』九）

一九六四（昭和三九）年
朝森　要「公武合体—和宮降嫁を中心として—」（『歴史評論』一六二）
斎木一馬「徳川将軍生母並びに妻妾考」（『歴史と人物』吉川弘文館）

千葉　治「将軍・城中役人・大奥女中―川柳江戸職業往来―」(『国文学 解釈と教材の研究』九―一一)
徳川美術館編集・発行『世界一の嫁入り道具 初音の調度展』〈展示図録〉
三田村鳶魚『御殿女中』(青蛙房、復刊)
渡辺　実「江戸幕府大奥食膳の不健全性について」(『相摸女子大学紀要』一七)

一九六五(昭和四〇)年

武部敏夫『和宮』(吉川弘文館)
中村孝也『千姫シリーズ1 千姫譜』(国民文化研究会)
中村孝也『家康の族葉』(講談社)

一九六六(昭和四一)年

中村孝也『千姫シリーズ2 千姫真実伝』(国民文化研究会)
中村孝也『千姫シリーズ3 淀殿と秀頼』(国民文化研究会)
橋本政次『千姫考』(のじぎく文庫)

一九六七(昭和四二)年

鈴木尚・矢島恭介・山辺知行編『増上寺 徳川将軍墓とその遺品・遺体』(東京大学出版会)

一九六八(昭和四三)年

永島今四郎・太田贇雄編『定本江戸城大奥』(人物往来社、『千代田城大奥』を書名変更の上復刊)

一九六九(昭和四四)年

高柳金芳『江戸城大奥の生活』(雄山閣)
南波和子「静寛院宮御日記について」(大正大学『史』三)
北條秀雄「徳川竹姫の婚礼と嫁入本」(『東海学園女子短期大学紀要』六)

一九七一（昭和四六）年

荒川秀俊「和宮御通行と諏訪領の助郷」（『日本歴史』二七九）

永島今四郎・太田贇雄編『千代田城大奥 上下』（原書房、復刻）

渡辺俊典『中仙道関係資料から見た皇女和ノ宮の降嫁』（瑞浪市地方史研究会）

一九七二（昭和四七）年

伊東多三郎「御守殿の生活費」（『日本歴史』二九二）

城島正祥「佐賀藩成立期の内儀方知行」（『社会経済史学』三八―三）

一九七三（昭和四八）年

戸田純蔵『於大の方の一生 徳川家康の生母』（伝通院於大の方顕彰会）

一九七五（昭和五〇）年

大坂芳一・佐藤要人「江戸城大奥秘話（川柳江戸エロティック・リアリズム）」（『国文学解釈と鑑賞』四〇―三）

結束信二「皇女和宮の降嫁と家茂」（『歴史と人物』五二）

宮沢民子「幕藩制解体期における一女性の社会批判―只野真葛の『独考』を中心に―」（『歴史学研究』四二三）

宮本義己「武家女性の資産相続―毛利氏領国の場合―」（『國學院雑誌』七六―七）

一九七六（昭和五一）年

遠藤幸成『皇女和宮』（新人物往来社）

鈴木和美「将軍生母となる以前の桂昌院について」（『大正史学』六）

三田村鳶魚『三田村鳶魚全集 第三巻 御殿女中』（中央公論社、復刊）

一九七七（昭和五二）年

円地文子監修『人物日本の女性史 第8巻 徳川家の夫人たち』（集英社）

高切三郎「江戸時代の『分知』と『化粧料』」（『大分県地方史』八五）
水江漣子「芳春院（前田利家の妻）」（『人物日本の女性史』四、集英社）
水江漣子「東福門院和子」（『人物日本の女性史』八、集英社）

一九七九（昭和五四）年

木山恵美子「徳川和子」（『女性史研究』八）
松尾美恵子「近世武家の婚姻・養子と持参金」（『学習院史学』一六）
光永洋子「和宮」（『女性史研究』八）

一九八〇（昭和五五）年

井上靖・児玉幸多監修『図説人物日本の女性史6 大奥の修羅と葛藤』（小学館）
進士慶幹「室町殿の大奥／江戸城の大奥（後宮のすべて）」（『国文学 解釈と教材の研究』二五—一三）
竹内 誠「大奥老女の政治力」（『図説人物日本の女性史6 大奥の修羅と葛藤』小学館）
松本瑛子「近世武家の女子道徳について」（『平尾道雄追悼記念論文集』高知市民図書館）

一九八一（昭和五六）年

久木幸男・三田さゆり「一九世紀前半江戸近郊農村における女子教育の一研究—武州生麦村『関口日記』から—」（『横浜国立大学教育紀要』二一）
真野恵澂『将軍の女』（中日新聞本社）

一九八二（昭和五七）年

戸塚武比古「天璋院様御麻疹諸留帳について」（『日本医史学雑誌』二八—一）
長野ひろ子「幕藩法と女性」（女性史総合研究会編『日本女性史 第三巻 近世』東京大学出版会）
西本周子「雁金屋衣裳図案集について」（『美術史』一一三）
脇田 修「幕藩体制と女性」（女性史総合研究会編『日本女性史 第三巻 近世』東京大学出版会）

一九八四（昭和五九）年

林原美術館編集・発行『大名婚礼調度』〈展示図録〉

一九八五（昭和六〇）年

菊地勇夫「雑司が谷感応寺の性格と地域住民」（『生活と文化 研究紀要』一）
鈴木 尚『骨は語る 徳川将軍・大名家の人びと』（東京大学出版会）
徳川美術館編集・発行『初音の調度―徳川美術館蔵品抄③―』
依田幸人『皇女和宮と中山道』（信毎書籍出版センター）

一九八六（昭和六一）年

荒川浩和・灰野昭郎・小松大秀「近世大名婚礼調度について（上）（下）」（東京国立博物館『MUSEUM』四一九・四二〇）
林 英夫「上﨟右衛門佐の手紙」（『古文書研究』二六）
読売新聞社編集・発行『「皇女和宮」展』〈展示図録〉

一九八七（昭和六二）年

小池富雄「千代姫の金器―初音の調度に伴う黄金の婚礼道具の伝来―」（徳川黎明会『金鯱叢書』一四）
土田美緒子「竹姫入輿一件」（『尚古集成館紀要』一）

一九八八（昭和六三）年

卜部典子『人物事典 江戸大奥の女たち』（新人物往来社）
遠藤恵美子「幕藩制確立期における徳川家子女の婚姻実態―幕府権力の基礎分析」（『敦賀女子短期大学 敦賀論叢』三）
角川書店編集部『ビジュアル版 春日局』（角川書店）
久保文武「藤堂高虎と徳川和子入内問題」（『三重の古文化』六〇）
久保文武「徳川和子の入内と藤堂高虎」（『奈良史学』六）

小池富雄「菊の白露蒔絵調度について―加賀前田家四代光高夫人亀姫の婚礼調度―」（徳川黎明会『金鯱叢書』一五）
千野香織「江戸城本丸等障壁画の調査研究」（『月刊文化財』二九五）
東京国立博物館編集・発行『江戸城障壁画の下絵―大広間・松の廊下から大奥まで―特別展観』〈展示図録〉

一九八九（平成元）年

大石慎三郎「将軍請願と大奥制度」（『歴史研究』三三三）
広論社出版局編『春日局と徳川家』（広論社）
小林計一郎「善光寺大本願と幕府大奥・春日局」（『長野』一四四）
徳川美術館編集・発行『雛ひゐな―徳川美術館蔵品抄⑤―』
長野ひろ子「幕藩制成立期の家と女性知行」（津田秀夫編『近世国家と明治維新』三省堂）
望月真澄「江戸城大奥女性の法華信仰―身延山久遠寺の江戸出開帳を中心に―」（『大崎学報』一四六）

一九九〇（平成二）年

浅倉有子「武家女性の婚姻に関する統計的研究・試論」（近世女性史研究会編『江戸時代の女性たち』吉川弘文館）
久能山東照宮博物館編集・発行『資料目録　徳川・松平家ゆかりの女性』〈展示図録〉
桜井芳昭「和宮降嫁と尾張の村々」（『郷土文化』四五―一）
長野ひろ子「幕藩制国家の政治構造と女性」（近世女性史研究会編『江戸時代の女性たち』吉川弘文館）
増田淑美「吉野みちの生涯」（近世女性史研究会編『江戸時代の女性たち』吉川弘文館）
柳谷慶子「近世大名家の女性知行―新庄藩の場合―」（『宮城歴史科学研究』三一）
柳谷慶子「近世武家女性の知行と相続―新庄藩の場合―」（横山昭男教授還暦記念会編『山形地域史の研究』文献出版）
滝沢　博「御殿女中・吉野みちの手紙」（青梅市郷土博物館編『御殿女中・吉野みちの手紙』青梅市教育委員会）

一九九一（平成三）年

武部敏夫「板橋宿と『和宮様御留』」（『大正大学学報』六六）
徳川美術館編集・発行『婚礼―徳川美術館蔵品抄⑦―』

盛岡市中央公民館編集・発行『南部家の女性たち』〈展示解説〉

一九九二（平成四）年

浅川清栄「高島藩主と妻妾・子女―その藩政との関連―」（『信濃』四四―二）
佐藤隆一「文久期オランダ人による日本情報―皇女和宮替玉事件情報を中心に―」（『青山史学』一三）
松尾美恵子「江戸幕府女中分限帳について」（『学習院女子短期大紀要』三〇）
森　銑三「楽翁と奥女中」（『森銑三著作集続編　第一巻』中央公論社）

一九九三（平成五）年

大口勇次郎「農村女性の江戸城大奥奉公―生麦村関口千恵の場合―」（横浜開港資料館・横浜近世史研究会編『19世紀の世界と横浜』山川出版社）
大塚英二「光友夫人死去に伴う公儀付人の召返しについて」（徳川林政史研究所『研究紀要』二七）
久保貴子「武家社会に生きた公家女性」（林玲子編『日本の近世　第一五巻　女性の近世』中央公論社）
千野香織「『日本的』空間のジェンダー」（『建築雑誌』一〇八）
堂満幸子「御内證様関係資料について」（『尚古集成館紀要』六）
望月真澄「幕末期の社会と法華信仰―江戸城大奥女性の旗曼荼羅信仰を中心に―」（『日蓮教学研究所紀要』二〇）

一九九四（平成六）年

小池富雄「『初音の調度』の成立」（『漆工史』一七）
芳　即正「天璋院入輿は本来継嗣問題と無関係―島津斉彬の証言に聞く―」（『日本歴史』五五一）
高橋　博「近世中期における大名婚礼交渉の一側面―久保田・松江藩交渉と奥附家臣―」（『論集きんせい』一六）
高橋　博「大名佐竹家の婚姻・通婚圏と幕藩関係―婚姻の経緯と本家・分家関係―」（『学習院史学』三二）
望月真澄「江戸城大奥女性の稲荷信仰―江戸法養寺の熊谷稲荷を中心に」（『大崎学報』一五〇）

一九九五（平成七）年

岩下哲典「幕末風刺画における政治情報と民衆―歌川国芳『きたいな名医難病療治』にみる民衆の為政者像―」（大石慎三郎編『近世日本の社会と文化』雄山閣出版）

大口勇次郎『女性のいる近世』（勁草書房）

小山譽城「徳川吉宗の母浄円院について」（『和歌山地方史研究』二八）

鹿児島県歴史資料センター黎明館編『天璋院　薩摩の篤姫から御台所』（鹿児島県）〈展示図録〉

齋藤悦雄「江戸中期幕藩関係の儀礼について―伊達宗村の結婚―」（『宮城県農業短期大学学術報告』四三）

深井雅海「江戸城本丸御殿図に見る中奥・表向・大奥（下）」（徳川林政史研究所『研究紀要』二九）

一九九六（平成八）年

大石慎三郎「徳川吉宗をめぐる女たち」（『学習院大学経済経営研究所年報』九）

霞会館資料展示委員会編『寛永の華　後水尾帝と東福門院和子』（霞会館）〈展示図録〉

深井雅海「江戸城本丸御殿図に見る中奥・表向・大奥（下の二）」（徳川林政史研究所『研究紀要』三〇）

望月真澄「近世武家の法華信仰―江戸城大奥女性の七面信仰と祈禱との関係を中心に―」（『印度學佛教學研究』四五―一）

望月真澄「江戸城大奥女性の稲荷信仰―下谷法養寺を中心に―」（『印度學佛教學研究』四五―一）

一九九七（平成九）年

稲垣知子「近世大名の家格と婚姻―御三家を事例として―」（愛知学院大学大学院『法学研究論集』一二―一）

江戸東京博物館編集・発行『皇女和宮―幕末の朝廷と幕府―』〈展示図録〉

霞会館資料展示委員会編『女帝明正天皇と将軍家光　松平信綱とその時代』（霞会館）〈展示図録〉

柴　桂子『近世おんな旅日記』（吉川弘文館）

高澤憲治「松平定信の大奥対策―寛政四年金剛院一件を中心に―」（『南紀徳川史研究』六）

高野信治「給人多久氏夫妻の知行地入部―武家の妻と主従制・領主制―」（『西南地域史研究』一一）

津田知子「萩藩御裏方女中と集団」（『山口県地方史研究』七八）

深井雅海『図解・江戸城をよむ』（原書房）

一九九八（平成一〇）年

浅科村教育委員会編集・発行『和宮の通行』
稲垣知子「近世大名の家格と婚姻 再論―一般大名の場合―」（林董一博士古稀記念論文集刊行会編『近世近代の法と社会』清文堂出版）
江後迪子「武家の江戸屋敷の生活Ⅱ」（『港区立港郷土資料館研究紀要』五）
大口勇次郎「『御殿叔母』関口千恵の生と死」（横浜開港資料館・横浜近世史研究会編『日記が語る19世紀の横浜』山川出版社）
芳 即正「島津斉彬稿『御一条初発より之大意』宛先と時期」（『日本歴史』五九八）
小池富雄「千代姫の形見分け―名古屋大学所蔵大道寺家文書にみる―」（徳川黎明会『金鯱叢書』二四）
柴 桂子「徳川慶喜の母貞芳院吉子と奥女中西宮秀」（『江戸期おんな考』九）
清水岩夫『和宮の通行』（浅科村教育委員会）
鳥取近世女性史研究会「書状で見る藩主側室えらび」（『江戸期おんな考』九）
畑 尚子「奥女中奉公について」（『東京都江戸東京博物館研究報告』三）
平山敏治郎「春日局考」（『民俗学研究所紀要』二二）
保科順子『花葵 徳川邸おもいで話』（毎日新聞社）
三田村鳶魚『鳶魚江戸文庫17 御殿女中』（中公文庫、復刊）
吉水成正「増上寺貞誉了也の活躍について―五代将軍綱吉と桂昌院との親交を中心として―」（『大正大学研究論叢』六）
村瀬正章『徳川家康の生母於大 その周辺と史跡を訪ねて』（愛知県郷土資料刊行会）

一九九九（平成一一）年

浅野祥子「絵島事件に関する考察―祐天上人関与の噂をめぐって―」（『ぐんしょ』八三）
江戸東京たてもの園編集・発行『多摩の女性の武家奉公』〈展示図録〉
大阪城天守閣編『特別展 戦国の女たち―それぞれの人生―』（大阪城天守閣特別事業委員会）〈展示図録〉
小林幹男「和宮の下向と助郷に関する研究」（『長野女子短期大学研究紀要』七）
花咲一男「江戸城大奥の花簪」（『化粧文化』三九）
柳谷慶子「近世初頭の女性領主―盛岡藩八戸南部氏清心尼の家相続―」（ジョン・モリス・白川部達夫・高野信治編『近世社

会と知行制』思文閣出版）

二〇〇〇（平成一二）年

稲垣知子「近世大名の婚姻範囲―享保9年・宝暦13年の幕府婚姻奨励法令について―」（『法制史研究』五〇）

北村典子「江戸後期松代藩真田家にみる大名の婚礼道具―三千姫・峯姫の事例―」（『松代』一三）

仙台市博物館編集・発行『特別展図録　大名家の婚礼―お姫さまの嫁入り道具―』〈展示図録〉

総合女性史研究会編「武家女性の地位と思索」（総合女性史研究会編『史料にみる日本女性のあゆみ』吉川弘文館）

中江克己『日本史の中の女性逸話事典』（東京堂出版）

野村昭子『大奥の宰相古那局』（叢文社）

畑　尚子「山形藩水野家奥日記」（『東京都江戸東京博物館研究報告』五）

堀新・鈴木由子・山尾弘「近世大名の離縁―岡山藩池田家と仙台藩伊達家の場合―」（『共立女子大学文学部紀要』四六）

望月真澄「江戸城大奥の代参について―江戸鼠山感応寺の事例を中心に―」（『身延論叢』五）

二〇〇一（平成一三）年

浅倉有子「上級家臣家の家と交際―越後国高田藩榊原家の三家老を事例として―」（大口勇次郎編『女の社会史―17～20世紀「家」とジェンダーを考える―』山川出版社）

アン・ウォルソール（森本恭代訳）「江戸文化における大奥」（『ジェンダー研究』四）

アン・ウォルソール「大奥―政治とジェンダーの比較史的考察―」（桜井由幾・菅野則子・長野ひろ子編『ジェンダーで読み解く江戸時代』三省堂）

氏家幹人「人斬りの家・女の家」（桜井由幾・菅野則子・長野ひろ子編『ジェンダーで読み解く江戸時代』三省堂）

大口勇次郎「近世武家相続における異性養子」（大口勇次郎編『女の社会史―17～20世紀「家」とジェンダーを考える―』山川出版社）

久保貴子「摩阿姫の流転」（『おまつと利家―加賀百万石を創った人びと』集英社）

渋谷葉子「江戸城北の丸に暮らした女性たち」（『江戸城の考古学』千代田区教育委員会）

瀬川淑子『皇女品宮の日常生活「无上法院殿御日記」を読む』（岩波書店）

畑 尚子『江戸奥女中物語』(講談社現代新書)
馬場まみ「東福門院御用雁金屋注文帳にみる小袖に関する一考察―地色黒紅を中心に―」(『風俗史学』一七)
松尾美恵子「『江戸の姫君』から『加賀の御前様』へ―珠姫の一生―」(『おまつと利家―加賀百万石を創った人びと』集英社)
水原 一「森山孝盛伝 付・娘利佐子『風のしるべ』」(『駒澤國文』三八)
望月真澄「江戸城大奥『祈禱所』の機能と性格―江戸法養寺の事例を中心に―」(『身延論叢』六)
柳谷慶子「仙台藩伊達家の『奥方』―七代重村の時代を中心に―」(大口勇次郎編『女の社会史―17～20世紀「家」とジェンダーを考える―』山川出版社)
柳谷慶子「女性による武家の相続―盛岡藩・仙台藩の事例から―」(桜井由幾・菅野則子・長野ひろ子編『ジェンダーで読み解く江戸時代』三省堂)

二〇〇二(平成一四)年

江後迪子「大名家と酒―臼杵藩稲葉家の「奥日記」に現われた酒―」(『酒史研究』一八)
金子正宏「和宮降嫁と利根沼田の助郷人足について」(『群馬文化』二六九)
兼平賢治「大名の離婚について―佐伯藩主毛利高久とその正室幕子の離婚をとおして―」(東北史学会『歴史』九九)
久保貴子「江戸時代―武家社会のはざまに生きた皇女」(服藤早苗編『歴史のなかの皇女たち』小学館)
長野ひろ子「幕末維新期の奥女中―一橋徳川家の場合―」(『茨城県史研究』八六)
尾西市歴史民俗資料館編集・発行『特別展 福君様と起宿』(展示図録)
宮川葉子「正親町町子の生母」(『ぐんしょ』九二)

二〇〇三(平成一五)年

北村典子「近世大名真田家における婚姻―江戸後期の一事例を中心に―」(『信濃』五五―四)
高柳金芳『徳川妻妾記』(雄山閣『江戸城大奥の生活』改題)
辻ミチ子『女たちの幕末京都』(中公新書)
外池 昇「和宮降嫁と文久の修陵―文久二年七月二十三日の勅使大原重徳と慶喜・慶永の会談」(田園調布学園大学短期大学部『人間文化研究』一)

長野ひろ子「明治前期におけるジェンダーの再構築と語り—江戸の女性権力者『春日局』をめぐって—」（氏家幹人・桜井由幾・谷本雅之・長野ひろ子編『日本近代国家の成立とジェンダー』柏書房）
長野ひろ子『日本近世ジェンダー論—「家」経営体・身分・国家—』（吉川弘文館）
柳谷慶子「武家社会と女性」（大石学編『日本の時代史16　享保改革と社会変容』吉川弘文館）

二〇〇四（平成一六）年

氏家幹人『江戸の女の底力—大奥随筆』（世界文化社）
遠藤ゆり子「中近世移行期の平和維持と女性」（西村汎子編『戦争・暴力と女性1　戦の中の女たち』吉川弘文館）
杉森玲子「江戸二葉町沽券図と大奥女中の町屋敷拝領」（『日本歴史』六七二）
長野ひろ子「明治前期のジェンダー再構築と絵島」（歴史学研究会編『性と権力関係の歴史』青木書店）
畑　尚子「史料紹介　水野家奥女中かもりの手紙」（『東京都江戸東京博物館研究報告』一〇）
畑　尚子「将軍代替りにおける大奥女中の人事異動」（『国史学』一八三）
深沢秋男『井関隆子の研究』（和泉書院）
松崎瑠美「近世武家社会のジェンダー・システムと女性の役割—近世中期の仙台藩伊達家を事例として—」（東北史学会『歴史』一〇三）
松崎瑠美「天下統一・幕藩制確立期における武家女性の役割—仙台藩伊達家を事例として—」（『国史談話会雑誌』四五）

二〇〇五（平成一七）年

井上勲・藤實久美子・渋谷葉子「川路高子『上総日記』解題・翻刻」（『学習院大学史料館紀要』一三）
小粥祐子「江戸城本丸御殿表・中奥の弘化度から万延度への平面等の変更とその理由」（『昭和女子大学大学院生活機構研究科紀要』一四）
小野妙恭「護国寺の由来と桂昌院について」（黄檗山萬福寺文華殿『黄檗文華』一二六）
香取俊光「江戸幕府鍼科医員の治療の一断面—『天璋院様御麻疹諸留帳』を中心として—」（『漢方の臨床』五二—一二）
柴　桂子『近世の女旅日記事典』（東京堂出版）
関口すみ子『御一新とジェンダー　荻生徂徠から教育勅語まで』（東京大学出版会）

関口すみ子『大江戸の姫さま―ペットからお輿入れまで―』（角川学芸出版）
氷室史子「大名藩邸における御守殿の構造と機能―綱吉養女松姫を中心に―」（『お茶の水史学』四九）
福江　充「江戸城をめぐる立山信仰と立山曼荼羅―『宝泉坊本』と『吉祥坊本』の成立背景―」（真鍋俊照編『真鍋俊照博士還暦記念論文集　仏教美術と歴史文化』法藏館）
福田千鶴「近世中期における彦根井伊家の奥向」（村井康彦編『武家の生活と教養』彦根城博物館）
宮川葉子「正親町町子の実父」（『ぐんしょ』一〇五）
村田忠一「江戸城の緒方洪庵―『勤仕向日記』とその背景―」（『適塾』三八）
山本博文「幕府大奥と薩摩藩奥の交際について―『薩摩藩奥女中文書』の考察―」（『東京大学史料編纂所研究紀要』一五）
山本博文『徳川将軍家の結婚』（文春新書）

二〇〇六（平成一八）年

稲垣知子「江戸幕府の婚姻政策―大名の場合（一）（二）」（『愛知学院大学論叢　法学研究』四七―三・四）
倉石　梓『和宮様御下向「御固出役留記」を読む』（むげん出版）
西條耕一「江戸城大奥に出入りした将棋家元」（『電気通信』六九）
鈴木由紀子『大奥の奥』（新潮新書）
高橋みゆき「近世大名家の婚姻―熊本藩と福井藩の婚姻・勇姫の事例を中心に―」（『熊本史学』八五・八六）
畑　尚子「尾張徳川家の奥女中―十二代藩主斉荘御簾中・貞慎院と御付女中を中心に―」（徳川林政史研究所『研究紀要』四〇）
畑　尚子「初代井上貫流左衛門の娘・春風の大奥奉公」（東京都江戸東京博物館編『幕臣井上貫流左衛門の世界』東京都）
福田千鶴「水野家文書の奥向関係史料について　その（一）」（東京都立大学『人文学報』三六八）

二〇〇七（平成一九）年

安藤優一郎『江戸城・大奥の秘密』（文春新書）
稲垣知子「江戸幕府の婚姻政策―大名の場合（三）（四）」（『愛知学院大学論叢　法学研究』四八―一・二）
小宮山千佐「上田藩主松平家の妻妾（上）」（『信濃』五九―一〇）

小宮山千佐「上田藩主松平家の妻妾（下）」（『信濃』五九—一一）
清水善仁「江戸下向御の和宮待遇問題」（『風俗史学』三六）
寺尾美保『天璋院篤姫』（高城書房）
徳川美術館編『徳川家の姫君—華麗なる世界—』（徳川美術館名品展実行委員会）〈展示図録〉
徳永和喜『天璋院篤姫』（新人物往来社）
長崎　巌「色と模様と裂地の世界（39）大奥女性の着物」（『茶道の研究』五二—一二）
畑　尚子『幕末の大奥 天璋院と薩摩藩』（岩波新書）
深沢秋男『旗本夫人が見た江戸のたそがれ』（文春新書）
福田千鶴「水野家文書の奥向関係史料について その（一）」（東京都立大学『人文学報』三八五）
福田千鶴『淀殿 われ太閤の妻となりて』（ミネルヴァ書房）
松尾美恵子「江戸城『大奥』の空間構造」（『東京人』二四二）
柳谷慶子『近世の女性相続と介護』（吉川弘文館）
山本博文『将軍と大奥—江戸城の「事件と暮らし」—』（小学館）

二〇〇八（平成二〇）年

浅倉有子「近世における武家女性と儀礼」（『近世日本における女性のライフサイクルと地域社会』平成十七年度〜十九年度科学研究費補助金研究成果報告書）
今野春樹「最近の発掘から 開いた大奥の「タイムカプセル」—東京都寛永寺谷中徳川家近世墓所—」（『季刊考古学』一〇五）
江戸東京博物館編集・発行『特別展 珠玉の輿〜江戸と乗物〜』
NHKプロモーション編『天璋院篤姫展』（NHK）〈展示図録〉
大藤　修「秋田藩佐竹家子女の人生儀礼と名前—徳川将軍家と比較して—」（『国立歴史民俗博物館研究報告』一四一）
小粥祐子「幕末期江戸城本丸御殿大奥御小座敷の室内意匠」（『學苑』八〇九）
小粥祐子「幕末期江戸城本丸御殿大奥対面所の室内意匠」（『學苑』八〇八）
小粥祐子「幕末期江戸城本丸御殿大奥御座之間の室内意匠」（『學苑』八一四）
小粥祐子「幕末期江戸城本丸御殿大奥新御殿の室内意匠」（『學苑』八一六）

久我なつみ「きものにまつわる物語（12）皇女和宮と御所解文・江戸解文」（『茶道雑誌』七二―一二）
久保貴子『徳川和子』（吉川弘文館）
桑原　恵「蜂須賀家家臣団成立書の『乳人』『老女』関係史料について」（『徳島大学総合科学部人間社会文化研究』一五）
崎山健文「幾島と天璋院」（古閑章『新薩摩学　天璋院篤姫』南方新社）
酒入陽子「徳川四代将軍家綱生母宝樹院と富士山御師三浦家―小山周辺地域との関わりを中心にして―」（『小山工業高等専門学校研究紀要』四〇）
柴　桂子「『石原記』にみる大名夫人の日常生活」（『江戸期おんな史料集一「石原記」「言の葉草」―大名夫人の日記』桂文庫）
関　民子『只野真葛』（吉川弘文館）
辻ミチ子『和宮　後生まで清き名を残したく候』（ミネルヴァ書房）
寺尾美保「江戸開城と天璋院」（古閑章『新薩摩学　天璋院篤姫』南方新社）
徳川記念財団編集・発行『企画展　徳川将軍家ゆかりの女性』〈展示図録〉
根津寿夫「徳島藩蜂須賀家の『奥』―正室・こども・奥女中―」（『史窓』三八）
服部佐智子・篠野志郎「大奥御殿向における殿舎の空間構成―近世における女性の生活空間としての江戸城本丸御殿大奥にみる空間構成の変遷と実態　その１―」（『日本建築学会関東支部研究報告集』七八―Ⅱ）
服部佐智子・篠野志郎「ジェンダーによる大奥御殿向における殿舎の空間構成―近世における女性の生活空間としての江戸城本丸御殿大奥にみる空間構成の変遷と実態　その２―」（『日本建築学会関東支部研究報告集』七八―Ⅱ）
原口　泉『篤姫　わたくしこと一命にかけ』（グラフ社）
日髙真吾『女乗物―その発生経緯と装飾性』（東海大学出版会）
深井雅海『江戸城―本丸御殿と幕府政治―』（中公新書）
福田千鶴「真田家の交流―寛政期を中心にして―」（『松代』二一）
福田千鶴『近世武家社会における奥向史料に関する基盤的研究』（平成十六年度～平成十九年度科学研究費補助金研究成果報告書）
松尾千歳「篤姫が見た鹿児島」（古閑章『新薩摩学　天璋院篤姫』南方新社）
松尾美恵子「江戸城の女の空間〈大奥〉」（『歴博』一五一）
松尾美恵子「将軍家奥向きの経済―御用取次見習の記録から―」（『東京都江戸東京博物館研究報告』一四）

松尾美恵子「大奥史料研究最前線―『女中帳』を読む―」（『歴史読本』五三―七）
松崎瑠美「近世前期から中期における薩摩藩島津家の女性と奥向」（『歴史』一一〇）
熟美保子「『篤姫』と琉球・奄美」（『歴史地理教育』七三四）
山本博文『大奥学事始め―女のネットワークと力―』（日本放送協会出版）
山本博文『大奥列伝―ヒロインたちの「しきたり」と「おきて」』（世界文化社）

二〇〇九（平成二一）年

浅倉有子「慶祝・儀礼関係史料と家族」（上越市立総合博物館編集・発行『高田藩 榊原家史料目録・研究』）
大石　学「篤姫と大奥」（大石学編『時代考証の窓から―篤姫とその世界―』東京堂出版）
大石　学「篤姫と江戸城大奥―徳川家定の将軍的資質をめぐって―」（大石学編『時代考証の窓から―篤姫とその世界―』東京堂出版）
大石　学「大奥の『内政』と『外交』」（大石学編『時代考証の窓から―篤姫とその世界―』東京堂出版）
小粥祐子「万延度本丸御殿大奥における室内意匠の構成」（『學苑』八二〇）
小粥祐子「万延度江戸城本丸御殿大奥主要御殿に用いられた唐紙について」（『學苑』八二八）
北上真生「女房日記にみる和宮親子内親王降嫁の一側面―宰相典侍・庭田嗣子とその記録について―」（京都橘大学『女性歴史文化研究所紀要』一七）
佐藤宏之「『お由羅騒動』という記憶」（大石学編『時代考証の窓から―篤姫とその世界―』東京堂出版）
渋谷葉子「江戸城北の丸の土地利用―17世紀の東縁部を中心に―」（東京都埋蔵文化財センター調査報告第二三四集『千代田区 江戸城跡―北の丸公園地区の調査―』）
高橋　博『近世の朝廷と女官制度』（吉川弘文館）
竹村　誠「将軍家の結婚式」（大石学編『時代考証の窓から―篤姫とその世界―』東京堂出版）
長倉信祐「天璋院篤姫と法華信仰」（『印度學佛教學研究』五七―二）
長倉信祐「天璋院篤姫の法華信仰をめぐって―島津斉彬と南部信順の関係（交渉）を中心に―」（『印度哲学仏教学』二四）
長沢利明「裸回りと大奥の新参舞」（『西郊民俗』二〇八）

長野市教育委員会文化財課・松代文化施設等管理事務所編集・発行『お殿様、お姫様の江戸暮らし』〈展示図録〉
長野市立博物館編集・発行『女たちと善光寺』〈展示図録〉
野本禎司「留守居からみる大奥の世界」(大石学編『時代考証の窓から―篤姫とその世界―』東京堂出版)
畑 尚子「奥向の贈答における菓子の役割―将軍の息子と江戸城大奥との関係を中心に―」(『和菓子』一六)
畑 尚子『徳川政権下の大奥と奥女中』(岩波書店)
服部佐智子・篠野志郎「江戸城本丸御殿大奥御殿向における殿舎校正の変遷と空間構成について」(『日本建築学会計画系論文集』七四四)
服部佐智子・篠野志郎「江戸城本丸御殿大奥御殿向における殿舎の室内意匠からみた殿舎機能―近世における女性の生活空間としての江戸城本丸御殿大奥にみる空間構成の変遷と実態 その3―」(『日本建築学会関東支部研究報告集』七九―Ⅱ)
林 匡「近世前期の島津氏系譜と武家相続・女子名跡」(『九州史学』一五二)
福井市立郷土歴史博物館編集・発行『平成21年春季特別展 大奥』〈展示図録〉
福江 充「芦峅寺宝泉坊の江戸での檀那場形成と『立山信仰』の展開(二)―江戸時代後期の江戸城大奥および諸大名家をめぐる立山信仰―」(富山県立山博物館『研究紀要』一六)
藤田英昭『天璋院篤姫とその時代』(講演記録)』(調布市)
藤田英昭「慶応四年の徳川宗家―田安慶頼と天璋院の動向を通じて―」(『日本歴史』七二九)
松尾静華「降嫁後の和宮」(『五浦論叢』一六)
三野行徳「天璋院の旗本―江戸城大奥御広敷の幕府役人―」(大石学編『時代考証の窓から―篤姫とその世界―』東京堂出版)
吉成香澄「将軍姫君の婚礼の変遷と文化期御守殿入用―尾張藩淑姫御守殿を事例として―」(『学習院史学』四七)
吉成香澄「将軍姫君の公儀付人・女中について―尾張藩主徳川斉朝夫人淑姫の事例から―」(徳川林政史研究所『研究紀要』四四)

二〇一〇(平成二二)年

アン・ウォルソール「揚州周延と千代田城の女中たち」(『日本思想史』七七)
石川県立歴史博物館編集・発行『徳川将軍家と加賀藩―姫君たちの輝き―』〈展示図録〉
氏家幹人『江戸の女子力―大奥猛女列伝』(新潮文庫、『江戸の女の底力―大奥随筆』改題)

小粥祐子「嘉永度江戸城西丸御殿大奥主要御殿2種類の平面と室内意匠の関係」(『學苑』八四〇)
河野結美「周延の浮世絵版画にみる近代とノスタルジア―『真美人』を中心に―」(『日本思想史』七七)
崎山健文「史料紹介『嘉永六年 表方御右筆間 日記』~篤姫養女一件寸考~」(『黎明館調査研究報告』二三)
鈴木理生『お世継ぎのつくりかた―大奥から長屋まで江戸の性と統治システム―』(ちくま学芸文庫)
畑 尚子「姉小路と徳川斉昭―内願の構図について―」(『茨城県史研究』九四)
服部佐智子・篠野志郎「享保期から万延期に至る江戸城本丸御殿大奥御殿向内の御用場からみた将軍家における生活空間の変容」(『日本建築学会計画系論文集』七五)
服部佐智子・篠野志郎「江戸城本丸御殿大奥御殿向における御湯殿からみた将軍家の生活空間―近世における女性の生活空間としての江戸城本丸御殿大奥にみる空間構成の変遷と実態 その4―」(『日本建築学会関東支部研究報告集』八〇―Ⅱ)
福江 充「江戸城大奥・諸大名家と布橋大灌頂会」(『富山史壇』一六〇)
福江 充「幕末期の江戸城大奥や諸大名家をめぐる立山信仰」(『山岳修験』四五)
福田千鶴「徳川秀忠の遺産配分をうけた女性たち」(『九州産業大学国際文化学部紀要』四七)
福田千鶴「奥女中の世界」(藪田貫・柳谷慶子編『〈江戸〉の人と身分4 身分のなかの女性』吉川弘文館)
福田千鶴『江の生涯』(中公新書)
柳谷慶子「武家権力と女性―正室と側室―」(藪田貫・柳谷慶子編『〈江戸〉の人と身分4 身分のなかの女性』吉川弘文館)
山本博文『徳川幕府の礎を築いた夫婦お江と秀忠』(グラフ社)
山本博文『大奥学』(新潮文庫)
和歌山市立博物館編『特別展 紀州徳川家のお姫さま』(和歌山市教育委員会)〈展示図録〉

二〇一一(平成二三)年

石田 俊「霊元天皇の奥と東福門院」(『史林』九四―三)
NHKプロモーション編『江~姫たちの戦国~』(NHK)〈展示図録〉
国立歴史民俗博物館編集・発行『和宮ゆかりの雛かざり』〈展示図録〉
埼玉県立歴史と民俗の博物館編集・発行『皇女和宮と中山道』〈展示図録〉
辻ミチ子「幕末維新の朝・幕の女性―和宮と九条夙子をめぐって―」(『女性歴史文化研究所紀要』一九)

豊橋市二川宿本陣資料館編集・発行『歴史の道　姫街道展』〈展示図録〉
服部佐智子・篠野志郎「弘化期以降の記述資史料からみた江戸城本丸御殿大奥御殿向における女中の役務空間―近世における女性の生活空間としての江戸城本丸御殿大奥にみる空間構成の変遷と実態５―」（『日本建築学会関東支部研究報告集』八一―Ⅱ）
福江　充『江戸城大奥と立山信仰』（法藏館）
本　門　寺『鼠山感應寺―八年で消えた幻の大寺院―』（池上本門寺霊宝殿）〈展示図録〉
三宅智志「大名の婚姻に関する一考察―幕末期外様国持の海防動員に関連して―」（『佛教大学大学院紀要』文学研究科篇三九）
山下奈津子「近世後期、紀州徳川家の女中の特質について」（『和歌山市立博物館研究紀要』二六）

二〇一二（平成二四）年

江後迪子「宇和島伊達家の婚礼記録―食の記録を中心に―」（港区港郷土資料館『研究紀要』一四）
大森映子「大名相続における女性」（『歴史評論』七四七）
小粥祐子「明治期における江戸城大奥の伝えられ方―朝野新聞の連載と『朝野叢書　千代田城大奥』から―」（昭和女子大学女性文化研究所編『昭和女子大学女性文化研究叢書　第八集　女性と情報』御茶の水書房）
亀尾美香「島津家奥右筆となった多摩の女性・瀧尾―奥女中のアーカイブズ―」（松尾正人編『多摩の近世・近代史』中央大学出版部）
寛永寺谷中徳川家近世墓所調査団編『東叡山寛永寺　徳川将軍御裏方霊廟』全三冊（吉川弘文館）
木下はるか「将軍家『奥』における絵画稽古と御筆画の贈答」（『歴史評論』七四七）
木下はるか「将軍姫君の絵画稽古と御絵師の役割―将軍権威表出の一側面―」（『早稲田大学大学院文学研究科紀要』四）
崎山健文「史料紹介『嘉永六年　表方御右筆間　日記』～篤姫養女一件寸考～」（『黎明館調査研究報告』二四）
上越市立総合博物館編集『揚州周延＝橋本直義』（上越市）〈展示図録〉
坪内淳仁「山城国八幡正法寺と尾張藩　相応院と竹腰正信との関係から」（岸野俊彦編『尾張藩社会の総合研究　第五篇』清文堂）
畑　尚子「史料紹介『大奥御年寄瀧山日記』上」（『国史学』二〇六・二〇七）
畑　尚子「史料紹介『大奥御年寄瀧山日記』下」（『国史学』二〇八）

服部佐智子「享保期から万延期に至る江戸城本丸御殿大奥御殿向の座敷飾による各殿舎の格」(『日本建築学会計画系論文集』七七)
服部佐智子「江戸城本丸御殿大奥御殿向における上段による各殿舎の位置付け—近世における女性の生活空間としての江戸城本丸御殿大奥にみる空間構成の変遷と実態6—」(日本建築学会関東支部『研究報告』八二—二)
福田千鶴「一夫一婦制と世襲制」(『歴史評論』七四七)
福田千鶴『日本近世武家社会における奥向構造に関する基礎的研究』(平成二一年度~二三年度科学研究費補助金研究成果報告書)
前田土佐守資料館編集・発行『芳春院まつの書状』〈展示図録〉
松尾美恵子「将軍御台所近衛熙子(天英院)の立場と行動」(『歴史評論』七四七)
松崎瑠美「大名家の正室の役割と奥向の儀礼—近世後期の薩摩藩島津家を事例として—」(『歴史評論』七四七)
山本博文編『図説大奥の世界』(河出書房新社)
湯淺 隆「江戸城大奥を介在した寺院建物修復用費用の調達—江戸西郊牛込の濟松寺の場合—」(『駒沢史学』七七)

二〇一三(平成二五)年

石田 俊「綱吉政権期の江戸城大奥—公家出身女中を中心に—」(『総合女性史研究』三〇)
磯部孝明「宣寿院の一関下向にみる奥女中の役割」(『一関博物館研究報告』一六)
井上卓朗「ていぱーく資料紹介(19)皇女和宮降嫁関連資料」(『郵便史研究』三五)
江戸東京たてもの園編集・発行『特別展 大奥女中とゆかりの寺院』〈展示図録〉
加藤芳典「最後の将軍夫人」(『徳川慶喜 生誕と終焉の地ぶんきょう』徳川慶喜没後一〇〇年記念フォーラム文京)
木下はるか「徳川将軍家における母としての正室の位置づけ」(『史観』一六八)
久保貴子「禁裏女房の人事と職務」(総合女性史学会編『女性官僚の歴史』吉川弘文館)
坂詰秀一監修・今野春樹『徳川家の墓制—将軍家・御三卿の墓所構造—』(北隆館)
笹目礼子「一橋家の諸家交際にみる奥向の役割—初世宗尹期を中心として—」(『茨城県立歴史館報』四〇)
高橋あけみ「『御奥方格式』について」(『仙台市博物館調査研究報告』32・33合併号)
徳川記念財団・東京都江戸東京博物館編『幕末の江戸城大奥』(徳川記念財団)〈展示図録〉

野村晋作「降嫁後の和宮　朝幕関係上の役割を中心に」（『女性歴史文化研究所紀要』二一）
福島雅子「雁金屋関係資料にみる近世初期の武家服飾に関する一考察—徳川将軍家の服飾類を中心に—」（『東京藝術大学美術学部論叢』九）
藤田英昭「『森川家文書』所収の江戸城『御本丸御奥方御絵図』について」（『千葉県の文書館』一八）
松島由佳「『附込帳』にみる奥女中御役替について」（『和歌山県立文書館紀要』一六）
柳谷慶子「大名家『女使』の任務—仙台藩伊達家を中心に—」（総合女性史学会編『女性官僚の歴史』吉川弘文館）
山下奈津子「幕末維新期の紀州徳川家『女中日記』について」（『和歌山市立博物館研究紀要』二七）

二〇一四（平成二六）年

菊池慶子「大名正室の領国下向と奥向—一関藩田村家宣寿院の事例を中心に—」（『歴史と文化』五二）
佐々木久雄「和宮の下向と当分助郷」（『須高』七九）
清水翔太郎「近世中期大名家における正室と側室—秋田藩佐竹家を事例に—」（『歴史』一二二）
杉山正司「皇女和宮と姫君の通行」（『埼玉の文化財』五四）
田中正弘「名主岡田家姉妹の『御殿奉公』について—大名家奥への見習奉公から江戸城大奥の部屋方へ—」（『栃木市史料叢書第一集　栃木の在村記録　幕末維新期の胎動と展開　第二巻　岡田親之日記(二)』栃木市教育委員会）
畑　尚子「寺院が所持する大奥関係資料」（『東京都江戸東京博物館紀要』四）
林　匡「島津氏の縁組—重豪・斉宣・斉興を中心に—」（『黎明館調査研究報告』二六）
松尾美恵子「天文台が描かれた『江戸城吹上御庭図』」（『日本歴史』七九三）
柳谷慶子「武家のジェンダー」（大口勇次郎・成田龍一・服藤早苗編『新体系日本史9　ジェンダー史』山川出版社）

（作成　塚田沙也加・高田綾子・藤田英昭）

む

め

も

や

ゆ

よ

り

れ

花園(御年寄)……………………55
花野井(水戸家老女)……………281
春風（井上貫流左衛門娘・文姫付御半下）
……63, 67
坂東照代……………………160

ひ

秀子→澄心院
熙子→天英院
泰子（近衛忠熙長女・徳川家達正室）
……287

ふ

藤波（使番）……………63〜64, 66, 68
文姫（家斉16女・松平頼胤正室）
……58, 63, 67, 91
冬姫（伊達吉村正室）…………266, 329
振姫（家康3女･池田輝政の娘／秀忠養女･伊達忠宗正室）……198, 202, 229, 244

ほ

宝樹院（家光側室・家綱生母）……42, 44, 47〜48, 203〜204, 243〜244, 247
芳春院（前田利家正室）……………236
法心院（家宣側室）……32, 36〜37, 44, 48, 83〜84, 132, 208〜209
宝台院（家康側室・秀忠生母）……198, 200, 225〜226
宝蓮院（水野忠邦生母）……………327
本寿院（家慶側室・家定生母）……27, 39, 44, 48, 52, 54, 59, 61, 74, 94, 96, 100〜101, 112, 119, 132, 169, 179〜180, 215, 217, 288〜289, 294, 297
本徳院（吉宗側室・田安宗武生母）
……48, 210
本理院（家光正室）…………16, 28, 30, 41, 47〜48, 190, 203, 240〜243
本立院（松平斉善付女中・本寿院姉）
……97

ま

和子→東福門院
理子→寛徳院
正姫（徳川斉昭15女・英勝寺比丘尼）
……230
増子→証明院
増姫(島津吉貴の娘)………………52
万寿姫（家治2女）………………212
ませ・ませ子……45〜46, 61, 160〜161, 217, 297
松島（御年寄）……33, 85, 87, 129〜130, 134, 212
松姫（綱吉養女・前田吉徳正室）……36, 83〜84, 132, 182, 199, 201, 206, 209, 226, 238, 254〜256
万里小路（上臈御年寄）……13, 33, 55, 65〜66, 298〜299

み

美賀君→美賀子
美賀子（慶喜正室）………41, 100, 102, 219〜220, 297, 299〜300, 302
三沢(家綱乳母)………………105, 205
三千姫(真田幸専正室)………333〜334
峯姫（家斉7女・徳川斉脩正室）
……64, 182, 266, 276
箕浦はな子(元中臈)……………45〜46
宮路(月光院付御年寄)………103〜209
民部卿局(崇源院付老女)……………246

土御門藤子（和宮付上臈）･････････101, 292
鶴姫（綱吉長女・徳川綱教正室）･･･44, 82, 132, 135, 203, 206, 209, 250, 252～253, 254, 321

て

貞粛院→美賀子
貞章院（清水重好正室）･･･････････････280
貞芳院･････････････････42, 219, 300～301
天英院（家宣正室）･････9～11, 32, 36, 38, 41～42, 47～49, 52, 83～84, 128, 130, 132, 137～138, 157, 190, 193, 208～209, 258～259, 261～262, 265, 335
天慶院（戸沢政盛側室）････････････････314
天樹院→千姫
天秀・天秀尼（豊臣秀頼の娘・千姫養女）･･････235
天璋院（家定正室）････19, 21, 39, 41, 45～48, 52, 79, 94～101, 110, 112～113, 119, 128, 131～132, 156～161, 179～180, 214, 216～217, 220, 273, 286～287, 289～292, 294, 297, 300, 315, 336
天親院（家定正室）･･････41, 49, 94, 154, 183, 216
伝通院（家康生母）････････42, 47～48, 122, 124, 198～199, 210, 224～225, 228, 232, 236, 242, 255, 278
天徳院→子々姫

と

東福門院（秀忠５女・後水尾天皇女御）･･････125, 200～203, 207, 232～234, 238～239, 242, 247, 250
常盤井･････････････････････････10, 138
徳信院（一橋慶寿正室）･･･････219～220, 299
督姫（家康２女）････････････････198, 229
利根姫（吉宗養女・徳川宗直の娘・伊達宗村正室）･･････181, 202, 266～267, 324, 329
登美宮→貞芳院
倫子→心観院
知姫（榊原政養正・井伊直中娘）･･･････325
外山（大奥老女）･････････････････････266
豊岡（大奥老女）･･･････････････････60, 266
豊原（上臈御年寄）････10, 82, 206, 208～209, 253

な

中根幸（慶喜側室）･･･････････････････302
七姫（南部利直の娘）･････････････････314
波江（家茂乳母）･･････････････････99, 218
比宮→証明院

に

西郡局→蓮葉院
庭田嗣子（宰相典侍）･･････98～99, 280, 295, 296

ね

子々姫（秀忠２女・前田利常正室）･････201～203, 234, 236～237, 278

の

信子→浄光院
順宮（徳川宗将正室）･････････････････321

は

橋本経子（和宮生母）･･････291～292, 295～296
初姫（秀忠４女・京極忠高正室）････201, 233

末姫（家斉24女・浅野斉粛正室）
･･･93, 102, 106, 154, 214, 274, 282
敬子→天璋院
純姫（上杉治広正室・徳川宗睦養女）
･･････331～332
寿明君・寿明姫→澄心院

せ

静寛院宮→和宮
誠順院（一橋斉位正室）･･････････････299
清純院（水野忠邦正室）･･････････････327
勢真院（家斉側室）･･･････････････44, 275
清心院（小上臈）･･････････････83, 138, 206～207, 209, 291, 295～296, 300
関口千恵････････････5, 64～66, 68, 164
専行院（家斉側室）･･･････44, 64, 68, 93, 106～107, 131, 133, 214, 274～275, 278, 282
仙姫（伊達綱村正室）････････････････136
千姫（秀忠長女・豊臣秀頼正室・本多忠刻正室）･･････28, 30, 201, 233, 234～236, 240～242, 265, 314, 333～335

そ

相応院（家康側室）････････46, 82, 157, 183, 199～200, 216, 227～228, 232, 263, 329
崇源院（秀忠正室・家光生母）･･････41～42, 47～48, 201～203, 233～234, 236, 238～241, 246～247
祖心尼･･････････････････203～204, 244

た

高岳（御年寄）････････････33, 87～88, 212
喬子→浄観院
孝子→本理院
高橋（御年寄）････････････87, 89～90, 213
高姫（相馬益胤正室）････････････････314
滝川（御年寄）･･････････････87～88, 212
瀧山（大奥御年寄）･････････132, 217, 297
竹姫（綱吉・吉宗養女・島津継豊正室）
･･･11, 32, 36, 57～58, 83, 117, 132, 181, 206～207, 209, 250, 264～266, 273, 309, 334～336
任子→天親院
寔子→広大院
只野真葛････････････････････････159
種姫（家治養女・徳川治宝正室）････154, 156, 181～182, 212, 214, 272, 321
玉沢（蓮光院付女中・御年寄）･････89, 272
珠姫→子々姫
丹後（大年寄並）･･･････････････････208

ち

愛君（徳川宗将後室）････････････････321
親子→和宮
茶阿局→朝覚院
茶々（お江の姉）･･･････････････232～233
朝覚院（家康側室・松平忠輝生母）
･･････28, 199, 226～227
長勝院（家康側室）･･････････････････198
長昌院（家宣生母）･･･････････････42, 207
澄心院（家定後室）････････41, 48～49, 94, 164, , 216, 219, 281, 287
千代君(一条忠香娘)･････････････219, 299
千代姫（家光長女・徳川光友正室／家治長女）･･････14, 16～17, 75, 177～178, 202～205, 209, 212, 228, 241, 244, 245～247, 254, 318

つ

築山殿（家康正室）･･････････198, 200, 225

月光院（家宣側室・家継生母）・・・・・10, 39, 42〜44, 47, 73, 83, 103〜104, 130, 132, 157, 192, 208〜209, 258, 260〜262
華陽院（家康祖母）・・・・・・・・・・・・・・・・・・・・199
賢章院（島津斉彬生母）・・・・・・・・・・・・・・・・・156
見性院（穴山梅雪正室）・・・・・・・・・・・・・・・・・・28

こ

高巌院（家綱正室）・・・・・47〜49, 127, 190, 204
広大院（家斉正室・島津重豪の娘）・・・・・・38, 41, 47〜49, 52, 63, 66, 91, 94, 96, 110, 117〜118, 132, 157, 213〜216, 265〜266, 273〜274, 276, 279〜280, 286, 323, 335〜336
香琳院（家斉側室・家慶生母）・・・・・・・・・・44, 48, 90, 167, 192, 213〜214, 273
小督局→長勝院
駒姫（相馬樹胤正室）・・・・・・・・・・・・・・・・・・314
小良姫（徳川頼房の6女・英勝寺比丘尼）・・・・・・230

さ

西郷局→宝台院
佐々鎮子（元御次）・・・・・・・・・・・・・・・・・・45〜46
楽宮→浄観院
完子（お江の娘・九条忠栄正室）・・・・・・202, 233
福君（徳川斉温後室）・・・・・・・・・・・・・・・・・・183
真宮→寛徳院

し

茂姫→広大院
自証院（家光側室）・・・・・・203〜204, 244〜245
至心院（家治生母）・・・・・・48, 54, 192, 211, 270
実成院（家茂生母）・・・・・・・・74, 101, 120, 156, 217, 293〜294
慈徳院（家斉生母）・・・・・・・・・49, 85〜86, 192, 213, 224
品宮（後水尾院皇女・天英院生母）・・・・・・207, 258
嶋沢（森山孝盛2女, 広大院付中年寄）・・・・・・63, 66〜67, 283, 287
寿光院（綱吉側室）・・・・32, 36〜37, 44, 83, 98, 206〜207, 209, 250, 264, 291, 295〜296
守真院（井伊直富正室・伊達重村娘）・・・・・・324
松栄院→浅姫
浄円院（吉宗生母）・・・・・・・・36, 42〜43, 74, 83, 184〜185, 192, 209〜210, 236, 263〜264
浄観院（家慶正室）・・・・・・・・41, 47〜49, 52, 94, 183, 193, 215, 275, 279, 288
浄岸院→竹姫
勝光院→姉小路
浄光院（綱吉正室）・・・・・・・36, 38, 41, 43〜44, 47〜48, 82, 137, 157, 190, 201, 205〜209, 250, 253, 258
常高院（お江の姉）・・・・・・・・・・・・・・・・・・232
証明院（家重正室）・・・・・・・・41, 157, 176, 183, 190, 210〜211
浄琳院→八十宮
心観院（家治正室）・・・・・・・・47〜49, 85, 161〜162, 183, 190, 192〜193, 212, 262, 271
深心院（吉宗側室・一橋宗尹生母）・・・・・・84, 199, 210, 251
新典侍→清心院
深徳院（吉宗側室・家重生母）・・・・・・210, 294
新村信（慶喜側室）・・・・・・・・・・・・・・・301〜302

す

瑞春院（綱吉側室）・・・・・・32, 44, 47〜48, 82〜83, 135, 157, 205〜207, 209, 250, 252, 254

お梶→英勝院
お亀→相応院
お喜世→月光院
お幸→至心院
お江→崇源院
お琴（家慶側室・水野忠央妹）…………96, 203, 215
お古牟→法心院・本徳院
お静（大姥局付女中・保科正之生母）……44, 201～202
御下（島津義弘の娘）………………314
お品→養蓮院
お須摩→深徳院
お須免→蓮浄院
お大→伝通院
お玉→桂昌院
御乳人（大年寄並）…………………208
お知保→蓮光院
お伝→瑞春院
お登勢（家斉側室）……………273, 276
お富→慈徳院
小の嶋（薩摩藩邸御年寄）………96, 290
お福→春日局
お振→自証院・養春院
お保良→長昌院
お万→養珠院・永光院・長勝院・勢真院
お美尾（家斉側室）…………………277
お操→実成院
お美津→本寿院
お美代→専行院
お遊喜→安祥院
お由羅（島津斉興側室・久光生母）……336
お由利→浄円院
お芳（慶喜侍妾・新門辰五郎娘）……220
お楽→宝樹院・香琳院

か

春日局（家光乳母）………14, 16, 28, 136, 203～205, 239～241, 243～245, 246～248, 251
和宮（家茂正室）……19, 21, 39, 41, 46～49, 79, 97～102, 112, 118～120, 128, 131, 156, 158, 183～184, 218～219, 281, 287, 291～292, 294～297, 300
勝姫（秀忠３女・松平忠直正室）……201～202, 233～235, 241
矩姫（徳川慶勝正室）…………318～319
亀姫（家康長女）……198, 202～203, 335
川路けい（邦子・川路聖謨長女）……282
川路高子（さと・川路聖謨室）………282
川路のぶ（宣子・川路聖謨次女）……282
観行院→橋本経子
寛徳院（吉宗正室）…41, 83, 209～210, 264

き

北政所（豊臣秀吉正室）……………225
喜知姫（綱吉養女）……………206, 255

く

倉橋（大年寄並）…………………208

け

桂光院（池田宗泰正室）……………309
桂昌院（家光側室・綱吉生母）……5, 32, 38, 42～44, 47～48, 59, 62, 65, 73～74, 79, 82～83, 127～129, 132, 134, 138, 157, 190, 192～193, 203, 205～206, 209, 243, 250, 251～252

人名索引

※本書に掲載された主要な女性を取り上げた。
※ゴシック体の数字は、本文に項目があるものである。

あ

愛姫（田安斉匡 14 女, 徳川斉温正室）……176, 318
顕子→高巌院
精姫（家慶養女・有馬頼咸正室）……102, 157
浅宮→高巌院
朝日姫（家康後室）……198, 200, 226
浅姫（家斉 11 女・松平斉承正室）……75, 182, **277〜278**
飛鳥井（御年寄）……55, 121
按察使局・按察使（大上臈）……28, **239〜240**
阿茶局（家康側室）……28, 44, 198, 200, **232**
惇君（伊達重村正室）……308, 329
篤姫→天璋院
姉小路（上臈御年寄）……55, 61, 94〜95, 164, 215〜216, 219, **280〜281**, 283, 295
あらき（崇源院付女中）……14
有君・有姫→天親院
安祥院（家重側室・清水重好生母）……32〜33, 48, 63, 119, 157, 211, **270**

い

幾島（天璋院付御年寄）……96, 101, 286〜287, **290〜291**
郁姫（島津斉宣の娘・近衛忠熙正室）……290
伊勢子（戸沢政盛の娘）……314
五十宮→心観院
市姫（家康 5 女）……187, 199, 229
一色寿賀……**302**
線宮（家慶養女・有栖川宮仁親王王女・徳川慶篤正室）……300
線姫（家慶養女）……216

う

歌橋（上臈御年寄）……55, 96, 290, 297
梅津（上臈御年寄）……**255〜257**
浦尾（大奥老女）……60, 266
雲光院→阿茶局
雲松院→利根姫

え

永光院（家光側室）……28, 203, **242〜243**
英勝院（家康側室）……14, 16, 28, 199〜200, **229〜230**, 232, 240
栄昌院（松平忠昭正室）……309
絵島（江島・月光院付御年寄）……103〜104, 130, 170〜171, 208〜209, 261
右衛門佐（大上臈）……82, 206, 250, **252〜253**, 256〜257, 330

お

お愛→宝台院
近江局（家綱付御年寄）……9
お梅→深心院
大姥局（秀忠乳母）……201
正親町町子……**257〜258**
大崎（御年寄）……87〜89, 213, 218
大典侍→寿光院

◉執筆者

浅倉有子　荒川　将　飯島千秋　石田　俊　今野春樹　岩下哲典　氏家幹人
大口勇次郎　太田尚宏　小山譽城　笠原　綾　木下はるか　久保貴子　小池富雄
小宮山敏和　笹目礼子　渋谷葉子　白根孝胤　杉森玲子　高澤憲治　竹内　誠
田中　潤　田中正弘　田原　昇　長野ひろ子　西　光三　野本禎司　畑　尚子
原　史彦　原田知佳　深井雅海　福田千鶴　藤田英昭　松尾美恵子　松崎瑠美
村田孝子　柳田直美　柳谷慶子　靱負みはる　吉成香澄

◉協力者

萱場真仁　高田綾子　塚田沙也加

本書は、公益財団法人 上廣倫理財団による教育研究活動助成の研究成果の一部である。

〈編者略歴〉

竹内　　誠（たけうち　まこと）

徳川林政史研究所所長
東京学芸大学名誉教授
東京都江戸東京博物館館長

深井　雅海（ふかい　まさうみ）

徳川林政史研究所副所長
聖心女子大学教授

松尾美恵子（まつお　みえこ）

徳川林政史研究所特任研究員
学習院女子大学名誉教授

徳川「大奥」事典

2015年1月20日　初版印刷
2015年1月30日　初版発行

編　者　竹内誠・深井雅海・松尾美恵子
発行者　小林悠一
印刷所　東京リスマチック株式会社
製本所　東京リスマチック株式会社

発行所　株式会社　東京堂出版
〒101-0051　東京都千代田区神田神保町1-17
電話　03-3233-3741　振替　00130-7-270
http://www.tokyodoshuppan.com/

ISBN978-4-490-10855-2 C1521

Printed in Japan